文明互鉴视阈下的
儒家思想与齐鲁文化

吕文明 —— 主编

商务印书馆
The Commercial Press

教育部人文社会科学重点研究基地山东师范大学齐鲁文化研究院、
齐鲁文化与中华文明研究中心重点项目

齐鲁文化传承与山东文化强省建设协同创新中心、
山东省社科理论重点研究基地齐鲁文化研究基地项目

商务印书馆（上海）有限公司 出品
The Commercial Press (Shanghai) Co. Ltd.

主编简介

吕文明，山东海阳人。现任教育部人文社会科学重点研究基地山东师范大学齐鲁文化研究院院长、二级教授、博士生导师，《海岱学刊》主编。入选国家万人计划青年拔尖人才、泰山学者特聘专家、齐鲁文化英才、山东省签约艺术评论家、山东师范大学首批东岳学者。兼任教育部哲学社会科学研究重大课题攻关项目评审专家、全国艺术科学规划项目评审专家、教育部中国书法教育指导委员会委员、中国书法家协会学术委员、中国文艺评论家协会会员、山东孔子学会副会长、山东省文艺评论家协会副主席、山东省书法家协会主席团委员、尼山世界儒学中心首批讲师团专家。

主要从事汉魏六朝儒学与文艺发展、齐鲁文化与中华文明研究。主持国家社会科学基金2项、教育部人文社会科学重点研究基地重大项目1项、省部级重大和重点课题等10余项。曾获山东省社会科学优秀成果奖一等奖、山东省高等学校优秀科研成果奖一等奖、泰山文艺奖、中国书法兰亭奖等。在《文史哲》《光明日报》等重要报刊上发表学术论文70余篇，多篇被《新华文摘》、《中国社会科学文摘》、"中国人民大学复印报刊资料"等转载。著有《从儒风到雅艺：魏晋书法文化世家研究》等，主编《齐鲁文化与中华文明学术公开课》《齐鲁文化要览》等。

编委成员

/主　编/

吕文明

/副主编/

张　磊　梁敏娟　宋　宁

前　言

　　山东是中华文明的重要发祥地、儒家思想的发源地，素有"孔孟之乡、礼仪之邦"的美誉。早在史前时代，当今的山东地区就是华夏文化最发达的区域之一，从后李到北辛、大汶口、龙山、岳石，文化序列非常清晰、连贯，从中可以清楚地看到山东古代文化的发展脉络及其对于中华文明发展的重要贡献。殷周之际，周公制礼作乐，逐渐形成一套系统完备的典章制度和道德规范，中国步入礼乐文明新阶段。春秋战国时期，齐国、鲁国创造了灿烂辉煌的历史文化，儒学在这里诞生，诸子百家在这里争鸣，齐鲁成为中国早期文明的重心。西汉时期，儒家思想成为当时思想领域中最主流的意识形态。著名学者傅斯年说："自春秋至王莽时，最上层的文化只有一个重心，这个重心便是齐鲁。"

　　齐鲁文化在中华文明发展史上的地位非常重要，具有承上启下的重要作用。齐鲁文化以东夷文化和周文化为渊源，由齐与鲁两种各具特色的文化相互融合而成，具有二元一体的特征。这个二元一体既是指齐和鲁的二元一体，也是指东夷文化和周文化的二元一体，它是对前代文化的总结和发展。这是承上的意义。同时，齐鲁文化又是秦汉以来中国大一统文化的源头，两汉时期所实行的政治制度、礼仪制度与作为意识形态、学术思想的经学，基本都源于齐鲁之学。这是启下的意义。

　　研究齐鲁文化，无论如何都绕不开儒家思想。儒家思想对形成和巩固中华民族团结统一的政治局面、对形成和丰富中华民族精神、对塑造中国人独特的思维方式和精神品格，都发挥了十分重要的作用。儒家思想所强调的"仁爱""孝道""遵礼""中庸""和谐"等核心观念，深刻影响和塑造着中国社会的价值观念和中国人的行为方式。时至今日，儒家思想依然发挥着重要作用。在个人生活中，儒家思想形成了一套严密的道德体系，强调仁者爱人、格物致知、诚意正心，对于规范个体行为、提升道德修养起到了重要作用。在社会发展中，儒家思想强调为政以德，倡导人文关怀，有利于营造和谐、稳定、繁荣的良好社会氛围。在国际交往中，儒家文化可以使我们坚定文化自信，使中国文化在对外传播中更好地实现自我价值。

儒家思想是中国的，也是世界的。儒家思想强调和而不同，这是一种开放、包容的思想文化，不仅深刻影响了中国的历史进程，而且对周边国家和地区甚至欧洲都产生了重要影响。历史上的日本、越南等，都曾学习儒家的治国理念，甚至长时间以儒家思想作为治国理念。在新加坡、印度尼西亚、菲律宾等国，儒家思想也有着广泛的社会基础。因此，有些学者把中国以及受到儒家思想影响的东亚及东南亚地区称为"儒家文化圈"。不仅如此，17世纪时，儒家思想传到欧洲，有力地推动了启蒙运动的开展。伏尔泰、狄德罗、卢梭、莱布尼兹等许多思想家都非常推崇中国文化，伏尔泰认为："中国的儒教是令人钦佩的。毫无迷信，毫无荒诞不经的传说，更没有那种蔑视理性和自然的教条。"狄德罗认为，儒学为主体的中国文化，在历史、艺术以及哲学等方面都远远优于其他民族。儒家"有教无类"的教育思想，"礼之用，和为贵"的和谐思想，"民惟邦本，本固邦宁"的民本理念，都蕴含着人类文明发展的共同指向，对构建人类命运共同体具有重要的启发作用。

文明交流互鉴，是推动人类文明进步以及世界和平发展的重要动力。人类史上创造出的各种文明，都闪烁着璀璨光芒，为各国现代化积蓄了厚重底蕴、赋予了鲜明特质，为推动人类社会进程做出了重要贡献。在人类历史的"轴心时代"，东西方都产生了伟大的思想家，同时出现了"哲学的突破"，孔子、孟子、苏格拉底、柏拉图等先哲的思想在人类文明进程中对东西方产生了重要影响。他们的思想一直光耀着人类文明发展的进程，不同文明交流对话、互学互鉴，曾经谱写出最绚美灿

前 言

烂的历史篇章。在迈向现代化的道路上，不同文明包容共存、交流互鉴，可以更好地弥合分歧，在国际关系中营造相互尊重、和平共处的良好氛围。

山东师范大学齐鲁文化研究院是山东省省属高校唯一的教育部人文社会科学重点研究基地，也是尼山世界儒学中心研究基地，一直以传承、弘扬儒家思想和齐鲁文化为己任。为加强中外学术交流与合作，积极推动儒家思想和齐鲁文化走向世界，我们组织召开了"文明互鉴视阈下的儒家思想与齐鲁文化学术会议"。本次会议旨在深入挖掘儒家思想与齐鲁文化的精神内涵和时代价值，探索齐鲁文化研究和齐鲁文化传承创新的新途径，讲好新时代中国故事，推动中外文明交流互鉴，扩大儒家思想与齐鲁文化的国际影响力，为建设中华民族现代文明贡献力量。

文明因交流而多彩，因互鉴而丰富。在世界百年未有之大变局之中，人类社会面临许多新挑战，迫切需要我们深化文明交流互鉴，加强国际人文交流。我们要立足齐鲁，开展以儒家思想为代表的中华优秀传统文化的研究，推动儒家思想与齐鲁文化在新时代的创造性转化、创新性发展。同时，我们要积极弘扬儒家思想和齐鲁文化中蕴含的全人类共同价值，在文明交流互鉴中继续创造璀璨夺目的优秀成果，突显中华文明的鲜明特性；在文明交流互鉴中建设中华民族现代文明，为促进人类文明进步贡献中国智慧和中国力量。

吕文明

2024年3月18日

目 录

儒家思想与经典诠释

中华民族共同体与人类命运共同体哲理沉思
　　——从费孝通先生"十六字箴言"说起　　　　　　　　／张志刚　3
虞帝"明德"内涵的解析
　　——读《史记·五帝本纪》札记　　　　　　　　　　／宫长为　17
儒学的真理观　　　　　　　　　　　　　　　　　　　　／崔英辰　27
设论体与儒家思想
　　——汉代贤人失志之赋的另一种体式　　　　　／苏瑞隆　刘奕阳　38
荀子对儒家道统思想的创新性贡献　　　　　　　　　　　／白　奚　58
本体主体化：张载气学性质及其人文关怀　　　　　　　　／曾振宇　68
论中西方文化对"文明"概念的不同理解　　　　　　／汉伊理　丁小雨　92
《毛诗大序》与中华诗学传统　　　　　　　　　　　　　／武道房　103
试论孙希旦的"丧服"诠释　　　　　　　　　　　　　　／邓声国　112
韩儒茶山丁若镛的《大学》解释特征研究　　　　　　　　／张　悦　122
魏晋学风嬗变影响下的《诗经》学走向　　　　　　　　　／李明阳　134

齐鲁文化与中华文明

齐鲁文化对东北亚地区的文化辐射力及其启示　　　　　／ 彭彦华　147
日本银雀山汉墓竹简研究与法制史研究　　　　　　　　／ 小林文治　166
孔子的五帝观及其对后世的影响　　　　　　　　　　　／ 刘爱敏　179
儒家文明早期成功的治国实践
　　——以鲁国季康子执政时期为例　　　　　　　　　／ 张　磊　193
从齐鲁之学到"大一统"理论：董仲舒学说对中华共同体认同历史演进的推动
　　　　　　　　　　　　　　　　　　　　　　　　　／ 刘丹忱　206
师徒还是君臣：试论孔子与鲁哀公的关系　　　　　　　／ 王红霞　220
出土文献与田氏代齐史事订补　　　　　　　　　　　　／ 李秀亮　231
汉代经学与齐鲁文化关系述略　　　　　　　　　　　　／ 王立国　246
齐鲁文化的儒家思想传承与中华文明的历史关联研究　　／ 宁梓冰　259

齐鲁诸子与传统文化

《管子》在日本的流布　　　　　　　　　　　　／ 巩曰国　苏运蕾　271
仁义为本：荀子对儒家兵学思想的继承发展　　　　　　／ 梁宗华　283
荀子"天论"政治维度再考察　　　　　　　　　／ 宋立林　杨清扬　294
经史分野：大禹治水"过家不入门"叙事分歧及其背后原因　／ 阎盛国　308
用心·从心·归心
　　——从《论语》看孔子的心性世界　　　　　　　／ 魏衍华　322
从"儒术"到"儒学"：先秦至六朝儒学的概念起源与思想风貌
　　　　　　　　　　　　　　　　　　　　　／ 罗必明　李连秀　335
河伯神话传说源流探析　　　　　　　　　　　　　　　／ 史大丰　351

萧颖士的中古贡献及其家学门风
　　——以萧颖士《春秋》学成就为考察中心　　　　　／　闫春新　闫齐麟　367

山东牟庭家族与清代学术　　　　　　　　　　　　　　　　　／　王海鹏　378

汉画像石里的《左传》元素及儒家思想探微　　　　　　　　　／　郑　可　389

情绪与政教的统合：由《荀子·乐论》看荀子为乐立论的真正意旨　／　王芸芸　408

文明互鉴与当代价值

孔子和亚里士多德：为什么践行美德是"好公民"存在的必要条件？
　　　　　　　　　　　　　　　　　　　／　尼古拉斯·查斯奥蒂斯　419

中国与希腊古代数学的对偶性
　　——高斯消元法和中国消元法　　／　亚历山德罗斯·帕斯卡沃普洛斯　422

儒家文化如何应对人工智能时代？　　　　　　　　　　　　　／　李文娟　431

"仁者爱人、以德立人"与社会主义伦理道德的现代转换　　　　／　刘　洁　444

文明互鉴视阈下的孟子人性思想研究　　　　　　　　　　　　／　罗惠龄　456

运用儒家思想进行现代治理的成功样板
　　——新加坡政府运用儒家思想治国的启示　　　　／　王　征　韩　真　469

燕齐的"海市"与人类的"长生"
　　——韩国电影《徐福》引发的反思　　　　　　　　　　　／　李天啸　480

"德福一致"何以可能：柏拉图《理想国》与孔子《论语》的方案　／　迟希文　492

数字技术赋能齐鲁优秀传统文化现代转型研究　　　　／　广少奎　刘晓倩　503

融会通达：儒家"和合"思想对创造人类文明新形态的启示
　　　　　　　　　　　　　　　　　　　　　　　　／　刘友田　李锦霞　511

后　记　　　　　　　　　　　　　　　　　　　　　　　　　／　　　　518

儒家思想与经典诠释

中华民族共同体与人类命运共同体哲理沉思

——从费孝通先生"十六字箴言"说起

张志刚[*]

摘　要：费孝通先生不仅是我国人类学、社会学的奠基者，且是一位深谙世界文明史的智者。他在杖朝之年所道出的"各美其美，美人之美，美美与共，天下大同"十六字箴言，若能加以"哲理深描"，至今仍对我们沉思"中华民族共同体与人类命运共同体"具有深邃的学理启迪。真正理解"美美与共，天下大同"的逻辑前提在于，深悟"各美其美"所内含的"分享的智慧"与"美人之美"所内含的"互鉴的智慧"，并进而考释在其学术生涯的最后时刻，费老如何把"多元一体"称为"中国式的思想表达"，并将"十六字箴言"立论于"和而不同"这一中华传统文化之核心思想。

关键词：费孝通；十六字箴言；中华民族共同体；人类命运共同体；哲理沉思

---

[*] 作者简介：张志刚，男，山东大学讲席教授，北京大学博雅特聘教授，中国宗教学会副会长，中国统一战线理论研究会民族宗教理论甘肃基地研究员，全国政协参政议政人才库特聘专家，主要研究方向为宗教学、宗教哲学、历史哲学、宗教文化等。

一、费老"十六字箴言"的哲理启迪

费孝通先生（1910—2005）不仅是我国人类学、社会学的主要奠基者之一，在民族学、经济学、政治学、文化学等研究领域也颇有造诣，而且还是一位深谙世界文明史的智慧老者。他在杖朝之年道出的"各美其美，美人之美，美美与共，天下大同"十六字箴言，若能加以"哲理深描"，至今仍对我们沉思"中华民族共同体与人类命运共同体"具有深邃的学理启迪。

费老所言的"各美其美，美人之美，美美与共，天下大同"，发自"文化自觉"意识。系统梳理其晚年论著可以发现，费孝通先生自道出"十六字箴言"之后，潜心致力于"文化自觉"意识的不懈思考。关于这二者的理论关联，他最早在"北京大学重点学科汇报会"上做出如下解释：

> 文化自觉是一个艰巨的过程：首先要认识自己的文化，根据其对新环境的适应力决定取舍。其次是理解所接触的文化，取其精华，去其糟粕，加以吸收。各种文化都自觉之后，这个文化多元的世界才能在相互融合中出现一个共同认可的基本秩序和形成一套各种文化和平共处、各舒所长、联手发展的共同守则。7年前我80岁生日在东京和老朋友欢叙会上的答谢词中，我瞻望人类学的前途时所说的"各美其美，美人之美，美美与共，天下大同"这一句话，其实就是今天我提出的文化自觉的概括。[1]

为什么要如此重视"文化自觉"意识呢？费孝通先生在本世纪刚拉开帷幕

---

[1] 费孝通：《开创学术新风气——在北京大学重点学科汇报会上的讲话》，费宗惠、张荣华编：《费孝通论文化自觉》，呼和浩特：内蒙古人民出版社，2009年，第6页。这里顺便说明，费孝通先生在这段话里提到的"7年前我80岁生日在东京和老朋友欢叙"具体是指，1990年12月，为给费老贺寿，日本著名社会学家中根千枝和乔健两位教授携手在东京举办"东亚社会研究讨论会"，费先生发表主题演讲《人的研究在中国——个人的经历》，并用毛笔题词"各美其美，美人之美，美美与共，天下大同"。

时(2000)回忆到:10年前中国教育部主办"21世纪婴幼儿教育与发展国际会议"①,他准备的主旨发言题目为《从小培养21世纪的人》,开始探讨21世纪将是一个什么样的世界,提出人类在这一新世纪中所迫切需要解决的问题之一,即在于:各种不同文化背景下的人,亦即在不同的国家或地区中具有不同的价值观的人,何以能在这个经济、政治和文化交往越来越密切的世界上和平共处?易言之,人类怎样才能共同生存于这个小小的地球村?为了解决上述难题,人类是否需要在精神文化领域上建立"一套促进相互理解、宽容和共存的体系",即"跨文化交流"(Cross-Cultural Communication)体系。他在此后一系列论述里相继阐发了"文化自觉"看法,以表达当前思想界对"经济全球化"的一种反应,这便是他多年前讲的"各美其美,美人之美,美美与共,天下大同",是他提出"文化自觉"看法的背景及其追求。②

关于"文化自觉"概念,我们可从费老的诸多论述里节要这样两段承前启后的阐释:一是,《"文化自觉"与中国学者的历史责任》一文指出,"文化自觉"并非个人主观空想,而是当今世界的时代要求。当今世界多种文化接触,引起人类心态诸多反应,这就迫切要求人们思考:人类为什么这样生活?这样生活有什么意义,其结果将如何?这也就是说,人类发展至今已要求人们知道:各个文化是哪里来的,怎么形成的,其实质何在,将把人类带向哪里?这些冒出来的问题迫使人们具有"文化自觉"。所谓的"文化自觉"并非主张"墨守传统"或"全盘西化",而是意指人们对其赖以生存的传统文化要有"自知之明",即要彻底明白自己所处的传统文化"从哪里来,要到哪里去"。就此而论,"自知之明"就是为了增强"文化转型的自主能力",为了适应新时代而具有"文化选择的自主地位"。③二是,费老在"国际人类学与民族学联合会中期会议"主旨发言中动情地呼吁:21世纪的脚步已依稀听到,人类正在构筑新世纪的共同理念。不同的国家、民族、宗教和文化,如何才能和平相处,共创人类未来?这是摆在我们

---

① 经核对文献,准确地说,此次会议的举办时间应为11年前,即1989年7月。
② 参见费孝通:《新世纪、新问题、新挑战》,《费孝通论文化自觉》,第109页。
③ 参见费孝通:《"文化自觉"与中国学者的历史责任》,《费孝通论文化自觉》,第94页。

面前的课题。他提出人类学要为"各美其美,美人之美,美美与共,天下大同"做出贡献,就意味着我们应当探讨不同文化的自我认识、相互理解、相互宽容,探索世界多元文化的共生理念以及达到"天下大同"的途径。①

我国台湾地区著名人类学家李亦园(1931—2017)与费孝通先生曾就"美美与共"的理论设想做过一场深度的学术对话。李亦园评论道:为了进入21世纪,人类要做许多准备,其中恐怕要数"能否做到美人之美"最为重要。目前,整个世界已成为"一个小小的地球村","容忍人类不同文化的多样性"应该成为世界上的不同文化相互交往的一条基本共识。美国政治学家亨廷顿(Samuel P. Huntington)所著的《文明的冲突与世界秩序的重建》,认定西方文明与东方文明、伊斯兰文明之间势必发生激烈的矛盾冲突。这就使"怎么避免文明冲突"成为一个重大问题。许多人类学家的理论主张显然要比亨廷顿等人更积极、更乐观、更向上,即不仅主张应当避免冲突、容忍他人,而且还要欣赏不同的文化。费孝通先生所提出的"美人之美"主张,便证明了人类学家面对世界问题而做出的积极的建设性姿态。

李亦园教授进而评论,何以才能使人类和平相处、相互合作、走向天下大同的美好发展前景?这是费孝通先生晚近著述所关注的一大理论主题。费先生学贯中西,他所提出的理论框架是有生命力的。在这一理论框架的基础上,我们能否深究一层,深入探讨在中国人的现实生活经验、中国传统文化的社会秩序中,可以总结提炼哪些思想,裨益于人类超越"狭隘的东西方界限",真正懂得容忍、理解且欣赏他人,从而形成人类和平相处、相互合作的基本行为准则?时至21世纪,世界上的各民族、各文化应当讲求相互容忍、相互沟通、相互欣赏。由此可见,费孝通先生所讲的"美人之美",的确道出了人类不同文化和平共处的真谛所系。当代人类社会最重要的目标,就是容纳多元文化的共存,就是要能相互欣赏、美人之美,因为只有这样,人类文明才能永续发展。②

---

① 参见费孝通:《创建一个和而不同的全球社会》,《费孝通论文化自觉》,第125页。
② 费孝通、李亦园:《中国文化与新世纪的社会学人类学》,《费孝通论文化自觉》,第69—70页。

在这场学术对话中，费孝通先生对李亦园教授的上述评论做出了许多精彩的回应。笔者以为，如下三段引文最能传递费老"十六字箴言"所饱含的中华文化智慧——"多元一体的和谐精神"：

多元一体是中国式的思想的表现，包含了各美其美和美人之美。要能够从人家和你不同的东西中发现出美的地方，才能真心地美人之美，形成一种发自内心的、感情深处的认知和欣赏，而不是为了一个短期的目的，为了经济利益。

Malinowshi①在《文化动态论》里边讲的一段话，可以使我们得到一个很好的启发。在殖民主义的情况下进行的文化接触，里边是霸权主义的做法，结果是破坏文化。霸权搞不得，不能再走这条路。文化接触要得到一个积极的结果，必须要在平等的基础上进行。平等相处，相互理解，取长补短，最后走向融合。用我们的说法讲，就是天下大同。

说到底，我们还是要相信，中国也好，外国也好，这么多人在这么长的历史中走过来，必然会有好的东西积聚起来。现在人类世界希望有一个天下大同的前景，需要我们这样一些研究文化的人出点力量，把各个文化中积聚起来的有利于人类和平共处的东西提炼出来，我们中国的人类学家有责任把中国文化里边的推己及人这一套提炼出来，表达出来，联系当前的实际，讲清楚。现在做这个事情的人还不多，至少可以说还没有形成风气。我们的社会科学、人文科学要造成一种好风气，承认我们中国文化里边有好东西，当然也不是一切都好，这就需要提炼，把好的提炼出来，应用到现在的实际当中去。在和西方世界保持接触、积极交流的过程中，

---

① 费孝通先生在此提到的Malinowshi，就是他1936—1938年在英国伦敦经济学院学习社会人类学期间的博士学位论文指导老师、文化人类学功能学派的开创者马林诺夫斯基。

把我们好的东西变成世界性的好东西。首先是本土化，然后是全球化，communicate to the world……①

如上所见，李亦园教授在前述学术对话中所点评的"美人之美"堪称点睛之笔，即赞赏费老所讲的"美人之美"道出了"人类文化存在的真谛"，整个世界现已成为"一个地球村"，"懂得容忍他人，谅解他人，欣赏他人"，亦即"人类的各民族、各文化应该讲求相互容忍、相互沟通、相互欣赏"，理应成为新世纪"多元文化共存的基本原则"。但在笔者看来，只是着眼"美人之美"尚不足以诠释"十六字箴言"所蕴含的"多元文化的共生理念"，因为按照费老的表述，"美人之美"首先系于"各美其美"，二者一并构成"美美与共，天下大同"的逻辑前提。因而，我们还应更为全面地参照费老的诸多阐释，如前述引文里的如下通俗说法："中国也好，外国也好，这么多人在这么长的历史中走过来，必然会有好的东西积聚起来""中国文化里边的推己及人""把我们好的东西变成世界性的好东西""能够从人家和你不同的东西中发现出美的地方，才能真心地美人之美""把各个文化中积聚起来的有利于人类和平共处的东西提炼出来""平等相处，相互理解，取长补短，最后走向融合"等，试将"各美其美，美人之美"加以哲理解读与义理提升如下。

所谓"各美其美"，不仅是指世界上的各民族、各文化、各国家皆有自己的优点，要发挥各自的长处，而且内含"分享的智慧"，即善于把我们自己的优点长处分享于不同的民族、文化、国家等；所谓"美人之美"，也不但是指要欣赏他者的优点长处，而且深含"互鉴的智慧"，即我们要善于学习他者的优点长处，要借鉴人类文明的一切优秀成果，不论这些美好的东西是谁原创的。若能做到如上两点，岂不"美美与共，天下大同"。

如果以上哲理解读与义理提升言之有据且言之成理，那么，我们便可以"接着费老的思路"——多元一体是中国式的思想表现，包含"各美其美"和"美人之美"，进一步深思"中华民族共同体与人类命运共同体"的学理根据。

---

① 以上三段引文依次参见《费孝通论文化自觉》，第68、75、71—72页。

二、多元一体格局与中华民族共同体

这里所要探讨的"多元一体格局",就是费孝通先生首创的"中华民族多元一体格局"概念。这一重要概念及其学理论证,最早出自费孝通先生1988年在香港中文大学发表的"泰纳讲演"(Tanner Lecture)——《中华民族的多元一体格局》,该讲演稿首发于《北京大学学报》1989年第4期。尽管此次讲演及其讲稿的发表时间略早于"十六字箴言"一两年,但就科研经验及其规律而言,一种重要思想大都需要长年酝酿,如此短的时间差足以证实,此次重要讲演与"十六字箴言"在费老的脑海里是同步思考的,或倒不如说,这一讲演稿已饱含"十六字箴言"的美好立意。

按照费老的原版论证,"中华民族作为一个自觉的民族实体,是近百年来中国和西方列强对抗中出现的,但作为一个自在的民族实体则是几千年的历史过程中形成的";这里所用的"中华民族"一词就是指,目前生活在中国疆域里的具有中华民族认同的十几亿人民,中华民族是"一体的",而它所包括的56个民族单位则是"多元的";虽然这里所说的"中华民族"和"民族单位"都包含"民族"一词,但二者的概念层次显然不同,前者即"中华民族"作为一个自觉的民族实体,无疑就是指"国家"。[①]笔者在此之所以似显多余地强调这是"费老的原版概念阐释",就是因为在近30多年的研讨中不少学者忽视甚至轻视费老首先强调的"中华民族的国家涵义",主要将其"中华民族多元一体"概念视为"一种民族学或社会学理论",而未能将其全面且深刻地理解为我国学术界或理论界迫切需要建构的"家国哲学"或"国家学说"。

若能克服上述研究不足,我们便可以充分肯定,费孝通先生30多年前抓住关键词而深刻厘定的"中华民族"与"民族单位"两个概念,不仅切实地阐释了"中华民族的基本国情",即"作为国家的中华民族"实际上是由56个民族成员像石榴籽一样紧紧团聚而成一体的;更发人深省的是,他据此概念释义而

[①] 参见费孝通:《中华民族的多元一体格局》,《北京大学学报》1989年第4期。

全面论证的"中华民族多元一体格局",至今仍能启发我们深入探讨"中华民族共同体意识"的学理根基。费老在此所分析阐明的"一体与多元",就是古今中外哲学家或思想家在本体论、认识论和真理观上不懈探求的"一与多"(统一性与多样性)的辩证关系问题。从中华民族形成发展史的全过程来看,"一体"自始至今就是"主流与方向",因为中华优秀传统文化氛围下的"一体"历来就是海纳百川、和而不同、兼容并蓄的,这便使这一整体所包容的"多元"成为中华民族生存与发展的"要素和动力"。质言之,按照中华优秀传统文化的生存发展理念,"一体"兼容并包"多元","多元"和合融为"一体",二者有机交融,缺一不可,辩证统一。关于"中华民族多元一体格局"的漫长形成过程,费孝通先生追本溯源,旁征博引,从"中华民族的生存空间""多元的起源""新石器文化多元交融和汇集""凝聚中心汉族的出现""地区性的多元统一""中原地区民族的大混杂、大融合""北方民族不断给汉族输入新的血液""汉族同样充实了其他民族""汉族的向南扩张""中国西部的民族流动""中华民族格局形成的几个特点"等十一个方面,展开了全面的历史描述与深刻的逻辑论证,限于本文篇幅,兹不赘述。[①]

关于费孝通先生所阐释的"中华民族多元一体格局",精通中国哲学史、中国宗教史的牟钟鉴教授颇有心得地指出,中国自古就是一个多民族共生互动的国家,古代文明是多元起源,又不断向中原地区汇聚,再从中原地区不断向四周辐射的反复进行的创造过程,它既是多元并蓄,又有凝聚中心。作为中华民族集合核心的华夏族和此后的汉族,其本身就是多民族融合的产物。儒家所推崇的圣人,许多是出身于少数民族的,如舜生东夷,禹出西羌,周文、武源自西戎等,只要能代表先进文化,便为中华民族共同尊崇。由此可见,费孝通先生把中华民族的格局称为"多元一体"是十分精辟的。所谓"多元",是指民族众多,文化各异;所谓"一体",是指多个民族拥有"共同的文化基础、共同的家国认同、共同的历史命运",这三大共同点相互渗透,彼此依赖,不

---

① 参见费孝通:《中华民族的多元一体格局》,《北京大学学报》1989年第4期。

可分割。从古到今，各民族都为中华民族的统一和繁荣做出了重要贡献。

再从文化上看，牟钟鉴教授指出，中国古代文化由"儒、道"互补，进而到"儒、道、佛"三教鼎立与合流，形成中华民族传统文化的核心或主干。"三教文化"以其强大的辐射力，影响各民族的信仰和文化；各民族又以其独特的信仰和文化，充实丰富了中华民族的文化传统。由于儒家"厚德载物"的宽厚品格，中华民族不仅在历史上不断吸纳众多的外来文化，使中国成为"一个世界文明的重要交汇之地"；而且中国近代落伍以来，中华学子又以开放的心态到西方寻找真理，努力学习各种先进文明。经过几百年的努力，中华民族现已步入迅速复兴之途，现代化事业取得巨大成功。中国成为东方优秀传统文化、西方现代文化和社会主义文化交相辉映的国家。[①]

沿着费孝通先生的学术创见思路，北大版《中华文明史》（四卷本，2006年）进一步论证道：世界四大古老文明里，若与古埃及、巴比伦和古印度文明相比，中华文明虽然不能算是起源最早的，但可以说是"唯一没有中断过的"。今天生活在中华大地上的各族人民，就是那些共同创造这一古老文明的先民后裔，在这片历史悠久、文化深厚的土地上，是同一种文明形态"按照其自身的逻辑"而兴起、发展、壮大至今的。今天看来，古老的中华文明在其漫长发展过程中的确显示出"巨大的凝聚力"，这一点是非常值得我们加以深入探讨的。越来越多的考古资料证实，中华文明的发祥地是多元化或多样性的，不仅包括黄河流域、长江流域，而且还有其他许多散布各地的重要文明遗址。因而，中华文明的主要组成部分，既包括较早定居于黄河、长江流域的以农耕为主要生活来源的华夏文明，也包括若干以游牧为主要生活来源的少数民族文明。就此而言，中华文明是"多元的"，但其演进过程并非表现为多元文明的相互灭绝，而是多民族文明的互相整合，即这一文明演进过程在很大程度上可以视为不同的地域、不同的民族文明在长期交往过程中"整合为一体的过程"。中华民族的这种"多元一体的大格局"，最晚在西周就得以成型了。在此之后，尽管历

---

① 参见牟钟鉴：《中国文化的当下精神》，北京：中华书局，2016年，第96—97页。

经战乱与动荡，不断有新的文明元素加入进来，但任何一个文明分支都没有分裂出去，这种"多元一体的大格局"一向保持其"完整性"。在中华文明的演进过程中，有两个相关的方面特别值得加以研究：首先是"诸多民族的融合"，其次是"外来文化的吸收"。[①]笔者认为，就我国理论界的研究现状而言，这里所强调的"诸多民族的融合"和"外来文化的吸收"，不但需要以中华文明史的整体视野来展开全面探讨，而且尚待从中华民族史、中国社会思想史、中外文化交流互鉴史等诸多视角来进行具体研究，并深化哲理沉思。

三、中华文化智慧与人类命运共同体

党的十八大明确提出，要倡导"人类命运共同体"意识。习近平主席2017年在联合国日内瓦总部演讲时指出，人类正处在大发展大变革大调整时期，世界多极化、经济全球化深入发展，社会信息化、文化多样化持续推进，新一轮科技革命和产业革命正在孕育成长，各国相互联系、相互依存，全球命运与共、休戚相关，和平力量的上升远远超过战争因素的增长，和平、发展、合作、共赢的时代潮流更加强劲。同时，人类也正处在一个挑战层出不穷、风险日益增多的时代。世界经济增长乏力，金融危机阴云不散，发展鸿沟日益突出，兵戎相见时有发生，冷战思维和强权政治阴魂不散，恐怖主义、难民危机、重大传染性疾病、气候变化等非传统安全因素持续蔓延。让和平的薪火代代相传，让发展的动力源源不断，让文明的光芒熠熠生辉，是各国人民的共同期待。中国方案是：构建人类命运共同体，实现共赢共享。构建人类命运共同体，关键在行动。国际社会要从伙伴关系、安全格局、经济发展、文明交流、生态建设等方面做出努力。关于文明交流，习近平主席强调："和羹之美，在于合异。"人类文明多样性是世界的基本特征，也是人类进步的源泉。世界上有200多个国家和地区、2500多个民族、多种宗教。不同历史和国情，不同民族

---

① 参见袁行霈：《中华文明史·总绪论》，袁行霈、严文明、张传玺、楼宇烈主编：《中华文明史》四卷本，北京：北京大学出版社，2006年，第4—14页。

和习俗,孕育了不同文明,使世界更加丰富多彩。文明没有高下、优劣之分,只有特色、地域之别。文明差异不应该成为世界冲突的根源,而应该成为人类文明进步的动力。每种文明都有其独特魅力和深厚底蕴,都是人类的精神瑰宝。不同文明要取长补短、共同进步,让文明交流互鉴成为推动人类社会进步的动力、维护世界和平的纽带。①

上述重要演讲,显然洋溢着对人类文明交流"各美其美""美美与共"的美好愿景。下面我们接着来看费孝通先生在其学术生涯的最后时刻,对"美美与共与人类文明"的不懈思考。近年来讨论全球化问题时,他多次提到"和而不同"这一中华传统文化的核心思想,还提出"文化自觉"意识以及"各美其美,美人之美,美美与共,天下大同"设想。费老意味深长地指出,当我国的综合国力和国际地位不断提高的时候,我们更应该加强"文化自觉"反思,清醒地认识自己的国情,摆正自己在世界上的位置。"文化自觉"应该包括对自身文明和他人文明的反思,对自身的反思往往有助于理解不同文明的关系。因为无论世界上的哪种文明,皆由多个民族单位的不同文化融会而成,各种文明几乎无一例外都是"多元一体"的。正因为如此,他在20世纪80年代末总结多年研究心得时,提出了"中华民族多元一体格局"观念。这一观念能够启发我们探讨全球化和不同文明的关系。中华民族在漫长的历程中,有许许多多分散孤立的民族单位,终于形成"我中有你、你中有我,而又各具个性"的多元一体格局。所以,我们可以在中华文明中处处体会到"统一性与多样性的辩证关系"。中华文明拥有与"异文化"交流互鉴的丰富经验,在今后越来越广泛、深入地融入世界的过程中,中国一定能为重构全球化和不同文明的关系做出应有的贡献。

费孝通先生进一步指出,中华文明历史悠久,上下数千年,不知积累了多少先人的聪明智慧和宝贵经验,我们今天特别需要深入发掘,全面总结,发扬光大。在当今这样一个信息爆炸、异域文化纷至沓来的时代,我们不能不认真思考如何应对。显而易见,"全盘接受"或"盲目排斥"都是简单化且不可行

---

① 参见习近平:《共同构建人类命运共同体》,《求是》2021年第1期。

的，我们理应以"一种理智的、稳健的，而非轻率的、情绪化的交往心态"，来"欣赏并鉴别不同的文化"。不言而喻，无论世界上的哪一种文明或哪一种文化，皆非十全十美，都既有精华又有糟粕。所以，我们对形形色色、纷至沓来的不同文化，一方面要有所理解，另一方面更要有所选择，这就是要做到"各美其美，美人之美，美美与共"。我们的胸怀与目光应该比古人更广阔、更远大，对于世界上的不同文化具有更高雅的鉴赏力，拥有一个与不同文明和睦相处的良好心态。在这方面，我们的先辈留下许多包含深刻哲理的宝贵经验。譬如，"己所不欲，勿施于人""修己而不责人""退一步海阔天空"等格言，都包含"克己、忍耐、收敛"的意思。这些都是在中华民族多元一体格局形成的漫长岁月中，逐渐积累的中国人特有的一套哲学思想。为了人类能够生活在一个"和而不同"的世界上，从现在起就必须提倡在审美的、人文的层次上，在社会活动中树立"美美与共的文化心态"，这将是人们思想观念上的一场深刻变革。①

如前文所述，费孝通先生把"多元一体"称为"中国式的思想表达"，并将其"十六字箴言"立论于"和而不同"这一中华传统文化的核心思想，可谓与其他两位北大同道、中国哲学史学科的开拓者——冯友兰（1895—1990）和张岱年（1909—2004）不谋而合。我们先来品味张岱年先生就"和谐"范畴所做的义理阐发。

> 对待不唯相冲突，更常有与冲突相对待之现象，是谓和谐。和谐非同一，相和谐者不必相类；和谐亦非统一，相和谐者虽相联结而为一体，然和谐乃指一体外之另一种关系。和谐包括四方面：一相异，即非绝对同一；二不相毁灭，即不相否定；三相成而相济，即相互维持；四相互之间有一种均衡。②

---

① 参见费孝通：《"美美与共"和人类文明》，《费孝通论文化自觉》，第259—275页。此文是2004年8月在北京大学主办的《北京论坛》上的书面发言，2005年4月24日费孝通先生仙逝。
② 张岱年：《哲学思维论——天人五论之一》，《张岱年全集》第三卷，石家庄：河北人民出版社，1996年，第35页。

显而易见，张岱年先生是将"和谐"范畴提升至哲学思维的高度，作为辩证法的一个基本概念来加以哲理释义的。冯友兰先生的义理诠释思路也是如此。冯先生以95岁高龄写就的《中国哲学史新编》（七册本，1991年），是以沉思北宋理学家张载"太和"观念的历史启示来收笔的。张载把辩证法的规律归纳为四言："有象斯有对，对必反其为；有反斯有仇，仇必和而解。"（《正蒙·太和》）"和"是张载哲学体系中的一个重要范畴，《正蒙》开篇曰："太和所谓道，中涵浮沉、升降、动静、相感之性，是生絪缊、相荡、胜负、屈伸之始。"所谓"和"，是充满矛盾斗争的，而并非相反。所谓"浮沉、升降、动静、相感之性"，就是矛盾；所谓"絪缊、相荡、胜负、屈伸"，就是斗争。因而，张载认为，一个社会的正常状态就是"和"，宇宙的正常状态也是"和"。这个"和"，称为"太和"。冯友兰先生接着终其一生的研究心得，为一部《中国哲学史新编》做出如下思想总结：

在中国古典哲学中，"和"与"同"不一样。"同"不能容"异"；"和"不但能容"异"，而且必须有"异"，才能称其为"和"。

"仇必和而解"是客观的辩证法。不管人们的意愿如何，现代的社会，特别是国际社会，是照着这个客观辩证法发展的。

现代历史是向着"仇必和而解"这个方向发展的，但历史发展的过程是曲折的，所需要的时间，必须以世纪计算……人是最聪明、最有理性的动物，不会永远走"仇必仇到底"那样的道路。这就是中国哲学的传统和世界哲学的未来。[①]

冯友兰、张岱年和费孝通三位先生的前述深刻理论见地，并不仅仅代表本土学者对于中国传统文化的基本哲学精神的价值认同，海外饱学之士也深有同

[①] 以上概述和引文参见冯友兰：《中国哲学史新编》第七册，台北：蓝灯文化事业股份有限公司，1991年，第八十一章，第208—210页；或可参见冯友兰：《中国现代哲学史》，广州：广东人民出版社，1999年，第251—254页。

感并认同此理。譬如,《全球伦理宣言》和《全球经济伦理宣言》的起草人、世界宗教与人类文明对话的积极推动者汉斯·昆(Hans Küng,又译"孔汉思"),向西方电视观众介绍中国传统文化时讲解道:在整个中国哲学传统中,一以贯之的就是寻求天地间的和谐一致;时至今日,中国人依然寻求天地间的和谐:人与自然、天与人间的和谐,社会以及人自身的和谐。他把这一中国哲学传统称为"大和谐精神",并相信此种精神不但对中国的未来有重要意义,而且对构建世界伦理有重大贡献。①

　　总结本文研讨,笔者尝试做一种总体性的哲理概括,即把中华文化智慧所孕育的生存发展理念,或称"中华传统文化的生存发展价值观"凝练为"二十言":以人为本,和而不同,兼容并蓄,海纳百川,有容乃大。此种总体性的义理阐释的学术旨意就在于,既能集思广益,从观念上涵括与整合我国学术界近些年关于中华传统文化研讨的诸多合理论点;又能广开思路,从义理上把握与阐发本文所简要论证的中华文化智慧之于"铸牢中华民族共同体"与"构建人类命运共同体"的重大理论价值与现实意义。

---

① 参见[瑞士]汉斯·昆:《世界宗教寻踪》,杨煦生、李雪涛等译,北京:生活·读书·新知三联书店,2007年,第180页。

虞帝"明德"内涵的解析
——读《史记·五帝本纪》札记

宫长为[*]

摘　要：根据现有的相关文献资料记载，结合新近出土的清华简材料，可以认定"克谐以孝"当是虞帝"明德"之内涵所在，而虞帝"明德"之真谛集中体现了"中"的精神，近年出土的清华简《保训》篇也印证了这一点，"天下明德皆自虞帝始"，其意义重大非凡。

关键词：虞帝；"明德"；"克谐以孝"；"中"

众所周知，司马迁作《史记·五帝本纪》之时，尝云：

> 学者多称五帝，尚矣。然《尚书》独载尧以来；而百家言黄帝，其文不雅驯，荐绅先生难言之。孔子所传宰予问《五帝德》及《帝系姓》，儒者或不传。余尝西至空桐，北过涿鹿，东渐于海，南浮江淮矣，至长老皆各往往称黄帝、尧、舜之处，风教固殊焉，总之不离古文者近是。予观《春秋》《国语》，其发明《五帝德》《帝系姓》章矣，顾弟弗深考，其所表

---

[*] 作者简介：宫长为，男，中国社会科学院历史研究所研究员，主要从事先秦史、简帛学与国学研究。

见皆不虚。《书》缺有间矣，其轶乃时时见于他说。非好学深思，心知其意，固难为浅见寡闻道也。余并论次，择其言尤雅者，故著为本纪书首。

历纪黄帝、颛顼、帝喾、唐尧和虞舜五帝，其中有这样一句话，其云："天下明德皆自虞帝始。"那么，什么是"明德"？为何"天下明德皆自虞帝始"呢？需要我们做些讨论。

我们认为，讨论这样的问题，应当从有关文献梳理入手，探索内在的逻辑关系，并结合新出土的材料，作以深度的解析。

首先，我们要缕析虞帝"明德"之原委。

这里，我们据《史记·五帝本纪》的记载："尧老，使舜摄行天子政，巡狩。舜得举用事二十年，而尧使摄政。摄政八年而尧崩。三年丧毕，让丹朱，天下归舜。"实际上，虞舜即位以后，遇到了两大难题。我们用《尚书·皋陶谟》篇的话来概括："在知人，在安民。"

什么叫"知人"？要做到"知人"，就是要善任。什么叫"安民"？要做到"安民"，就是要定邦。

在这一方面，《尚书·舜典》篇记载得非常清楚：

> 二十有八载，帝乃殂落。百姓如丧考妣。三载，四海遏密八音。月正元日，舜格于文祖，询于四岳，辟四门，明四目，达四聪。

以下，先"咨十有二牧曰：'食哉！惟时柔远能迩。惇德允元，而难任人，蛮夷率服。'"《史记·五帝本纪》则作"命十二牧论帝德，行厚德，远佞人，则蛮夷率服"。

接着"咨四岳"，分命伯禹作司空、弃作后稷、契作司徒、皋陶作士、垂作共工、益作虞、伯夷作秩宗、夔作典乐、龙作纳言，计"二十有二人，钦哉！惟时亮天功"，即你们二十二人都要各尽其职守，也只有这样，才能真正起到辅佐虞帝的作用。

虞帝"明德"内涵的解析

其中"二十有二人",立足十有二牧加上所分命之人,细数缺有一人,而《史记·五帝本纪》则列有禹、皋陶、契、后稷、伯夷、夔、龙、倕、益和彭祖,正好十人。

不过,以下所核任命,实为九人。《史记集解》引马融的话说:"稷、契、皋陶皆居官久,有成功,但述而美之,无所复敕。禹及垂已下皆初命,凡六人,与上十二牧四岳,凡二十二人。"郑玄又补充道:"皆格于文祖时所勅命也。"①

以上,就是"知人"或者说善任方面的内容,司马迁特别指出,禹、皋陶、契、后稷、伯夷、夔、龙、倕、益和彭祖十人"自尧时而皆举用,未有分职"②,《史记正义》谓"分谓封疆爵土也"③。

虞帝正是在这样的基础之上"知人"善任,从而调动了各个方面的积极性、创造性,亦如司马迁所言:

> 此二十二人咸成厥功:皋陶为大理,平民各伏得其实;伯夷主礼,上下咸让;垂主工师,百工致功;益主虞,山泽辟;弃主稷,百谷时茂;契主司徒,百姓亲和;龙主宾客,远人至;十二牧行而九州莫敢辟违;唯禹之功为大,披九山,通九泽,决九河,定九州,各以其职来贡,不失厥宜。方五千里,至于荒服。南抚交阯、北发,西戎、析枝、渠瘦、氐、羌,北山戎、发、息慎,东长、鸟夷,四海之内咸戴帝舜之功。于是禹乃兴九招之乐,致异物,凤皇来翔。④

从而达到了定邦或者说"安民"之目的,这是我们要说的另一个方面,即"安民"或者说定邦方面的内容。

---

① (西汉)司马迁:《史记》卷一《五帝本纪》,北京:中华书局,1982年,第42页。
② 同上书,第38页。
③ 同上书,第40页。
④ 同上书,第43页。

禹曰："知人则哲，能官人。安民则惠，黎民怀之。"①于是乎，所谓"三载考绩。三考，黜陟幽明，庶绩咸熙"②。由是，司马迁一语道之，"天下明德皆自虞帝始"，这也是对虞帝治国、平天下的褒奖。

其次，我们要解读虞帝"明德"之内涵。

这里，我们不妨引述《尚书·皋陶谟》篇教诫大禹如何为君的基本要义。

皋陶曰："允迪厥德，谟明弼谐。"也就是说，诚能遵守虞帝的德政，就会谋略英明，辅臣和谐。为此，应当做到：

慎厥身，修思永；惇叙九族；庶明励翼，迩可远，在兹。③

也就是说，先要谨慎自身，永记修养；次要敦睦家人，和顺亲族；再要贤明之人，自勉恭敬，由近及远，关键如是。显然，它包括了三层含义：一是要"慎厥身，修思永"；二是要"惇叙九族"；三是要"庶明励翼，迩可远"。

只有"慎厥身，修思永"，才能"惇叙九族"，这样"庶明励翼，迩可远"，体现了后世儒家所倡导的修身、齐家、治国、平天下的基本理念。换句话说，后世儒家所倡导的修身、齐家、治国、平天下的基本理念，已经显露其端绪。

这里，我们也不妨先看看唐尧如何考察虞舜的品德行为：先是"女于时"，即妻以二女，"观厥刑于二女"④；后是"乃命以位"⑤，即"历试诸难"，考核厥功。⑥

我们据《尚书·舜典》篇序云："虞舜侧微，尧闻之聪明，将使嗣位，历试诸难——作《舜典》。"它包括以下四个方面的内容：一是"慎徽五典，五典克

---

① 黄怀信：《尚书注训》，济南：齐鲁书社，2002年，第49页。
② 同上书，第31页。
③ 同上书，第48页。
④ 同上书，第18页。
⑤ 同上书，第21页。
⑥ 同上书，第20页。

从";二是"纳于百揆,百揆时叙";三是"宾于四门,四广门穆穆";四是"纳于大麓,烈风雷雨弗迷"。①

结果,帝曰:"格,汝舜!询事考言,乃言厎可绩。三载,汝陟帝位!"②这当是考察虞舜治国之事。

我们据《尚书·尧典》篇记载,帝曰:"我其试哉!女于时,观厥刑于二女。"于是便把两个女儿下嫁到虞舜所在的妫水北岸,给虞舜做了媳妇。临行之时,帝曰:"钦哉!"即嘱托两个女儿要认真遵守妇道。这当是考察虞舜齐家之事。

其结果怎么呢?关键在于修身如何。

我们知道,虞舜的家世情况,按照《尚书·尧典》篇记载为"瞽子。父顽、母嚚、象傲",而虞舜又是如何修身的呢?其实,《尚书·尧典》篇已经给出了答案,是云:"克谐以孝,烝烝乂,不格奸。"也就是说,在这样一个家庭里,虞舜作为瞎眼乐官的儿子,父亲愚顽、继母奸诈、弟弟傲慢,虞舜能够以孝道和谐相处,促使他们积极地做事,不至于奸邪。这恐怕也是世上绝无仅有的家庭,正是在这样的恶劣环境下,虞舜都能够以身作则,和谐相处,其关键就是"克谐以孝",这是问题的根本所在。

所谓"修身、齐家、治国、平天下",先是修身,次之齐家,再之治国、平天下,它的基本前提就是修身。何谓修身?就是"克谐以孝",这当是"明德"之内涵所在,有子曰:"孝弟也者,其为仁之本与!"③《礼记·中庸》篇亦明言:"仁者人也,亲亲为大。"孝悌是做人的根本,"天下明德皆自虞帝始",当是渊源有自。

再次,我们要探讨虞帝"明德"之真谛。

讨论到这里,我们对虞帝"明德"之原委,对虞帝"明德"之内涵,都有了一个比较明晰的理解和认识。那么,虞帝"明德"之真谛是什么?还需要我

---

① 黄怀信:《尚书注训》,第21页。
② 同上。
③ 杨伯峻:《论语译注》,北京:中华书局,1980年,第2页。

们做进一步的思考,也就是说"克谐以孝",它体现了一种什么精神?

我们先看《尚书·大禹谟》篇云:"皋陶矢厥谟,禹成厥功,帝舜申之——作《大禹·皋陶谟》《益稷》。"皋陶作士,陈述谋略;大禹作司空,功成卓著;虞帝作以申述的,正是《尚书·大禹谟》篇的主要内容。

有关《尚书·大禹谟》篇的成书年代或者说真伪问题,早已是《尚书》学研究的公案,至今还在讨论之中。其中有两段话,应当引起我们的注意。

其一,虞帝夸赞皋陶。

> 帝曰:"皋陶,惟兹臣庶,罔或干予正。汝作士,明于五刑,以弼五教。期于予治,刑期于无刑,民协于中。时乃功,懋哉。"

大意是夸赞皋陶作士的功劳,做到臣民相安,明以五刑,辅以五教,以期大治,以刑无刑,人民都协和于其中。

其二,虞帝夸赞大禹。

> 帝曰:"来,禹!降水儆予,成允成功,惟汝贤。克勤于邦,克俭于家,不自满假,惟汝贤。汝惟不矜,天下莫与汝争能。予懋乃德,嘉乃丕绩,天之历数在汝躬,汝终陟元后。人心惟危,道心惟微。惟精惟一,允执厥中。无稽之言勿听,弗询之谋勿庸。"

大意是夸赞大禹作司空的功劳,大禹治水,"成允成功",不仅"克勤于邦",而且"克俭于家",被虞帝寄予厚望,特别强调"人心惟危,道心惟微。惟精惟一,允执厥中",也就是说,人心危险,道心隐微,要精细要专一,恰当把握其中。

在这两段话中,两次都提到了"民协于中"之"中"和"允执厥中"之"中"。前者是皋陶作士,"明于五刑,以弼五教",从而"民协于中"。这个"中",当指"五刑"与"五教"互为配合,恰到好处,"民协于中";后者是大禹作司空，被虞帝寄予厚望，特别强调"人心惟危，道心惟微。惟精惟一，允执厥中"。这个"中"，当指"人心惟危，道心惟微"，只有"惟精惟一"，才能"允执厥中"。"允"是恰当，"执"是把握，"厥"是代词，"中"是标准，恰当把握它们或它们的标准，也就是恰当把握其中之义。

由是，我们可以看出，在"明德"之原委、"明德"之内涵的背后，还隐约着一个更为深层的治国理念，就是虞帝反复强调的"民协于中"之"中"和"允执厥中"之"中"。这个"中"，则是"克谐以孝"的真谛所在。也就是说"孝"是有标准的、有节制的；不是无限的"孝"，也不是无故的"孝"，它集中体现了"中"的精神。

近年出土的清华简《保训》篇，记载了周文王临终遗言，告诫太子发（即后来的周武王），主要讲了两个历史传说。为了便于讨论，我们不妨也把它们移录如下。

其一，有关虞舜的历史传说：

> 昔舜旧作小人，亲耕于历丘，恐求中，自稽厥志，不违于庶万姓之多欲。厥有施于上下远迩，迺易位迩稽，测阴阳之物，咸顺不逆。舜既得中，言不易实变名，身兹备惟允，翼翼不懈，用作三降之德。帝尧嘉之，用受厥绪。

其二，有关上甲微的历史传说：

> 昔微假中于河，以复有易，有易服厥罪，微无害，迺归中于河。微志弗忘，传贻子孙，至于成唐，祗备不懈，用受大命。

尽管有关清华简《保训》篇"中"的问题还在讨论之中，但是，我们有一点是十分清楚的，正如李学勤先生所指出的那样："文王对太子发讲了两件上古的史事传说，用这两种史事说明他要求太子遵行的一个思想观念——'中'，也就是后来说的中道。"①

毫无疑问，有关虞舜的历史传说，"求中""得中"的过程，正好印证了《尚书·尧典》《舜典》篇等文献记载的相关内容，也就是修身、齐家、治国、平天下之事。当然，这个过程也包含着唐尧对虞舜的培养和教诲，我们按照《论语·尧曰》篇的记载"咨！尔舜！天之历数在尔躬，允执其中。四海困穷，天禄永终"，似乎更加明确这样的传授过程；而且"舜亦以命禹"②一语，也似乎更加明确这样的传授系统。唐尧、虞舜和大禹之间的传授关系，朱熹作《中庸章句》已有说明，《尚书·大禹谟》篇的记载也需要我们重新审视。

我们从这一意义上讲，有关上甲微的历史传说，"假中""归中"的过程，也正好印证了《周易》《山海经》《竹书纪年》等文献记载的相关史事。这个"假中""归中"之"中"，亦如"求中""得中"之"中"。按照这一特定的语境分析，所谓的"假中"，也就是"求中"的过程，只是获取的方式不同；所谓的"归中"，也就是"得中"的过程，只是认知的方法不同，所以，下云：

> 微志弗忘，传贻子孙，至于成唐，祗备不懈，用受大命。

如果我们脱离这一特定的语境分析，必然对"假中""归中"产生歧义，导致错误的理解和认知的偏颇，也有悖于周文王临终遗言之宗旨，其云：

> 昔前人传宝，必受之以詷，今朕疾允病，恐弗念终，汝以书受之。钦哉，勿淫！③

我们以为，"昔前人传宝，必受之以詷"，这种传授方式，当可追溯至唐尧、虞舜时代，下及上甲微"传贻子孙，至于成唐"，乃至周文王由于"今朕疾允

---

① 李学勤：《周文王遗言》，《光明日报》2019年4月13日第12版。
② 杨伯峻：《论语译注》，第207页。
③ 李学勤：《清华大学藏战国竹简》第一册，上海：中西书局，2010年，第143页。

病，恐弗念终"，才要求太子发"汝以书受之"，冀望太子发"钦哉，勿淫！"

最后，我们要论证虞帝"明德"之意义。

近些年来，我们有这样一种看法：按照恩格斯两种生产理论，重新界定人类文明的发生和发展的历史，是十分必要的，也是切实可行的。

我们认为，距今1万年前左右，伴随着农业革命的出现，人类自身生产由族内婚向族外婚过渡，标志着人类文明的形成，而国家只是人类文明进程中的一定阶段的产物，其后到来的工业革命时期，以及后工业革命时期，包括早些时候的前农业革命时期在内，大体上构成了人类文明历史的四个不同发展时期。从这一意义上讲，我们要对中国历史有一个全新的、明晰的理解和认识。

具体地来说，其中前5000年，可以作为第一个阶段，也就是从前80世纪到前30世纪，约略处于中华文明的奠基阶段；相对而言，后5000年之中的前3000年，可以作为第二个阶段，也就是从前30世纪到前221年，约略处于中华文明的开创阶段；而后的2000年，可以作为第三个阶段，也就是从前221年到1911年，约略处于中华文明的发展阶段；余者100年，可以作为第四个阶段，也就是从1911年至今，约略处于中华文明的转折阶段。[①]

显然，我们这里所说的虞帝或者说虞舜文化，正处在这样一个历史阶段，也就是中华文明的开创阶段。换言之，也即我们通常所说的中国早期国家阶段，从前30世纪到前221年，即从五帝时代到三王时代，前后约有3000年的历史。其间的五帝时代是三王时代的前奏，三王时代是五帝时代的发展，若做具体的划分，我们似乎可以划分为五个时期。

第一个时期：黄帝、颛顼、帝喾时期，处于中国早期国家的发轫期。

第二个时期：尧、舜时期，处于中国早期国家的发展期。

第三个时期：夏商周三代时期，处于中国早期国家的鼎盛期。

第四个时期：春秋时期，处于中国早期国家的衰落期。

[①] 宫长为：《有关商汤文化的几个问题》，张星社主编：《阳城商汤文化》，太原：三晋出版社，2010年，第66页。

第五个时期：战国时期，处于中国早期国家的转变期。

自20世纪90年代中、后期以来，国家夏商周断代工程的成功实施，极大地推动了中国古代文明研究工作的展开。继之中华文明探源工程，在夏商周断代工程的基础上，把中华文明又向前推进500年，也就是尧、舜时期，即处于中国早期国家的发展期。

我们从目前的历史研究和考古成果来看，这个时期最大的特点是，处于中国早期国家的发轫期向中国早期国家的鼎盛期过渡。换句话说，由黄帝、颛顼、帝喾时期，经尧、舜时期，向夏商周三代时期过渡。在这个重要的历史时刻，虞舜秉承唐尧遗志，"帝尧嘉之，用受厥绪"[①]，通过"求中""得中"的过程，传授"宝训"[②]，所谓"舜亦以命禹"。这个意义重大非凡，不仅继承和发展了中华优秀传统文化的基因根脉，而且奠定了后世中华文明繁荣昌盛的基石，周公的"明德慎法"、荀子的"隆礼重法"，都是承续虞舜的"明德"思想，无怪乎司马迁一语破的，"天下明德皆自虞帝始"。

---

① 李学勤：《清华大学藏战国竹简》第一册，第143页。
② 同上。

儒学的真理观

崔英辰[*]

摘　要：任何学问和宗教都追求真理，儒学也不例外。"何谓真理"随着思想体制和信念的不同而异。从这一意义来看，规定儒学的真理观是把握儒学思想本质的出发点。儒学关注并探讨的领域并不是事实的世界，而是价值的世界。因此，讨论儒家的真理问题，比起"存在和认识"的认识论领域来，"存在和当为"的价值论领域更不容忽视。从形式的层面来讲，儒家的真理是"道"和"则"（矩）；从内容方面来看，儒家的真理可以概括为"对待律"（中）和"仁"（生命性）。人为了实践正确的行动，必须遵守准则，即当为的道德律，遵循本性，克服私欲，恢复本来的自我，真理才能够实现。

关键词：儒学；真理；道；则

序　论

任何学问和宗教都追求真理，儒学也不例外。孔子曾说："朝闻道，夕死可矣。"（《论语·里仁》）他的这番话可谓一典型例子。[①]但是"何谓真理"随着思想体制和信念的不同而异。从这一意义来看，规定儒学的真理观是把握儒学

---

[*] 作者简介：[韩]崔英辰，男，成均馆大学终身教授，研究方向为韩国儒学。
[①] [韩]柳承国：《东洋哲学研究》，首尔：槿域书斋，1983年，第105—107页。

思想本质的出发点。

一般来说,"真理"作为"虚假"的对立概念,与认识的恰当性(合适性)问题紧密相关。因此,"何谓真理"的真理观问题就具体化成为"人为了从认识内容中确认究竟什么样的事物才是真理,从而对此来进行验证"的这样一种验证问题。进而言之,借用判断的形式来表达认识的真正性(真理性)时,这一判断认识真伪的基准设置问题就上升为一个核心课题。①

众所周知,判断分事实判断和价值判断两种。但儒学关注并探讨的领域并不是事实的世界,而是价值的世界。在儒学思想中,判断的基准问题具体化为对价值判断的尺度究竟为何的疑问,如人的本性是善还是恶,做这样一种伦理判断的标准尺度是什么。并且传统的儒学都追求认识和实践的统一,故判断的问题就相应成为一个核心问题,它是评判道德行为正当与否的当为准则。②儒学的很多重要概念都包括事实和价值两个领域,而且相比而言,价值领域的概念占的比重更大。③

从儒学的立场来看,事实和价值是不可分的。儒学的目的在于建立道德世界,而道德秩序又立基于自然秩序。④因此就客观事实来讲,其作为道德规范之依据的意义比其本身的意义更为重大。自然的秩序乃至其存在样态都依据人的先天道德意识而规范化,以此来确立当为的道德律,这可以被称作"自然的规范化"。⑤因此讨论儒家的真理问题,比起"存在和认识"的认识论领域来,"存在和当为"的价值论领域更不容忽视。

---

① [韩]白钟玄:《真理与认识》,《哲学讲义》,首尔:哲学与现实社,1993年,第81—88页。

② 《孟子》中有关于汤和武王伐桀、纣的行为从道德性来讲究竟是否恰当的内容。

③ 朱熹学说中"理"的概念可以说是一例。理可以是存在原理、统制原理、道德原理、条理等,但朱熹继承了孟子性善说的理论基础,其"理"的概念中道德原理的层面,即理的绝对善性具有非常重要的意义。参见[日]山井涌:《明清时代的气哲学》,《明清思想史研究》,东京:东京大学出版会,1980年,第150页。

④ 《礼记·乐记》:"天尊地卑,君臣定矣。卑高已陈,贵贱位矣。"

⑤ 其代表可以说是四君子艺术。例如竹子直挺这一客观事实,儒者将其转换为"节介"这一当为的规范,从而成为规范化的表征(emblem)。参见[韩]崔珍源:《江湖歌道研究》,成均馆大学博士学位论文,1975年,第50—64页。

若从东方哲学中来找寻与西方的"真理"(truth)最接近的用语，则可以说是"道"。特别是从"判断、行为的基准"这一层面来探讨时，则有"则"（法则）这一用语。本文将以这两个概念为中心探讨一下儒家的真理观。

一、真理的根据

"道"的本义是"人行走之路"，后来发展为"一切存在的运动和前行"这一普遍性的含义，随着"法则性"之义浮显出来，发展为"理法""规则""原理"等抽象性意义。[①]

"则"本来是"确定物货差等"之义，后来被转义理解为人们应该遵守的约定、制度、法则、标准以及自然的条理、天理等。[②]

从中国古代社会的上帝观念中可以找到"道"和"则"的原型。一般认为真理的本质是绝对性和唯一性。[③]在儒家思想中，最初的以及最终的根据都在于帝和天。

依据中国古代文化的研究成果来看，殷代的上帝作为同时支配自然界和人类这两个异质领域的绝对人格神，一直是宗教崇拜的对象。[④]上帝创造并支配着一切事物，特别是根据人的行为来判断善恶并施以奖惩。它的这种意志可以通过自然现象甚至王朝交替表现出来。在此，自然现象和人事就有机地结合在一起，这是值得关注的。

[①] 《儒教大辞典》，首尔：博英社，1990年，第343页。
[②] （东汉）许慎《说文解字》："则，等画物也，从刀从贝，贝古之物货也。"又见（清）段玉裁《说文解字注》："等画物者，定其差等而各为介画也，今俗云科则是也，介画之故从刀，引申之为法则。"
[③] ［日］今道友信：《东西哲学》，东京：TBS社，1981年，第51页。
[④] 本来作为祖上神的上帝在转格为自然神的过程中，既保留了祖上神的因素，也被赋予了人格神的因素。上帝的双重性来源于这一历史事实。因此到了周代，自然神的祭祀中也采用祖上神的祭祀方式。参见［日］池田末利：《中国古代宗教史研究》，东京：东海大学出版会，1981年，第53—56页。上帝所具有的这种双重性也是解释中国哲学将事实和价值、存在和当为一致化之特征的线索。

上帝是一切存在的存在依据，如同《尚书·洪范》的"稽疑"所记，对事态判断的最终恰当性也是由上帝来保障的，直接识上帝之意的方法便是甲骨中的占卜。①因此，卜辞中所提示的上帝的意志和命令作为判断和行为的绝对准则，其本身可以说是真理。我们在探索中国哲学形而上学的观念渊源时，最终都要溯源到上帝的理由就在于此。②

这种超越的、绝对的上帝观到了殷末周初的历史变动期发展成了"天"③的概念，随之带来了意义的变化。并且"则""道"等用语也用来表现上帝的理法性。④在"帝"和"天"概念的差异中，值得我们注意的一点是，"帝"原来是描绘花蒂或束薪⑤等事物的象形字，而"天"是描写人的象形字，特别强调的是头部（首）⑥，这一点来源于头部有神灵的原始观念。⑦甲骨文中的"天"原来也不是用作超越性的意义，只是因为头在人体的上部，故发展为事物的顶端以及万物的至上——"天"之含义，后来又引申为"大"之义，有时也与天之

---

① 卜辞的内容通过多方面来表现，如对祖上神以及自然神祭祀的可否、战争的可否、风雨的有无、旬（十天）或者每天晚上灾殃的有无、疾病、妊娠等。其中与祭祀相关的内容最多。参见［日］伊藤道治：《中国社会的成立》，东京：讲谈社，1977年，第66页。

② 赤塚忠曾指出："从儒家的上帝观中主要可以推出人格神的一面，即人间世界的终极目的和人伦秩序；从道家可以推出自然崇拜的一面，于是形成了超越的、自然的原理——'道'的概念。"参见［日］赤塚忠：《道家思想的本质》，《东洋思想》第三卷，东京：东京大学出版会，1967年，第20—21页。他将儒家和道家的核心概念——"道"的原型置于上帝。秦末汉初儒家思想的第一次理论化时期中代表形而上学的实体观念的易庸之"道"概念以及宋代儒家思想的第二次理论化时期中"太极""理"等儒家的实体观念，都建立在上帝观念的两面性（即人格的方面和自然现象支配的方面）基础之上。退溪也将"理"定义为"极尊无对，命物而不命于物"。而且，他还规定"理"不只是原理性的存在，也是人应该敬和尊的对象。这都说明了如上事实。

③ 关于"帝"和"天"的同异有很多不同的观点，具体请参见［日］池田末利：《帝释天》，《中国古代宗教史研究》，第203页。

④ 其代表性语句有《诗经·大雅》中的"帝谓文王曰……不识不知顺帝之则"和《尚书·多方》中的"不终日劝于帝之迪，乃尔攸闻"。这里强调帝的"则"和"迪"这一所谓的"规范性的法则性"。参见［日］穴泽辰雄：《中国古代思想论考》，东京：汲古书院，1983年，第37—38页。

⑤ ［日］穴泽辰雄：《中国古代思想论考》，第11页。最近也出现了很多对"花蒂说"的批判。参见李圃主编，《古文字诂林》编纂委员会编：《古文字诂林》，上海：上海教育出版社，1999年，第44—51页。

⑥ ［日］穴泽辰雄：《中国古代思想论考》，第17—24页。

⑦ ［日］池田末利：《中国古代宗教史研究》，第34页。

上的存在——上帝混称。

"天"概念的出现开启了把伦理判断的基准从上帝这一外在的、超越的层面转向与人类存在的关联性中来探讨的新线索。其代表性语句可以说是《诗经·大雅》中的"天生烝民，有物有则。民之秉夷，好是懿德"。此处天的造化物"民"被规定为先天性秉承"则"的存在。这里的"则"是事物的"当然之则"①、不变的"准则"②，是《诗经》中的"帝之则"，亦与《周易》中的"天则"是相通的概念。③此句提示我们，内在于事物中的"天赋之则"，即规定事物当为的准则。因此行为的根据就内在化于人，这里就引出了道德世界。④如上这种思考的转换与天命决定于为政者之道德性的"天命政治思想"，从向外的敬天思想到向内的敬德思想的转换是相辅相成的。⑤

在中国古代，真理是帝、天的命令（帝命、天命）以及理法化的"帝之则""天则"，当其内在化时便成为万事万物的"当然之则"。⑥

二、真理的体得

古代中国思想发端于解决春秋时期极度混乱的社会秩序之方法论的追求中。当时提出的方法论之一便是孔子的德治主义，即依靠道德实践来恢复秩序。⑦孟子的性善论也揭示了其实现可能性的理论依据。孟子认为人先天存在道德行为实现可能性的依据，他的这一观点在当时受到了许多批判。于是孟子在"人人皆有不忍人之心"，即四端的经验性事实，以及前面引用的《诗

---

① （南宋）朱熹《诗集传》小注："朱熹曰：天之生此物，必有个当然之则。"
② （南宋）朱熹《诗集传》小注："有此物，则具此理，是所谓则也。则者，准则之谓，一定而不可易者也。"
③ 《周易·乾卦·文言传》："乾元用九，乃见天则。"
④ （南宋）朱熹《诗集传》小注："民执之以为常道，所以无不好此懿德者。物物有则……止于仁，君之则也；止于敬，臣之则也。"
⑤ 牟宗三：《中国哲学的特质》，台北：学生书局，1985年，第14—18页。
⑥ （南宋）朱熹《诗集传》小注："天理自然谓之则，谓理之不可逾也。"
⑦ 《论语·为政》："道之以政，齐之以刑，民免而无耻。道之以德，齐之以礼，有耻且格。"

经·大雅》中"天"概念的基础上论证其恰当性①,即人的本质是天赋之则,所有存在和价值的依据都在于天。"尽其心者,知其性,知其性则知天也"(《孟子·尽心上》),便说明了这一点。②因此,人为了实践正确的行动,必须遵守准则,即当为的道德律,要遵循本性,除此之外无他。《中庸》的"天命之谓性,率性之谓道"说明了天与性的关系,并据此提出了作为人当行之路的"道"。③如同上古时代上帝的命令就是真理一样,现在作为"在人之天道"的性,即真理。④因此实践本性便是实现真理。⑤此处,道德价值和规范就确立了。⑥

如上所述,儒家的根本理论是以人的本性为媒介,依据天道来确立人道(人伦秩序)⑦,这可以说是"存在和当为的一致"。《周易》曾对这种逻辑做过系统的说明。《周易》(特别是《大象传》)中规定了绝大多数事物的存在样态、所处状况以及人在此基础上的行为。举例来看一下。鼎卦二爻说:"鼎有实,我仇有疾,不我能即吉。"此句中的"鼎有实,我仇有疾"说的是鼎卦二爻的存在样态及所处状况,"不我能即吉"说的是在此基础上占卜之人应该采取的行动。朱熹将前句解释为"象",后句解释为"占"。⑧关于规定"以存在为依据的当为"之代表性论述,可以举乾卦《大象传》中的"天行健,君子以自强不息"。"天行健"是说明天象的"事实判断",这种天象被君子"体易而用之"⑨

---

① (南宋)朱熹《诗集传》小注:"孟子引之,以证性善之说。"
② (南宋)朱熹《诗集传》小注:"天大无外,而性禀其全。"
③ (南宋)朱熹《中庸集注》小注:"人物各循其性之自然,则其日用事物之间,莫不各有当行之路,是则所谓道也。"
④ [韩]申东浩:《性善说研究》,《哲学研究》,1968年,第111页。
⑤ 《孟子·尽心上》:"尧舜性之。"
⑥ 从《孟子·离娄下》"舜明于庶物,察于人伦,由仁义行,非行仁义"中可以确认这一事实。此语意即舜不是根据仁义来行事的,而是舜本身的行为就是仁义之法。参见[韩]柳承国:《东洋哲学研究》,第26页。关于此句,朱熹注释说:"仁义已根于心,而所行皆从中出。非以仁义为美,而后勉强行之。"
⑦ 儒家哲学所提示的主题是依靠天道的内面化来实现人的主体性自觉以及与之相顺应的人道自觉。参见[韩]柳南相:《东洋哲学中主题的变迁1》,《东西哲学研究》创刊号,第5页。
⑧ 《周易本义》:"是以其象如此,而其占如是,则吉也。"
⑨ (明)来知德:《易经来注图解》。

时便转换为"自强不息"的"当为"规范。①君子以人为主体,意识到这种天道的本质是我的本质②,并以此来确立"当为"的道德律。用《中庸》的逻辑来解释,"健"是作为"诚"其本身的天道,"自强不息"③是作为"诚之"的人道。从下面词句中可以确认这一点:

> 诗云:"维天之命,於穆不已。"盖曰天之所以为天也。"於乎不显?文王之德之纯。"盖曰文王之所以为文也,纯亦不已。④

关于此句,程伊川解释说:"天道不已文王纯于天道亦不已,纯则无二无杂,不已则无间断先后。"⑤文王之所以为文王的理由,即文王的本质——"不已"成为天命的理由,即天命的本质是"不已"。文王能体会到这种天命的"不已"是自己的本质,其依据便在于道德的纯粹性。此处的"纯"意味着人的本性得以完整地体现。只有以人的纯粹的、本来的道德意识为媒介,天道才能够转换为人道。《易传·系辞上传》第五章的"一阴一阳之谓道,继之者善也,成之者性也。仁者见之谓之仁,知者见之谓之知",便指出了天道被人继承时转换为善这一价值,并且觉醒为仁义的道德规范。

三、真理的实现

如同《中庸》第一章中"道也者,不可须臾离也,可离非道也"所指出的那样,游离于现实的真理不可能是儒家的真理。所谓"鸢飞戾天,鱼跃于渊"

---

① (唐)孔颖达《周易正义》:"天行健,此为天地自然之象。君子以自强不息,此以人事法。"
② (明)来知德《易经来注图解》:"天行健者,在天之乾也。自强不息者,在我之乾也。"
③ 关于"不息"和"无息",我们应该仔细区别。《中庸》"至诚无息"的"无息"指的是天道本身的事实判断,而"不息"指的是人的"当为"之事。参见(南宋)朱熹《中庸集注》小注:"未能无息而不息者,君子之自强也。"
④ 《中庸》第二十六章。
⑤ (南宋)朱熹:《中庸集注》。

的自然现象无一不是道的自我显现。①但在人间世界中真理却被人的私欲遮蔽而无法实现。因此，只有克服私欲，恢复本来的自我，真理才能够实现。②

作为绝对真理本身的天道，可以通过人的行为来实现。③而支配人的行为的是心，因此欲实现真理，必须要有正确的心态。《大学》指出"欲修其身者，先正其心"，很明确地说明了这一点。孟子提出了先验的、道德的"不忍人之心"，并强调在此基础上实践"不忍人之政"，也是基于此。④"不忍人之心"可具体化为四端之心，即恻隐之心、羞恶之心、辞让之心、是非之心。这四心分别是仁义礼智的端绪。故从性理学的观点来看，四端之情只能是仁义礼智之性的发显。⑤性是绝对善的、内在于人的天道。因此，性的发显，即天道的显现。故性理学将天与性都规定为理，也正是在此基础上，退溪的"四端，理之发"之命题才得以成立。将"四端之行"与四端联系起来思考可知，它即理的实现。这一理论可以用下图来表示。

```
天  →  性   →  不忍人之心  →  不忍人之政
              （四端）        （四端之行）
理    理       理发            理发
```

图1

帝、天以及内在化的性，包括理的发显体——四端也脱离不了理。正是在这一思维逻辑下，《大学》第十二章提出了"絜矩之道"来解释情，以之作为判断的基准：

---

① ［朝］李滉《退溪全书》卷四十："只为就二物，而观此理本体呈露，妙用显性之妙，活泼泼地耳。"
② 关于《论语·颜渊》"克己复礼为仁"一句的多种解释可参见［韩］辛正根：《关于中国古代仁思想的形成和发展的研究》，首尔大学博士学位论文，1998年。
③ 《尚书·皋陶谟》："天工，人其代之。"
④ 《孟子·公孙丑上》："以不忍人之心，行不忍人之政，治天下可运于掌上。"
⑤ （南宋）朱熹《孟子集注》："恻隐羞恶辞让是非，情也。仁义礼智，性也。心统性情者也。端，绪也。因其情之发而性之本然可得而见，犹有物在中而绪见于外也。"

> 所恶于上，毋以使下；所恶于下，毋以事上；所恶于前，毋以先后；所恶于后，毋以从前；所恶于右，毋以交于左；所恶于左，毋以交于右；此之谓絜矩之道。

"矩"本来是曲尺，此句中它的意思被抽象化，是"判断事实行为正确性与否的尺度"，是"准则"之义。① 这与上面所说的"当然之则""天则"并无不同。②《大学》将"矩"解释为"恶"，这里的"恶"作为"如恶恶臭，如好好色"的"恶"，如同四端，是在经过"计较商量"以前的纯粹之情，是普遍性。确保了普遍性的纯粹之情便是"矩"，是"平天下"之道。③ 因此与"矩"一致的行为便是真理的实现。这一点从孔子那儿可以得到验证。《论语·为政》说："七十而从心所欲，不逾矩。"达到这种境界时，心便是真理④，心所指向的便是善。⑤ 因此"随心所欲"的行为便与"矩"一致，也可以说是"矩"本身。胡云峰所说的"盖心即体，欲即用，体即道，用即义，声为律而身为道"⑥，便很如实地描绘了这种境地。⑦

结　语

如上我们为了说明儒家的真理观，主要在真理的基准层面上以"道"和"则"为中心进行了探讨。其要点可用下图来表示。

那么具体来讲，天道作为决定我们判断和行为正当与否之基准的最终依据，其本质究竟为何？这可以用《周易》中的如下两个命题来解释：

---

① （南宋）朱熹《大学集注》："矩者制方之器，俗呼曲尺，此借以为喻。"
② （南宋）朱熹《大学集注》小注："矩者何，人心天理当然之则也，吾心自有此天则。"
③ 《大学》第十二章："民之所好好之，民之所恶恶之，此之谓民之父母。"
④ （南宋）朱熹《论语集注》小注："此心此理，浑乎为一，而有莫测其然者矣。"
⑤ 《孟子·尽心下》："可欲之谓善。"
⑥ （南宋）朱熹：《论语集注》。
⑦ （南宋）朱熹《论语集注》小注："声即天地中和之声，自然可以为律。身即天地正大之体，自然可以为度。"

```
帝、天  →   性    →   不忍人之心  →  不忍人之政
       （顺帝之则）（有物有则）   （从心所欲，不逾矩）
知天  ←  知其性  ←  尽其心
```

图2

一阴一阳之谓道。①

天地之大德曰生。②

天道以对待和迭运的"对待性"为基本，以"中"为指向，在"生生不已"中不断变化。吴临川所说的"刚柔适中，天之则也"，也很明确地指出了这点。因此一切事物的根本运动样态是，相反者以这种相反性为媒介并进一步协调发展的"对待律"原理。③熊十力也对这一点做了很明确的说明。他指出："相反相成是一切存在的普遍公则。"④因此当我们的判断不违背这一"对待律"时，正当性便自然而然地被赋予其中了。⑤

天道不已的变化是生命的创生运动。⑥《彖传》中也指出了乾元和坤元是万物始生的根据。⑦对人来讲，元便是仁。⑧仁是对天地万物的"好生之

---

① 《易传·系辞上传》第五章。
② 《易传·系辞下传》第一章。
③ （南宋）程伊川《贲卦·彖传注》："理必有对待，生生之本也。有上则有下，有此则有彼，有质则有文。一不独立，二则为文。"
④ 熊十力：《原儒》，台北：史地教育出版社，1941年，第5页。
⑤ 我们从晏子的如下主张中可以找到代表性的例子。《左传·昭公二十年》："君所谓可，而有否焉？臣献其否，以成其可。君所谓否，而有可焉？臣献其可，以去其否，是以政平而不干，民无争心。"
⑥ 《易传·乾卦·彖传》："乾道变化，各正性命。"
⑦ 《易传·乾卦·彖传》："大哉乾元，万物资始，乃统天。"《易传·坤卦·彖传》："至哉坤元，万物始生，乃顺承天。"
⑧ （南宋）朱熹《周易本义》："元者，生物之始……于时为春，于人则为仁。"

德"[1]。"好生之德"可以具体化为"不忍人之心"。人以心为媒介来同参他者的生命[2]，并完整地扩延之，这才是"至高善"，是体得天地之大德——"生"的人的正确的位置，也是人的当为。

综上所述，从形式的层面来讲，儒家的真理是"道"和"则"（矩）；从内容方面来看，儒家的真理可以概括为"对待律"（中）和"仁"（生命性）。

---

[1] （南宋）朱熹《孟子集注》："天地之大德曰生，人得天地之德曰好生。好生之德，即所谓得天地生物之心以为心也。"

[2] 王阳明在《大学问》中说："大人者，以天地万物为一体也……是故见孺子入井，而必有怵惕恻隐之心焉，是其仁心与孺子而为一体也。"其论述了大人以恻隐之心为媒介，与孺子、鸟兽、草木和瓦石成为一体。

设论体与儒家思想

——汉代贤人失志之赋的另一种体式

苏瑞隆　刘奕阳[*]

摘　要：本论文旨在分析六篇汉代设论作品的内容，结合西汉到东汉社会变迁的史学背景，了解士人做出政治选择的原因及探讨其自我志向与儒家思想的关联。两汉之际的设论作品，在内容上通常分为两个部分，第一部分是士人对于当下政治环境的评论，第二部分则是个人志向的表达。设论文的内容虽然在不同时代不同作者的笔下显现出了多样化，但是在显隐观、俟命观、通变观三个方面，则不约而同地受到儒家思想的影响，展现出两汉士人修身立德、灵活处世的人生追求。

关键词：对问；设论；贤人失志；《文选》；儒家；汉赋

序　论

"设论"是一种辞赋，这是辞赋研究者的共识。这种赋体以"主客问答"

---

[*] 作者简介：[新加坡]苏瑞隆，男，新加坡国立大学中文系副教授、云茂潮研究中心研究员，主要从事先秦两汉辞赋、六朝诗歌研究。[新加坡]刘奕阳，女，新加坡国立大学中文系博士研究生，主要从事汉魏六朝辞赋研究。本文曾出版于《国际儒学》2021年第1卷第3期，2023年10月修正。

的模式表达作者的窘境，其实是贤人失志之赋的一个流派，也是汉代儒家与非儒家学者共同使用以表达自己志向的文体。汉代最早的设论体《答客难》是东方朔（前154—前93）在上书献策后未受赏识，为了自我宽慰而写的作品。这篇文章不仅包含了东方朔对于西汉政治现状的看法，也抒发了其不改志向、潜心修身的人生态度。两汉之际的设论体赋作，共有六篇收载于《文选》《汉书》《后汉书》中，这些赋作与东方朔《答客难》类似，但又根据时代的变化和作者的态度而显现出不同的特色。两汉之际的设论作品，在内容上通常分为两个部分，第一部分是士人对于当下政治环境的评论，第二部分则是个人志向的表达。设论文的内容虽然在不同时代不同作者的笔下显现出了多样化，但是在显隐观、俟命观、通变观三个方面，则不约而同地受到儒家思想的影响，展现出两汉士人修身立德、灵活处世的人生追求。本论文旨在分析六篇设论作品的内容，结合西汉到东汉社会变迁的史学背景，了解士人做出政治选择的原因，以及其自我志向与儒家思想的关联。

一、设论体的贤人失志之赋

《文选》的"设论"分类收有三篇汉代设论体作品，分别是东方朔《答客难》、扬雄（前53—18）《解嘲》以及班固（32—92）《答宾戏》。这三篇作品均设"主客问答"作为文章的基本结构，以"客"对"主人"的疑问为开端，以"主人"的回答为衔接，循环问答然后收束全篇。设论之作兼有大赋中常用的"主客问答"结构与个人化的情感抒发。这两种特点的结合，使得设论在赋的分类中呈现差异化。日本学者中岛千秋在其著作中将设论归类至"贤人失志之赋的系统"，在这一分类中，与之并列的分别是士不遇赋、遂初赋、慰志赋等。① 中岛千秋认为，首先，在汉武帝时期，中央集权确立，当时的游说家（纵横家）失去了生存的土壤，因此与社会制度之间产生了较

---

① ［日］中岛千秋：《赋之成立与展开》，大阪：关洋纸店印刷所，1963年，第418—525页。

深的隔阂；其次，在以东方朔《答客难》为代表的设论出现的同一时期，另一种内涵相近的悲士不遇赋也出现了。①这两种同时出现的内涵相近的赋作，可以反映出汉武帝时代的社会矛盾，以及士人的苦闷心情。基于此，中岛千秋将设论归类在"贤人失志之赋的系统"中。中岛的观点立足于设论的内涵表达，看到了设论这一框架之下，赋家对于社会政治环境、自我生存境遇的关注。

在当代的赋学研究中，研究者通常将设论体视为一个特殊的叙述结构。的确，设论体形成之后，常成为后人借用前人的写作模式，形成拟作之风。这种模拟之风形成后，设论体的数量不断增加，最终形成一种固定的写作体式。与其他的抒情赋做对比，设论体赋虽然不以"自我独白"的方式进行叙述，但设论体的主客双方在言辞上往往富有气势，语气强烈，四字句排列，引用典故。主人对于自我处境的辩白和对个人志向的叙述篇幅较长，说明主人的言辞是文章内容的核心。设论的写作结构虽然有所不同，但在表情达意方面，却不输其他贤人失志之赋。其次，也不同于以"主客问答"为叙述结构的大赋，设论作者创作时心中想象的隐含读者（Implied Reader）只是一个能够倾听他辩白，继而理解他境遇的"客"，而不是高高在上，只能委婉劝谏的帝王。隐含读者也是理想的阅读者，他们能够以最合适的方式理解作品的结构，并且理解作者的审美和作品表达的观念。设论文中的客人角色，往往对于主人抱持着不解与怀疑态度，他们通过聆听主人的辩白，从而了解主人的处境。因此，比起内容严肃庄重的大赋，设论对于社会现象的批判更加直接，并且侧重于个人志向的抒发。结合以上两点，设论是一种形式特殊的贤人失志之赋。

---

① ［日］中岛千秋：《赋之成立与展开》，第420页。《史记·日者列传·司马季主》讲述了楚国的占卜师在长安东市占卜，遇到当时的中大夫宋忠、博士贾谊，向两人陈述了对于世事的看法。东方朔《非有先生论》则假托默默无闻在吴国做官3年的"非有先生"与吴王的言谈，表达贤明君主接受臣子"直谏"的重要性。

二、西汉到东汉的设论文变革

根据萧统《文选》以及《汉书》《后汉书》中的记载，本文将讨论两汉的设论六篇，分别是东方朔《答客难》、扬雄《解嘲》、班固《答宾戏》、崔骃（约30—90）《达旨》、张衡（78—139）《应间》以及蔡邕（133—192）《释诲》。马积高《赋史》中对东方朔《答客难》，即最早的设论作品赋予了极高的评价，认为这篇作品是当时士人社会处境的真实反映；但是对于其他设论作品，他认为除扬雄《解嘲》、韩愈《进学解》、柳宗元《起废答》之外，都索然无生气，思想意义也不及前作。[①]我们认为，《答客难》之后的设论作品，虽然在形式上模拟前作，但在内涵上仍然显现出很大不同。在不同的社会背景下，士人阶层的政治、道德追求都发生了改变。所以，《答客难》之后的拟作仍然是值得研究的作品，具有很高的史学与文学价值。下文将从士人不遇的原因和面对不遇的态度两方面来进行讨论。

（一）士人不遇原因之变化

东方朔《答客难》作为设论文体的开端，其中的思想内容对于后来作品的分析尤为重要。《汉书》记载，东方朔向武帝"上书陈农战强国之计，因自讼独不得大官，欲求试用"[②]。东方朔所陈的"农战强国之计"，即以商鞅、韩非为代表的法家思想，具体内容可参考《商君书·农战》。[③]东方朔在上书中鼓励民众从事农耕和作战，而不是以学习《诗》《书》来躲避农耕和作战、获取官职。显然，汉代大一统政权已经结束了多国征战的局面。在武帝统治时期，为了稳固政权，皇帝急切希望统一民众思想，五经已经成为士人必读的经典书目。此时提出农战强国的策略，必定不会得到统治者的青睐。因此，东方朔虽然内心渴求得到任用，但他无法得到武帝的赏识也是时代的必然。在《答客难》一文

---

① 马积高：《赋史》，上海：上海古籍出版社，1987年，第80页。
② （东汉）班固：《汉书》卷六十五《东方朔传》，北京：中华书局，1962年，第2864页。
③ 蒋礼鸿：《商君书锥指》，北京：中华书局，1986年，第20页。

中，东方朔似乎对于自己的处境并没有清晰的认知，他只是将过错归咎于外部环境的变更，认为时代没有为士人提供发挥才能的机会。东方朔之所以会将自我的失意归咎于外物，是由于汉代的大一统局面结束了列国纷争，但也结束了士人依靠游说各国君主来取得任用的机会。他们需要遵守国家的人才制度，只听命于唯一的皇帝，就算得到任用，也是命运浮沉，不在自己的掌握之中。昔日孔子尚可以因为不满意鲁定公的行为而去鲁仕卫，但汉代的疆域之广、人才之多、时局之稳固，让以东方朔为代表的士人失去了为自我仕途奔走的自由。这种变化也给处在朝代变更中的士人一个为自我失意开脱的最佳理由。

其后西汉末年的一代大儒扬雄的《解嘲》一文，也有同样士人失去自由的感叹。扬雄因不愿攀附权贵，专心撰写《太玄》，淡泊自守，而被客人嘲笑"何为官之拓落也？"[①]扬雄则通过古今对比来说明汉代体制对于士人任用的缺陷。扬雄从四个角度分析了汉代朝廷用人制度的缺陷：首先，他提出各层官员乃至皇帝都不再尊重士人，不再积极地接触人才或选贤举能；其次，社会实现了从政治到思想上的大一统，言语和行为与众不同的人遭到怀疑和惩罚，因此士人纷纷收敛锋芒，遮掩才能；再次，希望得到任用的士人，策试不能进入甲科，言行不能被举孝廉，就只能上书直言，即士人入仕的途径很少；最后，上疏直言的结果也并不尽如人意，就算被赏识也只能在家等待皇帝之诏书，否则便遭罢用。可以看出，扬雄对于人才任用制度的控诉与东方朔类似，因此他也发出了"世异事变，人道不殊，彼我易时，未知何如"[②]的感叹。如果说，东方朔与扬雄作为西汉时期失意贤人的代表，尚不能适应时代变迁后士人政治地位的巨大变化，因此将自我仕途的失利归咎于外物；那么，东汉初期的儒士班固，则在自著的设论体赋作中，展现了与前代士人完全不同的思想观念。《答宾戏》中，客人讥讽班固已经登上朝堂却不能"跨腾风云"，能言善辩却功绩平平。班固的回应不同于东方朔与扬雄，他首先否定了苏秦、张仪等纵横家的

---

① （西汉）扬雄：《解嘲》，（南朝梁）萧统编，（唐）李善注：《文选》卷四十五《设论》，上海：上海古籍出版社，1986年，第2006页。

② 同上书，第2010页。

言行，认为他们并非行君子之道，后解释了士人不遇的原因：

> 枝附叶着，譬犹草木之植山林，鸟鱼之毓川泽，得气者蕃滋，失时者零落，参天地而施化，岂云人事之厚薄哉！①

与《答客难》《解嘲》不同，处在东汉的班固不再拘泥于《答客难》中"时异事异"的外部环境，他十分认可汉代的大一统政权，将失意的原因归结于"失时"，即背离事物发展变化的方向。《列子·说符》有言："得时者昌，失时者亡。"②这里的"时"，并不是短暂的时机，而是万事万物变化的规律。在以班固为代表的东汉士人的观念中，时是不可改变的、由天而决定的，个人在天命面前，只有接受的权利。张衡《应间》道："天爵高悬，得之在命。"③蔡邕《释诲》载："时行则行，时止则止。消息盈止，取诸天纪。"④两者都将天命视为最高的准则，把个人的寄托都放在天命上。

自班固的《答宾戏》开始，东汉的士人不再纠结于自身遭遇的原因，他们顺从地听命于天，认为命运自有安排。于是，东汉的设论文作者，对于自我遭遇的辩白不再是一种根植于政治现实的背景分析，而是对于提问者立论根本的质疑。班固就反讽来客："见世利之华，暗道德之实。"⑤张衡同样有言："君子不患位之不尊，而患德之不崇。"⑥蔡邕的反讽与班固相似："若公子，所谓睹暧昧之利，而忘昭晳之害。"⑦儒家思想讲究道德，而非个人利害得失。东汉士人不再以时代的变迁为理由解释自我的不遇，而是将仕途升迁归结于不受个人控制的"时命"，同时，他们在道德上严于律己，并且希望这种不攀附、不功利的

---

① （东汉）班固:《答宾戏》,《文选》卷四十五《设论》，第2019页。
② 杨伯峻:《列子集释》卷七《杨朱第七》，北京：中华书局，1979年，第245页。
③ （东汉）张衡:《应间》,（南朝宋）范晔撰，（唐）李贤注:《后汉书》卷五十九《张衡列传》，北京：中华书局，2007年，第1901页。
④ （东汉）蔡邕:《释诲》,《后汉书》卷六十下《蔡邕列传》，第1987页。
⑤ （东汉）班固:《答宾戏》,《文选》卷四十五《设论》，第2017页。
⑥ （东汉）张衡:《应间》,《后汉书》卷五十九《张衡列传》，第1901页。
⑦ （东汉）蔡邕:《释诲》,《后汉书》卷六十下《蔡邕列传》，第1982页。

道德观可以被"客"所认可,这种观点正是标准儒家立身处世的一种理想。如果"客"代表的是对他们处境抱持质疑的世人,那么,东汉之后,设论文的作者则更加积极地传达自我的道德观念,并且他们回应的言辞,已经从自我辩白转向了对来客宣说儒家的道德观念,形成了一种主动出击的模式。

(二)士人面对不遇态度的改变

上文已经叙述了西汉至东汉社会环境的变化,导致西汉与东汉的士人对于个人不遇的原因抱持不同的解释。而他们面对不遇的态度,也同样有所区别。设论文的后半部分,通常是对于个人志向的申说,而这种志向,也同时代表了士人处于仕途低谷时的态度。

东方朔认为,尽管时局变化,但士人不可以不修身。首先,君子修身必须要与小人的言行区别,不因为小人谋利而改变自己的志向。其次,不惧怕他人的言论,才能坚定自我的追求。再次,"举大德,赦小过"[1],少问他人过错,检查自我不及之处。最后,他从圣人教化的角度看待百姓:圣人宽大怀柔,匡正百姓的缺失,能使天下人各得其所。这也是他的理想,希望天子可以理解他的心境,从而重用他。可以从东方朔的言辞中看出,他认为君子德行与天地一样,是永恒的守则,并且坚定地相信,只要能够坚持修身,则终有一天会建功立业。[2]

如果说,东方朔面对自我的不遇,仍然以积极的姿态修身,做出改变;那么,其后的扬雄,则借《解嘲》,传达了"知玄知默"的个人哲学。扬雄《解嘲》描述了一种"盈"的状态,即"炎炎之火"和"隆隆之雷"。这两种自然现象,都只能在短时间内存在,然后便会熄灭或断绝。因此,扬雄得出了"争权夺利者易亡,而守玄寂寞者方能长存"的人生哲学。他否定了不断追名逐利的人生状态,希望在一种哲学的玄默中,坚守自我之"道"。《汉书·扬雄传》

---

[1] (西汉)东方朔:《答客难》,《文选》卷四十五《设论》,第2002—2003页。
[2] 同上书,第2002页。

载扬雄好学深思，清静无为。①可以看出，扬雄的个人哲学不同于流俗，或许与其不醉心名利、与世无争的性格有关。因此，致力于作《太玄》的扬雄，并不以不遇的境地为人生低谷，反而希望在玄静之中保全自身，追求君子之道。另一方面，学者蓝旭指出，扬雄将儒家的中庸之道，结合自己的见解，转化成独特的价值追求，因为对于外物吉凶的敏锐掌控，所以扬雄能够保持通达的态度，不固执于仕途显达，强调具有理性的道德。②

自东汉班固《答宾戏》开始，客人对于主人的嘲戏由主人官职的低微转向指责主人不求功名。在来客的诘问下，班固道出了自我对于著书立说与修身守志的追求：

> 昔者咎繇谟虞，箕子访周，言通帝王，谋合神圣。殷说梦发于傅岩，周望兆动于渭滨……先贱而后贵者，和隋之珍也；时暗而久章者，君子之真也。③

班固以上古至今著书立说的贤人为例，认为这些贤人皆赖天命而通达帝王之理，合乎神明之道，因此他们的言论有别于纵横家的游辞诡说，他们建言立功是必然的。班固希望遵循圣人之道，修养自身，听天命，保全自我。他甚至相信，如果神明有知，则必然会使其得到声名。可以从班固的言辞中看出其个人追求的两个方面，一是立言，二是修身。他认为立言是建言献策，是得到功名的途径；而修身则是等待天命过程中的可为之事，符合君子的道德，也是日后成就功业的必要修为。

作为一位儒家学者与赋家，班固将儒家立身处世的理想发挥到了极致。历史中立德之圣人都是他的师表。班固坚信，只要坚定志向，恪守天命，领悟正道，神灵必能感动。

---

① （东汉）班固：《汉书》卷五十七上《扬雄传》，第3514页。
② 蓝旭：《东汉士风与文学》，北京：人民文学出版社，2004年，第30页。
③ （东汉）班固：《答宾戏》，《文选》卷四十五《设论》，第2021页。

约与班固同时的崔骃是东汉的经学家与文学家。崔骃以典籍为业，未能求职为官，也受人讥讽，因而作《达旨》，以表达心中的失意。文中假借客人的诘问首起：客人认为崔骃虽有学识，但不登王公之门，与士不群，在朝廷物色贤臣之时，也不选择入仕为官。崔骃在回复中，陈说自己的政治观点，认为士人应当守道而进取，守礼而静处。①最后，他表达自己对于求人举荐而得到官职感到羞耻，以及对于贤人德行的追求。②

上文第一部分对于士人不遇原因的分析，并未提到崔骃，因为崔骃在作《达旨》时尚未出仕。他作《达旨》的用意，是回击当时讥讽他不出仕的世人。因此对于士不遇态度的分析，具体到崔骃而言，可以说是在分析其处境。崔骃从出仕的条件出发，认为君子可以根据自我的"道"而选择出仕或隐居。如果有灾祸降临，则贤人需要救世；但如果天下太平，则只需要守礼修德即可。而如今天下和乐，学者处士，多如川流，自己则可以守道处静。但《达旨》的最后，崔骃似乎道出了最真实的自我诉求，他并非不愿做官，只是耻于谄媚权贵，不因利益而交友，求德行的圆满。我们认为，崔骃真正的追求是"立德"，因此前两部分的叙述可以看作无意出仕的托辞，政治环境的污浊才是他远离官场、独处修德的真正原因。

张衡为南阳西鄂人，世代为望族，精通五经与六艺，屡次受到荐举和征召都不愿出仕。安帝（106—125年在位）、顺帝（125—144年在位）时，他一直担任太史令，多年无升迁，因而作《应间》以回应其"所居之官，辄积年不徙"的境遇。③张衡不仅精通经学与文学，且善于天文历法，发明了浑天仪，既是科学家，又是文学家。因此，张衡作为设论文中比较特殊的一位作者，其文章内容也有所不同。《应间》开头，有客人质疑张衡所修习的天文学这种屠龙之技并不符合仕途所需，而且他不去与权贵交好，也无法获得推举而升迁。张衡首先

---

① （东汉）崔骃：《达旨》，《后汉书》卷五十二《崔骃列传》，第1714页。
② 同上书，第1715—1716页。
③ （东汉）张衡：《应间》，《后汉书》卷五十九《张衡列传》，第1898页。

从君子之道的角度否认了客人对于功名的追求。[①]其次，他从"人各有能，因艺授任"的角度[②]，说明尽管自己所习"孤技"，但也能够因此得到任用。最后，他强调自己的处世原则是"不走捷径，不谄媚，守忠信之道，不以低微为耻"。

不同于西汉时期对自我处境不满的士人，东汉的士人处在一个功名利禄与道德修养逐渐对立的环境中，他们面临攀附权贵即可得到高官厚禄的诱惑，需要在立功与立德之间做出选择。所以在设论文中体现出来的是，东汉士人对于"德"的追求极其明确，他们通过对于"贤人之道"的反复申说，将自己与俗世、俗士区分开来，成为拥有坚定信仰的"清流"。[③]张衡这种做法与班固殊途同归，都展现了儒家思想"立德修身"对当时士人的重要性，而实际上他们也践行这种思想。

蔡邕，父、祖皆为官，为人孝顺，又好辞章、数术、天文，善音律操琴。他的多种才能与张衡类似，是中国传统中少数的一个百科全书式的人物。东汉桓帝（146—168年在位）时，中常侍徐璜、左悺等五侯擅权，闻蔡邕善于鼓琴，遂白天子，令蔡邕进京鼓琴。蔡邕不得已行至河南偃师，称疾而归，后闲居在家，不与当时人来往。这个事件，就是《释诲》的写作背景。这篇设论文是两汉唯一一篇将对话双方赋予假设身份的作品，全篇既有故事性，又有抒情性，可以说是设论赋作在东汉的新发展。蔡邕塑造了"务世公子"和"华颠胡老"两个虚构的角色。务世公子质问华颠胡老为何不建立功业，取得荣禄，反而坚守贫贱，默默无闻。华颠胡老首先以变诈乖诡的纵横家为例，说明贤人坚守道德的重要性；其次批判了当下的政治环境：

夫夫有逸群之才，人人有优赡之智。童子不问疑于老成，瞳瞳不稽谋

[①] （东汉）张衡：《应间》，《后汉书》卷五十九《张衡列传》，第1901页。

[②] 同上书，第1903页。

[③] 张蓓蓓：《东汉士风及其转变》，台北：台湾大学出版委员会，1985年，第1页。序言中，张蓓蓓将"清流"定义为：人生行为上更加着意修明德行以示异于奸党佞人，或深求德行后面的本心以惕厉矫饰德行的俗士。这些士人，本身既自命清高，他人亦以"清流"目之。

> 于先生……荣显未副,从而颠踣,下获熏胥之辜,高受灭家之诛。前车已覆,袭轨而骛,曾不鉴祸,以知畏惧。①

蔡邕是东汉士人中对于社会环境的批判最为直接、辛辣的一位。这一段描述,讽刺了东汉桓帝时社会风气的浮躁:贪婪者为钱财而死;攀附者为权贵而死;在外戚门前卑附的人,还没得到荣显,就获罪而遭灭门。尽管政治环境如此险恶,谋求利禄之人也不懂得学习前车之鉴。从蔡邕对于社会环境的批判方式中可以看出,他认为士人需要注意自己身处的环境:如果环境险恶,则应退守。因此,他对于自我志向的抒发,也基于此。蔡邕面对不遇,首先认为君子需要根据时势而行动;其次,兼收并蓄,学习先贤智慧;最后,他仍然强调,如果得到任用,自己仍会施展抱负,建立功业,目前则徜徉于儒家之经典,韬光养晦,等候命运,不改己志。

东汉后期,宦官专政,"清流"士人与宦官对立严重。《后汉书》载:"汉自中世以下,阉竖擅恣,故俗遂以遁身矫絜放言为高,士有不谈此者,则芸夫牧竖已叫呼之矣。"②蔡邕处在此种社会境况之中,主动选择了远离浑浊的官场,宣告自我的清高与独立。但作为怀有宏大治世理想的贤人,蔡邕此刻正遭逢一种精神上的不遇,即士人不能践行理想的无奈和愤慨。所以,蔡邕以驰骋儒家典籍,修身养性,静俟天命的方式,等待仁君,坚守儒士之道。

从西汉至东汉的六篇设论文之中,可以看到历史变迁的背景下,士人在不断地思考自我处境,衡量社会状况,他们希望在保全自身的前提下,实现建功立业的梦想。从西汉时对于大一统政权的不适和抱怨,到东汉时对于夸毗求举的不屑和批判,士人看似退守潜隐,实则见微知著,心态通达,无时无刻不充实自我,立身修德,等待良机。下文将分析设论文中儒家思想的具体表现。

---

① (东汉)蔡邕:《释诲》,《后汉书》卷六十下《蔡邕列传》,第1985—1986页。
② (南朝宋)范晔撰,(唐)李贤注:《后汉书》卷六十二《荀韩钟陈列传》,第2069页。

三、设论与儒家式的静守思想

汉赋与儒学有着密切的联系，拙文曾指出，汉赋的发展与儒学的盛衰有密切的关系。西汉初期，儒学尚未兴盛，反映在汉赋上则是百家思想并存。自武帝始，儒学居于主导地位，对汉赋产生了重大影响，主要表现是儒家批评君主过失的传统及诗教的"谲谏"原则。[①]儒学对汉代抒情赋中的贤人失志之赋与纪行赋也有重大影响。总结来说，从这些设论文中能够看到儒家思想对于士人显隐观、俟命观、通变观的影响，这些观念代表了儒家士人在汉代立身处世的核心思想。

（一）显隐观

所谓"显隐观"是儒家为官与自我立身处世的一种准则。《论语·泰伯》载："子曰：'笃信好学，守死善道。危邦不入，乱邦不居。天下有道则见，无道则隐。'"[②]《论语·卫灵公》载："子曰：'邦有道则仕，邦无道，则可卷而怀之。'"[③]孔子对于出仕与归隐遵循儒家所谓的"中庸哲学"，他也并不鼓励士人永远"知其不可为而为之"[④]，反而认为出仕也需要一定的条件，即"邦有道"。而孔子所谓之"道"，是士人自己的道德准则。只有天下时势与士人追求相吻合时，孔子才鼓励士人走向仕途。要探讨儒家这种"无道则隐"的观念，首先需要回溯先秦时期儒家"忠"的观念。

学者尤锐在论文中对儒家的"忠"观进行了系统的概括。他认为，在战国时期"士无定主"，士与国君的关系非常灵活，他们既可以择良木而栖，也可以出境而仕。在这种情况下，士虽然保障了自我的政治自由，但也陷入了到底

[①] 苏瑞隆：《论儒家思想与汉代辞赋》，《文史哲》2000年第5期。
[②] 程树德撰，蒋见元、程俊英点校：《论语集释》卷十六《泰伯下》，北京：中华书局，1990年，第540页。
[③] 程树德撰，蒋见元、程俊英点校：《论语集释》卷三十一《卫灵公上》，第1068页。
[④] 程树德撰，蒋见元、程俊英点校：《论语集释》卷三十《宪问下》，第1029页。

该忠于谁的现实问题，因此，孔子提出了以"道"来规范士人行为的准则，让"道"成为士所忠诚的对象。"道"的准则明显地超越了君主个人的重要性，让士人在与君主的治国原则产生矛盾时，可以堂堂正正寻找新的君主。[①]因此荀子有言"从道不从君"[②]。从以上叙述中可以看出，儒家的入仕是一种对于"道"的践行方式，如果入仕与道义二者不能两全，则宁可求"道"。

如果明确了"道"的观念，也就能进一步了解儒家显隐观的深层含义，以及其在两汉社会的具体表现。由于儒家对于"道"的追求远高于现实政治中的事物，因此，如果社会现实中的入仕环境有违于道，那么士人可以选择隐居。但是，关于孔子"无道则隐"的观念，其内涵并不是彻底放弃入仕的打算，而是一种暂时性的状态，等待时机，等待圣明时代的到来，孔子把隐逸生活看作对现实政治的暂时性的回避，但这种态度并不是消极的、无所事事的。[③]儒家的"无道则隐"是一种积极的人生态度，鼓励士人在人生的任何境遇里坚持"道"的追求。它所侧重的并不是"隐"，而是一种对于人生选择的灵活性。

在两汉设论文中，士人虽没有直接地表达"无道则隐"的观念，因为他们还处在仕途中，只是官职低微，或者积年不迁；但"无道则隐"的积极一面却被士人所承袭，即处在不遇的境遇中，也能够积极修身，坚信自我的守道，终会迎来新的机会。

西汉时，东方朔与扬雄的两篇设论文都表现出对于修身求道的积极态度：

此士所以日夜孳孳，修学敏行而不敢怠也。[④]

惟寂惟漠，守德之宅。[⑤]

[①] [以色列]尤锐：《新旧的融合：荀子对春秋思想传统的重新诠释》，《台湾政治大学哲学学报》2003年第11期。
[②] 王先谦：《荀子集解》，北京：中华书局，1988年，第250页。
[③] 赵东梅：《两汉辞赋中的隐逸意识》，东北师范大学硕士学位论文，2011年，第3页。
[④] （西汉）东方朔：《答客难》，《文选》卷四十五《设论》，第2002页。
[⑤] （西汉）扬雄：《解嘲》，《文选》卷四十五《设论》，第2010页。

东方朔与扬雄都处在西汉，他们仍然沉浸于士人失去政治自由的失落中，言语上无不表达对战国士人的羡慕。他们虽然不得重用，建功立业的积极性被打压，但仍然希望通过修身的方式得到机会。这一点在东方朔身上体现尤甚。而与东方朔不同，扬雄拥有独特的个人哲学，言辞含义深幽，可他对于"德"的追求仍然坚定，这种态度虽然很难说具有入仕的积极性，但他所践行的，却正是儒家推崇的立德与立言。

东汉的社会状况与西汉有很大不同，士人普遍对于统一的政权拥有了认同感，他们不再反复申说外界环境对个人仕途的影响，只是更加注重个人修为。这种社会现象的成因是多方面的。首先，在东汉时期，取士制度在一定程度上影响了士人的道德追求。《日知录·两汉风俗》记载，光武帝"尊崇节义，敦厉名实，所举用者莫非明经行修之人，而风俗为之一变"[1]。学者张蓓蓓也有论述，她认为在此制度之下被选拔出来的士人在仕途上都有良好的发展机会，或期月而长州郡，或数年而至公卿。[2]其次，在东汉中后期，混乱的政治环境也被有识之士所诟病：宦官和外戚轮流把持朝政，与士大夫的对立严重；士大夫中的清流之派，在政治上表现出不合作的态度。东汉的设论文作者，如崔骃钻研典籍，不遑仕进；张衡不慕当世；蔡邕更是闲居玩古，不交当世。东汉士人一方面受到取士制度影响，追求高尚名节；另一方面随着政治环境的急转直下，他们更加激进地标榜自己的不同，将自我与攀附权贵的俗士区分开来。所以东汉的设论文中，士人一改西汉时期对于位不高、名不显的哀怨，反而满意于自我的处境，他们将与客人的辩驳转化为道德教化，宣扬对君子之道的坚守，这无疑也是儒家精神的体现。

> 时暗而久章者，君子之真也。[3]

---

[1] （明）顾炎武著，（清）黄汝成集释：《日知录集释》卷十三，上海：上海古籍出版社，2006年，第752页。

[2] 张蓓蓓：《东汉士风及其转变》，第4—5页。

[3] （东汉）班固：《答宾戏》，《文选》卷四十五《设论》，第2021页。

暴智耀世，因以干禄，非仲尼之道也。①

君子不患位之不尊，而患德之不崇。②

夫岂傲主而背国乎？道不可以倾也。③

班固表达自己对于君子之道的看法，即需要经过磨炼才能得到最后的成果；崔骃则以"非仲尼之道"来表达他对于攀附权贵谋取官职的不屑；张衡以君子之德来约束自我，认为官职的升迁相比道德追求不值一提；蔡邕以一系列例子佐证士人弃国、归田、隐居，实际上是为了维护"道"。

儒家的显隐观，即贤人处在任何阶段都可以保持自身道德的高尚，不汲汲于一时的功名；并且，鼓励士人以积极的态度面对不遇，等待机会，磨炼自我。这些处事方式均在两汉设论文中有所展现。

（二）俟命观

俟命，即等待天命，这种儒家的观念来自孔子"用舍行藏"的说法。《论语·述而》："子谓颜渊曰：'用之则行，舍之则藏，惟我与尔有是夫！'"④在《论语》中，"舍之则藏"的观念与"无道则隐"存有区别。黄式三《论语后案》有言："式三谓庸俗之言命，与圣贤之言命迥不相同。庸人以智术之不能挽者为命，圣贤以礼义之可得不可得为命。"⑤他解释儒家所谓之"命"与庸俗之"性命"是不同的，庸俗之命用智术左右，而圣贤则以礼义的可得与不可得为命。可以见得，圣贤所推崇的"命"，是在精神层面上的追求。所以，对于生死命

---

① （东汉）崔骃：《达旨》，《后汉书》卷五十二《崔骃列传》，第1715页。
② （东汉）张衡：《应间》，《后汉书》卷五十九《张衡列传》，第1901页。
③ （东汉）蔡邕：《释诲》，《后汉书》卷六十下《蔡邕列传》，第1983页。
④ 程树德撰，蒋见元、程俊英点校：《论语集释》卷十三《述而上》，第450页。
⑤ 同上书，第451页。

数，圣贤"乐天知命"，顺其自然。参阅以上释义可以见得，儒家将现实的命运与依靠自我努力修身立德的"命"分开，一方面，顺从现实，乐天知命；另一方面，修行敏学，慎修所志。这种俟命观在设论文中也数次体现。

苟能修身，何患不荣。①

为可为于可为之时，则从；为不可为于不可为之时，则凶。②

慎修所志，守尔天符，委命供己，味道之腴。③

絷余马以安行，俟性命之所存。④

天爵高悬，得之在命。⑤

且用之则行，圣训也；舍之则藏，至顺也。⑥

时行则行，时止则止，消息盈冲，取诸天纪。利用遭泰，可与处否，乐天知命，持神任己。⑦

西汉东方朔与扬雄对于"修身俟命"虽然认同，但其俟命观更多的是对于未来的等待，这种等待并不平静，而是充满着用世的渴望。东汉士人所表达的俟命观则更加平和与真诚。

---

① （西汉）东方朔：《答客难》，《文选》卷四十五《设论》，第2002页。
② （西汉）扬雄：《解嘲》，《文选》卷四十五《设论》，第2011页。
③ （东汉）班固：《答宾戏》，《文选》卷四十五《设论》，第2021页。
④ （东汉）崔骃：《达旨》，《后汉书》卷五十二《崔骃列传》，第1715页。
⑤ （东汉）张衡：《应间》，《后汉书》卷五十九《张衡列传》，第1901页。
⑥ （东汉）蔡邕：《释诲》，《后汉书》卷六十下《蔡邕列传》，第1987页。
⑦ 同上。

班固是纯儒，又生活在东汉明帝之时，吏治清明，境内安定，因此其在《答宾戏》中真诚地歌颂了东汉政权以及圣明神威的君主，与《答客难》和《解嘲》的思想内容呈现出明显的区别。学者张德苏指出，班固的俟命观"不是久居下僚的激愤之语，而是俟命修身的平静之言，是纠人偏颇的理性之言"[①]。自班固开始，东汉的设论文之风格和内容逐渐稳定下来。其后的作家所表达出的俟命观都呈现出中正柔和、乐天知命的安稳。崔骃甚至将这种俟命观总结成了一种理论化的人生观。他认为贤人应当在世道处于危机时出仕救俗；和平时则追寻礼义，自我修身。崔骃将孔子所谓"用舍行藏"，解释为一种在政治清明时期自由的个人选择，使士人能够在出仕与归隐这两种状态中保持灵活。这种理论在后来的设论文，如蔡邕《释诲》、皇甫谧（215—282）《释劝论》中也有沿用。张衡与崔骃类似，但他的处境又有所不同，张衡自身与世殊技，所以他的俟命观是对于个人能力不被统治者发掘的豁达。他以"且韫椟以待价，踵颜氏以行止"[②]勉励自我，表达自己仍然期待机遇。与崔骃的"平则守礼"相比，张衡在心态上渴望被重用，但他自知自己的才能与士人不同，因此对于仕途升迁表现出了一种"得之我幸，不得我命"的通达。

　　蔡邕展现了东汉时期最为不同的俟命观，上文已经提到，蔡邕所处的东汉末期，政治混乱，士人将"不仕"视为不与当途同流合污的高尚行为。张蓓蓓对此也有论述，她认为东汉后期士人不仕成风，也是不与当道合作的表现之一。邦无道是他们无意入仕的缘由之一，但清流士人不入仕，也不选择潜隐自修、隐逸山林，而仍然希企有为。以蔡邕为例，其坚持不应征辟、宁死不屈，更可以说是近乎"轻生尚气"[③]。也就是说，蔡邕所表达出的乐天知命，实则是一种失望至极的自我宽慰之语。

　　设论文中的俟命观虽然因人而异，内涵略有不同，但总体而言，是一种或

[①] 张德苏：《汉代"设论体"赋的源头及思想变化趋势》，《济南大学学报》（社会科学版）2009年第4期。
[②] （东汉）张衡：《应间》，《后汉书》卷五十九《张衡列传》，第1908页。
[③] 张蓓蓓：《东汉士风及其转变》，第106页。

积极或平和的等待，为士人不遇之时带来了精神上的鼓励与安慰，也为他们远离污浊的政治争斗提供了托辞。

（三）通变观

通权达变本来就是人生的一种应对种种困境的方法，中国古老经典涵藏着丰富的智慧。如《易传·系辞下传》载："《易》穷则变，变则通，通则久。"①《论语·子罕》有言："子曰：'可与共学，未可与适道；可与适道，未可与立；可与立，未可与权。'"②又《孟子·离娄章句上》："男女授受不亲，礼也；嫂溺，援之以手者，权也。"③这是一种基于人伦礼义的通变观。世间的情势没有一日不变的，因此通变之说乃是中国古代哲人所观察到的一种人生智慧。

从显隐观与俟命观的分析中就可看出，儒家对于"道"的追求虽然一以贯之，不会改变，但是对于求道的方式却是灵活变通的，认为无论是归隐山林还是身在官场，都可以践行道义。这种通权达变的思想在《易传》中体现得最为明显。"穷则变"指的是在事物发展到停滞时，就要思考如何变化，以求通达。《论语·子罕》中孔子则将修学的境界分为四层，"学""道""立""权"。其中，"权"代表掌握和坚守"道"之后，对其的灵活运用。孟子所谓的"权变"，则体现在了人伦道德中。嫂溺，则可以授手救之，即在生命危险前，"礼"可以变通。以上三种对于"变"的解释，无论从何种角度出发，都体现了儒家对于"通变"的认可。但从"权"字的释义中可以看出，儒家"通变"也有基本的原则。孟子言："权，然后知轻重。"④"权"如果作为动词，意为"掂量、权衡"，表示对物进行称重时的小范围上下移动，通过这种移动，明确它的重量。"权"并不能达到绝对精准，所以其中留下的空间，就是所谓"权变"，即灵活处之的空间。但"权"仍然要求尽量准确，遵循物体原本的重量，

---

① （清）阮元校刻：《十三经注疏》卷八《周易正义》，北京：中华书局，1980年，第86页。
② 程树德撰，蒋见元、程俊英点校：《论语集释》卷十八《子罕下》，第626页。
③ （东汉）赵岐注，（宋）孙奭疏：《孟子注疏》卷七下《离娄章句上》，北京：北京大学出版社，1999年，第204页。
④ （东汉）赵岐注，（宋）孙奭疏：《孟子注疏》卷一下《梁惠王章句上》，第21页。

不能过度偏离。所以也由此可知，儒家所谓"权变"，仍然需要遵循基本的仁义道德。

"通变"的思想，在两汉时期的设论文中亦有体现。

> 今以下愚而非处士，虽欲勿困，固不得已，此适足以明其不知权变，而终惑于大道也。①

> 君子通变，各审所履。故士或掩目而渊潜，或盥耳而山栖。②

> 世易俗异，事执舛殊，不能通其变，而一度以揆之。③

《答客难》的末尾，东方朔批评来客不懂得观察时势，眼光短浅，不懂得通权达变。东方朔看重"时势"，并且认为抓住时势就可以建立功名。他所谓的"时"是机会，与"通变"的思想密切相关。"时"既是客观的，又是需要靠主观努力来争取的。不同于"失时者零落"，班固的"时"是客观的，非士人自身可以努力取得的，因此他对于不遇也就更加通达。在《孔子家语·在厄》中，孔子讲到了关于不遇的见解，也提到了"时"的概念：

> 夫遇不遇者，时也；贤不肖者，才也。君子博学深谋，而不遇时者，众矣……故居下而无忧者，则思不远；处身而常逸者，则志不广。庸知其终始乎？④

当时孔子准备前往楚国，却被陈蔡之兵围困，绝粮七日，弟子子路认为，

---

① （西汉）东方朔：《答客难》，《文选》卷四十五《设论》，第2004页。
② （东汉）崔骃：《达旨》，《后汉书》卷五十二《崔骃列传》，第1711页。
③ （东汉）张衡：《应间》，《后汉书》卷五十九《张衡列传》，第1906页。
④ （清）陈士珂辑：《孔子家语疏证》卷五《在厄第二十》，上海：上海书店出版社，1987年，第136页。

"道"不得行，是由于仁德不够。而孔子则道：君子博学多才，但不遇也是常事；在这种时刻，君子不可因穷而变节，反而要迎难而上。可以看出，孔子的"时"与班固所谓的"时"含义相通，更偏向于等待、俟命。而东方朔的"时"，因为加入了"权变"而更加灵活，所以他以先秦时的纵横家为榜样，羡慕他们纵横列国的伟绩。但从另一个方面来看，与东汉士人相比，东方朔所处的西汉时代，士人的道德观还处在相当宽容的阶段，他们并不视追求功名为道德上的逾矩，反而当作一种实现人生价值的光荣行为。

崔骃《达旨》中的"通变"则用来解释其与时张弛的人生观。在崔骃的看法中，"道"的内涵没有定论，根据时势不同而改变。这里的"道"代指个人志向，也就是说人的追求不应被具体的社会规则所限制，而是自由且灵活的。

崔骃身上所体现出的对于入仕热情的消退，其实并不止于社会政治环境的影响。从两汉之际的扬雄开始，士人就已经渴求于独立的个人选择。就崔骃而言，他形塑了的通变观，实际上利用了儒家思想对于践行道义的灵活一面，佐证自我选择的合理性、合规性。

张衡也以"不能通其变"来责备来客的目光短浅与无知，他在《应间》中叙述世道之危险：及津者飞黄腾达，失途者趋避于世。在两种极端中，东汉的士人往往选择后者。他们不交当世，不遑仕进，就是为了避免在仕途上遇到灾祸，丧掉性命。此处所谓的"通变"，其实是一种对于当下环境的智者式见解，一方面，他们能从功名利禄中看到虚幻的本质；另一方面，这种违心而求仕，也为士人所不齿。东汉士人这种清醒冷静的观念，使他们彻底地分清了现实世界与君子理想。阎步克认为，东汉儒者具有更多现实态度和理性精神，他们将政治理想与现实境况分开。虽然他们仍然宣说太平或大同这种儒家所谓的"最高境界"，但实则是取法乎上，得乎其中。[①]

由此看来，"通变"在西汉与东汉的不同实践方式中，在更加深刻的意义上，代表了士人理想的现实化，他们以理性审时度势，关注自我，进而践行道义。

---

① 阎步克：《士大夫政治演生史稿》，北京：北京大学出版社，1996年，第430页。

荀子对儒家道统思想的创新性贡献

白 奚[*]

摘 要：荀子传承了孔子、孟子以来的儒家道统思想，对道统人物谱系的稳定和程式化进程有重要的推进，对道统论的核心价值有深入的阐发。荀子援法入礼，他摒弃了"法"中的暴力主义，突出了"法"的制度义，大力论证古之圣人"起礼义，制法度"，遂将制度义的"法"引入儒家的道统理论之中，成为礼治的有力支撑。此举大大弥补了儒家理论在制度建设方面的不足，提升了儒家式治理的可操作性和执行力，是对儒家道统论的创新性贡献。

关键词：荀子；道统；法度；制度建设

一、荀子对孔孟道统思想的传续

关于儒家道统的人物谱系，荀子所论与孔子、孟子所论大体一致。《论语》中对尧、舜以至周公的三代圣王虽然都加以称颂，但尚未有谱系化排列的情况。《孟子》论及三代圣王明显多于《论语》，已呈现出谱系化的特点，但尚不稳定，间或也称颂皋陶、益、伊尹。《荀子》记述尧、舜、文、武等先王的事迹，比《孟子》更多、更详细，且呈现出稳定化、序列化、程式化的特点。

---

[*] 作者简介：白奚，男，首都师范大学哲学系教授，山东理工大学特聘教授，研究方向为先秦哲学。

《性恶》篇曰："得贤师而事之，则所闻者尧、舜、禹、汤之道也；得良友而友之，则所见者忠、信、敬、让之行也。"荀子这里讲的是"求贤师"和"择良友"的重要性，儒家尊崇的最高的"先王之道"，唯"贤师"可以言之。尧、舜、禹、汤的事迹，在《孟子》中亦有叙述，但较为分散，尚未出现如此紧密的排列，而在荀子这里已经成为一种稳定的排列方式，可见荀子对三代圣王的谱系化有更自觉的意识，这是他对儒家道统理论的推进。在《议兵》篇中，甚至出现了尧、舜、禹、汤、文王、武王的明确排序，其言曰："尧伐驩兜，舜伐有苗，禹伐共工，汤伐有夏，文王伐崇，武王伐纣，此四帝、两王皆以仁义之兵行于天下也。"此四帝、两王之德虽然早已是儒家共识，但如此序列化地出现，则自荀子始。至于周公和孔子，《荀子》叙周公常与文王、武王并列，孔子则"德与周公齐，名与三王并"（《荀子·解蔽》），足见从尧、舜到周、孔，儒家道统谱系中的八大圣人在荀子那里已是排列整齐有序，为后世道统论的程式化排序提供了现成的经验。

尧、舜、禹、汤、文王、武王这些古之帝王的事迹，是先秦诸子百家的共同话题，《墨子》《庄子》《管子》等诸子著作中都有大量出现，但多是叙述其事功，或借助其天子的身份来为自己的学说张目，声称自己的主张合于古者圣王之道，唯独儒家专注于先王事迹中的道德内涵，着力于从中凝练出符合儒家理念的核心价值，这些核心价值被视为先王之"道"，构成了儒家道统理论的主要内容。关于道统中都有哪些核心价值，先秦儒家的认识是高度一致的，从孔子到孟子再到荀子，呈现出一条逐渐清晰、明确、凝练的发展线索。

在荀子看来，先王之道最核心的价值就是仁义，行仁义是先王得天下和治天下的原因和依据，是先王政治合法性之所在。《议兵》篇认为，齐人之技击不敌魏氏之武卒，魏氏之武卒不敌秦之锐士，秦之锐士不敌桓文之节制，桓文之节制不敌汤武之仁义，汤武行仁义故能所向无敌，这同孟子所说的施仁政得民心，则足以"挞秦楚之坚甲利兵"是同样的道理。所以荀子不同意汤、武"取天下"的说法，他认为正确的说法应该是"天下归之"。《正论》篇曰："汤、武非取天下也，修其道，行其义，兴天下之同利，除天下之同害，而天下归之也。"荀子所说的仁义，实为以仁、义为主的一系列道德观念与规范，在他看来，好的君主一定是道德的楷模，好的政治一定是符合道德的政治。《强国》篇曰："古者禹、汤本义务信而天下治，桀纣弃义倍信而天下乱。故为人上者，必将慎礼义，务忠信，然后可。此君人者之大本也。"又曰："凡得人者，必与道也。道也者，何也？礼义、辞让、忠信是也。"可见，仁、义、礼、忠、信等道德观念就是荀子心目中的"道"，也是先王推崇并遵循的"道"，即"先王之道"。

特别值得重视的是，《荣辱》篇两度出现"先王之道，仁义之统"的提法，点出了先王之道就是仁义之统。"道"字与"统"字同时出现、相提并论、前后呼应，在传世典籍中这是首次，离"道统"一词的正式提出只有一步之遥了，后世"道统"一词的出现或与荀子这一提法有关。

荀子继承了传统儒家的礼治思想，和孟子的道德理想主义有所不同的是，他的道统论更为注重"礼"在治国理政的社会实践中的规范作用，认为这是先王之道的重要内容。"礼"本是社会生活中各种行为规范的总称，孔子主张"为国以礼"（《论语·先进》），荀子也认为"礼者，政之挽也，为政不以礼，政不行矣"（《荀子·大略》）。以礼治国实际上就是以规范治国，用无所不包的"礼"来约束和规范人们的行为。虽然是周公"制礼作乐"，但据孔子所言，夏、商、周各朝都有陈陈相因且有所损益的"礼"，如"夏礼""殷礼""周礼"等，毕竟任何时代治理国家、维系社会都离不开各种规范和制度。在荀子看来，这些古老的礼义规范制度当然都是先王根据时代需要而制定的，它们体现了先王建立的良好的社会关系，也是先王用来维护良好的社会秩序的最基本手段。《荣辱》篇曰："故先王案为之制礼义以分之，使有贵贱之等，长幼之差，知愚、能不能之分，皆使人载其事而得其宜。"《王制》篇亦曰："先王恶其乱也，故制礼义以分之，使有贫富贵贱之等，足以相兼临者，是养天下之本也。"《君子》篇亦曰："故尚贤使能，等贵贱，分亲疏，序长幼，此先王之道也。"这里所谓"使人载其事而得其宜"和"足以相兼临"，用我们现在的话来说，就是实现社会的有序与和谐。孔子尚"能言之"的"夏礼",只能是古之圣王尧、舜、禹所作,而"殷礼"的制作者则只能是成汤,"周礼"则是文王、武王、周公所作。这些历代圣王传承不息的"礼义",就是不同历史时期治理国家社会的规范和制度,它们是儒家道统的核心价值,最为荀子所重视,《儒效》篇曰"法先王,统礼义,一制度",在荀子看来,"统礼义,一制度"是实现先生之道政治理想的根本途径,是道统的重中之重。

德政是儒家政治理论的一贯主张,也是儒家道统论的核心内容之一。德治的思想发轫于周初,周人总结自己克殷而有天下的政治经验,提出"以德配天"的思想,他们认为天意是站在有德者一边的,唯有实行德政才能获得上天的支持,也只有实行德政才能获得民众的拥护,这就是周公所谓的"敬德保民"。德治的基本主张是以仁德宽厚的政策和教化民众的方式来施政,而不是依靠暴力刑罚和强制性的政权力量,但也不是放弃强制力量,而是把它作为德治的补充,此即所谓"明德慎罚"。根据德治的理念,执政的君主在治理天下时,还要身兼教师的职责,他们应该是道德上的表率,以此影响、教化民众与政府配合。儒家接续周人的德治政治理念并加以理论化、系统化,孔子曰:"为政以德,譬如北辰,居其所而众星拱之。"(《论语·为政》)其高度肯定了德政具有的凝聚人心的作用。孔子又曰:"道之以德,齐之以礼,(民)有耻且格"(《论语·为政》)这里的"德"就是指德治、德政,是儒家心仪的治国模式,"礼"则是落实德政的各种可以指导和约束人们行为的制度和规范,可以有效地教化民众,提高民众的道德自觉心和政府与民众之间的向心力。德治虽是周人总结出来的政治经验,但儒家以德治为道统的重要内容,周人之前的圣王尧、舜、禹、汤时期的政治遂被塑造为一脉相承的德治传统。荀子笔下的古之圣王,也都是德治的典范:"先王明礼义以壹之,致忠信以爱之,尚贤使能以次之,爵服庆赏以申重之,时其事,轻其任,以调齐之,潢然兼覆之,养长之,如保赤子,若是,故奸邪不作,盗贼不起,而化善者劝勉矣。"(《荀子·富国》)这些先王推崇礼义、忠信、尚贤、庆赏等仁德宽厚的政治,爱民养民如保赤子。这样的德政收到了教化民众的良好效果,也实现了社会秩序的全面向好。这样的圣王之治，也必然会达致四海宾服、八方来朝、泽及天下的效应："近者亲其善，远方慕其德，兵不血刃，远迩来服，德盛于此，施及四极。"（《荀子·议兵》）最理想的政治，也莫过于此了。可见荀子对德治的描述和赞扬，与孔子、孟子一脉相承，而且更为丰富具体。

周公提出的"敬德保民"，保民是最终的目的，敬德就是为了保民。民众是一个政权执政的基础和前提，保住了民众也就保住了政权，保住了天下。保民就必须把民众的问题放在最重要的地位，视民为国之根本，这样的观念就是民本的思想。《尚书·五子之歌》中有"民惟邦本，本固邦宁"的格言，以民为本成为历代统治者的共识，也成为儒家道统论中十分重要的内容，尧、舜、文、武等先王都被塑造成以民为本的模范，毕竟谁都明白"民之不存，君将焉附"的道理。荀子的民本思想，最著名的莫过于"君者舟也，庶人者水也。水则载舟，水则覆舟"一句，舟离不开水，只能行于水上，水又有着掀翻舟的巨大能量。同理，君主依赖于人民，必须以民为本，否则就可能失去民心或被民众推翻，只有失去统治地位才是统治者们真正害怕的事情。荀子此言是一条极为重要的政治经验，后世历代君王无不以此自警。荀子还是挑明了君主和民众的真实关系的第一人："天之生民，非为君也；天之立君，以为民也。"（《荀子·大略》）这是一个极为大胆的认识，也是一剂极为强烈的醒脑剂，为后世儒者所反复称引。可见，荀子的民本思想，比起孟子来也毫不逊色。荀子的民本思想还有一点特殊之处，就是更为重视发展经济以达到富国富民的目标，用富民把以民为本落在实处。荀子讲述了很多关于"富民""裕民""养民"的道理和具体措施，涉及生产、分配、流通、消费等诸多环节，所论相当具体而详细，比起孟子的"制民之产""五亩之宅，树之以桑"等，要丰富了许多。

总之，荀子传承和丰富了孔子和孟子以来的儒家道统思想，经荀子之手，道统思想变得更加清晰明确，也更加稳定和程式化。叮以说，荀子完全是身在儒家的道统之中，他自己也以传续儒家道统为职志。我们看待先秦时期的儒家道统思想，绕不开荀子这个重要的环节，须是孔子、孟子、荀子并重，缺一不可。

二、制度义的"法":荀子道统思想的新内容

荀子所处的战国后期,比起孔子的时代甚至同为战国的孟子时代,已经发生了很大的变化,荀子的道统思想同孔子、孟子比起来也发生了很大变化,表现出明显的时代特点。战国后期,社会面临着一次重大的转型,官僚政治日趋成型,列国的经济军事优势逐渐集中到少数大国,实现统一的趋势越来越明朗化。所有这一切都朝着中央集权的方向演进,一个统一的、君主专制的大帝国的出现只是一个时间的问题了。即将到来的统一大帝国究竟应该如何来治理?这是儒家迫切需要思考的问题。荀子援法入礼,提出了礼法互补的构想,为未来的统一大帝国提供了切实可行的治国方案,并把这一构想纳入儒家的道统论,这是对道统论的重要创新。

传统儒家的政治主张是实行德礼之治,即孔子倡明的"为政以德"和"为国以礼",这种德礼之治是以道德为纽带,以教化为手段,以自觉为原则,以规范为约束,以此达成社会的秩序和国家的治理。礼表现为一系列的规范,但礼的规范约束作用是非强制性的,靠的是人们的认同和自觉遵守。到了荀子的时代,国家和社会的治理难度大增,儒家单靠德礼之治已无法适应现实的需要,急需引进新的治理方式,形成新的治国理念。荀子的解决思路是援法入礼,加强治理手段的制度化建设,提升治理的强度和效力。

礼治的优长在于具有道德教化之功,利在长治久安,这是利在当下见效的法治所不具备的。但礼治的弱点在于不具备制裁的功能,对于违礼的行为往往显得无能为力。法治则具有强制性的优势,恰能弥补礼治的不足,礼治与法治的联手,形成优势互补的治国模式理论,这是荀子对儒家学说的重要贡献。荀子援法入礼,他常以礼、法联称或并举,正是看准了强制性的法可以为礼提供强有力的支持和保障。

关于荀子的礼法关系理论,这里有几点需要强调。第一,荀子的援法入礼,毕竟是以礼治为本位来吸收法治作为补充,因而他虽然礼法并举,但又总

是将礼作为首选而置于法的地位之上，两者之间是主和辅的关系。第二，礼治和法治在荀子那里还是目的和手段的关系，德礼之治是儒家的政治理想，法治只是实现这一目标所要借助的手段，法治本身不是目的。第三，荀子虽然肯定法治的效用，也认为刑罚的使用是必要的，但不同于法家的重刑主义和专恃暴力，他反对"刑滥""刑繁""杀戮无时"，因而荀子政治理论中的"法"呈现出与商、韩法家迥异的温和面貌。

这里需要特别讨论一下荀子思想中"法"和"刑"的关系。有学者指出："法家的'法'概念，显然要比'刑'的内涵要大，不仅有惩罚，也要有奖赏，不是简单的负面含义。"[①]笔者则认为，"法"的内涵虽然大于"刑"，但"法"并不等于"刑""赏"之和，尤其是在荀子那里更是这样，荀子之"法"含义更广，而且渗透着儒家的理念。荀子对"法"和"刑"有明确的区分，《性恶》篇说："明礼义以化之，起法正以治之，重刑罚以禁之，使天下皆出于治，合于善也，是圣王之治而礼义之化也。""礼义""法正""刑罚"三者作用不同，缺一不可，不能互相替代。"礼义"有教化之功，是圣王之治的首选；但荀子认为单靠"礼义"显然不够，还要有"法正"，即政府出台的各种制度规章来"治"，使人的行为受到强力的规范和约束；对于那些不愿接受"法正"者和违背"法正"者，最后还有"刑罚"来"禁"。"礼义"因为有"法正"的保障而不再软弱，"法正"因为有"刑罚"的撑腰而行之有效，三者配套使用，这就是荀子所要实现的"圣王之治"。比较此三者，"刑罚"固然是起"禁"的作用，"法正"其实也能起到"禁"的作用，而且可以"禁于将然之前"，这种作用当然离不开其背后有"刑罚"的撑腰。至于"礼义"，则只能寄望于《大戴礼记·礼察》所说的"禁于将然之前"，但事实上却是无法保证的，这也正是荀子援法入礼的初衷。

荀子的"法"更多的是在法则、规矩、法度等意义上使用的，虽与法家的

---

① 张明：《荀子与韩非及法家关系诸问题：一种观念史的视角》，《山东社会科学》2020年第9期。

"法"用词相同，但内涵有重大区别。关于这一点，已有学者做过论述。王中江指出："荀子喜欢用'法'字，其中所说的'法'确有'惩诛'之'法'的意义，这也是可以肯定的。但是，荀子使用的大量'法'字，更多的不是法家之'法'，而是指法则、法度、标准和效法等意。"①荀子借重了"法"的强制性、执行力和有效性来提升礼治的效力，用国家政权的力量来辅助和保障儒家主张的德礼之治。所以荀子的"法"是渗透了礼治精神的"法"，是具有浓郁儒家色彩的"法"，不可与商、韩的"法"简单地画等号。

《荀子》中的"法"字，多指法度、法则、绳墨、规矩等有明确边界的、不可移易的、可强制执行的、可以稽查考核的制度。我们对于荀子的"法"，应该更多地关注其中的"制度"的意义。荀子摒弃了"法"中的暴力主义，突出了"法"中的制度意义，并将其纳入儒家的礼治体系。正是这些制度化建设的引入，在很大程度上克服了早期儒家偏于软弱、缺乏可操作性和执行力的缺点，弥补了儒家德礼之治的不足。章太炎曾高度评价荀子在制度建设方面对儒学的贡献，他说："荀子和孟子虽是都称儒家，而两人学问的来源大不同。荀子是精于制度典章之学，所以'隆礼仪而杀《诗》《书》'，他书中的《王制》《礼论》《乐论》等篇，可推独步。孟子通古今，长于《诗》《书》，而于礼甚疏；他讲王政，讲来讲去，只有'五亩之宅，树之以桑；鸡豚狗彘之畜，无失其时；百亩之田，勿夺其时'等话，简陋不堪，哪能及荀子的博大！"②《非十二子》篇批评孟子"略法先王而不知其统"，《儒效》篇批评"不知法后王而一制度"的"俗儒"，《劝学》篇批评"不道礼宪"的"散儒"，荀子所说的"统""制度""礼宪"，正是章太炎所看重的"制度典章之学"。儒学在后世大行2000年，荀子在制度建设方面的理论贡献功莫大焉。

在《荀子》中，"法度"这一概念出现的频率很高，常常是将"法度"和"礼义"并提，多次出现"礼义法度"一词，又直接简称为"礼法"。《荀子》

---

① 王中江：《荀学与儒家的学统和道统》，《南昌大学学报》（人文社会科学版）2002年第1期。

② 章太炎：《国学概论》，上海：上海古籍出版社，1997年，第33页。

中与"法度"意义相似的词汇还有很多，如"法教""法正""法数""法则""师法"等，不难看出这些词语中渗透着"制度"的含义。从这些词语中，我们还可以看到荀子之"法"贯注着鲜明的"教化"的精神，兼有与"礼"一样的教化作用。特别是"师法"一词，更是透出荀子浓厚的儒家情怀。荀子十分重视"师"的作用，他说的"师"，就是传承先王道统的儒师，《修身》篇曰："礼者，所以正身也。师者，所以正礼也。无礼，何以正身？无师，吾安知礼之为是也？""礼"的作用是"正身"，"师"的作用是"正礼"，而"师"之所以能判断和保证"礼"的正当性，就是因为"师"传承的是先王的道统，故《性恶》篇曰："得贤师而事之，则所闻者尧、舜、禹、汤之道也。"荀子认为"师法"对于人的道德文明的提升和国家社会的治理极为重要，《儒效》篇曰："师法者，人之大宝也，无师法者，人之大殃也。""师法"的必要性需要从人性来说明，《性恶》篇曰："今人之性，生而有好利焉，顺是，故争夺生而辞让亡焉；生而有疾恶焉，顺是，故残贼生而忠信亡焉；生而有耳目之欲有好声色焉，顺是，故淫乱生而礼义文理亡焉。然则从人之性，顺人之情，必出于争夺，合于犯分乱理而归于暴。故必将有师法之化，礼义之道，然后出于辞让，合于文理，而归于治。"又曰："今人之性恶，必将待师法然后正，得礼义然后治。今人无师法，则偏险而不正；无礼义，则悖乱而不治……今之人，化师法，积文学，道礼义者，为君子；纵性情，安恣睢，而违礼义者，为小人。"可见"师法"的意义在于"化"人之性，"正"人之行，"师法"与"礼义"配合，可以收到更好的教化人心的效果。

荀子援法入礼，以制度性的"法度"配合"礼义"，用"法度"具有的强制性和执行力来弥补礼义的不足，这是对儒家理论的一个重要的改进。以道统的视角观之，荀子把"法度"也归于先王、圣人的创制，视为道统中原本就有的内容。如此一来，他的援法入礼主张就获得了来自最高层面的合法性支持，也为孔子、孟子以来的儒家道统论增添了新的内容。荀子反复强调"法度"和"礼义"都是古之圣王所创，都是道统中固有的内容，历史同样的久远，地位同样的重要。《性恶》篇曰："古者圣人以人之性恶，以为偏险而不正，悖乱而不治，是以为之起礼义，制法度，以矫饰人之情性而正之，以扰化人之情性而导之也。使皆出于治，合于道者也。"又曰："礼义法度者，是圣人之所生也。"《大略》篇亦曰："三王既以定法度，制礼乐而传之。"可见荀子认为，圣人创制法度同创制礼义一样，也是出于变化人性的需要，人之性恶，偏险悖乱由是生焉，圣人为了变化人性，就要"起伪"，"起伪"就是"起礼义，制法度"，靠礼义和法度来"矫饰""扰化"人的情性，把人引导到正确的道路上来。荀子意识到，"化性"单靠儒家传统的礼义教化是不够的，还需要引入制度形态的"法"，方可达到期待的效果。荀子认为，"起礼义"和"制法度"是同时进行的，是"三王"等"古之圣人"所创，于是，制度义的"法"就顺理成章地被荀子纳入儒家的道统中。制度义的"法"是孔子、孟子的道统论中没有的新内容，是荀子为适应时代的变化而对传统儒家道统理论的创新性贡献，荀子为后世儒者所诟病，被排斥在儒家道统之外，和他融入法治精神的道统论有很大的关系。但是，荀子学说的历史作用，却是历代王朝的政治实践所反复证明了的，否则谭嗣同也不会得出"两千年来之学，荀学也"的论断。

本体主体化：张载气学性质及其人文关怀

曾振宇[*]

摘　要：理气合一，是张载气学的一大特点。太虚是"至虚之实"，不是"不形以上"的纯粹观念性存在。太虚之"实"，本质上是气。"神"是太虚固有之理，太虚本体是气与神的合体。阴阳之气创造了物质世界，太虚则论证阴阳之气创造物质世界何以可能。以太虚为核心的本体论，在张载哲学思想中已经建立。尤其值得注意的是，太虚也是一德性本体、价值本体。张载论证太虚至善，指向两大现实人文关怀：首先，由太虚至善推导出"天地之性"存在的正当性。学界过多注意到张载人性论受到佛教影响，却忽略了孟子思想对张载人性论的浸润。张载"君子有弗性"，源自孟子的"君子所性"。其次，仁是"事"之本体，人世间的制度与伦理都必须以仁为体，才能获得存在的正当性和合法性。仁实际上成为人类文化与制度文明背后隐伏的道德基础、价值依托和人文精神。仁义精神的张扬，实质上是人作为主体性存在的挺立。无论在人性论，抑或社会理想层面上，自由意志的色彩都非常浓郁。本体主体化，儒家为天下立法，是张载德性本体论的内在旨趣与"本来面目"。

关键词：太虚；气；神；仁；理气合一

---

[*] 作者简介：曾振宇，男，曾子研究院院长，山东大学儒学高等研究院教授、博士生导师，山东省儒学领域泰山学者，主要研究方向为儒学与中国古代思想史。本文是教育部人文社会科学重点研究基地重大项目"汉代哲学基本范畴研究"（项目号：13JJD720011）阶段性成果之一。

在中国古代气学史上,张载是首屈一指的思想家。但是,学界在诸多问题上,仍然存在较大分歧。譬如,本体论在张载思想体系中是否已经建立?抑或只是本体论与宇宙论的"滚说"?太虚与气是何种关系?太虚与神是何种关系?是否恰如牟宗三先生所言,太虚"神体不等同于气"[①],太虚是本体存在,气只是现象界存在?"虚者仁之原"究竟应如何理解,才能参透其内在的哲学底蕴?如果德性本体论是张载思想一大特色,那么这一德性本体论的哲学指向与现实人文关怀又何在?凡此种种,笔者竭诚在本文中向先贤今哲请教。不当之处,敬请指正。

一、理气合一:太虚是气与神的统一

隋唐以降的思想家,大多有出入释老、泛滥百家的知识背景,恰如清代学者全祖望所论:"两宋诸儒,门庭径路,半出于佛、老。"[②]张载的学术经历也不外乎是。[③]据《宋史·张载传》记载,张载"少喜谈兵",21岁时受范仲淹指点,矻矻沉潜于儒家典籍,其后又"访诸释老",最终"以《易》为宗,以《中庸》为体,以孔孟为法"。张载思想的问题意识与治学理路,是对先秦儒学的"接着讲"。张载思想体系中一些重要的概念、范畴,也都是因袭先秦儒家。老树开新花,"能指"虽同,但"所指"与哲学意涵已有云泥之别。在张载思想体系中,"太虚""太极"与"太和"三个范畴之内涵与本质如何界定?三者是形式逻辑上的同一关系抑或交叉关系?牟宗三先生认为,"太虚"与"太极"两

[①] 牟宗三:《心体与性体》上册,长春:吉林出版集团有限责任公司,2013年,第396页。
[②] (明)黄宗羲原著,(清)全祖望补修:《宋元学案》卷八十一《西山真氏学案》,北京:中华书局,1986年,第2708页。
[③] 周敦颐之学杂糅佛老,《宋元学案》说:"又谓周子与胡文恭同师僧寿涯;是周学又出于释氏矣。"程颢自称:"泛滥于诸家,出入于佛老几十年,返求之六经而后得之。"朱熹年轻时期的导师胡宪、刘子翚、刘勉之虽然身为儒士,但又都是佛门信徒。朱熹对宗杲等名僧非常崇拜,朱熹坦承自己"出入老、释者几十年"。王阳明年轻时对道教的修炼方式非常迷恋,中年时有过反悔,晚年又喜爱道家的哲学思想。

范畴基本上可以混说,属于"有独立意义的本体"①,其特点是"清通无象之神"。"太和"有别于"太虚""太极","太和"是"综持说之词","以明道之创生义"。②换言之,"太和"属于宇宙论层面的范畴,而"太虚""太极"是本体论层面的范畴。牟宗三还自创"太虚神体"一词,特别点明张载"太虚即气"命题中的"即",不是"等义","虚与神非是气之谓词(predicates),非是气之质性(properties)"。③"太虚即气"命题之中的"太虚"是体,"气"是用,太虚与气的关系是"体用不贰之论,既超越亦内在之圆融之论"。④因为太虚"是一、是全、是遍",如果将太虚"视为气之实然的质性",太虚就将成为一"有限量"的存在。⑤牟宗三先生的观点在学术界影响深远,在某种意义上甚至成为有引领意义的"范式"。但是,在太虚与气的关系上,牟宗三先生的诸多观点仍然存在可商榷之处。

在张载的著述中,一词多义的现象普遍存在。"太虚"至少有两种不同的含义:其一,虚空、空间。"气坱然太虚,升降飞扬,未尝止息。"⑥"太虚不能无气,气不能不聚而为万物,万物不能不散而为太虚。"⑦宇宙空间充满了阴阳二气,阴阳二气相摩相荡,生成宇宙万物。任何一种物体消亡后,只是变换一种样态仍旧存在于宇宙。能量守恒,物质不灭。其二,形上本体。"太虚无形,气之本体,其聚其散,变化之客形尔;至静无感,性之渊源,有识有知,物交

---

① 牟宗三:《心体与性体》上册,第406页。
② 同上书,第383页。
③ 同上书,第405页。
④ 同上。
⑤ 同上书,第406页。关于太虚与气的关系,学界分歧比较大。丁为祥教授认为,太虚是"形上本体",气只是"宇宙论始源概念"。如果"以太虚为气的本然或本来状态","等于抹煞了张载的本体论,是太虚完全成为一个与气等值互换而无意义的概念了"。参见丁为祥:《虚气相即》,北京:人民出版社,2000年,第295页。陈来教授认为:"太虚、气、万物都是同一实体的不同状态。"参见陈来:《宋明理学》,沈阳:辽宁教育出版社,1991年,第59页。杨立华教授认为,太虚与气的关系是"无形之气与有形之气的关系",太虚"无形而有象",因此,"太虚仍是某种对象性的存在者"。实际上,"清通而不可象"的"神",才是"更高的形而上者"。参见杨立华:《气本与神化》,北京:北京大学出版社,2008年,第36—43页。
⑥ (北宋)张载:《正蒙·太和》,《张载集》,北京:中华书局,1978年,第8页。
⑦ 同上书,第7页。

之客感尔。客感客形与无感无形，惟尽性者一之。"①《正蒙·太和》篇的这一段话应当与《正蒙·乾称》篇的"太虚者，气之体"合观，才能探赜索隐，领悟其中的真髓。太虚有别于具体存在，前者的特点是"无感无形"，后者的特点是"客感客形"。刘儗云："客者，本无而适至之称，以聚散、知识之在外者言。"②"客感客形"与"无感无形"，应从两个层面释读：首先，"无形"与"客形"，在于说明作为本体的太虚没有空间特性，或者说不可以空间"方所"来界说太虚本体。"体不偏滞，乃可谓无方无体。"③"神易无方体。"④其次，"客感客形"说明天地之间的具体存在物有时间特性，但是，作为本体的太虚不可以时间来界说。先秦时代的庄子曾经点明"道无终始，物有死生"（《庄子·秋水》）。道与物截然相分，形上层面的"道"，不可以"终始"来界说。道没有具象那种度量时间的属性，具体之物才有度量时间的属性，因为时间与空间只是具体存在才具有的存在方式。程伊川的"天理"不仅无形，而且也无终始，甚至"天理"这一概念本身之"能指"与"所指"，也"只是道得如此，更难为名状"。⑤张载思想体系中的"太虚"与庄子的"道"、程伊川的"天理"一样，也是超越"客感客形"的至上存在。太虚不可以时间与空间界定，但是，太虚是"实"，太虚是客观的存有，这恰恰是张载所一再强调的核心观点："天地之道无非以至虚为实，人须于虚中求出实。……金铁有时而腐，山岳有时而摧，凡有形之物即易坏，惟太虚无动摇，故为至实。"⑥"金铁"是"客形"，具有时间的相对性、有限性。太虚不同于"金铁"等具体物质，太虚是"至实"，"至实"的最大特点是"至虚之实，实而不固"。⑦林乐昌教授指出："'至虚之

---

① （北宋）张载：《正蒙·太和》，《张载集》，第7页。
② （明）刘儗：《新刊正蒙解》，明嘉靖二十四年（1545）刻本，转引自林乐昌：《正蒙合校集释》，北京：中华书局，2012年，第19页。
③ （北宋）张载：《正蒙·乾称》，《张载集》，第65页。
④ （北宋）张载：《正蒙·太和》，《张载集》，第9页。
⑤ （北宋）程颢、（北宋）程颐著，王孝鱼点校：《河南程氏遗书》卷二上，《二程集》，北京：中华书局，2004年，第38页。
⑥ （北宋）张载：《张子语录中》，《张载集》，第325页。
⑦ （北宋）张载：《正蒙·乾称》，《张载集》，第64页。

实'，'至'言太虚本体之绝对性；'实'言太虚本体之终极实在性，非谓有'客形'之'实体'也。"①作为终极实在性的太虚之"实"，其特点在于"不固"，不偏滞于有空间和时间限量的存在。因为太虚"不固"，所以"太虚为清"。②太虚之清是超越清浊对立之清，属于"至清"。刘玑评论道："太虚乃为清之至，惟至清则无碍。"③"有两亦（一）在，无两亦一在。"④太虚本体的存在，具有绝对性、非对象性的特点。所以，太虚不是一"不形以上"的纯粹观念性存在，也不可简单等同于西方哲学史上的"理念"或"绝对精神"，而是一"不形以上"的绝对实有，是变幻莫测的现象世界背后的不变者。面对无形无象的太虚，或许我们说"太虚存在"就已足够。但是，还需特别指明的一点是，太虚之"实"是气，太虚本质上是"气之实然的质性"。"一物两体者，气也。一故神，两故化，此天所以参也。"⑤"一"指涉本体，"神"是本体气蕴含的内在条理、规律与属性。对于太虚何以能是"气之体"，王夫之说："太虚之为体，气也，气未成象，人见其虚，充周无间者皆气也。"⑥《正蒙·乾称》篇说："性通极于无，气其一物尔。"⑦"无"即"太虚"，"无"不同于"气"，"无"是"谓气未聚，形未成，在天之神理"。⑧"无"是本体之气与理的综合，而"气其一物"之"气"属于阴阳之气，也就是已发之气。"无"是阴阳二气创生宇宙万物何以可能之所以然，是宇宙生成论背后隐藏的第一原因。

在张载思想体系中，"太虚"是位阶最高的哲学范畴，是张载思想体系的逻辑起点。如前所述，太虚不可以用时间与空间来界说。除此之外，在太虚学说中，有一个概念的出现频率特别高，那就是"神"。"一物两体，气也；一故

---

① 林乐昌：《正蒙合校集释》，第934页。
② （北宋）张载：《正蒙·太和》，《张载集》，第9页。
③ （明）刘玑：《正蒙会稿》，明正德十五年（1520）刻本，转引自《正蒙合校集释》，第55页。
④ （北宋）张载：《横渠易说·说卦》，《张载集》，第233页。
⑤ 同上。
⑥ （明）王夫之：《张子正蒙注》卷九《乾称篇下》，北京：中华书局，1975年，第338页。
⑦ （北宋）张载：《正蒙·乾称》，《张载集》，第934页。
⑧ （明）王夫之：《张子正蒙注》卷九《乾称篇下》，第329页。

神（两在故不测），两故化（推行于一），此天之所以参也。"① "神"有别于"化"。"神"用于界说太虚本体之气，"化"是阴阳二气的作用与功能。两者界限分明，不可混淆为一。在张载的许多文章中，经常用规律、属性与作用代替本体，甚至以作用指代本体。"万物形色，神之糟粕，性与天道云者，易而已矣。"②又云："凡天地法象，皆神化之糟粕尔。"③从规律、属性与作用的层面立论，也可以阐释天地万物存在何以可能以及天地万象创生的具体原因。缘此，什么是"神"，势必应该有一明确的交代。朱熹解释道："神又自是神，神却变得昼夜，昼夜却变不得神。神妙万物。"④朱熹意在说明"神"超出人之主观愿望，属于动静背后存在的所以然。其实，张载本人对"神"有一明确的界定："神者，太虚妙应之目。"⑤"天之不测谓神，神而有常谓天。"⑥"感应"是用来描述宇宙之间具体存在的发生与作用，太虚本体是绝对性的"独"。所以，"妙应"不同于"感应"，"妙应"是用于解释太虚本体的作用。张伯行释"妙应"："不见而章，不动而变，无为而成也。"⑦在学术渊源上，"妙应"一词源自《易传》"神也者，妙万物而为言者也"。牟宗三先生有一精彩的评论："妙是什么意思呢？就是它在万物后面运用，这个妙表示运用的意思，妙运呀？妙是个运用，它是个主动，万物是个被动。万物要后面有个神在运用才能够变化，生生不息，有千变万化，无穷的复杂。无穷的复杂就是神在后面来运用它。所以'神也者妙万物而为言者也'，这句话有本体的意义。中国人了解这个神是通过function这个观念来了解，function是作用。这个function跟普通说的function不同，就'神也者妙万物而为言者也'说，在万物后面起作用的神只有一个，不能说妙桌子的这个神跟妙粉笔的那个神是两个神。这样一来，这个运用，这个

---

① （北宋）张载：《正蒙·参两》，《张载集》，第10页。
② （北宋）张载：《正蒙·太和》，《张载集》，第10页。
③ 同上书，第9页。
④ （南宋）黎靖德编：《朱子语类》卷九十四，北京：中华书局，1994年，第2403页。
⑤ （北宋）张载：《正蒙·太和》，《张载集》，第9页。
⑥ （北宋）张载：《正蒙·天道》，《张载集》，第9页。
⑦ （清）张伯行：《濂洛关闽书》卷二《正蒙》，转引自《正蒙合校集释》，第71页。

function，就着天地万物而言，就着它能够妙这个天地万物而为言，那么，这个function一定是无限的作用。"① 牟宗三认为，"妙"是神之作用，是万物背后的主宰者和发动者属性的显现。

缘此，在太虚本体论中，神的意义或作用何在？"鼓天下之动者存乎神。"②"天下之动，神鼓之也。神则主（乎）动，故天下之动，皆神（之）为也。"③ 太虚既然是"至清""至静"，张载势必从理论高度回答一个问题：天地阴阳变化的"动力因"何在？天地阴阳二气何以就能化生天地万物？在中国气学史上，战国竹书《恒先》的最大贡献在于第一次明确提出"气是自生"的命题。"气是自生"思想表明气需回答宇宙万物"所由成""所从来"。但是，《恒先》整篇文章从头至尾没有出现阴阳范畴，更没有以此建构庞大的宇宙图式。阴阳学说与气学的汇流，目的就在于论证"动力因"问题。从现有传世文献分析，阴阳学说与气学的"联姻"或许最早出现于《国语》。伯阳父用阴阳二气的摩荡推移来诠释自然和社会现象。"阳伏而不能出，阴迫而不能蒸，于是有地震。今三川实震，是阳失其所而镇阴也。"④ 伯阳父从阴阳二气交感互动的角度，论证宇宙万物的生成与变化。在《国语》之后，阴阳学说与气学的结合应提及通行本《老子》。"道生一，一生二，二生三，三生万物。万物负阴而抱阳，冲气以为和。"但是，这一段文句不见于竹简本《老子》，这极有可能是后来添加进通行本《老子》的。楚简《太一生水》紧附于《老子》丙本之后，当是诠释《老子》之文，但其宇宙生成图式却是：大一——天地—神明—阴阳—四时—沧热—湿燥—岁，其中也无"道生一"和"万物负阴而抱阳"的命题，气只不过是与天、地、土并列的质料，这恰恰说明《太一生水》的作者所看到的《老子》没有"万物负阴而抱阳"一节。上博简《凡物流形》有"聞（闻）之曰：一生两，两生叁（叁），叁（叁）生女（母？），女（母？）城

---

① 牟宗三：《周易哲学演讲录》，上海：华东师范大学出版社，2004年，第131页。
② （北宋）张载：《横渠易说·系辞上》，《张载集》，第205页。
③ 同上。
④ 《国语·周语上》，长春：吉林文史出版社，1991年，第32页。

（成）结。是古（故）又（有）一，天下亡（无）不又（有）；亡（无）一，天下亦亡（无）一又（有）"①。这篇文章虽然大量出现"一"，而且有类似于通行本《老子》第四十二章"一生二，二生三"的文句，但仍然没有"道生一""万物负阴而抱阳"和"冲气以为和"等论断，更没有论述"一"生"二"如何可能，无"一"何以就无"有"。梁启超先生说："阴阳两字意义之居变，盖自老子始。老子曰'万物负阴而抱阳'，此语当作何解？未易断言，抑固有以异于古所云矣。虽然，五千言中，言阴阳者只此一句，且亦非书中重要语，故谓老子与阴阳说有何等关系，吾未敢承。"②在《老子》一书中，"阴阳"确实只出现一次，但认为其"非书中重要语"却失之偏颇。如果我们从通行本《老子》第四十二章中抽掉阴阳气论，宇宙论意义上的道论"大厦"就会坍塌，因为无法解释道生万物如何可能。《老子》作者的弟子或弟子的弟子发现了这一内在逻辑缺陷，因此增补"道生一，一生二，二生三，三生万物。万物负阴而抱阳，冲气以为和"一节。增补的这一节在《老子》文本思想体系中，意义极其重大！因为祖本《老子》作者没有回答的一个关键问题——道生万物如何可能——终于在形上学的高度上得到论证。《庄子·田子方》显然受到了《老子》第四十二章阴阳气论的影响："至阴肃肃，至阳赫赫。肃肃出乎天，赫赫发乎地。两者交通成和而物生焉，或为之纪而莫见其形。"阴阳二气"交通成和"，天地万物得以化生，阴阳作为动力因的地位与作用自此得以彰显。从《老子》第四十二章和《庄子·田子方》中的表述分析，《庄子·田子方》当是对《老子》阴阳气论的阐发。《淮南子·天文训》继而评论说："一而不生，故分而为阴阳，阴阳合和而万物生。"在中国古代气学史上，阴阳气论的成熟应以《易传》为标志。《易传》的阴阳气论可梳理为三个要点：阴阳对立、阴阳交感和阴阳转化。三者合而论之，称为"一阴一阳之谓道"。但是，无论是先秦儒家

---

① 此段文句参照王中江教授考证和重新编联的结论，参见王中江：《〈凡物流形〉编联新见》，简帛网2009年3月4日。
② 梁启超：《阴阳五行说之来历》，《饮冰室合集》第4册，北京：中华书局，1989年，第47页。

还是道家，都没有从形上学的高度探讨一个更深入的问题：阴阳和合，何以就能化生天地万物？阴阳作为宇宙生成论的"动力因"何以可能？如果这一理论问题没有得到论证，建基于阴阳气论上的宇宙论就只是一种独断论，张载气学也就仅仅止步于宇宙论，而未升华为本体论。果真如此，气本论确实也如同牟宗三所言，将僵化为一块"光板"。张载气学的哲学贡献之一，恰恰就在于前无古人地从哲学发生学和逻辑发生学的高度论证阴阳二气化生天地万物何以可能。这是宇宙论与本体论的区别，也是张载在宇宙论基础上构建本体论的开始。

缘此，"殊异的相互对立"的阴阳二气何以能"动"？张载的回答是——"神"。"神"这一概念虽然直接源自《易传》[1]，但神灵等原始自然宗教的色彩已被去除，哲学内涵已焕然一新。天地阴阳二气之"动"的根源在于"神"，"神鼓之也"。"神"如何能"鼓动"天地阴阳二气"磨来磨去"？根源在于"动静合一存乎神"。[2] 太虚是"静之本"，"至静无感"，超越动静对立，这是本体论的建构。另一方面，或许受到周敦颐"静极复动"思想影响，作为太虚属性、条理的神，在逻辑上就必须建构"动静合一"之理，静中有动之理，动中有静之理。"静而无静"，才能满足宇宙论的需要。[3] 刘儓评论说："神者，理也，气之主也。动者，事也，气之为也。动而非气，故不能自立；气而非神，又何以主张、推行是哉？是动生于气而命于理。"[4] 神是阴阳二气背后的"所由以说明的第一点"，也是太虚本体内含之理。道与理不一，道用于描述阴阳二气内在

---

[1] 在甲骨文中，"神"字已出现，𘄿与𘄽既是"神"也是"电"字的原型字，"神"是从"申"字发展而来的。郭静云在《甲骨文中神字的雏型及其用义》一文中认为甲骨文"神之用义是在指有纯天本质之天上百神、天空神气以及天帝所赐命的神瑞，而将祖先称为神人，可能是从西周时期才开始"。参见中国古文字研究会、华南师范大学文学院编：《古文字研究》第26辑，北京：中华书局，2006年，第95—100页。在甲骨文中，神已经与气有所关涉。

[2] （北宋）张载：《正蒙·诚明》，《张载集》，第20页。

[3] 张载思想体系中的"太虚"，究竟是不是一个纯粹本体论意义上的范畴，学界分歧较大。太虚是不是既有本体论成分，也蕴含宇宙论色彩，或者说是本体论与宇宙论的合一？参见丁为祥：《虚气相即》，第66页。

[4] （明）刘儓：《新刊正蒙解》，明嘉靖二十四年（1545）刻本，转引自《正蒙合校集释》，第204页。

的规律和特点，理用于阐释太虚本体的属性与作用。阴阳二气推移变化无穷无尽，神作为"气之主"的主宰意义也就无所不在。"虚明照鉴，神之明也。无远近幽深，利用出入，神之充塞无间也。"①在《易传》诸篇中，"神"具有"神妙"的含义。在张载思想体系中，"神"的内涵和本质也确实令人难以捉摸。"一故神"②，任何物体都有"小大精粗"，唯独神不可直观认识，"神即神而已，不必言作用"。③在阴阳二气推动万物生成变化的背后，一定存在着"所由以说明的第一点"。在张载的思想逻辑结构中，这个"所由以说明的第一点"是对阴阳二气宇宙论的说明，而不是直接对宇宙万物的说明。经常挺身而出，代表太虚"说明"的"新闻发言人"就是"神"。"神"的性质如何把握与确定？在学术史上，许多学者认为，神的实质就是太虚本体蕴含的"理"。徐必达认为，"神即太虚之理"④。余本认为，"神，理也。所以主张万化而运于无形者，自其微而言，故曰'天德'"⑤。刘儓也认为，"神，以理言，在天则为德，所谓'维天之命，於穆不已'者也；化，以用言，在天则为道，所谓'四时运行，万物始终'者也"⑥。王夫之是继张载之后气学史上的代表性人物，在注解《正蒙·神化》篇的"神，天德；化，天道；德，其体；道，其用，一于气而已"一段话时，也已经表露出神蕴含"理"之义："气，其所有之实也。其氤氲而含健顺之性，以升降屈伸，条理必信者，神也。神之所为聚而成象成形以生万变者，化也。故神，气之神；化，气之化也。"⑦神和化皆"一于气"，神是体，化是用，神的作用在于解释"含健顺之性"何以可能，"升降屈伸，条理必信"何以可能。因此，"一于气"是指理与气皆统一于太虚本体中。张载经常以

---

① （北宋）张载：《正蒙·神化》，《张载集》，第16页。
② （北宋）张载：《横渠易说·系辞上》，《张载集》，第200页。
③ 同上。
④ 林乐昌：《正蒙合校集释》，第958页。
⑤ （明）余本：《正蒙集解》，转引自《正蒙合校集释》，第199页。
⑥ （明）刘儓：《新刊正蒙解》，明嘉靖二十四年（1545）刻本，转引自《正蒙合校集释》，第199页。
⑦ （明）王夫之：《张子正蒙注》卷二《神化》，第60页。

"神"言太虚，实质上是以"理"言太虚本体。① 除此之外，"教"的含义基本上也与"理"等同："浮而上者阳之清，降而下者阴之浊，其感（通）聚（结），为风雨，为雪霜，万品之流形，山川之融结，糟粕煨烬，无非教也。"②"天道四时行，百物生，无非至教。"③ 何谓"教"？朱熹认为，"教便是说理"④。王夫之也认为，"风雨、雪霜、山川、人物，象之显藏，形之成毁，屡迁而已结者，虽迟久而必归其原，条理不迷，诚信不爽，理在其中矣。教者，朱子所谓'示人以理也'是也"⑤。作为理本论的思想家和作为气本论的思想家，他们虽然立场与观点多有扞格，但在"教"概念的训释上，观点基本趋同。

综上所述，太虚本体是神与气的合一。换言之，太虚是理与气的"滚说"。"至清""至静""至实"的气是太虚"实然的质性"，神是太虚内含的规律、条理。太虚有别于阴阳二气，前者是本体论上的最高存在，后者是宇宙论的范畴。张载用阴阳二气论证宇宙天地万物的"所从来"，与此同时，又用太虚与神论证阴阳二气"所从来"。阴阳之气创造了物质世界，太虚则证明阴阳之气创造物质世界如何可能。太虚本质上是"至实""至静""至清"，"至实"的本质就是无形之气。不仅如此，张载在证明"太虚即气"的同时，经常以"神"指代太虚本体。"神"的实然义之一是"理"，"神"是阴阳二气化生天地万物何以可能的"理"。"理"或"教"，都是指谓经验世界背后的第一原因。"凡言神，亦必待形然后著，不得形，神何以见？'神而明之，存乎其人'，然则亦须待人而后能明乎神。"⑥ 现象世界可以用语言解释，在可以用语言解释的现象世界背后，一定隐藏着难以用语言与逻辑界说的本体世界。太虚与神虽然"不可

---

① 张载有时也直接用"理"来表达太虚本体之规律与属性之处，譬如："诸子浅妄，有有无之分，非穷理之学也。"（《横渠易说·系辞上》）"天下之理得，元也。"（《横渠易说·上经·乾》）
② （北宋）张载：《正蒙·太和》，《张载集》，第8页。
③ （北宋）张载：《正蒙·天道》，《张载集》，第13页。
④ （南宋）黎靖德编：《朱子语类》卷九十八，第2506页。
⑤ （明）王夫之：《张子正蒙注》卷一《太和》，第13页。
⑥ （北宋）张载：《横渠易说·系辞下》，《张载集》，第208—209页。

致思"①,但仍可勉强通过人揭示其意义。人能弘道,而这也恰恰正是"神而明之"的含义。

行笔至此,我们不难发现二程朱子对张载气学的质疑与批评多有误读与曲解:

> 又语及太虚,先生曰:"亦无太虚。"遂指虚曰:"皆是理,安得谓之虚!天下无实于理者。"或谓"许大太虚",先生谓:"此语便不是。这里论甚大与小!"②

> 《正蒙》所论道体,觉得源头有未是处。故伊川云:"过处乃在《正蒙》。"……如以太虚太和为道体,却只是说得形而下者,皆是"发而皆中节谓之和"处。③

> 又问:"横渠云:太虚即气,乃是指理为虚,似非形而下。曰:纵指理为虚,亦如何夹气作一处?"④

程伊川和朱熹立足于理本论立场,对张载的思想多有批评。其中一个最明显的误解在于:未厘清太虚与太和、阴阳二气之间的区别,将三者混同为一。太和是阴阳未发之气,阴阳二气是已发之气。太和和阴阳二气皆是宇宙论层面的范畴,而太虚和神却是本体论层面的范畴,两者有天壤之别。阴阳二气创造了物质世界,太虚证明了阴阳二气创造物质世界何以可能。程伊川将张载的太虚简单地等同于空间,朱熹批评张载"夹气作一处",其实都没有认清张载"太虚本体是神与气的合体,而在虚空中相摩相荡的气只是阴阳之气而已"。朱熹批

---

① (北宋)张载:《正蒙·神化》,《张载集》,第17页。
② (明)黄宗羲原著,(清)全祖望补修:《宋元学案》卷十五《伊川学案上》,第610页。
③ (南宋)黎靖德编:《朱子语类》卷九十九,第2532页。
④ 同上书,第2538页。

评张载的气本论与佛教学说一样，都是"轮回"，佛教是"各自轮回"，张载的气本论"依旧一大轮回"。①朱熹的这一观点，不仅是误读，甚至可以说是曲解。其实在宋明理学史上，二程朱子在批评张载思想的同时，恰恰在否定中有所绍承，笔者认为这应是学界同仁潜心思考与探讨的问题。

二、"虚者仁之原"：太虚创造意义世界

如前所述，太虚本体是气与神的合一。神是太虚本体内在固有的条理、规律，是阴阳二气运动变化何以可能的所以然。因此，神也可被称为"理"或"教"。除此之外，神其实还具有另一层内涵——太虚本体之德性。"神，天德。"②此处之"天"，是太虚本体的隐喻，"天德"就是太虚之德。在有些篇章中，"天德"又被称为"至德"。③价值本体意义上的太虚，往往又可称为"神"。因此，太虚不仅是一形上本体，更重要的还在于：太虚是一价值本体、德性本体。在价值本体层面，太虚最高德性是"诚"。"天所以长久不已之道，乃所谓诚。"④诚的特点是"一而不已"⑤，"长久而不已"⑥。从"生生之谓大德"的视阈中论证本体先验具有"诚"之至善德性，在运思路向上，张载与二程朱子并无二致。"诚有是物，则有终有始。伪实不有，何终始之有！故曰'不诚无物'。"⑦诚与伪相对，前者是本体之德，后者是人类之情实。"不诚无物"，是以德性指代本体。太虚本体之诚，张载有时又称之为"天理"："盖理乃天德。"⑧"只为天理常在，身与物均见，则不自私。"⑨天理作为最高价值原理，其

---

① （南宋）黎靖德编：《朱子语类》卷九十九，第2537页。
② （北宋）张载：《正蒙·神化》，《张载集》，第15页。
③ （北宋）张载：《正蒙·至当》，《张载集》，第32页。
④ （北宋）张载：《正蒙·诚明》，《张载集》，第32页。
⑤ （明）余本：《正蒙集解》，转引自《正蒙合校集释》，第292页。
⑥ （明）高攀龙：《正蒙释》，明万历刻本，转引自《正蒙合校集释》，第292页。
⑦ （北宋）张载：《正蒙·诚明》，《张载集》，第21页。
⑧ （北宋）张载：《横渠易说·大壮》，《张载集》，第130页。
⑨ （北宋）张载：《经学理窟·学大原下》，《张载集》，第285页。

本质就是"诚"。"天理一贯,则无意、必、固、我之凿。意、必、固、我,一物存焉,非诚也。"①"意、必、固、我"是"私己"人欲,与诚相违忤,二者势若水火。天理与人欲对举,主张"烛天理",去人欲。②因此,宋明理学史上"存天理,灭人欲"的命题,早在张载思想中已有比较完整的表述。"循天下之理之谓道,得天下之理之谓德,故曰:'易简之善配至德。'"③张载借用《易传·系辞传》语录,旨在表达一个核心思想——太虚至善!"至善者,虚也。"④太虚之善不是与恶对立的善,而是超越善恶对举的至善,犹如王夫之所论:"至德,天之德也。"⑤张载哲学思想的这一特点,在中国思想史上并非孤例。从形上学层面论证至善,一直是中国哲学矻矻以求的一大主题。庄子的"道"既是形上本体,也是一德性本体。"道"是"臧","臧"就是善。⑥道先验至善!道落实在人而为"德"。因为道善,所以性善,"道"由此成为逍遥自由何以可能的哲学根基。程朱思想中的"天理",是宇宙万物的"所以然"。"莫之为而为,莫之致而致,便是天理。"⑦此外,天理又是"至善"的德性本体。"天下之理,原其所自,未有不善。"⑧"盖天道运行,赋与万物,莫非至善无妄之理而不已焉,是则所谓天命者也。"⑨天理之善是"元善","善便有一个元底意思"。⑩"元善"之善属于至善,"元善"不是与恶对立的善,而是超越了善恶对

---

① (北宋)张载:《正蒙·中正》,《张载集》,第28页。
② 《正蒙·中正》云:"烛天理如向明,万象无所隐;穷人欲如专顾影间,区区于一物之中尔。"
③ (北宋)张载:《正蒙·至当》,《张载集》,第32页。
④ (北宋)张载:《张子语录中》,《张载集》,第326页。
⑤ (北宋)张载:《正蒙·至当》,《张载集》,第32页。
⑥ (唐)成玄英《庄子注疏》:"臧,善也。"德源于道,德"臧"自然以道"臧"为前提。
⑦ (北宋)程颢、(北宋)程颐著,王孝鱼点校:《河南程氏遗书》卷十八,《二程集》,第215页。
⑧ (北宋)程颢、(北宋)程颐著,王孝鱼点校:《河南程氏遗书》卷二十二上,《二程集》,第292页。
⑨ (南宋)朱熹:《论语或问》卷三《朱子四书或问》,《朱子全书》,上海:上海古籍出版社,合肥:安徽教育出版社,2002年,第641页。
⑩ (北宋)程颢、(北宋)程颐著,王孝鱼点校:《河南程氏遗书》卷二上,《二程集》,第29页。

立的善。由此可见,中国思想史上的本体论,的确有别于西方哲学史上Ontology视阈中的本体论。

太虚至善,是张载思想体系的逻辑起点。从这一逻辑起点出发,进而推衍出涵括天、地、人的思想体系。在逻辑发生学上,论证太虚本体至善,不仅仅只是出于理论体系建构的需要,其实更重要的还在于,证明太虚本体至善,有着深切的现实人文关怀。具体而论,这一人文关怀有两大指向。

(一)"天地之性"存在何以可能?

太虚是一德性本体,太虚至善。既然如此,探讨人如何成己成物、止于至善,就成为张载哲学本体论的重心。从太虚本体至善出发,符合逻辑的推衍为:太虚落实于天道,彰显为"乾坤";落实于地道,显现为"刚柔";落实于人道,表现为"性",此性就是"天地之性"。天道、地道和人道都是太虚之德与理在不同领域的证明,本质上并无二致,理一而分殊。《易传·说卦》云:"穷理尽性以至于命。"张载诠释说:"性尽其道,则命至其源也。"又云:"天道即性也,故思知人(者)不可不知天,能知天斯(能)知人矣。(知天)知人,与穷理尽性以至于命同意。"[1]张载儒家所说的"性",既有别于佛教的"寂灭",也不同于告子的"生之谓性",而是有所"执守","执守"意味着儒家人性论建立在价值本体论基石之上。牟宗三先生说:"落于个体生命上说,此清通之神、太虚即吾人之'性'也。"[2]从太虚本体而论,称之为"理";从太虚本体所授而言,称之为"命";从人受之于天(太虚)而言,称之为"性"。"天授于人则为命(,亦可谓性)。人受于天则为性(,亦可谓命)。"[3]性与命,在张载思想体系中,经常称为"性命"或"道德性命"。"故天地之塞,吾其体;天地之帅,吾其性。民吾同胞,物吾与也。"[4]朱熹与王夫之皆训"塞"为气,应无疑义。"帅"是志、

---

[1] (北宋)张载:《横渠易说·说卦》,《张载集》,第234页。
[2] 牟宗三:《心体与性体》上册,第384页。
[3] (北宋)张载:《张子语录中》,《张载集》,第324页。
[4] (北宋)张载:《正蒙·乾称》,《张载集》,第32页。

心，也可训释为理，人得天地之心以为性。源自"天地之帅"的"天地之性"，具有先验性、普遍性和绝对性。正因为如此，张载强调："道德性命是长在不死之物也，己身已死，此则常在。"①太虚本体不生不灭，自然而然其内在的神理也永恒长存。"性通乎气之外，命行乎气之内。"②不仅如此，尚需特别指明的是，作为太虚德性本体之理落实于人的"天地之性"，因为太虚至善，自然而然先验赋有善的特性。有人问："智愚之识殊，疑于有性；善恶之报差，疑于有命。"张载回答说："性通极于无。气其一物尔；命禀同于性，遇乃适然尔。"③人生天地间，命同性同。因为性源于"无"，"无"就是太虚本体。天地之性源于太虚，所以具有先验善的品格，"性于人无不善"④。也正是在这一意义上，张载畅言人应"率性"而行，"儒者穷理，故率性可以谓之道"⑤。

在中国古代人性论史上，人性一分为二，天地之性与气质之性同时并存于个体生命之中，这一观点始于张载。二程朱子深受张载思想浸润，继而有"天命之性"与"气质之性"之分。"形而后有气质之性，善反之则天地之性存焉。故气质之性，君子有弗性者焉。"⑥在这一段话中，值得玩味的是"君子有弗性"一句。张载的"君子有弗性"思想，脱胎于孟子的"君子所性"（《孟子·尽心上》）论点，区别仅在于前者是否定句，后者是肯定句。由此也透露了学术史上一大线索：在宋代思想史上，张载真正领悟了孟子人性思想的真髓。程颢称赞张载为"孟子后一人"，并非空穴来风。孟子认为"人性"有善端。四端源自天，存诸性。但是，"大体"与"小体"同存在于人之性，犹如人兼具四肢与五脏六腑。君子与小人的区别在于"从"，"从其大体为大人，从其小体为小人"（《孟子·告子上》）。所以，评价孟子人性论，应当区别"善端"与"善"、"君子所性"（《孟子·尽心上》）与"人之性"两对概念。"善端"是善

---

① （北宋）张载：《经学理窟·义理》，《张载集》，第273页。
② （北宋）张载：《正蒙·诚明》，《张载集》，第21页。
③ （北宋）张载：《张子语录下》，《张载集》，第331页。
④ （北宋）张载：《正蒙·诚明》，《张载集》，第22页。
⑤ （北宋）张载：《正蒙·中正》，《张载集》，第31页。
⑥ （北宋）张载：《正蒙·诚明》，《张载集》，第23页。

质,"善"属于"已发";在"君子所性"层面,孟子刻意强调君子与禽兽的"几希"之别,论证人性有"善端",仁义礼智四端"根于心"。四端是"在我者",而非"在外者"。因此,君子在应然意义上,应当自觉以四端为性,而不可以"小体"为性。概而言之,孟子的"性善说",是在"君子所性"这一意义上立论的。张载将人性一分为天地之性与气质之性,无论在逻辑思维路向抑或学术观点上,都直接受到孟子思想的影响。天地之性纯善无恶,如"月印万川",遍在于人之性。在人性论上,人人平等。气质之性具体受"气禀"制约,有清浊、善恶之杂。在存在论意义上,因为天地之性与气质之性同时存在于个体生命之中,每一个个体生命的性都是"性未成"之性,都有待于后天超越。也正是在这一意义上,张载提出"君子有弗性"的命题。"君子有弗性"是说君子应当在应然层面,自觉以受之于天的"天地之性"为性,即以"道德性命"为性,切不可以受"气禀"影响的"气质之性"为性。大家耳熟能详的"横渠四句"中的"为生民立命","命"指的是理命、性命,而不是气命。"立命"是指君子应当挺立天地之性为"成性成身"之性,切不可以无节制的耳目口腹之生理欲望为安身立命之性。无论是孟子,还是张载,都主张在道德自觉意义上以天赋善端为性,但都未断然否定人性之中完全没有恶端。[①]"性未成则善恶混,故亹亹而继善者斯为善矣。"[②]所谓"成",就是《易传·系辞传》"继此者善也,成之者性也"意义上的"成",也称为"成性"或"反"。在工夫论上,其具体展开究竟是"德胜其气",还是"德不胜气"？如果"德不胜气",气命主宰了理命,人将沦落为小人;如果"德胜其气",则意味着天地之性主宰了

[①] 参见拙文:《"遇人便道性善":孟子"性善说"献疑》,《文史哲》2014年第3期。冯友兰指出,孟子"认为人性内有种种善的成分。他的确承认,也还有些其他成分,本身无所谓善恶,若不适当控制,就会通向恶"。参见冯友兰:《中国哲学简史》,北京:北京大学出版社,1985年,第81页。相比之下,张岱年的质疑更加直截了当:"然而性中不过有仁义礼智之端而已,性有善端,岂得即谓性善？而且性固有善端,未必无恶端。今不否证性有恶端,仅言性有善端,何故竟断为性善？"参见张岱年:《中国哲学大纲》第二部分《人生论》,北京:中国社会科学出版社,1982年,第184页。

[②] (北宋)张载:《横渠易说·系辞上》,《张载集》,第187页。

人的德行，"胜"也就是"成性"，理命、性命战胜了气命，"纤恶必除，善斯成性矣"①。存在先于本质，"善斯成性"之"善"不同于"继此者善"层面的先天善端，而是"成之者性"个体生命道德实践意义上的善，"变化气质"意义上的善。"为学大益，在自求变化气质。"②换言之，是"存天理，灭人欲"的道德践履中的后天之善。由此可见，自由意志的色彩，在张载思想中非常浓郁。

天地之性完全实现的人格化载体是圣人。"大人成性则圣也化，化则纯是天德也。圣犹天也，故不可阶而升。"③圣人是个体生命的最高理想境界，圣人一言一行纯是天德，从心所欲，不逾矩。圣人这一生命境界并非生而既有，而是后天经过长期体悟和知行合一，才有可能臻至的"成身成性"内在超越境界，"大能成性之谓圣"④。成圣何以可能？当年孟子说圣人的标准是"仁且智"，那么，仁与智兼摄于一人之身如何可能？张载的哲学贡献，恰恰在于从自由意志的高度进行论证。张载理论上的思考，首先从对佛教学说的批判切入。"释氏语实际，乃知道者所谓诚也，天德也。其语到实际，则以人生为幻妄，(以)有为疣赘，以世界为荫浊，遂厌而不有，遗而弗存。"⑤佛教大乘以空为宗，以天地万物为凭空起见，以生命为疣赘，犹如《楞严经》所言："一切浮尘，诸幻化相。"天地人物，皆是梦幻泡影，如露如电。不仅如此，《法华经》认为人间有"劫浊""见浊""烦恼浊""众生浊"和"命浊"，因此世俗社会本质上是"五浊恶世"。生命的理想境界在人生的"彼岸"，而不是在人生的"此岸"。冀望在世俗社会实现内在超越，已被佛教完全从理论上"斩草除根"，而这恰恰是儒家与佛教水火不容之处。张载立足于《中庸》"诚明"理论，畅言"儒者则因明致诚，因诚致明，故天人合一，致学而可以成圣"⑥。"诚"是"天德"，也即太虚本体之先验德性。"天德"不偏滞于人，一即多，多即一，一与多相

---

① （北宋）张载：《正蒙·诚明》，《张载集》，第23页。
② （北宋）张载：《张子语录中》，《张载集》，第321页。
③ （北宋）张载：《横渠易说·上经·乾》，《张载集》，第76页。
④ （北宋）张载：《正蒙·中正》，《张载集》，第27页。
⑤ （北宋）张载：《正蒙·乾称》，《张载集》，第65页。
⑥ 同上。

摄，天地万物一体之诚；"明"是王夫之所说的"性之良能"①。"性之良能"源于理命、性命，人人皆先天具有这一"良能"。"自明诚"，因而人人皆有可能实现。本质与属性之间融洽无间，诚与明可以上下贯通，"故交相致，而明诚合一"②。一旦"明诚合一"，生命便进入"以性成身"③的圣人境界。人的世俗生命有待于超越，因为"性未成则善恶混"；人的世俗生命完全有可能超越，因为在自由意志上，人人皆有"因明致诚"的良能、良知。"君子之道，成身成性以为功者也；未至于圣，皆行而未成之地尔。"④

（二）"虚则生仁"：太虚作为"仁之原"何以可能？

对儒家仁学正当性的哲学论证，其实从孔子就已肇始。"仁者安仁"，犹如空谷足音，意义深远。"安仁"就是以仁为安，以仁为乐。人何以能以仁为"安"，而非"利仁"与"强仁"？"安仁"意味着仁与人性有涉，仁是内在人性的先验固有，而非外在强制性的行为规范和伦理教条。孟子以"恻隐之心"论仁，"乍见孺子将入于井"，皆会"诱发""怵惕恻隐之心"，证明四端如同人之"四体"，皆是先验的存有，与后天人文教化无涉，甚至与知识论也无关。"盖自本原而已然，非旋安排教如此也。"⑤尽心才能知性，知性方能知天。从人性论和本根论的高度证明仁存在正当性，儒家道德形上学基本建立。张载起而踵之，进一步从价值本体论的高度论证仁存在正当性：

虚者，仁之原。

虚则生仁，仁在理以成之。

---

① （明）王夫之：《张子正蒙注》卷九《乾称》，第333页。
② 同上。
③ （北宋）张载：《正蒙·大心》，《张载集》，第25页。
④ （北宋）张载：《正蒙·中正》，《张载集》，第27页。
⑤ （南宋）黎靖德编：《朱子语类》卷十七，第383页。

> 敦厚虚静,仁之本;敬和接物,仁之用。①

"敦厚虚静",本来用于描述太虚本体的遍在性、无形无象等特性,现在被"移植"用于界说仁的特点。仁甚至也像太虚一样,有"本"与"用"的区分。张载用"原""生"等概念界说太虚与仁之间的关系,力图证明仁是太虚本体的属性与作用。从太虚本体属性视阈而论,太虚是仁之本源;从太虚作用视阈而言,仁是太虚所生化。这一结论是如何推导出来的?中间的论证过程是否缺乏?翻遍张载著述,不难发现对"虚者,仁之原"的论证过程是张载思想反复关注的一大焦点,相关材料也比较多。从理论渊源、问题意识和叙事模式分析,张载对"虚者,仁之原"的论证基本上绍续《易传》。《易传·说卦》云:"昔者圣人之作易也,将以顺性命之理。是以立天之道,曰阴与阳;立地之道,曰柔与刚;立人之道,曰仁与义。"天、地、人,是易的三才,易道涵盖天道、地道与人道。圣人"立"天、地、人之道,终极目的其实不在于探索自然奥秘,而在于挺立"性命之理"。张载诠释说:

> 易一物而三才备:阴阳气也,而谓之天;刚柔质也,而谓之地;仁义德也,而谓之人。②

> 一物而两体,其太极之谓与!阴阳天道,象之成也;刚柔地道,法之效也;仁义人道,性之立也。③

"一物两体"是张载的核心命题之一。《易传》作者立足于宇宙论视阈讨论易有"三才",张载思想与《易传》的不同之处在于:从价值本体论角度论证"一物两体"。天道、地道与人道,贯通为一,张载称之为"神",王夫之称之

---

① 均引自(北宋)张载:《张子语录中》,《张载集》,第325页。
② (北宋)张载:《横渠易说·说卦》,《张载集》,第235页。
③ (北宋)张载:《正蒙·大易》,《张载集》,第48页。

为"神理"。在德性形上学层面,张载将遍及于天、地、人之间的太虚、太和与太极之德,统称为"诚"。"乃知道者,所谓诚也,天德也。"①诚分化在人,彰显为性,性的核心内涵就是仁义。"仁义人道,性之立也。"②从人之道层面而论,仁是太虚之德"诚"的具体落实,或者说是"仁者天之心"③。"天体物不遗,犹仁体事无不在也。'昊天曰明,及尔出王;昊天曰旦,及尔游衍',无一物之不体也。"④在宇宙论上,天(太和)是天地万物本根。换言之,天(太和)创造了物质世界。仁是事之本体,仁创造了价值世界、意义世界。在本体论上,太虚作为本体,涵摄天与仁,是天与仁背后隐藏的终极根据和第一原因。太虚既是存在论意义上的实然,又是道德论意义上的应然。因此,我们也可以说:阴阳二气创造了物质世界,太虚创造了价值世界与意义世界。"'礼仪三百,威仪三千',无一物而非仁也。"⑤人世间的礼仪规范、伦理道德,乃至政治制度、法律制度,必须以仁为体,以仁为本,才获得存在的正当性。朱熹评论说:"'体事',谓事事是仁做出来。如'礼仪三百,威仪三千',须是仁做始得。凡言体,便是做他那骨子。"⑥行笔至此,忽然有些恍然大悟。原来张载气学的落脚点在仁学,而仁学重心又指向一个非常具体而又明确的社会目标——为人间立法。人是自身的立法者,具体在宋明理学家看来,儒家对人类社会应当有所担当与责任,所以儒家应当是人类社会的立法者。程伊川尝言"为治之大原"源于天理,是天理在人类社会的彰显与落实,"圣王之法"具有永恒性与普遍性。"若孔子所立之法,乃通万世不易之法。"⑦在政治哲学与社会理想目标上,张载与二程兄弟的相同性远远大于相异性。"道之外无物,物之外无道,

---

① (北宋)张载:《正蒙·乾称》,《张载集》,第65页。
② (北宋)张载:《正蒙·大易》,《张载集》,第48页。
③ (明)王夫之:《张子正蒙注》卷二《天道》,第50页。
④ (北宋)张载:《正蒙·天道》,《张载集》,第13页。
⑤ 同上。
⑥ (南宋)黎靖德编:《朱子语类》卷九十八,第2509页。
⑦ (北宋)程颢、(北宋)程颐著,王孝鱼点校:《河南程氏遗书》卷十七,《二程集》,第174页。

是天地之间无适而非道也。"①以仁为核心的道德理性是人的本性,道德理性使人能制定社会制度与伦理规则,并使人人遵守这些社会法则与规范。"天理常在"②,人类遵从基于自身道德理性制定的社会法则与伦理规范,就是自由。恰如康德所言:"你意志的准则始终能够同时用作普遍立法的原则。"③

缘此,张载仁学的真面目已淋漓尽致地袒露在我们面前。因循张载思想的内在逻辑继续向前探寻,我们才能真正理解,为何在社会政治哲学层面上,张载多次论述"民心"。重视"民心",是儒家一以贯之的道统。孟子尝言:"得天下有道,得其民,斯得天下矣。得其民有道,得其心,斯得民矣。"(《孟子·离娄上》)得民心者得天下,这一儒家道统在董仲舒思想中有新的表述:"故屈民而伸君,屈君而伸天,《春秋》之大义也。"(《春秋繁露·玉杯》)此处之"天"不是人格神,而是民心,是"民惟邦本""天视自我民视,天听自我民听"思想的赓续。张载认为民心"至公","天无心,心都在人之心"④。天心实质上就是民心,"仁者天之心",民心的内核就是"仁心"意义上的人民普遍善良意志。方其如此,才可以说"至公"。顺应民心,在社会理想上有多重含义。细而论之,在经济思想方面,财产权是儒家自孔孟以来始终关注的话题。程伊川曾经提出"三本"主张:"以顺民心为本,以厚民生为本,以安而不扰为本。"⑤"顺民心"在经济上的体现是"厚民生","厚民生"的具体措施是"因民所利而利之"。何为儒家之"利"?张载有一颇具代表性的界定:"利,利于民则可谓利,利于身利于国皆非利也。"⑥"利于民"与"利于国""利于身"相对,"利于民"才是真正的"利"。哈耶克认为财产权是衡量一种社会制度善恶

---

① (北宋)程颢、(北宋)程颐著,王孝鱼点校:《河南程氏遗书》卷四,《二程集》,第73—74页。
② (北宋)张载:《经学理窟·学大原下》,《张载集》,第285页。
③ [德]康德:《实践理性批判》,韩水法译,北京:商务印书馆,2000年,第31页。
④ (北宋)张载:《经学理窟·诗书》,《张载集》,第256页。
⑤ (北宋)程颢、(北宋)程颐著,王孝鱼点校:《河南程氏文集》卷五,《二程集》,第531页。
⑥ (北宋)张载:《拾遗》,《张载集》,第375页。

与否的首要道德标准,也是自由得以存在与延续的两大社会条件之一。"家不富,志不宁。"①家富才是衡量国家是否富裕的唯一标准,而家富的前提就在于是否拥有土地等财产。"仁政必自经界始"②,基于"为万世开太平"儒家王道理想,张载综合《周礼》与《孟子》记载,提出"井田"经济措施。他提出按照土地国有原则,先把土地收为国有,然后再分配给农民,让耕者有其田。"今以天下之土棋画分布,人受一方,养民之本也。"③姑且不论张载的"井田制"主张是否为一善而无果的"乌托邦"设想,或如朱熹所言,推行古已有之"井田制"只有"讲学"层面的学理意义;但是,在张载看来,推行"井田制"建基于深厚的历史传统和丰沛的理论资源之上;推行井田制,是"仁义人道"在社会经济制度上的实现。正因为如此,"悦之者众"④。

结　语

本文力图得出以下两大观点:

(1)本体论在张载哲学思想中已经确立。太虚"无感无形""无方体""至静""至清",太虚有别于太和与阴阳之气。太虚是"至虚之实",太虚是实体,不是"不形以上"的纯粹观念性存在。太虚之"实",本质上是气,是"气之实然的质性"。牟宗三先生将气从太虚这一"独立意义的本体"中剔除,太虚成为一徒具形式的"光板"。"神"在张载思想体系中意义重大、地位"显赫"、作用非凡。"神"是太虚内在的条理、规律,也可以说是太虚固有之理,而非高悬于太虚之上的本体。"神"与"化"不同,"化"用于诠释阴阳二气运动变化的规律与本质;"神"则说明阴阳二气运动变化何以可能。张载用阴阳二气论证天地万物"所从来",进而又用太虚与神论证阴阳二气存在与作用何以可能。

---

① (北宋)张载:《横渠易说·上经》,《张载集》,第95页。
② (北宋)张载:《横渠先生行状》,《张载集》附录,第384页。
③ (北宋)张载:《经学理窟·周礼》,《张载集》,第249页。
④ (北宋)张载:《横渠先生行状》,《张载集》附录,第384页。

太虚本体是气与神的合一。换言之，太虚是气与理的统一。理气合一，是张载气学的一大特点。并非迨至明代薛瑄、罗钦顺和明末黄宗羲等人，才萌发理气合一的思想。①太虚是本体论，太和与阴阳二气属于宇宙论。阴阳之气创造了物质世界，太虚则论证阴阳之气创造物质世界何以可能。因此，以太虚为核心的本体论，在张载哲学思想中已经建立。

（2）太虚不仅是一形上本体，更重要的还在于：太虚是一德性本体、价值本体。张载思想体系中的本体论，可以高度抽绎为德性本体论。诚是太虚之德，太虚至善。广而论之，中国哲学本体论的一个最显著特点，就是本体往往是德性本体、价值本体。太虚至善，是张载思想体系的逻辑起点。张载论证太虚至善，有着深切的现实人文关怀。

其一，由太虚至善这一逻辑出发，进而推导出"天地之性"存在正当性、普遍性和永恒性。"道德性命是长在不死之物"，"天地之性"与"气质之性"并存于个体生命之中，因为人性皆是"性未成"之性，都有待于后天内在超越。在人性论层面上，自由意志的色彩非常浓郁。尤其值得一提的是，学界以往过多注意到张载人性论受到佛教影响，却忽略了孟子思想对张载人性论的浸润。张载的"君子有弗性"，源自孟子的"君子所性"，无论在问题意识抑或思维路向与观点上，张载思想都是对孟子人性论的"接着讲"。

其二，从太虚至善出发，为儒家仁义学说寻找形而上学的根据。"仁者天之心"，仁是太虚诚德在人道的落实。仁是"事"之本体，人世间的制度与伦理，都必须以仁为体，才能获得存在的正当性和合法性。仁实际上成为人类文化与制度文明背后隐伏的道德基础、价值依托和人文精神。仁义精神的张扬，实质上是人作为主体性存在的挺立。细而论之，本体主体化，儒家为天下立法，才是张载德性本体论的内在旨趣与"本来面目"！儒家一以贯之的王道理想与批判性品格，在张载思想中又一次得到突显。

---

① 其实青年时期的朱熹，一度也主张理气合一，"理气无先后"，鹅湖之会后才转为"理在气先"。

论中西方文化对"文明"概念的不同理解

汉伊理　丁小雨　著
梅　寒　译[*]

摘　要：本文重新审视了全球化背景下的"文明"概念，分析了其适用性和掩盖文化差异的潜力。本文也将西方以公民身份和环境控制为基础的"文明"观念与中国古代象征着启蒙及社会和谐的"文明"观念进行了对比。在全球化进程中，西方的"文明"（civilization）强调科技的进步，而中国的"文明"则源于《周易》，始终强调礼仪、家庭观念以及"和而不同"，这意味着中国"文明"在尊重个性的同时注重促进团结。本文发现，承认文化遗产的深度和多元社会价值观的重要性有助于整合中国古代哲学，进而推动全球合作。

关键词：文明；文化；人类行为；价值；社会和谐

---

[*] 作者简介：[俄]汉伊理（Ilya A. Kanaev），男，莫斯科人文大学文学系副教授，中山大学哲学系研究员，主要研究方向为认识论、认知科学、人类学、文化交流。[巴西]丁小雨（Ting Caroline Pires），女，里约热内卢联邦大学哲学系博士后、副教授，主要研究方向为美学、中西艺术史、文化交流。译者简介：梅寒，男，山东航空学院孙子研究院讲师，主要研究方向为先秦、近代思想史。本文获得Carlos Chagas Filho基金会资助，里约热内卢州研究支持（FAPERJ/Pos-doutorado Nota 10），资助号：E-26/204.589/2021，注册号：2017.03356.6。

导 论

尽管当今国际局势持续变化，全球化仍是主流趋势。然而，将全球化问题放置在单一文明的话语体系下进行讨论是很有争议的。在目前的环境下，各种利益群体都在争相影响区域乃至全球的交流格局。为了避免交流中产生不和谐的情况，我们需要为这些交流制订指导方针，以保护人类文明的集体成果。

世界各国的参与者都秉承不同的原则和精神，那么，我们应该如何起草统一的指导方针或设想未来的共同发展方向呢？此前，有学者认为，通过提供西方文明的范式——从技术进步到治理结构——能够影响其他文化，促使它们遵循这些规范。然而，最近的政治动向明确突显出文化的差异，秉承不同核心价值观的群体在面对相同情景时的反应大为不同。如果这样的文化差异不被认知到，那么全球化趋势必将受到影响；也就是说，我们需要对人类的共同属性和文化差异进行细致分析。本研究认为，推动全球合作首先需要寻找普遍接受的理论基础；同时，需要仔细识别能够引发争议的细微差异。

在我们将注意力转向可能影响全球动态的世界观时，西方和中国"文明"的范式脱颖而出。然而，"文明"这个词是否足以代表这些不同文化，能否概括它们错综复杂的社会架构、丰富的历史图景等特征？虽然在英语和某些西方语言中，这一术语的语义界限可能并不分明，但其他语言（特别是汉语）中是否具有相同的阐释？将"文明"作为一种总体的社会身份定位是否只与西方认知体系相关？或者说，其他文化可能会对相同的概念产生共鸣，但也会赋予其不同的意义和社会文化权重。这些差异可能成为不同文化交流的障碍。特别需要指出，对于关键术语，如"文明社会"，在不同的文化视角下，人们会做出不同的阐释。因此，对语言结构及其文化背景进行细致剖析有助于推动全球沟通与交流，减少因观点不一致而产生的无意识的冲突。

一、西方"文明"观

根据牛津英语词典的定义,"civilization"这个单词指的是"人类社会、文化发展和组织形式最先进的阶段"(OEDa)。这个词源于拉丁词"*civis*",原义为"公民"。在这个语境下,公民是指与国家相关联,享有特定权利和承担特定义务的个体。国家对其公民的主要责任是保护公民免受外部威胁,促进公民与社会其他群体的互动,从而维护集体利益。此外,作为文明的一部分,公民可以获得丰富的知识储备,享受科技进步和社会福利,所有这些都能提升公民的生活水平。

深入研究该词的历史渊源,我们可以在其他古代文化中找到类似的概念。例如,在古希腊,通常等同于"civilization"的概念是"πολιτεία"(*politeia*),直接翻译为"公民身份"或"宪法",与城邦的组织和功能相关,也就是"πόλις"(*polis*)。虽然不同文化对该术语的解释各不相同,但又具有类似含义,这表明了该术语的普遍性。

理论上,尽管我们可以将族群进化中的"social"从"cultural"中剥离出来,但实际上,这两者是密不可分的。研究表明,族群间的迁移、交流在保护和推动技术与知识进步方面发挥着关键作用。[①]因此,我们可以将"civilization"阐释为:个体通过与特定社会群体的联系从而获得一定的特权。为了享有这些特权,个体通常需要遵守该社会的规范,这是体现国家公民责任的先决条件。从自然选择的角度来看,那些在所提供的利益和所要求的义务之间取得最佳平衡的文明往往会繁荣发展。随着时间的推移,这些繁荣的社会结构会扩大它们的影响力,在特定地区占据主导地位。从历史上看,这导致了杰出文明的兴起,尤其是西方文明和中国文明。

"civilization"产生的基本前提是社会结构的渐进式演变,其主导地位等同

---

① S. Sara Strassberg, Nicole Creanza, "Cultural Evolution and Prehistoric Demography", in *Philosophical Transactions of the Royal Society B-Biological Sciences*, Vol. 376 (1816), article 2019071, 2021.

于更高级的适应能力或"先进"地位。①从这个角度看,全球化可以被视为促进全人类共享文明的途径,当然,须假定自然选择的原理是社会演化的基础(如斯宾塞的社会达尔文主义)。在学术资料中,"civilization"一词与"culture"的概念有着错综复杂的联系。"culture"的含义包括"特定民族、人民或社会群体的习俗、艺术、社会制度和成就"②。值得注意的是,虽然这两个术语包含类似的概念,但是"culture"的定义却没有"civilization"定义中关于"在社会进化的最先进阶段"的阐释。这一微妙的区别表明,特定的文化并不一定意味着比其他文化更具有优越性或占据优势。尽管文化确实会导致竞争,但这种竞争并不能作为评判文化优劣的确定性的标准。

在当今全球形势下,人们更加强调尊重和保护文化多样性。除了伦理和美学考虑之外,对多样性的关注还具有进化的意义。通过保护不同的行为模式和社会文化的细微差别,人类为自身配备了储备着各种适应策略的数据库(即各个国家的不同文化)。在面临新的挑战时,这一数据库将发挥重要作用。虽然某种社会结构在当前的条件下可能表现出最优的功能性,但当环境改变时,特别是在那些由人为干预或自然变化所带来的改变中,其功效可能会减弱。在这个形势不断变化的世界中,人们可能会提出以下假设:多样的"civilization"是否能够作为进化变数的应急库,为全球人类文明的持续发展提供可替代的路径?

《牛津哲学词典》将"culture"定义为"一个群体生活方式的总和,包括他们的态度、价值观、信仰、艺术、科学、感知模式以及思考和行为模式。尽管文化属性是学习得来的,但对于那些深陷其中的人来说,它们往往是不可察觉的"③。这种整体的"生活方式"如何与自然选择和适者生存的原则相互影响?

---

① OEDa, "Civilization", *The Oxford English Dictionary*, https://www.lexico.com/en/definition/civilization, 2023.
② OEDb, "Culture", *The Oxford English Dictionary*, https://www.lexico.com/en/definition/culture, 2023.
③ Simon Blackburn, *The Oxford Dictionary of Philosophy*, Oxford: Oxford University Press, 2016, p. 86.

通过对主要物种的研究，很明显，它们的生存方式是由自然选择决定的，主要是对环境压力的反应。然而，人类的存在是独一无二的，因为人类不仅有着生物反应，还有着诸如价值观、信念和智力创造等复杂结构。人类行为相较于其他生物更为复杂，道金斯提出了基因进化超过个体进化的理论。[1]从本质上讲，人类复杂的生活方式可以被视为基因进化的复杂延伸。然而，当一种特定的生活方式在大量的人口中，或者作为文化的标志占主导地位时，就会出现新的特征。这些新兴的特性可能会影响个体的适应性，在引导群体的进化轨迹上发挥关键作用。[2]社会选择对人类进化历程具有不可磨灭的影响，被认为是人类进化的主要驱动力。[3]考虑到这些因素，人们不得不思考：个体和集体的生存是人类价值中最重要的内容吗？

根据生物学的基本原理，自我保护和繁殖的本能是生物活动的主要动力，是生物本能的核心部分。不可否认，当受到直接刺激时，这些本能优于其他本能。但是，人类的存在并不仅仅是一系列的生存和繁殖行为，文化的出现给人类带来了不同于这些生物本能的活动。例如，神秘的尼安德特人的艺术品，描绘了一个长着狮子头的人形。[4]这个艺术品制作精良，被认为是人类进化中最早具有深刻意义的符号之一，它的出现可能源于人类的恐惧、敬畏或悲伤等基本情感。然而，随着时间的推移，它所带来的重要意义和阐释远远超过了最初创作者的想象范围。类似地，虽然研究者的主要动机可能是发表学术论文，读者的需求可能是获得所关注领域的最新动态，但是某些已经发表的论文的影响力远远超过了这些单纯目的，更广泛地影响了人们的生活。从本质上讲，信

---

[1] Richard Dawkins, *The Extended Selfish Gene*, Oxford: Oxford University Press, 2016.

[2] Alla Sidorova, Natalia Levashova, Aanastasia Garaeva and Vsevolod Tverdislov, "A Percolation Model of Natural Selection", in *Biosystems*, Vol. 193, article 104120, 2020.

[3] Robin I. Dunbar, Susanne Shultz, "Social Complexity and the Fractal Structure of Group Size in Primate Social Evolution", in *Biological Reviews*, article 12730, 2021; Cathal O'Madagain, Michael Tomasello, "Joint Attention to Mental Content and the Social Origin of Reasoning", in *Synthese*, Vol. 198 (5), 2021, pp. 4057–4078.

[4] Michael Balter, "Evolution of Behavior. Did Working Memory Spark Creative Culture?", in *Science*, Vol. 328 (5975), 2010, pp. 160–163.

仰、艺术和科学是人类文化的基石，塑造了人类整体的环境。因此，仅仅质疑构成特定生活方式的价值观是不够的。相反，我们的重点应该是理解这些特定价值观如何塑造人类的自然景观与社会文化景观。

田辰山对全球已经普遍认同的"文明"概念进行了批判，他认为这一阐释导致了人类与其内在本质之间的脱节，从而侵蚀了对人类生存至关重要的群体意识。[1]他指出，这种观点源于一种根深蒂固的世界观，该世界观将"个体"和"集体"区分开来，导致了一种固有的形而上学二元论。在历史上，这种哲学基础可以追溯到像柏拉图[2]（前380）这样的思想家，他将终极的"善"设想为所有知识的源泉；以及亚里士多德[3]，他提出了一种先验的起源，这种起源是所有世俗活动的基础，而这些活动并不会影响这一起源。这种范式在基督教神学中达到了顶峰，基督教神学崇拜一个超越的上帝，他从虚无中召唤宇宙，作为其存在的原动力和目的。这样的信仰强化了基督教道德的神圣地位，使其成为人类无法挑战的永恒真理。

在启蒙时代，西方哲学试图将个体从这些教条的束缚中解脱出来，提倡主权个体的理念，这种个体完全由内在欲望驱动，并且理性评估与同伴互动中的成本和收益。然而，正如田辰山的观点，这种转变可能扭曲了自由的本质。田辰山认为，个体真正的自由只能通过与他人的交流而存在，而不是个体固有的状态。这种范式转变带来了深远的影响：整个社会陷入了狂热的物质主义，对财富盲目崇拜，从而导致权力过度集中。与此同时，科学已经偏离了启蒙时代人们提出的改善目标，转而成为一种教条的"科学主义"。这次转变的核心是"一和多的二元论"。该二元论将参与者定位为一个与行动分离、优于和不同于

---

[1] Chenshan Tian, "People's Faith and the 2nd Age of Enlightenment", in *Anais de Filosofia Clássica,* Vol. 17 (32), 2023.

[2] 这些观点参见柏拉图的作品，尤其是《理想国》的第六、七章，柏拉图讨论了"善的形式"及其与知识、真理的关系。See Plato, *Republic,* translated by C. D. C. Reeve, Indianapolis: Hackett Publishing Company, 2003.

[3] 这些观点参见亚里士多德的《形而上学》，尤其是此书的第11章。See Aristotle, *Metaphysics,* translated by Lawson-Tancred, London: Penguin Classics, 1999.

其他实体的个体，按照自己的意愿操纵事件。

我们认为，田辰山的分析巧妙地突出了西方世界观的一个重要特征，并且这个观点越来越得到最近的人类学研究的支持。重要研究显示，在解剖学上，现代人类与尼安德特人有过短暂的基因交流。[①]同时，一些研究表明，现代人类的信息环境和一些相关的文化习俗，如葬礼和神秘主义行为，可能起源于尼安德特人。与解剖学上的现代人相比，尼安德特人生活在更具挑战性的环境中，他们可能需要复杂的合作行为、战略规划和对受伤者的高级护理。[②]然而，受到环境条件的改变、个体适应能力的增强，以及大脑结构和认知能力的差异等影响，尼安德特人淡化了维护社会凝聚力的重要性，从而导致了群体密度的降低。因此，作为西方文化基础的欧洲环境，本质上强调克服外部挑战并提倡自立自强，这些特性对于人类群体的生存至关重要。这样的研究思路或许可以解释西方对分析思维和有意识地塑造自身环境的重视，正是这样的关注推动了科学与技术的发展。然而，这种思路也可能是许多冲突的根源。像田辰山这样的学者呼吁对全球轨迹进行重新构想，建议从"一多二元"的二元论范式转向更具整合性的"一多不分"原则，这是中华精神所体现的原则。然而，要实现这样的转变，需要对中国文化有更为深刻的理解。

二、中国"文明"观

在现代汉语词汇中，"civilization"一词常被翻译为"文明"，其定义为"人类历史上积累的成就，有助于理解和适应客观世界，符合人类意图并获得广泛认可"[③]。尽管这个定义似乎与19世纪和20世纪传入中国的西方科学术语相关，但

[①] Ewen Callaway, "Oldest Human DNA Reveals Recent Neanderthal Mixing", in *Nature*, Vol. 592 (7854), 2021, pp. 339–339.

[②] Guido Tonelli, *Genesis: The Story of How Everything Began*, New York: Farrar, Straus and Giroux, 2021, pp. 202–218.

[③] BEa, "Civilization", in *Baidu Encyclopedia*, https://baike.baidu.com/item/%E6%96%87%E6%98%8E/392, 2023.

"文明"二字最早的记录可以在《周易》(《易经》)中找到，该文本编写于动荡的战国时期（前475—前221），是一部开创性的著作。在《周易》中，对乾卦的解读包括这一概念：天下文明。拉特将其翻译为"all under Heaven is civilized"[①]。

在中国古典文学中，单个汉字通常代表了一个特定的概念。因此，在这样的背景下，两个字符的交汇具有重要的语义。"文"字，历史上表示"字符""写作"或"识字"，这已经在甲骨文中被识别出，甲骨是商朝（前1600—前1046）权威的占卜媒介。学者推断"文"的古老含义是"一个被纹身或绘画装饰的象征性人物形象"[②]，这种身体上的装饰通常被认为是具有重要意义的人类活动象征，旨在区分人类与广阔的自然环境。这种划分可以追溯到旧石器时代，人类在象征性实践中使用赭石。[③]在这个语境下，"文"可以恰当地被概念化为"符号"，强调丰富的多样性是人类的显著特征。相对应的"明"，源于古代意象：太阳和月亮并列，象征着至高无上的光辉。[④]因此，在古老的文本中，"文明"包含了"启蒙、阐释，或广泛传播符号、文字和知识"的概念。因此，将"文明"理解为"civilizing"可以看作古老的文本内涵与现代语义框架之间的微妙结合。

"文"（符号）是"文明"和"文化"两个概念的核心，它在中国对"文化"和"文明"的理论化中发挥着关键作用。对"文化"（culture）的定义是"所有普遍被认可和使用的符号（视觉、听觉等）的系统性整体，这些符号是由不断的自我认知和变化、不断的探寻和改造自然环境所创造的"[⑤]。"文明"（civilization）可以理解为文化符号的启迪以及象征意义，这与"文明化"（civilizing）天下万物的意义是一致的。这似乎与西方的"文明"理论相类似：

[①] Richard Rutt, *The Book of Changes (Zhouyi): A Bronze Age Document Translated with Introduction and Notes*, London: Routledge Curzon, 2002, pp. 26–43.

[②] 马如森：《殷墟甲骨文实用字典》，上海：上海大学出版社，2014年，第208页。

[③] Michael Balter, "Evolution of Behavior. Did Working Memory Spark Creative Culture?", in *Science*, Vol. 328 (5975), 2010, pp. 160–163.

[④] 马如森：《殷墟甲骨文实用字典》，第165页。

[⑤] "文化"一词的概念来自"百度百科词条"：https://baike.baidu.com/item/%E6%96%87%E5%8C%96/23624, 2023。

文明是社会和文化发展的最高状态。然而，两者之间存在显著的差异。

语言与文化语义之间错综复杂的动态关系为研究者提供了一个分析人类共同经验的视角。一个特别值得关注的例子是将汉语词汇"文明"与英文单词"character"进行词源比较。类似地，英文单词"character"源于希腊词汇"χαρακτήρ"（charaktēr），最初表示"marking"或"engraving"。这一词源轨迹与"文"的发展历程密切相关。这两个词汇都是从物理表象开始，演变为承载更深层次的隐喻意义。"character"一词从表示实际铭文过渡到代表一个人的道德和伦理特征。同样，"文"从表示符号、文本演变为表示文化发展和文明。

三、文明、社会凝聚力和道家理念：中国哲学的当代阐释

安乐哲认为，虽然使用西方术语翻译中国概念有助于西方受众理解并接受，但这大大改变了其本来的含义。因此，这导致中国的传统文化被视为宗教而不是哲学。正如田辰山所阐述的观点：在西方，宗教观念与至高无上的上帝紧密联系，而上帝从无到有地创造了世界及其原则。[1]然而，在中国古典思想中，这种超越性的来源并不存在，而是强调人在社会中的相互联系。[2]

安乐哲非常关注对"礼"这个概念的分析，他认为"礼"从"家"延伸到"祖先、祖庙、宗族（宗）"。这也可以与"履"相关联，"'履'表示'走一条路'，意味着一个人的行为或举止的连续性"[3]。我们建议用现代语言将这些属性定义为"社会凝聚力"，这是一种能够将不同时间和空间的群体联系在一起的力量。"虽然我们现在也制定了'礼'，但其效力很大程度上源于其与过去的联系，那么，现在的'礼'必然也会影响到未来的行为。"[4]这种深厚的根基表明，

---

[1] Chenshan Tian, "People's Faith and the 2nd Age of Enlightenment", in *Anais de Filosofia Clássica*, Vol. 17 (32), 2023.

[2] T. Roger Ames, "Taking Confucian Religiousness on Its Own Terms", in *Anais de Filosofia Clássica*, Vol. 17 (32), 2023.

[3] Ibid.

[4] Ibid.

个体的所有目标和价值观都是由其生活经历塑造的，而不是凭空产生的。

因此，我们认为，用现代科学术语来解释中国人对于"文明"的理解，可以视为追求"社会凝聚力"。一个更恰当的中文参考是"和而不同"的概念，它在保留每个部分的独特性的同时暗示着一致性，类似于音乐：单一的相似声音只能产生共鸣，而不是旋律，旋律需要和谐的多样性。

然而，培养个体与社会集体愿景相一致的个性是具有挑战性的。强调社会凝聚力的世界观表现出了惊人的韧性。鉴于中华文明是现存文明中延续时间最长的历史谱系，这种韧性是显而易见的。然而，它经常产生自我延续的互相认可的循环，如家庭、宗族或地方关系。仅仅从家庭关系的定义来看，个体自然倾向于关心亲人的福祉。这种倾向可能无意中滋生出裙带关系，孕育出一个阻碍个体向上流动的封建社会。在没有外界挑战的情况下，这种社会有可能面临止步不前的危险。历史上，中国一直在努力解决这一问题，科举制度就是一个很好的解决方案。现在，随着个体社会地位的提高和权力的增长，社会对他的道德期望就会增加，个体需要在维持家庭纽带与保持必要的社交距离之间找到一个微妙的平衡。

道家的理念，尤其是无为和自然的理念，可能提供了一个潜在的解决方案。梅勒在对庄子的阐释中指出，那些在各自领域达到顶峰的人"并不真正沉浸其中……他们对事业极度疏离"[1]。这在一种极度的落魄状态中达到高峰——丧我。在这一状态下，个人可以完全融入与自然世界的互动中，对其即时环境变得超级敏感。这种敏感的反应使个人能够基于情境需要而非传统义务采取公正的行动。中国古代的官员，即便是身处高位的官员，如果不被个人关系所困扰，那就可以在不受限制的情况下最有效地履行其职责。矛盾的是，这种疏离并没有让他们脱离家族纽带。

王蓉蓉强调了我们这个世界不断变化的性质，《周易》讲："阴阳不测之谓神。"这种不可预测性不仅仅是无知，而是现实情况的基本特征，充满了无数

---

[1] Hans-Georg Moeller, "Drunk Skills: On Contingent Excellence in the Zhuangzi", in *Anais de Filosofia Clássica*, Vol. 17 (32), 2023.

拥有个体意图和创造力的实体。每个实体的行为都塑造了总体叙事，正如阴阳符号所表现的那样，阴阳两极始终在不同阶段此消彼长。认识到这种持续的变化可以保证持久的稳定性，就像"粒子处于永久的转变中，但模式持续存在"。正如安乐哲阐述的："创造性——'诚'，是自我实现，'自成'。它的路径——'道'，是自我传播，'自道'。"[①]这样，个体不仅可以获得个人的自由，也可以参与宇宙的创造之舞中，这是人类和宇宙之间的和谐交响乐。

结　语

对"文化"和"文明"概念的细致考察揭示了全球世界观之间的深刻差异。西方的"文明"观念通常强调类似于自然选择和"适者生存"的原则。这种观点意味着：处于主导地位的文化将逐渐取代其他文化，最终形成单一的全球文化和文明。相反，中华的"文明"概念强调社会凝聚力，体现了大多数人对不同文化习俗的认可和接受。在这个框架内，只要社会保持健全的内部结构，多种文化不仅可以共存，而且还可以在总体社会结构中获得认可和合法性。

在西方，基本原则围绕着达尔文主义的"适者生存"观念。这种理念促进了文化的融合和发展，但可能无意中助长了强制性的做法与偏见，尤其是在没有强大挑战或竞争对手的情况下。相比之下，中国文化的精髓可以被当代称为"社会凝聚力"。这一原则植根于中国古典文化提倡的"和而不同"——多元文化和谐共存，促使社会真正包容。

这两种文化范式各具优势，是人类不屈不挠精神的见证。我们有责任保护并珍视这些丰富的遗产，确保它们共同照耀人类前行的道路。

[①] T. Roger Ames, "Taking Confucian Religiousness on Its Own Terms", in *Anais de Filosofia Clássica*, Vol. 17 (32), 2023.

《毛诗大序》与中华诗学传统

武道房*

摘　要：《毛诗大序》是中国古代解释《诗经》的总纲领，其诗学观念主要有四：一是心、志、情、言一体；二是诗乐一体；三是诗要厚人伦、美教化、移风俗；四是以六义作为表现手段。这四个方面不是孤立的，而是有机地结合在一起，奠定了后世中国诗学理论的根基，对中华民族诗学传统和诗学精神的形成产生了深远影响。

关键词：《毛诗大序》；情；教化；六艺；诗学传统

《毛诗大序》，是汉代毛苌所授《诗经》中的一篇诗学理论文章，其作者一说为孔子的弟子子夏，一说为汉人卫宏。一般认为，此序综合了先秦及两汉儒家的诗学理论，非成于一人一时。《毛诗大序》不仅是解释《诗经》的总纲领，同时也奠定了后世中国诗学理论的根基，对中华民族诗学传统和诗学精神的形成产生了深远影响。"五四"之后，虽然白话新诗以反传统的姿态流行于世，旧体诗渐趋式微，但《毛诗大序》的基本精神并没有完全被割断，仍不时潜伏于新诗的发展之中，并持续地发挥作用。《毛诗大序》对今天的诗人如何认识

---

* 作者简介：武道房，男，安徽师范大学中国诗学研究中心教授，研究方向为中国古代文学、中国古代学术史。本文曾刊于《光明日报》2022年11月14日第13版，有改动。

诗，如何创作诗，如何保持诗歌的民族风格和气派，仍有极大的教育和启发价值。

一、诗的心、志、情、言四位一体传统

《毛诗大序》开篇即说："诗者，志之所之也，在心为志，发言为诗，情动于中而形于言。"这是对"什么是诗"最为基本的解说，即理想的诗，应是诗人心、志、情、言四要素的统一。

"言"是语言表达，重在诗的形式美；但诗只有形式美，缺少心、志、情的支撑，则成为无生命的形式，如同木偶、纸花，虽则逼真绚丽，终不能感发人心。南朝诗以"绮丽"著称，当时刘勰批评"辞人爱奇，言贵浮诡，饰羽尚画，文绣鞶帨，离本弥甚"（《文心雕龙·序志》）。至唐代陈子昂不满齐梁诗"彩丽竞繁，而兴寄都绝"（《修竹篇序》）；李白亦说"自从建安来，绮丽不足珍"（《古风·大雅久不作》）。可见诗歌的美首先取决于内容美，这个内容于《毛诗大序》而言，便是心、志、情的统一。

心、志、情三者之间既相互联系，又相互区别。《说文解字》谓"心"为"人心也，在身之中，象形"，即今所谓"心脏"。古人认为心是主思维和情感的器官，情乃心之所发。《毛诗大序》提出"诗者，志之所之"，而不说"诗者，心之所之"，乃是因为心之所发的情并非都出于正。比如心有邪念，如低级趣味、逐名邀利、悲观厌世等，此类心态所发之情，便不是诗所应有的表现对象。诗表现的是"志之所之"。"志"是会意字，表示的是士应有的心。士在周代的地位仅次于卿大夫，属于统治阶级，后世读书人亦称为"士"。《说文解字》："志，意也。"《国语·晋语》："志，德义之府也。"《孟子·公孙丑》："夫志，气之帅也；气，体之充也。"可见，"志"有"道德"的含义。孟子认为，相从心生，人若以志帅气，德性便会由内而外，睟乎面而盎于背，呈现出与众不同的圣贤气象。因此，"志"作为士所应有的心，便是道德之心，与一般的流俗之心不同。诗为"志之所之"，表现的是道德之心的发用；道德之心是内

在的，其发用便表现为"情"。所以，《毛诗大序》所谓的"情"，并非指反映个人卑污欲望的私情，而是由志发出的情，是合乎德性的情。心、志、情之间的关系是，情发于志，志统帅心，志是心的升华，情是志的表现，所谓"诗言志"，其实就是"诗言情"。心、志、情是三位一体的关系。

西晋陆机提出"诗缘情而绮靡"（《文赋》），不少学者认为是对《毛诗大序》"诗言志"的超越，代表了文学的自觉，其实亦不尽然。《毛诗大序》的情是"志之所之"的情，也就是道德充溢于内而发扬于外的情。诗言情固然不错，但无"志"字统领，这个情有可能流于淫僻邪荡。所以陆机《文赋》在提出"诗缘情"的同时，还提出"禁邪而制放""漱六艺之芳润"，将"情"归结于儒家六经的约束，反对邪淫和放荡。总体来看，中国古典诗学的传统是心、志、情、言四位一体，单言不受志约束的自我私情，在古典诗歌中虽然也有，如南朝的宫体诗，但这绝不是中国诗学的主流。

二、诗乐一体的传统

诗歌最初是与乐舞联系在一起的。《礼记·乐记》云："诗，言其志也；歌，咏其声也；舞，动其容也。"《毛诗大序》说作诗时，"情动于中而形于言，言之不足，故嗟叹之，嗟叹之不足，故永歌之，永歌之不足，不知手之舞之，足之蹈之也"。这是说诗歌的语言出于情不自禁，这种语言不是一般的语言，而是能让人为之嗟叹、永（咏）歌和起舞，是一种感人的、艺术性的语言。

后来诗歌与音乐、舞蹈分离，成为独立的语言艺术，但其音乐性的一面，仍是中国诗歌的基本特征之一。《毛诗大序》说："情发于声，声成文谓之音。"声和音是有区别的，诗歌的语言是"成文"的声音。什么是"成文"呢？唐代孔颖达解释说："至于作诗之时，则次序清浊，节奏高下，使五声为曲，似五色成文。"（《毛诗正义》）这是说诗要搭配好清音和浊音，要有节奏感，要有音乐中的宫、商、角、徵、羽五种曲调错落之美，好比五种颜色织成的锦缎一样美丽。这样诗即使与乐舞分离，读起来仍朗朗上口，富有音乐感。汉字的音节都有带有乐感的元音和不同的声调,字与字有机结合,形成诗句,便会现音韵铿锵之美。

《毛诗大序》所指出的诗歌的音乐性,既是对先秦以来诗歌声音之美的总结,也确立了后世诗人讲求声音之美的传统。《诗经》最初是诗、乐、舞三位一体,所谓"诵诗三百,弦诗三百,歌诗三百,舞诗三百"(《墨子·公孟》)。此后屈原作《离骚》《九章》,已与演唱疏离,但仍是一种吟诵型的诗体,而《九歌》仍保持演唱的传统。①至汉魏六朝,乐府诗原本就是配乐歌唱的,与音乐仍未脱离;即如这时期文人创作的四言、五言、七言、杂言等古体诗,虽已不再入乐,格律、对仗、押韵亦不像唐以后的律诗那样严格,但古风的语言自有一种内在的、天然的韵律,仔细品味,好的古体诗仍表现一种"成文"的声音。至南朝沈约,专门研究诗歌的语言如何才能"声成文"。他提出"四声八病"之说,即用"平、上、去、入"四声调节诗歌语言,避免"平头""上尾"等八种声病,成为后世近体诗的前驱。至初唐沈佺期、宋之问,在沈约关于诗歌声音之道的基础上,进一步总结四声的平仄、粘对规律,并吸纳了六朝崇尚骈偶的风习,从而使五七言律诗得以定型。这种新型的格律诗,将《毛诗大序》主张的"声成文"张扬到了极致,从而使中华旧体诗极富音乐性和律动感。诗写得好不好,是否富有乐感,是一个重要的评判标准。如唐代陈子昂评东方虬的诗"音情顿挫,光英朗练,有金石声"(《修竹篇序》);齐己评李白的诗"锵金铿玉千余篇,脍吞炙嚼人口传"(《读李白诗集》);元稹评韩愈的诗"玉磬声声彻,金玲个个圆"(《见人咏韩舍人新律诗因有戏赠》)。这说明,中华旧体诗,在语言上始终不脱离音乐传统,诗乐一体乃是民族本色。

三、诗的厚人伦、美教化、移风俗传统

诗以抒情为首义,读起来又铿锵悠扬,极富乐感,所以与其他文体相比,

---

① 参见李炳海:《论楚辞体的生成及其与音乐的关系》,《中州学刊》2004年第4期。

诗更能感动人心。《毛诗大序》说："正得失，动天地，感鬼神，莫近于诗。先王以是经夫妇，成孝敬，厚人伦，美教化，移风俗。"这段话堪称对数千年中华诗学精神最为精彩的概括。

"诗者志之所歌，歌者人之精诚"（《毛诗正义》），精诚所至，金石为开，好的诗有教化功能，能让人行善不行恶，故能端正人之得失。感天动地惊鬼神，没有比诗的力量更强大的了。也正因为诗能鼓舞人心，所以不为"志"约束的滥情之诗亦能诱人堕落。《礼记·乐记》云："凡奸声感人，而逆气应之。逆气成象，而淫乐兴焉。"这是说，邪恶的声音影响人，逆乱的情绪跟着产生；逆乱的情绪表现出来，淫乐就兴起了。诗乐一体，这虽是在论乐，其实亦是论诗。所以《毛诗大序》说诗有感天动地之效时，将"正得失"置于句首作为前提。

《毛诗大序》将抒情作为诗的第一要素，但这个情是志约束下的士人之情，通俗地说，即合乎道德性的情感。人的情感分为七类：喜、怒、哀、乐、爱、恶、欲，这就是所谓的"七情"。诗人发抒七情一切以是否合乎儒家道德或合乎礼教而判断其正邪。《毛诗大序》所谓"治世之音安以乐""乱世之音怨以怒""亡国之音哀以思"，是说诗人对国家政治修明则欣喜赞美，对无道的乱世则愤怨指斥，对"国将灭亡，民遭困厄"则"哀伤己身，思慕明世"（《毛诗正义》）。诗人对于政治的喜怒哀乐，一切以是否合乎道德、是否具有人民性为标准。以《诗经》为例："蔽芾甘棠，勿剪勿伐"（《甘棠》），乃是歌颂召伯之政教；"民莫不谷，我独何害"（《蓼莪》），则是诗人怨恨统治者劳役繁重，哀伤自己不能为父母尽孝；"知我如此，不如无生"（《苕之华》），写诗人悲周室之将亡，哀伤自己遭逢乱世。唐代伟大的诗人杜甫，经历了开元盛世和安史之乱，他诗中的喜怒哀乐，无不与祖国和人民的命运息息相关。

诗除了可以正政教之得失之外，还关系到人伦风俗的改善。家庭是最小的社会单元，夫妇之道是最基本的人伦关系，"德音莫违，是夫妇之常。室家离散，夫妻反目，是不常也"（《毛诗正义》）。中国传统讲求夫妻恩爱，共同抚养下一代，只有家庭稳定，社会才稳定。丈夫对妻子要恩深义重，"弗爱不亲，弗敬不正"（《礼记·哀公问》），丈夫若对妻不爱不敬，则夫妻关系不会好。妻子对丈夫要忠贞守一，做一个贤妻良母。诗可以"经夫妇"，即倡导合乎道德礼教的夫妻情感，以防止出现室家离散、夫妻反目、子女失养的人间悲剧。《诗经》中的《东山》《绿衣》等诗，表达丈夫思妻之情；《伯兮》《雄雉》《有狐》等则表现妻子思念丈夫之苦。即使是一些弃妇诗如《氓》，亦意在说明不受婚礼保障的男女淫奔，于女人及其所生的孩子很可能是一场悲剧，"婚姻之礼废，则夫妇之道苦，而淫辟之罪多矣"（《礼记·经解》）。后世白居易的《井底引银瓶》诗，亦是写女人淫奔而遭浪子抛弃的悲剧："为君一日恩，误妾百年身。"夫妇之道，不可不慎也。《诗经》之后，写夫妇情深的赠内诗、思妇诗、悼亡诗，历代层出不穷，都有"经夫妇"之效。"何当共剪西窗烛，却话巴山夜雨时"（李商隐《夜雨寄北》），如此温馨的家庭气氛，千载之下犹让人感动。

"成孝敬"也是诗的一大意图，与"经夫妇"一起实现"厚人伦"的目的。夫妇、父子、君臣、兄弟、朋友是古代儒家所谓的"五伦"，五伦关系有序，则社会稳定。夫妇居五伦之首，有夫妇然后才有父子，有父子然后才出现兄弟、君臣、朋友等人伦关系。孝指孝顺父母，敬指敬事兄长。移孝作忠，则有君臣关系；移敬于朋友，四海之内皆兄弟，则有朋友关系。所以如果"经夫妇，成孝敬"，则可以起成"厚人伦"之效。反之，如果"父子不亲，君臣不敬，朋友道绝，男女多违"（《毛诗正义》），则世情浇薄，人道苦矣。

《诗经》中的《凯风》《蓼莪》是抒写孝子之情的名篇。唐代孟郊的五言古诗《游子吟》中的名句"谁言寸草心，报得三春晖"，即脱胎于《凯风》中的"棘心夭夭，母氏劬劳"。《蓼莪》中的诗句："父兮生我，母兮鞠我。拊我畜我，长我育我，顾我复我，出入腹我。欲报之德，昊天罔极！"数千年来不知感动了多少为人子女者的心灵！《晋书·孝友传》记载王裒伤痛其父无罪被官府处死，遂隐居不仕，读《诗经》至"'哀哀父母，生我劬劳'，未尝不三复流涕"。《齐书·高逸传》载顾欢在天台山授徒，因为"早孤，每读《诗》至'哀哀父母'，辄执书恸泣，学者由是废《蓼莪》篇不复讲"。《诗经》写兄弟情的名篇有《常棣》，写朋友情的有《伐木》《击鼓》等。受《诗经》影响，后世书写兄弟情、朋友情的优秀诗作甚多。如王维的《九月九日忆山东兄弟》、李白的《赠汪伦》等，都是脍炙人口的名篇。

《毛诗大序》认为，诗除了可以"经夫妇，成孝敬，厚人伦"之外，还有"美教化，移风俗"之效。"美教化"是说以教化为美，以文明为美。"移风俗"是说移风易俗。《礼记·经解》说："温柔敦厚，诗教也。"诗人固然是言一己之志，抒一己之情，但读诗者却可以从中受到潜移默化的教育，养成温柔敦厚、境界高远的君子品格。魏晋之后，出现了大量的山水诗、隐逸诗，其中所言之志虽然有不少受佛家或道家思想的影响，但佛道超凡脱俗、不受尘累的人生境界，与儒家"箪瓢之乐""遁世无闷"的思想原本有相通处。古人极少在诗中表现肉体的欲望和对名利的渴求，诗人多以天人合一、超拔功利桎梏为美。所以中国古典诗歌以摆脱俗务为民族本色，美教化、移风俗是诗人的自觉追求。

四、诗的六义传统

《毛诗大序》提出诗有"六义"："一曰风，二曰赋，三曰比，四曰兴，五曰雅，六曰颂。"六义是诗的表现手段。

什么是"风"？"风"有"风动""劝喻""教化"之义。《毛诗大序》说："上以风化下，下以风刺上，主文而谲谏，言之者无罪，闻之者足以戒，故曰风。"大意是说，处于上位的统治者利用诗来教化民众，使民风向善而不自觉；在下位的士人见上层有过失，便利用诗来进行讽谏，但讽谏应委婉含蓄，使上级既能闻言而知过、改过，又能不怪罪讽谏者。这就是说，风有双向的意义：自上而下，统治者可运用诗教来改善民风；自下而上，统治者允许下级用诗来批评上层，只不过这种批评要出于善意，要讲究艺术，如轻风拂过，可使人潜移默化地改过向善。

什么是"雅"？《毛诗大序》说："雅者，正也，言王政之所由废兴也。政有小大，故有小雅焉，有大雅焉。""雅"有"雅正"之义，是言说国家政治兴衰之道的。所谓"大雅""小雅"是就政事大小而区分的。

风诗也言政事得失，风和雅的区别在于"以一国之事，系一人之本，谓之风；言天下之事，形四方之风，谓之雅"（《毛诗大序》）。周代天子分封诸侯，有很多诸侯国。所谓"风诗"，其所言者，"直是诸侯之政，行风化于一国，故谓之风，以其狭故也"；所谓"雅诗"，其所言者，"乃是天子之政，施齐政于天下，故谓之雅，以其广故也"（《毛诗正义》）。风和雅的区别在于，一言诸侯之政，一言天子之政，虽然广狭不同，但地方之政和天下之政的利弊善恶，都可以通过一人之诗得以反映。

什么是"颂"？《毛诗大序》说："颂者，美盛德之形容，以其成功告于神明者也。""颂"即"歌颂"，天下大治之时，风俗既齐，财丰物足，万民安乐，四夷来朝，诗人从而颂之，并以诗祭告天地神明。

赋、比、兴是诗歌的语言艺术。郑玄训"赋"为"铺"，即铺陈善恶，直言其事。"比"，就是"比喻"，郑玄说"比方于物"。"兴"，有"兴起"之义，托事于物，"取譬引类，起发己心，诗文诸举草木鸟兽以见意者，皆兴辞也"（《毛诗正义》）。比与兴皆托附于事物，但比显而兴隐，兴相对于比而言，更为含蓄和委婉。

风、雅、颂属于诗歌的题材或体裁，赋、比、兴属于表现手法。诗歌固然可以采取直陈其事的赋体，但遇到批评与赞扬时，比、兴的手法更为常见。郑玄说："比，见今之失，不敢斥言，取比类以言之。兴，见今之美，嫌于媚谀，取善事以喻劝之。"（《毛诗正义》）比、兴其实是互文，也就是说，批评可以用比，亦可以用兴，颂扬亦是比、兴兼用。如果不用比、兴手法，批评则让人下不来台，起不到应有的讽喻效果；赞美如果太直，则近似于谄媚，不如用比、兴得体。

《毛诗大序》所提出的诗的六义传统对后世中国诗学产生了极大的影响。历史上每当诗学偏离风雅传统时，即有诗人起而救之。如唐代陈子昂鉴于南朝唯美主义的绮艳诗风，重新提倡"风雅兴寄"传统，从而"一扫六代之纤弱"（刘克庄《后村诗话》），成为唐诗革新的先驱人物。李白以风雅自居，感慨"大雅久不作，吾衰竟谁陈"（《古风·大雅久不作》）；杜甫自称"别裁伪体亲风雅，转益多师是汝师"(《戏为六绝句》其六）；白居易说"为诗意如何，六义互铺陈。风雅比兴外，未尝著空文"(《读张籍古乐府诗》)。历史上的伟大诗人，无不继承着《毛诗大序》的六义传统。以杜甫为例，他的诗真正做到了风、雅所谓"一国之事、天下之事'系乎一人之本'"的要求。对于大唐开元盛世，他热情歌颂"忆昔开元全盛日，小邑犹藏万家室。稻米流脂粟米白，公私仓廪俱丰实"（《忆昔二首》其一），这是真诚的颂歌。他的"三吏"、"三别"、《兵车行》等诗，表达了对人间疾苦的深切同情，这是典型的"下以风刺上"的风诗。杜甫诗或言一己之遭遇，或议国政之得失，他诗中的喜怒哀乐绝不仅仅是他个人的私情，而且是与祖国人民的命运息息相关的共情，是真正的风、雅之作。

要之，《毛诗大序》的诗学观念有四：一是心、志、情、言一体；二是诗乐一体；三是诗要厚人伦、美教化、移风俗；四是以六义作为表现手段。这四个方面不是孤立的，而是有机地结合在一起，方能成为完美的诗。《毛诗大序》对中国诗学传统的形成有极大的影响。中国诗学史上，有过片面追求形式美的时期，如六朝时期的绮艳诗风，唐人起而救之，使诗学恢复雅正；亦有过片面追求思想或情志的纯正，而忽视诗歌的音乐性，不懂比兴、不重兴象的诗歌，如历史上的理学诗，即被有识之士诟病为不懂风雅的"头巾气"。

中华诗学的主流传统，从来不将肉欲的感官刺激作为真正的幸福，从来不表现消费主义的欲望迷狂，亦从来不崇尚只要权利不要义务的自由主义。它推崇"志于道"统帅下的个人情感；它重视诗歌的社会教化功能，能厚人伦、美风俗；它乐山乐水，热爱自然，追求超脱名利的高远境界；它搭配汉语所独有的四声，声调铿锵，音韵悠扬，极富声乐之美。这些优良传统都与《毛诗大序》有关，对于今天的诗人如何认识诗，如何作诗，如何保持民族精神，都有着深刻的启示。

试论孙希旦的"丧服"诠释

邓声国[*]

摘　要：孙希旦是有清乾隆年间一位重要的礼学大家，所著《礼记集解》不仅在《礼记》诠释史上影响较大，同时在"丧服"专题诠释史上亦有很大影响。受学术时代影响，《礼记集解》一书主要采取"集解体"的诠释方式，博采先儒众说，达到诠释目的。在《礼记》诸相关服制礼篇的解题方面，孙希旦偶有援引前贤成说，但更强调透过礼文本身进行诠释说明，说服力更强。在服制礼文诠释上，延续了礼文段落大意的概括总结做法，并重视礼经文本的校勘和文字训诂，彰显出孙氏对汉唐学术的尊崇及其扎实深厚的小学功底。在诠释方法上，孙氏更强调运用"以经证经""以经解经"的诠释方法，打通《礼记》各篇服制礼文之间的内在关联，进而纠正前贤诠释存在的某些错误结论；强调从尊崇"尊尊""亲亲"服制原则出发，推崇"依情释礼"的诠释方法，并积极践行诠释。在尊崇汉学传统的同时，孙希旦又表现出推重宋学的一面。

关键词：孙希旦；《礼记集解》；诠释特色

---

[*] 作者简介：邓声国，男，井冈山大学人文学院二级教授，主要从事历代礼学文献整理和研究。本文系国家社会科学基金项目"历代'丧服'诠释研究"（项目号：18XZX011）阶段性成果。

对历代《仪礼·丧服》篇诠释状况进行系统的全方位的观照与分析，无疑属于礼经学史的一个重要分支。历代"丧服"诠释文献类型众多，大致包括"丧服"专门类诠释文献、《仪礼》专经类诠释文献、《礼记》专经类诠释文献、《三礼》总义类诠释文献等几大类，汉唐以来的"丧服"诠释文献大都属于其中之一种。清代乾隆年间学者孙希旦的"丧服"诠释成果，即主要集中在《礼记集解》一书中，该书属于《礼记》专经类"丧服"诠释文献。

清代是"丧服"诠释的鼎盛发展阶段。满清朝廷灭掉明朝建立有清政权以后，特别是在康熙朝以后，大力弘扬儒家文化，"丧服"之学研究正式步入汉代之后的诠释巅峰时期。考察乾隆二十年（1755）之后的清代中期社会，随着凌廷堪撰文《复礼》并得到阮元等人的唱和与响应，"以礼代理"的学术思想渐趋萌芽，学界上下掀起一股读礼、研礼、践礼的文化热潮，"丧服"诠释之风得以延续。然而这一时期从事"丧服"诠释的，大都集中在籍贯隶属江苏、浙江、安徽三省的学者当中，甚至不少学者有进入四库馆参与纂修、校勘工作的学术经历，浙江瑞安学者孙希旦便是其中的一员。孙氏所著《礼记集解》一书尽管不以诠释《仪礼·丧服》篇为目的，但在对《礼记》中《丧服小记》《服问》《间传》《三年问》等服制礼文的诠释上，较之同时期学者的同类著作而言，却有较大的影响力。有鉴于此，本文拟就孙希旦诠释《礼记》服制礼文的诠释特点进行一番粗浅的探讨。

一、孙希旦生平及著述概说

孙希旦（1736—1784），字绍周，号敬轩，瑞安县（今属浙江省温州市）人。幼有奇慧，聪颖好学，12岁入县学，即博览经史百家。乾隆二十七年（1762）中举，并于乾隆三十六年（1771）参与纂修《四库全书》之事，任分校官，校勘《玉海》，颇受于敏中总裁嘉奖。乾隆四十三年（1778）试礼部中进士，授翰林院编修；同年秋，丁母忧，并于次年主讲温州城内中山书院。3年后，补考散馆一等，任职武英殿分校官兼充国史三通馆纂修官。平生矜持名节，以读书治学为乐趣，博涉群籍，"一切天文、地舆、律吕、勾股、卜筮之类，靡不研究。尤尊信程朱《语录》，期于实践"[1]，撰有《求放心斋诗文集》及《尚书顾命解》一卷、《礼记集解》等著作。孙氏治学，学宗程朱，孙氏同里后学孙衣言记其行述，谓"其于名物制度，考索精详，可以补汉儒所未及；而深明先王制作之意，以即乎人心之所未安，则又汉儒所不逮也"[2]。

按照孙氏同里后学孙衣言《敬轩先生行状》当中的说法，孙希旦"其于诸经，尤深于《三礼》。辛卯以后，始专治《小戴》，注说有未当，辄以己意为之诂释，谓之《注疏驳误》。己亥居忧，主中山书院，乃益取宋元以来诸家之书，推广其说，为《集解》五十卷"[3]。据此可见，孙希旦早年便以精通《三礼》而著称，但其研究《礼记》则大约开始于乾隆三十六年，而且其书原名曰《礼记注疏驳误》，着重在于纠正郑玄《注》、孔颖达《正义》。直到乾隆四十四年（1779）居丁忧主讲中山书院期间，孙希旦方始"益取宋元以来诸家之书，推广其说"，并且将《礼记注疏驳误》一书更名为《礼记集解》。一直到他去世为止，三易其稿，方完成此书，撰著前后时间长达13年之久。

关于《礼记集解》一书的卷数，向有五十卷和六十一卷两种不同说法。其中，孙衣言《敬轩先生行状》称其"为《集解》五十卷"，《两浙著述考》和《温州经籍志》所载卷数亦作如是说；而孙锵鸣《礼记集解序》称其"著《礼记集解》六十一卷"[4]，项琪《礼记集解跋》亦称其"著有《礼记集解》六十一卷"[5]。这两种说法看似有所出入，关于这一点，孙诒让先生在《温州经籍志》中有具体说明："原稿本五十卷，仲父止庵先生校刊时，析为六十一卷。"[6] 据此

---

[1] （清）张德标修，（清）黄征义等纂：《嘉庆瑞安县志·儒林传》，清嘉庆十四年（1809）刻本。

[2] （清）孙衣言：《敬轩先生行状》，（清）孙希旦：《礼记集解》卷首，北京：中华书局，1989年，第6页。

[3] 同上书，第5页。

[4] （清）孙锵鸣：《礼记集解序》，《礼记集解》卷首，第1页。

[5] （清）项琪：《礼记集解跋》，《礼记集解》卷末，第1475页。

[6] （清）孙诒让：《温州经籍志》三十三卷首一卷《外编》二卷，《续修四库全书》第918册，上海：上海古籍出版社，2002年，第196页。

可见，五十卷为孙氏原稿卷数，六十一卷则为孙锵鸣校勘后所析出的卷数，并非孙氏《礼记集解》之旧貌。

二、《礼记集解》之"丧服"诠释特色

孙希旦对于"丧服"制度的诠释，主要是通过对于《礼记》中《曾子问》《丧服小记》《杂记》《丧大记》《问丧》《服问》《间传》《三年问》《丧服四制》等各篇礼文的诠释实现的。考察孙氏《礼记集解》相关各卷的诠释情况，大致呈现出如下几大鲜明的诠释特点。

其一，在诠释体例上，采取"集解体"的诠释方式，博采先儒众说。所谓"集解"，便是集合历代学者众说来诠释礼经礼文，孙希旦著述《礼记集解》诠释"丧服"制度礼文亦是如此。以卷三十二至卷三十三《丧服小记》篇诠释为例，孙氏除了大量援引汉郑玄《注》和唐陆德明《释文》、孔颖达《正义》三者的诠释成说以外，还先后援引了三国王肃、谯周，晋杜预、刘智、贺循，南朝庾蔚之、皇侃，唐赵匡，宋朱熹、沈括、陈祥道、刘敞、陆佃、应镛，元敖继公、吴澄，明田琼等各朝诸多学者的诠释成果。从此卷的引书情况中可以看出，孙氏引书并不存在汉学与宋学的门户之见，其他各卷引书亦大体如此情况。另外，作为一部集解体著作，孙氏的《礼记集解》并不以引书数量取胜，甚至可以说远远不如宋代学者卫湜《礼记集说》引书体量那么大，但呈现出个性化的引书特征。诚如潘斌所言："孙氏《集解》之价值并非前人解义之荟萃，而在于经义之发明。相对于卫氏《集说》，孙氏《集解》更有独立论著之特点。"[1] 之所以如此，和孙氏引书更偏向于援引前贤时哲诠释立说时注明合理性与否有关，如果立说错误，但又影响力较大，孙氏亦援引其说，并增加"愚谓""愚意"之类的按语进行辩驳，进而说明己见。

其二，孙希旦十分重视《礼记》中诸相关服制礼篇的解题工作，偶或援引

---

[1] 潘斌：《孙希旦〈礼记集解〉的内容和特色》，《青海师范大学学报》（哲学社会科学版）2017年第3期。

郑玄、孔颖达、朱熹、吴澄数家的诠释以说明之，但更强调透过礼文本身进行诠释说明，说服力更强。兹将孙氏关于《曾子问》《丧服小记》《杂记》《丧大记》诸篇礼文的解题情况转录于此，借以考见孙氏解题方面之创见。

（1）《曾子问》篇，孙氏解题说："此篇多记吉凶冠昏所遭之变。内子游问者一条，子夏问者一条，余则皆曾子问而夫子答之者也。亦有不言'曾子问'，直曰'孔子曰'者，或记者文略，或孔子自为曾子言之，不待其问也。盖先王所著之为礼者，其常也，然事变不一，多有出于意度之外，而为礼制所未及备者。曾子预揣以为问，夫子随事而为之处，盖本义以起夫礼，由经以答之权，皆精义穷理之实也。"①

（2）《丧服小记》篇，孙氏解题说："朱子曰：'《仪礼·丧服》，子夏作《传》，此篇是解《传》中之曲折。'吴氏澄曰：'《丧服》经后有《记》，盖以补经之所未备。此篇记《丧服》各章，又以补《丧服》经后《记》之所未备，又广记丧礼杂事，其事琐碎，故名《小记》，所以别于经后之《记》也。'"②

（3）《杂记》篇，孙氏解题说："《丧服小记》，以其所记之琐碎而名之也。《丧大记》者，以其所记之繁重而名之也。此篇所记，有与《小记》相似者，有与《大记》相似者，又有非丧事而亦记之者，以其所记者杂，故曰《杂记》。"③

（4）《丧大记》篇，孙氏解题说："愚谓《士丧礼》有《记》，专记《士丧礼》之所未备者也。此所记兼有君、大夫、士之礼，所记广大，故曰《丧大记》。"④

（5）《问丧》篇，孙氏解题说："此篇设为问答，以发明居丧之礼，故曰《问丧》。"⑤

---

① （清）孙希旦：《礼记集解》卷十八，第506页。
② （清）孙希旦：《礼记集解》卷三十二，第859页。
③ （清）孙希旦：《礼记集解》卷三十九，第1040页。
④ （清）孙希旦：《礼记集解》卷四十三，第1128页。
⑤ （清）孙希旦：《礼记集解》卷五十四，第1349页。

（6）《服问》篇，孙氏解题说："上篇（按：指《问丧》）广言居丧之礼，此篇专言丧服之义，故因上篇之名而谓之《服问》。"①

（7）《间传》篇，孙氏解题说："郑氏曰：'名曰《间传》者，以其记丧服之间轻重所宜也。'吴氏澄曰：'"间"当读为"间厕"之"间"。此篇总论丧礼哀情之发，非释经之正传，而厕于丧服之正传者也。'愚谓名篇之义未详，吴氏之说稍为近是。"②

（8）《三年问》篇，孙氏解题说："此篇设问，以发明丧服年月之义，又见于荀卿之书，盖其所作也。"③

（9）《丧服四制》篇，孙氏解题说："郑氏曰：'名曰《丧服四制》者，以其记丧服之制，取于仁、义、礼、知也。'孔氏曰：'以上诸篇皆记《仪礼》当篇之义，故每篇言"义"。此别记丧服之四制，非记《仪礼·丧服》之篇，故不云"丧服之义"也。'"④

以上九例解题，除了例（2）（7）（9）先后援引郑玄、孔颖达、朱熹、吴澄等人的解题成果外，其余诸例解题中，孙希旦皆有别于郑玄《三礼目录》的诠释，另为新解，或推测礼文作者及写作时间，或解释礼文篇名具体含义，或概括说明礼文主旨，或说明礼经不同礼篇之间的关联，颇有益于礼文的诠释，可弥补郑玄《三礼目录》解题诠释之未备。简言之，孙希旦对于郑玄《三礼目录》和孔颖达《礼记正义》的解题并不尽信从，而是有从有驳，从者引用之，不从者则取他儒之说补正之，或者另加重新说解，彰显出其独特的学术思考。

其三，一如清代中期诸多乾嘉学派学者那样，孙氏《礼记集解》重视"丧服"制度礼经文本的校勘和文字训诂，彰显出孙氏对汉唐学术的尊崇及其扎实深厚的小学功底。仍以《丧服小记》篇诠释为例，大致可以从如下几方面得到鲜明的体现。

---

① （清）孙希旦：《礼记集解》卷五十四，第1355页。
② （清）孙希旦：《礼记集解》卷五十五，第1364页。
③ 同上书，第1372页。
④ （清）孙希旦：《礼记集解》卷六十一，第1468页。

一是大量援引汉代学者郑玄《注》文和唐代学者孔颖达《正义》的疏文。这种援引，不少情况下属于正面引用，有的甚至仅援引二家之说而不加附任何按语，体现出对郑、孔诠释成说的尊崇和肯定。例如，《丧服小记》篇："父不为众子次于外。"《礼记集解》卷三十三："郑氏曰：'于庶子略，自若居寝。'孔氏曰：'长子则次于外。'"①按：这里所引的孔颖达《正义》原文并不完整，《正义》原文为："庶子贱略之，故父不为之次，自若常居于寝也，不为之处门外为丧次也，长子则次于外为丧次也。"孙氏将孔氏疏解《注》文的句子删除，仅剩下有助于补充训释礼文的句子，而且并未加附其他训释话语，表示出对郑、孔之说的认同。

当然，孙希旦对郑玄《注》和孔颖达《正义》的诠释成说并不都持肯定态度，而是有从亦有驳，不少情况下也持否定意见。例如，《丧服小记》篇："父不主庶子之丧，则孙以杖即位可也。"《礼记集解》卷三十三："郑注此条云'祖不厌孙，孙得伸也'，又注'姑在为夫杖'云'姑不厌妇'，皆非也。丧之杖、不杖，以杖即位、不以杖即位，皆不由于厌不厌也。若谓庶子之子得以杖即位为祖不厌孙，则于適子之子又何以反厌之？"②又如，同篇"士不摄大夫，士摄大夫唯宗子"，孙氏先后援引郑玄及吴澄二氏之说，然后驳斥郑氏说："愚谓宗子，大宗子也。郑氏、吴氏之说皆通。……然前既云'大夫不主士之丧'，而又记此，则此条之义当如吴氏之说也。"③在看似郑氏、吴氏之说皆可通的情况下，孙氏根据本篇上下文的叙事文例推断，指出郑玄《注》文训释的不合理性。

二是大量援引隋唐之际学者陆德明《经典释文》的诠释材料。众所周知，陆德明的《经典释文》保存了大量的释音、释义和校勘材料，颇有助于儒家典籍的诠释，也因此颇受后世不少礼学家的重视。孙希旦同样重视这些训释材料，并将其吸纳进《礼记集解》一书当中。例如，《丧服小记》篇："妾从女君而出，则不为女君之子服。"孙氏引《经典释文》释语："为，于伪反，下'为

---

① （清）孙希旦：《礼记集解》卷三十三，第896页。
② 同上书，第892页。
③ 同上书，第895页。

妻'同。"①又同篇"养有疾者不丧服,遂以主其丧"下,孙氏引《经典释文》释语:"养,羊尚反。"②凡此之类,通过援引这些材料,成为《礼记集解》一书礼文诠释的一个重要组成部分。

三是重视"丧服"制度篇章礼文的校勘。例如,《丧服小记》篇:"礼,不王不禘。王者禘其祖之所自出,以其祖配之。"孙希旦校勘说:"'礼,不王不禘'句,旧在'则不为女君之子服'之下,清江刘氏云:'当在"王者禘其祖之所自出"之上。'以《大传》证之,良是。今从之。"③又同篇"庶子王亦如之"一句下,孙氏校勘说:"疑此上当有言庶子为君为其母之服,而此文承之。大约此篇简策多烂脱,当阙所疑。"④凡此之类,或依据前贤校勘成说深加推断取舍,或据礼文前后行文推衍质疑,在《礼记集解》当中非常普遍,着实彰显出孙希旦对于礼经文本校勘的重视及其对此前学者校勘成果的合理吸收。

四是重视对"丧服"制度篇章礼文段落大意的概括总结。自孔颖达《正义》开始,诠释《礼记》的学者便重视对礼文段落章旨的概括,清初学者更是如此。孙希旦治学同样如此,《礼记集解》当中颇多此类总结性诠释话语,如《丧服小记》篇孙氏言"此三节明妇人应杖之节","自'缌、小功'至此,记着免之节"⑤;《服问》篇孙氏言"此上五节,皆明从服之义","自'三年之丧既练矣'至此,明遭丧变易之法"⑥;等等。凡此一类诠释,对于总体把握各篇"丧服"制度礼文具有较佳的诠释效果。

五是从诠释"丧服"制度篇章礼文的方法上看,通过考察"愚谓""愚意"部分孙希旦本人的诠释语,孙氏更强调运用"以经证经""以经解经"的诠释方法。孙氏着眼于打通《礼记》各篇礼文之间的关联性,揭示《礼记》诸篇相关服制礼文与《仪礼·丧服》篇经《传》《记》三者之间的内在关联,进而实

---

① (清)孙希旦:《礼记集解》卷三十二,第873页。
② (清)孙希旦:《礼记集解》卷三十三,第893页。
③ (清)孙希旦:《礼记集解》卷三十二,第866页。
④ 同上书,第867页。
⑤ (清)孙希旦:《礼记集解》卷三十三,第898、899—900页。
⑥ (清)孙希旦:《礼记集解》卷五十四,第1356、1360页。

现礼经文本的准确诠释，纠正前贤诠释存在的某些错误结论。例如，《杂记下》篇："相趋也，出宫而退。相揖也，哀次而退。相问也，既封而退。相见也，反哭而退。朋友，虞、附而退。"《礼记集解》卷四十一："相趋，谓尝相聚会而趋就，若《檀弓》'趋而就子服伯子于门右'是也。相揖，谓尝相聚会而相与为礼也，若陈司败揖巫马期是也。"①这一则释语中，孙氏先后根据《礼记·檀弓》篇和《论语·述而》篇举例说明"相趋""相揖"二者的含义，较之郑玄《注》"相趋，谓相闻姓名，来会丧事也。相揖，尝会于他也"的解释，更为形象具体可感。又如，《丧服小记》篇："庶子不为长子斩，不继祖与祢故也。"《礼记集解》卷三十二："《记》乃言'不继祖与祢'，《丧服传》又云'不继祖'者，郑氏谓'容祖、祢共庙'者是也。……玩《记》《传》并据庶子立文，则祖、祢皆指谓庶子之祖、祢，郑氏之说于经意为尤协也。"②这一则释语中，孙氏恰当地沟通了《丧服小记》篇和《丧服传》之间的叙事差异，佐证了郑玄《注》诠释的科学性。

其四，在尊崇汉学传统的同时，孙希旦《礼记集解》又表现出推重宋学的一面。孙氏同里学者孙衣言在谈到孙希旦治学时，谓其"深明先王制作之意，以即乎人心之所未安，则又汉儒所不逮也"③，可谓极为中肯。孙氏推崇程朱理学，声言"礼"是"天理之节文，所以裁制人事之宜，而使归于中者也"④。即便在《丧服四制》一篇的诠释中，孙氏亦有"礼仪三百，威仪三千，莫非天理之所当然""此下二节，惟言'阴阳''四时''人情'，而不言'天地'者，盖阴阳、四时皆天地之用，而人情之至亦莫非天理也，言'阴阳''四时''人情'，则'天地'在其中矣"⑤之言，明确将天理看成包括"丧服"制度在内的礼仪规范背后的"天理"，所谓"人情之至亦莫非天理也"。其对于《礼记》中《大学》《中庸》二篇的训释便突出表现为以义理解经，至于诠释与"丧服"制

---

① （清）孙希旦：《礼记集解》卷四十一，第1100页。
② （清）孙希旦：《礼记集解》卷三十二，第869页。
③ （清）孙衣言：《敬轩先生行状》，《礼记集解》卷首，第6页。
④ （清）孙希旦：《礼记集解》卷四十九，第1268页。
⑤ （清）孙希旦：《礼记集解》卷六十一，第1468页。

度有关的各篇礼文，则突出表现为广泛援引宋元学者的诠释成说，这在前面已有说明，此不重复。

其五，从尊崇"尊尊""亲亲"服制原则出发，诠释服制礼文，推崇"依情释礼"的诠释方法，并积极践行诠释。在孙希旦看来，"服之大端，亲亲、尊尊而已。由二者而为之制限则为节，由二者而酌其变通则为权"①，又说"盖先王之制服，必使情足以称其文，而非徒以其服而已"②，这显而易见是对"尊尊""亲亲"服制原则的高度体认。既然"人情之至亦莫非天理也"，因而，在服制礼文的诠释过程中，孙氏往往透过"尊尊""亲亲"阐释服制礼文背后的礼意与礼义。例如，《丧服小记》篇："哭朋友者于门外之右，南面。"《礼记集解》卷三十三："凡于非骨肉之丧而哭之者，于门内则在中庭，于门外则在西，所以为亲疏内外之别也。"③这一则释语中，孙氏对礼文"于门外之右，南面"进行了说明，并从"亲亲"服制原则的角度进行了解读剖析，服制背后的礼意得以昭彰。又如，《大传》篇："绝族无移服，亲者属也。"《礼记集解》卷三十四："愚谓此二句本《丧服传》所引'传曰'之文，所以释'出妻之子为外祖父母无服'之义，此篇引之，则主于本宗之服，以明人道亲亲之义也。"④这一则释语中，孙氏谓"明人道亲亲之义"，同样恰好揭示了礼文背后的制服礼意。

综上所述可见，孙希旦的《礼记集解》在相关"丧服"制度礼文的诠释上，并无所谓的汉学与宋学之间的门户之见，而是秉持一种客观求实的治学态度，从汉唐学者乃至宋元学者的诠释成说宝库中汲取营养，参互研核，博观约取，并秉持"依情释礼""以经解经"的诠释方法，于发明经义颇有创见。诚如当代学者孙邦金先生所云："孙希旦的《礼记集解》尊朱而又不唯朱，既充贯着宋学强烈的道德主义气质，也体现了乾嘉儒学实事求是的学风。"⑤

---

① （清）孙希旦：《礼记集解》卷六十一，第1472页。
② （清）孙希旦：《礼记集解》卷三十二，第877页。
③ （清）孙希旦：《礼记集解》卷三十三，第885页。
④ （清）孙希旦：《礼记集解》卷三十四，第916页。
⑤ 孙邦金：《孙希旦〈礼记集解〉的诠释范式及其思想新蕴》，《中国哲学史》2021年第4期。

韩儒茶山丁若镛的《大学》解释特征研究

张 悦[*]

摘 要:《大学》一书以"修己"和"治人"作为中心概念,阐述了儒家的基本思想内涵,具有充当儒学者"治心修养之书"以及帝王寻求政治哲学理念的"政治之书"的双重作用。

朱熹所构建的《大学》体系以及他的《大学》解释虽然也是始于儒家思想的宗旨——修己治人,却侧重于心性修养的修己工夫,把关注的核心问题集中于个人的"修身"上,将治人归结为"无为之治"。但在朝鲜半岛上,朝鲜末期的茶山作为实学的集大成者,从经世学的需求和立场上解释《大学》,提出了独具创意的《大学》解释观点。由于所处社会背景和需求的不同,两者侧重了《大学》双重功能中的不同方面,即朱子更突显了《大学》作为"治心之书"的作用;而茶山则更突显了《大学》作为"政治之书"的作用,突显出了其学说同时具有伦理性和现实性的鲜明特征,是一种实践伦理学说。

关键词:茶山;《大学》观;平天下;实现路径

---

[*] 作者简介:张悦,女,成均馆大学哲学博士,青岛大学马克思主义学院副教授,研究方向为韩国儒学、东亚文化。

序　论

　　《大学》一书简明扼要地阐明了儒家的基本理念——修己治人，但在后世的解释过程中，由于受到不同时代、不同经学潮流以及学者的不同思想体系的影响，成就了内容丰富多样的《大学》解释和观点。其中，朱子的《大学》观在中国经学史上具有举足轻重之地位，朱子将《大学》篇从《礼记》中单独分离出来并著述了《大学章句》，重新对"明德"和"格物"加以解释，在主张误字说、错简说、阙文说的同时，还对《大学》的原文进行了重新调整并补充了阙文，对后世产生了深远的影响。在朝鲜半岛，在朱子学占绝对权威的朝鲜时代，朱子的观点更是被奉为正统。但到了朝鲜末期，朱子学空谈理气心性的弊端日益突显，其正统地位开始动摇。朝鲜实学的集大成者丁茶山（1762—1836，名若镛，字美庸、颂甫，号茶山、与犹堂等）开始对朱子的学说展开猛烈的批判，就《大学》而言，他基于自身的学说体系展开了全新的阐释和理路构建。其中，他关于《大学》的著述有《熙政堂大学讲义》（28岁）、《大学策》（30岁）[1]、《大学衍义》（53岁，共三卷）、《自撰墓志铭》（61岁）等[2]，其《大学》观主要体现在《大学公议》和《大学讲义》中。具体而言，《大学讲义》仅收录了关于《大学章句》序文以及传七章到传十章的内容，无法纵览茶山关于

---

[1]《大学策》现已不存，但在《大学公议》（［朝］丁若镛：《定本与犹堂全书》第6册，首尔：茶山学术文化财团，2021年，第78—84页）的记事中有所提及："乾隆辛亥，内阁月课，亲策问《大学》。臣对曰：'臣妄窃以为《大学》之极致、《大学》之实用，不外乎孝弟慈三者。今欲明《大学》之要旨，必先将孝弟慈三字，疏涤表章，然后一篇之全体大用，乃可昭也。经曰"明明德于天下"，则明明德归趣，必在乎平天下一节矣。兴孝兴弟之法，恤孤不倍之化，其果非明明德之真面目乎！'卷既彻，命擢置第一，时蔡樊翁为读卷官，谓所言明德之义违于《章句》，降为第二，以金羲淳为第一。今二十四年前事也。"

[2] 参见［韩］郑一均：《茶山丁若镛的四书关系叙述》，《茶山四书经学研究》，首尔：一志社，2000年，第177页，脚注123。茶山平生留下了多达五百余卷的著述，集中编纂为《与犹堂全书》，除上述已失传的《大学策》，皆收录于其中（《熙政堂大学讲义》和《大学衍义》，收录为《大学讲义》和《大学公议》）。而茶山之所以研究《大学》，其原因在于朱子再传弟子真德秀所作的《大学衍义》于高丽末期传入并在经筵上进行讲授，后来升格为帝王之学，对朝鲜初期的政治哲学产生了深刻影响。

《大学》之理解的全貌；而《大学公议》则构成了茶山《大学》学说的核心，是茶山基于自身独特的哲学立场，通过对《大学》进行细致缜密的解释而重新构建起来的。

在《大学公议》卷一《序》中，茶山说道："《礼记》四十九篇，郑《三礼目录》，《大学》第四十二。"以郑玄（127—200）的《三礼目录》为例，茶山明确指出《大学》本是《礼记》中的篇目。另外，茶山以古本《大学》的经文为基准，分为27个条目，大胆打破朱子构建的"三纲领、八条目"与"修己、治人"体系。作为朝鲜末期实学的集大成者，茶山强烈追求现实实践，在其经典注释中，大胆脱离性理学学说的"正轨"，解体程朱性理学的世界观并加以重新构建，力图重新阐明和揭示先秦儒学的本义，实现思考方式的大转换。① 具体就其《大学》解释而言，他在《自撰墓志铭》中一目了然地整理了自身《大学》解释的核心：

> 曰大学者，胄子国子之学宫也。胄子国子，有临下治民之责。故教之治平之术，非匹庶凡民之子所得与也。曰明德者，孝弟慈，非人之灵明也。曰格物者，格物有本末之物，致知者，致知所先后之知也。曰诚者物之终始，诚意所以进之在上也。曰正心即修身，身有所忿懥，不可改也。曰老老者，太学之养老也，长长者，太学之齿世子也，恤孤者，太学之飨孤子也。曰民生有欲，曰富与贵，君子在朝，期乎贵，小人在野，期乎富。故用人不公，不贤贤亲亲，则君子离，敛财无节，不乐乐利利，则小人畔，而国随以亡。故篇末申申戒此二事也。②

---

① ［韩］林宪奎：《朱子与茶山〈大学〉观的比较（1）》，《韩国思想与文化》2008年第45辑。韩国学者郑一均在《茶山丁若镛的四书关系叙述》（《茶山四书经学研究》，第67页）中主张"他的经学是在当时否定'儒学=性理学'这一通说的背景下而出现的'脱性理学'学说"；朴完植在《大学解说》（首尔：理论与实践，1993年，第25—29页）中主张他"具有'反朱子学'倾向"；李乙浩在《李乙浩全集Ⅱ：茶山学总论》（首尔：艺文书院，2000年，第17页）中主张，其"可谓是一种'改'新儒学"。

② ［朝］丁若镛：《文集》，《定本与犹堂全书》第3册，首尔：茶山学术文化财团，2021年，第252—281页。

在此，茶山依次对"大学""胄子""明德""格物""致知""诚者物之始终""正心""老老""长长""民欲""用人"等概念加以阐明，突显了茶山《大学》解释在内容上的特征与侧重点，指明了太学论、明德说、治国平天下论是其核心所在，实现了茶山《大学》观的理路构建。那么，在这种理路的基础上，茶山是如何理解"治国、平天下"的？是如何实现对现实伦理实践的追求而完成"治国、平天下"目标的？本文将具体就茶山《大学》观的实现路径展开讨论。

一、茶山《大学》观之以"平天下"为目标的理路构建

朱子说"《大学》如一部行程历"(《朱子语类》)，"圣人作今《大学》，便要使人齐入圣人之域"(《朱子语类》)，视《大学》为"初学入德之书"。他还对《大学》的思想做了系统的概括，即我们所熟知的"三纲领"(明明德、新民、止于至善)和"八条目"(格物、致知、诚意、正心、修身、齐家、治国、平天下)，并主张后者是前者得以实现的具体步骤，揭示了学问的由始至终，构建起了通过修身实现治人进而学成为圣的学说体系。以朱子学说为猛烈批判对象的茶山对此问题自然也不会懈怠，在批判继承的基础上，他完成了自身《大学》观理路的构建。受本研究主题范围所限，在此仅就"三纲领""格致六条"两个方面加以简单阐述。

关于"三纲领"，茶山可谓在很大程度上接受了朱子的观点，但依然存在着明显的区别。这种差别首先表现在他从整体上将朱子提出的"三纲领"与孝悌慈联系起来，主张"三纲领"追求以人伦为依据的实践，并把孝悌慈视为具体的实践条目。具体就"明明德"而言，茶山指明孝悌慈即"明明德"的三条目，详细解释了"所以事君"为孝、"所以事长"为弟、"所以使众"为慈，并进一步说明不管是天子还是庶人皆以涵养孝悌慈为修身工夫之根本，形成了不同于朱子明德说(即心性昏明说)的明孝悌慈说(人伦实践说)，构成了茶山明德说最显著的特色。就"亲民"而言，朱子把"亲"字改为"新"，主张

"新民"是通过"明明德",保持虚灵不昧之心以回复人之本性,然后推己及百姓,使百姓以前的污浊之心"革其旧""去其旧染之污",突出了"明明德"者的修己以治人;而茶山则主张"亲民"的主体同时包括作为兴民之主体的为政者以及"下民",内容同时包含两者省察克治的行孝悌慈行为,即一方面强调通过"明明德"主体——为政者的"修己"教化兴民,另一方面又使"亲民"的主体——百姓能够兴孝悌慈,也与朱子的观点具有鲜明的差别。就"止于至善"而言,不同于朱子将"至善"与天理联系起来,认为"至善"是"事理当然之极",是"天理","只是十分是处"(《朱子语类》),是道德完满之境界,是"明明德"和"新民"的共同宗旨,茶山坚持"明明德""亲民"解释中的一贯观点,反复强调行事与孝悌慈的人伦实践,主张"人伦之外,无至善""至善者,人伦之成德"。

关于"八条目",茶山不赞同朱子"八条目"的观点,虽然承认了八个条目的存在,却主张格物、致知是诚意、正心、修身、齐家、治国、平天下之事的事前准备,格物、致知与其他六目并非并列的关系,因而将后六者合称为"格致六条",这也构成了茶山关于"八条目"的独到见解。在此,由于纸面所限,不详述,将重点就"治国、平天下"展开探讨。

在朱子的《大学章句》中,"格物致知补亡"章与明德论具有平分秋色之重要地位,对此,茶山则主张应遵从古本《大学》,认为此章是不必要的,"格物"只不过是"度物之有本末","致知"只不过是"极知其所先后"。但对于朱子并不十分关注的治国、平天下论,茶山却十分重视。究其原因,朱子之所以不重视是因为他认为《大学》的重点在于内修,如能真正做到"明明德""格物致知",自然能够实现治国、平天下,主张后者是在前者实现的前提下自然而然达到的一种状态;而茶山之所以重视,是因为他把《大学》作为教育为政者子弟的书目,把治国、平天下作为《大学》教育的根本目的所在。那么,关于"平天下"的目标追求,茶山的观点如何?

首先,就"平天下节"的地位,茶山说道:

经云"大学之道",是为教胄子之道,明非教国人之道。是可云"太学之道",不可云"乡学之道"。故治国、平天下,为斯经之所主,而修身、齐家,乃溯其本而言之,诚意、正心,又溯其本之本而言之。其所主在治平也,故至治国、平天下二节,其节目乃详,其上数节,略略提掇而已,不细论也。①

在此,茶山首先阐明了大学之道为"胄子之道"而非"国人之道",在锁定大学之道教授的对象范围的前提下,预示了大学之道的目标追求,揭示了"治国、平天下节"为《大学》之主,对诚意、正心、修身、齐家的谈论只不过是溯其本而已。不仅如此,茶山还揭示了"平天下"与《大学》之主旨思想的关联性,他说道:

经曰"明明德于天下",则明明德归趣,必在乎平天下一节矣。兴孝兴弟之法,恤孤不倍之化,其果非明明德之真面目乎!②

明明德全解,当于治国、平天下节求之矣。乃心性昏明之说,绝无影响。惟其上节曰:"孝者,所以事君也,弟者,所以事长也,慈者,所以使众也。"其下节曰:"上老老,而民兴孝,上长长,而民兴弟,上恤孤,而民不倍。"两节宗旨,俱不出孝弟慈三字,是则明明德正义也。③

通过《大学公议》的记事中来看,茶山在内阁月课上便明确主张《大学》之极致、《大学》之实用不外乎孝悌慈三者,要揭示《大学》的要旨必须将此三者贯穿于整篇各章节。其中,对于经文"明明德",他主张"明明德"的最终归趣在于"平天下"一节,而"明明德"之真面目为"兴孝兴弟之法,恤孤

---

① [朝]丁若镛:《大学公议》,《定本与犹堂全书》第6册,第69—78页。
② 同上书,第78—84页。
③ 同上。

不倍之化",因此,必须把贯穿《大学》观始终的孝悌慈作为实现这一目标的必要行动纲领,作为实现治国、平天下的内在原理。除了从理论上阐明了"平天下"思想的内涵与必要性,作为实学家的茶山更加注重经世致用、利用厚生的现实意义,因此,他还阐述了治国、平天下的外在实践,对此他说道:

> 平天下节,其大义有二。一曰,立贤以御君子。二曰,散财以御小人。此章其纲领也。①

> 议曰,为国者其大政有二,一曰用人,二曰理财。大凡人生斯世,其大欲有二,一曰贵,二曰富。在上者其所欲在贵,在下者其所欲在富。惟其举用之际,其贤愚邪正之升降黜陟,不违于众心,其征敛之日,赋税财贿之出纳收发,不违于众心,则物情平允,邦国以安。……故用人则贤其贤而亲其亲,以待君子,理财则乐其乐而利其利,以待小人,盛德至善之使民不忘,其要在此。②

对于"平天下"的大义,以上两段引文中的表述虽然不同,但不管是"立贤以御君子""散财以御小人",还是"用人""理财",其内涵却如出一辙,即在治国、平天下的实践中,不仅需要将实践孝悌慈作为依据,同时还需要方略与智慧,致力于"用人"和"理财"中,认识到两者在治国、平天下的过程中的重要性并衡量好两者之间的关系。对此,茶山具体指出,为政者应充分认识到人因地位的不同而欲求不同,"自古以来朝廷之祸乱得失,恒起于立贤,野人之苦乐恩怨,恒起于敛财",所以在"用人"的实践中应"贤其贤而亲其亲",在"理财"的实践过程中应该"乐其乐而利其利",并使百姓始终将盛德至善铭记于心。

---

① [朝]丁若镛:《大学公议》,《定本与犹堂全书》第6册,第107—109页。
② 同上书,第138—140页。

二、茶山《大学》观之"平天下"的实现路径

如前文所论,茶山主张"治国、平天下"为《大学》之主,明确了《大学》的最终归趣所在;另外,他还指出贯穿《大学》始终的孝悌慈是必要的行动纲领,是实现治国、平天下的内在原理,昭示了对孝悌慈的实践行动就是实现这一目标的重要途径所在。不仅如此,茶山在其《大学》诠释中实际还就这一问题展开了进一步的详细讨论,构成了茶山《大学》观的又一特色和重要突出贡献。

首先,茶山将孝悌慈与"仁"结合起来,阐明了《大学》"平天下"思想的具体实现路径,他说道:

> 仁者,人伦之明德,乃孝弟慈之总名也。……恕者,絜矩之道,所以为孝弟慈以成仁者也。强恕而行,求仁莫近焉。①

在茶山看来,"仁"是孝悌慈之总名,是人伦之明德,并且他还进一步明确践行孝悌慈、成就"仁"的实现途径为"恕"和"絜矩之道"。首先,关于"恕",茶山解释道:

> 考订朱子曰:"有善于己,然后可以责人之善。无恶于己,然后可以正人之恶。皆推己以及人,所谓恕也。"○镛案:恕有二种。一是推恕,一是容恕。其在古经,止有推恕,本无容恕,朱子所言者,盖容恕也。……推恕、容恕,虽若相近,其差千里。推恕者,主于自修,所以行己之善也,容恕者,主于治人,所以宽人之恶也。斯岂一样之物乎?②

---

① [朝]丁若镛:《大学公议》,《定本与犹堂全书》第6册,第125—128页。
② 同上。

茶山在考订朱子观点的基础上,明确指出"恕"有两义,即"推恕"和"容恕"。"推恕"侧重的是以自我为中心的自修以成善,是行己之善,是人与人交际之要法;而"容恕"则是指因自己不能,所以原谅别人的不能,是以他人为中心的治人以抑恶。通过进一步比较朱子与古经中的观点,突显了两者所强调主体的不同、本末先后的不同,即"推恕"主于自修,是"行己之善";而"容恕"主于治人,是"宽人之恶"。

关于"恕",茶山还将其与"仁"结合起来展开了论述:

> 人与人之相接而尽其本分,斯谓之仁。仁者,二人也。事父孝曰仁,子与父二人也。事兄悌曰仁,弟与兄二人也。育子慈曰仁,父与子二人也。君臣二人也,夫妇二人也,长幼二人也,民牧二人也。仁亲、仁民,莫非仁也。乃圣人之言曰:"强恕而行,求仁莫近焉。"恕者,仁之道也。子贡问:"一言而有可以终身行之者乎?"孔子曰:"其恕乎。"门人问一贯之旨,曾子曰:"夫子之道,忠恕而已。"一恕字以贯上下,以贯前后,以贯左右。①

首先,茶山指出"仁"即"人与人之相接而尽其本分",如父子间行孝、兄弟间行悌、父子间行慈,仁亲、仁民皆为仁。其次,他还引用孟子"强恕而行,求仁莫近焉"以及孔子"一言而有可以终身行之者"为"恕"、"夫子之道,忠恕而已"的观点,提出"恕者,仁之道也",主张"恕"贯穿于孔子之道的上下左右前后。众所周知,"仁者,爱人",孔子所讲的"仁"是一种始于孝悌,以孝悌为本,不断"己所不欲,勿施于人",推己及人的有差等的大爱,其目标不局限于家庭与身边之人,而是"民胞物与""赞天地之化育,与天地同参"的万物一体、天下和合的状态。因此,对于追求向洙泗之学复归的实学家茶山而言,以古经为依据,在其《人学》观中提出"恕"的观点,目的就在

---

① [朝]丁若镛:《大学公议》,《定本与犹堂全书》第6册,第135—138页。

于指引为政者施行仁政，进而实现"平天下"的统治目标，这就构成了茶山《大学》观的实现路径。

此外，茶山还将"恕"与"絜矩之道"联系起来，进一步明确阐释了"平天下"的实现路径。

> 经所言者，谓将欲化民，必先自修，将欲自修，必先藏恕。恕者，絜矩之道也。①

承上文内容，茶山在此首先明确揭明了"藏恕—自修—化民"的《大学》"平天下"实现路径，即要实现"平天下"的终极目标，首先要自修，而实现自修的主要方法是"藏恕"。继而，他又说道："恕者，絜矩之道也。"以"恕"为媒介将"絜矩之道"与"平天下"联系了起来。"絜矩之道"出于《大学》经十章"所谓平天下在治国者，上老老而民兴孝，上长长而民兴弟，上恤孤而民不倍。是以君子有絜矩之道"，是推己及人，"老吾老，以及人之老；幼吾幼，以及人之幼"，实现爱之不断扩大的有效途径，对此，茶山是如何解释的？

> 絜，以绳约物，以度其大小也。矩者，直角之尺，所以正方也。以我之孝弟慈，知民之亦皆愿孝弟慈。于是就太学行三礼（养老、序齿、恤孤，三礼也），而民果兴孝弟慈，是故知我之所好，人亦好之。行絜矩之道，即恕也。②

> 絜矩，则我有孝弟，乃可以求诸民。絜矩，则我无不孝，乃可以非诸民。③

---

① ［朝］丁若镛：《大学公议》，《定本与犹堂全书》第6册，第125—128页。
② 同上书，第135—138页。
③ 同上书，第125—128页。

茶山发挥其经学解释重考证的特点，首先从字义入手，阐明了"絜矩"所具有的度量大小、"所以正方"的原义，进而延伸出"以我之孝弟慈，知民之亦皆愿孝弟慈""知我之所好，人亦好之"之义，并指出具体的实践方法就是"我有孝弟，乃可以求诸民""我无不孝，乃可以非诸民"，再次申明"行絜矩之道，即恕也"，并突出了在前文所论"恕"所包含的两层含义中更侧重自修之"推恕"的一面，主张"絜矩"就是推自己之所期于他人、无自己之所恶于他人，由此确保自身与他人的和谐关系得以维持与实现。①

结　语

《大学》一书以"修己"和"治人"作为中心概念，阐述了儒家的基本思想内涵，具有充当儒学者"治心修养之书"以及帝王寻求政治哲学理念的"政治之书"的双重作用。

通过前文的梳理，可见朱熹构建的《大学》体系以及他的《大学》解释虽然也是始于儒家思想的宗旨——修己治人，却侧重于心性修养的修己工夫，把关注的核心问题集中于个人的"修身"上，将治人归结为"无为之治"。但在朝鲜末期，在政治理念上占主导地位的朱子学空谈心性的弊端日渐突显，茶山作为当时实学的集大成者具有强烈社会危机意识，他排斥朱子性理学强调思辨和观念的解释，立足于自身试图向洙泗之学复归的观点，广泛地吸收中国汉代、唐代的注疏以及清代重视考证学的经学注释，从经世学的需求和立场解释《大学》，提出了独具创意的《大学》解释观点，试图由此探索"经世致用"的治国方案。也就是说，由于所处社会背景和需求的不同，两者侧重了《大学》双重功能中的不同方面，即朱子更突显了《大学》作为"治心之书"的作用，

---

① 关于"絜矩"，朱子说道："盖絜，度也。矩，所以为方也。以己之心度人之心，知人之所恶者不异乎己，则不敢之所恶者施之于人。""盖能强于自治，至于有善而可以求人之善，无恶而可以非人之恶，然后推己及人，使之亦如我之所以自治而自治焉，则表端景正，源洁流清，而治己治人，无不尽其道矣，所以终身力此，而无不可行之时也。"（《四书或问》）可见，絜矩之道不仅指修己，还指推己及人的积极行为。

而茶山则更突显了《大学》作为"政治之书"的作用。

在《大学》的解释过程中,茶山提出了自身的政治哲学,直观地将之体现在他所构建的《大学》观理路和所提出的治国、平天下的实践路径中,进而言之,主要集中体现在如何处理为政者与百姓的关系,如何对两者进行配置的问题上。为了解决这一问题,茶山试图回归传统儒学中的核心观点——"恕"和"絜矩之道"中寻求答案,主张通过修德,即道德教化,可以实现齐家、治国、平天下,而要实现这一目标,首先需要为政者从社会的基本构成单位——家庭出发,由家庭中的孝悌慈等伦理关系推而广至君臣上下等政治关系。对此,韩国学者金仙卿主张"政治就是为政者通过推恕的政治行为帮助百姓实现他们的道德性、现实性欲望"[①]。由此可见,茶山《大学》解释中的政治哲学既继承了儒家传统中的德治理念,同时又突破了传统的观点,既强调为政者的主体能动性和积极性,同时还追求通过为政者的政治行为影响感化百姓,激发百姓本身的伦理实践积极性,从而经过共同的努力实现国治、天下平的愿望,突显了茶山学说同时具有伦理性和现实性的鲜明特征,是一种实践伦理学说。

---

① [韩]金仙卿:《茶山丁若镛的政治哲学——读〈大学公议〉》,《韩国思想史学》,2006年,第307页。

魏晋学风嬗变影响下的《诗经》学走向

李明阳[*]

摘　要：魏晋时代是社会巨变的时代也是学风巨变的时代，在这样特殊的时代背景之下，《诗经》学的发展突破了经学一统的局面，开创了诸多新的趋向，呈现出与两汉时期迥然不同的面貌。总体来说，魏晋《诗经》学主要有四个发展趋势：一是从章句之学向义疏之学发展，二是针对古文经学的继承与内部纷争，三是从经世致用向实学发展，四是《诗经》文学属性的显现。虽然魏晋时期《诗经》学研究没有实质性的进展，却为后世《诗经》学的发展开启了新方向，成为承上启下的重要一环。

关键词：魏晋；《诗经》；义疏；古文经学

受到魏晋时期整体学术风气的影响，《诗经》学研究领域的发展呈现出阶段性的差异。《诗经》学是儒家学说的一部分，汉末魏晋时期社会与学术风气的转变深刻影响了《诗经》学的发展动向，同时魏晋《诗经》学的发展走向也成为窥探这一时期儒学发展态势的重要参考。

---

[*] 作者简介：李明阳，女，山东师范大学齐鲁文化研究院博士研究生，研究方向为儒家典籍整理研究与经学史。

一、从章句之学向义疏之学的发展

　　章句是汉代儒家经学的主要表现形式之一，汉代儒生谨遵的经学师法就是依靠章句传承的。这种在今天看来十分寻常的解释方法，在汉代却颇受争议，受到诸多贬斥，其原因主要有四。其一，以章句为单位对经文进行讲说，会导致经义的割裂，正如《汉书·夏侯胜传》云："章句小儒，破碎大道。"① 其二，解经者不可能悉数通晓每一章句的含义，面对大量的经文，便不免自为弥缝，遂有"不思多闻阙疑之义"② 之弊。其三，章句的内容丰富，既有字词训诂，又有义理阐发；既有经文，又有解说，这不免为治学者带来很大的不便，有过于繁琐的问题。章句发展至东汉时期，"一经说至百余万言"③ 的现象便是由此导致的。其四，对于学术的长期发展来说，"章句之学的兴起，除了过多解释经文之外，也逐渐形成对师说和家法的严格遵循，形成思想上的条条框框，学术的自由和批判性逐渐消失"④，十分不利于儒家思想的传播与发展。章句既有如此多的弊病，却还在汉代盛行一时，最重要的原因在于章句能以己意弥缝古人之阙，满足了统治者的政治需求，而其解释的完整性与封闭性又足以确保经说传承的准确性与普及性，是宣传官学经说，也就是师法的最有利方式。

　　东汉古文经盛行，今文经衰落，《毛诗》成为《诗经》研究的主要对象。古文经大家郑玄综合今古文经为《诗经》作笺，他的诗笺实际上是章句的删裁省减，他借鉴了章句的结构体式与章句之学完备的解经体系，例如其《毛诗笺》先分析章句，然后再对字词进行训诂，解说经义；另外《六艺论》言："注《诗》宗毛为主，其义若隐略，则更表明。"⑤ 此论即表明郑玄的《毛诗笺》以弥

---

① （东汉）班固：《汉书》卷七十五，北京：中华书局，1964年，第3159页。
② （东汉）班固：《汉书》卷三十，第1723页。
③ （东汉）班固：《汉书》卷八十八，第3620页。
④ 吕文明：《从儒风到雅艺：魏晋书法文化世家研究》，北京：中华书局，2020年，第16—17页。
⑤ （东汉）郑玄：《六艺论》，（清）马国翰：《玉函山房辑佚书》第3册，扬州：广陵书社，2004年，第2037页。

缝《毛诗诂训传》之"隐略"为重要内容。《毛诗诂训传》被陆宗达尊为章句之典范，其训诂加经义解说的注经方式已类似小章句，那么郑玄表明其"隐略"的方式也是对章句之学的继承。据此，这种对传统章句之学的传承虽然依旧延续，但被融合进新的更加简洁的解经方式中，足见《诗经》章句之学在此时已走向衰落。

  魏晋时期经注之学繁盛，现今传世的《十三经注疏》中，除《孝经》为唐玄宗所注以外，其余十二经均为汉末、魏晋时期的儒生所注。魏晋经注之学主要由汉末大儒郑玄所开创，上文曾提到他的经注对章句体式的借鉴，这种经过改造的经注体式受到广大治学者的认可。郑学的权威建立起来以后，后起的王肃经注之学为争夺权威地位而与郑学发生论争，实际上，魏晋时期的经学之争都是指经注学之争，那么此时经注的权威性就显得尤为重要。所谓"宁道孔圣误，讳言郑、服非"[1]，就揭示了魏晋时期经注的权威性要高于经文本身的学术现象，是经注之学极受推崇的表现。与此同时，对经注的推崇使得经解不再仅满足于单纯地阐释经文，兼释经、注成为大势所趋，这为义疏类著述的出现创造了条件。目前学界普遍认为中古儒家义疏源于佛教中的"讲疏""义疏"，持此论者中比较典型的是牟润孙，他在《论儒释两家之讲经与义疏》一文中提到，释氏的讲经制度直接导致了讲疏体裁的产生和兴盛，此种体裁在东晋之后被儒家所沿袭。[2]按照牟氏的说法，儒家义疏体受佛教讲疏之风的影响，至少在东晋才出现。但事实上，义疏体是在经注之学盛行的背景之下出现的，义疏最早是以"记"的形式出现的，《说文·疋部》："疋，记也。"段玉裁注："疋、疏古今字。"[3]不同于《史记》《大戴礼记》等侧重记事记言或独立成篇之"记"，真正以阐释经注之义为目的的"记"，最早出现于《隋书·经籍志》著录的

---

[1]（北宋）欧阳修、（北宋）宋祁:《新唐书》卷二百，北京：中华书局，1975年，第5693页。

[2] 牟润孙:《论儒释两家之讲经与义疏》，《注史斋丛稿》上，北京：中华书局，2009年，第88页。

[3]（清）段玉裁:《说文解字注》，北京：中华书局，2012年，第85页。

"《郑记》六卷",撰写者系"郑玄弟子"[①],此书可以看作义疏类著述的渊源。最早以"疏"体解经释传的著述大概是三国吴陆机的《毛诗草木鸟兽虫鱼疏》,这部著作以解释《毛诗》中的名物为主要内容,其中已出现兼释《诗经》《毛传》和郑玄《毛诗笺》的义疏体例。再向前追溯,王肃所撰的《毛诗王氏注》中已有兼释经、传的经注内容,如释"于以奠之?宗室牖下。谁其尸之?有齐季女"曰:

> 此篇所陈皆是大夫妻助夫氏之祭,采苹藻以为菹,设之于奥,奥即牖下。《毛传》:"礼之宗室。"谓教之以礼于宗室,本之季女,取微主也。牲用鱼,芼之以苹藻,亦谓教成之祭,非经文之苹藻也。[②]

经注中既有对《诗经》原文的阐释,又有对《毛传》内容的注解。由此可以看出,王肃之作虽然为注体,但实际上已经有向义疏体发展的趋势。综上,儒家学者对义疏体的使用应早于佛教"义疏"的出现,只是义疏体的大量出现并盛行于世与佛教的传播息息相关,因而多数研究者才会对儒家义疏的渊源有所误解。

二、《诗经》古文经学的承继与内部纷争

《毛诗》作为古文经,是三家诗外最有影响的一家。《毛诗》虽然没有被中央立为官学,却深受地方诸侯的喜爱。《汉书·儒林传》载:"毛公,赵人也。治《诗》,为河间献王博士,授同国贯长卿。"[③]《毛诗》初出,河间献王便立毛公为博士。其后王莽时,《毛诗》被立为官学,但旋即于东汉初被废。虽然《毛诗》被立为官学的时间十分短暂,但也说明它的实力所在,再加上地方诸

[①] (唐)魏征等:《隋书》卷三十二,北京:中华书局,1973年,第938页。
[②] (清)马国翰:《玉函山房辑佚书》第1册,扬州:广陵书社,2004年,第548页。
[③] (东汉)班固:《汉书》卷八十八,第3614页。

侯对它的支持，使得《毛诗》成为民间最强大的一个《诗经》学流派，与代表官方意识形态的三家诗形成对抗之势。

与西汉极重今文经不同，东汉统治者对古文经也产生极大的兴趣。从光武帝刘秀始，不论是今文经学者还是古文经学者都有机会进入仕途，于是二者的争论从利禄之争转向学术道统之争，仅在东汉一朝发生的大型今古文论争就有3次之多。经过3次深层次的论争，古文经学由弱势逐渐变强，并占据上风。与此同时，东汉末年，随着汉王朝走向衰落，文化专制政策有所松动，多元文化兴起，文化元素的增加使得儒学内部的矛盾变小而外部矛盾增大，所谓外部矛盾指的是儒、法、玄、释等流派之间的异同以及它们对主流意识形态地位的争夺。由此原本对抗激烈的今文经与古文经之间的界限逐渐消解，郑玄的出现便是很好的证明。郑玄兼通今古文经学，是东汉末首屈一指的"通儒"，他为经学发展所做的最大贡献便是完成今古文经的融合。郑玄打破今古文经的界限，遍注群经，博综兼采。以郑玄为分界线，经学以一种崭新的面貌呈现在世人面前，郑玄经注也被冠以"郑学"的称谓，并在经学研究领域中形成"小一统"的局面。虽然郑玄经注融会今古文经说，但是他的经学研究还是以古文经为基础。《毛诗》正是在郑学的传播下逐渐赶超三家诗，成为汉魏之际影响最大的《诗经》学流派，所谓"郑《诗笺》行而鲁、齐、韩之《诗》不行矣"[1]。

经过郑学短暂的小一统时代后，《诗经》学发展至魏晋时期又迎来一个新的局面，即王学的兴盛以及郑王二学的相互攻讦。当然，首先要明确的是，无论是郑玄还是王肃，他们都是古文经学者，他们都以《毛诗》为基本经说立场，因而《诗经》在魏晋时期所面临的主要是古文经学内部的纷争。由此可以看出，在魏晋时期《诗经》研究面临的分歧不涉及经说流派、解经体式等，而主要在于对经传的理解不同。由于王肃党同司马氏从而获得了很高的政治地位，王学也因此在魏晋时期被立为官学，成为压倒郑学的存在，但由于王学并没有提出新的经学研究理论和方法，在南北朝以后便又被郑学所压制，逐渐走

---

[1] （清）皮锡瑞：《经学历史》，北京：中华书局，2018年，第149页。

向衰落，但是，"郑王之争"却成为汉唐经学的热点问题，历代经学研究都逃不开对"郑王之争"的探讨。对于《诗经》研究而言，汉末以来的《诗经》学经过"郑王之争"的转换，由两汉的今古文家法之争逐渐过渡到南北朝古文经学内部争毛、郑之得失的主题上来。

三、《诗经》从经世致用向实学的发展

两汉时期，《诗经》的经学研究开启并逐渐走向经术化，所谓"经学的经术化"就是指汉儒在对经典进行创造性阐释时，以建立经典与当代政治、社会、人生之间的联系为目的，这种以"致用"为目的的经学研究就是经学的经术化。两汉《诗经》学研究虽然经历了从今文经偏向古文经研习的转变，但是经说中体现出的经世思想却是两汉《诗经》学共同具备的特征。

汉末，多方面因素导致名器之坏，浮华相尚，从根本上危及了儒学理论及封建名教统治。而社会中"背实趋华"的浮华风气，更导致了"汉末之世，灵献之时，品藻乖滥。英逸穷滞，饕餮得志，名不准实，贾不本物"[1]的情况日趋严重。这样就使得辨别名实、注重因实立名在曹魏时期成为必须加以关注的问题。魏初，提出循名责实、校练名理的著作很多，最为著名的是刘劭的《人物志》。刘劭等名理学家提出的这些综核名实的思想主张，在汉魏间既是理论问题，也是现实问题。曹氏篡汉，建立新朝，自建安、黄初到太和、青龙，统治者既惩前代之失，也出于延揽人才、巩固政权的需要，始终把综核名实、斥退浮华作为选举用人的基本原则。由此社会兴起一股"综核名实"之风。《诗经》学研究也受此风气的影响，向实学方向转变。

魏晋时期最早具有实学性质的《诗经》学著述应该是三国魏刘桢的《毛诗义问》。通观刘桢所存《诗经》解十二节，其内容以训释《诗经》中的名物为主，而不注重对诗歌大义的探讨。与此同时，刘桢在训释名物时也不像汉儒那

---

[1] （东晋）葛洪：《抱朴子·外篇》卷二十，上海：上海古籍出版社，1990年，第221页。

般极力挖掘其中的经学内涵，而是更加注重对名物自身含义的注解，如《陈风·衡门》有"衡门之下"句，《毛传》曰："衡门，横木为门，言浅陋也。"[①]此说寓教于释物中，着重发挥经学内蕴，刘桢则曰："横一木作门，而上无屋，谓之衡门。"只是单纯地训解"衡门"之义，而不进行深入的经学阐发。除刘桢的《毛诗义问》之外，诞生于这一时期的另外一部著名的实学著述，即三国吴陆机的《毛诗草木鸟兽虫鱼疏》。《毛诗草木鸟兽虫鱼疏》是现存最早的有关《诗经》的博物学著作。陆《疏》侧重对名物进行训释，据研究者统计，陆《疏》释木28种，释鸟22类，释鱼8种，释虫16种，可见陆《疏》论《诗经》中的草木鸟兽虫鱼是其最显著的特点。陆机对《诗经》名物的训释不仅是解义，而且还侧重对名物的形态、用途、生活习性等多方面描述，如释"芣苢"曰："今药中车前子是也……其子治妇人难产。"释"鹈"曰："好群飞，若小泽中有鱼，便群共抒水，满其胡而弃之，令水竭尽，鱼在陆地，乃共食之，故曰淘河。"可谓一部关于《诗经》的百科全书。另外，像韦昭、朱育等人的《毛诗答杂问》也偏重对《诗经》中的名物、制度甚至音韵等做专门的训释，是《诗经》在实学领域中不断发展的表现。

晋代玄学盛行，佛教也进一步传播，全社会都传扬着崇尚虚无的思想价值观念，经学的地位一降再降，经世致用的思想淡薄，但《诗经》的实学研究在晋代仍得到进一步的发展，郭璞和徐邈的《诗经》学阐释，是晋代《诗经》侧重向实学发展的典范。郭璞著有《毛诗拾遗》一书，目前仅有七节流传于世，从这七节的内容来看，郭璞作《诗经》注，不从《诗经》的经学内涵出发，而是格外关注对《诗经》名物的训释，对于以往多被忽视的音义也留心加以弥补。例如《郑风·羔裘》"羔裘晏兮，三英粲兮"句，《毛传》曰："三英，三德也。"郑玄《毛诗笺》曰："三德，刚克，柔克，正直也。"[②]可以窥见汉儒对"三英"的解释都存在比附儒教的意味。郭璞则完全从实学角度进行训释，其注

---

① （东汉）郑玄笺，（唐）孔颖达正义：《毛诗注疏》卷七，上海：上海古籍出版社，2013年，第633页。
② （东汉）郑玄笺，（唐）孔颖达正义：《毛诗注疏》卷四，第404页。

魏晋学风嬗变影响下的《诗经》学走向

曰:"英,古者以素丝英饰裘。"①再如《周南·汉广》"言刈其蒌"的"蒌",历来无人对其注音,郭璞则注曰:"蒌,力侯反。"②总的来说,郭璞的《诗经》注较前人有所发明,但主要还是因袭他说,尤其是陆机的《毛诗草木鸟兽虫鱼疏》。可以看出郭璞受到其时学术风气的影响,对《诗经》的研究偏向实学发展。相较于郭璞着重训释《诗经》名物,徐邈则专注于音训,作《毛诗音》二卷。《毛诗音》就是一部专注于《诗经》读音注释的著述,因此徐邈多能补充以往注音之缺漏。

四、"六籍娱心"与《诗经》文学属性的显现

《诗经》究其本质是一部文学书,但在中国2000多年的历史中,《诗经》具有双重身份,它既是"经",也是"诗",按刘毓庆的说法,"'诗'是她自身的素质,而'经'则是社会与历史赋予她的文化角色"③。在两汉经学统治下的学术环境中,《诗经》被奉为神圣的经学典籍,对《诗经》经义的阐释往往透露着比附政治的意味。汉末,政治腐败混乱,经学衰落,多元文化迸发活力,人们从经学的思想束缚中挣脱出来,开始摸索通向新世界的大门。彼时,儒、法、玄、释等文化皆成突起之势,对儒学的冲击很大,同时对士人思想的转变也造成很大的影响。即使是有心专守于儒学的研究者,面对无序的社会乱象与日益颓丧的学风,也只能选择闭门自守,例如徐幹在《中论·序》中言:

> 故能未至弱冠,学五经,悉载于口;博览传记,言则成章,操翰成文矣。此时灵帝之末年也,国典隳废,冠族子弟结党权门,交援求名,竞相尚爵号。君疾俗迷昏,遂闭户自守,不与之群,以六籍娱心而已。④

---

① (清)马国翰:《玉函山房辑佚书》第1册,第616页。
② (东汉)郑玄笺,(唐)孔颖达正义:《毛诗注疏》卷一,第73页。
③ 刘毓庆:《从文学到经学——先秦两汉诗经学史论》,上海:华东师范大学出版社,2009年,第1页。
④ (东汉)徐幹撰,孙启治解诂:《中论解诂》,北京:中华书局,2014年,第393页。

徐幹是一位承袭儒家思想的治学者，在引文中他总结了汉末以来的社会及学术乱象，恶劣的治学环境使服务于政治的经学研究难以为继，真正有心治学的儒生则选择自守，于是经典研究在这样一个特殊的阶段，又恢复其原本致力于修身立德的功用，"六籍娱心"观念的提出，反映了当时知识分子普遍的文化心理。也正是这种"六籍娱心"心态的产生，才直接导致了在士人眼中《诗经》由经学经典转变为文学典籍，《诗经》依然是学术研究关注的对象，但是研究方向已经从经学转离，因此《诗经》中的文学属性在此时才有机会得到关注。

魏晋时期《诗经》的文学属性开始显现，主要体现在两个方面，一是对于《诗经》的文学阐释，二是对于《诗经》的文学接受。两汉时期，人们对《诗经》经义的阐释从来不着眼于诗歌本义，而是体现汉代经学研究注重经术的特点，皮锡瑞就曾说西汉今文学家"以三百五篇当谏书，治一经得一经之益"[①]。因此，我们在汉儒的《诗经》学著述中看到他们对义理的阐发始终伴随着鲜明的政教观念。经过汉儒的经学化阐释，《诗经》的文学意味彻底消失殆尽。汉末，虽然经学已经走向衰落，但是在魏晋时期经学研究仍在继续，只不过此时儒生们对经义的阐释少了一些政教意味，似乎开始更加关注诗义本身，于是在一众《诗经》学经学阐释著述中出现了文学阐释的内容。最典型的便是王肃的《诗经》学研究。王肃解《诗经》虽然继承"毛说"，但其特点之一是能探求《诗经》本身的文本意蕴，如释《绿衣》诗"绿兮衣兮，绿衣黄里"[②]句，王肃云："夫人正嫡而幽微，妾不正而尊显。"[③]《毛诗正义》申说王义曰："今绿兮乃为衣兮，间色之绿今为衣而见，正色之黄反为里而隐，以兴今妾兮乃蒙宠兮。不正之妾今蒙宠而显，正嫡夫人反见疏而微。"[④]据《毛诗正义》的分析，可以看出，王肃的《诗经》研究从诗歌本身出发，以简洁的语言揭示比、兴手法下的诗歌本义，确与汉儒的经学阐释不同了。除了王肃外，韦昭的《诗经》研究也

---

① （清）皮锡瑞：《经学历史》，第90页。
② （东汉）郑玄笺，（唐）孔颖达正义：《毛诗注疏》卷二，第160页。
③ （清）马国翰：《玉函山房辑佚书》第1册，第549页。
④ （东汉）郑玄笺，（唐）孔颖达正义：《毛诗注疏》卷二，第160页。

从文学角度解释诗句,如释《郑风·野有蔓草》诗云:"国多兵役,男女怨旷,于是,女感伤而思男,故出游于洧之外,托采芬芳之草而为淫妷之行。时草始生而云蔓者,女情急欲以促时也。"①韦昭的诗义阐释没有教化色彩而是着眼于诗歌本义,发挥《诗经》的文学意蕴。当然,除王肃、韦昭外,其他学者的《诗经》学阐释著述中政教色彩不再鲜明,同时也或多或少地包含文学阐释的内容。总而言之,从文学角度阐释《诗经》成为魏晋《诗经》研究的新趋势。

《诗经》的文学接受主要发生在文学家身上,包括对《诗经》的文学鉴赏、文学模仿、文学批评等。《诗经》的文学接受的开启除了由于经学地位的衰微之外,还与文学观念在曹魏时期的发展有重要关联。曹氏家族爱好文学,在他们身边集聚了一群才华横溢的文学能士,曹丕在《典论·论文》中称:"盖文章,经国之大业,不朽之盛事。"②此论一出,大大地提高了文学的价值,也反映了当时普遍的观点。在这样的背景下,原本作为文学作品的《诗经》,其文学属性得到激发,当时许多文学家的创作都要援引《诗经》,如曹操、阮籍、谢灵运等人。许多文学家将《诗经》作为文学创作的范本,对《诗经》的艺术手法、章句形式、遣词造句等方面进行模仿,像曹植、潘岳、陶渊明等人。还有一些文学家将《诗经》作为一部文学作品,对其进行文学赏析与文学批评,如谢氏家族聚集众子弟,共同讨论《毛诗》佳句;葛洪在其《抱朴子》一书中多次论及《诗经》,有"《毛诗》者,华彩之辞""鲜知忘味之九成,《雅》《颂》之风流也"③等言。

《诗经》文学属性的突显是魏晋时期《诗经》学研究方向的重大转变,虽然这一时期经学衰落,《诗经》的经学研究也没有突破性的进展,但是对《诗经》文学性的关注为《诗经》学研究开辟了新方向,更为后世更全面、更系统、更深入的《诗经》学文学研究打下基础。

---

① (清)马国翰:《玉函山房辑佚书》第1册,第584页。
② 夏传才、唐绍忠校注:《曹丕集校注》,石家庄:河北教育出版社,2013年,第237页。
③ (东晋)葛洪:《抱朴子·外篇》卷三十,上海:商务印书馆,1925年,第632页。

齐鲁文化与中华文明

齐鲁文化对东北亚地区的文化辐射力及其启示

彭彦华[*]

摘　要：在历史发展长河中，山东作为中国人的"圣地"，对东北亚展现出强劲的文化辐射力，在不同时代对文化发展产生了巨大影响，对儒家文化的传播、中华一体文明的发展及东亚文化圈的形成，做出了独特的历史贡献。齐鲁文化的东出，主要是由于山东半岛东临大海，与朝鲜半岛和日本列岛隔海相望。从商周时期，尤其秦代以来，山东大量移民到朝鲜半岛和日本南部地区，他们把当时国内较先进的文化和生产技术传到这些地区，对加速这些地区的开发起了重要作用。历史上中国与朝鲜半岛、日本交往，山东半岛实为主要的往来通道和大陆桥，以此为纽带的文化交流，为儒学在东北亚的传播与发展，特别是7世纪以后，为朝鲜半岛、日本兴起尊孔崇圣之风，形成东北亚儒家文化圈，做出了特殊贡献。回顾齐鲁文化、儒家文明从中国传入东北亚其他国家和地区的历史进程给予我们当下诸多的启示和认识。

关键词：齐鲁文化；儒学；东北亚；文化辐射力

---

[*] 作者简介：彭彦华，女，尼山世界儒学中心（中国孔子基金会秘书处）研究员、学术研究部部长，主要研究方向为儒家哲学与中国思想文化史。本文系贵州省哲学社会科学规划国学单列重大项目"陆王心学与当代国人的人文信仰建构研究"（项目号：20GZGX09）阶段性成果。

山东作为儒家文化的发祥地，历史上对东北亚地区展现出了强劲的文化辐射力，对儒家文化的传播、中华一体文明的发展及东亚文化圈的形成，做出了独特的历史贡献。齐鲁文化的东出，主要是由于这一地区优越的地理位置，山东半岛东临大海，与朝鲜半岛和日本列岛隔海相望。商周时期，特别是秦代以来，山东大量移民到朝鲜半岛和日本南部地区，他们把当时国内较先进的文化和生产技术传到这些地区，对加速这些地区的开发发挥了重要作用。历史上中国与朝鲜半岛、日本交往，山东半岛实为主要的往来通道和大陆桥，以此为纽带的文化交流为儒学在东北亚地区的传播与发展，特别是7世纪以后，为朝鲜半岛、日本兴起尊孔崇圣之风，最终形成东北亚儒家文化圈，做出了特殊贡献。本文在学界已有研究成果的基础上，拟对这一文化现象及其给予我们的启示做一些讨论和思考。

一、齐鲁大地与东北亚的交往溯源

山东人民与日本、朝鲜半岛人民之间的交往源远流长。商周之际，箕子率数千商遗民东渡，可以说是山东半岛人民大批走出海外的开端。箕子集团东渡朝鲜，古籍中多有记载。《朝鲜鲜于氏奇氏谱牒》载："武王克殷，箕子耻臣周，走之朝鲜，殷民从之者五千人。"孔子也说："微子去之，箕子为之奴，比干谏而死，殷有三仁焉。"（《论语·微子》）在商周政权交替与历史大动荡的时代中，箕子因其道不得行，其志不得遂，"违衰殷之运，走之朝鲜"，建立东方君子国，其流风遗韵，至今犹存。箕子与微子、比干，在殷商末年齐名，并称"殷末三仁"。中国古代记载箕子开发朝鲜历史的书籍主要有《尚书大传》《史记》《汉书》《后汉书》《三国志》等。《史记》和《尚书大传》都记载了周武王封箕子于朝鲜的事。如《史记·宋微子世家》云：武王灭商，"武王乃封箕子于朝鲜而不臣之也"。而《汉书·地理志》则载："殷道衰，箕子去之朝鲜，教其民以礼义，田桑织作。"二者虽记载不同，但皆引证了箕子为早期朝鲜统治者的事实。殷商末期，纣王暴虐无道，周武王在姜子牙的辅佐下，通过牧野之战彻底灭亡商王朝，建立周朝。面对商周战乱，箕子无力改变商朝行将就亡的现实，只得隐居山东，不问世事。周朝建立后，周武王求贤若渴，亲自到山东探访箕子，向他问计，请他出山，但箕子作为殷商贵族，不愿意侍奉新朝，武王只好作罢。武王走后，箕子意识到自己无法再在此处安然隐居下去，于是箕子决定带着弟子及殷商遗老，离开山东，渡海向东寻找避难之所。他率领5000人的队伍，从胶州湾出发，从海上来到朝鲜半岛，在这里他们定居了下来，并且建立了侯国政权。后来武王还是得知了箕子的行踪，前1120年，武王派人来到半岛，正式册封箕子为此处的国君，史称"箕子朝鲜"。[①]大量中国古代典籍和朝鲜史书的记载与朝鲜半岛出土的青铜器、陶器以及朝鲜半岛的地面古迹三方面相互印证，都证实了箕子朝鲜的存在。箕子朝鲜是有史料记载的朝鲜半岛上最早的政权，正是箕子等人的到来，给朝鲜半岛带来了先进的农耕技术、房屋建造技术、书籍、医药以及各类能工巧匠，把殷商文化带到了朝鲜半岛，使朝鲜开始学习中国的礼乐、制度、文化和习俗，逐步走向文明。箕子朝鲜被视为中国东北地区与朝鲜半岛的历史之开端。自古以来，中朝两地人民都尊重这一有据可查的史实。自朝鲜半岛有自己的历史记载以来，或者说直到20世纪60年代，朝鲜、韩国的史书、教科书都沿袭了这一历史学说。

春秋战国时期的齐国，不仅与朝鲜半岛有了密切的贸易联系，而且通过朝鲜半岛与日本交往，也留下了一些鲜明的例证。最有名的就是日本的"铜铎文化"，被认为是在春秋战国时期从中国传过去的，其中应有相当多的青铜器出自齐地。如近代在日本山阴、北陆地区出土了类似中国编钟的青铜器多达350余件，其中的一件铜钟经日本学者考证，为中国春秋时的齐国己侯钟，是齐国田氏十钟之一。类似的青铜器，自朝鲜半岛西南部的庆尚南道、庆尚北道到日本的对马岛、博多湾、北九州等地多有发现，且数量较多，每次出土均多达几十件，很显然这是齐地沿海商人沿着朝鲜半岛往返于中国、日本、朝鲜半岛之间贸易往来时所留下的。

[①] 陈蒲清在《箕子评传》一书中，采用武王伐纣于前1122年的说法，根据《尚书》说武王灭纣两年后封箕子于朝鲜，箕子到朝鲜立国就是前1120年。

从西周到战国末1000多年，齐国一直是雄踞东方的诸侯大国，齐、鲁两国较早地开始了由世卿世禄的领主制向地主制的过渡、以宗法制度为核心的"礼制"向以地域关系为基础的"礼治"的过渡；齐人善工商之业，收渔盐之利，冶炼业亦发达，这种强盛的国势、雄厚的经济基础，为沿海人民奔走海外或从事海外贸易奠定了坚实的物质基础；齐、燕人好阴阳五行之说，尚自然，重变化，崇进取，颇有冒险精神；齐人善兵书战策，好勇尚武，兵家思想有深厚基础；齐国又重视学术，思想界十分活跃，各种流派代表人物云集山东，齐地是战国时代诸子百家进行学术交流的大熔炉，当时有名的稷下学宫就聚集了儒家、法家、道家、阴阳家、墨家、农家、名家、兵家等战国时代的几乎所有学派、名士在这里进行学术交流、争鸣、辩难，从而造就了一大批集大成的著名思想家，如荀子、邹衍等。而最能代表齐、燕方士文化的当属邹衍，他的阴阳五行说被顾颉刚先生称为"中国人的思想律"[①]，当然也是秦代齐、燕之地方士们的思想律。各种学派的代表人物周游于沿海地区，为探讨认识海外世界、丰富走出海外的理论提供了良机。思想家孔子最早提出到海外去的理论，他说："道不行，乘桴浮于海，从我者其由可欤!"（《论语·公冶长》）他对海外的东夷（朝鲜半岛）已有了初步的认识，并想到海外去推行自己的政治理想。《汉书·地理志》据此认为，"然东夷天性柔顺，异于三方之外，故孔子悼道不行，设浮于海，欲居九夷，有以矣夫"。《山海经》等书是战国时期根据各地人民的流传编纂起来的，肯定吸取了山东及辽东半岛人民对海外的看法，认识到扶木是比当时的朝鲜更遥远的海外之地，《山海经·海外东经》提到海外有君子国。可以认为，在春秋战国时代，山东半岛沿海的齐国居民至少已认识到渤海外还有一些国家存在，也就是今天的日本列岛。

由上述中国历史文献中的记载和日本考古发现的事实，以及陆续出土的一些新石器时代至中国战国时期的中原文物，可以推断，自前4世纪至前2世纪，

---

① 顾颉刚：《五德终始说下的政治和历史》，《顾颉刚古史论文集》第三册，北京：中华书局，1996年，第254页。

在东北亚地区，以海路为枢纽发生过从中国大陆向今天的朝鲜、韩国、日本移民的活动，这些移民大体可分为两部分：一部分是战国时代末期，在秦始皇横扫六国的驱压下，一些贵族、领主及一般平民百姓盲目外逃，齐、燕、鲁、吴、越诸国移民或绕道朝鲜半岛，或渡海而至日本；另一部分就是在秦统一中国后，以徐福为代表的方士们秉承中央王朝的旨意，有意识、有目的、有计划地渡海求仙。如果说前一部分人进入日本后，在人种变化、经济进步等物质层面、文化传播方面起到了重要的作用的话，那么像徐福这样高层次、有文化的士大夫阶层受统治阶级的派遣而去渡海求仙，最后落籍日本，这些人进入日本后就不仅在人种的变化和物质生产力方面的进步上起到作用，而且在制度层面和精神层面的转变中起了决定性的作用。

齐人远涉海外主要是到了朝鲜半岛和日本南部地区，他们把当时国内较先进的文化和生产技术传到这些地区，对加速这些地区的开发起了重要作用。齐人早期对外交往中持之以恒的对海外的探索是可贵的，它为后人积累了宝贵的经验。如果没有先人走出海外的不懈实践和在理论上的不断丰富、完善，那么就不会有秦代徐福集团数千人自山东半岛扬帆东渡，也不会有秦汉时期数以万计的沿海劳动人民奔赴朝鲜半岛再辗转至日本列岛，以致推动朝鲜半岛从奴隶制社会形态向封建化过渡，推动日本社会由原始的绳纹时代向较为先进的弥生时代过渡。

秦朝徐福东渡是我们耳熟能详的故事。徐福在秦始皇的命令下两次东渡，到达了今天朝鲜半岛、日本等地，并于第二次东渡时一去不回。徐福，出生于战国时期的齐国，是秦朝著名方士、道家名人，曾担任秦始皇的御医。徐福的事迹，最早见于《史记》的《秦始皇本纪》和《淮南衡山列传》(在《秦始皇本纪》中称"徐市"，在《淮南衡山列传》中称"徐福")。据《史记·秦始皇本纪》记载，秦始皇希望长生不老。秦始皇二十八年（前219），徐市上书说海中有蓬莱、方丈、瀛洲三座仙山，有神仙居住。于是秦始皇派徐市率领童男童女数千人，以及已经预备的三年粮食、衣履、药品和耕具入海求仙，耗资巨大。但徐市率众出海数年，并未找到神山。秦始皇三十七年（前210），秦始皇东巡至琅玡，徐市推托说出海后碰到巨大的鲛鱼阻碍，无法远航，要求增派射手对付鲛鱼。秦始皇应允，派遣射手射杀了一头大鱼。后徐福再度率众出海。

《史记》中记录徐福东渡之事内容比较多的是《淮南衡山列传》，其中包括徐福从东南到蓬莱，与海神的对话以及海神索要童男童女作为礼物等事（一般认为这是徐福对秦始皇编造的托辞），还记载徐福再度出海携带了谷种，并有百工随行。这次出海后，徐福来到"平原广泽"（可能是日本九州岛），他感到当地气候温暖、风光明媚、人民友善，便"止王不来"，停下来自立为王，教当地人农耕、捕鱼、捕鲸和沥纸的方法，不回来了。《淮南衡山列传》与《秦始皇本纪》稍有不同，称徐福并未在一开始就带数千童男童女入海，而是寻访仙家多年未果的情况下，再度出海时率数千童男童女出海。

《汉书·郊祀志下》中说："徐福、韩终之属多赍童男女入海，求神采药。因逃不还，天下怨恨。"唐代诗人汪遵《咏东海》诗也写道："漾舟雪浪映花颜，徐福携将竟不还。同舟危时避秦客，此行何似武陵滩。"作者把徐福入海不归比作陶渊明《桃花源记》所写的武陵郡渔人避秦乱而移居桃花源之事。也有人认为徐福东渡是为了报秦亡齐国之仇、消灭族之恨而策划的一次叛离始皇恶政统治的行动。

伴随着以徐福东渡为代表的中原移民活动而展开的东亚文化传播潮流，在日本由原始社会向文明社会转化的过程中起到了决定性的推动作用。徐福求仙访药的活动虽无结果，但作为一次开中外文化交流之先河的活动却有益于后世。徐福传说成了中国与东北亚地区的一种独特文化，并为中国、日本、朝鲜半岛乃至东北亚人民所接受。徐福传说与日本之接轨，大约开始于隋唐时期，隋大业三年（607），日本派小野妹子来华。次年，隋炀帝派裴世清出访日本，裴世清在日本九州一带看到有一个风俗同于华夏的"秦王国"，于是就猜想，这大概是传闻徐福止住不归的"夷洲"。之后，有人则把这个"秦王国"直接指认为日本。如明人薛俊著的《日本考略·沿革考》（成书于1530年）说："先秦时，遣方士徐福将童男女数千人入海求仙，不得，惧诛止夷、澶二洲，号秦王国，属倭奴。故中国总呼曰'徐倭'。"用肯定的语气直接说徐福到的夷、澶二洲"属倭奴"。

到了唐代，中日交往日趋频繁，人们发现日本的文物制度类似中国，颇存上古遗风，于是逐渐将徐福东渡之地锁定为日本。隋唐时期是日本与我国交往的第一个高峰期，日本曾向我国派遣20多批遣隋使和遣唐使，我国也曾派遣过大量的迎送使节，两国友人、僧侣、学者之间的交往不断，而徐福文化作为一种友谊的象征在民间一直传颂。

二、齐鲁文化对东北亚的文化辐射力

（一）齐鲁文化在朝鲜半岛的传播与发展

据1485年徐居正编写的《东国通鉴·外纪》记载：

> 箕子率中国5000人入朝鲜，其诗、书、礼、乐，医、巫、阴阳、卜筮之流，百工技艺，皆从而往焉，既至朝鲜，言语不通，译而知之。教以诗书，使其知中国礼乐之制，父子君亲之道、五常之礼。教以八条，崇信义，笃儒术，酿成中国之风教。以勿尚兵斗，以德服强暴，邻国慕其义而相亲之，衣冠制度，悉同乎中国。故曰诗书礼乐之邦、仁义之国也，而箕子始之，岂不信哉！①

说明早在前11世纪，西周时的箕子就率领"5000人入朝鲜"，中国的诗书礼乐"皆从而往焉"。又据《后汉书·东夷列传》载："昔武王封箕子于朝鲜，箕子教以礼义田蚕，又制八条之教。其人终不相盗，无门户之闭。妇人贞信。"②在秦始皇统一六国时，燕、齐、赵等地的人们多有前往朝鲜半岛者，他

---

① ［朝］徐居正：《东国通鉴·外纪·箕子朝鲜》，首尔：景仁文化社，1994年，第22—23页。
② （南朝宋）范晔：《后汉书·东夷列传》，北京：中华书局，1999年，第1904页。

们把中国的物质文化和儒家的礼乐文化也带到了那里。到了西汉时期，儒学的经典著作《论语》传到了朝鲜半岛。[1]在其后的2000多年里，齐鲁大地同朝鲜半岛在儒学文化上的相互交流日益广泛和深入。

西晋时期，朝鲜半岛的高句丽于372年建立太学，施行以儒学为主的教育。隋唐时期，朝鲜半岛经历了高句丽、百济、新罗三国分立到新罗统一。统一前的高句丽，由中国传入的典籍就有五经以及《史记》《汉书》《后汉书》《三国志》等[2]；当时的百济也由中国传入了"五经、子、史"[3]。在新罗统一朝鲜半岛之后，儒学文化继续在半岛传播。682年新罗设立"国学"，对学生教授五经和《论语》。新罗国王亲自到"国学"听讲，唐玄宗称新罗为"君子之国"。737年，唐玄宗还派遣一个叫邢璹的学者出使新罗，主要任务就是去讲授儒学经典，并让那里的人们了解中国的"儒学之盛"：

《三国史记·新罗孝成王本纪》载：新罗孝成王二年（738）春二月，"唐玄宗闻圣德王薨，悼惜久之，遣左赞善大夫邢璹以鸿胪少卿往吊祭，赠太子太保，且册嗣王为开府仪同三司、新罗王。璹将发，帝制诗序，太子已下百寮咸赋诗以送。帝谓璹曰：'新罗号为君子之国，颇知书记，有类中国。以卿惇儒，故持节往，宜演经义，使知大国儒教之盛。'又以国人善棋，诏率府兵曹参军杨季鹰为副，国高奕皆出其下"。

在新罗统一时期，朝鲜半岛到中国的留学生日益增多，仅837年这一年前往唐朝的留学生就多达200多人，从长庆（821—824）初年到天祐（904—907）年间80多年内，参加过唐朝科举考试且贡科及第者58人，他们回国后对推动儒

---

[1] 1992年平壤古墓出土的竹简上写有《论语》的《先进》《颜渊》二篇的内容。经研究，这些竹简是汉四郡时期乐浪郡下层官吏的随葬品，时间为前45年，是迄今朝鲜半岛发现的最古老的《论语》遗存。
[2] （后晋）刘昫等：《旧唐书》卷一百九十九上《东夷列传》，北京：中华书局，1997年，第5329页。
[3] 同上。

学的发展发挥了积极作用。其中最有名的留学生是崔致远,他在唐朝为官多年,回国后成为朝鲜半岛的儒学大家。

值得注意的是,这一时期儒学已经开始与新罗固有的文化相结合,新罗真兴王创设的"花郎道",把新罗固有的文化传统与儒释道有机地融合,旨在培养新罗青年忠君爱国的情操,在朝鲜半岛民族文化史上具有重要的影响。它所提倡的道德理想以儒家的忠孝思想为主导地位,要求事君以忠、事亲以孝、交友以信等。所以,每遇国家有事之秋,他们必从军出战,出生入死,视死轻如鸿毛,见义重于泰山。"花郎道"的这种道义精神被誉为新罗时期的"时代精神",正是在这种"时代精神"的感召之下,新罗完成了统一大业,并使新罗国势不断强盛,可以说,"花郎道"这种被强化了的忠孝思想增强了时人的凝聚力,在其后的历史进程中,则逐渐内化为朝鲜半岛人民的传统思想和民族精神。正如李甦平所言:"新罗之所以能先后灭掉百济和高句丽,与新罗勃兴时的'花郎道'有着密切的关系。'花郎道'的精神理念就是以儒家思想为基础的儒释道的融合。"① 新罗通过"国学"(景德王始改称"太学")的儒学教育和派遣留学生,推动了儒学的空前发展,使儒学民间化、日用化、本土化,并在朝鲜半岛人民日常的生活实践中与本土传统文化"花郎道"渐趋融合。正如金忠烈在其《高丽儒学思想史》中所言,三教乃"花郎道"的食物,但当"饮食摄取的养分化为血和肉时,那已经是我自己而不是他。因此,吸取的三教思想虽然来自中国,但毕竟是'韩国的'思想"②,从而使得儒学的仁义孝悌忠信等根本道德规范在社会上得以确立下来,并对新罗的政治制度、经济制度、教育制度、伦理道德、社会风俗等各个领域产生了深刻的影响。

唐朝末年和五代十国时期,朝鲜半岛经历了由"新罗统一时期"到"高丽统一时期"的转变。高丽时期(918—1392),虽然在意识形态领域里占统治地位的是佛教,但高丽统治者依然大力提倡儒教学说。高丽太祖王建936年统一朝鲜半岛后,对儒教表现出了极大的关注,重视兴办学校,以教授儒学

---

① 李甦平:《韩国儒学史》,北京:人民出版社,2009年,第56页。
② [韩]金忠烈:《高丽儒学思想史》,台北:东大图书公司,1992年,第77页。

经典为主要内容，聘请经史、五经博士讲授儒教，用儒教思想来治理国家，尤其在其晚年提出了著名的《十训要》。对于太祖以"王道"治国理民的业绩，高丽王朝初期的儒学大师崔承老评价说："知人善任，惩恶不息，尊信佛教，崇尚儒术，具备君王一切之德，且胸怀保国之策。"（《高丽史·列传·崔承老》）其后的光宗推崇以儒治国，在中央设"国学"，地方建"乡校"，并推行科举考试，考试内容主要以三礼（《周礼》《仪礼》《礼记》）、三传（《左传》《春秋公羊传》《春秋穀梁传》）为主。成宗曾多次派人到中国北宋的国子监学习儒学典籍，并于992年建立了自己的国子监，这就是后来的成均馆，一直作为儒学教育和研究的专门机构；睿宗亲临国子监主持讲经，开尊经讲学之风。除了官学和私学，高丽王朝还设置了专门讲授汉语的国家机构"通文馆"。高丽王朝的统治者意识到，国家的对外交流，尤其是对华交流，需要一批兼通书面语和口语的人才，高丽时期译语（外语）教育，尤其是汉语的教育受到了当权者的高度重视。整个高丽时期，奉行"以民为本""政在养民"的以德治国思想。崔承老、安珦、白颐正、李齐贤、李穑、郑梦周、郑道传、权近等，便是这一时期涌现出来的儒学名家。1290年，安珦从中国将《朱子全书》的手抄本带到朝鲜，从此理学思想逐渐成为朝鲜半岛上儒学教育、研究和践行的核心内容。

1392年，李成桂建立了朝鲜王朝，奉行以儒治国的指导思想。此后朝鲜王朝的历代君王都遵循这一指导思想，将以程朱理学为核心的儒学思想奉为治国理政的圭臬，16世纪是朝鲜王朝程朱理学的兴盛时代。在朝鲜王朝的500多年间，名儒辈出，金宗直、郑汝昌、赵光祖、李退溪、奇高峰、成牛溪、李栗谷等人就是其中的杰出代表。

需要特别强调的是，被称为"儒教王朝"的李氏朝鲜王朝，除了儒学大师辈出之外，还采取了许多措施推动儒学发展。太祖李成桂于1398年在首都汉城建立成均馆，设立文庙奉祀孔子，并在地方设置了360所乡校，各州府郡县也纷纷仿效汉城之制建立文庙，朝野祭孔之风大盛。为统一祭祀礼仪，1409年太宗命成均馆典簿许稠厘定释奠大祭的礼仪。

1592年，日军攻占了汉城，成均馆文庙被日军烧毁，日军退兵后，宣宗即命礼曹判书（相当于中国的礼部尚书）李增率领儒生到文庙废墟哭祭孔子，并于宣宗三十四年（1601）重建孔子庙宇。据《朝鲜志》记载，朝鲜王朝时期，国王"时时亲行释奠，或不时幸学，于师儒讲经，或横经问难，或行大射礼，或亲策儒生"。世祖十一年（1466）册立王子晄为世子时，世祖命世子戴儒冠入成均馆行谒圣礼。从此册立世子要先行释奠孔子成为朝鲜王朝的定制。国王亲行释奠、世子册立谒圣都说明在以儒教立国的李氏朝鲜王朝，孔子的地位得到了空前提高。

世宗在位期间，博涉经史，除勤采经书外，亦汲汲于史地书籍之搜访，在宫中设立"集贤殿"，组织学者编撰经史书籍，研究儒家义理，并于1432年新编《三纲行实图》，搜集了古今朝外110名孝子、忠臣、烈女的事迹汇集成册，配以诗句图画作解，作为王朝伦理道德的标准样板向全国发行，以广教化。中宗时刊行了《朱子大全》，以大力提倡、宣传朱子学。朝鲜王朝的科举制把文、武两科考试的共同科目定为儒家经典，因此，朝鲜王朝的文、武两班官员都通儒学，文官则全部由儒生担任，儒学的社会地位更加巩固了。除了这些制度建设外，朝鲜王朝的学风发生了很大变化，由以辞章、训诂为中心转向理论研究为中心，"李朝儒学发展最突出的特征在于其思想家们的理论建设。以性理学的形成为标志，朝鲜儒学完成了其本土化、民主化的过程"[①]。

综上所述，坚持发展同本土文化相融合的具有朝鲜半岛特色的儒学教育、儒学研究，并将具有自身特色的儒学思想应用到国家、社会治理和个人修养中去，在朝鲜半岛早已成为传统并传承至今。

（二）齐鲁文化在日本的传播与发展

在日本的弥生时代，即中国的秦汉时期，环渤海、黄海、东海的广大海陆区域确发生过以中原为中心向外辐射的文化传播活动，开辟并奠定了东亚文明基础

[①] 梁宗华：《朝鲜儒学的本土化与民族化历程》，《中国哲学史》2005年第4期。

的这场文化传播活动的主要人群应是以徐福为代表的活跃于中国东部沿海一带的方士。值得注意的是，徐福所处的时代有两个显著的特点：一是中国社会完成了由领主分封制向封建地主制的过渡；二是中国国家体制完成了由诸侯割据的局面向中央集权的过渡。这样两个特点，使徐福东渡前后从中国向日本的移民会使日本社会发生如下变化：一是超越奴隶社会径直进入封建社会；二是适应日本自然地理环境的分散性、单元性及其各地区发展不平衡的特点，使其进入封建社会伊始，就形成了领主割据的局面；三是日本诸岛屿之间联系的紧密性、岛国的封闭性以及在长期的种族融合过程中逐渐形成的民族单一性，使之造就了代表统一民族国家的天皇制度。前两项变化与第一个特点有关，后一项变化则与第二个特点有关。这三项变化既使得日本社会的政治体制不同于中国中央集权的官僚制度，也使得日本的封建领主制度与西欧的封建领主制度有所区别，从而形成了日本社会历史发展的独特性。这种独特性恐怕也是中国移民与日本原住民族所创的制度文化的必然归宿。与此同步，日本民族精神文化及其民族性格的形成也与以徐福东渡活动为代表的中国移民有着内在的联系。

据《日本书纪》记载："百济王遣阿直岐赴倭，并献良马两匹……阿直岐精于经典，故为太子菟道稚子之师。是日，天皇问阿直岐：'贵方可有胜于你的学者博士？'阿答曰：'有一位叫王仁的更为精通经典。'……于是天皇邀请王仁……十六年春，王仁来到，太子菟道稚子便又追随王仁学习各类典籍。"中国与日本的正式交往始于汉代，中国的汉字传入日本。儒家学说东传日本开始于285年，朝鲜半岛的百济博士王仁渡海赴日，任应神天皇的太子师，向菟道稚郎子献《论语》十卷和《千字文》一卷等儒书，并且专门有学问所负责向王子、大臣们传授儒家经典，使儒学得以在日本流传，起到了推动中日文化交流的作用，这是有记载的儒学传日之始。"百济儒学之所以能够传入日本，正是凭借百济的'五经博士'们。"[①] 3世纪是日本由原始社会向奴隶社会发展的阶段，社会组织由氏族制向家族制过渡。当时的经济发展水平很低，主要是农

---

① 李甦平：《韩国儒学史》，第53页。

业，也有手工业和渔业，文化落后，尚无文字，人们普遍相信万物有灵，信奉拜物教，形成崇神敬祖的固有神道。孔子思想主张的大一统、大义、名分、重农以及强调忠孝的道德观念等契合了当时日本社会、政治、经济、伦理的需要，因此，有了儒学在日本扎根的土壤。大体上在隋唐以前，中国同日本的文化交往主要是通过朝鲜半岛的学者进行的，所以在中日两国的文化交流史上，朝鲜半岛起过桥梁作用。从隋唐开始，日本同中国的文化联系，则主要是通过双方人员的直接往来进行的。

中国的隋末唐初是日本的推古天皇时期，当时日本的圣德太子曾依照儒学的"德、仁、礼、信、义、智"等思想，制定宪法十七条，对日本社会进行改革。据《旧唐书·倭国传》和《新唐书·日本传》记载，日本派往中国遣隋使4次，遣唐使10多次，而随使者前往中国的还有大批留学的学生与僧人。遣唐使团的成员，最多的一次达到651人，最少的也有120人。在隋唐时期，中日文化交流形成了第一次高潮，留下了许多盛事佳话。比如，607年随日本第一批遣隋使到中国的留学生高向玄理和僧旻，目睹了隋朝的败亡和唐朝的兴盛，他们回国后都担任了天皇的顾问——国博士。645年，在他们的协助下，孝德天皇主持进行了著名的"大化改新"。所谓"大化改新"，就是借鉴中国儒学的"大一统"思想和唐朝的律令制度，在日本建立统一的中央集权的封建国家。又比如，借鉴中国汉字形体对创制日本文字有功的吉备真备，在唐玄宗时曾留学中国17年，他对中国的儒学典籍和历史、法律的研究都很有成就。又比如，浸透着儒学思想精神的中国的诗、词、歌、赋、小说等文艺作品以及书法、绘画和其他技艺文化，通过日本来华的学生和学者，也大量传播到日本，对日本文艺和文化的发展产生了深刻影响。日本留学生阿倍仲麻吕，即晁衡，同李白、王维等唐代大诗人的友谊，更是被传为中日文化交流的佳话。

儒学对日本的影响体现在方方面面。在教育教化方面，日本学者永井松三在《日本的孔子圣庙》中指出：儒学在日本"既有一千七百年的传统，在政治上、社会道德上或日常生活上，都见其实践，可说是常在我国国民生活里活着的德教"；它使日本的"制度文物如政治教育等等，万般都受了它的影响，是极其明显的"。①日本汉学家武内义雄在《儒教之精神》中认为:"儒教虽然发生于中国。可是极早就传到日本,对日本国民精神之昂扬,贡献极大。"②日本统治者认识到,要维护日本的封建秩序,除了武力镇压外,更要靠儒家思想的教化。如奈良时代(710—794)、平安时代(794—1192)的统治者都把儒学教育提高到前所未有的水平。奈良朝全面推行《大宝律令》的"学令",首府有大学,地方有国学,学习内容均以经学为主,教师的选拔、晋升以及学生的考课、出路,也都以经学掌握的好坏而定。学校每年春秋两季举行祀孔盛典。遣唐生中涌现不少学儒的优秀学者,著名的吉备真备就著有训诫人们遵循儒道、终生不渝的《私教类聚》一书。《日本国志》也记有:"遣唐学生,所得学术,归辄以教人,以故人材蔚起。"日本学者田口卯吉也说:"此辈遣唐使及留学生,习染中国之风俗,返国之后,戴唐式冠,穿唐式衣服,吟唐诗,说唐话,意气扬扬,百事皆慕恋唐式。""留学生等对于汉学曾努力传播。"③全社会也推行以尚孝为甚的儒学伦理教化。孝,被视为崇高的道德,认为"古者治民安国,必从孝理"(《续日本纪》卷二二)。百姓中如有孝子,地方官要随时奏闻。

在经济方面,据《大日本史》卷六记载:6世纪初,继体天皇便发布过"朕闻一夫不耕,则天下或受其饥,一妇不织,则天下或受其寒,是故帝王躬耕,以劝农业,后妃养蚕,以劝女功,况在群寮百姓,其可废弃农绩,而能至殷富乎。有司普告天下,令识朕意"的诏书,说明儒家重农思想对日本以农立国的经济的影响。

在社会变革方面,7世纪初,圣德太子摄政后以儒家思想指导改革。604年制定了宪法十七条,极力以儒家的"和为贵"、"上和下睦"、"惩恶劝善"、忠君观念等来教训臣民百僚如何忠君治国、立身处世,指出:"无忠于君,无仁于民,是大乱之本。""君臣无信,万事悉败。""群卿百僚,以礼为本。……君

---

① 国际文化振兴会编:《日本的孔子圣庙》,民国国际文化振兴会刊本,上海:太平书局,1942年。
② [日]武内义雄:《儒教之精神》,高明译,上海:太平书局,1942年。
③ [日]田口卯吉:《日本开化小史》,余又荪译,上海:商务印书馆,1945年,第103页。

（群）臣有礼，位次不乱，百姓有礼，国家自治。"还要"使民以时"，发展农业。这些都体现了儒家的基本思想。其所制定的十二阶冠位制，也以儒家的"德、仁、礼、信、义、智"作为各级的名号，也体现了儒学的影响。

在政治生活方面，日本的大化改新和《大宝律令》（701）都是以学习隋唐文化和儒学经典为依据的。大化改新诏书中提出的改新目的，就是按照隋唐大一统封建集权国家的形式来改造日本的贵族分裂割据、争战不已的混乱局面。改新的结果使日本的氏族和奴隶主统治的最后王朝崩溃了，日本社会从此开始过渡到封建社会。《大宝律令》规定，大学和国学每年春秋要举行两次对孔子的释奠礼仪，开始称孔子为"先圣孔宣父"，768年又称孔子为"文宣王"。从7世纪起，中日两国互派使者。当时的遣隋使和遣唐使不仅学习而且带回了大批儒学经典，儒学成为日本上层社会的必备修养。例如，自630年首次派出犬上御田锹为遣唐使至894年的200余年间，总共任命遣唐使达19次之多，而且每次都有众多留学生随遣唐使来华，最多的达500余人。这批留学生在中国尊孔读经，并带经卷回国，成为儒学传入日本的媒介和桥梁。日本国使臣来唐也向孔子顶礼膜拜。

宋代以后，中日文化交流继续向前发展，特别是到明清时期，尤其是万历中叶以后，日本历史进入江户时代（1603—1867），中日文化的交流进入了第二次高潮。江户时代即德川幕府当政时期。德川家康创立幕府之初，就确定儒学为日本的官学，他本人富有儒学修养，曾亲自召集学者讲授儒学和中国文化典籍，并主持刊行《孔子家语》以及《群书治要》《贞观政要》《六韬》《三略》等文化典籍，以此作为教化人们和治理国政的参鉴；第五代将军德川纲吉曾在幕府设立儒官，亲自讲解《论语》；第八代将军德川吉宗进一步推行"儒学治国"。江户时代日本儒学的兴盛，是同那时中日海上贸易的发展密切相关的，海上贸易促进了包括儒学在内的中国历史文化在日本的传播。据当时日本长崎海关档案资料统计，自1693年至1803年的110年间，通过中国商船输日的汉籍就达4781种；整个江户时代从长崎港传入的汉籍共计7893种。可以说，日本江户时代的教育和学术文化基本上是以儒学为中心的，儒学成为当时日本社会发展的重要指导思想。对先进的唐文化的学习，使其很快发展为东亚强国。

关于以儒学为主干的中国历史文化传播到日本，对日本历史上的文化发展和社会进步所产生的影响与作用，日本历代著名学者都发表过很多评论。日本学者木宫泰彦总结7世纪至10世纪唐朝文化对日本文化发展的影响之后，论述道："唐朝三百年间，由于学生、学问僧学来和带回的中国文化产物，不断给予日本新的启迪，中国前进，日本也前进。因此，日本的文化一刻也没有停滞，不断吸收中国的优点，经过整理提炼，咀嚼融化，终于在平安朝中期以后，在各个方面都逐渐摆脱了唐风，产生了优美典雅的日本文化。"[1]日本近代汉学大家内藤湖南指出：日本文化"是和中国古代文化一脉相承的，要想知道日本文化的根源，就必须先了解中国文化"[2]；日本当代汉学大家冈村繁也指出："日本文化是在中国文化的基础上形成的"，"学习和传承中国古典文化与思想，日本才能保持住自己独特的文化"。[3]

近代以来，西方崛起，中国衰落，日本便急转船头，来个"脱亚入欧"，一个明治维新，从而改变了此前日本学中国的历史走向，转而学西方，从学习西方文化中迅速赶上西方。日本先是学西欧，搞起了军国主义，对外侵略，中国深受其害；战败后，日本又追随美国，引进了美国式的多党民主政治。在中古时代，日本可以紧随中国学中国，一是因为中国文化先进且地理位置紧邻，二是因为其天皇制度作为民族国家的象征与中国皇权一统的政治体制有某种契合之处；到了近现代，日本又紧随西方学西方，则可能是由于日本封建领主制度与西方中世纪社会制度又有其相似之处。有人说日本人是以万变应万变，中国人是以不变应万变，如果此话道出了一个事实，那就是：日本人能以万变应

---

[1] 日本学者木宫泰彦的《日中文化交流史》原称《日中交通史》，是中日海上交通史的重要著作。1926、1927年先后分上、下两册出版。中译本由商务印书馆1931年出版，陈捷译。后作者对原著做了大量增补，改为现名，1955年出版；商务印书馆于1980年4月出版了增补本，胡锡年译。

[2] ［日］内藤湖南：《日本文化史研究》，储元熹、卞铁基译，北京：商务印书馆，1997年，第12—13页。

[3] 谢宗睿：《结缘汉学八十载——专访日本汉学界泰斗冈村繁先生》，《光明日报》2013年7月31日第8版。

万变,是因为日本文化的衍生性和无根性;而中国能以不变应万变,则是因为中华文化的原创性和本根性。

三、几点启示和认识

从以上的历史回顾中,我们可以得到一些什么样的历史性启示和认识呢?我用三句话来概括。

第一,"经天纬地曰文,照临四方曰明"[①]。这是任何一种伟大文明所具有的历史意义之所在。毋庸置疑,中华文化在前近代东亚文化交流的历史中发挥了原动力的作用。朝韩两国地处东亚大陆东北角,同为朝鲜民族,其文化深受中华文化的影响,在历史上,其总体文化是中华文化的延伸;而日本文化则是另一类型的文化,说它属于东亚文化圈是因为日本在明治维新以前的历史发展中,吸收和融合了中华文化的若干元素和基因而创生出一种衍生型文化。而朝韩两国在近代以前是中华文化的延伸,只是到了近现代,由于受到日本的殖民统治和美国文化的影响,才带有日本文化和西方文化的浓重色彩。但是,随着朝鲜的独立和韩国经济的崛起,朝韩两国的民族主义精神不断觉醒,高扬本民族文化势在必行,这表现在对东亚文化的强烈认同感和两国均主张自主和平统一的民族精神之中。进一步讲,儒家文化乃至中华文明的"经天纬地"的光芒,不仅照临于东亚乃至亚洲,也照临于世界各方;不仅垂功于往昔,也泽惠于今天。我们一定要把传承了几千年的儒学文化珍惜好、应用好、发展好,使它蕴含的社会哲理和治世智慧继续造福于亚洲和世界人民。特别强调的是,要把精神文明的传播与发展同物质文化的交流与发展紧紧结合起来,使之相辅相成,齐头并进。

第二,文明"因交流而多姿多彩,因互鉴而互补同彰"。被称为"东亚儒学文化圈"的东亚文明,是由中国和所有其他东北亚、东南亚国家与地区的人

[①] "经天纬地曰文,照临四方曰明"的意思是"上知天文下知地理才称得上有文化,光芒普照四方才称得上光明"。这句话出自唐代孔颖达注疏《尚书》时对"文明"的解释。

民共同创造、培育和发展的。文化是有生命的，其生命力是在交流开放、互学互鉴、改造创新中实现的；如果自我封闭和禁锢，其生命力也就丧失了。众所周知，徐福求仙访药的活动虽无结果，但作为一次开中外文化交流之先河的活动，却有益于后世。自徐福之辈东渡以来，中日朝韩四国之间的文化交流，进入了由自在走向自为、由自发走向自觉的时代，四国之间的文化交流虽有源与流、主与次之分，但其互补性、互利性、互惠性却是恒久的。自徐福东渡至明治维新的2000年中，日本先是吸纳、整合中国东部传入之齐、燕海洋文化而立国，农工商渔牧诸业并举，并无汉以降所行"重农抑商"政策的偏向。隋唐以前，中日文化交流的路向是华出日入；至隋唐及以后，则是日本主动来华学习，他们学习典章制度、五经六艺，从来自取所需，为己所用，形成了"学习—改造—实用—再学习……"的重视实用的方法，使得日本社会与中国差不多同步发展、演变。至日本平安时代，日本文化开始摆脱对中国文化的简单模仿，由所谓"唐风文化"转化为具有日本自身特色的"国风文化"。同样，从古代中国、朝鲜半岛儒学的交流历程中可以看出，朝鲜半岛上各王朝都比较重视与中国的交往，通过吸取先进的中华优秀传统文化来加快自身的发展，他们结合自身王朝的实际情况，制定了一系列适合本国国情的政治、经济、文化、教育等制度，而儒学的引进及发展是其中最重要的部分。中国儒学在与朝鲜半岛本土文化的交融中，逐渐在这片异国土地上扎下了根，并以性理学的出现为标志，成功地完成了中国儒学在朝鲜半岛上的本土化过程，儒学的思想和价值观念已经深深根植于朝鲜半岛人民的心中。"李朝时代的朝鲜受到中国文化极深的影响，其对于中国文化的传承，甚至有过于商品经济冲击下的中国的一些经济相对发达的地区。"[1]

由此深刻启示我们，在坚持发展自己的文化与文明的同时，要坚持学习别的文化与文明，而且要善于运用，要同本国、本民族的具体实际紧密结合起来，变成自己文化和文明的精神养料，以增强自己的生机与活力。齐鲁文化、

---

[1] 商传：《走进晚明》，北京：商务印书馆，2014年，第368页。

儒家文明从中国传入东北亚其他国家和地区的历史进程说明，无论是朝鲜半岛还是日本，它们都注重结合自己的社会文化实际来学习和应用儒学思想，并根据自己的实际需要加以改造和创新，从而赋予儒学以本国本民族本地区特色，使之在当地不断生根、发芽、开花、结果，成为本国本地区文化不可分割的组成部分。这也是儒学在东北亚国家的发展中，能够长久地发挥作用的根本原因和真谛之所在。

第三，"可久之业益彰，可大之功尤著"（［唐］吴兢《贞观政要》）。儒家学术在中国乃至东北亚地区的历史上付诸实践，并持续了2000多年之久。儒学作为源远流长的历史文化，作为世界文化园圃中的一朵永不凋谢的奇葩，滋润和构筑着世界的精神家园，其色彩与馨香必定是与日俱新和历久弥彰的。在传承和光大这一历史文化，共同构建人类精神家园中，所有的儒学学者和儒学工作者不仅可以大有所为，而且必定会日积其功而迈远尤著。宋代著名儒学理学的集大成者朱熹曾经说过"学者亦有当务"，考验我们的当下之务，便是要肩负起教育、传播、践行儒家文明的历史重任，把儒学等历史文化的典籍与研究成果所包含的思想精华，广泛地传播到社会各个阶层中去，应用到国家治理活动中去；要加强儒学组织之间和儒学文化与其他文化之间的对话交流，在学习、研究、应用儒学文化时要坚持革故鼎新、择善而从，取其精华，弃其糟粕，有鉴别，有扬弃，把握好继承是为了古为今用、以古鉴今，而不是厚古薄今、以古非今。要紧密结合新的社会实践和时代要求，不断总结和吸取实践中的新鲜经验，"以古人之规矩，开自己之生面"（［清］沈宗骞《芥舟学画编》），努力在保护和传承中让优秀传统文化的精神底蕴与改革发展的火热实践交相辉映，在一脉相承中为中华文化增添今天的时代音符，演奏新的时代声音，使儒学文化的思想精华能够得到因时制宜的新的转化、升华和发展，在日用伦常中指引我们精神旅途的前进方向。"文章合为时而著，歌诗合为事而作"（［唐］白居易《与元九书》），回应先者的呼唤，展现古国历史担当，用古老智慧照鉴人类文明未来之路，担负起新的文化使命，在实践创造中进行文化创造，在历史进步中实现文化进步，不断铸就中华文化新辉煌。

日本银雀山汉墓竹简研究与法制史研究

小林文治*

摘　要：1972年出土于山东省临沂市的银雀山汉墓竹简是研究秦汉史乃至齐鲁文化的重要资料。日本针对银雀山汉墓竹简的研究始于1975年，至今已积累非常丰富的成果。本文的内容将围绕以下三点展开：综述此前日本学界的研究成果；作为个案，介绍笔者曾参与的相关研究课题；提示目前遗留的问题。

关键词：银雀山汉墓竹简；《守法守令等十三篇》；《兵令》篇；秦汉律

引　言

1972年出土于山东省临沂市的银雀山汉墓竹简是研究秦汉史乃至齐鲁文化的重要资料。关于此批竹简，目前正式出版的整理报告书有以下四种：《银雀山汉墓竹简（壹）》（线装本，北京：文物出版社，1975年；修订本，北京：文物出版社，1985年）、《银雀山汉墓竹简（贰）》（北京：文物出版社，2010年）、《银雀山汉墓简牍集成（贰）》（北京：文物出版社，2021年）、《银雀山汉墓简牍集成（叁）》（北京：文物出版社，2021年）；其中第三种与第二种相比收录

---

* 作者简介：[日] 小林文治，男，南开大学历史学院副教授，早稻田大学长江流域文化研究所研究员，主要从事秦汉史、简牍学研究。

了竹简的高清彩色图及红外线图，这种变化也显示关于此批竹简的研究环境近年来日趋完善。日本针对银雀山汉墓竹简的研究始于1975年（与线装本的出版约略同时），至今已积累非常丰富的成果。本文的内容将围绕以下三点展开：综述此前日本学界的研究成果；作为个案，介绍笔者曾参与过的相关研究课题；提示目前遗留的问题。

一、日本学界的银雀山汉简研究

日本的银雀山汉简研究大致可分为两类，即思想史研究以及法制史研究。其中，思想史研究首先始于对《孙子兵法》《孙膑兵法》的解读。当时日本学界对这两篇文献的反响极大，因而初期研究中有关兵法的成果数量较多。其后，学界逐渐关注《晏子》《守法守令等十三篇》等兵法以外的文献，相关研究亦有明显的进展。在2010年《银雀山汉墓竹简（贰）》出版后，学界对《五议》《为国之过》《听有五患》等文献的考证也随机展开。从思想史视角考察银雀山汉简的研究到现在仍然持续，特别是以汤浅邦弘、金城未来、椛岛雅弘、石井真美子等为中心的研究小组，以大阪大学、立命馆大学为据点，陆续公开发表了诸多文献译注以及专题研究成果。

法制史研究主要是在针对《守法守令等十三篇》史料性质的讨论过程中逐渐受到重视。部分学者将《守法守令等十三篇》视为在一定程度上具有法律效力的资料，并试图通过对该史料的探讨弄清中国古代的法制。从本视角展开研究的学者始于池田雄一、佐藤直人等；此后以工藤元男为班长的早稻田大学简帛研究会以及以佐藤直人、仲山茂等为主的名古屋大学研究团队均曾对此篇文献进行系统性译注。但遗憾的是译注过程中及译注完成后均难以出现专题研究，有关《守法守令等十三篇》的性质问题仍留有可供讨论的余地。目前法制史方面处于长期停滞状态。

如上，现在日本针对银雀山汉简的绝大多数研究均从思想史层面展开。那么，这是否意味着法制史研究的视角已彻底失去其意义？笔者的回答是否定的。

因为很早就有学者指出《守法守令等十三篇》与《尉缭子》及《墨子》城守诸篇存在关联性，其中《墨子》城守诸篇尤其是《兵令》篇中所见的各种规定及法律术语，也可见诸秦汉时代的律令；两者的关联性也早已受到学界的关注。[①]再来看《守法守令等十三篇》，我们的确也可从中看到秦汉律的相关用语。因此，通过对《守法守令等十三篇》与秦汉律的比较，我们或许能够对前者的性质提出新的认识。而且近年来，岳麓书院藏秦简、张家山三三六号汉墓出土简牍、胡家草场汉简等与秦汉律相关的新资料陆续被发现，这意味着可供我们利用的资料数量大大增加。可以说，现在正是重新探讨《守法守令等十三篇》性质问题的最佳时刻。那么我们应当如何开展《守法守令等十三篇》与秦汉律的比较研究？在次节中，笔者拟对早稻田大学简帛研究会的相关活动做简单介绍。

二、《守法守令等十三篇》释读

早稻田大学简帛研究会的原型是20世纪80年代以古贺登为班长而成立的早稻田大学秦简研究会。该研究会曾轮读睡虎地秦简，并在工藤元男接任班长后改名为"简帛研究会"。截至目前，简帛研究会曾阅读睡虎地秦简、张家山汉简、银雀山汉简、尹湾汉简等材料，相关的成果亦在《中国出土资料研究》等学术杂志上公开发表。而杂志论考以外的公刊成果则主要有彭浩、陈伟、工藤元男编的《二年律令与奏谳书》（上海：上海古籍出版社，2010年），工藤元男编的《睡虎地秦简译注》（东京：汲古书院，2018年）。

该研究会主持的《守法守令等十三篇》译注工作始于1997年，而结束于2007年，其成果在《中国出土资料研究》上先后6次连载。首次连载的《银雀山汉简〈守法守令等十三篇〉的研究（一）》，收录有关《守法守令等十三篇》性质问题的研究综述。综述中介绍有吴九龙与池田雄一的论争（即吴氏主张《守法守令等十三篇》成篇于齐国，而池田氏对此表示怀疑），对《守法守令等

---

① 李学勤：《简帛佚籍与学术史》，南昌：江西教育出版社，2001年。

十三篇》是否为齐国的法律、是否成篇于齐国以及何时成篇等问题有所涉及。① 6次的连载中每次均设有"考察编",其中对《守法守令等十三篇》与《墨子》城守诸篇的对应关系、"库法"的资料性质、"市法"与齐国的关系、"王法"与管仲学派及道家思想的关系、"大亩"与"小亩"问题、从"田法"看地域性问题、从"兵令"看《尉缭子》的编纂过程等均有讨论。但当粗略看过最终回的连载(《银雀山汉简〈守法守令等十三篇〉的研究(六)》)就不难发现,直到最后我们对《守法守令等十三篇》的性质问题也未能给出明确的答案。其主要原因则有《守法守令等十三篇》简册保存不佳,残简较多,释读工作遇到了极大困难。

译注中涉及简的排列方式参考了整理小组、吴九龙释《银雀山汉简释文》(北京:文物出版社,1985年)以及刘海年、杨升南、吴九龙编《中国珍稀法律典籍集成》甲编第一册(北京:科学出版社,1994年)的研究成果,如有改动则在注释中有所提示;在注释写作过程中,则参考了整理小组及《中国珍稀法律典籍集成》的注释成果。我们进行译注的具体工作方式可例示如下。

《守法守令等十三篇》的《兵令》篇:

战而失其将吏,及将吏战而死,卒独北而环(还),其法当尽斩之。将吏将其卒北$_{978}$,斩其将□$^{(1)}$……三岁$^{(2)}$。军大战,大将死,吏将五百以上不能死商(敌)者$_{979}$皆当斩$^{(3)}$,及大将左右近卒在□□者皆当斩$^{(4)}$……夺一功,其毋(无)……三岁$^{(5)}$$_{980}$……军功者戍三岁$^{(6)}$$_{981}$。

注释:

(1)简文"斩其将□",汤浅邦弘推测"将"下未释字为"吏"②,但图版、

---

① [日]早稻田大学简帛研究会:《银雀山汉简〈守法守令等十三篇〉的研究(一)》,《中国出土资料研究》2002年第6号,第220—221页。

② [日]汤浅邦弘:《中国古代军事思想史的研究》,东京:研文出版,1999年,第162、170页。

摹本均无法识别此字，暂从整理小组释文。

简文"战而失其将吏，及将吏战而死，卒独北而环（还），其法当尽斩之"与宋本"诸战而失其将吏者，及将吏弃卒而独北者，尽斩之"，整理小组似乎认为两者同义。但简文针对失去将吏而逃亡的兵卒进行惩罚，而宋本则针对失去将吏的兵卒和放弃兵卒的将吏进行惩罚，两者文意明显不同。关于战斗中的兵卒逃亡，上孙家寨汉简有言"□矢前有环顾目者，后行杀之，如杀适人，故以后禁前，是□（简2、9）"[1]，可供参考。

（2）本句释字，整理小组释作"□□□三岁"，吴九龙释作"□□□□三岁"，但图版、摹本均无法辨别"三"前所缺字数，今改。

（3）"商"，整理小组释作"適（适）"，但吴九龙释作"商"，可从。

简文"死"字后的未释字，参考宋本或可释作"从吏"，但吴九龙释作"吏□"，并图版、摹本均无法识别字体。然宋本"若大将死而从吏五百人以上不能死敌者斩"，黄献臣《武经开宗》认为此文为针对"从吏"的惩罚规定。[2]总结以上考释，笔者认为可将该部分释作"吏将"，"吏将五百以上"意为"统率500人以上的吏"。

（4）吴九龙未释出"者"字，但参图版、摹本均能看出"者"字的痕迹，今改。

宋本"近卒"，周亮辅《武经讲意备旨真本》认为其指护卫大将的兵卒。[3]《商君书·境内》篇"战及死事而到短兵"，意为"如'吏'战死，护卫'吏'的'短兵'被处斩首"[4]，可参考。

（5）简文"其毋……三岁"，整理小组释作"其毋（□□□）□三岁"；但我们无法判断"其毋"与"三岁"间是否缺少3个字，今改。

---

[1] 青海省文物考古研究所：《上孙家寨汉晋墓》，北京：文物出版社，1993年，第189页。
[2] （明）黄献臣：《武经开宗》，日本宽文元年（1661）版《七书义解宗评订识》合刻，早稻田大学图书馆藏。
[3] （清）周亮辅：《武经讲意备旨真本》，康熙二十九年（1690），早稻田大学图书馆藏。
[4] ［日］守屋美都雄：《中国古代的家族与国家》，京都：东洋史研究会，1968年，第19、34页。

关于"功",佐藤达郎指出,先秦时期有制度将一定时间的从军经验当成论功行赏的标准,不直接参加战斗的兵卒主要计算从军日数进行考核。[①]宋本"余士卒",施子美《七书讲义》将其视为不在大将周边的兵卒。[②]鉴于此,简本"夺一功"这一惩罚或许针对不直接参与战斗的兵卒。

（6）以"戍……岁"为形式的刑罚多见于秦汉律,意为"罚处一定时间的边境防卫"。诸如张家山汉简《二年律令》捕律中有规定没能抓捕盗贼、恐惧盗贼无法追捕的吏卒被判为"戍边二岁"。

简本与宋本《尉缭子》的对应关系：

战而失其将吏,及将吏战而死,卒独北而环（还）,其法当尽斩之。将吏将其卒北,斩其将□诸战而其将吏者,及将吏弃卒而独北者,尽斩之。……三岁。前吏弃其卒而北,后吏能斩之而夺其卒者赏,军无功者戍三岁。（简978、979）

军大战,大将死,吏将五百以上不能死商（敌）者皆当斩,及大将左右近卒在□□者皆当斩。三军大战,若大将死而从吏五百人以上不能死敌者斩。大将左右近卒在陈中者皆斩。……夺一功,其毋……三岁。余士卒有军功者夺一级,无军功者戍三岁。（宋本简979、980）

白话译：

在战斗过程中如若出现（自己所属部队的）将吏失踪,乃至（自己所属部队的）将吏战死,而下属兵卒个人逃归的情况,则需按照（军）法将逃归兵卒全部处以斩刑。若将吏统率所属兵卒（从战场）逃亡,则斩其将……三岁。两军发生激烈战斗而大将战死,统率五百人以上兵卒的吏,若未能（为大将）拼

---

① ［日］佐藤达郎：《功次升进制度的形成》,《东洋史研究》2000年第58卷第4号。
② （南宋）施子美：《七书讲义》,日本宽永十一年（1634）版元禄十一年（1698）重印,早稻田大学图书馆藏。

尽全力奋战的话，则全部处以斩刑。在大将周边□□的兵卒亦皆处以斩刑。……夺一功，其无……三岁……军功者戍三岁。

三、银雀山汉简法制史研究的可能性

简文为战斗中在一定条件下触发的惩罚规定，也就是当军吏、兵卒从战地逃亡，以及大将战死，但其手下未能尽力奋战时，相关人员应受到的惩处规定。关于简文中提到的兵卒逃亡以及所谓"戍边刑"，由于近年来新出土资料的增加，我们在此可对两者重新进行探讨。

（一）关于兵卒逃亡

岳麓书院藏秦简《为狱等状四种》中有关于兵卒逃亡的司法处理记录，为解读《兵令》篇提供了重要信息。《为狱等状四种》绾等畏耎还走案：

> 廿六年九月己卯朔……237……□不敢独前，畏耎，与偕环（还）走十二步。反寇来追者少，皆止，陈，共射（□□□）238……
>
> 鞫之：242得、文、夅、庆、绾等与反寇战，不伍束符，忌以射死，卒喜等（□）短兵死。畏耎，去环（还）走卌六步。逢包……243皆致灋焉。有（又）取卒畏耎最先去，先者次十二人，完以为城旦、鬼薪。有（又）取其次十四人，耐以244（……）①

从中可见，在秦的实际战斗中，甚至关于兵卒逃亡时亡走的步数也会被记录下来，战后则依据相关法律规定进行处罚。至于科罚规定，带头逃跑者被处以完城旦或鬼薪，之后的逃跑者则被处以耐刑。与《兵令》篇中规定多数的逃亡者均被处以斩刑相对，在秦律中则可看到基于逃亡先后而设置的阶段性惩罚。两

---

① 朱汉民、陈松长主编：《岳麓书院藏秦简（叁）》，上海：上海辞书出版社，2013年，第240—241页。

者的差别或许可解释为《兵令》篇的规定反映齐的法律,与秦有别。但众所周知,史籍记载秦的法律极其苛酷,难以想象齐的法律比秦律更为苛酷。或许还可认为《兵令》篇归根结底只是与兵法相关的文献,与实际法律有别。不过从西汉吕后时期的朱虚侯刘章的故事①中可以看到,史籍中的确可见对从战地逃亡的人适用斩刑的事例。但无论怎样,笔者认为通过将《兵令》篇与新出资料进行比较,确实可以提出新的问题或观点。

(二) 关于戍边刑

以"戍……岁"或"戍边……岁"为形式的戍边刑最早见诸秦律,在汉律中亦得到继承。值得注意的是,汉律中的戍边刑与盗贼捕缚任务中的逃亡相关联;《兵令》篇中也可看到类似现象。以下列举目前可供参照的汉律捕律条文。

张家山二四七号汉墓出土捕律:

> 群盗杀伤人、贼杀伤人、强盗,即发县道,县道亟为发吏徒足以追捕之,尉分将,令兼将,亟诣盗贼发及之所,以穷追捕之,毋敢□$_{140}$界而环(还)。吏将徒,追求盗贼,必伍之,盗贼以短兵杀伤其将及伍人,而弗能捕得,皆戍边二岁。卅日中能得其半以上,尽除其罪$_{141}$;得不能半,得者独除;○死事者,置后如律。大痍臂臑股胻,或诛斩,除。与盗贼遇而去北,及力足以追逮捕之而官□□□□□逗$_{142}$留畏耎弗敢就,夺其将爵一络(级),免之,毋爵者戍边二岁;而罚其所将吏徒以卒戍边各一岁。兴吏徒追盗贼,已受令而逋,以畏耎论之$_{143}$。②

---

① 《史记·齐悼惠王世家》:"章自请曰:'臣,将种也,请得以军法行酒。'高后曰:'可。'……顷之,诸吕有一人醉,亡酒,章追,拔剑斩之,而还报曰:'有亡酒一人,臣谨行法斩之。'"(西汉)司马迁:《史记》,北京:中华书局,1959年,第2001页。
② 彭浩、陈伟、[日]工藤元男主编:《二年律令与奏谳书——张家山二四七号汉墓出土法律文献释读》,上海:上海古籍出版社,2007年,第148—149页。

张家山三三六号汉墓出土捕律：

群盗盗杀伤人、贼杀伤人、强盗节（即）发县道，县道亟为发吏徒足以追捕之，尉分将，令兼将，亟$_{191}$诣盗贼发及之所，以穷追捕之，毋敢到界而环（还）。吏将徒追求盗贼，必伍之。盗贼以短$_{192}$兵杀伤其将及伍人，而弗能捕得，皆戍边二岁。卅日中能得其半以上，尽除其罪；得不$_{193}$能半，得者独除$_{194}$。

死事者置后如律。大痍臂臑股胅，或诛斩，除$_{195}$。

与盗贼遇而去北，及力足以追逮捕之而回、详（佯）勿见，及逗留畏耎弗敢就，夺其将$_{196}$爵一级，免之，毋爵者戍边二岁；而罚其所将吏徒以卒戍边各一岁$_{197}$。

兴吏徒追盗贼，已受令而逋，以畏耎论之$_{198}$。①

胡家草场汉简捕律：

必伍之，盗贼（贼）以短兵杀伤其将及伍人，而弗能捕得，皆戍边一岁。卅日中能得$_{1259}$其半以上，尽除其罪；得不能半，得者独除；死事者，置后如律。大痍臂臑$_{1104}$股胅，或诛斩，除。与盗贼（贼）遇而去北，及力足以追津（逮）捕之而回避，详（佯）勿见，及逗留畏耎弗敢就，夺其将爵一级，免之，毋爵者，戍边一岁；而罚其所$_{1091}$。②

上举三条均属捕律，从中可看到西汉吕后时期至文帝时期的法律继承关系。此捕律涉及群盗发生时捕缚队组织的各种规定，律文后段有关于捕缚任务中出现过失或逃亡行为时的惩罚规定。适用戍边刑的情形则是在任务过程中尽

---

① 彭浩主编：《张家山汉墓竹简（三三六号墓）》，北京：文物出版社，2022年，第190页。
② 荆州博物馆、武汉大学简帛研究中心编：《荆州胡家草场西汉简牍选粹》，北京：文物出版社，2021年，第36页。

管部队出现死伤者也未能抓获盗贼，以及有人恐惧盗贼而逃亡的情况。至于其刑法载量，与张家山二四七号汉墓出土汉律及张家山三三六号汉墓出土汉律均为戍边二年相对，胡家草场汉简仅为一年。

可见，汉律捕律中的戍边刑与盗贼捕缚任务中的逃亡相关联，这一点与《兵令》篇相同。此外，汉律中规定如果逃亡者为有爵者，则还需受到夺爵的惩处，不过此时则不适用戍边刑。《兵令》篇虽然对应部分有所破损，但如用宋本《尉缭子》补充，则也可看到军爵与戍边刑间存在对应关系。如此看来，通过比较，我们确实可看到《兵令》篇与汉律间存在共通部分。

结　语

关于《守法守令等十三篇》的性质，因其中存在"法""令"等用语，部分研究将其视为有实际法律效力的史料。该篇内容与汉律间的确存在共通部分，这让我们推测史料成立的背后，可能存在某种法律的影响。但笔者以为将《守法守令等十三篇》与齐国直接关联展开论述，则还需更慎重的考虑。比如，如若我们将《守法守令等十三篇》视为齐国的法律，那么为何生活于西汉时代的墓主会持有此篇文献？此文献传承至西汉时期的意义是什么？如果《守法守令等十三篇》在齐国成篇，则其应该原本用齐国文字书写，后来经过无数次的转写至西汉时期，因为银雀山汉简所见的字体均为汉隶，那么此篇文献是如何逃过秦的焚书的？尽管还有以上诸种问题亟待解决，但我们仍然可以认为《守法守令等十三篇》与《尉缭子》《墨子》的成书情况密切相关，有极高的学术价值。今后我们依然期待通过与新出资料比较等方式，推进关于《守法守令等十三篇》的研究。

附表1　日本銀雀山漢墓竹簡研究目録

分類	作者	論文題目	書名	巻数	出版社	出版年
論文	河野収	銀雀山漢墓竹簡孫子兵法研究序説	防衛大学校紀要　人文・社会科学編	39		1979
論文	武藤博久・大川俊隆・野間和則	銀雀山漢墓竹簡「孫子」校訂	懐徳	49		1979
論文	河野収	銀雀山漢墓竹簡孫子兵法研究：計篇	防衛大学校紀要　人文・社会科学編	40		1980
論文	河野収	銀雀山漢墓竹簡孫子兵法研究：作戦篇・謀攻篇	防衛大学校紀要　人文・社会科学編	41		1980
論文	河野収	銀雀山漢墓竹簡孫子兵法研究：形篇・勢篇	防衛大学校紀要　人文・社会科学編	42		1981
論文	河野収	銀雀山漢墓竹簡孫子兵法研究：実虚篇・軍争篇	防衛大学校紀要　人文・社会科学編	43		1981
論文	馬場公彦	二つの「孫子」をめぐる諸問題―銀雀山漢墓出土の竹簡資料を中心として―	中国哲学	10		1981
論文	河野収	銀雀山漢墓竹簡孫子兵法研究：九変篇・行軍篇	防衛大学校紀要　人文・社会科学編	44		1982
論文	河野収	銀雀山漢墓竹簡孫子兵法研究：地形篇・九地篇	防衛大学校紀要　人文・社会科学編	45		1982
論文	河野収	銀雀山漢墓竹簡孫子兵法研究：火攻篇・用間篇	防衛大学校紀要　人文・社会科学編	46		1983
論文	田中有	銀雀山漢墓竹簡・孫子兵法	書品	271		1983
論文	田中有	銀雀山漢墓竹簡・孫臏兵法	書品	273		1983
論文	池田雄一	銀雀山漢墓出土「守法等十三篇」について	東アジア古文書の史的研究（研究報告7）		刀水書房	1990
論文	湯浅邦弘	銀雀山漢墓竹簡古逸兵書の研究―「王兵篇」の考察―	古代文化	43-12		1991
論文	湯浅邦弘	銀雀山漢墓竹簡「守法守令等十三篇」の思想史的意義	中国研究集刊	13		1993
論文	竹田健二	銀雀山漢墓出土竹簡本「尉繚子」の成立時期	国語教育論叢	6		1997
論文	原宗子	銀雀山漢墓竹簡字形研究	中国出土資料研究	1		1997
論文	吉本道雅	墨子兵技巧諸篇小考	東洋史研究	62-2		2003
論文	谷中信一	銀雀山漢墓竹簡「晏子」の資料的価値をめぐって―出土文献から傳世文献を見る―	東洋の思想と宗教	20		2003
論文	佐藤直人	銀雀山漢簡「庫ద」篇の生成	名大　SITES	2-2		2004
論文	張会	銀雀山漢簡字形与漢字形源流論	アジア研究所紀要	34		2007
論文	張会・石川三佐男	共同研究―近年の出土文献と戦国文字	亜細亜大学術文化紀要	12・13		2008
論文	方銘	銀雀山漢簡研究の現状と課題	秋田大学教育文化学部教育実践研究紀要	30		2008
論文	谷中信一	銀雀山漢墓竹簡「兵之恒失」考釈	出土文献と秦楚文化	4		2009
論文	金城未来	銀雀山漢墓残簡について	待兼山論叢　哲学篇	44		2010
論文	石井真美子	銀雀山漢墓竹簡論兵之類について	立命館白川静記念東洋文字文化研究所紀要	4		2010
論文	湯浅邦弘	銀雀山漢簡「為国之過」	中国研究集刊	52		2011
論文	草野友子	銀雀山漢簡「為国之過」の全体構成とその特質	京都産業大学論集　人文科学系列	43		2011

続表一

分類	作者	論文題目	書名	巻数	出版社	出版年
論文	湯浅邦弘	銀雀山漢墓竹簡「論政論兵之類」について	中国研究集刊	52		2011
論文	金城未来	銀雀山漢墓竹簡「五議」について	待兼山論叢 哲学篇	45		2011
論文	石井真美子	「銀雀山漢墓竹簡〔貳〕」と「銀雀山漢簡釈文」の相違	立命館白川静記念東洋文字文化研究所紀要	5		2011
論文	湯浅邦弘	興軍の時：銀雀山漢墓竹簡「起師」について	大阪大学大学院文学研究科紀要	52		2012
論文	木村清順	竹簡本「孫子」用間篇「口己興也、口〔シュン〕師比在陘」の考察	中国哲学	40		2013
論文	湯浅邦弘	先秦兵学の展開—「銀雀山漢墓竹簡〔貳〕」を手がかりとして—	中国新出資料学の展開		汲古書院	2013
論文	椛島雅弘	銀雀山漢墓竹簡「聽有五患」と古代中国の「聽」	待兼山論叢 哲学篇	48		2014
論文	石井真美子	「六韜」諸テキストと銀雀山漢簡墓の関連について	立命館白川静記念東洋文字文化研究所紀要	8		2014
論文	水野卓	銀雀山	新出土資料が語るいにしえの中国『地下からの贈り物		東方書店	2014
論文	椛島雅弘	銀雀山漢墓竹簡「奇正」篇の思想史的意義：兵家思想と道家思想	中国研究集刊	59		2014
論文	湯浅邦弘	「主」と「客」：兵家と道家をめぐって	待兼山論叢 哲学篇	49		2015
論文	湯浅邦弘	「水戦」の思想：銀雀山漢墓竹簡「十陣」	中国研究集刊	60		2015
論文	福田一也	銀雀山漢簡「民之情」にみえる「分」の思想	国際文化研究	21		2015
論文	椛島雅弘	銀雀山漢墓竹簡「雄牝城」篇と中国古代の政城・守城の思想	中国研究集刊	63		2017
論文	湯浅邦弘	時令説の展開：北京大学竹簡「陰陽家言」、銀雀山漢墓竹簡「陰陽時令・占候之類」を中心として	漢学學研究	6		2018
論文	熊征	「孫子」形篇の攻守観について：竹簡本と十一家注本の比較を中心に	研究論集（北海道大学）	19		2019
論文	椛島雅弘	銀雀山漢簡に関する新情報について：山東博物学術調査報告	中国研究集刊	65		2019
論文	石井真美子	銀雀山漢墓竹簡「將義」篇に見る將の要件	立命館文學	664		2019
論文	郭映雪	銀雀山漢墓竹簡の発見と活用	中国研究集刊	68		2022
訳注	早稲田大学簡帛研究会	銀雀山漢簡「守法・守令等十三篇」の研究（一）	中国出土資料研究	6		2002
訳注	早稲田大学簡帛研究会	銀雀山漢簡「守法・守令等十三篇」の研究（二）	中国出土資料研究	7		2003
訳注	早稲田大学簡帛研究会	銀雀山漢簡「守法・守令等十三篇」の研究（三）	中国出土資料研究	8		2004
訳注	早稲田大学簡帛研究会	銀雀山漢簡「守法・守令等十三篇」の研究（四）	中国出土資料研究	9		2005
訳注	早稲田大学簡帛研究会	銀雀山漢簡「守法・守令等十三篇」の研究（五）	中国出土資料研究	10		2006
訳注	早稲田大学簡帛研究会	銀雀山漢簡「守法・守令等十三篇」の研究（六）	中国出土資料研究	11		2007
訳注	原宗子（監訳）	銀雀山漢簡「晏子」訳注（稿）	中国出土資料研究	12		2008
訳注	佐藤直人・仲山茂	銀雀山漢簡「守法守令等十三篇」訳注（1）	名古屋大学東洋史研究報告	27		2003

续表二

分類	作者	論文題目	書名	卷數	出版社	出版年
譯注	仲山茂・佐藤直人	銀雀山漢簡「守法守令等十三篇」訳注（2）	名古屋大学東洋史研究報告	28		2004
譯注	仲山茂	銀雀山漢簡「守法守令等十三篇」訳注（3）	名古屋大学東洋史研究報告	29		2005
譯注	橋本明子	銀雀山漢簡「守法守令等十三篇」訳注（4）	名古屋大学東洋史研究報告	30		2006
譯注	飯田祥子	銀雀山漢簡「守法守令等十三篇」訳注（5）	名古屋大学東洋史研究報告	31		2007
譯注	飯田祥子	銀雀山漢簡「守法守令等十三篇」訳注（6）	名古屋大学東洋史研究報告	32		2008
譯注	橋本明子	銀雀山漢簡「守法守令等十三篇」訳注（7）	名古屋大学東洋史研究報告	35		2011
譯注	石井真美子・村田進・山内貴	『銀雀山漢墓竹簡〔貳〕』譯注（1）	學林	60		2015
譯注	石井真美子・村田進・山内貴	『銀雀山漢墓竹簡〔貳〕』譯注（2）	學林	61		2015
譯注	石井真美子・村田進・山内貴	『銀雀山漢墓竹簡〔貳〕』譯注（3）	學林	62		2016
譯注	石井真美子・村田進・山内貴	『銀雀山漢墓竹簡〔貳〕』譯注（4）	學林	63		2016
譯注	石井真美子・村田進・山内貴	『銀雀山漢墓竹簡〔貳〕』譯注（5）	學林	64		2017
譯注	石井真美子・村田進・山内貴	『銀雀山漢墓竹簡〔貳〕』譯注（6）	學林	65		2017
譯注	石井真美子・村田進・山内貴	『銀雀山漢墓竹簡〔貳〕』譯注（7）	學林	66		2018
譯注	石井真美子・村田進・山内貴	『銀雀山漢墓竹簡〔貳〕』譯注（8）	學林	67		2018
譯注	石井真美子	『銀雀山漢墓竹簡〔貳〕』地典」譯注補	學林	67		2018
譯注	石井真美子・村田進・山内貴	『銀雀山漢墓竹簡〔貳〕』譯注（9）	學林	68		2019
譯注	石井真美子・村田進・山内貴	『銀雀山漢墓竹簡〔貳〕』譯注（10）	學林	69		2019
譯注	石井真美子・村田進・山内貴	『銀雀山漢墓竹簡〔貳〕』譯注（11）	學林	72		2021
譯注	石井真美子・村田進・山内貴	『銀雀山漢墓竹簡〔貳〕』譯注（12）	學林	73		2021
譯注	石井真美子・村田進・山内貴	『銀雀山漢墓竹簡〔貳〕』譯注（13）	學林	74		2022
表	石井真美子	『銀雀山漢墓竹簡〔貳〕』・「銀雀山漢簡釋文」簡番號對照表（1）	學林	53・54		2011
表	石井真美子	『銀雀山漢墓竹簡〔貳〕』・「銀雀山漢簡釋文」簡番號對照表（2）	學林	55		2012
著書	村山孚	孫臏兵法			德間書店	1976
著書	金谷治	孫臏兵法書：銀雀山漢墓竹簡			東方書店	1976
著書	西林昭一	岳麓書院藏秦簡・銀雀山前漢簡・天長前漢簡			二玄社	2012
著書	中村未来	戦国楚簡漢牘の思想史的研究			大阪大学出版会	2015
著書	石井真美子・山内貴	銀雀山漢墓竹簡「貳」論政論兵之類譯注			朋友書店	2021
目録	谷中信一		出土文献と秦楚文化	4		2009

孔子的五帝观及其对后世的影响

刘爱敏[*]

摘　要:《孔子家语》之《五帝》和《五帝德》两篇集中论述了五帝的起源、五帝由道到德的转变，以及五帝之德的内涵，涉及五帝的三种说法。五帝最初指木、火、土、金、水五行之神，起源于天道之五行，即把一年分为五时的天文历法，属宗教领域。在古人"人法天"的思维模式下，"五行之神"演变成了太皞、炎帝、黄帝、少皞、颛顼组成的"古明王五帝"，实现了由天神向人帝的转变。除天神和人帝外，孔子又对黄帝、颛顼、帝喾、尧、舜、禹六帝之德逐一进行揭示和品评，司马迁在《史记·五帝本纪》中沿用了这一说法，而舍去禹帝，凑成五帝，鉴于《史记》对后世的强大影响力，这一说法最为后人所知。五帝皆赖其德行和功绩成就各自的"帝"名，德能是帝王政权合法性的来源，五帝问题亦由天文历法、历史明王转变为讨论政权合法性来源的政治问题。

关键词：孔子；五帝；五行；德

五帝是五行系统中的一个重要类目，五行系统以四时、五方为框架系联世间的万事万物，如五色、五味、五音、五谷、五脏等等。以前，学者多认为阴

---

[*] 作者简介：刘爱敏，女，山东师范大学齐鲁文化研究院教授、博士生导师，研究方向为先秦两汉文史文献。本文系山东省社会科学规划项目（项目号：21CWTJ09）阶段性成果。

阳五行思想形成于战国晚期，因此但凡涉及孔子论五行的文章，便认为是后人的伪作而非孔子本人的思想，致使对其史料价值重视不够，如《孔子家语》之《礼运》《五帝》《五帝德》诸篇。现在随着出土文献的发现与研究，学界逐渐倾向于认为《孔子家语》其书不伪，庞朴断定该书属于"孟子以前遗物，绝非后人伪造所成"①，杨朝明更认为该书完全称得上"孔子研究第一书"②。孔子对五帝的论述集中体现在《孔子家语》之《五帝》和《五帝德》两篇，本文就以此两篇来探讨孔子的五帝观。

一、五帝源于五行历法

《五帝》篇记录了孔子与季康子之间的六问六答，第一个问答便提到五帝的来源。

> 季康子问于孔子曰："旧闻五帝之名，而不知其实，请问何谓五帝？"
> 孔子曰："昔丘也闻诸老聃曰：'天有五行：水火金木土，分时化育，以成万物，其神谓之五帝。'"③

五帝，最早是指水、火、金、木、土五位天神，这是五帝的第一种说法。帝何以为"五"？原来五帝之"五"源自天之"五行"，一年分为五个时节，五个时节像五位天神一样轮流化育和养成人间万物，即"分时化育，以成万物"，人们感激五行化育万物之功，于是把它们当作天神来祭祀，这便是五帝最初的由来，属于宗教信仰领域。五行历在《管子·五行》中有明确记载，文中托名黄帝"作立五行以正天时"，曰："日至，睹甲子木行御……七十二日而毕；睹

---

① 庞朴：《话说"五至三无"》，《文史哲》2004年第1期。
② 杨朝明：《代前言：〈孔子家语〉的成书与可靠性研究》，杨朝明、宋立林主编：《孔子家语通解》，济南：齐鲁书社，2013年，第1页。
③ 杨朝明、宋立林主编：《孔子家语通解》，第285—286页。

丙子火行御……七十二日而毕；睹戊子土行御……七十二日而毕；睹庚子金行御……七十二日而毕；睹壬子水行御……七十二日而毕。"① 即把一年360日分为5个72日，分别由木行、火行、土行、金行、水行掌管。

五帝的第二种说法是古之明王太皞、炎帝、黄帝、少皞、颛顼。

> 古之王者，易代而改号，取法五行。五行更王，终始相生，亦象其义。故其为明王者，而死配五行。是以太皞配木，炎帝配火，黄帝配土，少皞配金，颛顼配水。②

人间的王者取法自然，把人类社会的朝代更迭与自然界的季节推移相类比，便有了人间的五帝。转变的根据源自古人根深蒂固的人道法天思想，在此思维模式下，天上有五帝，人间也要有五帝，于是五行之神演变成了古代五明王。天道五行木、火、土、金、水之间有"终始相生"之义，人间五帝之间亦象其义，前后相承，终而复始。五帝便由"天运"问题演变成了"主（君主）运"问题，从天文和宗教领域过渡到了历史和政治领域。

二、"五正"不能称为"五帝"

《五帝》篇还记载了康子向孔子请教"五正"不能称作"五帝"的问题：

> 康子曰："吾闻勾芒为木正，祝融为火正，蓐收为金正，玄冥为水正，后土为土正，此五行之主而不乱称曰帝者，何也？"孔子曰："凡五正者，五行之官名。五行佐成上帝而称五帝，太皞之属配焉，亦云帝，从其号。昔少皞氏之子有四叔，曰重、曰该、曰修、曰熙，实能金木及水，使重为勾芒，该为蓐收，修及熙为玄冥，颛顼氏之子曰黎为祝融，共工氏之子曰

---

① 黎翔凤撰，梁运华整理：《管子校注》，北京：中华书局，2004年，第865—878页。
② 杨朝明、宋立林主编：《孔子家语通解》，第286页。

勾龙为后土。此五者，各以其所能业为官职，生为上公，死为贵神，别称五祀，不得同帝。"①

孔子的解释是："五正"是五行的官名，勾芒为木正，祝融为火正，蓐收为金正，玄冥为水正，后土为土正，担任五正者"各以其所能业为官职"，死后受到人们的祭祀，"别称五祀，不得同帝"，实际只是说明了担任五正的具体人物和担任五正的原因，并没有解释他们不能称"五帝"的原因。那么，为什么太皞五明王可以称作"五帝"，而被称作"五行之主"的"五正"却不能称作"五帝"呢？

笔者认为，太皞五帝和勾芒五正是源自两套不同历法体系的季节神：太皞、炎帝、黄帝、少皞、颛顼五帝源自一年分为五个季节的五行历；而五正中的勾芒、祝融、蓐收和玄冥四者被称作"四时主"，是源自把一年分为春夏秋冬四季的四时历。后土是后来与四时主组合而成为五正的。上古时代，四时历和五行历分别为居住在东西不同区域的东夷族和华夏族所使用②，因此代表季节神的两套神仙体系也各自流行，互不混淆，只有源自五行历的季节神才被称为"五帝"，而源自四时历的季节神则被称为"四时主"。《史记·封禅书》记载齐地东夷族有祭祀八主的风俗，"八神将自古而有之，或曰太公以来作之"③，四时主是八主之一，琅琊有四时主祠，直到秦汉间，民间依然保留祭祀四时主的习俗。银雀山汉简《迎四时》记载了天子迎接春夏秋冬四时主时的礼乐，说明汉初齐地的迎四时风俗已由地方民俗上升为帝王礼乐。

何以证明五正最初的组成结构不是"五"，而是由四时主勾芒、祝融、蓐收、玄冥和后土组配而成的呢？《史记·乐书》记载了天子迎接四时主所唱的乐歌分别为《青阳》《朱明》《西颢》《玄冥》，《汉书·礼乐志》记载了四首歌

---

① 杨朝明、宋立林主编：《孔子家语通解》，第287页。
② 参见刘爱敏：《银雀山汉简〈迎四时〉与周秦之际的历法整合》，《孔子研究》2018年第6期。
③ （西汉）司马迁：《史记》卷二十八《封禅书》，北京：中华书局，1982年，第1367页。

的歌词，每首歌的前两个字便是歌名，《青阳》中"青阳开动，根荄以遂，膏润并爱，跂行毕逮"①，便是对春天阳气回升万物萌动、根荄弯曲发芽的描述，正与"句芒"一词意思一致;《西颢》中"秋气肃杀，含秀垂颖"②也与"蓐收"语义相符;《玄冥》歌名直接就是冬季之神的名字;而"朱明"与"祝融"发音相近。此四首歌为一组，班固皆标注为"邹子乐"，说明四首歌的曲子皆为邹衍创作。四首歌之前还配有一首歌颂后土的歌诗《帝临》:"帝临中坛，四方承宇……后土富媪，昭明三光。"③虽然《帝临》和《青阳》《朱明》《西颢》《玄冥》五首乐歌的神明构成一个五帝体系，满足了汉代祭祀五帝的需要，但是《帝临》后并未标注"邹子乐"，说明起初邹衍创作的是四季歌，并不包括《帝临》，《帝临》是后来才与四季歌组合在一起的。而"后土"一词最早见于《尚书·武成》篇:"告于皇天后土。"④"后土"多与"皇天"对举。后土在《山海经》中是夸父之祖，《山海经·大荒北经》曰:"后土生信，信生夸父。夸父不量力，欲追日景，逮之于禺谷。将饮河而不足也，将走大泽，未至，死于此。"⑤《周礼·大宗伯》郑玄注曰:"后土，土神，黎所食者。"⑥对后土神的祭祀常与太一神同时，太一神是天神，后土神为地神。《史记·封禅书》记载:"于是⑦塞南越，祷祠太一、后土，始用乐舞。"⑧《汉书·礼乐志》亦载:"至武帝定郊祀之礼，祠太一于甘泉，就乾位也;祭后土于汾阴，泽中方丘也。"⑨《汉书·郊祀志》又载:"今上帝朕亲郊，而后土无祀，则礼不答也。"颜师古注:"郊天而不祀地，失对偶之义。"⑩那么，后土何时与四时主组合成为"五正"的

---

① （东汉）班固:《汉书》卷二十二《礼乐志》，北京:中华书局，1962年，第1055页。
② 同上。
③ 同上书，第1054页。
④ （唐）孔颖达:《尚书正义》，（清）阮元校刻:《十三经注疏》，北京:中华书局，1982年，第184页。
⑤ 李荣庆、马敏注译:《山海经》，郑州:中州古籍出版社，2008年，第246页。
⑥ （清）孙诒让:《周礼注疏》，北京:中华书局，1987年，第1417—1418页。
⑦ 指汉武帝元鼎六年（前111）。
⑧ （西汉）司马迁:《史记》卷二十八《封禅书》，第1396页。
⑨ （东汉）班固:《汉书》卷二十二《礼乐志》，第1045页。
⑩ （东汉）班固:《汉书》卷二十五上《郊祀志上》，第1221—1222页。

呢？史无明载，但肯定是五行历与四时历两套历法互相融合之时。在历法融合中，季节神也出现整合，在四时主与五行神相配时，四时主被降为五帝的辅官五正，称为"正"。"勾芒为木正，祝融为火正，蓐收为金正，玄冥为水正"，而土正无人担任，于是原有的土神勾龙便被拉来充当了土正。孔子之时，四时历与五行历已开始融合，《礼运》篇中孔子对子游所讲的话中有"播五行于四时"一语，正是两种历法融合的证明。清华简（捌）《八气五味五祀五行之属》一文提到五祀为"玄冥、祝融、句余芒、司兵之子、后土"，曰："帝为五祀，玄冥率水以食于行，祝融率火以食于灶，句余芒率木以食于户，司兵之子率金以食于门，后土率土以食于室中。"①四时主与后土已经结合，只不过"句余芒""司兵之子"的称呼与常见的"句芒""蓐收"叫法有所差别。

太皞五帝又是何时与句芒五正相配的呢？史无明文，但秦汉时期五帝与五祀的搭配已经固定，如《吕氏春秋》春季"其帝太皞，其神句芒"；夏季"其帝炎帝，其神祝融"，季夏"其帝黄帝，其神后土"，黄帝与后土这对组合只对应中央方位，而无时节搭配；秋季"其帝少皞，其神蓐收"；冬季"其帝颛顼，其神玄冥"。《淮南子·天文训》亦曰："东方，木也，其帝太皞，其佐句芒，执规而治春……南方，火也，其帝炎帝，其佐朱明，执衡而治夏……中央，土也，其帝黄帝，其佐后土，执绳而制四方……西方，金也，其帝少昊，其佐蓐收，执矩而治秋……北方，水也，其帝颛顼，其佐玄冥，执权而治冬。"②黄帝与后土这一组合身处中央，管控四方，同样无时节搭配。《白虎通·五行》记载了五帝与五祀名字的含义，曰："太皞者，大起万物扰也，其神句芒，句芒者，物之始生，芒之为言萌也……炎帝者，太阳也，其神祝融，祝融者，属续也……少皞者，少敛也，其神蓐收，蓐收者，缩也……颛顼者，寒缩也，其神玄冥，玄冥者，入冥也。"③从炎帝太阳、少皞少敛、颛顼寒缩的释义来看，太

---

① 清华大学出土文献研究与保护中心：《清华大学藏战国竹简（捌）》，上海：中西书局，2018年，第158页。
② 刘文典：《淮南鸿烈集解》，北京：中华书局，1989年，第88—89页。
③ （清）陈立撰，吴则虞点校：《白虎通疏证》，北京：中华书局，1994年，第175—181页。

皞五帝名字的含义表示的是一年中阴阳之气的消息,他们本来就是天时五行之神的名字,而非人间五帝。孔子把此五帝说成历史上的五明王,是孔子把神话历史化的结果。

三、德:进入"五帝"之列的资格

除五正外,《五帝》篇中,孔子还提出了另一种不能被称作"五帝"的情况,即与"古之明王"相对的尧、舜、夏、商、周组合,他们也不能被称作"五帝",原因在于"德不及上古"。这里,孔子把"德"看作帝王能否进入"五帝"的资格。如果孔子对"五正"称"五帝"的否定,是从源头上界定了五帝,说明五帝源于五行历,那么孔子对尧、舜、夏、商、周称"五帝"的否定,则从帝权的来源上说明了太皞之属被奉为"五帝"的原因。

> 康子曰:"陶唐、有虞、夏后、殷、周独不配五帝,意者德不及上古耶?将有限乎?"孔子曰:"古之平治水土及播殖百谷者众矣,唯勾龙氏兼食于社,而弃为稷神,易代奉之,无敢益者,明不可与等。故自太皞以降,逮于颛顼,其应五行而王,数非徒五而配五帝,是其德不可以多也。"[①]

孔子认为太皞五明王之所以被选为"五帝","是其德不可以多也",是因为他们的德行无与伦比、无可复加。德,得也,是人得于天道也。五帝皆赖此德行才能成就其"帝"名。也就是说,德能是帝王政权合法性的来源,无德便不能取得帝位的合法性。天神的威权来自天意,而帝王的威权则因其德行。这里"德"被突出,天意退后。孔子对帝王"德"的主张和要求,与"君权神授"的观念相对立,这既是人本精神的觉醒,又触及了君权来源这一政治敏感问题。

[①] 杨朝明、宋立林主编:《孔子家语通解》,第290—291页。

四、各代皆有五行之德

在孔子看来,只有太皞、炎帝、黄帝、少皞、颛顼五位古明王有资格称"五帝"。后世的尧、舜、夏、商、周之帝虽不能被奉为"五帝",但能与五行相配,各自配有五行之德,德属不同,所尚颜色不同,丧葬时间、战争所乘战马、祭祀所用牺牲也不同。

> 夏后氏以金德王,色尚黑,大事敛用昏,戎事乘骊,牲用玄;殷人用水德王,色尚白,大事敛用日中,戎事乘翰,牲用白;周人以木德王,色尚赤,大事敛用日出,戎事乘骝,牲用骍。此三代之所以不同……尧以火德王,色尚黄。舜以土德王,色尚青。①

尧、舜、夏、商、周五代的德属比较,列表如下:

表1 尧、舜、夏、商、周五代之德属比较

	尧	舜	夏	商	周
德	火	土	金	水	木
色	黄	青	黑	白	赤
敛			昏	日中	日出
戎			乘骊	乘翰	乘骝
牲			玄	白	骍

此表中,尧、舜、夏、商、周的德属分别是火、土、金、水、木,排列次序是相生关系,这与邹衍五德终始说的相克关系不同;夏、商、周分别与金、水、木相配,也与邹衍的夏木、商金、周火不同;五德五色的配伍为"火黄、土青、金黑、水白、木赤",这与后世常见的"木青、火赤、土黄、金白、水黑"组合

---

① 杨朝明、宋立林主编:《孔子家语通解》,第289页。

186

也不同。从中可看出各朝代与五行、五色的配属还不固定，尚处于探索阶段。

每个朝代各有德行，用木、火、土、金、水五行来标记，以五行的一个轮回为周期，用五行各元素之间的相生来预测历史发展的规律，朝代变迁意味着天命转移，其所属之德及其颜色、大事都要改变，这便是易代改制。这种思维模式对后世产生了重要而深远的影响。

五、五帝之"德"的内涵

五帝的第三种说法见于《五帝德》（《孔子家语》和《大戴礼记》皆收此篇）。此篇篇名为"五帝"，实写了六人：黄帝、颛顼、帝喾、尧、舜、禹，文中孔子和宰我评论了六帝之德。此六帝之所以能被列为"五帝"之列，凭借的是其"德"。那么，他们的"德"是什么呢？《五帝德》首先记黄帝：

> 黄帝者，少昊之子，曰轩辕。生而神灵，弱而能言，幼齐睿庄，敦敏诚信，长聪明。治五气，设五量，抚万民，度四方。服牛乘马，扰驯猛兽，以与炎帝战于阪泉之野，三战而后克之。始垂衣裳，作为黼黻。治民以顺天地之纪，知幽明之故，达生死存亡之说。播时百谷，尝味草木，仁厚及于鸟兽昆虫。考日月星辰，劳耳目，勤心力，用水火财物以生民。[①]

黄帝之德不仅包括其"生而神灵，弱而能言，幼齐睿庄，敦敏诚信，长聪明"的个人德行，更在于在此德行上为推动中华文明的进程而创立的功绩：既包括打败炎帝部落、建立更大规模的政治统一体的武功；也包括制作礼服、创设制度、开启民智的精神文明方面；还包括播时百谷、尝味草木、考日月星辰的科技探索，以及由此为民众带来的物质利益。"仁厚及于鸟兽昆虫"之"仁厚"一词，是对黄帝之德的最高评价。

---

① 杨朝明、宋立林主编：《孔子家语通解》，第275页。

第二位帝为颛顼，其德为：

> 颛顼，黄帝之孙，昌意之子，曰高阳。渊而有谋，疏通以知远，养财以任地，履时以象天，依鬼神而制义，治气性以教众，洁诚以祭祀，巡四海以宁民。①

颛顼具备"渊而有谋，疏通以知远"的个人之德，在此基础上，养财、制义、教众、安民，从物质、精神、武力各个方面为民众谋取福祉。"义"和"诚"是对颛顼之德的概括。

第三位帝为帝喾，其德为：

> 玄枵之孙，乔极之子，曰高辛。生而神异，自言其名。博施厚利，不于其身。聪以知远，明以察微。仁以威，惠而信，以顺天地之义。知民所急，修身而天下服，取地之财而节用焉，抚教万民而诲利之，历日月之生朔而迎送之，明鬼神而敬事之。其色也和，其德也重，其动也时，其服也哀。②

帝喾之德同样包括个人之德和为民建立的功德两部分。"生而神异，自言其名。博施厚利，不于其身。聪以知远，明以察微"是其个人品德，其功德既有"取地之财而节用"的生民方面，也有"抚教万民而诲利之"的精神方面，以及"历日月之生朔而迎送之"的科技方面。"仁""威""惠""信"是对帝喾之德的概括。

第四位帝为尧，其德为"其仁如天，其智如神"。尧时开始以礼乐治国，出现了礼乐之官"伯夷典礼，夔龙典乐"③。

---

① 杨朝明、宋立林主编：《孔子家语通解》，第277页。
② 同上书，第278—279页。
③ 同上书，第280页。

第五位帝为舜，其德为"孝友闻于四方，陶渔事亲。宽裕而温良，敦敏而知时，畏天而爱民，恤远而亲近"①。

第六位帝为禹，其德为"敏给克齐，其德不爽，其仁可亲，其言可信……其功为百神之主，其惠为民父母"②。

这里，五帝之"德"被孔子集中品评，并被明确认定是帝位的合法性来源，五帝问题亦由宗教问题、历史问题转变为讨论政权合法性来源的政治问题。关于帝权的来源，孔子论及的大概有三种：一是天意，如《五帝》中五行之神，其神性源于天赋。二是血缘，父传子或兄传弟。《五帝德》中颛顼是"黄帝之孙，昌意之子"。帝喾是"玄枵之孙，乔极之子"，而《大戴礼记·帝系》曰："黄帝产玄嚣，玄嚣产蟜极，蟜极产高辛，是为帝喾。"③尧为"高辛氏之子"。舜为"乔牛之孙，瞽叟之子也"，而《大戴礼记·帝系》曰："颛顼产穷蝉，穷蝉产敬康，敬康产句芒，句芒产蟜牛，蟜牛产瞽瞍，瞽瞍产重华，是为帝舜。"④禹为"高阳之孙，鲧之子也"，《史记·夏本纪》曰："禹之父曰鲧，鲧之父曰帝颛顼，颛顼之父曰昌意，昌意之父曰黄帝。禹者，黄帝之玄孙而帝颛顼之孙也。"⑤从黄帝到禹，六帝之间皆有血缘关系。孔子用血缘关系把六帝王组织起来，说明春秋时期人们有着强烈的宗法观念，血缘继承是王权合法性和正当性的一个重要来源。三是德行，包括帝王的德能、武功和政绩。这三种政权来源可以是单一式的，也可以是叠加式的。三者中，孔子最推崇的是德能，他认为黄帝、颛顼、帝喾、尧、舜、禹六帝的政权合法性来源于他们各自的德能，而非天意，这与太皞、炎帝、黄帝、少皞、颛顼被称为"五帝"一样，"是其德不可以多也"。孔子虽然没有否定血缘这一政权来源，但其意在强调"德"，五帝皆赖此德行和功绩才能成就其"帝"名。也就是说，德能是帝王政权合法性的来源，无德无能便不能取得帝位的合法性。

---

① 杨朝明、宋立林主编：《孔子家语通解》，第281页。
② 同上书，第282页。
③ （清）王聘珍：《大戴礼记解诂》，北京：中华书局，1983年，第126页。
④ 同上。
⑤ （西汉）司马迁：《史记》卷二《夏本纪》，第49页。

与政权来源相联系，西周以后的政权转移方式大致有嫡长子继承[1]、革命和禅让三种，前一种发生在血缘宗法基础上的同姓世袭制，后两种发生在异姓之间的王权更替。因为同姓之间天命未移，一般意义上讨论的政权转移方式指的是异姓之间的革命或禅让两种方式，体现在五行之间的关系上，革命是相克，禅让是相生。在《五帝》中，孔子未论及政权的转移方式，但他所提及的五行之神、五明王两种五帝之间都是相生关系。五行更王，终始相生；古代明王取法五行，亦象其义，是以太皞配木，炎帝配火，黄帝配土，少皞配金，颛顼配水，五明王之间的相生关系源于效法自然。孔子还特别解释了五明王与五行相配时太皞氏始于木的原因："木东方，万物之初皆出焉，是故王者则之，而首以木德王天下，其次则以所生之行转相承也。"因为太阳一年的运行是从东方（春天）开始的，沿顺时针方向巡游周天，所以人间帝道也要从东方开始，人道与天道同步，正是人道法天的体现。即使是不被称作"五帝"的句芒、祝融、后土、蓐收、玄冥五正和尧、舜、夏、商、周五代，他们中各元素之间也是相生关系，因为二者与五行的配属皆是依循木、火、土、金、水顺序排列的：句芒为木正，祝融为火正，后土为土正，蓐收为金正，玄冥为水正；尧为火德，舜为土德，夏为金德，殷为水德，周为木德。孔子在《五帝》中只论述了五行之间基于天运的相生关系，并不是说在政权转移方式问题上只主张禅让说，他还未涉及"主运"，即政权转移的方式这一问题，但他在《五帝德》中，把五帝从宗教问题转变为政治问题，提出了敏感的政权合法性来源话题，政权转移方式问题自然也成为人们思考的内容，因为政权的来源和取得方式本就是一体两面的问题。此一问题的提出，对后世有深远影响，此后政权合法性来源以及政权转移方式问题成了政治家和思想家共同探讨的重大问题。

孔子所论五帝之"德"，外延广泛且内涵丰富，所指范围不仅包括帝王的

---

[1] 王国维《殷周制度论》曰："周人制度之大异于商者，一曰立子立嫡之制，由是而生宗法及丧服之制，并由是而有封建子弟之制，君天子臣诸侯之制；二曰庙数之制；三曰同姓不婚之制。此数者，皆周之所以纲纪天下也。"参见王国维：《观堂集林》，北京：中华书局，1959年，第453—454页。

个人品德，更多地指向德能、功德之义。无论是武功，还是精神上的教民、祭神，或是物质上的利民，只要为民众带来福祉、促进文化发展和社会进步就是"德"。五帝之德各有侧重，有的偏武，如黄帝打败蚩尤和炎帝，迈出武统天下的第一步。有的偏文，如尧"钦明文思安安"（《尚书·尧典》），"巍巍乎！其有成功也；焕乎，其有文章！"（《论语·泰伯》）有的重以精神信仰引导民众，如颛顼"绝地天通"，初步确立了事神、敬天之礼，把中国人的精神引向了共同的天神信仰。有的偏物质利益，如帝喾"博施厚利，不于其身"，"取地之财而节用焉，抚教万民而诲利之"。有的则个人德行突出，如舜之孝行，后经《孟子》的渲染和塑造，舜成为儒家孝子的典范。"德"的内涵包括仁、义、礼、智、诚、信、惠、宽裕、温良、敦敏等儒家的所有德目，这些德目是个人修养，更成就了他们统一天下、发明技术、创设制度、厚生养民等推动中华文明进程的伟大功绩。这些美好德行和伟大功绩是黄帝、颛顼、帝喾、尧、舜被列为"五帝"并受后人世代景仰和祭祀的原因，即帝王的权威性和政权的合法性完全在于帝王内在的"德"行，而非外在的天意。

这是孔子一贯的"为政以德"政治思想的体现，也是对西周初年以来"天命靡常，惟德是辅"（《尚书·多士》）思想的继承和发展。首先，细化了德目。殷商易代，小邦周战胜了大邑商，殷人"天命不移"的观念被打破，周人认识到上天赐予人间君王的统治权不是永久的，殷亡是因为失德所致，"惟不敬厥德，乃早坠厥命"（《尚书·召诰》），而周文王崇德尚善，才使上天降命于周。这样就把天命是否眷顾与人自身的德行联系起来了。在《尚书·周书》中，几乎每篇都有对"德"的叙述，既充满"明德""崇德"的说教，也显示周人"小心翼翼，昭事上帝"，以及"以德配天""敬德保民"的心态。但周初只是产生了"德"这一概念，还没有对"德"的内涵展开具体的探讨。到了孔子，则提出了具体的德目：仁、义、礼、智、诚、信、惠等，这是对周初德政思想的弘扬和进一步深化。

其次，把"德"和"五行"联系起来，把帝王之德纳入五行相生的运行体系中。西周统治者虽然明确提出了"敬德保民"的主张，但并未把"德"和"五行"二者联系起来，并未把帝王之德纳入五行相生或相克运行的体系之中。孔子把人间五帝比附天道五行，把帝王之德纳入五行相生的运行体系中，"天命转移，不又一家"的天意更加直观显现，从而迫使帝王更加重视德的作用。孔子对五帝之德的论述，强化了西周以来道德因素在帝王之道中的作用，树立了以德治国、以德修身的榜样，也确定了中国政治以德性为主导的王道政治的发展模式。

总结以上所论，孔子的五帝观可归为以下几点。

第一，把天时五行引入人类社会，由天道木、火、土、金、水五行推出人间五帝太皞、炎帝、黄帝、少皞、颛顼。孔子把一年分五时的天道自然五行运用到人道社会领域，用于解释人类历史发展演变的规律，使五行理论有了更广阔的运用领域和更高的思想价值。

第二，太皞五帝之间为相生关系。这相生关系来自一年五时的自然更替，自然天道中的天时是相生运行的，人类历史上的朝代更替也是随时代发展依次进行的，后一个朝代是前一个朝代自然运行产生的结果。把历史长河中的太皞五帝配置到"四方＋中央"的空间中，太皞与木、东方配，因为东方是万物所生之地，体现了中国传统文化中生生不息的观念。

第三，注重"德"行。孔子用"德"来解释太皞五帝之所以被奉为"五帝"的原因，是"其德不可以多也"，解释了天命转移和政权合法性的来源，触及了政治的核心问题。殷周之际的统治者已认识到"天命不又"的道理，提出"敬德保民"的主张，但天命如何运转，朝代如何更迭？人们并未深究。孔子把"德"与"五行"的观念相结合，形成"五德"概念，提出"夏后氏以金德王……殷人用水德王……周人以木德王……尧以火德王……舜以土德王"(《五帝》)。各代帝王被纳入五德的运行体系中，修德保德则有天下；失德无德则会引起天命转移，失去王权。治国者的德行被格外突出，德目也进一步被细化。

第四，易代改制。在孔子的五行观中，每一代帝王都有对应的五行之德，分别用黑、白、赤、黄、青五色来标记，并在丧葬、战争、祭祀的国家大事上使用所配的颜色，这形成了一种政治制度，历代严格遵守。朝代更替了，国家大事上所用颜色等须转换成德属对应的颜色。

儒家文明早期成功的治国实践

——以鲁国季康子执政时期为例

张 磊[*]

摘 要：季康子执掌鲁政，选用孔门儒家弟子为官作为主要力量治国，在政治上突破世卿世禄制度限制，推动政治制度、治国理念和文化变革；在外交、军事上，依据列国形势，运筹帷幄，推动外交方针、军事策略的调整；在经济上突破井田制度束缚，实行"用田赋"，推行土地赋税制度变革。季康子顺应历史发展的潮流，以儒治国，推动了鲁国社会的重大变革，是儒家文明早期相当成功的治国实践，具有十分深远的历史意义。

关键词：鲁国；季康子；孔门弟子；以儒治国；成功实践

季康子（？—前468），即季孙肥，姬姓，名肥，谥康，后世称"季康子"，继其父季桓子为鲁国大司徒、冢卿。春秋末期，鲁国内有家臣作乱，外有大国威胁，处于风雨飘摇之中。大司徒季康子执掌鲁政，力挽狂澜，以儒治国，积极变革，可以说是儒家文明早期相当成功的治国实践。

---

[*] 作者简介：张磊，男，山东师范大学齐鲁文化研究院教授、博士生导师，研究方向为中国先秦史、儒学史、齐鲁文化。本文系国家社会科学基金项目"出土竹简与大小戴《礼记》综合整理研究"（项目号：18BZS028）及教育部人文社会科学重点研究基地重大项目"齐鲁文化的形成与中华文明'轴心时代'研究"（项目号：22JJD770051）阶段性成果。

一、季康子执掌鲁政与任用孔子弟子子路等治国

鲁国大司徒季康子生活在春秋末年,此时包括鲁国在内的春秋社会正处在一个大转折、大动荡时期。从鲁国内部来说,大夫纷争、家臣作乱的局面愈演愈烈。出身于鲁国三桓之首的季氏家族的季康子正是在这样严峻的社会背景下登上历史舞台的。《左传·哀公三年》云:

> 秋,季孙有疾,命正常曰:"无死。南孺子之子,男也,则以告而立之。女也,则肥也可。"季孙卒,康子即位。既葬,康子在朝。南氏生男,正常载以如朝,告曰:"夫子有遗言,命其圉臣曰:'南氏生男,则以告于君与大夫而立之。'今生矣,男也,敢告。"遂奔卫。康子请退。公使共刘视之,则或杀之矣,乃讨之。召正常,正常不反。

鲁哀公三年(前492)秋天,季桓子患重病将死,委托正常关于继位者之事:如果其妻南孺子生男,则立;如生女,则立季孙肥。一般来讲,南孺子所生之男当立,并且能公布于鲁国,说明从宗法制角度讲该男是季桓子之嫡长子,也从侧面证明了季康子虽然年长但非季桓子之嫡长子。季桓子去世后,事情显然变得复杂而微妙:南孺子所生之男可能被杀死,而季康子很快得立为继承人。正常虽欲实现季桓子的遗言但是却无能为力,只好出奔卫国。因此季康子的继位之事,有惊无险,终于实现。季康子得立,应该说违背了宗法制的规定,即嫡长子继承制。这期间约略可以看出围绕继位展开的激烈争夺。季康子最终得以继位的历史事实表明:一方面是权力下移,权卿当政,围绕权力继承而展开的激烈斗争,季氏需要像季康子这样的强有力的人物;另一方面是宗法制度的衰微,季康子公然杀嫡立己,无视以嫡长子继承制为核心的宗法制,说明宗法制在新的形势下面临严峻的挑战。

这样季康子承其父职担任了鲁国大司徒,逐渐掌握了鲁国内政外交的大

权。根据《左传·哀公十四年》的记载，是年（前481）齐陈恒弑其国君壬。孔子向鲁哀公请求伐齐国，但是鲁哀公说"子告季孙"，即这样的事情必须去问季康子。可以看出，鲁哀公在是否发动战争这样的国家大事方面无法做主，需要听从季康子的决定。从这一点可以推测季康子已经担任鲁国冢卿，实际执掌鲁国之政。

季康子力图不断削弱鲁哀公的权力。根据《左传·哀公二十四年》的记载，是年（前471）鲁哀公到越国，与越国太子适郢友好。适郢将要把女儿嫁给鲁哀公，并多送给其土地。这其实正符合鲁哀公修好于越以巩固其君位的意图。季康子非常紧张，深恐鲁哀公得到越国的支持而威胁到自己，所以只好通过各种途径加以制止。这既防止了鲁哀公与大国越国结好，同时有效巩固了季康子在鲁国的执政地位。

鲁国大司徒季康子在鲁哀公十一年（前484）迎回了周游列国14年的孔子。季康子虽然没有任命孔子为官，但是在选儒任官方面迈出了更大步伐。孔子兴办私学，培养了许多优秀的儒家弟子。《史记·仲尼弟子列传》云："孔子曰'受业身通者七十有七人'，皆异能之士也。"季康子向孔子询问孔门儒家弟子的情况，决定选用其中优秀者为官，作为治理鲁国的主要力量。《论语·雍也》云：

季康子问："仲由可使从政也与？"子曰："由也果，于从政乎何有？"

曰："赐也可使从政也与？"曰："赐也达，于从政乎何有？"

曰："求也可使从政也与？"曰："求也艺，于从政乎何有？"

季康子问孔子，仲由（子路）、端木赐（子贡）和冉求（冉有）三个人是否适合从政。孔子说仲由果敢决断、端木赐通情达理、冉求多才多艺，这三个人治理国政都没有困难。

关于子路的情况，《史记·仲尼弟子列传》云：

> 仲由字子路，卞人也。少孔子九岁。
>
> ……
>
> 子路性鄙，好勇力，志伉直……
>
> 子路问政，孔子曰："先之，劳之。"请益。曰："无倦。"
>
> ……
>
> 孔子曰："片言可以折狱者，其由也与！"……
>
> 季康子问："仲由仁乎？"孔子曰："千乘之国可使治其赋，不知其仁。"

仲由，字子路，春秋末年卞人，孔子弟子。子路出身贫苦，性格急躁好勇，但关心政治，处理政事能力特别强。例如，他根据犯人的言辞就可以判断官司。季康子向孔子咨询了解子路的政治本领。孔子说千乘之国可使子路治理，对子路的才能充分认可。

根据《左传·哀公十四年》的记载，是年小邾射以句绎来奔，要求子路代表鲁国与其盟誓，否则不愿与鲁国为盟，可见在季康子时代，子路被委以重任。鲁国派子路前去，但是子路不同意，说："鲁有事于小邾，不敢问故，死其城下可也。彼不臣而济其言，是义之也。由弗能。"原因是小邾射离邾投奔鲁国，不符合子路推崇的儒家君臣之义原则。从这一点可以隐约看出，作为孔子最器重的弟子之一，子路在政治实践中坚定地贯彻儒学理念，并运用到治理国家之中。

季康子任用孔子弟子子游为武城宰。《史记·仲尼弟子列传》云："子游既已受业，为武城宰。孔子过，闻弦歌之声。孔子莞尔而笑曰：'割鸡焉用牛刀？'子游曰：'昔者偃闻诸夫子曰：君子学道则爱人，小人学道则易使。'孔子曰：'二三子，偃之言是也。前言戏之耳。'"孔子来到子游治理的武城，听到弦歌之声。若据此推测，子游以孔子儒学为指导，用礼乐教化百姓，当大致不差。而事实亦是如此，子游以儒家之道治理武城，达到了"君子学道则爱人，小人学道则易使"的效果。

季康子任用子路、子游、子贡、冉求、樊迟等孔门弟子为官，在政治、外交、军事、经济等方面,皆有较好的表现,为治理鲁国做出了贡献。这是对世卿世禄制度的重大突破,推动了鲁国乃至春秋社会的重大变革。

二、季康子用孔子弟子子贡等推进鲁国外交

季康子的时代,从列国形势来看,大国并立,吴越争霸,所以鲁国的外部环境险象环生。与这些强国相比,鲁国实力较弱,故面临较大的外部威胁和压力。季康子根据列国形势和鲁国国力,以子贡等儒家弟子为主推进鲁国外交,积极调整鲁国外交方针,取得了明显成效。

面对强大的齐国,季康子友好和抵抗两手并用。根据《左传·哀公八年》的记载,是年(前487)齐悼公来鲁国访问。季康子"以其妹妻之",以缓和与齐国的关系,减轻齐国对鲁国的压力。但是其妹与季鲂侯私通,所以后来不敢将其嫁给齐悼公。齐悼公发怒进攻鲁国,并准备联合吴国共同攻打。鲁国不得不放回此前囚禁的邾国国君邾隐公。鲁国、齐国盟会和好。季康子将季姬嫁给齐悼公。季姬受宠以后,使齐人归还讙和阐地,维护了鲁国的利益。

孔门儒家弟子当中,子贡具备杰出的外交才能。《史记·仲尼弟子列传》云:

端沐(木)赐,卫人,字子贡。少孔子三十一岁。

子贡利口巧辞,孔子常黜其辩。

端木赐,字子贡,孔子弟子,春秋末年卫国人,善言辞,是出色的外交家。

春秋末年,吴国对鲁国施以强大的外交压力。季康子不得不抗击吴国。根据《左传·哀公七年》的记载,是年(前488)吴国想以鲁国问路,挥师中原。鲁哀公与吴国使者在鄫会面。吴国向鲁国征百牢,这对鲁国实在是莫大的耻辱。鲁臣子服景伯指出这是以前没有发生过的事情,但是吴人指出鲁贡晋大夫

亦能十一牢。子服景伯依据周礼力争，但认为吴弃天而终将亡，鲁若不交会沾染晦气，故最终答应。

面对这种严峻的局面，作为鲁国的执政者，大司徒季康子必须有所谋划。根据《左传·哀公七年》的记载，是年吴国大宰嚭欲召见季康子，但是季康子派子贡代表他去会面，可见季康子对子贡的信任。大宰嚭因为季康子未亲自来不合于礼而责备子贡，子贡解释说："岂以为礼，畏大国也。大国不以礼命于诸侯，苟不以礼，岂可量也？寡君既共命焉，其老岂敢弃其国？大伯端委以治周礼，仲雍嗣之，断发文身，裸以为饰，岂礼也哉？有由然也。"季康子在子贡回来汇报说吴国实力有限后，遂下定决心抗吴。

此后季康子伐邾，而鲁国与吴国关系依然紧张。鲁哀公七年，季康子打算攻打邾国，遭到鲁国众大夫的反对，认为不仁失德。但是鲁军最终攻入邾国，俘获邾子益。这导致邾国求救于吴国。鲁国伐邾引来了吴国的干涉。因此季康子伐邾反而最终危及了鲁国的安全。根据《左传·哀公八年》的记载，是年鲁国受到吴国军队的猛烈进攻，季康子不但不妥协而且积极抵抗，以致吴王认为鲁国"未可望也"。在吴军进攻到距离鲁都不远的地方时，鲁大夫微虎准备派勇士趁夜晚偷袭吴王。从有人劝季康子不要这样做的情况来看，微虎的偷袭计划实际上得到季康子的支持。这些勇士里面就有孔门弟子有若。季康子最后听从别人劝告，"乃止之"，终止偷袭计划，与吴国举行会盟。季康子起用子贡从外交方面应对吴国，并侵伐邾国以牵制吴国，虽有子服景伯的劝谏亦不听从，其策略虽然不一定完全恰当，但还是颇有决心和手腕的。

此后最能说明子贡是一名出色的外交家的事情是临危受命救鲁之事。根据《史记·仲尼弟子列传》的记载，"田常欲作乱于齐，惮高、国、鲍、晏，故移其兵欲以伐鲁"。在鲁国遭受齐国进攻之际，子贡奉命出使，"故子贡一出，存鲁，乱齐，破吴，强晋而霸越。子贡一使，使势相破，十年之中，五国各有变"，凭借他杰出的外交才能使鲁国得以保全。

鲁哀公二十七年（前468），季康子参加鲁、越平阳之盟。《左传·哀公二十七年》云：

二十七年春，越子使舌庸来聘，且言邾田，封于骀上。

二月，盟于平阳，三子皆从。康子病之，言及子赣，曰："若在此，吾不及此夫！"武伯曰："然。何不召？"曰："固将召之。"文子曰："他日请念。"

关于季康子言及子赣（子贡），杨伯峻注云："盖舌庸强三子从鲁哀公与之盟，鲁之兵力既不能敌越，又无善于辞令之人以拒之，故念及子贡，十二年子贡曾却吴王夫差之请寻盟也。"[①]越国国君以霸主身份派舌庸来访问，谈及被鲁国侵夺的邾国土田，而且提出以骀上为鲁、邾两国边界。鲁、越在平阳会盟，季康子、叔孙文子、孟武伯皆跟从鲁哀公与舌庸会盟。季康子以鲁国国君与越国大夫这种不平等的身份会盟为耻，并特别想念子贡，认为子贡如果在此，不会被羞辱到这样的地步，而且说本来要召他来随从参加的。这说明子贡的外交才华深受季康子认可。

另外，冉求也积极活跃在鲁国的外交舞台上。春秋末年，宋国在列国当中仍具有一定影响力。《左传·哀公二十三年》云："宋景曹卒。季康子使冉有吊，且送葬。"是年（前472）宋景公之母去世，季康子派冉求带着马匹作为礼物吊唁、送葬。这是鲁国显示对宋国友好之意，也说明冉求在外交领域中也颇受季康子重用。

三、季康子用孔子弟子冉求等整顿鲁国军事

季康子的时代，鲁国弱小，在诸大国中间处境艰难。季康子任命冉求统率军队，亦用儒家弟子樊迟。冉求大力整顿鲁国军事，积极抵御外敌。《史记·仲尼弟子列传》云：

冄（冉）求字子有，少孔子二十九岁。为季氏宰。

[①] 杨伯峻：《春秋左传注》，北京：中华书局，1990年，第1733页。

> 季康子问孔子曰:"冄(冉)求仁乎?"曰:"千室之邑,百乘之家,求也可使治其赋。仁则吾不知也。"

冉求,字子有,孔子弟子,富有军事才能。当季康子问冉求本领如何的时候,孔子认为千室之邑、百乘之家,可使冉求治理。冉求任季氏宰,领兵打仗,表现突出。

《史记·仲尼弟子列传》云:

> 樊须字子迟。少孔子三十六岁。
>
> ……
>
> 樊迟问仁,子曰:"爱人。"问智,曰:"知人。"

樊须,字子迟,春秋末年鲁国人(一说齐国人),曾向孔子学习农业,被孔子批评;后有所体悟,能关心"仁""智"等儒学的核心命题。

随着吴、齐关系的恶化,鲁、齐两国的友好没有维持太久就战争又起。鲁哀公十年(前485),吴、鲁等国与齐发生鄎之战。同年齐悼公被齐人所杀。鲁哀公十一年春天,齐为鄎之战之故,国书、高无丕帅师伐鲁。季康子虽然对齐军有所畏惧,但任用孔门弟子冉求这位杰出的军事家率领鲁国军队进行抵抗。冉求、樊迟等人的军事谋略集中表现在鲁哀公十一年鲁国抗击齐军的战争当中。《左传·哀公十一年》云:

> 十一年春,齐为鄎故,国书、高无丕帅师伐我,及清。季孙谓其宰冉求曰:"齐师在清,必鲁故也。若之何?"求曰:"一子守,二子从公御诸竟。"季孙曰:"不能。"求曰:"居封疆之间。"季孙告二子,二子不可。求曰:"若不可,则君无出。一子帅师,背城而战,不属者,非鲁人也。鲁之群室,众于齐之兵车。一室敌车,优矣,子何患焉?二子之不欲战也宜,政在季氏。当子之身,齐人伐鲁而不能战,子之耻也。大不列于诸侯矣。"

季孙使从于朝,俟于党氏之沟。武叔呼而问战焉,对曰:"君子有远虑,小人何知?"懿子强问之,对曰:"小人虑材而言,量力而共者也。"武叔曰:"是谓我不成丈夫也。"退而蒐乘。孟孺子泄帅右师,颜羽御,邴泄为右。冉求帅左师,管周父御,樊迟为右。季孙曰:"须也弱。"有子曰:"就用命焉。"季氏之甲七千,冉有以武城人三百为己徒卒,老幼守宫,次于雩门之外。五日,右师从之。……

师及齐师战于郊。齐师自稷曲,师不逾沟。樊迟曰:"非不能也,不信子也。请三刻而逾之。"如之,众从之。师入齐军。……师获甲首八十,齐人不能师。宵,谍曰:"齐人遁。"冉有请从之三,季孙弗许。……冉有用矛于齐师,故能入其军。孔子曰:"义也。"

"鲁之群室,众于齐之兵车。一室敌车,优矣",杨伯峻注云:"此一室指季氏,四分公室而有其二……则季孙之兵车独多,而齐师所出少,故云以季孙之兵力敌齐甚有余裕。"[1]从"一室敌车,优矣"来看,其兵力足以超过齐国派来的军队,再联系"季氏之甲七千"来看,冉有对鲁国军队进行了改革整顿,取得了良好的效果,建立了一支装备精良、战斗力强大的军队,以抵御外敌。当齐国大兵压境的时候,担任季氏宰的冉求力主抵抗,并出谋划策。冉求善于进言,成功劝说以季氏为首的鲁国三桓派兵抵抗。他有抵抗齐兵的决心,"一子帅师,背城而战,不属者,非鲁人也"。他采取樊迟"请三刻而逾之"的建议。鲁国最后取得了胜利。此次战争,孔子弟子樊迟虽然年轻,但是也表现出有勇有谋。所以二人都被孔子称赞为"义也"。孔门弟子冉求、樊迟参与了鲁国军事,发挥了杰出的作用。

季康子在其执政时期,对列国形势有深刻的认识,任用孔门弟子子贡、冉求等,大力调整外交方针、军事策略,以友好和抗击两手并用应对大国,使鲁国在列国激烈竞争的舞台上能够站稳脚跟、生存发展。

---

[1] 杨伯峻:《春秋左传注》,第1658页。

四、季康子用孔子弟子冉求推行"用田赋"

从春秋诸国的社会情况来看，按田亩征收赋税成为一种发展趋势。《左传·哀公二年》："初，周人与范氏田，公孙尨税焉。"《左传·哀公十一年》："夏，陈辕颇出奔郑。初，辕颇为司徒，赋封田以嫁公女。"赋就是广泛意义的赋税，包括田税。鲁国维持庞大的军队需要足够的粮食、武器等物资，但是鲁国原来征收赋税的办法已经无法满足这样的需要，因此需要进行变革。

在这样的社会背景下，季康子用孔子弟子冉求推行赋税制度变革。《左传·哀公十一年》云：

> 季孙欲以田赋，使冉有访诸仲尼。仲尼曰："丘不识也。"三发，卒曰："子为国老，待子而行，若之何子之不言也？"仲尼不对，而私于冉有曰："君子之行也，度于礼，施取其厚，事举其中，敛从其薄。如是，则以丘亦足矣。若不度于礼，而贪冒无厌，则虽以田赋，将又不足。且子季孙若欲行而法，则周公之典在；若欲苟而行，又何访焉？"弗听。

细绎这段记载，能看出季康子以儒家弟子冉求作为推行"用田赋"的主要官员。这既与冉求因军事才能上的突出表现深得季康子信任有关，也与冉求统领军队、掌管军赋有关。《左传·哀公十一年》杜注谓："丘赋之法，因其田财通出马一匹、牛三头，今欲别其田及家财各为一赋，故言田赋。"[1]范宁的看法与杜注说基本相同。[2]汉代何休认为："田谓一井之田；赋者，敛取其财物也。言用田赋者，若今汉家敛民钱以田为率矣。"[3]晁福林师指出："古代注疏家的这些

---

① （西晋）杜预注，（唐）孔颖达等正义：《春秋左传正义》卷五十八《哀公十一年》，（清）阮元校刻：《十三经注疏》，北京：中华书局，1980年，第2167页。
② （东晋）范宁注，（唐）杨士勋疏：《春秋穀梁传注疏》卷二十《哀公十二年》，（清）阮元校刻：《十三经注疏》，第2450页。
③ （东汉）何休注，（唐）徐彦疏：《春秋公羊传注疏》卷二十八《哀公十二年》，（清）阮元校刻：《十三经注疏》，第2351页。

说法虽然未尽正确，但是大体符合合乎'用田赋'之实。需要指出的是，鲁国'用田赋'的时候，还不具备'汉家敛民钱以田为率'那样的社会条件，国家还不能直接从普通劳动者那里征取赋税。在一定程度上具有农村公社性质的井田组织一般是隶属于各级贵族的。尽管田赋归根还是落在普通劳动者肩上，但是在形式上，却是主要由贵族向国家交纳田赋。"①又指出："种种迹象表明，春秋战国之际，赋、税的区别趋于缩小。从春秋后期开始，征收田税在诸国多已普遍施行。"②还指出："从土地赋税制度发展的趋势看，'用田赋'尽管不能排除其有军赋的成分在内，但其主要内容应当指的是田税。"③大司徒季康子打算按田亩征收赋税，违背了孔子所坚持的"周公之典"（即周礼）。尽管如此，季康子仍然推行这项措施而突破了周礼的规定。

《国语·鲁语下》也有记载：

季康子欲以田赋，使冉有访诸仲尼。仲尼不对，私于冉有曰："求来！女不闻乎？先王制土，籍田以力，而砥其远迩；赋里以入，而量其有无；任力以夫，而议其老幼。于是乎有鳏、寡、孤、疾，有军旅之出则征之，无则已。其岁收，田一井出稯禾、秉刍、缶米，不是过也。先王以为足。若子季孙欲其法也，则有周公之籍矣；若欲犯法，则苟而赋，又何访焉！"

韦昭注云："田赋，以田出赋也。"④从孔子对冉求的讲话中可以看出，周代确立井田制度，借助民力来耕种籍田以之为税，并使远近之地得到均平；以里为单位收取军赋，而且考虑到民众的有无；征发力役，考虑到民众年龄的不

---

① 晁福林师：《春秋战国的社会变迁》下册，北京：商务印书馆，2011年，第573—574页。
② 同上书，第574页。
③ 同上。
④ 徐元诰撰，王树民、沈长云点校：《国语集解·鲁语下》，北京：中华书局，2002年，第206页。

同；对于鳏、寡、孤、疾，有军旅之事时才向他们征收赋税，否则就停止征收；有军旅之事那一年的征收标准，是按照"田一井"收一稯禾柴、一秉刍草和一缶粮食，一般不会超过这个数量，保持着赋税的适中。"细绎孔子之语的意思，当是'用田赋'指以田亩数量为依据来加重赋税。"①从《国语·鲁语下》的记载中可以更明确地看出季康子"欲以田赋"突破的是周公以来的"籍田以力"的井田制度。

《左传·哀公十二年》云："十二年春……用田赋。"季康子按田亩征收赋税，"主旨是以拥有私田数量的多寡为标准来加重赋税负担"②，并且保持着稳定而不是经常改变。"鲁国的土地赋税制度到春秋末年终于迈出实质性的步伐，那便是鲁哀公时代季康子的'用田赋'。"③这里特别应该注意的是，"用田赋"之前是井田制下的"籍田以力"，即按照人来征发力役；"用田赋"之后，当指以田亩数量为依据来征收赋税，实际上是减轻对人身关系的控制，将"户籍编制和土地制度分离了"。④这是季康子、冉求对鲁国井田制的重大突破变革，也促进了国野区别的缩小，顺应了历史发展的潮流，是历史的巨大进步。

季康子在哀公二十七年去世。《左传·哀公二十七》年云："夏四月己亥，季康子卒。公吊焉，降礼。"杨伯峻注云："二十五年《传》云'饮酒不乐，公与大夫始有恶'，则鲁哀于季康子固已恨之矣；于其卒也，吊其丧减于常例，盖合情理，且下《传》明言'三桓亦患公之妄也'……"⑤鲁哀公去吊唁，但是礼节降等，说明季氏与鲁哀公之间有深刻矛盾。

鲁国执政大司徒季康子面对严峻局面，力挽狂澜，善于谋划，勇于作为，积极选用孔门弟子为官，如子路、子游等人受到重用；重视以才选人，并用其

---

① 晁福林师:《春秋战国的社会变迁》下册，第573页。
② 同上书，第570页。
③ 同上书，第572页。
④ 田昌五、臧知非:《周秦社会结构研究》，西安：西北大学出版社，1996年，第114页。
⑤ 杨伯峻:《春秋左传注》，第2、1733页。

所长，如子贡善于外交、冉求长于军事。这不仅为鲁国统治阶层补充了新生力量，也为儒家学派实践其思想学说进一步提供了必要条件。季康子与孔门弟子突破世卿世禄制度限制，推动了政治制度、治国理念和文化变革；依据列国形势和鲁国实力，运筹帷幄，推进鲁国外交方针、军事策略的调整；突破井田制度束缚，实行"用田赋"，推行土地赋税制度变革。大司徒季康子顺应历史发展的潮流，推动了鲁国社会的重大变革，以儒治国，使鲁国克服内忧外患得以生存发展，可谓儒家文明早期相当成功的治国实践，具有十分深远的历史意义。

从齐鲁之学到"大一统"理论：
董仲舒学说对中华共同体认同历史演进的推动

刘丹忱[*]

摘　要："天下一统"是齐鲁之地先秦儒学一以贯之的学术主张。"大一统"一词始见于《春秋公羊传》，《春秋》公羊学属齐学系统。董仲舒"大一统"理论赋予其政权统一和意识形态统一的含义，以解决统一多民族国家合法性和国家文化认同的问题。两汉400年的空前统一更使"大一统"思想固化为民族心理，中华各民族逐渐发展成为一个完整的不可分割的共同体。董仲舒确立的"大一统"学说为中华民族长期自在的存在提供了理论支撑，使多元一体的格局成为中华民族精神生活的价值追求。各民族之间的征伐与战争既是融合的阻力，也是融合的助力，各民族共同维系着"大一统"的政治实体。"大一统"思想曾经也必将在凝聚中华共同体认同方面发挥历史性的作用。

关键词：董仲舒；大一统；统一多民族国家；中华共同体

中国历史经历了三次大统一、两次大分裂。第一次大统一的秦汉时代持续了约440年，第一次大分裂的三国两晋南北朝时期约360年，第二次大统一的隋

---

[*] 作者简介：刘丹忱，男，中国政法大学人文学院副教授，研究方向为中国思想史、史学理论。本文系国家社会科学基金专项项目（项目号：19VXJ001）阶段性成果。

唐时代持续约330年，第二次大分裂的五代十国宋辽夏金时期约370年，第三次大统一的元明清时代持续约700年。总体来看，统一的时间约占2/3，分裂的时间约占1/3。统一成为中国历史的主流，前半期的统一是由汉族起主导作用，后半期的统一是蒙古族和满族为主导。因此可以说，中国的统一是中华民族共同维系的成果。为什么中华各民族能够从多元走向一体，逐渐强化对中华共同体的认同呢？究其原因是多方面的，但其中董仲舒的"大一统"理论功不可没。从师承和政治实践上看，董仲舒与齐学渊源深厚。《春秋公羊传·隐公元年》明确提及"大一统"，董仲舒传习《春秋公羊传》，《春秋》公羊学属齐学系统，据传他学于齐人公羊寿。而且董仲舒曾在齐地的胶西国为相，必然对齐学有了更加深入的理解，其思想深受齐鲁文化传统的影响。①

从先秦齐鲁之地的儒家看，孔子的德治思想一直都是以全天下为治平目标的，孔子认为："天下有道，则礼乐征伐自天子出；天下无道，则礼乐征伐自诸侯出。"（《论语·季氏》）从周游列国追求政治理想的人生经历，到孔子欲居九夷不以为陋，以及子夏"四海之内皆兄弟"的诸多说法，都说明孔门的思想视阈绝不仅限于鲁国，亦不局限于华夏诸邦，而是以包括夷狄在内的整个天下为己任。后来儒家孟子"定于一"（《孟子·梁惠王上》）的思想与荀子"四海之内若一家"（《荀子·王制》）的思想，都是由此引申的。荀子多次在著作中提到"一天下"："一天下，臣诸侯"（《荀子·强国》）；"性伪合，然后成圣人之名，一天下之功于是就也"（《荀子·礼论》）。可见"天下一统"是齐鲁之地先秦儒学一以贯之的学术主张。

一、理论形成：董仲舒"大一统"思想为中华共同体奠定理论基础

"大一统"思想的起源可追溯至夏商周三代。夏启废禅让而"家天下"，建立了中国历史上第一个王朝。启举行"钧台之享"，力图使各族听令于自己。

---

① 参见王志民、徐振宏主编：《中国地域文化通览·山东卷》，北京：中华书局，2013年，第199—201页。

殷商甲骨卜辞及文献记载已反映出一统"天下"思想的萌芽状态。在传世文献中，商被称为"中商""大邑商"，又被称为"土中"或"中土"；而四方诸侯被称为"东土""南土""西土""北土"，反映了商在当时认识所及的范围内具有突出的核心地位。至西周，这种萌芽的一统思想得到进一步的发展，其体现就是《诗经·北山》中的那句"溥天之下，莫非王土；率土之滨，莫非王臣"。这只是人们的一种模糊意识的夸大。夏商周三代时期的"大一统"观念只是人们的一种模糊意识，还没有系统化、理论化，其"天下"的概念是有时代局限的。《尚书》中的《禹贡》篇，一般认为是战国时的作品。它打破当时各国的政治界限，依据山川的分野划分"九州"，又据各地民族居地的远近与特点定为"五服"，这是一种理想状态下的天下一统的地理学说。这是人们对"大一统"社会的理想设计，是政治统一趋势下"大一统"思想的反映。

对于"大一统"思想，先秦诸子见仁见智，老子、孔子、孟子、荀子、墨子、韩非等，以及《春秋公羊传·隐公元年》这本经典，都涉及了"大一统"这个命题。从他们的思想表述看，先秦诸子多对诸侯分裂的割据局面予以否定，主张"大一统"的发展方向，并对"大一统"的实现进行了理论构思与争鸣。孔子的德治思想一直都是以全天下为治平目标的，是以包括夷狄在内的整个天下为己任的。《吕氏春秋》说："王者执一，而为万物正。一则治，两则乱。"韩非反对"一栖双雄""一家两贵"。墨子有"尚同"主张，希望"天下百姓，皆上同于天子"。虽诸子都有"一"的表述，但尚未从概念上明确提出"大一统"。

从词源学上说，"大一统"一词始见于《春秋公羊传·隐公元年》："元年者何？君之始年也。春者何？岁之始也。王者孰谓？谓文王也。曷为先言王而后言正月？王正月也。何言乎王正月？大一统也。"东汉何休注曰："统者，始也，总系之辞。夫王者，始受命改制，布政施教于天下，自公侯至于庶人，自山川至于草木昆虫，莫不一一系于正月，故云政教之始。"唐代徐彦疏曰："王者受命，制正月以统天下，令万物无不一一皆奉之以为始，故言大一统也。"[1]这里的

---

[1] （东汉）何休解诂，（唐）徐彦疏，刁小龙整理：《春秋公羊传注疏》上册，上海：上海古籍出版社，2014年，第12页。

"文王",指周文王;"王正月",指周代历法中春季的第一个月。这里的"大"不是形容词,而是动词"尊大"的"大","一"是"元","元"者,为天道之始,所谓"一统者,万物之统皆归于一也"。《春秋》中多次使用"元年春王正月",这不仅是一个确定性的时间表达,更为重要的是含有尊王重统的深意,以时间上的"一"表示政治上的"一"。公羊学的"大一统"概念外延广泛,自然与社会、现实及历史俱在其中,它是一个将自然观、历史观、政治观、时空观贯通混合的广义概念,也是对自孔子以降先秦儒家强调尊王思想的继承和发展。

自前230年至前221年,秦王嬴政先后灭韩、赵、魏、楚、燕、齐六国,建立起中国历史上第一个统一的中央集权制的大一统王朝——秦朝,在历史上第一次把中国推向大一统时代,"大一统"既是一种思想观念,也是一种国家形态结构。其国家的形态结构与夏商周最大的区别在于:在全国范围内废除诸侯,建立起单一的由中央政府直接管辖的郡县二级地方行政体制。秦朝将治理的范围扩展到全域,并贯彻至基层,政治上的统合可减少、融化族群间的差异,有利于集权和统一。交通、文字、货币和度量衡等统一措施与郡县制一起,对此后2000多年的大一统国家的维护发展一直发挥着至关重要的作用,有力地促进了华夏区域的整合。一个车同轨、书同文、地同域、人同伦、器同衡的中央集权国家为"大一统"创造了制度上的保障,但秦朝在后来的运行过程中日益暴露了法家严刑峻法思想的缺陷。秦朝灭亡后,刘邦取得天下,使中国再次进入一个统一的多民族的大一统时代——汉朝。建立这样一个统一的幅员广大、人口众多的大国,所遇到的首要问题,就是如何确立统一的国家意识。

战国时期杀人盈城、杀人盈野,楚汉战争也是惨烈异常。社会失序,战争频仍,民不聊生。汉朝建立之初,为休养生息而奉行"黄老之学",初期颇有效果,但随着社会的发展,其弊端也渐次显露。"黄老之学"尊崇"无为而治",这就带来了国家治理的软弱,造成藩王势力逐渐强大和豪强兼并日益猖獗,严重危害到国家政权的稳定与社会的安定。董仲舒指出:"今汉继秦之后,如朽木、粪墙矣,虽欲善治之,亡可奈何。法出而奸生,令下而诈起,如以汤止沸,抱薪救火,愈甚亡益也。窃譬之琴瑟不调,甚者必解而更张之,乃可鼓也；为政而不行，甚者必变而更化之，乃可理也。当更张而不更张，虽有良工不能善调也；当更化而不更化，虽有大贤不能善治也。故汉得天下以来，常欲善治而至今不可善治者，失之于当更化而不更化也。"①因"无为而治"，固守旧法而不知"更化"，内外之乱得不到有效治理。

　　汉初的七国之乱使饱尝战争痛苦的人民倍加珍惜和平、秩序的可贵。正是在这样的形势下，汉武帝决定改弦更张，调整治国理政的指导思想。一代伟大的思想家、政治家董仲舒经过缜密的研究和成熟的思考，继承和发展先圣贤思想以及经典论述，形成了顺应历史发展潮流并高度契合中华民族心理特征的"大一统"理论体系，后来成功通过"天人三策"而把儒家思想变成国家意识形态，为作为一个实体的多元一体的中华民族的发展奠定了良好的理论基础。

　　董仲舒关于"大一统"理念的陈述，主要表现在他与汉武帝的《贤良对策》中。第一策："臣谨案《春秋》之文，求王道之端，得之于正。正次王，王次春。春者，天之所为也；正者，王之所为也。其意曰，上承天之所为，而下以正其所为，正王道之端云尔。然则王者欲有所为，宜求其端于天。天道之大者在阴阳。阳为德，阴为刑；刑主杀而德主生。是故阳常居大夏，而以生育养长为事；阴常居大冬，而积于空虚不用之处。以此见天之任德不任刑也。……臣谨案《春秋》谓一元之意，一者万物之所从始也，元者辞之所谓大也。谓一为元者，视大始而欲正本也。《春秋》深探其本，而反自贵者始。故为人君者，正心以正朝廷，正朝廷以正百官，正百官以正万民，正万民以正四方。四方正，远近莫敢不壹于正，而亡有邪气奸其间者。"②"元"者，为天道之始，《春秋》中历代君王纪年均由"元年"开始，意谓"君王治政之根本在于效法天道"；"春"者，为四季之始，世间万物由此生发，此乃天道于人间的推衍，是为地道，亦是君王政治遵循之道；"王"者，是为人杰、天地之代表，是为人道。董仲舒所谓的"大一统"，实质上是天、地、人三才贯通之道。而"春王

---

① （东汉）班固撰，（唐）颜师古注：《汉书·董仲舒传》，北京：中华书局，1962年，第2504—2505页。

② 同上书，第2501—2503页。

从齐鲁之学到"大一统"理论:董仲舒学说对中华共同体认同历史演进的推动

正"的顺序也表明了董仲舒所说的,"《春秋》之法,以人随君,以君随天,故屈民而伸君,屈君而伸天,《春秋》之大义也"(《春秋繁露·玉杯》)。由于历史的机缘,董仲舒的"大一统"思想全方位地关联着汉王朝的政统及其政治实践,并奠定了此后中国历代王朝道统与政统关系的基本模式。

汉武帝继位第七年,再次诏贤良对策。董仲舒明确提出"大一统"是宇宙普遍规律,并提出思想大一统——独尊儒术的建议:"《春秋》大一统者,天地之常经,古今之通谊也。今师异道,人异论,百家殊方,指意不同,是以上亡以持一统;法制数变,下不知所守。臣愚以为诸不在六艺之科孔子之术者,皆绝其道,勿使并进。邪辟之说灭息,然后统纪可一而法度可明,民知所从矣。"[①] 从董仲舒的表述中可以看出,他所说的"大一统",并不仅限于前人所说的国家统一、社会安定,更主要的是文化的统一、思想的稳定。他认为没有统一的思想文化,国家就无法制定固定的法律制度;没有固定的法律制度,国家治理就缺乏明确的依据,老百姓也就无所适从。主张文化的"大一统"是董仲舒深刻影响中国历史进程的一个重要理念。可见,董仲舒的"大一统"理论超越了《春秋公羊传》统一历法的意义,赋予了国家政权统一和国家意识形态统一的含义,即政治上的一统和思想上的一统。

董仲舒的国家构想是以《春秋》公羊学为宗旨,建立一个政治与文化、治术与学术相互依存的统一国家,作为实现"王道"社会的基础。在阐释"大一统"观念时,董仲舒提出了两个重要主张:一是重申上古时期"天命"的概念,以解决政权合法性的问题,君权天授,但同时又受到"上天"的制约。他把"天命"与民意结合在一起阐释,赋予民本思想以自然的法则地位。二是在文化上主张以儒家学说为治国理政的指导思想,以解决国家的文化认同问题,这为汉代形成统一多民族国家奠定了文化基础。

从《汉书》的记载中可以看出,自汉武帝之后,汉朝几代统治者都对董仲舒的"大一统"理论采取了认同与坚守的政策,这使得"大一统"成为一种国

[①] (东汉)班固撰,(唐)颜师古注:《汉书·董仲舒传》,第2523页。

家政治的共识。而正是因为有了这种共识,当时整个社会才形成了对建立一个统一多民族国家的认同,也形成了此后中国历史发展的一种主流走向。黑格尔认为,"每一个民族的国家制度总是取决于该民族的自我意识的性质和形成(式);民族的自我意识包含着民族的主观自由,因而也包含着国家制度的现实性","没有一种国家制度是单由主体制造出来的"。[①]汉承秦制,西汉王朝是中国历史上第一个持续发展的统一王朝,它保存了秦朝首次统一的历史成果,家国一体的政治组织与"大一统"思想相辅相成,形成了稳定的政治结构,从而使"大一统"成为中国社会的主流结构。由此,两汉400年的空前统一更使"大一统"思想固化为民族心理。在"大一统"这种深厚的民族传统政治思想的影响和左右下,历史上诸多企图分裂中国的行径都沦为徒劳之举。

经过两汉长期的民族融合与文化交流,中华民族逐渐发展成为一个完整的不可分割的统一整体。董仲舒确立的"大一统"学说为中华民族长期自在的存在提供了理论支撑,使各族人民能够在政治上、思想上、文化上超越既往的历史局限,消除彼此间的隔阂,使多元一体的格局成为中华民族精神生活的新的价值追求。

二、融众为一:秦汉统一到隋唐一统

中国古代政治层面的"大一统"进程推动着民族层面由"夷夏之辨"向"华夷一体"观念的演进。中华优秀传统文化是中华民族形成的内在因素,也是其生生不息的动力源泉。民族融合的关键因素在于文化的认同,而汉代的独尊儒术,使文化认同趋于一统,使中华民族拥有了共同的文化价值观。"大一统"观念体现在"族群"关系上,便是一种不同于类似后世"民族"意义上的"族群",而是追求普天之下"文治教化"认同的"有教无类",通过"华夷之辨"而实现"用夏变夷",最终达到"华夷一体",这在中国思想史和中国民族

---

① [德]黑格尔:《法哲学原理》,范扬、张企泰译,北京:商务印书馆,1961年,第342—343页。

史上都是值得称道的文明成就。

"大一统"的文化底质，以及半封闭、内向型的地理环境，促进了数千年来各民族之间的融合与凝聚。从上古时期"九黎""华夏""东夷"等各部族的冲突开始，民族融合就成为中国历史演进的基本线索；春秋战国时期，逐渐形成了"东夷""南蛮""西戎""北狄"四方民族向中原"华夏族"融合的主流趋势，并经秦汉王朝的征伐兼并建立起"统一的多民族国家"的初级形态。

以秦汉为历史起点，中国统一的民族共同体开始形成。在西汉大一统格局中，各民族交往空前频繁。虽然不免对峙与冲突，但最终都推动了民族间的了解与互信，加强了交融与认同。紧接着是三国两晋南北朝，被称为"五胡十六国"的少数民族政权在中国北方，以内聚的形式打破了旧有"中国"的界限，共享中华文明的历史成果，实现了中华历史上的第二次民族大融合，也实践了"华夷一体"的理想。

在所谓的"五胡乱华"时代，十六国中匈奴人建立的有三个，鲜卑人建立的有七个，氐人建立的有四个，羯人建立的有一个，羌人建立的有一个。他们接受"大一统"思想，以华夏正统自居，作为自己政权合法性的思想武器。"据统计，十六国时期，前赵、成汉、后赵、前秦、后秦、后凉、夏、北魏和五燕等十三个少数民族政权的统治者参与到正统之争中。"[①]第一个突入中原灭亡西晋建立政权的匈奴人刘渊，为了强调对"中国"的认同，同时也希望得到"中国"的认同，自认为汉朝的外甥，当然这些并非完全没有道理，因为数百年的汉匈和亲，的确使匈奴单于的母系融入了汉朝皇室的血脉。刘渊这样说："昔我太祖高皇帝以神武应期，廓开大业。……孤今猥为群公所推，绍修三祖之业。"[②]国号"汉"，意为"光复汉室"，史称"后汉"。氐人苻坚继"前秦"帝位后，便以中华天子自居："黎元应抚，夷狄应和，方将混六合以一家。"[③]他声称："吾统承大业垂二十载，芟夷逋秽，四方略定，惟东南一隅未宾王化。吾

---

① 彭丰文：《试论十六国时期胡人正统观的嬗变》，《民族研究》2010年第6期。
② （唐）房玄龄等：《晋书·刘元海载记》，北京：中华书局，1974年，第2649—2650页。
③ （唐）房玄龄等：《晋书·苻坚载记上》，第2896页。

每思天下不一，未尝不临食辍哺，今欲起天下兵以讨之。"①更有意思的是，世出西戎的苻坚认为："西戎荒俗，非礼仪之邦。羁縻之道，服而赦之，示以中国之威，导以王化之法。"②俨然一副中华正主的语气。而建立了"夏"政权的匈奴人赫连勃勃则自言："朕方统一天下，君临万邦，可以统万为名。"③因此，他把"大夏"的都城命名为"统万"，以明一统万邦的雄心壮志。

南北朝时的鲜卑人拓跋珪建"北魏"后颁诏："《春秋》之义，大一统之美。"④于是开始了统一中国北方的征战。《魏书》记载了君臣们当时就国号的问题展开的讨论："诏有司议定国号。群臣曰：昔周秦以前，世居所生之土，有国有家，及王天下，即承为号。自汉以来，罢侯置守，时无世继，其应运而起者，皆不由尺土之资。今国家万世相承，启基云代。臣等以为若取长远，应以代为号。诏曰：昔朕远祖，总御幽都，控制遐国，虽践王位，未定九州。逮于朕躬，处百代之季，天下分裂，诸华乏主，民俗虽殊，抚之在德，故躬率六军，扫平中土，凶逆荡除，遐迩率服。宜仍先号，以为魏焉。"⑤其意在继承魏之正统，最后统一了中国北方。北周的鲜卑人宇文觉是通过"禅让"的形式得到帝位的，所以恐遭人非议，就援引中原古制："予闻皇天之命不于常，惟归于德。故尧授舜，舜授禹，时其宜也。"⑥可见，中华各民族均把是否"正"看作获得一统天下的"一"的合法性。

三、多元归一：宋辽夏金到元明清统一多民族国家的巩固

统者，始也，统正而后一应得正。"正统"一词源出《春秋公羊传》，取意于"君子大居正""王者大一统"。北宋欧阳修的《正统论》对"正统"进行了

---

① （唐）房玄龄等：《晋书·苻坚载记下》，第2911页。
② 同上书，第2914页。
③ （唐）房玄龄等：《晋书·赫连勃勃载记》，第3205页。
④ （北齐）魏收：《魏书·太祖纪》，北京：中华书局，1974年，第37页。
⑤ 同上书，第32—33页。
⑥ （唐）令狐德棻等：《周书·孝闵帝纪》，北京：中华书局，1971年，第45页。

系统的论述:"正者,所以正天下之不正也;统者,所以合天下之不一也。由不正与不一,然后正统之论作。"[1]他在经过修改的《正统论下》中提出:"故正统之序,上自尧舜,历夏商周秦汉而绝,晋得之而又绝,隋唐得之而又绝。自尧舜以来,三绝而复续。惟有绝而有续,然后是非公、予夺当而正统明。"[2]欧阳修在《明正统论》中强调:"夫居天下之正,合天下于一,斯正统矣。天下虽不一,而居得其正,尤曰天下当正于吾而一,斯谓之正统可矣。"[3]其虽论证正统应具有道统的价值,但另一方面需要说明的是,从道统上强调正统,实在也是宋朝在当时历史条件下一种无奈的选择。

而与北宋对峙的辽朝倒是勇于追求一统,其在位时间最长的辽圣宗便"尊号曰天辅皇帝……改元统和"[4],以"统有各族"的天下宗主自居。女真人入主中国北方后,继辽朝之后建立金朝。他们更无视宋朝的正统地位,金熙宗宣称:"四海之内,皆朕臣子,若分别待之,岂能致一。"[5]金朝海陵王完颜亮认为:"自古帝王混一天下,然后可为正统。"[6]对于正统地位的追逐,也可以视为对"大一统"观念中"一"地位的追求。

明朝在一定意义上是"驱逐胡虏,恢复中华"的汉民族建立的王朝,但朱元璋和朱棣曾说"昔胡汉一家,胡君主宰","迩来胡汉一家,大明主宰",也主张"华夷无间""抚字如一"。[7]明朝官修的《元史》把元朝看成继承宋朝的正统朝代。民国官修的《清史稿》也把清朝看成继承明朝的正统朝代。可见承认胡汉一家、多元一体的中华格局是中国多民族共同的历史认识。强调元朝和

---

[1] (北宋)欧阳修:《正统论上》,《欧阳永叔集》第三册上,北京:商务印书馆,2005年,第10页。
[2] (北宋)欧阳修:《正统论下》,《欧阳永叔集》第三册上,第12页。
[3] (北宋)欧阳修:《明正统论》,《欧阳永叔集》第七册中,北京:商务印书馆,2005年,第54页。
[4] (元)脱脱等:《辽史·圣宗纪一》,北京:中华书局,1974年,第111页。
[5] (元)脱脱等:《金史·熙宗纪》,北京:中华书局,1975年,第85页。
[6] (元)脱脱等:《金史·昊等传》,第1883页。
[7] 《明太祖实录》卷五十三,洪武三年(1370)六月丁丑条,"中研院"历史语言研究所影印本,1962年,第1048页;《明太宗实录》卷二百八十四,永乐二十一年(1423)十月己巳条,"中研院"历史语言研究所影印本,第2407页。

清朝是外来统治的说法，更多的是以西方"民族主义"的眼光来解读中国的历史。中国传统的历史书写从来都不是这样的。确切地说，元清两代是蒙古族与满族以内聚的形式，继承并拓展了中华"大一统"的历史成果，将中华文明历史文化认同的疆域范围扩展到前所未有的广度。

清朝的"民族大一统"观念的形成经历了一个演进的过程。入关以后，清统治者开始推行"满汉一体"的政策，顺治皇帝谈道："历代帝王大率专治汉人，朕兼治满、汉，必使各得其所，家给人足，方惬朕怀。"[①]"皇天眷命，统一寰区，满汉人民，皆朕赤子。"[②]这些说法都体现出满汉一体的思想。康熙帝更是废长城而不用："秦筑长城以来，汉唐宋亦常修理，其时岂无边患？明末我太祖统大兵长驱直入，诸路瓦解，皆莫敢当。可见守国之道，惟在修德友民，民心悦，则邦本得，而边境自固，所谓众志成城者是也。"[③]康熙帝认为守国之道在于修德友民，得民心自然可以让国家稳固，因此可以废弃长城，可见康熙把长城内外的中华各民族都当作清朝的一分子。清朝还实行"满蒙结合"的政策，经过几代人的努力，使蒙古归顺清朝，成为清朝北部边疆的重要防卫力量。

雍正皇帝更是坚持民族大一统的观点："中国之一统始于秦，塞外之一统始于元，而极盛于我朝，自古中外一家，幅员极广，未有如我朝者……今六合成大一统之天下，东西南朔，声教所被，莫不尊亲。"[④]"始于秦"的"中国之一统"，是汉地中原王朝的郡县制大一统；"始于元"而"极盛于"清的"塞外之一统"，是元清两代分别以行省、宣政院和理藩院等对蒙古、东北、新疆、西藏行使的直接管辖。1733年，雍正与内阁官员的谈话提到："夫中外者，地所划之境也；上下者，天所定之分也。我朝肇基东海之滨，统一诸国，君临天下，所承之统，尧舜以来，中外一家之统也；所用之人，大小文武，中外一家之人

---

① 《清世祖实录》卷九十，顺治十二年（1655）三月，北京：中华书局，1985年，第706页。
② 同上书，第705页。
③ 《清圣祖实录》卷一百五十一，康熙三十年（1691）四月至五月，北京：中华书局，1985年，第677—678页。
④ 《清世宗实录》卷八十三，雍正七年（1729）七月，北京：中华书局，1985年，第99页。

也；所行之政，礼乐征伐，中外一家之政也。内而直隶各省臣民，外而蒙古极边诸部落，以及海澨山陬，梯航纳贡，异域遐方，莫不尊亲，奉以为主。"① 雍正将中外视为一家，华夷只是地域上的区别，并不能否认清统治的合法性。

清前中期的"民族大一统"思想与政策逐步确立了清政权的合法性，为中国统一多民族国家的发展奠定了基础，这是对我国"大一统"思想的继承与发展，正如杨向奎总结的："大一统的思想，三千年来浸润着我国人民的思想感情，这是一种凝聚力。这种力量的渊泉，不是狭隘的民族观念，而是内容丰富，包括有政治经济文化各种要素在内的实体。而文化的要素更占有重要地位。'华夏文明'照耀在天地间，使我国人民具有自豪感与自信心，因而是无比的精神力量。它要求人们统一于华夏，统一于'中国'；这'华夏'与'中国'不能理解为大民族主义或者是一种强大的征服力量。它是一种理想，一种自民族国家实体升华了的境界，这种境界具有发达的经济，理想的政治，崇高的文化水平，而没有种族歧视及阶级差别，是谓'大同'。当然这种境界是逐渐形成的，由大一统的政治统一过渡到社会性质的变迁。"②

近代以来西学东渐，受到欧洲民族国家观念的影响，清末革命派三民主义的民族主义口号是"驱除鞑虏，恢复中华"，存在着"民族建国主义"的以在十八行省恢复建立汉族国家为目标的"革命建国思想"，武昌首义后使用的即"铁血十八星旗"，这客观上为日、英、俄等国外侵华势力提供了分裂中华的可乘之机（日本称汉族聚居的18个省为"本部十八省"，我们中国人在自己的行文中要避免使用"本部"二字），同时也导致国内满、蒙、回、藏各族对革命充满疑惧而产生离心倾向，这使得国家在辛亥革命过程中面临领土分裂和由此引发的大规模民族仇杀的巨大危机。幸而国内各派政治势力大多能够以维护国家领土完整和民族团结为重，立宪派是一贯反对民族革命导致民族分裂的，革命派在感到推翻帝制在望的情况下也努力维护多民族共存的政治局面。这里需要特别提出来的是清廷的态度，他们没有像元末时的蒙古统治者退回到蒙古草

---

① 《清世宗实录》卷一百三十，雍正十一年（1733）四月，第696页。
② 杨向奎：《大一统与儒家思想》，北京：北京出版社，2016年，第264页。

原变为北元政权那样，而是在逊位诏书中这样表述："……当兹新旧代谢之际，宜有南北统一之方，即由袁世凯以全权组织临时共和政府，与民军协商统一办法，总期人民安堵，海宇乂安，仍合满、汉、蒙、回、藏五族完全领土，为一大中华民国。"其维护中华民族统一的意愿也表现得很强烈。最终江浙一带象征五族共和的"五色旗"取代武汉军政府象征十八省汉族铁血团结的"铁血十八星旗"而成为中华民国国旗，标志着"五族共和"被确立为国策。南北议和以清帝退位、其主权及相应的疆域被完整移交给民国政府而完成，保持了主权和领土权的连续性，同时避免了大规模民族仇杀的灾难，也避免出现类似于奥斯曼土耳其帝国在多民族国家向现代民族国家转型过程中土崩瓦解的局面。这些对整个中华民族而言都具有重大的历史意义。

结　语

在中华多元一体的融会进程中，各民族分分合合共同维系着"大一统"的政治实体，历史上的征伐与战争既是各民族融合的主要阻力，也是各民族融合的助力。西汉以后，董仲舒结合王权政治和儒家伦理将"大一统"阐述成特定的政治用语，"大一统"由本体论上的"超越一统"被转述为中国政治社会语境下的"王权一统"，意谓"在王权一统的基础上建立起地域、民族、臣民、文字、饮食、服饰等各方面高度认同、合一的庞大国家"。封建时代之后，随着"王权"概念的沦落，"大一统"剔除了王权内核，在现代意义上开始指涉国家在政治、经济、社会、文化上的"统一"。这便是"大一统"观念的现代性转化。对此，英国著名历史学家汤因比这样赞叹："就中国人来说，几千年来，比世界任何民族都成功地把几亿民众，从政治文化上团结起来。他们显示出这种在政治、文化上统一的本领，具有无与伦比的成功经验。这样的统一正是今天世界的绝对要求。"①

---

① ［日］池田大作、［英］汤因比：《展望21世纪——汤因比与池田大作对话录》，荀春生等译，北京：国际文化出版公司，1997年，第284页。

从齐鲁之学到"大一统"理论：董仲舒学说对中华共同体认同历史演进的推动

从历史进程上看，统一成为中国历史的主流。自国家形成开始，中国经历了三次大统一、两次大分裂。第一次大统一的秦汉时代持续了约440年，第二次大统一的隋唐时代持续约330年，第三次大统一的元明清时代持续约700年。第一次大分裂的三国两晋南北朝时期约360年，第二次大分裂的五代十国宋辽夏金时期约370年。总体来看，统一的时间约占2/3，分裂的时间约占1/3。特别是元明清大统一维持了约700年，在世界各国历史上都是无与伦比的，这清楚地证明了统一是中国历史的主流。中国统一的历史，前半期是由汉族起主导作用，后半期是蒙古族和满族为主导。因此，中国的统一是中华民族共同维系的成果。

另一方面，随着统一的推进，各民族不断内聚，疆域不断扩大。第一次大统一时，汉朝的疆域超过秦朝，置河西四郡，招抚南匈奴，疆域扩大。第二次大统一时，除了巩固汉族地区外，还大力经营边疆，加强了对西域和北方的控制，在西域等地设立6个都护府。第三次大统一时，几乎将1000多年中华民族在东亚地区的活动范围全部囊括进来，清朝的疆域拥有了1000多万平方公里，中国疆域的形成是中华民族共同捍卫守护的结果。

"大一统"观在历史上曾经为中华民族文化认同和国家认同做出过不可磨灭的巨大贡献。从理论建树上而言，汉代"大一统"思想对中华民族的形成起到了积极的作用。虽然"大一统"要求一统于华夏，但它实际上突破了狭隘的民族观念，因为华夏文明是民族意义的升华，成为衡量一统各族的标准，在凝聚中华民族文化向心力方面发挥了历史性作用。从《春秋公羊传》首提"大一统"概念至今，"大一统"虽然在不同时空框架中呈现出多维语义解读，但其主导性的思维逻辑、伦理精神与价值导向却"一"以贯之，始终未曾超出"定于一"的历史文化意志，中国在民族关系上侧重"夷夏一体、多元一体"，也是基于5000年传承不断的"大一统"文化背景。"定于一"的"大一统"意志成为叙述中华民族冲撞交流融合趋势的历史语境。"统一"成为中华世界唯一的理想形态，也是最终形态。

师徒还是君臣：试论孔子与鲁哀公的关系

王红霞[*]

摘　要： 孔子与鲁哀公的相处时间不过五六年，但传世文献和新出土竹书都有孔子与鲁哀公的资料。孔子力谏鲁哀公选贤任能，由贤达、正直之人辅佐，国家才能兴旺；听任佞臣之言，国家将会加速毁灭。孔子为鲁哀公提供治国方略，首先是修身立德，从而上行下效；其次要以礼治国，行礼以敬意为重；同时还应爱民如子。孔子对鲁哀公态度恭敬，语气谦和。鲁哀公对孔子礼敬有加，总是抱着求教的态度，无论孔子是直面回答，还是迂曲批评，鲁哀公从未表示不耐烦，而是虚心接受，在力所能及的情况下，在个人行为和施政上加以改进。由此可见，对孔子来说，他与鲁哀公的关系是君臣关系；对鲁哀公来说，他与孔子的关系是师徒关系。

关键词： 孔子；鲁哀公；上博简；清华简《良臣》

根据文献记载，鲁哀公十一年（前484），孔子返鲁；鲁哀公十六年（前479），孔子病逝。孔子与鲁哀公的相处时间不过五六年，但《论语》《礼记》《大戴礼记》《孔子家语》《孔丛子》《荀子》等儒家典籍中有大量的鲁哀公与

---

[*] 作者简介：王红霞，女，天津工业大学人文学院副教授，主要从事出土文献与先秦两汉诸子学研究。

孔子及孔门弟子对话的资料，其数量甚至超过了很多孔门弟子与孔子的对话。子书，如《庄子》《韩非子》《淮南子》《墨子》《吕氏春秋》也记有鲁哀公的事迹；新出土文献，如上博简《鲁邦大旱》《相邦之道》也载有鲁哀公的内容。蔡尚思先生曾说："孔子对哀公的不少记录，虽然所述不尽是事实，却反映孔子晚年同鲁哀公的关系的确非同寻常。"[①]庄子借鲁哀公之口，说："吾与孔丘，非君臣也，德友而已矣。"（《庄子·德充符》）庄子距孔子已经100多年，且《庄子》多寓言故事，鲁哀公之语应非史实，当是庄子心目中的鲁哀公和孔子的关系。那么，孔子与鲁哀公的关系是君臣、师徒还是朋友？我们试图从双方的行为、仪态，以及交谈的内容、语气与后续结果等方面对二人关系予以重新审视。

一、孔子力谏鲁哀公选贤任能

孔子回到鲁国后，被尊为"国老"，季康子和鲁哀公经常向孔子咨询国事。孔子虽未有实际的官职，但依然向鲁哀公建言献策，力求改善鲁国政治。鲁哀公身为鲁国国君，国家权力却实际掌握在三桓手中。针对这种情况，孔子劝谏鲁哀公要选贤任能。《韩非子·难三》中记载：

> 叶公子高问政于仲尼，仲尼曰："政在悦近而来远。"哀公问政于仲尼，仲尼曰："政在选贤。"齐景公问政于仲尼，仲尼曰："政在节财。"三公出，子贡问曰："三公问夫子政一也，夫子对之不同，何也？"仲尼曰："叶都大而国小，民有背心，故曰：'政在悦近而来远。'鲁哀公有大臣三人，外障距诸侯四邻之士，内比周而以愚其君，使宗庙不扫除，社稷不血食者，必是三臣也，故曰：'政在选贤。'齐景公筑雍门，为路寝，一朝而以三百乘之家赐者三，故曰：'政在节财。'"

[①] 蔡尚思：《孔子思想体系》，上海：上海人民出版社，1982年，第15页。

叶公子高、鲁哀公和齐景公三人同样问政，但孔子给予不同的回答，这是孔子根据各国不同的现实状况而给予的不同良方。具体到鲁哀公，孔子建议"政在选贤"。与此段相近的记载又见于《孔子家语·辨正》与《说苑·政理》，只是两处是"政在谕臣""政在于谕臣"。"谕"是"教导""教诲"之义，"谕臣"与"选贤"虽然具体意义有别，但均指鲁哀公身边的辅政大臣应是贤达良臣。孔子之所以如此回答，是因为当时鲁哀公身边的三个大臣，对内结党营私、愚弄君主，对外排斥与周边诸侯国交往，使得社稷不宁，所以孔子以"政在选贤"回答他，可谓切中要害。

有一次，鲁哀公问孔子："当今之君，孰为最贤？"（《孔子家语·贤君》）孔子回答说："丘未之见也，抑有卫灵公乎？"在世人看来，卫灵公私德有亏。孔子却认为卫灵公尚可称得上贤君。孔子之所以如此评价，关键在于卫灵公能够尊重并任用贤士。比如卫灵公的弟弟公子渠牟是一个有智慧、有诚信的人，卫灵公委以重任；士人林国善于发现人才、举荐人才，使得卫国没有游荡放纵之士，卫灵公非常尊重他；士人庆足在卫国危难时被举荐出来处理政务，国家平安时他就隐退，以便其他贤能的人被用于朝廷，卫灵公也非常敬重他；大夫史鳅要离开卫国，卫灵公就住在郊区三天，不近声乐，一定要等着史鳅回国后才回宫。正是卫灵公这些尊重贤士、任用贤能的举动，才使孔子称卫灵公为贤君。清华简《邦家之政》也记载某公向孔子问政，可能是鲁哀公。孔子说："邦家将毁，其君听佞而速变。"听任佞臣之言，国家将会加速毁灭。

孔子告诫鲁哀公，一个国家的"成"与"毁"，在于君主选用什么样的臣子：一个治理成功的国家，其君主多会选任贤才；一个即将毁灭的国家，其君主往往任用佞臣。《论语·为政》中也记哀公问孔子："何为则民服？"孔子对曰："举直错诸枉，则民服；举枉错诸直，则民不服。"孔子用以"直"废"枉"来说明任用正直、贤达之人的重要性。鲁哀公可能也意识到贤达的重要性，也向孔子求教什么样的人可称为"贤人"："吾欲论吾国之士，与之为政，何如者取之？"孔子回答说：

> 所谓贤人者，好恶与民同情，取舍与民同统；行中矩绳，而不伤于本；言足法于天下，而不害于其身；躬为匹夫而愿富贵，为诸侯而无财。如此，则可谓贤人矣。(《大戴礼记·哀公问五义》)

孔子认为取舍、好恶与百姓相同，言行举止可以成为天下的典范，同时又不伤及自身之人，若为匹夫，努力通过辛苦劳动过上富贵的生活；若为诸侯，已然富贵，则不再奢求钱财，这才是贤人。儒者是适合辅佐国君的贤达之人，因为"儒有内称不避亲，外举不避怨。程功积事，不求厚禄；推贤达能，不望其报。君得其志，民赖其德。苟利国家，不求富贵。其举贤援能有如此者"(《孔子家语·儒行解》)。儒者在举荐人才时，对内不避亲属，对外不避与自己有仇怨的人；度量功德，积累政绩，不是为了谋求更高的爵位；推举贤人，荐进能人，不是为了获取回报。君主能够依靠他们的志向实现自己的抱负，老百姓能够依靠他们的宽厚仁德生活得更好。儒者只求有利于国家，并不是为了贪图荣华富贵。

二、孔子为鲁哀公提供治国方略

（一）修身立德

能够任贤使能的君王首先需要自身修身立德。上博简《鲁邦大旱》中，鲁国发生了大的旱灾，鲁哀公问孔子该怎么办？孔子说："邦大旱，毋乃失诸刑与德乎？"认为鲁哀公在刑罚和德行方面的修为不足，需要鲁哀公修身立德。孔子曰："夫政者，犹蒲卢也，待化以成。故为政在于得人。取人以身，修道以仁。"(《孔子家语·哀公问政》)孔子认为，为政就像蒲苇一样，要得到雨水的滋养化育，才能迅速成长，所以为政的关键在于获得人才；而获得人才的关键在于为政者自身要加强修养，加强自身修养的关键在于树立仁爱之心。此与"君子之德风，小人之德草。草上之风，必偃"(《论语·颜渊》)意义相近。

孔子曰："夫政者，正也。君为正，则百姓从而正矣。君之所为，百姓之所从。君不为正，百姓何所从乎？"（《礼记·哀公问》）"政者，正也。子帅以正，孰敢不正？"（《论语·颜渊》）君王修身立德不仅可以吸引人才，而且还可以起到上行下效的影响，引导下属及百姓端正自身，提高道德品质。如果君王不注重自身道德，就会丧失君位，严重者甚至国家灭亡，"政不正，则君位危，君位危，则大臣倍，小臣窃"（《礼记·礼运》）。正因如此，当鲁哀公问"相邦之道"时，孔子认为哀公应该问的是"有邦之道"。"相邦之道"是臣子之道，而"有邦之道"才是君王之道。上博简《相邦之道》记曰："孔子退，告子贡曰：'吾见于君，不问有邦之道，而问相邦之道，不亦愆乎？'""愆"即失，孔子认为鲁哀公这是失问。

鲁哀公也经常向孔子请教一些小问题，孔子回答时总能引导到修身立德方面。鲁哀公曾问从前舜戴什么帽子，孔子批评他提问题不是从重要的开始，而是纠结于细枝末节，他说："舜之为君也，其政好生而恶杀，其任授贤而替不肖，德若天地而静虚，化若四时而变物，是以四海承风，畅于异类，凤翔麟至，鸟兽驯德，无他也，好生故也。君舍此道而冠冕是问，是以缓对。"（《孔子家语·好生》）孔子认为舜做君主的时候，爱惜生灵、不嗜杀戮，任用贤明之士而摒弃不肖之徒，德行如天地运转而虚静无欲，教化如四时交替而孕育万物。因此，天下之人普遍接受舜的教化，并通达于四方异族，凤凰飞翔集聚，麒麟也纷纷到来，连鸟兽也顺从德化。出现这种现象没有别的原因，就是由于舜爱惜生灵。而现在鲁哀公放着这个大道理不问，却关注于冠冕之类的小事，所以孔子不愿意回答。

鲁哀公跟孔子调侃有人忘事严重，搬家时竟然忘了妻子，孔子转而说："昔者夏桀贵为天子，富有四海，忘其圣祖之道，坏其典法，废其世祀，荒于淫乐，耽湎于酒；佞臣谄谀，窥导其心；忠士折口，逃罪不言。天下诛桀而有其国，此谓忘其身之甚矣。"（《孔子家语·贤君》）认为像夏桀这种忘记了祖先的为政之道、破坏了祖先的典章制度、纵情享乐、听信佞臣的暴君，最终身死国亡，是比搬家忘记妻子的人更甚者，以此来劝谏鲁哀公要遵循圣王之道，为政以德。

（二）以礼治国

孔子对鲁哀公说："礼者，政之本也，是以君子不可以不修身。"（《孔子家语·哀公问政》）哀公问孔子，礼为什么重要，孔子说："民之所由生，礼为大。非礼无以节事天地之神明也，非礼无以辨君臣上下长幼之位也，非礼无以别男女父子兄弟之亲、昏姻、疏数之交也，君子以此之为尊敬然。然后以其所能教百姓，不废其会节。"（《礼记·哀公问》）在百姓的生活中，礼是最大的。因为没有礼，就无法敬天地；没有礼，就不能分君臣上下不同等级；没有礼，就不能分男女、父子、兄弟亲族的亲疏远近。换言之，百姓懂礼，就可以懂得敬天地之神、辨尊卑之位、别亲疏、与万民同利。懂得礼仪再教化百姓，就不会废弃施礼的时节。礼的核心是"仁"，孔子也对鲁哀公强调"仁爱"之义。"古之为政，爱人为大。所以治爱人，礼为大。所以治礼，敬为大，敬之至矣。……爱与敬，其政之本与。"（《礼记·哀公问》）古代的政治以仁爱为大，仁爱又以行礼为重，行礼以敬意最重。因此，治国理政的基础是爱和敬。

有一次，鲁哀公问孔子穿的衣服是否为儒服，孔子说："君子之学也博，其服也乡，丘不知儒服。"（《礼记·儒行》）他认为，君子应该博学多识，穿衣服只不过是入乡随俗，不必过于关注。一个很小的穿衣服的问题，孔子则趁机告诉鲁哀公要多学习，博学多识。平时所穿服饰与礼仪服饰的意义是不同的。鲁哀公曾向孔子询问："各种礼制用的大带、委貌、章甫等衣冠，有益于仁政吗？"孔子听闻突然变了脸色，认为君王这样问很不合适，他说："衰麻苴杖者，志不存乎乐，非耳弗闻，服使然也；黼黻衮冕者，容不亵慢，非性矜庄，服使然也；介胄执戈者，无退懦之气，非体纯猛，服使然也。"（《孔子家语·好生》）不同场合的礼服与装束对人有着规范、约束作用：身穿丧服、手执丧杖的人，心思不在音乐上，并不是耳朵听不见，而是因为身上穿的丧服使他这样；身穿华丽礼服、头戴礼冠的人，容貌举止庄重，这并不是本性矜持端庄，而是因为身上穿的礼服使他这样；身着铠甲、手持兵器的人，毫无退缩、怯懦的样子，并不是他本身纯正勇猛，而是身上穿的军服使他这样。礼服是礼制的一部分，可以塑造人的行为举止，对政治有益。

（三）爱民如子

孔子认为，为君之要在爱民，视民如子，使人民生活富足、健康长寿：

> 哀公问政于孔子。孔子对曰："政之急者，莫大乎使民富且寿也。"公曰："为之奈何？"孔子曰："省力役，薄赋敛，则民富矣；敦礼教，远罪疾，则民寿矣。"公曰："寡人欲行夫子之言，恐吾国贫矣。"孔子曰："《诗》云：'恺悌君子，民之父母。'未有子富而父母贫者也。"（《孔子家语·贤君》）

具体来说，就是减少劳役，减轻赋税，百姓就会富足；敦促人们实行礼仪，接受教化，使他们远离罪恶疾病，百姓就会长寿。孔子提出了治国"九经"：

> 凡为天下国家有九经，曰：修身也，尊贤也，亲亲也，敬大臣也，体群臣也，子庶民也，来百工也，柔远人也，怀诸侯也。夫修身则道立，尊贤则不惑，亲亲则诸父、兄弟不怨，敬大臣则不眩，体群臣则士之报礼重，子庶民则百姓劝，来百工则财用足，柔远人则四方归之，怀诸侯则天下畏之。（《孔子家语·哀公问政》）

这"九经"就是，修身、尊贤、亲爱亲人、敬重大臣、体恤群臣、视民如子、招徕百工、怀柔边远地区的人、安抚四方诸侯。"九经"可以说是综合体现了孔子的治国主张。

三、鲁哀公礼敬孔子

孔子周游列国14年，于鲁哀公十一年，终于返回鲁国。

哀公使以币如卫迎夫子,而卒不能当。故夫子作丘陵之歌曰:"登彼丘陵,峛崺其阪。仁道在迩,求之若远。遂迷不复,自婴屯蹇。喟然回虑,题彼泰山。郁确其高,梁甫回连。枳棘充路,陟之无缘。将伐无柯,患兹蔓延。惟以永叹,涕霣潺湲。(《孔丛子·记问》)

"以币"是带着玉帛礼品,是高规格的礼遇。然后,鲁哀公接待孔子居住在公馆中,可见对孔子的礼遇之高。在公馆里,鲁哀公设席宴请孔子,并向孔子请教儒者之行,孔子将儒行概括为强学力行、容貌敬慎、居处修身、言行中正、不宝财禄、见利思义、刚毅有节、仁义忠信、安贫守道、穷而持志、宽裕有礼、举贤援能、与人为善、傲毅清廉等。"孔子至舍,哀公馆之,闻此言也,言加信,行加义:'终没吾世,不敢以儒为戏。'"(《礼记·儒行》)鲁哀公听闻此言,言语更加诚信,行为更加符合义,并说:我终身也不会拿儒者开玩笑。

有一次,鲁哀公问了孔子一系列问题,包括什么是"敬身",什么是"成其亲",什么是"成身",为什么要尊崇天之道等。孔子都一一回答后,鲁哀公说:"寡人既闻如此言,无如后罪何。"(《礼记·哀公问》)听了您的一番谈论,以后有过失怎么办?鲁哀公能发现自己的不足,也有对自己做不到的担忧。孔子听到这句话后也感佩鲁哀公的反思能力,说:"君之及此言,是臣之福也。"(《礼记·哀公问》)认定鲁哀公有做一个好国君的潜质。

鲁哀公问孔子:有什么办法让我国国势弱小时能防守,国势强大时能攻伐?孔子告诉他:"使君朝廷有礼,上下相亲,天下百姓皆君之民,将谁攻之?苟违此道,民畔如归,皆君之仇也,将与谁守?"(《孔子家语·五仪解》)朝廷要遵守礼制,君臣之间相敬相亲。哀公认为孔子说得对,于是"废山泽之禁,弛关市之税,以惠百姓"(《孔子家语·五仪解》)。鲁哀公听从孔子的建议,废除了禁入山林川泽的各项政令,取消了市场关卡的税敛,使百姓得到实惠。在孔子的影响下,鲁哀公也注重礼,曾让孺悲向孔子学礼,"哀公使孺悲之孔子,学士丧礼。士丧礼,于是乎书"(《礼记·杂记》)。在现有的文献中,确实没有见到鲁哀公太过失礼的行为,当有孔子的劝谏之功。

据《公孙尼子》记载，孔子生病时，鲁哀公让医生去诊治。孔子去世后，鲁哀公致辞哀悼："旻天不吊！不慭遗一老，俾屏余一人以在位，茕茕余在疚，呜呼哀哉，尼父！无自律。"（《史记·孔子世家》）鲁哀公说孔子抛下他一人在君位上，孤孤单单！从此没有了效法的榜样。从语气看，鲁哀公确实是非常悲伤难过的。

结　语

孔子劝谏鲁哀公的时候总能循循善诱，孜孜不倦，而鲁哀公也乐意听从孔子教诲，多次向孔子问政，才能留下如此多的鲁哀公问孔子的文献记载。在二者的关系中，孔子一直视鲁哀公为国君，以臣子自居，力求尽到臣子之职。

孔子劝谏鲁哀公选贤任能，成为贤君，从内容看是臣子对君王的劝谏。当鲁哀公问孔子当今的君王，孰为最贤时，孔子用的语气是："丘未之见也，抑有卫灵公乎？"语气谦和，用的也不是肯定句式。这种说话方式显然不是老师对弟子的语气，而是臣子对君王的语气。

鲁哀公问孔子礼为什么尊贵："大礼何如？君子之言礼，何其尊也？"孔子回答说："丘也小人，不足以知礼。"（《礼记·哀公问》）孔子在弱冠之时已经以"知礼"闻名。哀公向孔子问礼时，孔子已70岁左右，对礼的纯熟已经达到"从心所欲，不逾矩"的程度。面对鲁哀公的问礼，孔子竟然说自己是"小人"，身份低微，不足以知礼。孔子对弟子说话从来不会有这种语气和用词，只有对国君时，才会使用。孔子给鲁哀公讲了婚礼的价值与仁政后，鲁哀公感叹道："寡人憃愚冥烦，子志之心也。"孔子听到后"蹴然辟席而对"，恭敬地离开座席而回答。这种举措断不是师徒、朋友间的举动，只有君臣才会如此。

当鲁哀公问"相邦之道"时，孔子没有当面批评，而是和子贡说作为国君应问"有邦之道"；当鲁哀公问冠冕时，孔子"缓对"，没有不对。这些行为皆是因为孔子将鲁哀公视为国君，而非朋友，更不是弟子。

师徒还是君臣：试论孔子与鲁哀公的关系

《论语·宪问》记有孔子见鲁哀公的一个场景：

> 陈成子弑简公。孔子沐浴而朝，告于哀公曰："陈恒弑其君，请讨之。"公曰："告夫三子。"孔子曰："以吾从大夫之后，不敢不告也！君曰'告夫三子'者。"之三子告，不可。孔子曰："以吾从大夫之后，不敢不告也！"

面对齐国陈恒臣弑君的现象，孔子觉得这是大逆不道的行为，力谏鲁哀公出兵讨伐。在面见鲁哀公之前，孔子斋戒沐浴，可见对此事的重视，这显然是臣子对君王的态度，而非老师见学生，或者朋友之间见面的态度。当鲁哀公拒绝了这个建议后，孔子说，我是大夫之后，即使明知希望渺茫，也要进谏，这是臣子的职责所在。显然，孔子视鲁哀公为君，且事君尽礼。

鲁哀公自孔子归鲁之后，对孔子的态度一直是礼敬有加。孔子归鲁，鲁哀公设宴相迎，并让孔子住在公馆。孔子居鲁期间，鲁哀公经常向孔子请教问题，无论孔子的回答是什么，鲁哀公总是表示认同和敬佩，并在行为上约束和改进。鲁哀公从未要求过孔子做任何事情，只是向孔子求教。鲁哀公因孔子而敬重儒者，终生不以儒者开玩笑。他在交谈中从未有过命令的语气，连略微严肃点的语气都没有，这哪是一个君王对臣子的态度，分明是弟子对待自己老师的恭敬态度。从鲁哀公的语言和行为来中，他都视孔子为老师。"吾与孔丘，非君臣也"，虽是庄子之语，当与鲁哀公的心境相差不远。

鲁哀公是春秋末期的鲁国国君，文献记载中，他并不是一个有突出功绩的国君。清华简《良臣》中，鲁哀公与晋文公、楚昭王、齐桓公、越王勾践、秦穆公等同列，且将季氏和孔子视为鲁哀公的良臣，"鲁哀公有季孙，有孔丘"。可见，清华简《良臣》将孔子视为鲁哀公之臣，且是良臣。

鲁哀公的谥号为"哀"，"恭仁短折曰哀"，所以此谥号赞美鲁哀公品行仁厚，为人恭敬，但是又惋惜其寿命短暂。因为史料所限，鲁哀公是否真的听从孔子的劝谏而任用贤能，还是迫于当时的政治环境，心有余而力不足，未能真正选任贤才,我们未可知。鲁哀公是否在德行修养方面有所进益,我们也未可知。从"哀"这个谥号,或可以判定鲁哀公当是一个不错的国君。

回看孔子与鲁哀公的关系,不能简单地以君臣或者师徒关系来看,而应该分别来看。孔子视鲁哀公为君,以道事君。鲁哀公却未视其为臣子,而是视为老师,礼敬有加,对孔子总是抱着求教的态度,无论孔子的回答是直面回答,还是迂曲批评,鲁哀公从未表示不耐烦,而是虚心接受,在力所能及的情况下还在施政上加以改进。由此可见,对孔子来说,他与鲁哀公的关系是君臣关系;对鲁哀公来说,他与孔子的关系是师徒关系。

出土文献与田氏代齐史事订补

李秀亮[*]

摘　要：现有各类出土文献资料可以有效补足田氏代齐事件的历史细节。海阳嘴子前墓地铜器铭文和陈喜壶铭文等再现了田氏代齐前的力量积蓄情况。"齐国三量"铭文和陈侯因𬭚敦铭文等反映了田氏代齐过程中的民心之争和天命之争。齐立邦玺印文、陈侯午敦以及诸"立事岁"陶文则多角度呈现了田氏代齐后巩固新政权的政治举措。

关键词：出土文献；田氏代齐；青铜铭文；陶文

田氏代齐是齐国800余年发展史上的重大政治事件，标志着延续了近500年的姜姓齐国最终走向灭亡，而长期作为姜齐臣子的田氏宗族则正式成为齐国的最高统治集团。田氏代齐之后，齐国非但没有因政权变更走向衰落，反而创造了更加繁荣昌盛的辉煌历史。可以说，田氏代齐事件是齐国在春秋战国之际转型发展的重要标志。

田氏代齐不仅对齐国，甚至对春秋战国时期各诸侯国的发展进程都产生了重大影响，故《左传》《史记》等传世典籍对其都做了较大篇幅的交代，历代学

---

* 作者简介：李秀亮，男，山东师范大学齐鲁文化研究院副教授，主要从事出土文献与先秦史研究。本文系国家社会科学基金后期资助项目"出土文献与齐史新研"（项目号：22FZSB011）阶段性成果。

者对与之相关的诸多学术问题也做了较大程度的探讨,相关研究成果较多。[①]近年来,随着出土文献资料的不断问世,学者利用各类出土文献记载研究此问题的论著也时有出现。[②]但详细梳理现有研究成果可知,传世文献中关于田氏代齐事件的记载多有缺失,如《左传》诸章对田氏"大斗进、小斗出",以礼得民,以德服民的举动记载较为详尽,但对此之外的史料则几乎没有涉及;《史记》诸篇则本着"通古今之变、成一家之言"的宗旨,对田氏宗族发展壮大的历程做了系统介绍,但对其他相关人物的言论和活动则多有忽略。[③]而且,学者根据出土文献所做的研究,主要偏重于对某一类出土资料的分析和利用。广泛利用现有各类出土文献资料,如青铜器铭文、陶器刻文、货币文字以及兵器玺印等,综合还原和补足田氏代齐事件细节的研究工作,仍需要继续加强。在此,笔者愿本着这一思路,对田氏代齐事件再做深入思考,以求正于诸方家学者。

一、田氏在代齐之前的力量积蓄和稳步发展

田氏宗族自齐桓公十四年(前672)田完奔齐后,又经过穉孟夷、愍孟庄、文子须无、桓子无宇、武子开、僖子乞、成子常、襄子盘和庄子白等9位宗主的积蓄发展,才最终在太公和(前379)时成功取代姜姓贵族而执掌了齐国大权。在这近300年的发展历程中,田氏宗族逐渐从齐桓公时期的工正之职,发展到齐庄公时期的执政卿相,再到齐悼公之后专有齐政,最后直到齐康公时期完全享有齐国。在这前后多个历史阶段内,田氏宗族都经历了激烈的政治斗争和残酷的权力争夺,尤其是与高氏、国氏、鲍氏、晏氏、庆氏、崔氏等强宗大

---

① 王阁森、唐致卿:《齐国史》,济南:山东人民出版社,1992年;李玉洁:《齐国史》,北京:新华出版社,2007年;杨宽:《战国史》,上海:上海人民出版社,2019年;赵世超:《论春秋时代的齐国贵族及"田氏代齐"的性质》,《人文杂志》1982年增刊;战化军:《孟子民贵君轻思想与田氏代齐》,《山东理工大学学报》(社会科学版)2005年第5期等。

② 李宝垒:《齐国陶文与田氏代齐研究》,《齐鲁文化研究》第9辑,济南:泰山出版社,2010年;林仙庭:《嘴子前墓群与田氏代姜之变》,《中国历史博物馆刊》1998年第1期等。

③ 唐明亮:《〈左传〉与〈史记〉中齐国田氏家族史料之比较》,《盐城师范学院学报》(人文社会科学版)2013年第6期。

族,以及与齐国公室之间的政治角逐和势力争夺,都异常残酷和艰辛。但在长年的政治角逐中,历代田氏宗主凭借高超的政治智慧和得力的发展策略,依次挫败了诸多竞争对手,而最终取得完胜。可以说,田氏宗族取代姜齐政权的过程,本身便是一部残酷激烈的政治斗争史。

关于田氏宗族在代齐之前的发展历程,《左传》《史记》等典籍已有较多记载,尤其是对田桓子无宇、田僖子乞以及田成子常三代的发展经历,所载尤为详尽,学者对此也多有揭示。现在,随着海阳嘴子前墓地铜器铭文和陈喜壶铭文等出土资料的问世,又给我们对此史事的认识提供了新的证据。

(一)海阳嘴子前墓地相关铜器铭文解读

海阳嘴子前墓地发现于1978年,1985—2000年间先后进行了3次挖掘,共清理了5座墓葬和1座车马坑,时代属于春秋中期后段。[①]其中的4号墓,规模最大,等级最高,器物最丰富,共出铜器、陶器、玉石器等随葬品260余件,均放在外椁周围的二层台上。由于墓室用青膏泥密封,诸随葬品都保存完好,到发掘之时,多件器物原有的鲜艳颜色仍清晰可见。海阳嘴子前4号墓的埋葬特点,主要见于江汉流域的楚墓,在齐鲁等中原诸国中较为少见,从而暗示出墓主人当来源于楚地,而非齐国旧有。

墓葬中出土了2件带铭文的青铜器,1件为铜盂,1件为铜甗。铜盂体形硕大,口径69.5厘米,重36公斤,纹饰繁缛,造型精美,应为当时的国之重器。其铭文曰:

圣所献为下寝盂。

"圣",器主名。"为",学者多认为即"妫",在此指妫姓陈氏。[②]"下寝",

[①] 烟台市博物馆:《海阳嘴子前》,济南:齐鲁书社,2002年。
[②] 马良民、林仙庭:《海阳嘴子前春秋墓试析》,《考古》1966年第9期。

为宫室的一种,《周礼·宫人》:"掌王之六寝之修。"从铭文内容可知,此器是圣为妫姓陈国宫室所献的用器。

铜甗为一位名叫陈乐君歌的人所作,有铭文17字:

陈乐君歌作其旅甗,用祈眉寿无疆。永用之。

铭文中的"陈"字与战国时期通行的齐国陈氏的写法不同,没有附加土旁。学者或据此认为陈乐君歌当为陈国大夫,而非迁居到齐国的田氏族人。[①]其实齐国陈氏的"陈"字也多见不加土旁的写法,且带土旁的"陈"字直到春秋晚期之后才普遍流行。因此,这里的陈乐君歌为齐国田氏族人的身份也不无可能。

综合分析2件青铜器的铭文可知,4号墓主人的族属当来自江汉流域的妫姓陈国。他的具体身份,当是迁居到齐国的田氏宗族成员。他们用青膏泥涂抹墓室的行为,证明田氏宗族来到齐国之后仍然保留着陈国原有的文化习俗。

在此基础上,墓葬发掘者结合棺椁摆放规律和随葬品数量进一步指出,嘴子前墓葬应该就是齐国田氏宗族在胶东半岛的宗族墓地。4号墓中出土的9件编钟和7件青铜鼎,足以说明墓主人的政治地位非常高,很可能就是齐景公时期的执政大夫田乞。[②]

依此,海阳嘴子前墓所出铭文便真实反映了代齐过程中田氏宗族的早期发展策略。这时期,他们的宗族力量还没有非常强大,因此还仍然保留着陈国旧有的文化习俗:用青膏泥封闭墓室,写"陈"字时不附加土旁,这说明田氏宗族在逐步强大的初期,非但没有刻意彰显自己的政治野心,反而处处隐藏实力,稳步发展,尤其是将自己的宗族墓地安放到远离都城临淄的胶东半岛地区,更彰显出他们并不想引起其他宗族贵族的注意,而是在暗中发展,积蓄力量。

---

① 王恩田:《跋陈乐君歌甗与圣盂》,《中原文物》1998年第1期。
② 林仙庭:《嘴子前墓群与田氏代姜之变》,《中国历史博物馆馆刊》1998年第1期。

（二）陈喜壶铭文解析

陈喜壶是传世器，1953年由山西省博物馆收购，铭文直到20世纪60年代始被公布。壶内刻有铭文25个字：

> 陈喜再立事岁，歔月己酉，为左大族，以持民卯，霸客敢为尊壶九。

器的时代为春秋晚期，约当齐悼公时期。铭文中的"陈喜"，学者多认为即田僖子，《史记》中称"田乞"。"再立事岁"，指齐晏孺子元年（前489）秋田乞迎立公子阳生后为齐相之年。齐悼公继位后，田乞以拥立之功独揽大权，"专齐政"（《史记·齐太公世家》），故称"立事"。

"左"，即"佐"，有"辅佐""协助"之义。"大族"，马承源认为是"大侯"，即齐悼公阳生。[①]但学者多认为应该是"指陈氏之族言之"[②]。田乞此时已经是陈氏宗族的族长，他所在的就是陈氏的大族，每天所治理的也是陈氏大族，故似不应该再强调他新获"左大族"之职。从铭文中的"立事岁"看，这里强调的主要是田乞为姜姓齐国执政的身份。其后的"以持民卯"，陈邦怀先生认为是"以持民巽"，指"辅佐齐邦、使民恭顺"之义。[③]由此可知，田乞在铭文中所"佐"的大族，应该是指姜氏宗族。姜氏作为齐国公室大宗，其宗族理应为齐国的大族。田乞以齐国执政的身份，兼管姜姓的宗族内部事务，更彰显了自己权势的至高无比，故铭文中特意予以明示，以彰显自己无上的政治权威。

若此解可信，那么铭文所反映的便是田氏代齐过程中的重要政治举措。春秋之时，世卿世禄制和宗法制度依然盛行，时人的宗族观念非常浓厚。在时人的心目中，"民不祀非族，神不歆非类"（《左传·僖公十年》），宗族内的事务本应由本族的族长全权处理，他人无权干涉。但田乞却在独揽姜齐大权之后，

[①] 马承源：《陈喜壶》，《文物》1961年第2期。
[②] 于省吾等：《关于〈陈喜壶〉的讨论》，《文物》1961年第10期。
[③] 同上。

便凭借齐国执政的身份，公然做了诸姜氏宗族的管理者，这在当时是非常罕见的。这个"佐大族"之职，便使田乞可以公然干涉姜氏宗族内政，从而各个击破、削弱并瓦解姜氏宗族势力，最大程度地限制了姜氏宗族的发展和团结。田乞的这一举动，严重动摇了姜齐根基，是夺取齐国最高统治权的关键一步。传世文献中对此鲜有记载，幸有陈喜壶保存了这一宝贵资料。

二、田氏代齐中的天命之争

在传世文献记载中，田氏始祖陈完出生伊始便自带天命，更受天命直接庇佑。据《左传·庄公二十二年》记载，陈完出生不久，周朝太史便为其用《周易》占筮，结果得到《观》之《否》卦，是大吉之兆："是谓'观国之光，利用宾于王'，此其代陈有国乎？"后来又纠正说，应该是他的后世子孙能享有国家，但执掌的却不是陈国，而是姜姓之国。待陈完成人后成婚时，时人又预言道："凤皇于飞，和鸣锵锵，有妫之后，将育于姜。五世其昌，并于正卿。八世之后，莫之与京。"意思是说，他的婚姻一定会非常美满，子孙将会享有姜姓之国。自其之后，五世之孙将做到国之正卿，八世之孙将享有整个国家。这两则预言，便鲜明昭示出陈完及其后人长享天命护佑的特殊宿命。

《左传》对这两次预言的记载不但极具细节描述，而且竟然与后来的历史发展完全吻合。陈完成年后真的流亡到了姜姓齐国，其五世孙田乞做了齐国的执政卿，八世孙田和也成功享有了齐国大权，好像历史的脚步都是按预言所设计的路径在有序发展。其实正是两者之间的这种高度吻合，也使后人认识到这两则预言应当是田氏成功代齐后，后世学者追加上去的，而非历史的实录。对此，学界已无疑义。

但《左传》的记载还是给我们透露了一个重要信息：田氏在代齐过程中曾经非常注重对天命的争夺与宣扬，并企图用天命观念为自己取代姜姓政权寻找足够的理论依据。对此，传世典籍中少有记载，但相关出土文献却提供了些许信息，值得特别关注。

（一）从量制改革看田氏宗族的民心争夺

《左传·昭公三年》记载了名相晏婴在出使晋国时，对晋卿叔向详细介绍了陈桓子用改变量制之法争取民心的行为。春秋战国时期，各诸侯国都有自己的量器，但计量标准互不统一，陈氏自己的家量与齐国公室的公量标准也不一样。齐国的公量分升、豆、区、釜、钟5个单位，其间的换算标准是：4升为1豆，4豆为1区，4区为1釜，10釜为1钟。陈氏为了笼络民心，故意将自己的家量变大，使各单位之间的换算标准变为：5升为1豆，5豆为1区，5区为1釜，10釜为1钟。依此，齐国的公量小，而陈氏的家量大。陈氏用自己的家量向百姓放贷，然后用公量收贷，从而有意让老百姓得到实惠。这一策略的实施，使陈氏快速取得了齐国民众信任，民众对他们"爱之如父母，而归之如流水"，从而为其最终取代姜氏、赢得齐政奠定了社会基础、笼络了人心。

对此，出土文献中关于田氏量器的出土，正可对此做有力印证。其中1857年在胶州灵山卫古城出土的举世闻名的"齐国三量"最具代表性。其铭文依次为：

（1）左关𬭚：左关之𬭚。（战国早期，《集成》10638）

（2）陈纯釜：命左关师𫝶成左关之釜，节于廪釜。敦者曰陈纯。（战国早期，《集成》10371）

（3）子禾子釜：子禾子命□内者御桕市，□命谂陈得，左关釜节于廪釜。关𬭚节于廪𨛕，关人筑桿戚釜，闭𨛕□□外鑑釜。（战国早期，《集成》10374）

左关𬭚高10.8厘米，容量为2070毫升；陈纯釜高38.65厘米，容量为20580毫升；子禾子釜高38.5厘米，容量为20460毫升。这3件器物都是春秋战国之际田氏宗族所铸之器，是当时最具代表性的田氏量器，也是迄今为止国内发现最早的齐国量器。

铭文中的"子禾子",即后来的齐太公田和,但子禾子釜中不称"太公"而称"子禾子",说明这是田和在未立诸侯时的自称。由此可以推断,齐国三量是田和最终代齐之前所做。待田和成功代齐后,所有量器便由田氏宗族的家量变为田姓齐国的官量。齐国三量的问世,是田氏量制成功取代姜齐量制的重要历史见证。

《尚书·五子之歌》称:"民为邦本,本固邦宁。"《战国策·齐策四》载赵威后之语曰:"苟无民,何以有君?"《左传·桓公六年》中随国的季梁也指出:"夫民,神之主也。是以圣王先成民而后致力于神。"这说明春秋战国时期的统治者,对民众在国家治理中的重要作用非常清楚,相信民众是国家的基础,得民心者得天下。因此,田氏在夺权过程中,首先重点经营的便是改变量制,争取民众支持,使齐国民众"归之如流水"。改变量制、争取民心的举动,为田氏赢得了极高的社会声誉。

2017年新公布的清华大学所藏战国竹简《赵简子》篇中,赵氏宗族赵简子曾特意向家臣成尃问询道:"齐君失政,陈氏得之,敢问齐君失之奚由?陈氏得之奚由?"这说明早在姜齐统治的晚期,包括晋国在内的各级诸侯国的君臣便已经普遍认识到,姜齐贵族因"失政"必将走向覆亡,田氏已经成功获得天命支持,即将顺利"得之"。

(二)从陈侯因育敦铭文中"黄帝"的记载看田氏宗族的正统性之争

传世典籍中习称的作为"五帝"之首的黄帝,在现有出土资料中最早见于战国中期的陈侯因育敦。该器为传世器,最早为陈介祺、刘体智旧藏,体呈球形,通体光素,器、盖各占一半,盖已遗失,器底有3个环钮形足,口沿下有一对环耳。铭文有8行79字:

> 隹正六月癸未,陈侯因育曰:"皇考孝武桓公,恭哉!大谟克成,其惟因育扬皇考,绍緟高祖黄帝,迩嗣桓文,朝问诸侯,答扬厥德。诸侯寅荐吉金,用作孝武桓公祭器敦。以烝以尝,保有齐邦。世万子孙,永为典常。

据学者考证①，敦铭中的"陈侯因𬩽"，即战国时期雄才大略的齐威王。田氏代齐之后，几代田姓国君兢兢业业，潜心治国，终于在齐威王、宣王时达到鼎盛。"绍"，《尔雅·释诂》释为"承继"。"緟"，《史记·太史公自序》司马贞索隐曰："继也。"因此，"绍緟"有"承继""嗣承"之义。"高祖"，远祖。"黄帝"，即人文始祖黄帝。据司马迁《史记·五帝本纪》所列世系可知，田氏宗族来自妫姓陈国，陈国的远祖为虞舜。虞舜是帝颛顼的六世孙，而颛顼又是黄帝之子昌意的儿子。依这个世系表推算，田氏为黄帝的直系后裔。从陈侯因𬩽敦铭文记载可知，齐威王已承认自己的赫赫功业是继承自己的远祖黄帝而来的。田氏宗族在所铸铜器铭文中明确追奉黄帝为自己的祖先，这在传世典籍中是缺载的。

强盛一时的齐威王为何要在自制的铜器铭文中大力宣扬传说中的黄帝呢？学者之间多有争论，分歧较大，但一种意见却值得特别关注，即田氏宗族是想借用黄帝的名号来打压流传已久的炎帝传说，以暗示自己取代姜姓政权的合理性和正统性。

众所周知，姜姓齐国来源于炎帝。齐国的始封君吕尚是炎帝宗族封于吕地一支的后裔。周王朝兴起过程中，炎帝的姜姓族群与姬姓周族人长期联姻和结盟，双方共同保证了周部族的快速兴起和持续壮大。周人灭商过程中，作为盟友的姜姓族群出力尤多。而在诸姜姓封国中，吕尚的齐国无疑是实力最为强大的一支。太公曾嫁女于周武王，本人也长期在周王室任职，以致齐国前五世国君都享有"返葬于周"的殊荣。可以说，自周人兴国、姜齐建国之后，齐国便一直是姜姓炎帝后裔的最有力代表。

田氏代齐后，为了证明田氏取代姜氏宗族的合法性，便借用历史传说，将远古时期的黄帝极力打造成自己的先祖，并借用上古神话传说中黄帝取代炎帝的经历，暗示自己代齐的合法性。据相关文献记载，在遥远的五帝时代，虽然炎帝一族获得了最高统治权，但在其末期治国不力、民多怨言时，黄帝一族便

---

① 郭沫若：《两周金文辞大系图录考释》，《郭沫若全集·考古编》第八卷，北京：科学出版社，2002年，第459—460页；徐中舒：《陈侯四器考释》，《徐中舒历史论文选集》上册，北京：中华书局，1998年，第405—446页等。

成功取而代之，并成功接替炎帝成为中原地区的最高统治者。黄帝取代炎帝后，天下更始，万象更新，远古先民迎来了前所未有的盛世局面。因此，在远古神话传说中，黄帝族代替炎帝族是符合历史发展趋势的。现在，黄帝的后裔田氏又取代了炎帝的后裔姜氏而最终享有齐国，便是既有历史根据，也较为符合社会发展趋势的历史必然了。

据现有研究成果可知，司马迁在《史记·五帝本纪》中所列的远古帝王世系并不可信。从族源上看，黄帝一族起源于西部黄土高原；而虞舜一族则起源于东土的海岱地区，是上古东夷族的一支。黄帝与虞舜之间既不同祖，更不同姓。但田氏宗族在夺取了齐国政权之后，却大力追认黄帝为自己的远祖，并用黄帝战胜炎帝的传说来比附自己的代齐行为。这只能说明，田氏宗族虽然在政治上成功取代了姜姓政权，但在思想认识上仍然需要千方百计地寻找历史依据和理论支撑，从而为自己政权的合法性和正统性提供足够的理论依据。

还有一个值得特别注意的问题是，田氏族群之所以要将黄帝作为自己的祖先大肆宣扬，或许还有另外一个用意蕴藏其中，即黄帝是姬姓，而周王室也是姬姓。田氏作为黄帝的后裔，也应该以振兴周室、匡扶王室并延续周人统治为己任，从而将周王室号令天下、治境安民的重任延续下去。据《史记·六国年表》的记载，齐威王即位后不久，便特意率领诸小国诸侯前往成周朝见了周天子，并号令诸小国国君共尊周天子为"天下共主"。这说明在齐威王的内心深处，周王室在法理上的正统性是必须要认可和延续的。如果此说可信，那么田氏推崇黄帝，并自认为是黄帝之后，便与孔子兴复周室、以文载道的政治诉求有异曲同工之妙。他们都以延续周王室统治为己任，有为天下传道并再造太平盛世的宏愿。

（三）从稷下学宫的建立看田氏宗族的天命之争

除了从古史传说中寻求历史依据外，田氏宗族在成功取代姜姓政权后，还有意识地借助天下学子之口，广泛宣传自己政权的合理性，甚至借用天下士人的智慧为自己代齐寻找理论依据。这个意愿，可以从其大力兴办的稷下学宫中体现出来。

田氏族人为何会创办稷下学宫,学者历来多有争论,其中有一种观点特别值得关注。他们认为,田氏宗族是想在汇聚天下学子后,再借用他们的智慧,为自己的政权合理性寻找理论依据。

后来的事实证明,田氏宗族创办稷下学宫的政治目的不但完全实现了,而且还远远超过了预期。这主要体现在如下几个方面。

其一,稷下学宫成功吸引了天下士子的目光。田氏宗族通过为各国士子提供施展才华的政治舞台,使他们广泛汇聚到稷下学宫内。他们在此招徒授学,讲学辩论,并开宗立派,宣扬己说,从而在最大程度上打消了人们对田氏政权合理性的质疑。

其二,稷下学子为田氏宗族的治境安民之道出谋划策,积极进献良言,从而使齐国的统治日益稳固。如淳于髡、孟子等学术名家都以稷下学者的身份诤谏过齐君,并用自己的智慧让齐国的治理更加合理完善,从而实现了盛极一时的"威宣之治"。

其三,稷下学子对田氏宗族所宣扬的陈氏为黄帝之后、黄帝曾经取代炎帝等理念做了积极宣传和散布,并使后世学者逐渐接受了这一历史记载,以致汉人司马迁在撰写《史记》时,仍然从黄帝开始写起,并有意识地将黄帝之前的炎帝族忽略不计,从而使姜姓族群在远古时期的活动轨迹不被后人所知。司马迁之后,历代撰史者皆宗《史记》,从而使黄帝的名声日隆,并逐渐成为中华文明的"人文始祖"。

其四,随着黄帝一族的被认可和远古黄帝事迹的广泛宣扬,齐国境内逐渐诞生了一个新的学术流派,即黄老学派。该学派的创始人宋钘、尹文、田骈、慎到、接子等,都是长年活跃于齐国境内的稷下学者。他们在研习原本盛行于楚地的道家学说的基础上,将其与齐国文化充分融合,最终促生了一个影响战国学术思潮的学术流派。黄老学派的学术贡献众多,但有一个方面却值得特别关注,即它使田氏宗族关于黄帝的宣传得到了最大程度的散布,从而无形中为田氏代齐的合理性提供了强有力的理论依据。

三、田氏代齐后巩固政权的措施

经过多年的辛苦经营和积蓄发展，田氏族长田和终于在前386年成功获得了周王室的认可，并正式取代姜氏宗族执掌了齐国大权。前379年，姜氏宗族的最后一位国君齐康公去世后，其俸邑被并入田氏，田氏宗族从此完全享有了齐国。成功代齐之后，历代田氏国君采取了一系列措施巩固政权，并取得了良好的成效。对于这些措施，《战国策》《史记》等传世典籍中时有记载，诸出土文献中也多有体现。

（一）从齐立邦玺看田姓齐国的政治宣告

现存的齐系玺印中，有一枚齐立邦玺，其印文作：

齐立邦玺

从文字特征与结构布局来看，此玺当属战国早期的齐国玺印。其中的"立邦"，当指田氏代齐后田姓齐国的建立。据此可知，这是田氏代齐后制作的一枚专用官玺。田氏宗族为了彰显自己的独特功绩，更为了标识自己与之前姜姓齐国的不同，特意制作了此玺，并借以向外界宣示一个全新的齐国政权的诞生。从这枚齐立邦玺中，我们不但能体会到诸田氏族人在获得齐国政权之后的自豪感，更能形象地感悟到他们需要以崭新的姿态登上历史舞台的迫切心情。可以说，齐立邦玺是田氏代齐的重要历史见证。

（二）从陈侯午作器看田姓齐国的外交活动

在传世典籍记载中，韩、赵、魏、燕、鲁、卫等国在田齐桓公统治时期曾屡次伐齐。前373年时，鲁国攻略齐国的阳关，魏国攻伐齐国的博陵，燕国则在林壶地区大败齐军。前372年时，卫军攻占齐之薛陵。前370年时，赵军攻击齐之甄城。前368年时，赵国攻略齐国的长城。前366年时，赵国攻打齐国的阿城。前360年时，赵、魏联军又共同伐齐。面对诸侯的屡次攻伐，齐国无力对抗，只能连吃败仗。这些资料显示出，田齐桓公统治时期，齐国的邦交关系异常紧张，和周边诸侯国之间战争冲突不断。

为扭转这一被动局面，田氏宗族做了大量工作来改善与其他诸侯国的邦交关系。对此，传世文献中少有记载，但出土资料中却有明显体现。在现有铜器中有4件陈侯午作器，包括1件簋和3件敦，其中的1件簋与2件敦的铭文相同，均为"十四年陈侯午"，另1件敦铭则记载着"十年陈侯午"。诸器的内容，都记载了齐桓公治齐时与其他诸侯国的友好交往活动，均不见于传世典籍记载，足以补其不足。

十年陈侯午敦为容庚旧藏，现藏于华南师大历史系。球形，器、盖各一半，通体光素。盖上和器底各有3个环钮，口沿下有一对环耳，有铭文8行37字：

> 十年，陈侯午朝群邦诸侯于齐，诸侯享以吉金，用作平寿造器敦，以烝以尝，保有齐邦，用世毋忘。（《铭图》6079）

铭文中的"陈侯午"，即田和之子齐桓公午，前375年继位。"群邦诸侯"，即齐国周边的各级诸侯国。"朝群邦诸侯于齐"，指各级诸侯到齐国朝拜。"享以吉金"，指诸侯来齐时曾向齐桓公进献大量铜器。"用作平寿造器敦"，指齐桓公用诸侯进献的青铜制作了这件敦，用以彰显自己的不世功勋。

2件陈侯午敦和1件陈侯午簋的铭文相同：

> 唯十又四年，陈侯午以群诸侯畎金作皇妣孝大妃祭器錁敦，以烝以尝，保有齐邦，用世毋忘。

"群诸侯畎金"，指各级诸侯朝齐时所进献的铜器。"皇妣孝大妃"，齐桓公的母亲。在此，齐桓公是用诸侯所献的吉金为去世的母亲制作了数件祭器。

通过分析4件青铜器铭文可知，齐桓公统治时期，齐国与周边诸侯国除了军事战争外，也存在着诸多友好交往和邦交互动。齐国除了屡次被周边诸侯国攻掠侵伐外，也通过多种渠道与它们友好互动，并一度成为各级诸侯国朝拜觐见的重要友邦。

（三）从立事岁铭文看田氏宗族对齐国政权的掌控

姜姓齐国时，本着举贤尚功、选贤任能的治国理念，上自执政卿相，下到各级行政官吏，多由诸异姓宗族占据，如姒姓的鲍氏、姬姓的管氏、妫姓的陈氏、夷人晏氏等，都长期占据高位，执掌齐国政权。可以说，姜姓齐国的政权是多元开放的，它允许诸异姓异族的贤能之士分掌大权，共同执政。

但田氏代齐之后，上到执政卿相，下到各级官吏，几乎全为田氏族人所占据。这从所出土的数量众多的"陈某立事岁"陶器刻铭中可得到集中体现。

据不完全统计，在陶器、金文及简帛资料中出现的有立事经历的陈某，至少有十几位，分别是：

（1）鄚阳陈得再立事岁（陈璋方壶）

（2）陈犹立事岁（陈纯釜）

（3）陈□立事岁（子禾子釜）

（4）陈桀立事岁（莒公孙朝子钟）

（5）[陈]是立事岁□右工戈（[陈]是立事岁戈）

（6）陈夐立事岁安邑亳釜（齐玺印）

（7）阊门陈賨三立事左里敀京豆（齐陶文）

（8）王孙陈棱立事岁左里敀京区（齐陶文）

（9）陈向立事岁召之王釜也（齐陶文）

（10）陈猶立事左釜（齐陶文）

（11）陈楠三立事岁右禀釜（齐陶文）

（12）陈逯□立事（齐陶文）

244

（13）陈道立事岁（齐陶文）

（14）陈常立事岁淄之王釜（齐陶文）

（15）昌檹陈固南左里（齐陶文）

（16）内郭陈赏三立事（齐陶文）

（17）陈华右句莫廪（齐陶文）

（18）陈平虙立事岁之釜（齐陶文）

  通过学者的研究已经知晓，战国时期"立事"的适用范围非常宽泛，上自国君王侯主持国家祭祀或政务，下到各级郡县官吏莅政主事，都可以称为"立事"。"'立事'意指主持事务、任职执政，其最重要的意义在于表明当时谁是政治权力的实际所有者。"①李学勤先生进一步指出，"立事者"的前面多被冠以城邑或关隘之名，从中可知"立事者"多为"都邑大夫或关尹之类"②。

  从数量众多的"立事"陶文可知，田氏代齐之后，为了全面掌控齐国政局，田齐国君一度打破姜齐长期延续的尊贤尚功的传统，将大量的田氏宗族成员安插到国家各级政权机构之内，从而最大程度地掌握齐国军政大权，确保自己统治的稳定。

  综上可知，现有出土文献资料对田氏代齐的各个方面都做了不同程度的记载。诸出土文献资料除有效印证传世典籍记载外，同时也增添了很多文献缺载的新材料。通过系统梳理和分析这些资料，我们可以对春秋战国之际田氏代齐这一重大历史事件的整体面貌有更全面深入的了解和认识。

---

 ① 刘光胜：《出土文献与〈曾子〉十篇比较研究》，上海：上海古籍出版社，2016年，第128页。

 ② 李学勤：《战国题铭概述》上，《文物》1959年第7期。

汉代经学与齐鲁文化关系述略

王立国[*]

摘　要：汉代经学与齐鲁文化的关系，内含齐鲁经学与汉代经学、齐鲁经学与齐鲁文化的关系，齐鲁经学将齐鲁文化之源与汉代经学之流相连接。在汉代经学的发展历程中，以齐学、鲁学为基本构成的齐鲁经学贯穿始终，起了开源、续流、汇总的主导作用，居于发源、主体、核心的重要地位。追求经学理论与实践性内在一致的齐鲁经学，其包含的齐学、鲁学分属于不同文化系统的产物，与开放的齐文化和保守的鲁文化有着内在渊源；体现齐鲁文化"天性"的齐鲁经学，将汉代经学与齐鲁文化相连接。

关键词：汉代经学；齐鲁经学；齐鲁文化；关系

在汉代经学发展的过程中，齐鲁文化起了重要的导源作用。可以说，汉代经学为齐鲁经学的官方化，而齐鲁经学源于齐鲁文化。齐鲁经学，同作为汉代经学与齐鲁文化的主体，将齐鲁文化之源与汉代经学之流无形地连接起来。王克奇认为："关于汉代经学与齐鲁文化的关系，汉代的班固有一个非常经典的说

---

[*] 作者简介：王立国，男，丽水学院讲师，主要研究方向为汉代经学、唐代文学、区域文化与中国文学。篇幅原因，本文内容多有删略，原文请参见作者本人博士论文《汉代齐鲁经学与关中文化——以经学的传播影响为主体》，山东师范大学博士学位论文，2019年，第一章《汉代经学与齐鲁文化》。

法，认为经学是阴阳五行化的儒学。《汉书·五行志》言：'董仲舒治《公羊春秋》，始推阴阳，为儒者宗。'自董仲舒开创汉代经学的理论体例始，儒学便阴阳五行化了，而且为后来的儒者所效法。从文化学的角度看，儒学的阴阳五行化，是齐、鲁文化一体化的产物。"[①]因此，欲深入辨析汉代经学与齐鲁文化的关系，不妨从汉代经学与齐鲁经学的文化渊源诸问题谈起。

一、汉代经学与齐鲁经学

汉代经学的形成与发展，是一个动态的过程。其经历了有汉400余年的时间流程，又实现了从齐鲁一地到关中一统，遂在全国地域传播扩散。齐鲁经学，指齐经学、鲁经学，在《汉书》的记载中已出现"齐学""鲁学"之谓，其所指也是限于经学范畴。《汉书·儒林传》："宣帝即位，闻卫太子好《穀梁春秋》，以问丞相韦贤、长信少府夏侯胜及侍中乐陵侯史高，皆鲁人也，言穀梁子本鲁学，公羊氏乃齐学也，宜兴《穀梁》。"[②]当然，"齐学""鲁学"以及我们合称的"齐鲁之学"，是以地域名之，但作为不同的经学派别概念，其内含学术品格、学风、义理阐释诸方面的特点。

现代学术界关于"齐学""鲁学"的提法，分别始于胡适与傅斯年。二位区分了广义概念上的"齐学"与"鲁学"。胡适认为，"阴阳家为齐学的正统"[③]，"黄老之学起于齐学"[④]。傅斯年认为，"儒是鲁学"[⑤]。本文所指的"齐学""鲁学"均指"经学"，其在内涵和名实指称上与胡、傅二者所论并不矛盾，且有一致之处，如"齐经学"内含阴阳五行说的内容与特点，"鲁经学"

---

① 王克奇：《汉代经学与齐鲁文化》，《光明日报》2003年5月27日第3版。
② （东汉）班固：《汉书·儒林传》，北京：中华书局，1997年。后皆引此，皆以目略之。
③ 胡适：《中国中古思想史长编》，合肥：安徽教育出版社，2006年，第17页。
④ 同上书，第21页。
⑤ "鲁国人揖让之礼甚讲究，而行事太乖戾（太史公语），于是拿诗书礼乐做法宝的儒家出自鲁国，是再自然不过的事情。""'儒是鲁学'这句话，大约没有疑问吧。"参见傅斯年：《战国子家叙论·史学方法导论·史记研究》，上海：上海古籍出版社，2012年，第33页。

则有更多的原始儒家的纯谨学风。唯一不同的是，胡适所言的"齐学"范围更广，含黄老之学在内。傅斯年所言的"鲁学"，推其文义，亦并不纯指儒学；儒学包含在其中，言"儒是鲁学"，但非"鲁学是儒"。

本文所规定的"齐学""鲁学"与《汉书》所言的"齐学""鲁学"在经学指称上较为一致。而二者合称的"齐鲁经学"一直贯穿汉代经学发展的始终，在汉代经学的发展至兴盛的过程中发挥了重要的作用。

汉代经学的发展过程中，齐鲁经学家始终参与其中，起到了重要的首倡、传承、总结作用；齐鲁经学作为汉代经学的滥觞，对汉代经学治学学风、学术品格产生了深远的影响。

汉初立，亟须政权制度的建设与思想文化的统一。据《史记》："叔孙通作汉礼仪，因为太常，诸生弟子共定者，咸为选首，于是喟然叹兴于学。然尚有干戈，平定四海，亦未暇遑庠序之事也。孝惠、吕后时，公卿皆武力有功之臣。孝文时颇征用，然孝文帝本好刑名之言。及至孝景，不任儒者，而窦太后又好黄老之术，故诸博士具官待问，未有进者。"[1]司马迁的这段文字简要记载了汉立朝60多年来官方对于经学的态度。高祖初年，面对朝仪失衡的状况，任用鲁人叔孙通据儒家礼定汉家朝仪，这无形中在官方层面上为经学的发展奠定了首要基础。经由叔孙通师徒的努力，朝仪面貌大变，深得高祖之心。[2]由此经学的功用开始实践于庙堂。虽然经学的发展前路起伏跌宕，但还是由叔孙通等齐鲁经学学者拉开了历史大幕。

高祖在位期间，与鲁之经学家屡有接触。《史记·儒林列传》："高祖过鲁，

---

[1] （西汉）司马迁撰，（南朝宋）裴骃集解，（唐）司马贞等注：《史记·儒林列传》，《史记三家注》，扬州：广陵书社，2014年。后皆引此，皆以目略之。

[2] 《史记·刘敬叔孙通列传》："汉七年，长乐宫成，诸侯群臣皆朝十月。仪：先平明，谒者治礼，引以次入殿门，廷中陈车骑步卒卫宫，设兵张旗志。殿下郎中侠陛，陛数百人。功臣列侯诸将军军吏以次陈西方，东乡；文官丞相以下陈东方，西乡。大行设九宾，胪传。于是皇帝辇出房，引诸侯王以下至吏六百石以次奉贺。自诸侯王以下莫不振恐肃敬。至礼毕，复置法酒。诸侍坐殿上皆伏抑首，以尊卑次起上寿。觞九行，谒者言'罢酒'。御史执法举不如仪者辄引去。竟朝置酒，无敢欢哗失礼者。于是高帝曰：'吾乃今日知为皇帝之贵也。'"

申公以弟子从师入见高祖于鲁南宫。"申公得到了刘邦的接见,这可视为经学学者与最高统治者的接洽,在汉代经学发展史上具有重要的意义与推动作用。不仅如此,前195年高祖去世当年过鲁,特意祭祀孔子。相信汉高祖过鲁接见经学学者与祭孔,与叔孙通以儒家礼仪制定朝仪对他的触动有非常大的关系。

同时,另一位谋臣陆贾对汉高祖对于儒学态度的转变起到了一定的推动作用。陆贾提倡"行仁义,法先圣","高帝不怿而有惭色"(《史记·郦生陆贾列传》),让其总结秦失天下、汉得天下的教训。他因之所著述的《新语》,"每奏一篇,高帝未尝不称善",但其实并没有让高祖对儒学的态度彻底转变,其后依然以黄老之学为主来治世。高祖虽然没有用儒,但已改变轻儒的态度,认识到儒家的作用,对儒学在汉世的发展不能说没有一定的作用。

高帝之后,惠帝、吕后、文帝、景帝诸朝,对待经学的态度多有抵触,但亦有倾向儒学者,并且由叔孙通等所定的汉家礼仪一直保持和传承下来,对于经学的进一步发展奠定了坚实的官方基础。《史记·刘敬叔孙通列传》:"高帝崩,孝惠即位,乃谓叔孙生曰:'先帝园陵寝庙,群臣莫习。'徙为太常,定宗庙仪法。及稍定汉诸仪法,皆叔孙生为太常所论著也。"汉高祖驾崩后,惠帝即位,尚未有关于先帝陵寝的规制,大臣们亦不知该如何去做。惠帝征求叔孙通的意见,并升其职位为太常,叔孙通在太常之位上制定了相关的仪法。此可视为叔孙通于汉家礼仪、经学之用的又一功德。

经过前60多年的理论与实践探索,至武帝之时,任用儒家经典治世已成为一种必然。当然,其中,最高统治者的主观意志起到了非常重要的推动作用,但儒家"可于守成"的理论与实践品格,已为先世的政治实践所证明。

武帝尚儒,采纳董仲舒之议,始立五经博士,开启了经学发展的新纪元。[①]在武帝"乡儒学""招方正贤良文学之士"的态度与政策的转变下,五经八师正式确立其汉代经学的宗师地位,其中申培生、辕固生、伏生、高堂生、田

[①] 《史记·儒林列传》:"及今上即位,赵绾、王臧之属明儒学,而上亦乡之,于是招方正贤良文学之士……及窦太后崩,武安侯田蚡为丞相,绌黄老、刑名百家之言,延文学儒者数百人,公孙弘以《春秋》白衣为天子三公,封以平津侯。天下之学士靡然乡风矣。"

生、胡毋生六人为齐鲁经学家，其他两位，亦间受齐鲁经学的影响。董仲舒师承广义之"齐学"，韩太傅的《诗传》则是对比齐诗、鲁诗，因而有成。窦太后驾崩后，为文帝、窦太后所好的黄老、刑名之学见绌，丞相田蚡更"延文学儒者数百人"，胡毋生的弟子公孙弘亦因为通《春秋》而以白衣身份拜公封侯，对天下的学子震动巨大，"天下之学士靡然乡风矣"。于此，叔孙通据儒家礼义为高祖定汉家朝仪而拉开汉代经学的历史大幕，汉代经学开始扮演决定中国文化、中国历史走向的中流砥柱的角色。

其后，公孙弘上奏武帝的一系列建议，使以"文学任官"的制度得以确定，如此，以儒任官、奉儒守官的传统从此开启，而首先要做到的则是研习儒家经典，要通经致用。① 公孙弘以学官之位倡儒家的"礼乐教化"，建议补置博士官，并确立了最早的"举人"规则。② 如果说，汉高祖之时，叔孙通以儒家礼义为汉制定朝仪，是为汉代经学的发展奠定了实践基础；那么，汉武帝之世，公孙弘以通经与否为汉制定人才政策，则使经学得到进一步的发展。虽其后经历了两汉易代的时代变迁，但经学终成为汉代的主流学术和官方意识形态。其中，作为齐鲁经学学者出身的叔孙通与公孙弘成为关键人物。当然，另

---

① 《史记·儒林列传》："公孙弘为学官，悼道之郁滞，乃请曰：'……治礼次治掌故，以文学礼义为官，迁留滞。请选择其秩比二百石以上，及吏百石通一艺以上，补左右内史、大行卒史；比百石以下，补太守卒史：皆各二人，边郡一人。先用诵多者，若不足，乃择掌故补中二千石属，文学掌故补郡属，备员。请著功令。佗如律令。'制曰：'可。'自此以来，则公卿大夫士吏斌斌多文学之士矣。"

② 《史记·儒林列传》："古者政教未洽，不备其礼，请因旧官而兴焉。为博士官置弟子五十人，复其身。太常择民年十八已上，仪状端正者，补博士弟子。郡国县道邑有好文学，敬长上，肃政教，顺乡里，出入不悖所闻者，令相长丞上属所二千石，二千石谨察可者，当与计偕，诣太常，得受业如弟子。"最早的"科举"不仅与"文学""礼教""政治"相关，而且与"经"联系在一起："一岁皆辄试，能通一艺以上，补文学掌故缺；其高弟可以为郎中者，太常籍奏。即有秀才异等，辄以名闻。其不事学若下材及不能通一艺，辄罢之，而请诸不称者罚。"给皇帝起草诏书律令的人，须有博学明识的厚重积淀："臣谨案诏书律令下者，明天人分际，通古今之义，文章尔雅，训辞深厚，恩施甚美。小吏浅闻，不能究宣，无以明布谕下。"如此，才能"明布谕下"。"治礼次治掌故，以文学礼义为官"，并依此制定了一系列的任官标准："请选择其秩比二百石以上，及吏百石通一艺以上，补左右内史、大行卒史；比百石以下，补太守卒史：皆各二人，边郡一人。先用诵多者，若不足，乃择掌故补中二千石属，文学掌故补郡属，备员。请著功令。佗如律令。"

一个关键人物还有齐学出身的董仲舒,始于其回应武帝的著名的"天人三策"①。

宣帝"甘露(前53—前50)中与五经诸儒杂论同异于石渠阁",为不同经学师法论争的第一次交锋;"昭帝时举贤良文学,增博士弟子员满百人,宣帝末增倍之","复立《大小夏侯尚书》,《大小戴礼》,《施》、《孟》、《梁丘易》,《穀梁春秋》"(《汉书·儒林传》)。

石渠阁之会促进了经学不同师法之间的交流,对于经学的发展影响甚大,这也表明最高统治者开始以较为开明的眼光来对待不同的经学派别,而非专重一家。宣帝后期,又陆续增博士弟子,复立《大小夏侯尚书》等不同家法为官学。

班固在《汉书·儒林传》中,以具体而简练的笔触总结了自武帝至平帝元始年间100多年来经学兴盛的情况②,生动地记录了自武帝立五经博士以来,经学在学者数量、经学派别、立为官学的数量上的剧增。

在光武帝至顺帝的119年间,五经的不同师法进一步发展,致使门派林立,今古文之争炽烈,儒生众多,这与用人制度、社会崇尚密切相关,不仅官方更为重视,如立五经十四博士、召开白虎观之会;民间亦多加尊敬,以孙期为例,"黄巾贼起,过期里陌,相约不犯孙先生舍"(《后汉书·儒林列传》)。这时出现了众多著名经师。③

---

① 《汉书·董仲舒传》:"武帝即位,举贤良文学之士前后百数,而仲舒以贤良对策焉。"
② 《汉书·儒林传》赞曰:"自武帝立五经博士,开弟子员,设科射策,劝以官禄,讫于元始百有余年,传业者浸盛,支叶蕃滋,一经说至百余万言,大师众至千余人,盖禄利之路然也。初,《书》唯有欧阳,《礼》后,《易》杨,《春秋》公羊而已。至孝宣世,复立《大小夏侯尚书》,《大小戴礼》,《施》、《孟》、《梁丘易》,《穀梁春秋》。至元帝世,复立《京氏易》,平帝时,又立《左氏春秋》、《毛诗》、逸《礼》、古文《尚书》,所以网罗遗失,兼而存之,是在其中矣。"
③ 《后汉书·儒林列传》载:"及光武中兴……(四方之士)莫不抱负坟策,云会京师,范升、陈元、郑兴、杜林、卫宏、刘昆、桓荣之徒,继踵而集。于是立五经博士,各以家法教授,《易》有施、孟、梁丘、京氏,《尚书》欧阳、大小夏侯,《诗》齐、鲁、韩,《礼》大小戴,《春秋》严、颜,凡十四博士,太常差次总领焉。""建武五年,乃修起太学,稽式古典,笾豆干戚之容,备之于列,服方领习矩步者,委它乎其中。中元元年,初建三雍。"(转下页)

然盛极必衰，在章帝之后的50多年中，和帝、殇帝、安帝、顺帝或早夭，或壮年而逝，多为后宫或宦官专权，因此经学的发展虽然依然受重视，但受政局等的影响，已出现衰落之迹象，"及邓后称制（安帝在位之时，106—125年），学者颇懈"（《后汉书·儒林列传》）。

鉴于这种情形，灵帝熹平年间，刊刻石经，为天下学者取则①，此可视为汉代经学随着政局之动荡进入衰落期后，官方对于经学发展的最后振兴壮举。

在汉代经学发展历程中，前期齐鲁经学家、齐鲁经学起到了重要的开源、传承作用；后期，齐鲁经学的影响依然存在，随着今古文经学的学术交流与论争的增多，与今古文经学密切相关的齐学、鲁学的学风与学术精神已融入万千经学学者的治学理念中，尤其后汉的白虎观之议，促进了今古文经学的交流与融合，最后由齐鲁学者、经学大家郑玄实现了一统。

二、齐鲁经学的文化渊源

齐鲁经学，为齐学、鲁学之合称。齐鲁经学产生于齐、鲁之地，有着切实的地域文化根源，并且由于此地域文化根源的差异，齐学、鲁学亦呈现出不同的学术风格。而这种地域文化根源的差异，与所处地域的自然地理、生存方

（接上页）"明帝即位，亲行其礼。天子始冠通天，衣日月，备法物之驾，盛清道之仪，坐明堂而朝群后，登灵台以望云物，袒割辟雍之上，尊养三老五更。飨射礼毕，帝正坐自讲，诸儒执经问难于前，冠带缙绅之人，圜桥门而观听者盖亿万计。其后复为功臣子孙、四姓末属别立校舍，搜选高能以受其业，自期门羽林之士，悉令通《孝经》章句，匈奴亦遣子入学。济济乎，洋洋乎，盛于永平矣！""建初中，大会诸儒于白虎观，考详同异，连月乃罢。肃宗（章帝）亲临称制，如石渠故事，顾命史臣，著为通义。又诏高才生受《古文尚书》《毛诗》《穀梁》《左氏春秋》，虽不立学官，然皆擢高第为讲郎，给事近署，所以网罗遗逸，博存众家。""元和二年（章帝时，85年）春，帝东巡狩，还过鲁，幸阙里，以太牢祠孔子及七十二弟子，作六代之乐，大会孔氏男子二十以上者六十三人，命儒者讲《论语》。""孝和亦数幸东观，览阅书林。""及邓后称制，学者颇懈。时，樊准、徐防并陈敦学之官，又言儒职多非其人，于是制诏公卿妙简其选，三署郎能通经术者，皆得察举。""顺帝感翟酺之言，乃更修黉宇，凡所结构二百四十房，千八百五十室。试明经下第补弟子，增甲乙之科员各十人，除郡国耆儒皆补郎、舍人。"

① 《后汉书·儒林列传》："熹平四年，灵帝乃诏诸儒正定五经，刊于石碑，为古文、篆、隶三体书法以相参检，树之学门，使天下咸取则焉。"

式、文化政策、文化传承等都有一定的关系。

关于齐学、鲁学的提法，始于《汉书·儒林传》：

> 宣帝即位，闻卫太子好《穀梁春秋》，以问丞相韦贤、长信少府夏侯胜及侍中乐陵侯史高，皆鲁人也，言穀梁子本鲁学，公羊氏乃齐学也。

汉宣帝的问询，让当时身居高位的韦贤、夏侯胜、史高等鲁人，将穀梁子、公羊氏所阐述的《春秋》之学，以鲁学、齐学的类名区分了开来。以地域命名一种学问，说明二者在学术风格上有着明显的差异，而非仅仅是地域上的简单区别。

而在当时，汉宣帝的问询，并非一般意义上的问询，考察汉代今古文经学之争的政治文化背景，其实是代表了一定的学术倾向和政治倾向。

此前，经学典籍几经沉浮，至汉刘歆之代方整理总辑，《汉书·艺文志》有记，简练地概括了自孔子没、七十子丧后先秦典籍的流传整理情况。[①]从中，我们也可以大略了解学派的分流情况。那么，此时，我们可以推断，孔子去世以后，儒学的传播赖以七十子；七十子丧后，儒学始出现分流的情况。这种分流，诚然有儒师的个体因素，但在没有统一主流文化的情形下，不同的地域文化是一个重要的因素。齐学、鲁学也在此时定型，并一直影响有汉一代的经学传承。

齐学、鲁学两种不同的学术风格，其实源自齐、鲁两地不同的文化风格。

---

① 《汉书·艺文志》载："昔仲尼没而微言绝，七十子丧而大义乖。故《春秋》分为五，《诗》分为四，《易》有数家之传。战国从衡，真伪分争，诸子之言纷然淆乱。至秦患之，乃燔灭文章，以愚黔首。汉兴，改秦之败，大收篇籍，广开献书之路。迄孝武世，书缺简脱，礼坏乐崩，圣上喟然而称曰：'朕甚闵焉！'于是建藏书之策，置写书之官，下及诸子传说，皆充秘府。至成帝时，以书颇散亡，使谒者陈农求遗书于天下。诏光禄大夫刘向校经传诸子诗赋，步兵校尉任宏校兵书，太史令尹咸校数术，侍医李柱国校方技。每一书已，向辄条其篇目，撮其指意，录而奏之。会向卒，哀帝复使向子侍中奉车都尉歆卒父业。歆于是总群书而奏其《七略》，故有《辑略》，有《六艺略》，有《诸子略》，有《诗赋略》，有《兵书略》，有《术数略》，有《方技略》。今删其要，以备篇辑。"

梁启超亦有一段著名的论述，主要从地理与文化传承的角度谈齐学、鲁学的学风之异，体现了谨严与活跃的差异。[①]然细论之，其与两地的文化政策、文化渊源关系大焉。子曰："齐一变而至于鲁，鲁一变而至于道。"（《论语·雍也》）是之谓也。

齐文化的最终形成，与齐地的立国政策、民俗特色、地域风气等有着密切的关系。姜太公封齐之时，确立了"简其俗，因其礼"的文化政策，充分尊重原始齐民的文化风俗，并在此基础上，注重工商业的发展，齐地出现了经济的巨大繁荣。《史记·齐太公世家》："太公至国修政，因其俗，简其礼，通商工之业，便鱼盐之利。"而太公"尊贤尚功"的立国方针，则开了战国礼贤下士之风的先河[②]，甚至为学术中心稷下学宫的形成奠定了思想基础。因此，在这种尊重本地文化基础上形成的多元文化的交融，使得齐文化更多地具备了开放、致用的文化品格。

相应地，这对齐学学风的形成产生了重要影响。齐学以经学典籍言，主要是指汉代今文经学派，包括《春秋公羊传》、《齐诗》、齐《尚书》、齐《易》，而具体来说，齐经学派所开创的传统，就是阐发儒家经典中的微言大义。就《春秋公羊传》而论，阐发出来的微言大义有三方面的内容，即大一统说、天人感应说、三世说。[③]而无论是大一统说、天人感应说，还是三世说，都是一种社会和历史哲学。对其的阐发和理论形成，得益于齐文化开放的品格。其他诸经学的阐释，都体现了这一特点，在阐发经学义理时，能够结合现实，体现

---

① "两汉以前，儒家学派，可以地域区分，所谓齐学鲁学，风气各自不同。鲁是孔子所居的地方，从地理方面看，在泰山以内，壤地偏小，风俗谨严；从历史方面看，自周公以来，素称守礼之国。又有孔子诞生，门弟子极多。鲁派家法，严正呆板狭小，有他的长处，同时亦有他的短处。齐与鲁接壤，蔚为大国，临海富庶，气象发皇，海国人民，思想异常活跃，直接隶属孔门的时候，齐鲁学风，尚无大别，以后愈离愈远，两派迥不相同了。若以欧洲学风比之，鲁像罗马，齐像希腊。"参见梁启超：《儒家哲学》，《饮冰室诸子论集》，扬州：江苏广陵古籍刻印社，1990年，第27页。

② 王志民、邱文山：《齐文化与鲁文化》，《齐文化丛书》编辑委员会编：《齐文化丛书》第19册，济南：齐鲁书社，1997年，第55页。

③ 丁冠之、蔡德贵：《秦汉齐学》，《齐文化丛书》第19册，第467页。

了"通经致用"的实践性品格。正如邱文山所讲:"由于齐文化的影响,使今文经学呈现出与古文经学截然不同的风格和特征。齐派经学所开创的传统,就是阐发儒家经典中的微言大义。传统的儒家经典,为我们所提供的仅是单纯的史实,而齐派经学的发挥则使我们得到了一种社会、历史哲学。"①

这种文化渊源促成了稷下学宫的成立,而稷下学宫的学术风气使诸子百家在此融合,这对于后世齐学的形成至关重要。稷下学宫作为当时的学术中心,儒、墨、道、法、名、兵、农、阴阳、小说、纵横等学派在此汇聚,围绕当时的社会、政治问题,相互辩难,正是这种"百家争鸣"的学术风气才使得齐学最终定型。当时,儒家的代表人物孟子、荀子都长时间居留稷下学宫,《盐铁论·论儒》:"齐宣王褒儒尊学,孟轲、淳于髡之徒受上大夫之禄,不任职而论国事。盖齐稷下千有余人。"②齐学处于当时的学术中心,自然受到八面来风的影响,不强调谨守家法,而是注重如何以开放的胸襟服务于社会,经世而致用。

因此,其"恢奇驳杂"风格的形成亦是先天的文化渊源和后天的现实影响使然。没有先天开放的文化渊源,无以形成"恢宏"的气象;没有"经世致用"的用世精神,无以促进由常到奇的转变,因为世局与社会本是常变常新的;而没有诸子百家思想的影响或渗入,无以成其"驳杂"。

上述即为齐学的文化渊源,其"恢奇驳杂"学术风格的形成,从根本上来说,是齐文化兼容并包的开放性使然。鲁学和鲁文化与之形成鲜明的对照。

鲁国的建立,与周天子的"封建亲戚,以蕃屏周"(《汉书·地理志》)的分封政策有着更为密切的关系,鲁文化特色的形成与之密切相关。鲁地曲阜,本为少昊时的都城,此地的人们深受圣人之教化,近于周王朝的"正道",但后来出现"鲁道衰""俗既益薄"的情形。③周公封鲁,伯禽代政,采取"变其

---

① 邱文山:《试论齐文化的流变》,《管子学刊》2003年第2期。
② (汉)桓宽著,陈桐生译注:《盐铁论》,北京:中华书局,2015年,第110页。
③ 《汉书·地理志》:"周兴,以少昊之虚曲阜封周公子伯禽为鲁侯,以为周公主。其民有圣人之教化,故孔子曰'齐一变至于鲁,鲁一变至于道',言近正也。濒洙泗之水,其民涉度,幼者扶老而代其任。俗既益薄,长老不自安,与幼少相让,故曰:'鲁道衰,洙泗之间断断如也。'"

俗，革其礼"的文化政策，使鲁地成为宗周的东方文化据点。[①]鲁国成为周文化的继承与保存之地，周礼在鲁，其文化面貌呈现保守性。至孔子之时，"孔子闵王道将废，乃修六经，以述唐虞三代之道，弟子受业而通者七十有七人。是以其民好学，上礼义，重廉耻"(《汉书·地理志》)。孔子"闵王道将废"，修六经，授业弟子，对于王道的传承起到了重要作用，亦对鲁地起到了移风易俗的重要作用，社会上形成"其民好学，上礼义，重廉耻"的文化风气。重礼、尚德、重农、尚恩[②]，这种文化特色，对鲁学"纯谨"风格的形成产生了内在的影响。

《史记·货殖列传》："邹、鲁滨洙、泗，犹有周公遗风，俗好儒，备于礼，故其民龊龊。颇有桑麻之业，无林泽之饶。地小人众，俭啬，畏罪远邪。及其衰，好贾趋利，甚于周人。"鲁地濒临洙河、泗水，受伯禽的文化政策影响，有周公遗风、好儒、重礼，所以民多拘谨。同样有桑麻之业，但没有树木、河流的丰饶。地方狭小而人多，人们多勤俭，远离违法、邪恶之事。而当衰败之世，人们又好商趋利，比汉时的周人还甚。这种狭小的地理位置，无广阔之原野，使得人们的生存方式只能利用农桑，并且受周代礼乐文化影响甚深；而在衰世，人们也只能以好商谋利为生。礼法的浸染、生存方式的单一化，使得鲁文化趋于保守。同样，《汉书·地理志》对于鲁文化的特性亦有清醒的认识："今去圣久远，周公遗化销微，孔氏庠序衰坏。地狭民众，颇有桑麻之业，亡林泽之饶。俗俭啬爱财，趋商贾，好訾毁，多巧伪，丧祭之礼文备实寡，然其好学犹愈于它俗。"在周公遗化衰微，孔子庠校遭战火破坏的情况下，人们虽然为了生存之需，"趋商贾"，多了吝啬、巧伪习气，然而其地好学之风还是占主要地位的，所以"汉兴以来，鲁东海多至卿相"(《汉书·地理志》)。

[①] 《史记·鲁周公世家》："鲁公伯禽之初受封之鲁，三年而后报政周公。周公曰：'何迟也？'伯禽曰：'变其俗，革其礼，丧三年然后除之，故迟。'太公亦封于齐，五月而报政周公。周公曰：'何疾也？'曰：'吾简其君臣之礼，从其俗为也。'及后闻伯禽报政迟，乃叹曰：'呜呼！鲁后世其北面事齐矣。夫政不简不易，民不有近，平易近民，民必归之。'"

[②] 参见王志民、邱文山：《齐文化与鲁文化》，《齐文化丛书》第19册，第63—64页。

在这种文化传统下，鲁学不可能像齐学那样突破传统，兼容并包，而只能在恪守礼法下保持一种纯粹、严谨的学术风格。鲁学，就经学典籍言，包含《鲁诗》、《春秋穀梁传》、鲁《论语》等。鲁学所开创的学术传统，与汉代的古文经学相合，将六经作为史料来解读，在此基础上进行恪守章句的阐发，与齐学的微言大义形成鲜明对比，这和鲁文化的保守性有着内在的关联。

如前所述，傅斯年谓："儒是鲁学。"[①]明确了鲁学与儒学的一体关系，即鲁学才是纯粹的儒学，不像齐学那样"驳杂"。那么，具体而言，鲁学的风格与儒学的创始人孔子有着莫大的关系。孔子生活在"周礼尽在鲁"的文化氛围中，在广泛接触周代文化典籍的基础上，整理六经，开创儒学。孔子既生鲁地，亦深受鲁地文化风气之影响。自周公封鲁（前1045），子伯禽至鲁执政（前1043），确立"变其礼，革其俗"与"尊尊亲亲"的文化政策，同样经西周（前1046—前771）、春秋（前770—前476）、战国（前475—前221）共820余年的历史，在春秋的中后期，孕育了伟大的孔子。

孔子"君子固穷"的坚守、执着精神在其后弟子的经学传授中有着鲜明的表现，"固守师说""纯谨"成为鲁学的传统。孔子作为儒学的开创者，一开始便奠定了后世鲁学的学术基调，这与孔子所处时代的政治文化使命有关系，而重要的是，其产生于鲁国"尊尊亲亲"、恪守传统的文化土壤。孔子的产生有先天与后天的条件，是一种历史的必然，同样儒学、鲁学学术风格的形成也是一种历史的必然。当然，孔子生前也是"转益多师"：身处周地的老子、卫国的蘧伯玉、齐国的晏平仲、楚国的老莱子、郑国的子产、鲁国的孟公绰，孔子数次称赞的臧文仲、柳下惠，晋国的铜鞮伯华、介山子然，孔子的思想受他们的影响较大，但都无出于礼制的范畴[②]，因此不会出现"驳杂"的情形。

齐学学术风格的形成则源于另一片不一样的先天文化土壤和后天现实条件，即上述由地理、文化政策所决定的齐文化和在这种开放的文化政策下所出

---

① 参见傅斯年：《战国子家叙论·史学方法导论·史记研究》，第33页。
② 参见《史记·仲尼弟子列传》，孔子所求学的、所称誉的"严师"皆为符合礼义的仁义之人，孔子亦向老子问礼。

现的汇聚四方学术的稷下学宫。这在鲁国是难以出现的。

汉初齐、鲁之学学术风格的不同，与上述历史、文化渊源有着内在的关联，反映了不同的文化传统与思想脉络。在有汉400年的学术历程中，这种差异一直存在，表现于今古文经学术地位的斗争，直到汉末大儒郑玄的出现，才实现了今古文的合流，齐学与鲁学达到了一定程度的融合。

作为本文所提的"齐鲁经学"的概念，寻找其文化的渊源，我们一方面可以分别从齐学、鲁学所产生的地域文化的个性中去探寻。另一方面，作为一个整体的概念，亦可以从齐鲁文化的共性中来抽绎。司马迁在《史记·儒林列传》中所下的断语："夫齐鲁之间于文学，自古以来，其天性也。"司马迁将齐、鲁视为一体，可见齐鲁经学对于齐鲁之地而言，已成为一种内在的本性。所谓"天性"，可理解为承先天的条件而具备的禀赋，从这个意义上讲，齐鲁经学为齐鲁文化中最具稳定性、最能彰显其特质、最具内在决定性的核心内容。而司马迁所谓的"自古"的时间起点，应是齐学、鲁学业已形成并出现交融之际，因为齐鲁已有了被视为一体的共同内容——"文学"，如上所言，此处的"文学"当为"经学"无疑。

在汉代经学的发展历程中，以齐学、鲁学为基本构成的齐鲁经学贯穿始终，起了开源、续流、汇总的主导作用，居于发源、主体、核心的重要地位。而追求经学的理论与实践性内在一致的齐鲁经学，其包含的齐学、鲁学系分属于不同文化系统的产物，与开放的齐文化和保守的鲁文化有着内在渊源。汉代经学因之与齐鲁文化有着内在关联，并相应地体现出相关的文化特色与学术风格。

齐鲁文化的儒家思想传承与中华文明的历史关联研究

宁梓冰[*]

摘　要：齐鲁文化在中国历史中扮演了重要角色。而孕育了这一文化的齐鲁地区不仅是儒家思想的发源地，还是中国政治、文化交流的重要枢纽。在春秋战国时期，社会、政治和文化背景为齐鲁文化的崛起创造了有利条件，涌现出了一批思想家，他们探讨伦理、政治和社会问题，为儒家思想奠定了坚实的基础。儒家思想与中华文明的历史联系密不可分，对中国的道德伦理、政治制度和文化传统的发展产生了深远影响，它们的交融共同构建了中华文明的伦理基石。

关键词：齐鲁文化；儒家思想；中华文明

习近平总书记在文化传承发展座谈会上深刻指出："中华优秀传统文化有很多重要元素"，"共同塑造出中华文明的突出特性"。[①]在悠久的中国历史中，齐鲁文化一直扮演着至关重要的角色。齐鲁地区不仅拥有丰富的自然资源和独特的地理地貌，更因儒家思想的诞生与传承，而成为中华文明的重要源泉之一。在过去的数千年中，中华传统文化一直以其多元性和深厚性而闻名于世，而其

---

[*] 作者简介：宁梓冰，女，首都师范大学马克思主义学院博士研究生，研究方向为马克思主义中国化与中国传统文化。

[①] 习近平：《在文化传承发展座谈会上的讲话》，《求是》2023年第17期。

中最深刻影响中华文明的文化元素就是儒家思想。儒家思想的根源可以追溯到齐鲁地区，特别是春秋战国时期的齐鲁文化为儒家思想的成长与传承提供了丰富的养分。因此，我们将从历史背景、思想传承、伦理观念、政治体制、文化互动和现代影响等角度，窥探齐鲁文化的儒家思想传承对中华文明的重要作用。

一、齐鲁文化的历史渊源与崛起

齐鲁文化的兴起与其独特的地理特点和历史发展密切相关。齐鲁地区以山东半岛为核心，位于中国东部，东临黄海，北濒渤海，地势多为平原和丘陵，这一地理多样性为其提供了丰富的自然资源。首先，黄河流域拥有丰富的水资源，这使齐鲁地区成为古代农业社会的理想之地。水源的充足性为农业提供了灌溉的可能，使农田能够获得足够的水分，从而提高了农作物的产量。这对于维持人口稳定和国家繁荣至关重要。而位于半岛周围的黄海和渤海则提供了丰富的渔业资源，使居民能够依赖捕鱼和海产品作为食物来源。其次，半岛内部的平原和丘陵地带拥有肥沃的土壤，适合农业生产，这些土地为农民提供了丰富的粮食和农产品。黄河带来的泥沙含有大量的养分，使其在农业方面具有独特的价值。每年的黄河泛滥会将养分沉积在周围的土地中，增加土壤的肥力，有助于作物的生长，这也为农业生产提供了优越的条件。春秋时期的编年体史书《左传》中也有一些对齐鲁地区的地理特点和资源丰富的描述，如"东至于海，西至于河，南至于穆陵，北至于无棣"（《左传·僖公四年》），"泰山岩岩，鲁邦所瞻，奄有龟蒙，遂荒大东，至于海邦，淮夷来同"（《诗经·闷宫》），"齐带山海，膏壤千里"（《史记·货殖列传》）等。这些论述突出了齐鲁地区的地理特点，强调了水资源和土地资源的丰富性。最后，除了拥有丰富的水资源和肥沃的土地，它的战略地理位置也异常突出。山东半岛在地理上是连接北方和南方的要道，是贸易和文化交流的枢纽，在古代战争和政治交流中具有重要战略地位。正是这些自然条件，为齐鲁文化的萌芽提供了肥沃的土壤。

齐鲁文化的崛起发生在春秋战国时期，这是中国历史上一个充满变革和思想创新的时代。社会、政治和文化方面的背景为齐鲁文化的崛起创造了有利条件。各国诸侯争霸,政治格局动荡不安,不同的政治制度和哲学思想开始崭露头角。这个时期涌现出一批思想家,他们开始探讨伦理、政治和社会问题。

齐鲁文化的崛起可以归结于以下几个方面:第一,社会变革和多元性。春秋战国时期的社会变革对齐鲁文化的崛起产生了显著影响。这个时期见证了土地制度的变化、农村和城市之间的联系加强、商业和手工业的兴盛,以及社会结构的变化。旧有的社会秩序逐渐瓦解,新的社会阶层和价值观念涌现。这种多元性为思想家提供了更多的思考和探讨的对象,也激发了对社会伦理和政治制度的重新思考。第二,政治格局的动荡。春秋战国时期的政治格局动荡不安,出现了多个诸侯国,它们争夺领土和权力。这种政治分裂导致不同政治制度和统治模式竞争,创造了一个多元化的社会环境。各国之间的竞争和战争推动了政治思想和哲学的发展,各国寻求新的治理方式,这也为儒家思想的兴起提供了契机。如孟子的政治主张和政治原则是"民本主义",即"仁政"。他提出了众多关于政治和国家统治的观点,如"民为贵,社稷次之,君为轻"(《孟子·尽心下》),君主应以爱护人民为首要,政府则要保障人民利益。第三,儒家思想的兴起。正是在这个时期,儒家思想开始崭露头角。孔子作为儒家学派的代表,提出了一系列关于伦理、政治和社会的观点。他主张修身、齐家、治国、平天下,注重道德伦理和人际关系的重要性。这种思想在当时社会动荡的背景下备受欢迎,为社会稳定提供了有力的理论基础。儒家经典中就包含了众多关于伦理和政治的论述,如"君子周而不比,小人比而不周"(《论语·为政》),强调了君子的道德和品行;"人皆有不忍人之心"(《孟子·公孙丑上》),则表达了孟子对人性的理解,反映了春秋时期思想家们对伦理观念的探讨。

齐鲁文化与中华文明的历史联系密不可分。齐鲁地区不仅是儒家思想的发源地,还成为各国政治和文化交流的重要枢纽。齐国、鲁国等地的思想家在春秋战国时期积极参与国际交流,推动了儒家思想的传播和中华文明的发展。"自春秋至王莽时,最上层的文化只有一个重心,这一个重心便是齐鲁。"[①] 齐鲁

---

① 傅斯年:《民族与古代中国史》,石家庄:河北教育出版社,2002年,第58页。

文化地区的地理特点，以及春秋战国时期的社会、政治和文化背景，进一步印证了齐鲁文化与中华文明的历史联系。

二、儒家思想的根源和传承

齐鲁文化作为中华传统文化的重要组成部分，在儒家思想的起源与传承中扮演了关键角色。齐鲁地区不仅是儒家思想的发源地，还是儒家思想在中国历史上的传播和发展中心。齐鲁文化孕育了孔子及其儒家思想，以及在后继时期，特别是在孟子及其他儒家思想家的贡献下，持续弘扬儒家理念，在中华文明中占据独特地位。齐鲁地区的社会特点和文化传统为儒家思想的诞生提供了有利条件。

一是社会动荡和伦理困境。儒家思想诞生在春秋战国时期，这是一个充满战乱、政治混乱和伦理困境的时代。社会不稳定和道德崩溃使人们开始思考如何建立和维护社会秩序以及个体道德的重要性。关于社会秩序，孔子强调了礼仪、道德和社会规范的重要性。"君子之于天下也，无适也，无莫也，义之与比。"（《论语·里仁》）君子应在社会中发挥积极的作用，通过恪守礼仪和道德，以维护社会的和谐和秩序。关于个体道德，孔子强调了个体的品德修养和道德行为。"君子务本，本立而道生。孝悌也者，其为仁之本与！"（《论语·学而》）孔子认为个体的仁爱、孝悌是道德的基础，个体的道德修养是建立和谐社会的重要步骤。二是孔子的思想贡献。儒家思想的核心是孔子的思想。孔子强调了仁爱、礼仪、道德和家庭的重要性。通过个体修养和社会教育，人们可以实现道德完善，从而建立和谐社会。关于个体修养与道德完善，孔子认为个体的品德修养是实现道德完善的基础。他强调了仁爱、孝悌等道德美德的重要性，通过培养和发展这些美德，个体可以成为有德之人。这些道德美德不仅有助于个体的道德成长，还可以影响和改善个体与他人的关系，从而促进社会的和谐。"学而时习之，不亦说乎？有朋自远方来，不亦乐乎？人不知而不愠，不亦君子乎？"（《论语·学而》）这表达了孔子对于学习、友善和忍让等美德的强调，是实现道德完善的途径。三是齐鲁文化和文化传统的影响。儒家思想起源于齐鲁地区，这个地区拥有丰富的文化传统，如《诗经·齐风》《诗经·鲁颂》等文化经典。这些传统文化为儒家思想提供了精神土壤和理论基础。孔子在《论语》中频繁引用《诗经》中的诗句，如"《诗》三百，一言以蔽之，曰：'思无邪'"（《论语·为政》），表明了孔子对齐鲁文化中道德和文化价值观的尊重和传承。四是对政治哲学的需求。战国时期的政治混乱使人们迫切需要一种有效的政治哲学来引导和改进政治制度。儒家思想提供了一套关于君臣关系、政治伦理和社会秩序的观点，为政治稳定提供了思想支持。比如，在君臣关系上，臣的职责在于"事君"，辅助和服务君王；"事君以忠"则是要求对君王及其命令的敬畏和顺从。"入公门，鞠躬如也，如不容。立不中门，行不履阈。过位，色勃如也，足躩如也，其言似不足者。摄齐升堂，鞠躬如也，屏气似不息者"（《论语·乡党》），这里突显了孔子对政治道德的强调，与当时的政治背景相互映衬。

春秋战国时期的社会动荡和伦理困境、孔子的思想贡献、齐鲁文化和文化传统的影响，以及对政治哲学的需求等因素共同促进了儒家思想的形成和发展，使其成为中华传统文化的重要组成部分。这一过程反映了齐鲁文化与儒家思想的不可分割性，以及对中华文明的深远影响。

齐鲁地区是儒家思想的重要传承和弘扬之地。鲁国一直支持儒家思想的教育和传播，使其在该地区得以茁壮成长。在历史的不同时期，鲁国的君主们都积极提拔儒家学者，促进了儒家思想的传承。《史记·孔子世家》中就记载了鲁国君主对儒家思想的支持："孔子自周反于鲁，弟子稍益进焉。"鲁昭公曾邀请孔子担任政府职务，孔子从周回国后，就被鲁昭公任命为鲁宗社的礼官，推动了儒家思想在政治领域中的传播。

齐鲁地区作为儒家思想的圣地，儒家传统在这里有着深厚的历史积淀，对儒家经典的传承和弘扬功不可没。这个地区的学者和文化精英一直致力于研究、教授和传扬儒家经典，如《论语》《孟子》等，使这些经典一直保持活力，并传承至后代。《论语》作为儒家经典之一，源自孔子言行的记录，其中包含了众多深刻的思想和原则。例如，孔子提到："政者，正也。子帅以正。孰能不正?"(《论语·颜渊》)这一观点强调了治国理政时领导者的榜样作用,影响了齐鲁地区的政治文化。同样,《孟子》这部经典也在齐鲁地区广泛传承,其中孟子关于人性本善的观点为儒家思想的发展提供了坚实的理论基础。

齐鲁地区不仅对儒家经典的传承有着深远影响,还通过兴办儒学学院,培养了众多儒学学者。有学者认为,"汉代经学传授系统几乎全部出自齐鲁儒者,对有汉一代经学发展影响甚著"[1]。孔子的学生和后继者在这个地区建立了儒学学府,如孔子的孙子孔伋创办的孔庙、后人为曾子创办的曾庙等,这些学府成为道德示范之家,是儒家思想的重要传播中心。[2]齐鲁地区的儒学学者不仅传承了儒家经典,还积极研究和解释儒家思想,为其在中国文化中的持续影响奠定了基础。齐鲁文化中的一些独特符号和观念,如仁、义、礼、智、信等都体现了儒家思想的核心价值观,成为齐鲁文化的重要组成部分。同时,儒家思想中的"克己奉公"观念也在这一地区广泛传播,强调了个体的自我克制和为社会公益而奉献的精神。总之,齐鲁地区对儒家思想的传承与弘扬在儒家文化的演进中扮演了关键角色。作为儒家思想的摇篮和传播中心,齐鲁地区塑造了中华传统文化的核心。

三、儒家思想与建构社会秩序的互动

在传统社会秩序的建构中,不可忽视的是社会伦理观念和政治体制的塑造。儒家思想作为中华传统文化的重要组成部分,塑造了中华文明的伦理观念,成为中国社会道德观念的重要支柱之一。儒家思想的核心伦理观念包括仁、义、礼、智、信。其中,"仁"被认为是儒家思想的灵魂,强调人们应通过培养内在的"仁心"来实现和谐的社会关系。"己所不欲,勿施于人"便彰

---

[1] 梁宗华:《汉初齐鲁学者对儒学复兴的贡献》,山东孔子学会编:《鲁文化与儒学》,济南:山东友谊出版社,1996年,第148页。
[2] 参见王志民:《从文化重心到人文圣地——齐鲁文化在中华文明发展中历史地位的演变》,《山东师范大学学报》(人文社会科学版)2012年第51卷第1期。

显了"仁"的核心概念。在塑造道德伦理观念方面，儒家思想强调道德行为的重要性，教导人们要秉持"仁爱"和"义务"，追求和谐社会。儒家的道德观念也在中国的法律、社会规范和文化传统中得到了广泛体现。例如，在中国社会中，强调尊敬长辈、孝顺父母的观念正源自儒家思想中的"孝道"。

儒家思想对家庭伦理观念的影响尤为显著。家庭在儒家思想中被视为社会的基本单元，强调了孝道和家族道德。这一观点在中国社会中引导了代代相传的家庭价值观。儒家经典中有众多关于孝顺、家庭和亲情的观点，如"父母之年，不可不知也，一则以喜，一则以惧"（《论语·里仁》），"身修而后家齐，家齐而后国治，国治而后天下平"（《礼记·大学》），"孝悌之至，通于神明，光于四海，无所不通"（《孝经》）等。这些思考反映了儒家思想对孝顺、家庭和亲情的重视，将家庭视为伦理观念的核心，塑造了中国家庭伦理观念的基础。通过家庭伦理观念的实践，儒家思想在中国社会中促进了亲情的传承和弘扬。这种强调仁爱和亲情的伦理观念，与齐鲁地区的家庭伦理传统相契合。

此外，儒家思想一直以来都在塑造中国的政治观念方面发挥着重要作用。儒家政治哲学以及其在政治体制、官僚体系、君主制和社会秩序方面的应用，反映了儒家思想在中国政治发展中的地位和影响，塑造了中华文明的政治观念，与中华文明相互交融。

首先，儒家思想倡导的仁爱观念对中华文明的政治体制产生了深远影响。儒家认为，君子应该以仁爱之心治国理政，关注人民的福祉。这一观念影响了中国的君主制度，使君王更加注重民众的幸福和社会的稳定，如"先王有不忍人之心，斯有不忍人之政矣。以不忍人之心，行不忍人之政，治天下可运之掌上"（《孟子·公孙丑上》）。其次，儒家思想塑造了中国古代的官僚体系。儒家强调教育和道德修养的重要性，这种观念直接影响了中国古代的官员选拔和培训制度。官员需要通过科举考试获得职位，而这一考试体系强调了儒家经典的学习，包括《论语》《孟子》等。这一理念推动了中国古代官僚体系的建立，通过科举考试来选拔官员，重视其品德和学识，以确保政府的高效和公正运行。此外，儒家思想对中国古代的君主制度产生了显著影响。儒家强调君子之治，认为君主应该具备高尚的品德和道德，以赢得民心。这一理念反映在中国历史上的君主形象中，即明君、仁君等。儒家思想强调了君臣关系中的道德责任和互相尊重。君主被视为"天命之子"，应该以仁爱、道德和贤德来治理国家，而臣子则应忠诚地为国家服务。这一理念为中国古代君主制的理论基础提供了支持。例如，《大学》中有关君臣关系的论述强调了君主的责任和臣子的忠诚。"大道之行也，天下为公。选贤与能，讲信修睦。故人不独亲其亲，不独子其子，使老有所终，壮有所用，幼有所长，矜寡孤独废疾者，皆有所养。男有分，女有归。货恶其弃于地也，不必藏于己；力恶其不出于身也，不必为己。是故谋闭而不兴，盗窃乱贼而不作，故外户而不闭，是谓大同。"（《礼记·礼运》）君主的职责是天下为公、选贤与能、讲信修睦，以维护社会的和谐和平等。最后，儒家思想也在中国古代政治改革中起到了引导和启发的作用，塑造了中国古代政治和社会的特点。在历史上，儒家学者如王安石提出了一系列政治改革方案，旨在改革当时国家的政治、经济和军事体制。这些改革试图以儒家思想的核心理念为指导，实现政治和社会的正义。改革方案的核心目标是加强中央政府的权力，削弱地方豪强的权力，以改善社会秩序、减轻农民负担，并增强国家的财政和经济实力。虽然王安石的改革遭到了不少朝臣非议，但他的政策在一定程度上改变了中国封建社会的政治经济格局，也为后来中国的政治改革提供了参考。

四、文化交流与历史变革的契机

齐鲁地区文化在历史上与其他文化有过积极的交流互动，这也使得儒家思想在国际范围内得到传播和接受。儒家思想在不同历史时期中灵活适应社会需求，从而持续对中华文明的发展产生深远影响。

齐鲁地区文化与其他文化的多次互动和交流在中国历史上产生了重要影响。其一，儒家思想的传播与接受。齐鲁地区是儒家思想的发源地，而儒家思想随着时间的推移逐渐被传播到其他地区。例如，春秋战国时期，孔子积极传播儒家思想,并接收了来自不同地区的学生。这一过程中,儒家思想与其他地区的文化产生了交流和互动。在后续的传播过程中,其在东亚地区的影响尤为明显。《论语·微子》记载"微子去之,箕子为之奴,比干谏而死,殷有三仁焉";在商周政权交替时,社会动荡不安,箕子不得志而"违衰殷之运,走之朝鲜"(《汉书·地理志》),建立东方君子国。①朝鲜半岛是儒家思想的重要传承地,自古以来一直受到儒家文化的影响。儒家思想在朝鲜半岛的社会、政治和教育体系中占据重要地位,影响了该地区的文化、伦理观念和政治体制。此外,儒家思想在日本也有深远影响。汉唐时期,儒家思想通过文化交流传入日本,对日本的政治和文化产生了积极影响。特别是江户时代,儒学成为日本士族阶层的重要学科,影响了日本社会的价值观念和道德观念。其二,道家与儒家的互动。在中国历史上,儒家思想与道家思想之间存在交流和互动。道家哲学的代表人物老子与孔子进行过一次著名的对话,反映了不同思想流派之间的互动和辩论。这种互动促进了思想的发展和交流。其三,佛教传入中国。佛教是中华传统文化的另一个重要文化元素,由印度传入中国。在齐鲁文化地区,佛教的传播受到了儒家思想的影响,导致了佛教与儒家思想的融合,产生了诸多新的思想观念。齐鲁文化与其他文化之间的交流和互动不仅影响了齐鲁文化本身,也为中国文化的多样性和丰富性做出了贡献。

儒家思想在中国历史上能够适应不同历史时期的需求,这得益于其自身的灵活性和普适性。儒家思想在不同朝代的发展和调整受到了政治制度、社会问题等方面变化的影响。

在动荡的春秋战国时期,孔子的伦理原则强调人的修养和社会和谐,试图回应当时的乱象和道德危机。此时,儒家思想主要关注伦理和个体修养,以应对时局。秦始皇统一中国后,儒家思想受到严重压制。但在汉武帝时期,儒家思想得以复兴。西汉初年,儒家学者贾谊在总结秦亡的基础上提出以儒学治

---

① 参见彭彦华:《齐鲁文化对东北亚地区的文化辐射力及其启示》,《山东社会科学》2022年第9期。

国，试图将儒家思想与西汉王朝的实际需要相结合，为政治体制建设和社会治理提供了新的思路。唐宋时期，儒家思想再次兴盛。程颢、程颐等儒家学者强调理学，试图通过儒学的普遍原则来解决社会问题和政治危机。这个时期的政治稳定和文化繁荣与儒家思想的兴盛密切相关。程朱理学强调经典的注释和解释，为儒家思想的进一步发展提供了方法论基础。元明清时期，儒家思想与佛教、道教等形成了文化融合。进入近现代之后，内部政治动荡、外部压力和社会变革推动了儒家思想的再次调整。而在改革开放进程中，儒家思想被重新审视，特别是家庭伦理观念和社会责任观念被强调，以应对社会变革和全球化挑战。

儒家思想在不同时期里通过调整和适应，尝试解决不同的政治、社会和伦理问题，这也使其成为中国传统文化中灵活、富有韧性的一部分。同时，儒家思想的传承为中华文明的稳定性和持久性做出了贡献。

结 语

齐鲁文化与中华文明有着不可分割的联系。齐鲁地区作为儒家思想的发源地，孕育了孔子、孟子等伟大思想家，他们的思想深刻影响了中国的道德伦理、政治制度和文化传统。齐鲁地区不仅是儒家思想的摇篮，还在春秋战国时期促进了各国政治和文化交流，推动了儒家思想的传播和中华文明的发展。儒家思想作为中国传统文化的珍贵遗产，将继续在现代社会中发挥重要作用。在当代中国社会中，儒家思想仍然具有深远的影响力。在面对现代挑战时，其有望提供新的解决方案，并通过与其他文化的互动和交流，共同促进全球文明的发展，为中华文明的繁荣与发展做出积极贡献。

齐鲁诸子与传统文化

《管子》在日本的流布

巩曰国　苏运蕾[*]

摘　要：奈良至平安时代前期，《管子》及《管子治要》写本随遣唐使东传日本。后来，《管子》的刻本也传入日本，并被各藏书机构收藏。江户时代以后，日本又出现了诸多新的《管子》印本，《管子》在日本广为流布。《管子》的东传，使得部分珍贵版本得以保存，为《管子》校理提供了重要参考，日本的《管子》翻刻本及新的注释著作，也成为《管子》研究及日本汉学研究的重要文献。

关键词：《管子》的流布；日本汉学；版本研究

古代日本与中国交流频繁，中国古代文献很早就传入日本列岛，并产生了重要影响。《管子》是我国古代重要典籍，早在唐代，其写本就被带到日本。后来，诸多《管子》刻本从不同途径传入日本，被收藏于各藏书机构。《管子》传入日本后，又有传抄、翻刻及注释解说，从而增添了诸多新的传本。《管子》在日本的流布，既是《管子》研究不可忽略的内容，也是日本汉学研究的重要课题。

---

[*] 作者简介：巩曰国，男，山东理工大学齐文化研究院教授，主要从事古典文献与地域文化研究；苏运蕾，女，山东理工大学齐文化研究院讲师，主要从事先秦两汉文史文献研究。本文为教育部哲学社会科学研究重大课题攻关项目"稷下学派文献整理与数据库建设研究"（项目号：19JZD011）阶段性成果。本文刊发于《国际汉学》2019年第3期。

一、《管子》写本的东传

西汉末年，刘向奉命校理群书，根据所见到的不同传本，定著《管子》86篇。东汉至隋唐间，《管子》一直以写本流传。根据相关资料，早在唐代，《管子》还是写本状态时，就已经传入日本。日本古代史书《日本书纪》，引用了大量中国典籍。据学者考证，"引文出于汉籍而且可以确认者"有20种，其中既有《史记》《汉书》等史书，也有《庄子》《管子》等诸子著作。[①]《日本书纪》成书于日本养老四年（720），书中有的引文可以确认出自《管子》，则《管子》传入日本的时间不会晚于720年。由此可知，最迟在奈良时代（710—794）早期，即唐玄宗开元（713—741）初年，《管子》就已经东传日本。

《管子》传入日本后，收录于《日本国见在书目录》。《日本国见在书目录》由平安时代学者藤原佐世（847—898）奉敕编撰，一般认为成书于日本宇多天皇宽平三年（891），也有学者认为此书的编纂在"阳成天皇贞观末年（876）至庆元元年（884）之间"[②]。该书著录平安时代前期日本传世汉籍文献1500多部，17000余卷。这些汉籍文献，"几乎全是遣唐使时代传入的"[③]。在飞鸟时代、奈良时代，日本曾往唐朝多次派遣遣唐使。遣唐使回国时，往往携带大量中国典籍，"所得赐赉，尽市文籍，泛海而归"（《旧唐书·东夷传》）。在这一背景下，《管子》随其他图书文献被遣唐使带往日本。

《日本国见在书目录》著录的《管子》为二十卷本，"《管子》廿（卷），齐相管夷吾撰"[④]。这一数字很可能有误，因为在写本时代，《管子》的传本有十九卷本（《隋书·经籍志》）、十八卷本（《旧唐书·经籍志》）、尹知章三十卷注本（《新唐书·艺文志》），并没有所谓的"二十卷本"。尹知章为唐中宗神龙

[①] 孙猛：《汉籍东传与〈日本国见在书目录〉》，《日本国见在书目录详考》，上海：上海古籍出版社，2015年，第2148页。
[②] 严绍璗：《汉籍在日本的流布研究》，南京：江苏古籍出版社，1992年，第94页。
[③] 孙猛：《日本国见在书目录详考》，第2152页。
[④] [日]藤原佐世：《日本国见在书目录》，《丛书集成初编》本，北京：中华书局，1991年，第49页。

年间（705—706）的国子博士，其所注的《管子》在唐代中后期颇为流行。《旧唐书》："尹知章，绛州翼城人。……所注《孝经》《老子》《庄子》《韩子》《管子》《鬼谷子》，颇行于时。"（《旧唐书·儒学传下》）三十卷《管子》注本在大唐很流行，其流传到日本的概率非常大。因此，《日本国见在书目录》著录的二十卷本《管子》，很可能就是尹知章三十卷注本，其"二十卷"可能是"三十卷"之误。孙猛云："《日本国见在书目录》作二十卷，既非十八卷之原本，亦非二十四卷本，疑是三十卷注本，'二十'乃'三十'之误欤？"[①]

二、《管子》刻本在日本的收藏

宋代，《管子》开始出现刻本。宋本《管子》有北宋仁宗庆历四年（1044）刻本、南宋初年浙刻本[②]、绍兴二十二年（1152）蔡潜道墨宝堂本等。这些宋本《管子》及后来的明刘绩《管子补注》本，在日本均未见踪迹。根据现有资料，日本收藏的《管子》刻本，较早的是明十行无注古本和朱东光《中都四子》本（也称《中立四子集》本）。

十行无注古本每半页10行，每行21字，刊行于明正德、嘉靖年间。[③]日本昌平学曾藏有该版本，安井衡（1799—1876）撰《管子纂诂》曾经参考。郭沫若云："余曾得一无注古本，半页十行，行二十一字，卷首有缺，无题记目录，不知何时刊印。举与安井衡《管子纂诂》所据日本昌平学所藏无注古本相校，内容不异。"[④]《中都四子》本每半页10行，每行21字，刊刻于明万历七年（1579）。该本东京大学东洋文化研究所、东方文化学院京都研究所有收藏，

---

① 孙猛：《日本国见在书目录详考》，第1069页。
② 南宋初年浙刻本系据北宋庆历四年刻本翻刻而成，因书前有杨忱序，也被称作"杨忱本"。
③ 《管子》十行无注古本，安井衡曾以为是"元板"，莫友芝认为"似元、明间刻"，均误。参见巩曰国：《〈管子〉十行无注古本刊刻年代考辨》，《图书馆杂志》2010年第1期，第72—73页。
④ 郭沫若：《管子集校叙录》，《郭沫若全集·历史编》第五卷，北京：人民出版社，1984年，第9页。

《东洋文化研究所汉籍分类目录》《东方文化学院京都研究所汉籍简目》著录。

《管子》十行无注古本及《中都四子》本，在日本较为罕见，而稍晚一些的赵用贤《管韩合刻》本则比较常见。赵用贤本每半页9行，每行19字，刊行于明万历十年（1582）。该本为明末以来最通行的《管子》版本，在日本亦流传颇广。据《日藏汉籍善本书录》，日本内阁文库、尊经阁文库、东京大学东洋文化研究所、京都大学人文科学研究所东洋学文献中心、御茶之水图书馆均有收藏。内阁文库藏有3部，其中一部为枫山官库旧藏，一部为昌平坂学问所旧藏。尊经阁文库藏本，为江户时代加贺藩主前田纲纪（1643—1724）旧藏。东京大学东洋文化研究所藏本，为大木干一（1881—1958）旧藏。御茶之水图书馆藏本，为岛田篁村（1838—1898）、德富苏峰（1863—1957）旧藏。

赵用贤本的衍生本，在日本亦多有收藏。如东北大学附属图书馆藏有吴勉学《二十子》本，系狩野亨吉（1865—1942）旧藏；内阁文库、尊经阁文库、东洋文库、东京大学东洋文化研究所藏有朱长春《管子榷》本；内阁文库藏有梅士享《诠叙管子成书》本；宫内厅书陵部、内阁文库、尊经阁文库、静嘉堂文库藏有朱养纯花斋本等。[①]

明末，《管子》出现了大量的选评本，其中有些也传入日本，如张榜《管子纂》、焦竑《管子品汇释评》等。《管子纂》在《管韩合纂》内，前有万历四十年（1612）朱士泰序，日本内阁文库有藏，系昌平坂学问所旧藏。《管子品汇释评》在《新锲翰林三状元会选二十九子品汇释评》内，题"从吾焦竑校正，青阳翁正春参阅，兰隅朱之蕃圈点"，万历四十四年（1616）刊本，早稻田大学图书馆有藏，《早稻田大学图书馆所藏汉籍分类目录》著录。

清代民国间，《管子》版本众多，其要者有清嘉庆姑苏聚文堂《十子全书》本，清光绪湖北崇文书局《子书百家》本、浙江书局《二十二子》本、常熟张瑛据宋本影刻本，民国《四部丛刊》本、《四部备要》等，还有众多石印本。这些版本，在日本流传较广，各藏书机构多有收藏，此不细述。

[①] 严绍璗：《日藏汉籍善本书录》，北京：中华书局，2007年，第789—790页。

三、《管子》在日本的刊印

日本的《管子》传本,最初都来自中国。后来,日本亦开始刊印《管子》。江户时代和明治时代,日本的《管子》刊本很多。有全本,如美浓武钦繇(即武田梅龙,1716—1766)训点《管子全书》二十四卷、安井衡《管子纂诂》二十四卷等;有选本,如邦正(即菅原显)《管子抄倭语解》二卷、梁濑昆《弟子职》不分卷、西岛长孙(即西岛兰溪,1781—1853)《弟子职笺注》一卷等。还有一些校释类著作,如户崎允明(即户崎淡园,1724—1806)《管子考》三卷、猪饲彦博(1761—1845)《管子补正》二卷、冢田虎(1745—1832)《管子笺注》六卷等。① 其中影响较大的是猪饲彦博《管子补正》、美浓武钦繇训点《管子全书》和安井衡《管子纂诂》。

猪饲彦博《管子补正》是一部札记体著作,刊行于日本宽政十年(1798)。书前有《管子补正题言》《管子总评》,并移录朱长春《管子权》之《管子序》。猪饲彦博云:"今以元冲原本为本,参校诸本,旁稽群书,间附管窥,著《补正》二卷。"② 书中摘录《管子》之文句,正其脱误,释其字词,对旧注(主要是朱长春《管子权》之"评""通""演")讹误时有纠正。猪饲彦博的释解虽较简略,但多有创见。郭沫若云:"颇能揭发疑窦而予以解答。说解虽甚简略,时有可取之处。王氏父子及丁士涵之说每有与之不约而同者。以海外学者而能此,殊觉可贵。"③《管子补正》后收入《汉籍国字解全书》之《管子国字解》。

美浓武钦繇训点《管子全书》,题"唐房玄龄注释,刘绩增注,明朱长春通演",系据中国的花斋本《管子》翻刻。花斋本题为"合诸名家评定管子全

---

① 还有一些日本《管子》刊本今已不可得见,谷中信一《日本·中国〈管子〉关系论文文献总目索引》第六节"未见一览"著录未见日本《管子》书目18种:《管子牧民国字解》《管子考》《管子全书校》《管子疑义》《管子校章》《管子一适》《管子抄标注》《管子律算概考》《管子笺》《管子管见》《管子补正》《管子考》《弟子职余师》《弟子职补解》《管子解》《管子考》《管子纂注莛撞》《管子要语》。

② [日]猪饲彦博:《管子补正题言》,《管子补正》,日本宽政十年刊本。

③ 郭沫若:《郭沫若全集·历史编》第五卷,第12页。

书",刊行于明天启五年（1625），每半页9行，每行20字，版心有"花斋藏版"字样。美浓武钦繇训点《管子全书》之内容、版式、字体、行款与花斋本完全相同；花斋本卷前之郭正域、沈鼎新、朱养纯、赵用贤诸家序言，除赵用贤序外，亦全部保留。其不同者，训点《管子全书》本将花斋本版心之"花斋藏版"字样删去，又在行间增加了美浓武钦繇的训点，卷前增加美浓武钦繇《管子序》一篇。训点《管子全书》刊行于日本宝历六年（1756），书前题"平安书林玉池堂、向荣堂、水玉堂、文泉堂全刻"。

训点《管子全书》在日本很通行，《和刻本诸子大成》所收《管子》即此本；安井衡撰《管子纂诂》，所用底本亦为此本。该书又有日本宽政八年（1796）重刻本，题作《重订改正管子全书》，由京摄书肆耕价堂、水玉堂、千载堂、宋荣堂同刻。

安井衡《管子纂诂》，刊于日本庆应元年（1865），半页10行，每行20字。前有昌平学儒官盐谷世弘（1809—1867）《管子纂诂叙》及安井衡《管子纂诂序》，又有《管子纂诂凡例》。《管子纂诂》以美浓武钦繇训点《管子全书》本为底本，其中多处文字与通行的赵用贤本不同，而与训点《管子全书》本相同。特别需要注意的是，《牧民》篇"不强民以其所恶，则诈伪不生"，安井衡注云："俗本'诈'误'许'，今从赵本。"[1]查《管子》各版本，"诈伪不生"误作"许伪不生"的，只有日本宝历六年平安书林玉池堂、向荣堂、水玉堂、文泉堂全刻的《管子全书》本。[2]这表明《管子纂诂》的底本是训点《管子全书》本，而赵用贤本是其参校本。

《管子纂诂》刊行后，安井衡又作《管子纂诂考讹》一卷，前有《管子考讹小引》，日本庆应二年（1866）刊行；又作《管子纂诂补正》一卷，前有清苏松兵备道应宝时序，安井衡自序，日本明治三年（1870）刊行。《管子纂诂》后被收入《汉文大系》，安井衡所作之"补正""考讹"分录于正文各条之下，

---

[1] 《历代管子版本丛刊》第四册，济南：齐鲁书社，2014年，第2310页。
[2] 宽政八年京摄书肆耕价堂、水玉堂、千载堂、宋荣堂重刻《管子全书》本已改正。

书眉增加小柳司气太之解说批校。

安井衡学识渊博,被称为"江户时代儒学之殿军"[1]。其《管子纂诂》受到中日学者的推重。应宝时在序中说:"日本昌平学儒员安井君字仲平者,博学多识人也。悯《管》书奇字讹文,龃龉难读,撰《管子纂诂》,以向贻来喆,介其国昌平学儒员中邨君以书示。余受而读之,作而曰:'伟哉仲平!人人苦其庞杂无序之书,而竟能厘正于东海之邦耶!'"他盛赞该书:"其有补于世,讵浅鲜乎。"[2]日本学者盐谷世弘亦云:"饫肥安井仲平,识高天下,其于诸子,最好《管子》。研读数年,终作《纂诂》一书。《管子》之言,由此而昭矣。"[3]

日本的《管子》印本,早期多为汉文著作。后来,又有学者对《管子》进行日文注释、翻译,如菊池三九郎(1859—1923)、公田连太郎(1874—1963)、塚本哲三(1881—1953)、小林一郎(1876—1944)、西田太一郎(1910—1982)、松本一男(1925—)、柿村峻(1906—1997)、远藤哲夫(1926—)等均著有《管子》日文注译本。[4]其中远藤哲夫的三卷本《管子》,充分吸收中国、日本学者的研究成果,对《管子》现存76篇逐篇翻译,并有解题、校勘、注释、分析,为《管子》日文权威版本,影响广远。

《管子》在日本的刊印,促进了日本的《管子》研究。20世纪以来,日本出现了大量有关《管子》与管仲的论文与论著。仅谷中信一(1948—)《日本·中国〈管子〉关系论文文献总目索引》所列1989年以前相关论文就有70余篇,涉及《管子》传本、《管子》思想等各个方面。专著以金谷治(1920—

---

[1] 金培懿:《江户宽政年间以降学术态势与安井息轩之学风》,《国际儒学研究》第5辑,北京:中国社会科学出版社,1998年。

[2] (清)应宝时:《管子纂诂序》,《管子纂诂》,台北:河洛图书出版社,1976年。

[3] [日]盐谷世弘:《管子纂诂叙》,《历代管子版本丛刊》第四册,第2306页。

[4] 具体是[日]菊池三九郎:《管子》上下卷,《汉籍国字解全书》,京都:早稻田大学出版部,1914年;[日]公田连太郎:《国译管子》,《国译汉文大成》,东京:国民文库刊行会,1920年;[日]塚本哲三:《管子》,《汉文丛书》,东京:有朋堂书店,1928年;[日]小林一郎:《管子》,《经书大讲》,东京:平凡社,1939年;[日]西田太一郎:《管子》,《诸子百家》,东京:筑摩书房,1965年;[日]松本一男:《管子》,《中国的思想》,东京:德间书店,1967年;[日]柿村峻《管子》,《中国古典新书》,东京:明德出版社,1970年;[日]远藤哲夫:《管子》,《新译汉文大系》,东京:明治书院,1992年。

2006）的《管子的研究——中国古代思想史的一面》（岩波书店，1987年）最有代表性。书中详细讨论了《管子》的版本与篇章结构，《管子》的政治思想、经济思想、法制思想、军事思想、时令思想、哲学思想，以及《管子》在思想史上的地位，为日本学界所瞩目。

四、《管子治要》在日本的流传

谈到《管子》在日本的流布，还应注意《群书治要》中的《管子治要》。《群书治要》是唐初魏征等奉敕编撰的一部大型文献。该书选录唐以前的经史诸子著作60余种，共五十卷，其中第三十二卷为《管子治要》。

作为《群书治要》的一部分，《管子治要》早在唐代就传入日本。日本平安时代的仁明天皇（833—850年在位）、清和天皇（858—876年在位）、宇多天皇（887—897年在位）、醍醐天皇（897—930年在位）都曾读过《群书治要》。[1]据金光一研究，《群书治要》应该是随天宝遣唐使或贞元遣唐使传入日本的。他说：

> 如果我们着重考虑中国情况，天宝遣唐使行是《群书治要》东渡最好契机，因为我们可以找到当时《群书治要》录副的明显记载，加之对唐朝宫廷秘府藏书情况极为熟悉的晁衡及吉备真备，是此次使行的最主要人物。但是，天宝遣唐使，距离日本天皇最早阅读《群书治要》已经有八十余年，如果仔细考察《群书治要》在日本的讲授情况，不能忽视贞元遣唐使行。虽然没有明确的记载，鉴于菅原清公的遣唐使行及其在《群书治要》讲授中的作用，贞元遣唐使也可以是《群书治要》东渡的一次很好的机会。[2]

---

[1] 金光一：《〈群书治要〉研究》，复旦大学博士学位论文，2010年，第54页。
[2] 同上书，第56页。

天宝遣唐使的派出时间为唐玄宗天宝十一年（752），次年返回。贞元遣唐使的派出时间为唐德宗贞元二十年（804），次年返回。由此可知，《管子治要》传入日本的时间很可能是唐玄宗天宝十二年（753），即日本奈良时代中期孝谦女皇天平胜宝五年；最晚不会晚于唐顺宗永贞元年（805），即日本平安时代早期桓武天皇延历二十四年。

《管子治要》传入日本后，先有抄本流传，至江户时代，又出现印本。其抄本，较早的是平安时代（794—1185）[①]写本，后来又有镰仓时代（1185—1333）写本。平安时代写本破损严重，仅存十三卷；而镰仓时代写本保存则相对完整，存四十七卷，仅缺第四、十三、二十卷，是目前所见《群书治要》最早的较为完好的传本。其印本，先有元和二年（1616）德川家康铜活字排印本，即骏河版；后来又有天明七年（1787）尾张藩刻本，即天明本。[②]这两种印本，均以镰仓时代写本为底本。骏河版印数稀少，流传不广，而天明本则流传广远。清嘉庆年间，天明本由日本传回国内，为我国《管子治要》各种版本之祖本。

《管子治要》在日本的流传具有特殊的意义。《群书治要》编撰于唐初，"所采各书，并属初唐善策"[③]。该书在国内久已失传，幸有日本传本，为我们探究《管子》早期传本面貌及校勘《管子》文本，提供了重要依据。今本《管子》共86篇，其中10篇有目无文，实存76篇。《管子治要》节录《管子》的内容，涉及《牧民》《形势》《权修》《立政》《七法》《五辅》《法法》《中匡》《小匡》《霸形》《霸言》《戒》《君臣下》《小称》《治国》《桓公问》《形势解》《版法解》《明法解》和《轻重乙》20篇。这20篇均在今存的76篇之内，而且其顺序也与今本《管子》完全一致。这说明"至少在唐初时，《管子》的编排和内容就已经和今本一致"，"今本《管子》中的佚篇在魏征以前就已亡

[①] 平安时代有不同的说法。一说794—1192年。本文从794—1185年的说法。
[②] 金光一：《〈群书治要〉回传考》，《理论界》2011年第9期，第125—127页。
[③] （清）阮元：《揅经室外集》，《丛书集成初编》本，第92页。

佚"。①《管子》一书讹误甚多,《管子治要》可以作为《管子》文本校勘的重要依据。如《法法》篇"毋赦者,痤睢之矿石也",《治要》"睢"作"疽","矿"作"砭";《明法解》"任人而不言,故不肖者不困",《治要》"不言"作"不课"。这两处,今本《管子》文义不通,均可据《管子治要》校正。②

结　语

《管子》在日本的流布,有两个时期最为重要,一是奈良至平安时代,二是江户时代。前者为《管子》传入日本之始,后者为《管子》在日本广为流布之时。奈良至平安时代前期,正值中国唐代,日本积极学习中国文化,中日文化交流频繁。日本多次派出遣唐使及留学人员。遣唐使和留学生、留学僧回国时,带回大量图书典籍。《管子》由此被带到日本,《管子治要》也随《群书治要》传入日本。江户时代,日本商业经济发展,文化由贵族、僧侣垄断的局面被打破,而向庶民阶层推移。文化阶层的扩大增加了对书籍的需求,大量中国书籍随着商业贸易传入日本③,其中即包括《管子》。据《商舶载来书目》记载,日本正德元年(1711),中国商船"加字号"载《合刻管韩子》一部十册抵日本;享保十一年(1726),中国商船"久字号"载《管子》一部抵日本;享保十七年(1732),中国商船"世字号"载《诠叙管子成书》一部抵日本。④商业贸易成为江户时代《管子》传入日本的主要通道。江户时代商业经济的发展也促进了印刷业的勃兴,京都、江户、长崎等地出现了大量私家书铺,刊印汉籍兴盛一时。这促成了美浓武钦繇训点《管子全书》的刊印及重刊。《管子补正》《管子纂诂》以及其他《管子》著作的刊印,也与此有密切关系。中国《管子》版本的大量传入及日本《管子》印本的大量出现,形成了江户时代《管子》在

---

① 〔美〕李克:《管子引得导言》,庄维斯:《管子引得》,台北:成文出版社有限公司,1970年。
② 参见巩曰国:《〈管子〉版本研究》,济南:齐鲁书社,2016年,第36—38页。
③ 江户时代日本虽然长时间实行锁国政策,但仍允许中国商船进入长崎进行贸易。
④ 严绍璗:《日藏汉籍善本书录》,第789、790、793页。

日本广为流布的局面。

《管子》在日本的流布，有两个方面的意义值得关注，一是保存了《管子》的珍贵文献，二是形成了具有重要学术价值的成果。传入日本的《管子》版本，有的非常珍贵，有重要的收藏价值及文献价值。如昌平学收藏的十行无注古本，存世稀少。据《中国古籍善本书目》，仅国家图书馆、上海图书馆、山西省文物局、吉林省图书馆四家有收藏。该本年代较早，可以校正《管子》其他版本。日本学者安井衡撰《管子纂诂》，曾用以校勘。其《凡例》云："其粹者胜今本远甚矣。……明赵用贤校《管子》，自云所改三万余言，正其脱误，几为全书。然参考其说，殊少所发明，安知其无误改哉？幸有是本得以订正赵本之误，亦右文之余泽也。"①日本的《管子》印本，也具有重要学术价值。如安井衡《管子纂诂》，于《管子》全文通体施注，是自朱长春《管子榷》、梅士享《诠叙管子成书》后，又一个重要的《管子》全注本。《管子纂诂》由应宝时作序，很早就为中国学者所了解，并引起人们对安井衡的关注。黄遵宪曾为安井衡《读书余适》作序，称："余读其著作，体大思精，殊有我朝诸老之风，信为日本第一儒者。"②俞樾在致《管子校正》作者戴望的信中，曾向其推介《管子纂诂》。③俞樾还曾向来访的日人竹添进一郎（1842—1917）专门询问安井衡的情况。当时安井衡已经去世，他听到这一消息，为之怅然。④安井衡之所以引起中国学者的关注，主要是由于其《管子纂诂》的学术贡献。冒广生云："其书取古本及刘绩本、朱长春本、梅士享本及《群书治要》参校异同，虽所见不多，而字疏句栉，多就原文，有时反出乾嘉诸大师之上。"⑤日本学者仓石武四郎（1897—1975）认为，日本江户时代的诸子学研究，"能在中国的学

---

① 《历代管子版本丛刊》第四册，第2309页。
② （清）黄遵宪著，陈铮编：《黄遵宪全集》上册，北京：中华书局，2005年，第260页。
③ （清）俞樾：《俞曲园尺牍》，上海：大达图书供应社，1934年，第17页。
④ 李风宇：《花落春仍在：德清俞氏家族文化评传》，郑州：郑州大学出版社，2013年，第44页。
⑤ 冒广生著，冒怀辛整理：《〈管子〉跋十七则（续）》，《管子学刊》1988年第1期，第34—39页。

界面前拿得出手的就是《管子纂诂》"[①]。

《管子》在日本的流布，是一个复杂的学术课题。有的环节如宋元时期《管子》在日本的流布状况，尚不清楚；有的问题如《管子》在日本的流布与日本学术思想发展的关系，尚未展开。凡此，均需做进一步探究。

[①] ［日］仓石武四郎讲述:《日本中国学之发展》，杜轶文译，北京：北京大学出版社，2013年，第144页。

仁义为本：荀子对儒家兵学思想的继承发展

梁宗华[*]

摘　要：先秦诸子学派对军事问题有着高度的重视及深刻阐释，构成中国兵学思想的重要组成部分。就儒家而言，先秦儒学的人文性、政治性特征铸就其兵学思想的生命底色。荀子吸收了孔孟二子兵论的精髓，同时也融合了其他诸子尤其是兵家的军事思想，汲取战国兵家著述的成果，形成以"仁义为本"为核心的系统兵学思想，转而又影响了兵家著述的价值观及发展形态。荀子兵学力倡"义战"的仁义主题成为后世中国兵学思想的主导价值取向，成为中华文明和平性的重要呈现。

关键词：荀子；仁义为本；儒家；兵道

　　战争与和平是和人类社会相伴随的永恒主题。先秦诸子基于平乱世、致太平的政治理想，对待战争的态度及诸多问题的构想互有异同，形成了各具特色的兵学思想。儒家的兵学思想以人文性、政治性特征铸就其生命底色。与其思想体系相一致，荀子的兵学思想亦具有集大成的特色。他以儒家兵学理论为

---

[*] 作者简介：梁宗华，女，山东师范大学齐鲁文化研究院教授、博士生导师，主要从事儒学研究、先秦两汉思想文化研究。本文为教育部人文社会科学重点研究基地重大项目"齐鲁兵学与中国古代军事文化研究"（项目号：22JJD770050）子课题"先秦时期齐鲁诸子兵学思想研究"阶段性成果。

主，吸收了孔孟二子兵论的精髓，同时也融合了其他诸子尤其是兵家的军事思想，汲取战国兵家著述的成果，形成以"仁义为本"为核心的系统兵学思想，转而又影响了兵家著述的价值观及发展形态。

一、荀子兵学思想的核心及基本精神

荀子专有《议兵》篇讨论兵学诸多问题。《议兵》篇中荀子所展开的问题论述，涵盖了其兵学思想的内核及基本精神。经由文本分析可以发现，"仁义为本"恰是荀子议兵的贯穿主线，也成为荀子兵学思想的核心。

学界一直以"隆礼重法"的礼治思想为荀子儒学体系的鲜明特征，而以孟子为倡"仁义"的典型代表。从《议兵》篇中我们却看到了荀子思想的另一面相：重仁义。他屡屡提及"仁人之兵""仁义之兵"，并应之以"王者之志"。在"仁义为本"的前提下，方是以礼治军，而并非礼乐一统下的"仁人之兵"。他在回答弟子陈嚣疑惑的论述中，着重解释了"仁者爱人""义者循理"的意义，"彼仁者爱人，爱人，故恶人之害之也；义者循理，循理，故恶人之乱之也"，辨析了"兵者"的本质、目的是"禁暴除害"，而非一般人所理解的"争夺"，所以"仁人之兵"才能达致过往之国、所遇之民无不从化之效，"故仁人之兵，所存者神，所过者化。若时雨之降，莫不说喜"。这是荀子从人道高度对战争、征伐等军事问题的深度审视，由此构建了独具儒家精神底色的"兵道"，亦即他开篇所称"古之道"的复兴。荀子突出强调兵道与人道的一致性。换言之，人道即兵道。由此奠定了荀子议兵强调军事统属于政治的兵学思想基调，呈现出儒家人本主义的特征。

首先，由"仁义为本"这一核心所决定，荀子把儒家一贯主张的民本思想贯注于兵道之中，阐论"壹民""善附民"的重要性，强调"善附民"正是与天时、地利客观要素相对应的"人和"。他以孝悌为论："故仁人上下，百将一心，三军同力；臣之于君也，下之于上也，若子之事父，弟之事兄，若手臂之扞头目而覆胸腹也，诈而袭之，与先惊而后击之，一也。"继而转到"仁人"

在位凝聚人心的效用:"且仁人之用十里之国,则将有百里之听;用百里之国,则将有千里之听;用千里之国,则将有四海之听,必将聪明警戒和传而一。"仁人治国可以使得远近归附,民心所向,奄有天下。这般仁人治下的"仁人之兵"则是聚散攻止皆有章法,所向披靡,无可阻者:

故仁人之兵,聚则成卒,散则成列,延则若莫邪之长刃,婴之者断;兑则若莫邪之利锋,当之者溃,圜居而方止,则若盘石然,触之者角摧,案角鹿埵陇种东笼而退耳。且夫暴国之君,将谁与至哉?彼其所与至者,必其民也,而其民之亲我欢若父母,其好我芬若椒兰,彼反顾其上,则若灼黥,若雠仇;人之情,虽桀跖,岂又肯为其所恶,贼其所好者哉!是犹使人之子孙自贼其父母也,彼必将来告之,夫又何可诈也!故仁人用国日明,诸侯先顺者安,后顺者危,虑敌之者削,反之者亡。诗曰:"武王载发,有虔秉钺;如火烈烈,则莫我敢遏。"此之谓也。

荀子再次对比了仁人"善附民"与暴国之君"将谁与至"的困境,以"民之亲我欢若父母"为喻,肯定仁人之不可欺诈,无须势力权谋。

即使是圣贤如汤武,如果失去民心,也未必能取得战争胜利:"士民不亲附,则汤武不能以必胜也。"而以仁义之兵行天下,就可以得到民心拥戴,根本不用武力,以德征服四方,"近者亲其善,远方慕其德。兵不血刃,远迩来服;德盛于此,施及四方"。民心向背对于战争具有如此重要的意义,那么如何才能够使民众亲附呢?荀子强调关键在于政治清明:"行仁义者,所以修政者也。政修则民亲其上,乐其君,而轻为之死。"(《议兵》)行仁修政就能使四方之民来附,这在荀子思想中是一贯的,如《王制》篇亦云:"故古之人,有以一国取天下者,非往行之也。修政其所,天下莫不愿,如是而可以诛暴禁悍矣。"

其次,在此基础上,荀子强调要充分发挥礼乐的效用,要以礼乐精神治国理政,教化民众,修礼以化民。倡言礼治是荀子社会政治学说的核心,为其

"政道"之精义。荀子议兵论"王者诸侯强弱存亡之效,安危之势",亦不离其"礼治"精神,强调要以礼治国:

> 君贤者其国治,君不能者其国乱;隆礼贵义者其国治,简礼贱义者其国乱。治者强,乱者弱,是强弱之本也。上足卬,则下可用也;上不卬,则下不可用也。下可用则强,下不可用则弱,是强弱之常也。隆礼效功,上也;重禄贵节,次也;上功贱节,下也:是强弱之凡也。好士者强,不好士者弱;爱民者强,不爱民者弱;政令信者强,政令不信者弱;民齐者强,民不齐者弱。

君主隆礼贵义,就能收到国治民齐的功效,在军事上也能达致强盛。他强调修礼就可以强国,以免于战争之苦:"礼者,治辨之极也,强国之本也,威行之道也,功名之总也。"王先谦解云:"言国以礼义,四方钦仰,无有攻伐,故为强而且坚固之本也。以礼义导天下,天下服而归之,故为威行之道也。以礼义率天下,天下咸遵之,故为功名之总。"[①]在这样的礼义统率下,任何坚甲利兵、高城深池都无从发挥其威能,"王公由之,所以得天下也;不由,所以陨社稷也。故坚甲利兵,不足以为胜,高城深池,不足以为固;严令繁刑,不足以为威。由其道则行,不由其道则废"。

具体到治军战略战术问题、将帅品德及才能的修养等方面,荀子主张以礼治军,所提出的具体军事主张亦贯穿着仁义、礼治的精神。他所阐论的六术、五权、三至、五无圹等是对将帅领兵用兵的高境界要求,"慎行此六术、五权、三至而处之以恭敬无圹,夫是之谓天下之将,则通于神明矣"。这些将兵之术其实也是据仁义之"道"而论的。

再次,荀子依据民心向背对战争的性质进行了义战与不义之战的区分,明确仁人之兵、王者之师所事攻伐都是以"吊民伐罪"为目的的正义战争,这也

---

① 王先谦:《荀子集解》下册,《新编诸子集成》,北京:中华书局,1988年,第332页。

是基于"仁义为本"立场的,是顺天应民的。荀子与孔孟一样是持反战立场的,对这两类性质战争的态度非常明确,支持、盛赞正义战争,否定、抨击仅为满足争夺欲望的不义之战。

荀子盛赞历史上的仁义之师:"是以尧伐驩兜,舜伐有苗,禹伐共工,汤伐有夏,文王伐崇,武王伐纣,此四帝两王,皆以仁义之兵行于天下也。"凡兴战以仁存心、以民存心,能够解民苦难、救民于水火之中的就是义战,这样的战争是得民心的。他对儒家推崇的尧舜禹汤文武等圣王先贤进行的征伐战争,都视之为诛讨暴虐之君的正义之战,是受天命而行的;而被讨伐的桀纣等则是残贼民众的暴君,逆天命背民心。《议兵》篇多次论及于此,如"汤武之诛桀纣也,拱挹指麾而强暴之国莫不趋使,诛桀纣若诛独夫,故《泰誓》曰:'独夫纣。'此之谓也"。《正论》也有言曰:"诛暴国之君若诛独夫。"

这样行仁义之举的军队就是仁义之师、仁义之兵,受到民众的普遍期盼与欢迎:"故近者歌讴而乐之,远者竭蹶而趋之,无幽闲辟陋之国,莫不趋使而安乐之。四海之内若一家,通达之属,莫不从服,夫是之谓人师。《诗》曰:'自西自东,自南自北,无思不服。'此之谓也。"仁义之师并非仅指战场之上所见,而是成之于齐以礼义教化的"前行素修":"故汤之放桀也,非其逐之鸣条之时也;武王之诛纣也,非以甲子之朝而后胜之也,皆前行素修也,所谓仁义之兵也。"

这样的"义战"其实也是荀子从儒家理想的"王道"视角所阐释的。春秋战国时期的战争以此仁义王道标准衡量,却是孟子所称"春秋无义战"的普遍常态。对这些战争的评判,荀子并未全然否定,而是退求其次,对五霸的"霸道"之战也是称许的:"齐桓、晋文、楚庄、吴阖闾、越勾践,是皆和齐之兵也,可谓入其域矣,然而未有本统也,故可以霸而不可以王。是强弱之效也。"杨倞注"入其域"称:"入礼义教化之域。孟康曰:'入王兵之域也。'"[①]而对于

---

① 王先谦:《荀子集解》下册,《新编诸子集成》,第327页。

"本统"，杨倞直接解为"谓前行素修，若汤、武也"①。虽未能达致仁义王道之境，但已入礼义教化之域，使人心和齐，可视之为"和齐之兵"。势利谋诈与礼义教化为两端，"故招近募远，隆势诈，尚功利，是渐之也。礼义教化，是齐之也"，而礼义教化又有程度大小之分，"故兵大齐则制天下，小齐则制邻敌"，杨倞注称："以礼义教化大齐之，谓汤、武也，小，谓未能大备，若五霸者也。"晚清学者刘光蕡评之："三代后无王者，故无大齐之兵。"②

荀子理念中最等而下之的是"盗兵"，即世俗所称道的尚功利谋诈之兵：

> 若夫招近募选，隆势诈、尚功利之兵，则胜不胜无常，代翕代张，代存代亡，相为雌雄耳矣。夫是之谓盗兵，君子不由也。故齐之田单，楚之庄蹻，秦之卫鞅，燕之缪虮，是皆世俗所谓善用兵者也，是其巧拙强弱，则未有以相君也。若其道一也，未及和齐也。掎契司诈，权谋倾覆，未免盗兵也。

尚功利用盗兵者互相之间有强弱之分，却都不能敌霸者的"和齐之兵"，而五霸又终远不抵汤武王者之仁义："故齐之技击，不可以遇魏氏之武卒；魏氏之武卒，不可以遇秦之锐士；秦之锐士，不可以当桓文之节制；桓文之节制，不可以敌汤武之仁义。"王道高悬，作为理想之目标；与不得已，霸道亦可行之；最要弃之不用的是权谋势诈的盗兵，是为无道之兵。

二、荀子兵学思想的价值意义

荀子所处的战国末期是天下即将统一的前夕，思想学术领域也呈日趋融合的倾向，诸子之间互相汲取精义，每一学派几乎都呈现杂而不醇的面貌。就兵

---

① 王先谦：《荀子集解》下册，《新编诸子集成》，第327页。
② 董治安、郑杰文：《荀子汇校汇注》，《齐文化丛书》编辑委员会编：《齐文化丛书》第2册，济南：齐鲁书社，1997年，第481、482页。

家军事理论的发展而言，黄朴民以"竞于道德""逐于智谋""争于气力"为先秦兵学不同阶段进行主题划分："到了战国后期，随着兼并战争的日益激化，先秦兵学的主题又悄然有了新的转移，'竞于道德'基本失语，'逐于智谋'也逐渐弱化，代之而起的是'争于气力'，并占据主导地位，传统型的正宗兵家实际影响力有所削弱，而法家人物的兵学观点则把持了话语权。"[①]此期兵学文化以"争于气力"为主题，处于"尚实力"的阶段。荀子是一个集大成的学者，且对法家学理颇有融入；而他的兵学思想基调并未受到此期"尚实力"军事理论的影响，反而以一种回环往复的样态重返"竞于道德"主题，以"仁义为本"为兵者要道，实为儒家兵学基本精神的发展总结，同时也是出于对战国时期日趋酷烈的兼并战争的理性思考。经由他的系统阐释，儒家兵学基本精神得以强化定型；而儒家兵学思想的基本价值取向，又转而影响了兵家著述及理论对儒学精义的吸收融合，出现兵儒合流的趋向。

首先，"仁义为本"思想强化了儒家兵学思想的人本主义精神。这与孔孟二子具有一脉相承性。孔子兵学思想的宗旨就是文武并重，以仁为本。他在一定程度上受到古军礼精神的影响。班固《汉书·艺文志·兵书略序》曾论及司马法："下及汤武受命，以师克乱而济百姓，动之以仁义，行之以礼让，司马法是其遗事也。"古军礼征讨不义的战争目的，军事行动中"不加丧，不因凶"的限制，战争中贯彻的"以礼为固，以仁为胜"的仁义、礼让原则，战场交锋中光明正大不欺诈的原则，战事善后措施的宽容等等，都在孔子思想中留有印记。孔子"仁"的发现与揭示，与古军礼的基本精神多有契合；而孔子儒学的仁礼特征又影响了他对待战争的认识和态度。孔子主张国家政事治理中文事、武备缺一不可，治国安天下兵事是必要的措施之一，把"足兵"与"足食""民信之"列为治政三事，重要性仅次于"民信之"。同时孔子亦不希望战争发生，强调慎战，《论语·述而》称"子之所慎，齐、战、疾"，力倡以仁礼规范社会人伦秩序，爱民重民，取信于民。他以"仁"称许助齐桓称霸的管

[①] 黄朴民主编：《中国兵学通史·先秦卷》，长沙：岳麓书社，2022年，第657页。

仲，正是因为他能够"不以兵车"而九合诸侯。

孟子的兵学思想更多体现其重"仁义"的内涵。他坚信"仁者无敌"，百里可王，"天时不如地利，地利不如人和"的名言影响后世至深，《孟子·公孙丑下》就之展开论述："域民不以封疆之界，固国不以山谿之险，威天下不以兵革之利。得道者多助，失道者寡助。寡助之至，亲戚畔之；多助之至，天下顺之。以天下之所顺，攻亲戚之所畔，故君子有不战，战必胜之。"这一切都在荀子兵学"仁义为本"的思想中得到进一步强化。

其次，对于战争正义性的推崇使儒家兵学思想呈现鲜明的政治性特征。推崇禁暴除非、吊民伐罪的义战，反对以争夺为目的的不义之战，这在儒家也是一贯的传统，孟子表现得尤其典型。他对现实中的"争地""争城"之战予以彻底否定，甚至提出"善战者服上刑"；而他把历史上往圣先贤救民于水火的战争视为最高理想境界，那种"东征西怨""南征北怨"的王者之师为民所期待，"民之望之，若大旱之望雨也"（《孟子·滕文公下》）。商汤、文王、武王，他们的征伐战争，目的全在于"诛其君，吊其民"，"安天下之民"。他游说诸侯的目的就是期望其能安民："今夫天下之人牧，未有不嗜杀人者也，如有不嗜杀人者，则天下之民皆引领而望之矣。诚如是也，民归之，由水之就下，沛然谁能御之？"（《孟子·梁惠王上》）这显然都是基于其仁政理想及民贵君轻的民本立场对于战争的认识。

至荀子议兵，完全整合了孔孟二子对战争宗旨、性质的区分，以王道、霸道的视角进行了系统的理论证明，《王霸》篇明确提出："故用国者，义立而王，信立而霸，权谋立而亡。三者，明主之所谨择也，仁人之所务白也。"所论可与《议兵》篇互为补充：

> 古者汤以薄，武王以镐，皆百里之地也，天下为一，诸侯为臣，无他故焉，能凝之也。故凝士以礼，凝民以政；礼修而士服，政平而民安；士服民安，夫是之谓大凝。以守则固，以征则强，令行禁止，王者之事毕矣。

奉行王道关键在于以仁义凝聚民心；而荀子在《议兵》篇中对尚功利谋诈之"盗兵"的抨击贬斥，实际就是对兵家"兵以诈立"原则的否定："故赏庆、刑罚、势诈之为道者，佣徒鬻卖之道也，不足以合大众，美国家，故古之人羞而不道也。"汤武为仁义王道的典范，荀子对五霸为代表的霸道也在一定程度上给予了认同。与孟子完全的"黜五霸尊三王不同"，荀子对待王霸的态度是王主霸辅，更近于孔子。议兵时的王霸之辨也从一个侧面表现了荀子关于法先王的思考和态度。

再次，对"礼治"的强调形成以礼治军的指导原则。与孔孟不同，荀子对于军事事务有具体的研究，他强调作为将帅，总的统兵原则在于："知莫大乎弃疑，行莫大乎无过，事莫大乎无悔，事至无悔而止矣，成不可必也。"由此提出了六术、五权、三至、五无圹等对将帅的高境界要求及作战指挥原则，"慎行此六术、五权、三至而处之以恭敬无圹，夫是之谓天下之将，则通于神明矣"。这些将兵之术显然吸收了兵家的军事理论思想，同时也是据"道"而论的。

最后，我们要讨论的是荀子为什么在《议兵》篇中专门阐论兵道"仁义为本"的思想，其逻辑起点其实是荀子对"人类"本质的理解。由《议兵》篇呈现的"仁义"主题，我们可对荀子儒学中仁义与礼治关系的相关问题做一深入思考。仅从《议兵》篇看，荀子对仁义、礼治是分从"道""术"两个层面而论的，"仁义为本"属于"道"的层面，而"礼乐为用"属于"术"的层面。这是由荀子对人的本质的认识决定的。与先秦其他诸子从善恶的道德范畴上讨论人性不同，荀子是从与自然万物的对比中深探人的本质。《荀子》书中有《性恶》篇，有论"性恶"的诸多阐释，故后世径直以"性恶"定义荀子人性论，近些年来学者们复有"性朴"之论以颠覆性恶论。

无论是性恶论还是性朴论，其实都没有抓住问题的关键。荀子的人性理论是立足于他对人本质属性的判定，不是单纯的人性论，而是要解决人类观问题。这段重要的论述在《王制》篇中：

水火有气而无生，草木有生而无知，禽兽有知而无义。人有气有生有知，亦且有义，故最为天下贵也。力不若牛，走不若马，而牛马为用，何也？曰："人能群，彼不能群也。"人何以能群？曰："分。"分何以能行？曰："义。"故义以分则和，和则一，一则多力，多力则强，强则胜物；故宫室可得而居也。故序四时，裁万物，兼利天下，无它故焉，得之分义也。

这里，荀子非常明确肯定了人的本质在于"义"，人最为天下贵的根本就在于人生来本有的"义"，有"义"而后才能群、分、辨，组成有分工合作的人类社会，故而化性起伪、礼治教化等推其本源皆出于"义"。相对于礼治，"仁义"最为根本，在这一点上，荀子与孟子是一致的，都承袭了孔子的传统。

从哲学人类学的视角看，荀子虽然不懂进化论，但他对人的本质的界定已然是"动物+文化"的认识，人猿相揖别的文明性就在那个"义"字中，这与当代学者对"人"的定义是相合的，韩民青在其《当代哲学人类学》中强调："人乃是动物与文化的统一体。在人类身上，文化并不是外来之物，而是本身具有之物，纯粹的动物体并不是人。"[①]在荀子的天生万物理念中，人是与宇宙间自然万物相对待的，自然万物构成客观世界，人类自成一体，即人类世界，人本然地带着文化的印记：人有"义"。这是人与万物之别，也是人禽之别。他有关"性恶"的论述仅是就动物性一面而言的。所以荀子的人性理论用"人义论"可能更贴近其思想本真，这样就能更清楚地认识荀子思想整体中仁义与礼治的地位与关系，这是其议兵"仁义"主题之于揭明荀学全貌的价值意义所在。以此人类观为据，"仁义为本"至此落实到军事领域中，确立为儒家兵学思想的基本价值取向。

儒家兵学思想的基本精神反过来也影响了兵家军事理论的发展。此期兵学思想的发展渗透着诸子尤其是儒家学说的影响。当代兵学研究学者早就注意到两者之间的密切关系，黄朴民指出："战国兵书中有关战争目的与性质的论述，就比较突出地体现了儒家在把握这些问题上的基本精神。它们对军事活动必要

---

① 韩民青：《当代哲学人类学》第一卷，南宁：广西人民出版社，1998年，第51页。

性以及根本宗旨之认识,基本上与儒家'吊民伐罪'的原则相一致。"①这在《六韬》中有集中体现。成书于战国晚期的《六韬》虽以兵书著称于世,然首篇即以《文韬》开始,虽然在思想内容方面实际是熔儒、道、法、兵等各家思想于一炉的,但基本是儒家政治观念的渗透,最为核心的要义就在于汲取融合儒家兵学"仁义为本"的思想,确立了传统兵学的主导价值观。

总括起来看,先秦诸子学派对军事问题有着高度的重视及深刻阐述,构成中国兵学的重要组成部分。尤其齐鲁诸子都对武备军事问题予以足够重视,孔子、孟子、荀子的兵学思想,形成了儒家对于兵学的系统理性认识;墨家"非攻""救守"的理论内涵,体现了墨家的战争观念及作战指导思想;《管子》的军事思想则反映了齐法家对战争问题的理性认识;先秦黄老之学的中心也在齐地,亦有丰富的兵学思想。这其中儒家尤其是荀子兵学思想与兵家理论二者的相互作用促成了兵儒合流的出现,而且一直主导着后世中国兵学著述及理论的发展,黄朴民等学者在《中国兵学通史》中有论:"荀子的认识为中国古代兵学价值观的确立提供了坐标,也为后世兵学思想发展'兵儒兼容'主流观念的形成奠定了基础。"②荀子兵学"以仁为本"、力倡"义战"的仁义主题成为后世中国兵学思想的主导价值取向,成为中华文明和平性的重要呈现。

---

① 黄朴民:《先秦两汉兵学文化研究》,北京:中国人民大学出版社,2010年,第191页。
② 黄朴民主编:《中国兵学通史·先秦卷》,第606页。

荀子"天论"政治维度再考察

宋立林　杨清扬[*]

摘　要：相较于先儒天人联系的论证，荀子以理性对"天"进行了祛魅，试图将对政权法理性的讨论从"天"落回"人"，由此形成独特的"人性论""礼乐论"，并以人之"知能"为礼义的价值支撑，形成了其"隆礼义""法后王"的政治理念。令人惋惜的是，荀子过早割裂天人联系，使"礼义"丧失了超越性的价值标杆，终无法完成对"礼义"的重建，周制双向性的君臣关系也因此有趋于单向性垂直统摄的隐忧。

关键词：荀子；天人相分；天论；双向性伦理

《荀子·天论》是先秦儒家讨论天人关系一力作，其以迥异于孔孟及其他儒者之天人观而闻名。围绕此篇，后世学界往往从宇宙观、自然论角度对此篇进行解读，然《天论》篇的核心关怀实指向政治治道问题[①]。即便偶有几篇文章探讨其政治价值，亦多就"天生人成"的积极面进行阐释[②]，而罕有对其危险

---

[*] 作者简介：宋立林，男，曲阜师范大学教授、孔子文化研究院副院长，主要研究领域为孔子与早期儒学、儒家学术史、儒家哲学；杨清扬，男，曲阜师范大学孔子文化研究院硕士研究生。

① 东方朔：《荀子〈天论〉篇新释》，《哲学动态》2017年第5期。

② 例如梁涛：《"天生人成"与政治形上学——荀子天论发微》，《中国哲学史》2021年第5期。

性的深入讨论，忽视其"天人相分"思想对天所进行的物质化处理，使得天人关系趋于机械的理论缺陷。本文将置荀子"天论"于先秦思想发展的背景下，将其与周人及其他先儒的"天论"思想进行对比，以探寻其间差异并由此厘清荀子"天论"的政治影响及其危险性。

一、从周公到孟子"天论"于政治维度的演变

自西周起，中国文化便开启了对政治伦理的讨论，盖"西周的崛起改变了尧舜以来的政权'授受'方式，更新了政治理念，重整了价值体系，建立了'礼乐文明'，将'天下'纳入完备的制度管理，这在人类文明史上无疑具有最初的典范性意义"①。而这种新的政治理念和价值体系的具体内容，诚如王国维谈论周制礼乐文化之言："其旨则在纳上下于道德，而合天子、诸侯、卿、大夫、士、庶民以成一道德之团体。周公制作之本意，实在于此。"②这便要求社会全员有一各安其位的责任认识。通过各安其位，人与人之间得以做到双向的负责，社会亦由此构建起一种双向的伦理关系。李若晖引童书业《春秋左传研究》中的观点指出，一旦有人试图试探该伦理的行为底线，即使是君主也将受到惩罚，君臣间秉持着"周礼体系下的双向性伦理规范"③，而这种双向性必然需要一特定方式加以维持。

程浩引《尚书·君奭》、乖伯簋铭文等材料得到"公侯辅臣佐助天子确是受了天之大命"之结论。④虽然臣属"受命"或出于君主之口，但君主亦需借天意"为其张目"，且君主本人的法理性亦承自天命，因此在逻辑上君臣得以"共受大命"。且这种君臣一同接受"天命"的观念，使臣属与"天"产生了紧密的联系，其权力来源于天子任命或分封的同时，更源于"天授"，加之周初

---

① 董平:《秩序与和谐：礼乐制度与行为正义》,《浙江社会科学》2022年第9期。
② 王国维:《殷周制度论》,《观堂集林（外二种）》,河北：河北教育出版社,2003年,第232页。
③ 参见李若晖:《久旷大仪：汉代儒学政制研究》,北京：商务印书馆,2019年,第7页。
④ 程浩:《周人所受"大命"本旨发微》,《文史哲》2022年第4期。

君权不似后世一般有力而严酷，臣属及诸侯在面对"天"时，其身份属性便同样被赋予相应的神圣性而与君主相对等①，并在君臣之间以双向伦理形成稳定的合力。既然君臣身份与责任均由"天"这一超越了人的存在授予，则共同对"天"负责，即题中应有之义。

但周初的政治伦理在西周后期已经产生消弭的趋势。《诗经》中《民劳》《板》《荡》《抑》《桑柔》等多篇文字均被视为为"刺厉王"所作。《毛诗序》云："《荡》，召穆公伤周室大坏也。厉王无道，天下荡然无纲纪文章，故作是诗也。"②则至厉王时，君臣间对等、稳定的互动关系已然不复周初气象，同时"厉王奔彘"事件的起因也可被视为周天子以私欲突破双向性伦理底线。

同时，曾经"受命"的贵族后裔常随着宗法分封以世继，整体阶层逐渐下移。如"孔防叔在鲁，其身份亦为一士。其为大夫亦只受禄，不得与封地世袭者相比。至是，孔子先世遂又由贵族公卿家转为士族之家"③。这种阶层下移使得"天命"给予贵族公卿与君权对等互动的权利大打折扣。而贵族阶层下移的另一方面影响是"道术将为天下裂"，这为先秦儒家建构自己的理论学说创造了契机。

孔子为重新构建人与"天"的关系，为逐渐扩张的士群体贯注了理想主义的精神。有学者将"夫子之言性与天道，不可得而闻也"句解为"孔子不讲天道"④，或翻译为"老师讲人性和天道，却是听不到的呀"⑤，然观帛书《要》篇"夫子老而好《易》"等语，可知"孔子并非不言'性与天道'，孔子思想博大精深，非仅一现实主义者所能涵盖"⑥。《论语》有"子曰：朝闻道，夕死可

---

① 王国维亦早有类似观点："诸侯之于天子，犹后世诸侯之于盟主，未有君臣之分也。周初亦然，于《牧誓》《大诰》皆称诸侯曰'友邦君'，是君臣之分亦未全定也。"参见王国维著，黄爱梅点校：《王国维手定观堂集林》，杭州：浙江教育出版社，2014年，第254页。
② （西汉）毛亨传，（东汉）郑玄笺，（唐）陆德明音义，孔祥军点校：《毛诗传笺》，北京：中华书局，2018年，第409页。
③ 钱穆：《孔子传》，北京：生活·读书·新知三联书店，2018年，第3页。
④ 杨伯峻：《论语译注》，北京：中华书局，1980年，第47页。
⑤ 参见李泽厚：《论语今读》，北京：生活·读书·新知三联书店，2008年，第157页。
⑥ 宋立林：《孔门后学与儒学的早期诠释研究》，北京：人民出版社，2021年，第135页。

矣""子曰：志于道，据于德，依于仁，游于艺"等章，所言之"道"，即"事物当然之理"[①]；"人伦日用之间所当然行者"（朱熹语）[②]，亦即"天道"。另一方面，《论语》中如"天将以夫子为木铎""天生德于予，桓魋其如予何"等句也记录了孔子以天命在身的自任、自重。综上，孔子以前的天命观侧重于位与政，孔子的天命侧重于德与道，并将士人自身与"天"直接联系起来，士人便可由"天"所赋"正命"与当权者良性互动，践行自己的王道政治理念。

孔子之后，孟子承其思想，并对"天"所赋予者加以区分，如《孟子·尽心下》："口之于味也……君子不谓命也。"便是将人基于道德而主动认同的部分视为"性"，并主动"存性"而得以与"天"相合。而对"天""性"加以定义并讨论其联系的同时，孟子还需要面对社会变革带来的问题并予以回应。

李若晖提出："'德'在周礼体系中是由位来提供的。换言之，位得于天命，而德由位定，是为'位德合一'。"[③]但随着周制的逐渐瓦解，位、德关系逐渐割裂，往往在位者无德而有德者无位。针对这样的社会现实，孟子进一步阐发，提出了"天爵"的概念，以构建新的位、德关系，由此孟子建立了一套新的德、位关系，并提出了"修其天爵，而人爵从之"的主张。如此，则德行的高下成为确立地位高下的依据和标准，变周制的"以位定德"为孟子的"以德定位"。同时"天爵"的"天"字也表明，"仁义忠信，乐善不倦"的德行是与"天"这一神秘且至高的存在相通的。《孟子·滕文公上》中孟子引孔子言："大哉尧之为君！惟天为大，惟尧则之。"此句亦出现于《论语·泰伯》中，由此可知，孔孟不但都将"天"视为至高无上的存在，同时也将"天"视为人德性的依据，由此修德存性并建立一套与"天"相合的社会伦理秩序。

另一方面，孟子不但将"德"与"天"相贯通，还重新申明了"天"对人间政治的影响。如孟子提出"天子不能以天下与人"，以"舜有天下"为"天

---

① （南宋）朱熹：《四书章句集注》，北京：中华书局，2016年，第70页。
② 同上书，第91页。
③ 李若晖：《不丧斯文：周秦之变德性政治论微》，上海：上海人民出版社，2019年，第6页。

与之",并表明"天不言,以行与事示之而已矣"。如此,则"天—天爵—人爵"三者相贯通,德、位得以整合统一。唐文明指出:"古代的政道原则实际上是主权在天,天子只是替天行道的代理人。"[①]而欲获得"天"的认可,则如《孟子·万章上》引《尚书·泰誓》所言"天视自我民视,天听自我民听",即必须获得治下百姓的认可。如此,则政统所有者必须尊重、包容道统所有者,并与其良性互动,在"天"的约束下谨慎地使用权力,获得百姓的认可,最终获得"天"对其统治合法性的认可。

二、荀子"天论"思想及其政治构思

孔孟均十分重视个人与"天"的互动,正如陈明对"人文宗教"的诠释:"人文宗教则意味着其所崇拜的绝对者具有较高的抽象性或普遍性、较强的精神性,因而对生命的意义、社会的道德具有较强的影响作用。"[②]孔孟论"天"之最终理想,是"推天道以明人事",使"天"作为人文宗教的"被崇拜的绝对者"影响个人人格的养成及社会的良好运行,或可言以孔孟为代表的儒家"对于天道、天命的观照,实际上是为人道寻找形上学的根据"。[③]

而荀子在讨论天人关系时,则将"天"做物质化处理,以"天"为一绝对客观的自然存在。《荀子·天论》言,"天行有常,不为尧存,不为桀亡",便是说"天"与人间社会的运行无涉,更遑论与人的道德相贯通。在荀子看来"天"是"不为而成,不求而得"的,虽是"列星随旋,日月递炤,四时代御,阴阳大化,风雨博施,万物各得其和以生,各得其养以成",却是"不见其事,而见其功"的,因"天"与人间社会运行及个人的道德无关,且神圣、神秘、不可知,故"唯圣人为不求知天"。且荀子直言:"故明于天人之分,则可谓至

---

① 唐文明:《与命与仁:原始儒家伦理精神与现代性问题》,北京:商务印书馆,2020年,第61页。
② 陈明:《从原始宗教到人文宗教——〈易经〉到〈易传〉的文化转进述论》,《北京大学学报》(哲学社会科学版)2018年第4期。
③ 宋立林:《孔门后学与儒学的早期诠释研究》,第135页。

人矣。"此处至人、圣人并无大异。荀子此节意在指明"天人相分",因天、人的关系是分离的,不存在能够"干涉"人间社会运行的"天"的意志,人间社会的稳定运行便只能由人自行实现。

能够保障社会稳定并做到"其言有类,其行有礼,其举事无悔,其持险应变曲当。与时迁徙,与世偃仰,千举万变,其道一也"者,荀子即称之为"大儒",且"应该说,荀子提到的大儒的标准,并非天道论的成就,而是治世的才能"。①而"隆礼义"的精神便由此类大儒实现,故《荀子·王制》有"天地者,生之始也;礼义者,治之始也……夫是之谓大本"之语。荀子所说"天地者,生之始也"之"生",较"天地之大德曰生"之"生"狭窄,只是自然义,而当无德性内涵。人间的治乱,只在于"天生而人成"。

《荀子·天论》又有"天职既立……夫是之谓知天"之言。此段表明荀子之天功、天职只是自然而无意识的,由此而生的天情、天官、天君、天养、天政便因此也是纯自然而无意识的,是无道德内涵而无法自我成就的,因此需要"圣人清其天君,正其天官,备其天养,顺其天政,养其天情",所重仍在于人的能为、能治。所谓"知天",亦是就"官天地""役万物"言,亦是就后文所说"物畜而制之""制天命而用之"言。于是,荀子便强调了"天"自然的、可被治的一面,而否定了其具有体验性的、与德性相通的一面,更否定了"天"与社会运行之间的联系。

同时值得注意的是,荀子并未否认人之性得之于"天"。"凡性者,天之就也,不可学,不可事。……不可学,不可事,而在人者,谓之性"等语,即道明"'性'也者,'天'之'在人者'也"。②而针对此句,廖名春认为:"在荀子看来,人性是指人的自然属性,它是人的生理本能,与'可学''可事'的后天人为完全是两回事。"③即以荀子所言之"性",仅具自然义,无善、恶等后

---

① 宋立林:《出土简帛与孔门后学新探》,北京:中国社会科学出版社,2018年,第236页。
② 路德斌:《荀子哲学的两大原理——"天生人成"与"礼义之统"及疏解》,《陕西师范大学学报》(哲学社会科学版)2017年第4期。
③ 廖名春:《荀子(节选)》,北京:国家图书馆出版社,2019年,第363页。

天的价值属性。而善恶价值观的形成、社会的和谐运行则需要通过"礼义"之隆得以实现。

根据《荀子·非十二子》中荀子对子思、孟子学说持质疑、批评的态度，可以看到荀子批评子思、孟子等人实为"世俗之沟犹瞀儒"，是因为荀子并不向内养成德性，而是转而向外追求具有客观精神的"礼义之统"。牟宗三指出：

> 孟子由四端之心，而悟良知良能，而主仁义内在，正由具体的恻隐之情，而深悟天心天理之为宇宙人生之大本也，故孟子敦诗书而立性善，正是向深处悟，向高处提；荀子隆礼义而杀诗书，正是向广处转，向外面推；一在内圣，一在外王。①

认为荀子核心思想为"隆礼义"，而荀子对"礼义"的定义则是"礼义者，治之始也"，其为政治、社会范畴而外在于人，又因荀子思想之核心"隆礼义"为一客观的、外在的精神，由此便奠定了荀子思想客观性的基调，是以有"礼义者，圣人之所生也，人之所学而能，所事而成者也"之说。在荀子看来，礼义是由圣人创制，世人通过学习才能成就的，即"礼义"是客观的而非主观的、后天的而非先天的、圣王制定的而非由德性推出的。

因其"礼义"为客观性存在，故荀子十分重"知"。《荀子·解蔽》言："凡以知，人之性也；可以知，物之理也。"此处之性与"性恶"之性不同，是讲人的智能之性。同篇又言："故心不可以不知道。"此处之心，即认知心。钱穆指出荀子"这一番功夫，则全赖人之心智。心智贵能知道，此道即指示人进尽欲、退节欲之恰好道路"②。能"进尽欲、退节欲"，则能"隆礼义"。在荀子看来，人是通过智能之性、认知之心认识并践行"礼义"，而人的理性之光，即由此外烁。

---

① 牟宗三：《荀学大略》，《牟宗三先生全集》第2册，台北：联经出版事业股份有限公司，2003年，第171页。
② 钱穆：《中国思想史》，《钱穆先生全集》，北京：九州出版社，2011年，第60页。

曾有不少学者或隅于时代而因荀子主张"天人相分"以其为中国哲学唯物主义之滥觞，认为其说完成了对"天"的祛魅，由此打破了"天"对人的笼罩，这是人理性的彰显，颇具积极意义。打破"天"对人的笼罩，其积极影响固然是多元的。

一方面，荀子通过祛魅，得以将"星坠木鸣"的异象与所谓"天意"割裂。陈侃理指出，"商、西周时期，天人之间的联系逐步在道德层面建立起来，至西周，灾异天谴论已经具备产生的前提，甚至有初步表现"[1]；同时又指出，"商太戊、武丁和周成王的故事，所包含灾异应人事而至以及修德修政可以消灾的思想，应是战国儒家中比较流行的"[2]。而"天人相分"则要人辨明"天"与"人"各自的职分，使人尤其是在位者从对灾异的迷信中解放出来而行使其应尽的职责，破除对天意的迷信与依赖，而"敬其在己者"。

另一方面，荀子破除了"天"的神圣性，则礼乐的价值依据便源自人本身。《荀子·王制》将万物分为四大类，而唯人"有气有生有知亦且有义，故最为天下贵也"。且"荀子乃'由智识心'者，此与孔孟'由仁识心'者不同"[3]，如前文所言，荀子所重者在于智性及认知，虽不触及"仁"，却也可见到荀子对理性认识的推崇，反映出荀子独特于孔孟的人文关怀。同时，因对人的理性的推重，荀子推导出礼乐的起源实为先王"恶乱而制"，此观点见于《荀子·王制》《荀子·乐论》等篇，如此则"隆礼义"的精神也寓于人的理性当中。

与此同时，因"明于天人之分"，且崇尚圣王以理性制礼作乐，荀子的政治理念亦得以构思。徐复观认为荀子"面对着快要统一的这样大的天下，便不能不构想到负政治总责的人君，必须无所不能，亦即是他所说的'兼能'，才可以统治得了。……礼是'类'，是'一'，人君审礼，即是'以类行杂，以一行万'（《荀子·王制》），这种'枢要'在人君手上，便很简易地把天下治理

---

[1] 陈侃理：《儒学、数术与政治》，北京：北京大学出版社，2010年，第16页。
[2] 同上书，第25页。
[3] 韦政通：《荀子与古代哲学》，北京：九州出版社，2022年，第22页。

了"①。如此荀子设想了由"兼能"之圣王制作礼乐、统摄臣民的政治社会环境,又因对"天"物质化的认识与处理,"礼义"的精神无须道德形上的支撑,也得以在这样的背景下实现。

三、荀子"天论"于政治维度之隐忧

"天人相分"无疑试图将关注的重点由"天"转向"人",通过"天生人成",令圣王所制"礼义"起到对社会的改造、维护作用,但"天人相分"也蕴藏着消极且危险的一面。一方面,"天人相分"将关注的重点,由"天"的干涉转移到人自身的行为上,如此则"强本而节用,则天不能贫;养备而动时,则天不能病;修道而不贰,则天不能祸"。但在另一方面,"天人相分"也对"天"的神圣性进行了祛魅,而使人间圣王的意志成为社会价值观的新向标,如"道者,非天之道,非地之道,人之所以道也,君子之所道也",又"礼义者,圣人之所生也"。如是,则"君子所道""圣人所生",即社会运行之准则。由此,荀子便塑造了一个不同于孔孟之"天"的至高"权威",即人间圣王。荀子言:"礼者,人主之所以为群臣寸尺寻丈检式也,人伦尽矣。"又言:"国无礼则不正,礼之所以正国也。"如是,则"礼义"便成为统领家庭人伦以至政治社会各领域的最高准则,而圣王则是此标准的创制者,亦是最高权威。

如前文所言,荀子之礼义实为一客观的、外在的精神价值,牟宗三便批判荀子之礼义为"空头的无安顿的外在物"②,且礼义之价值是"反于性而悖于情"的,依《荀子·性恶》"今人之性,饥而欲饱,寒而欲暖……其善者伪也"之语,礼义是由圣王基于对人性幽暗的审视而创制出的。如此则"礼"便不可能是一顺应、发扬人之性情的行为准则,而是作为一"反人性"的行为约束存在。《礼记·乐记》言:"礼乐刑政,四达而不悖,则王道备矣。"但依《荀子》,

---

① 徐复观:《中国思想史论集续篇》,北京:九州出版社,2013年,第490页。
② 牟宗三:《名家与荀子》,吉林:吉林出版集团有限责任公司,2010年,第132页。

则"礼"实有与"刑"合流的倾向,而成为对错误行为的纠正,不复有正向引导、发扬情性的价值。《荀子·解蔽》亦言:"故学者以圣王为师,案以圣王之制为法,法其法以求其统类,以务象效其人。"对此,韦政通指出:"圣王之制为礼义,以圣王之制为法,即以礼义为法;以礼义为法,则法之地位即被礼义所取代。"①但是被取代的却不仅是法之地位,法之功用也为礼所取代。

然而荀子却未曾注意到礼与法之间所存在的本质性差异。李若晖提出:

> 礼是以共同意志纳上下于一体来建构国家权力,于是礼法之别即在于强制力的有无。法既基于强制力,而强制力是以违背意志为前提。于是逻辑上必须有被违背的意志之外的一个意志存在,并由该意志来执行对于被违背意志之违背。该意志同时还必须掌握强制力,否则将无法达成对于他人意志之违背。②

一方面,礼与法的差异便在于是否以强制力为能够施行的凭依,而荀子否定"天"与人之间的超验性联系,又以圣王所隆之"礼义"为最高准则,且此礼义的创制是基于对人天性的否定,则礼与法之间的差异便被打破而使二者出现趋同。礼与法趋同,甚至礼取代法的功用、价值,势必将使礼丧失其"以共同意志纳上下于一体来建构国家权力"之精神,而成为以强制力为实行前提的工具,则礼之为礼的价值便丧失了。在孔子那里,刑是从属于礼的。援仁释礼,基于天人相通,基于人性的信任,礼的作用看似他律,实际上是基于人性的自觉,此所谓"克己复礼为仁"。荀子天人相分,截断了价值的根源,礼也就丧失了源头活水,成为纯粹的治理工具。尽管他强调圣王制礼,但这个圣王很容易流入专制。

另一方面,"以共同意志纳上下于一体来建构国家权力",则即使某人处于

---

① 韦政通:《荀子与古代哲学》,第22页。
② 李若晖:《久旷大仪:汉代儒学政制研究》,第37页。

权力顶端，亦不能超出"礼"规定的范畴，否则便会受到惩罚，周桓王中箭、周厉王奔彘即例证，而双向性伦理便贯穿在这"以共同意志纳上下于一体来建构国家权力"的"礼"之中；但依荀子，则"礼"为圣王创制之约束，其推行以强制力为依托，则"礼"所构建的伦理关系便容易趋向于由上而下的单向性。另外，《荀子》中对"君子"和"礼"有着"君子者，法之原也"与"礼者，法之大分也"的定义，则"君子"与"礼"二者孰重，在荀子处是较为模糊的。依荀子，则"礼义"是社会运行的终极标准，"圣王"是创制"礼义"的最高权威，在单向性伦理的社会结构中，此终极标准是否能够有效规定最高权威的行为，是值得怀疑的。

而这种单向性的"礼"也实为儒者所不容，汉初鲁地儒生拒绝叔孙通之邀，正是不愿双向性伦理的"礼"，成为维护君主单向性统治的工具。朱熹认为："叔孙通为绵蕞之仪，其效至于群臣震恐，无敢喧哗失礼者，比之三代燕享，群臣气象，便大不同，盖只是秦人尊君卑臣之法。"[①]亦以叔孙通所行之"礼"实为单向性的统治工具。

事实上，"礼"沦为单向性的统治工具，亦是荀子所不愿见到的。荀子很清楚自己所处时代的黑暗、混乱，故有"孙卿迫于乱世……贤人距而不受"之叹。为避免在这种昏乱的时代背景下，专制者以"圣王"自居，并将"礼义"曲解为单纯用以治下的工具，在解构天人关系、提出"天人相分"后，荀子必须对"何人可称圣王""何法可法"的问题做出回应，即荀子必须确立新的且独立于在位者之外的正义权威。

荀子提出"言道德之求，不二后王。道过三代谓之荡，法二后王谓之不雅"，则"后王"便是可法、应法的对象。尽管《荀子》中不乏对"先王"的认同，如"将原先王，本仁义，则礼正其经纬蹊径也""凡言不合先王，不顺礼义，谓之奸言""先王之道，人之隆也，比中而行之"等等，但究其本质，

---

① （南宋）朱熹：《朱子语类》卷一三五，《朱子全书》第十八册，上海：上海古籍出版社，2002年，第4196页。

荀子所言"先王"之行状，亦实为"后王"所继承，故《荀子》有"百王之道，后王是也"之论。且与"后王"相较，"先王"有一个无法忽视的缺陷，即如《荀子·非相》言："五帝之外无传人……节族久而绝。"

纵是"以人度人，以情度情，以类度类，以说度功，以道观尽，古今一也"，"先王"终因其所处时代久远，而不得"传人""传政"，难知"其详""其大"。此亦与孔子"夏礼吾能言之，杞不足征也；殷礼吾能言之，宋不足征也。文献不足故也，足则吾能征之矣"之说相合。而《荀子·非相》中的另一段文字："欲观圣王之迹……此之谓也。"更直接表明荀子对周道的认可。在荀子处，"周道"不但集上世"先王之道"之大成，且相较禹、汤而更"察"，故堪称"粲然"。荀子为在位者们提供了一个"后王"的基本范式。而此范式是客观而具体的，"后王"对在位者们而言，便是一个客体性的价值标准。由此荀子便以通过对文武周公圣王身份的认同，对周制"粲然"的称誉，回答了"何人可称圣王""何法可法"的问题，使其政治伦理的构建更加圆满，也使得在"天人相分"的情况下重新确立周制的政治伦理，成为一种可能。

但此说并非没有隐患，例如荀子无法避免后世君主不以周制为"文久而灭，节族久而绝"。如汉宣帝便有"汉家自有制度，本以霸王道杂之，奈何纯任德教，用周政乎"之语，更兼有一批声言"三尺安出哉？前主所是著为律，后主所是疏为令；当时为是，何古之法乎"的酷吏为虎作伥。如何在这种环境下保证"后王"的解释权不为在位者利用，进而保证"礼义"的功用和价值，是荀子亟须做出回应的。

荀子为保证"礼义"的解释权所做的尝试之一便是试图塑造一与政统并行不悖的道统。"人有师有法，而知则速通，勇则速畏，云能则速成，察则速尽，辩则速论。故有师法者，人之大宝也"，即以"师法"为"人之大宝"；而"师法"具体所指，即"故学者以圣王为师，案以圣王之制为法，法其法以求其统类，以务象效其人。向是而务，士也；类是而几，君子也；知之，圣人也"。另外，值得注意的是，此节是就学者而言而非就在位者而言，则与政统并立的道统便由此而立，而"以圣王为师""以圣王之制为法"的学者，更可因其所秉持之"师法"的正确而"从道不从君"。而君主也必须与知师法的儒者合作，共同维护政权的运行，是以《荀子·儒效》有"故人主用俗人……一朝而伯"之语。

然而这种合作范式是基于荀子的理想政治蓝图设计的。在如何对这种合作进行维护的讨论上，荀子也只能以"万乘之国亡"之语警告，或以"万乘之国存""千乘之国安""天下为一，诸侯为臣""举错而定，一朝而伯"之语劝勉君主，而缺乏对"礼义""师法"更有效的维护手段。面对"罚其忠，赏其贼"的"至暗"之君，荀子提出了革命的合法性。

《荀子》一书中论及汤武革命共计六处，《臣道》一处、《议兵》三处、《正论》两处，尤以《臣道》《正论》所述为详，读其言即可知荀子对汤武革命是充满认可的。汤、武"以臣弑君"，而荀子尤以其符合"臣道"，所行不过"诛独夫"。对荀子而言，"礼义"尤重于一君一姓之生死存亡，为臣者与其说是忠于一姓君主，毋宁说是忠于社会的礼义秩序。一旦君主无道，为臣者也即拥有了匡扶礼义的权力。而"天人相分"后，政权的法理性也不复来源于"天命"或继承于神明的血缘，而是统治方式是否合理、合礼，亦即在位者是否承担了双向性伦理下的责任，如果在位者拒绝承担相应责任，则以有礼抗非礼、上下易位亦是荀子认可的行为。对汤武革命的合法性认可，即荀子为"隆礼义"，亦为政治伦理重建所安排的最后一层保险。

然而，荀子将对政治伦理的维护寄托于汤武革命，但革命往往具有滞后性，即使昏暴如桀、纣，亦只能在其表现出昏聩、残暴的一面后，才能由汤武革命对其制裁。如何在专制者对社会造成不可挽回的负面影响前防患于未然，如何有效地限制专制者的权力，如何建立起一不会被专制者轻易篡改的价值标杆，避免出现双向性伦理的社会结构被破坏的局面，显然，荀子未能给出更完备的回答。另一方面，与孟子将汤武革命和"天"相联系不同，荀子无法为汤武革命的正义属性赋予一超验存在的支持，且因其对"天"的神圣性的解构与祛魅，给予了专制者利用其学施行专制的可乘之机。

结　语

综上，我们能够看到，周公、孔子、孟子之政治伦理，俱在"天"的笼罩下实现，荀子在完成"天人相分"后，将政治合法性的依据由"天"落回人，试图通过人间社会的"隆礼义"，重建双向性的政治伦理秩序，但因其对天人关系的割裂，以及其礼、法的混淆，不可避免地暴露出其学说专制化的倾向，尽管荀子试图通过"法后王""重师法"以及赋予汤武革命法理性的方式，以保障"礼义"的本质不被曲解，但最终仍难免因"屈天而伸君"而流于单向性伦理的集权主义。

经史分野：大禹治水"过家不入门"叙事分歧及其背后原因

阎盛国[*]

摘　要：我国古代史学家与经学家对于大禹治水"过家不入门"的叙事存在明显分歧。《夏书》对之记载最早，真实的话语背景是大禹治水"过家不入门"。司马迁《史记·夏本纪》采信于《夏书》，对之略加雕琢。《孟子》一书则首先构建了大禹治水"三过其门而不入"的话语背景。唐代经学大师孔颖达《五经正义》试图弥合史学与经学两大流派的分歧，经其整合的话语背景是大禹治水"十三年，三过家不入门"。正是长期的经学独尊地位，从而使经学家之说逐渐凌驾于史学家之上，最终成为一种社会共识。史学家与经学家关于大禹治水"过家不入门"叙事分歧的背后原因，是经学贵在以理喻人，史学贵在追求真实。经学家在美化圣人、树立圣王的同时，却明显地背离了真实的终极目标。

关键词：史学家；经学家；大禹治水；"过家不入门"；叙事分歧

大禹和"大禹治水"是中国早期历史的两个重要主题，不仅许多的史学家有所关注，而且众多的经学家也参与其中，对之大书特书。学界对于人禹和

---

[*] 作者简介：阎盛国，男，山东师范大学齐鲁文化研究院教授，主要从事齐鲁兵学文化研究。

"大禹治水"的研究成果数量颇丰,有些成果颇具学术价值。[1]从"大禹治水"整个叙事来看,我国古代史学家与经学家对大禹治水"过家不入门"的叙事书写,存在着明显分歧。时至今日,学界对之尚未展开深入探讨。笔者从史源学的角度出发,分别追溯史学家和经学家对大禹治水"过家不入门"叙事书写的源头、发展与演变的实际情形,从中分析史学家与经学家对大禹治水"过家不入门"叙事分歧背后隐藏的重要原因。

---

[1] 关于大禹的研究成果主要有黄朴民:《先秦诸子之大禹观试说》,《浙江学刊》1995年第4期;冯广宏:《大禹三考》,《四川文物》2000年第2期;白剑:《大禹亦大鱼——华夏民族古代的神灵图腾》,《四川文物》2001年第1期;周书灿:《文化播迁与山东境内大禹传说探析》,《河北师范大学学报》(哲学社会科学版)2008年第1期;张泽洪、熊永翔:《多元文化背景下的大禹崇拜——以岷江上游羌族为例》,《宗教学研究》2009年第4期;王炎:《大禹神话的现代解读》,《中华文化论坛》2010年第4期;李祥林:《民间叙事和身份表达——羌区大禹传说的文学人类学探视》,《西南民族大学学报》(人文社会科学版)2010年第10期;李岩:《历史上对大禹形象的认识》,《安徽师范大学学报》(人文社会科学版)2010年第4期;李远国:《大禹崇拜与道教文化》,《中华文化论坛》2012年第1期;徐学书:《大禹、冉駹与羌族巫文化渊源》,《中华文化论坛》2012年第1期;杨栋:《西周时期大禹传说的流布》,《文艺评论》2012年第6期;周书灿:《由"禹兴西羌"说论及大禹传说的发生与重构》,《中原文化研究》2013年第1期;李殿元:《论大禹研究中的几个问题》,《中华文化论坛》2013年第8期。
关于"大禹治水"的研究成果主要有徐启宪、周南泉:《〈大禹治水图〉玉山》,《故宫博物院院刊》1980年第4期;马宗申:《关于我国古代洪水和大禹治水的探讨》,《农业考古》1982年第2期;徐建春:《大禹治水神话研究中的新发现》,《江西社会科学》1990年第4期;刘宗迪:《禹步·商羊舞·焚巫尪——兼论大禹治水神话的文化原形》,《民族艺术》1997年第4期;王清:《大禹治水的地理背景》,《中原文物》1999年第1期;杨善群:《大禹治水地域与作用探论》,《学术月刊》2002年第10期;李亚光:《大禹治水是中华文明史的曙光》,《史学集刊》2003年第3期;何根海:《大禹治水与龙蛇神话》,《安徽大学学报》2003年第6期;黄正术:《从大禹治水看夏人起源》,《青海社会科学》2003年第5期;李小光:《大禹"铸鼎象物"考》,《江西社会科学》2004年第9期;李零:《禹步探原——从"大禹治水"想起的》,《书城》2005年第3期;王定璋:《〈尚书〉所载的大禹》,《天府新论》2007年第3期;王晖:《大禹治水方法新探——兼议共工、鲧治水之域与战国之前不修堤防论》,《陕西师范大学学报》(哲学社会科学版)2008年第2期;侯仰军:《考古发现与大禹治水真相》,《古籍整理研究学刊》2008年第2期;李亚光:《对大禹治水的再认识》,《社会科学辑刊》2008年第4期;张华松:《大禹治水与夏族东迁》,《济南大学学报》(社会科学版)2009年第2期;胡河宁:《大禹治水:中国古代组织传播的前科学叙事》,《新闻与传播研究》2010年第3期;汤夺先:《张莉曼"大禹治水"文化内涵的人类学解析》,《中南民族大学学报》(人文社会科学版)2011年第3期;王星光:《大禹治水与早期农业发展略论》,《中原文化研究》2014年第2期;李玲玲:《从早期族群交流看大禹传说多地发生的史实依据》,《中州学刊》2014年第10期。

一、史学家对大禹"过家不入门"叙事的雕琢

我国古代史学家对大禹和"大禹治水"有着丰富多彩的记述。今天看来，这些史学家对大禹"过家不入门"的叙事书写，明显不同于当今社会共识。现今中学历史教科书是如此表述的，大禹治水"在外13年，三次路过家门而不入"[①]。从史源学的角度出发，全面考察大禹治水"过家不入门"的叙事书写，就会发现，现今教科书提及的大禹治水"三次路过家门而不入"的表述，并不是早期史学家叙事的真实反映，而是经学家对大禹治水"过家不入门"改写的结果。老一辈史学家陈垣先生指出："考寻史源，有二句金言：毋信人之言，人实诳汝。"[②]研究史籍应当考其史料的真实来源。陈垣先生强调"史源不清，浊流靡已"，"读史必须观其语之所出"。[③]因此，对于大禹治水"过家不入门"的叙事书写，做到真正正本清源，很有必要。

对于大禹"过家不入门"的叙事书写，最早可追溯到《夏书》。这可从《史记·河渠书》所引的《夏书》中得知：

材料一：禹抑洪水十三年，过家不入门。[④]

这则材料首先提及了资料的来源，即来自《夏书》。而《夏书》本是记载夏朝历史的官方史书。可是后来《夏书》散佚了，其书的若干篇章保存在《古文尚书》中，目前依然可见的篇章有《禹贡》《甘誓》。另外，《夏书》虽然散佚了，但是也有一些重要文句保留在历史典籍中，如《左传》就有征引《夏书》的实例。《左传·文公七年》，援引《夏书》曰："戒之用休，董之用威，劝

[①] 课程教材研究所、历史课程教材研究开发中心：《中国历史》七年级上册，北京：人民教育出版社，2006年，第14页。

[②] 陈垣著，陈智超编：《史源学实习及清代史学考证法》，北京：商务印书馆，2014年，第1—2页。

[③] 李根蟠：《历史学习与研究方法漫谈》，《中国农史》2004年第2期。

[④] （西汉）司马迁：《史记》卷二十九《河渠书》，北京：中华书局，1982年，第1405页。

之以九歌勿使坏。"①《左传·成公十六年》，援引《夏书》曰："怨岂在明，不见是图。"②《夏书》远比《史记》产生的时间要早，其可信度自然在《史记》之上。值得注意的是，《夏书》明确记载："禹抑洪水十三年，过家不入门。"《夏书》的这种叙事书写，平实地记述了大禹治水在外十三年，路过自己家门却没有进入的事实。这种叙事根本不同于后世所说的大禹治水"三过家门而不入"。由此可见，《夏书》对大禹治水"过家不入门"的情节书写当属最早，构建的这种真实话语背景是大禹治水"过家不入门"。值得强调的一点是，《夏书》根本没有说大禹治水"三过家门而不入"。故此，中学历史教科书所说的"三次路过家门而不入"，实为后人有意构建的另外一种话语背景。

正统史学家又是如何书写大禹治水"过家不入门"这一事实的呢？司马迁除了在《史记·河渠书》里提到大禹治水"过家门不入"之外，还在《史记·夏本纪》里提到了大禹治水"过家不入门"。但两者的表述却略有不同，《史记·夏本纪》对大禹"过家不入门"的记载是：

> 材料二：禹伤先人父鲧功之不成受诛，乃劳身焦思，居外十三年，过家门不敢入。③

从《史记·夏本纪》来看，有关大禹治水"过家不入门"的记载，司马迁主要采信于《夏书》，但对大禹"过家不入门"的叙事，却略加雕琢。何以见得？司马迁在撰写《史记·夏本纪》时，对大禹"过家不入门"的心态进行了分析，最终用"不敢"二字来概括。显然司马迁夹带有主观推断的色彩。这种主观推断表明司马迁在《夏书》原有记载的基础上，另有自己加工的痕迹，但这种加工却没有背离《夏书》的表述"过家不入门"。

对比材料一和材料二，一是可以发现，无论是《夏书》，还是《史记·夏

---

① （西晋）杜预：《春秋左传集解》，上海：上海人民出版社，1977年，第460页。
② 同上书，第769页。
③ （西汉）司马迁：《史记》卷二《夏本纪》，第51页。

本纪》,都一致认同大禹治理洪水"过家不入门";二是可以发现,两则材料均说明大禹治理洪水历时"十三年"。两则材料的不同之处在于,《史记·夏本纪》对于大禹治水"过家不入门"的叙事书写更为丰满。第一,《史记·夏本纪》说明了大禹治理洪水,异常艰辛,"劳身焦思"。第二,《史记·夏本纪》还添加了对大禹路过家门的心理分析。在司马迁看来,大禹路过家门不是"不想入",而是"不敢入"。司马迁所持的主要理由是:大禹父亲鲧因治理洪水不成功而受诛,这已成为大禹心里抹不掉的阴影。如果大禹治水失败,同样也要担负罪责,将会像父亲一样,"功之不成受诛"。这就使得大禹治水"劳身焦思",常怀戒惧之心,直到治水成功为止。大禹鉴于父亲的人生经历,在治水期间,不敢怀有任何懈怠心理。司马迁对大禹的这种心理分析,可以说是把握得十分到位。当时的大禹面临着巨大的压力:一是当时天下洪水泛滥的严峻形势,二是大禹生父治水不力被杀。双重巨大压力使大禹不敢轻易进入自己的家门。司马迁所写《史记·夏本纪》中大禹治水"过家门不敢入",显然包含了司马迁的心理推测,有"心态史学"的成分在里面。总的来看,司马迁的个人推断是合乎情理的。《史记·夏本纪》关于大禹治水"过家不入门"的叙事书写,依然采信于《夏书》的记载,只是略加雕琢,但最终没有构建出大禹治水"三过家门而不入"的话语背景。

二、经学家对大禹"过家不入门"叙事的升华

大禹治水"三过其门而不入"的话语背景构建,其实发端于春秋战国时代的诸子百家。大禹治水"三过其门而不入"的说法,最早见于《孟子》一书。《孟子》有两则材料说明大禹治水"三过其门而不入",一是见诸《孟子·滕文公上》:

> 材料三:禹疏九河,瀹济、漯而注诸海,决汝、汉,排淮、泗而注之江,然后中国可得而食也。当是时也,禹八年于外,三过其门而不入,虽

经史分野：大禹治水"过家不入门"叙事分歧及其背后原因

欲耕得乎？①

材料三记述了大禹治理洪水艰难曲折的历程，"疏九河"，"瀹济、漯"，"决汝、汉"，"排淮、泗"。引人注目的是，《孟子》一书对大禹治水"过家不入门"的叙事书写，对比史学家对于大禹治水"过家不入门"的叙事书写来看，有着截然不同的写法：《孟子》说大禹治水"三过其门而不入"，而史学家却说大禹治水"过家不入门"；大禹治理洪水的时间不同，《孟子》说大禹治水"八年于外"，而史学家的表述却是大禹治水"十三年"。

二是大禹治水"三过其门而不入"的叙事书写，另见诸《孟子·离娄下》：

材料四：禹、稷当平世，三过其门而不入，孔子贤之。②

材料四反映了大禹治水"三过其门而不入"的行为，受到了圣人孔子的赞扬。《孟子》一书借儒家代表人物孔子之口表达对圣王大禹的敬仰之情。

对比材料三与材料四，二者的相同之处在于：都为大禹治水"过家不入门"进行背书，共同构建了大禹治水"三过其门而不入"的话语背景，接近于当今社会共识——大禹治水十三年，"三过家门而不入"。在大禹治水的时间上，《孟子》的表述与当今社会共识却不一致，《孟子》所言大禹治水是"八年"，而当今社会共识是"十三年"。对比材料三和材料四，二者的不同之处在于：表达的语境有所不同，前者围绕大禹治水，后者围绕孔子的言语评价。综合来看，材料三和材料四对于大禹治水"过家不入门"有了新的改写，明显不同于史学家的叙事书写。《孟子》一书改写为"三过其门而不入"。《孟子》一书所构建的"三过其门而不入"的话语背景，显然是对史学家书写的大禹治水"过家不入门"的升华。这种升华对于大禹的人物形象有了显著的拔高和放大，美化了圣人大禹，树立了圣王形象。

---

① （清）焦循撰，沈文倬点校：《孟子正义》，北京：中华书局，1987年，第377页。
② 同上书，第597页。

《孟子》的成书情况比较复杂，学界普遍认同《孟子》是由孟子及其后学弟子所作的。由此看来，现在很难断定大禹治水"八年于外，三过其门而不入"的话语背景构建是孟子所为，还是其弟子所为。但可以肯定的一点是，最早提出大禹治水"三过其门而不入"的，正是孟子儒家学派。由于《孟子》一书后来被列入儒家经典，这种话语背景构建的功劳自然归属经学家，这是合情合理的。经学家为何要构建大禹治水"三过其门而不入"的话语背景，其中有何目的？笔者认为，一是美化圣王大禹的形象，二是用大禹的行为激励后人。《孟子》对于大禹的书写效果远远超越了史学家的叙事书写，《夏书》所载的大禹治水"过家不入门"、司马迁《夏本纪》所记述的大禹治水"过家门不敢入"，显然根本无法与《孟子》大禹治水"三过其门而不入"的特写效果相媲美，而后者塑造了一个高大华美的大禹形象："先天下之忧而忧"，"不顾小家顾大家"。这种行为塑造便于经学家教导世人有所作为。在古代汉语习惯中，"三"意味着"多"，正如曾子所说的"三省吾身"，不是反省者只反省了三次，而是反省了多次。从古今语言变化来看，现今社会共识的大禹治水"三过家门而不入"，与经学家构建的大禹治水"三过其门而不入"的语言背景也有明显的差异。

　　由上可见，史学家与经学家对于大禹"过家不入门"的叙事，构建了两套不同的话语背景，这就造成两大流派之间的分歧。最为明显的一点是，对于大禹治水的时间长短相差甚远，代表正统史学家的司马迁书写的大禹治水是"十三年"，代表经学家的孟子所书写的大禹治水则是"八年"。史学家的大禹治水"十三年"之说，使经学家感到格外困扰。这可从宋人林之奇《尚书全解》中得到证明。《尚书全解》在《尚书》学术史上占据重要地位，堪称一家之言。林之奇曾在《尚书全解》中说："学者于圣人之经，但求其意而已。至于时月，则不可设为一定之论。如禹之治水，其时月最难考信。"[①]林之奇认为，经书只能求其大意而已，并特别指出，大禹治水的时间问题就最难考证。大禹治水"八年"，还是"十三年"？这个时间问题显然困扰了林之奇等众多学者。

---

① （南宋）林之奇：《尚书全解》卷二，《景印文渊阁四库全书》第55册，台北：台湾商务印书馆，1986年。

经史分野：大禹治水"过家不入门"叙事分歧及其背后原因

究竟应该如何解决经书中诸如此类的问题？林之奇接着提出了自己的观点："《孟子》又谓'禹八年于外，三过其门而不入'，凡此数说，求之皆龃龉，学者当阙之。"他认为，学者应对此类问题置之不理。在他看来，这些问题永远说不清楚。难道真的都说不清吗？其实，有些问题还是可以被搞清楚的。大禹"过家不入门"还是"三过其门而不入"的问题，是完全可以被搞清楚的。《夏书》和司马迁记述的大禹治水"十三年"之说，显然比《孟子》更为可靠。司马迁"十三年"之说，取材于《夏书》，而《夏书》产生最早，因此比《孟子》"八年"之说，更有说服力。其主要依据是：一是《孟子》没有给出"八年"之说的合理解释，二是《夏书》的诞生又早于《孟子》。

三、史学家与经学家对大禹"过家不入门"叙事分歧的原因

史学家与经学家除了在大禹治水时间上存在书写差异之外，对于大禹治水"过家不入门"的叙事书写也产生了很大分歧。材料一、材料二、材料三、材料四可归纳出三种大禹治水"过家不入门"的叙事书写。材料一代表《夏书》的观点："过家不入门。"材料二代表司马迁的观点："过家门不敢入。"材料三、材料四代表《孟子》的观点："三过其门而不入。"这三种观点当中，《孟子》的观点与前两者相比有很大的差别。《孟子》之说，人为杜撰，不讲事实根据。笔者认为它不可靠的主要理由有三方面：一是《史记·河渠书》讲清楚了大禹治水"过家不入门"最早的资料来源是《夏书》，有根有据。《史记》虽比《孟子》晚出，但比《孟子》可信，因其依据的史料来自《夏书》。《孟子》构建的大禹治水"三过其门而不入"的话语背景，则是空穴来风，无任何依据，也不做任何解释。二是《史记》是史书，重于史实考证，可信度高。班固《汉书·沟洫志》大体照抄《史记·河渠书》："《夏书》：禹堙洪水十三年，过家不入门。"[1]《汉书》的记载仅与《史记》有一字之别，《汉书·沟洫志》作"堙"字，而《史记·河渠书》作"抑"字，基本在文义上没有多大差别，从而说明

---

[1] （东汉）班固：《汉书》卷二十九《沟洫志》，北京：中华书局，1962年，第1675页。

史学家认同《夏书》的记载。三是《孟子》是经书，重在阐发义理。这种思维方式决定其对待大禹治水"过家不入门"的标准与《史记》不一样。《史记》尽管有所加工，但未背离基本史实，自始至终围绕大禹治水"过家不入门"展开。而《孟子》却不一样，夸大其词，有意渲染大禹治水过程中道德高尚，有意美化圣人。

《夏书》最早记载大禹治水"十三年，过家不入门"，孟子儒家学派则杜撰大禹治水"八年于外，三过其门而不入"，而后来又是如何发展成为大禹治水"十三年，三过家门而不入"的话语背景的？这实际上经历了一个曲折的过程，总体来说，大致可划分为三个阶段。

第一阶段：以孟子为代表的经学家抛出了自己的观点：大禹治水"八年于外，三过其门而不入"。

《孟子》一书，作为经学的重要经典，长期占据正统地位，辐射影响深远。《孟子》所谓大禹治水"八年于外，三过家门而不入"，成为诸多学者的信条。后世采信于《孟子》构建大禹治水话语背景者，比比皆是。如理学家程颐在《上仁宗皇帝书》中说："昔者大禹治水，八年于外，三过其门而不入，思以利天下，虽劳苦不避也。"[1] 此外，宋人袁燮《絜斋家塾书钞》卷一："禹所以治水，只是一个懋字。禹之所以懋，异乎常人之所谓懋。当其治水之时，此心更无一毫之间断。八年于外，三过其门而不入。"明人杨士奇《历代名臣奏议》卷一百九十二："禹之治水，八年于外，三过其门而不入。逮地平天成之后，乃作《禹贡》。"尽管经学家构建的话语背景影响很大，但因为是杜撰之说，还是给人留下了一定把柄。

第二阶段：以司马迁为首的史学家流派借助夏代官方史书《夏书》，做了认真考证，构建了史家的话语背景：大禹治水"居外十三年，过家门不敢入"。

《史记》有两种表述方式。一是《史记·夏本纪》说大禹治水"居外十三年，过家门不敢入"。二是《史记·河渠书》引《夏书》曰："禹抑洪水十三年，

---

[1]（北宋）程颢、（北宋）程颐著，王孝鱼点校：《二程集》，北京：中华书局，1981年，第514页。

经史分野：大禹治水"过家不入门"叙事分歧及其背后原因

过家不入门。"《汉书·沟洫志》也引《夏书》曰："禹堙洪水十三年，过家不入门。"《史记·河渠书》《汉书·沟洫志》承袭了《夏书》之说，以司马迁为首的史学家流派虽对《孟子》之说进行了纠偏，但收效甚微。作为经学经典的《孟子》，高高在上，众多学者唯经书是从，普遍接受了《孟子》之说。司马迁作为史学家代表，其所构建的话语背景，显然在一定程度上威胁到了根深蒂固的《孟子》之说。尤其是大禹治水的"时间"问题，时不时引发学者们的争论，时不时挑战经学家的权威性，正如前文所提到的宋人林之奇所说的那样。

第三阶段：唐代经学大师孔颖达《五经正义》精心弥合了《孟子》话语背景的巨大漏洞，对于大禹治水"过家不入门"的叙事，吸收史学家的写法，进行变相掩饰。

仔细对照《史记·河渠书》和《汉书·沟洫志》所引的《夏书》内容，就会发现孔颖达《尚书正义》的引用内容明显有误："《史记·河渠书》云：《夏书》曰：'禹湮洪水十三年，三过家不入门。'"孔颖达明确说自己引自《史记·河渠书》，但其内容却存在严重问题，不仅多了衍文"三"字，而且还用了《汉书·沟洫志》的"堙"（也作"湮"）字。对于《史记》大禹治水"过家不入门"的叙事书写，孔颖达却又形成了另外一番格局，使史学家的大禹治水"过家不入门"的叙事书写为之大变。笔者认为，这不是孔颖达本人粗心所致的，而是有意为之。为何他明明说自己引自《史记·河渠书》，而又偏偏与《汉书·沟洫志》的写法有一致之处；使用了"湮"字，而却不用《史记·河渠书》的"抑"字？从《汉书·沟洫志》来看，孔颖达《尚书正义》只比《汉书·沟洫志》增加衍文"三"字，这说明孔颖达对《史记·河渠书》《汉书·沟洫志》两者都熟悉。

值得注意的是，孔颖达整合经学家与史学家有关大禹治水"过家不入门"叙事的分歧，提出了新的话语背景："《史记·河渠书》云：《夏书》曰：'禹湮洪水十三年，三过家不入门。'"[①]只要细致对照一下《史记》，孔颖达《尚书正

---

① （西汉）孔安国传，（唐）孔颖达正义，黄怀信整理：《尚书正义》卷五《虞书·益稷》，上海：上海古籍出版社，2007年，第163页。

义》与《史记》对于大禹治水"过家不入门"的叙事书写还有明显差别,孔颖达所说的"禹湮洪水十三年,三过家不入门",与史学家司马迁所言《夏书》"禹抑洪水十三年,过家不入门",在文义上相比,表面上只是增添了一个"三"字,却精心做了一番手脚,在新建的话语背景中依然保留了《孟子》构建的"三过其门而不入"的话语背景。但这种改写,却又明显不同于《孟子》所谓的大禹治水时间"八年",而是改写为"十三年",而"十三年"正是史学家们对大禹治水时间的一贯认识。由此可见,孔颖达所说的"禹湮洪水十三年,三过家不入门",就是当今社会共识——大禹治水"十三年,三过家门而不入"的最早版本。

孔颖达为何在《五经正义》中提出"禹湮洪水十三年,三过家不入门"的话语背景?他内在的心理动机,显然是维护《孟子》的权威性,巧妙地化解史学家对经学家的挑战。如何来化解?就是通过整合之术,把《夏书》《孟子》《史记》《汉书》混杂,糅合到一起,你中有我,我中有你。孔颖达对于大禹治水"过家不入门"的写法进行了多重包装掩饰,把经学家的话语背景移植到史学家的身上,悄悄地避开了史学家对《孟子》之说的挑战,弱化了学者们对《孟子》大禹治水"八年"的争议,强化了《孟子》构建的大禹治水"三过其门而不入"的话语背景,极力维护经学家的权威性,让学者们把注意力转移到《史记》身上,而这种移植却又完全脱离了《夏书》《史记》《汉书》的原貌。孔颖达的这一提法虽然出现得比较晚,却凭借着《五经正义》作为唐代官方教科书的影响力,迅速传播开来。不得不说,孔颖达在经学史上影响非常巨大,其所编订的《五经正义》,博取众家之长,择优而定为一尊,被唐廷颁为经学指定的教科书。长期以来,其作为教科书,教育士子,影响深远。如果人们不把《夏书》《孟子》《史记》《汉书》《尚书正义》五者对于大禹治水"过家不入门"的相关内容集中起来进行比较,很难发现其中的猫腻。

《尚书正义》一书,是《五经正义》的一个组成部分。《五经正义》成为唐代官方指定教科书,究竟影响了多少人,不得而知。但后世采信于孔颖达的说法,在宋明清典籍中都有体现,比较有代表性的,有苏辙、魏了翁、王士俊、胡渭等人的著述。苏辙认为司马迁的《史记》有不足之处，便对史料重新取舍解释，对史实重建重估，以此发明圣贤遗意，撰有《古史》一书。《古史》卷三《夏本纪》："禹之为人，克勤于邦，克俭于家。不自满假，不矜不伐。既受命，伤先人功之不成受诛，乃劳身焦思，居外十三年，三过其门而不入。"苏辙自撰的《夏本纪》，只是略微变换了说法而已，与孔颖达之说并无二致。宋人魏了翁《尚书要义》卷五："《史记·河渠书》云：《夏书》曰：'禹湮洪水十三年，三过家不入门。'"魏了翁之说与孔颖达的《尚书正义》一模一样，明显是受孔颖达的影响。明人王士俊《河南通志》卷五十三："禹既受命，伤父功不成，乃劳身焦思，居外十三年，三过其门而不入。"王士俊之说与苏辙相同，与孔颖达之说依然没有多大的区别。清人胡渭采撷众说，在前人的基础上，撰成集大成之作《禹贡锥指》。《禹贡锥指》卷一："《正义》曰：《史记·河渠书》云：禹堙洪水十三年，三过家，不入门。"[①]胡渭的"《正义》"，即"《尚书正义》"，其说自然是孔颖达之说的继承。

孔颖达的大禹治水"十三年，三过家不入门"之说，到后来就逐渐成为定说。回顾其说成为定论，由多方面因素促成，是史学家与经学家长期争鸣的结果。孟子代表的经学家，杜撰大禹治水"三过其门而不入"，旨在以理喻人，后世却借助经学的强大影响，使其说日益深入人心。司马迁通过考证《夏书》，得出了新的看法，威胁到经学家的权威之说。之后经学大师孔颖达巧妙弥合，基本上消除了史学家对《孟子》之说的挑战，并且借助官方教科书的名义，将其说推向天下，长期影响后来的学者。宋代学者苏辙、魏了翁，明代学者王士俊，清代学者胡渭等人，推波助澜，遂使大禹治水"十三年，三过家门而不入"的说法，逐渐渗入世人的头脑当中。久而久之，经学家改造后的大禹治水"十三年，三过家门而不入"，就成为盖棺定论，以至于当今中学历史教科书也持这种定说。这事实上完全延续了唐代经学家孔颖达构建的话语背景，完全背

[①] （清）胡渭撰，邹逸麟整理：《禹贡锥指》卷一，上海：上海古籍出版社，2006年，第9页。

离了史学家关于大禹治水"十三年,过家不入门"的叙事书写。史学家与经学家对于大禹治水"过家不入门"叙事分歧背后的根本原因是,经学家注重以理喻人,而史学家却追求真实;经学家试图树立大禹"高大上"的形象,为世人树立一个榜样,而史学家只是尽可能陈述一种客观事实。

结　语

如何看待史学家与经学家对于大禹治水"过家不入门"叙事书写的分歧？不妨参考李开元先生所阐释的一个观点:"在3+N的历史学世界里,史料最接近于史实,史书次之,到了N的世界,内容和形式可能越来越丰富有趣,距离真实的历史也越来越远。"①李开元先生只不过是针对史学书写而言的。其实经学家有时也在伪造历史。大禹治水"过家不入门"本来是基本史实,最早源于《夏书》。《孟子》一书却把大禹治水包装为"三过其门而不入",但在大禹治水的时间问题上却露出了重大马脚:《夏书》中的大禹治水"十三年",却被《孟子》改写为"八年",严重背离了基本事实,距离真实的历史越来越远。到《史记》时,司马迁对《夏书》的基本史实略有加工,"过家不入门"被改写成"过家门不敢入",插入了司马迁对大禹"过家门"时的心理分析。《史记·河渠书》引用《夏书》的考证结果,使《孟子》之说受到重大挑战,众多学者对《孟子》所谓大禹治水的"时间"产生了怀疑。唐初才华横溢的经学大师孔颖达对之巧妙弥缝整合,于是就有了大禹治水"十三年,三过家不入门"的蜕变。这一蜕变使《孟子》之说本来暴露出的严重缺陷,无形之中得到了弥合。孔颖达构建的"禹湮洪水十三年,三过家不入门"的话语背景,极具迷惑性。这一话语背景包含了部分真实历史信息,但也隐藏了虚假信息。表面上看,大禹治水"十三年"有根有据,但同时把《孟子》"三过家不入门"之说移植其中,而且孔颖达打着史学家的旗号,说是来自《史记·河渠书》,仿佛言之凿

---

① 参见李开元:《焚书坑儒的真伪虚实——半桩伪造的历史》,《史学集刊》2010年第6期,第37页页下注。

凿。本来对《孟子》大禹治水"时间"问题的怀疑、有可能引发对《孟子》"三过其门而不入"的怀疑，随之也就烟消云散了。孔颖达之说最后借助官方教科书的名义，大行其道，后世学者信以为真。由此可见，经学家之说，虽然使大禹形象更加光辉，却背离了追求历史真实的终极目的。虽然经学家之说更有以理喻人的宝贵价值，却偏离了客观历史真实。为了尊重史实起见，人教版初中历史教科书《中国历史》七年级上册第3课《华夏之祖》大禹治水"在外13年，三次路过家门而不入"，理应遵照《夏书》的记载，更改为"禹抑洪水十三年，过家不入门"。只有这样的更改，才更加符合历史本身追求真实的终极目标。

用心·从心·归心

——从《论语》看孔子的心性世界

魏衍华[*]

摘　要："心学"是孔子儒学至关重要的哲学概念,《论语》中有关"心"及"心学"的篇章,皆是孔子心性世界的重要载体。孔子是一位"有心"和"用心"的圣人,他从"由乎心"开始修养身心,使自己达到"从心所欲,不逾矩"的"无我之境"。《论语》"正实而切事"的特点也决定其中有关"心性"的篇章背后追求的是孔子"天下之民归心"的"圣王之境",最终实现孔子儒学理想的"大道之行,天下为公"的"天地之境"。

关键词：孔子;《论语》；心性世界

"心"是中华传统文化中非常重要的哲学概念,"心学"是早期儒学极为重要的哲学基础。《论语》中共有五章六处出现"心"字:《为政》篇中的"从心所欲,不逾矩"、《雍也》篇中的颜回"其心三月不违仁"、《宪问》篇中的"有心哉！击磬乎！"、《阳货》篇中的"饱食终日,无所用心"以及《尧曰》篇中的"简在帝心"和"天下之民归心焉"。按照传统的理解,在孔子"既卒"之

---

[*] 作者简介：魏衍华,男,孔子研究院"中外文明交流互鉴研究基地"研究员,主要研究方向为孔子与中国文化。

后，孔子弟子就开始汇集、整理他们各自手中掌握的孔夫子"言语"的资料。由于这次汇集和整理最早是在"孔子家"中进行的，人们也将这批资料称为《孔子家语》。根据孔安国《孔子家语后序》的说法，孔子弟子从这些"言语"中撷取"正实而切事"者，"别出为《论语》"。①这里的"正实"是"亲闻于夫子之言"，"切事"是有益于"教化社会人心之言"。如果此处"正实而切事"的说法不诬，那么《论语》中出现的"心"字及其背后蕴含的孔夫子的心性世界，也理应是"正实而切事"的。那么，这些有关"心"的话语背后，蕴含着孔子怎样的"切事"思想和心性世界呢？要近真地回答这一问题，就有必要回到《论语》的文本之中进行细致的梳理和阐释。

一、从"有心"到"用心"

《论语·宪问》篇记孔子在卫国击磬，有一位荷蒉的隐士过"孔氏之门"。在听到孔子的"击磬"之音后，荷蒉者赞叹曰："有心哉！击磬乎！"既而又曰："鄙哉！硁硁乎！莫己知也，斯已而已矣。深则厉，浅则揭。"孔子在听闻之后，评价此人的言论说："果哉！末之难矣。"朱熹解释此语说："此荷蒉者，亦隐士也。圣人之心未尝忘天下，此人闻其磬声而知之，则亦非常人矣。"②后世学者差不多接受了朱熹的这一观点，将"荷蒉者"视为非同常人的隐士。当然，从孔子的评价来看，此"荷蒉者"由于过于果决而并未真正走近孔子的心灵或者理解孔子"击磬"时的心性世界。孔子对他给予的评价亦无话可以反驳，也就此章最后记孔子所说的"果哉！末之难矣"一语。

那么，此章中荷蒉者的"有心"一语究竟是何意呢？郑玄最早将它解释为"契契然也"，进而皇侃疏解说："契契，谓心别有所志。《诗》云：'契契寤叹。'"③如果随《诗经·小雅·大东》中"契契寤叹"一语进行解释，则是"忧

---

① 杨朝明、宋立林主编：《孔子家语通解》，济南：齐鲁书社，2009年，第578页。
② （南宋）朱熹：《四书章句集注》，北京：中华书局，2012年，第160页。
③ （南朝梁）皇侃撰，高尚榘校点：《论语义疏》，北京：中华书局，2013年，第383页。

苦叹息"之样态,似乎这并不符合"荷蒉者"的本意。同时,从《论语》所体现的孔子心态来看,尽管时人并不理解和接受孔子其人及其学说,但他似乎也不恼怒,更多的是想通过"修己"而具备"知人"以及"可知"的本领。因此,即便他对"荷蒉者"给予的"鄙哉"的评价并不满意,但他的心态仍然是"知其不可而为之"(《论语·宪问》)。这是孔子能以"非凡之人"敲击出磬的"非凡之音"的原因,即后世人们常说的"圣人"的境界。

从《论语·宪问》篇此章的表述来看,显然"荷蒉者"是将孔子视为与时人不同的"有心"人,而且这一评价也获得孔子的认同甚至是共鸣。假如不是"道不同,不相为谋"(《论语·卫灵公》),二人甚至都可以成为知己和朋友。这里的"有心"并非为个人谋私利的"私心",而是为天下苍生谋公利的"公心"。子路在"问君子"时,孔子曾递进式地给出三层答案:"修己以敬""修己以安人"和"修己以安百姓"。钱穆先生评价此语时说:"人道莫大于能相安,而其端自安己始。安己自修敬始。孔门本人道论政事,本人心论人道,此亦一以贯之,亦古今道义。"[①]在孔子看来,"修己以安百姓"这样的"公心"与"境界",即便是像帝尧、帝舜这样的上古时期的"明王"也未必能够完全做得到,也就是他所说的"尧舜其犹病诸"(《论语·宪问》)。

应该说,孔子说的"修己以敬""修己以安人"和"修己以安百姓",是对有德有位的为政者所提出的、非常明确的要求。这种要求也是孔子心性世界最直接、最显性的表述。《论语·为政》篇的首章记孔子说:"为政以德,譬如北辰,居其所而众星共之。"这是《论语》之"切事"特点的最直接表达。正如皇侃解释此章时说:"此明人君为政教之法也。德者,得也。言人君为政,当得万物之性,故云'以德'也。故郭象曰:'万物皆得性谓之德。夫为政者奚事哉?得万物之性。故云德而已也。'"[②]在孔子看来,为政者首要的职责就是要得"为政"之"性"。这个"性"就是后世人们常说的"公心"。唯有如此,为政

---

① 钱穆:《论语新解》,北京:生活·读书·新知三联书店,2012年,第353页。
② (南朝梁)皇侃撰,高尚榘校点:《论语义疏》,第22页。

者才能获得像"北辰"那样的荣耀，才能形成"众星"环绕的气象。

从这样的角度说，为政者领悟"为政"之"性"、修得"为政"之"公心"，对天下国家治理至关重要。当然，历史证明，获得这样的荣耀与气象实属不易，同时还需要为政者修得另一种尤为重要的素质，也就是孔子所说的"用心"。《论语·阳货》篇记孔子说："饱食终日，无所用心，难矣哉！不有博弈者乎？为之，犹贤乎已。"此章的意思不难理解，就是特别强调"人心必有所用"的重要性。正如皇侃注解说："夫人若饥寒不足，则心情所期期于衣食，期于衣食，则无暇思虑他事。若无事而饱食终日，则必思计为非法之事，故云'难矣哉'，言难以为处也。"[1] 换句话说，当一个人在获得饱食、暖衣而逸居的生活之后，假如仍处于无所事事的状态，其"心"就可能会思虑"非法"之事。

孔子此语的意思并非要"教人博弈"，而是强调做"博弈"总比"无所用心"要好。那么，孔子儒学的"用心"究竟是要求为政者做何种事情呢？或者说"用心"究竟要用于何处呢？后世学者的理解也不尽相同。汉代学者马融认为是"为其无所据乐善，生淫欲"[2]；明代学者焦竑《焦氏笔乘》认为是"群居终日，言不及义，好行小慧"；清代学者宦懋庸《论语稽》认为是"饱食而心无所用，则淫辟之念生，而将无所不为矣"[3]。就传统学者的注解而言，人们对"无所用"之"心"的解释，显然还并未曾上升到中国传统哲学的高度和深度，还仅停留于《论语》"切事"的表层，以具体阐释人"无所用心"之后的危害性。

宋代的理学家们试图将孔子儒学中的不少概念进行道学化、性学化，也就是人们今天所说的哲学化，以探索《论语》章句"切事"性质背后的深层意蕴。就此章的内涵而言，朱熹弟子请教说："'饱食终日，无所用心，难矣哉！'心体本是运动不息。若顷刻间无所用之，则邪僻之念便生。圣人以为'难矣

---

[1] （南朝梁）皇侃撰，高尚榘校点：《论语义疏》，第469页。
[2] （清）阮元校刻：《十三经注疏·论语注疏》，北京：中华书局，2009年，第5488页。
[3] 程树德撰，程俊英、蒋见元点校：《论语集释》，北京：中华书局，1990年，第1241页。

哉'！言其至危而难安也。"这里将"心"上升为"心体"，并认为本是"运动不息"的。朱熹解释说："心若有用，则心有所主。只看如今才读书，心便主于读书；才写字，心便主于写字。若是悠悠荡荡，未有不入于邪僻。"①在朱熹看来，要想使"心"获得无限的生机，就应当使"心"有所主，尽可能心存圣贤之业，否则就必定会陷入"邪僻"的状态。

宋明时期学者们将孔子此处的"用心"上升至哲学本体论的高度，应是有道理的。然而，是否符合"荷蒉者"的"有心"之"心"的本意，仍可以进一步讨论。清代学者刘宝楠借助《孟子·告子上》篇中的"心之官则思，思则得之，不思则不得也"一语进行阐释，说："思者，思理义也。无所用心，则于理义皆不知思，其不说学可知。'难'者，言难以成德也。《孟子·告子》篇：'今夫弈之为数，小数也，不专心致志，则不得也。'是博弈皆用心也。……博弈之人，知用其心，若作他事，当亦用心，故视无所用心者为胜也。"②应该说，"乃所愿，则学孔子"的孟子是懂孔子的，他的阐释是符合孔子心性世界的。刘宝楠无疑找到了二者最佳的契合点，把孔子的"无所用心"一语解释得更为清楚和明白。

总之，从"荷蒉者"感悟孔子"击磬"背后的"有心"，到孔子本人所阐释的"用心"，都将孔子的心性之境指向对社会现状的不满。孔子之所以对"荷蒉者"的评价仍有所保留，或许是因为他"既知音，亦知心，但不知木铎之意耳"③，也就是说"荷蒉者"并未理解孔子"周游列国"时的真实心境。那么，孔子"周游列国"的真正目的是什么？或者人们说的"木铎之意"究竟何指？谢祥皓、刘宗贤二位先生给出了相对合理的解释，说："孔子一生之活动，或仕，或否；或去，或留；或教授弟子，或整理文献，可谓一言一行都不离其宗。这个宗旨就在于推行儒家所理想的'君君、臣臣、父父、子子'的伦理政

---

① （南宋）黎靖德编，王星贤点校：《朱子语类》，北京：中华书局，1986年，第1191页。
② （清）刘宝楠撰，高流水点校：《论语正义》，北京：中华书局，1990年，第705页。
③ （明）蕅益著，江谦补注，梅愚点校：《四书蕅益解》，武汉：崇文书局，2015年，第125页。

治。"①或许这就是孔子"有心"的真正内涵，同时他也希望时人能够用此填补其"无所用心"的心性世界。

二、从"其心三月不违仁"到"从心所欲，不逾矩"

就传世本《论语》的性质而言，其中蕴含着治国、平天下的大格局、大学问，甚至宋代初年以来就有"半部《论语》治天下"的说法。尽管孔子本人曾有过短暂的为政经历，做过鲁国的中都宰、司空和大司空等职，而且在每任官职上都做出过不平凡的成就，但总体上说他还只是一位政治理论思想家，《论语》中的"切事"者也只是为当时及后来的为政者提供治国理政的思想智慧。那么，修炼孔子式的为政智慧，需要从何处着手？或者说应具备怎样的心性素质呢？《论语·雍也》篇记孔子赞誉弟子颜回时说："回也，其心三月不违仁，其余则日月至焉而已矣。"这里是借颜回来论证"心"与"仁"的关系。朱熹解释说："仁者，心之德。心不违仁者，无私欲而有其德也。"②换句话说，"心"是"仁"之"本"，"仁"是"心"之"用"。

从朱熹的解释来看，孔子此处的"心"似乎已有早期儒家哲学本体论的意味。后世学者突出与强调"仁"学的重要性，从某种意义上讲亦忽略了"心"学的根本作用，弱化了它的本体论地位。这可能与汉代以来人们的"注经"方式有关，与社会重视儒家"仁"和"礼"等思想有关。比如魏晋时期有学者在注解此章时说："余人暂有至仁时，唯回移时而不变。"从汉魏时期开始，学者就已经有意强调"仁"而忽略"心"，特别突出颜回的"仁"德。此后学者差不多也接受了这一思想倾向，如宋代学者邢昺注解说："此章称颜回之仁。三月为一时，天气一变。人心行善，亦多随时移变。唯回也，其心虽经一时复一时而不变。"③这里虽然涉及儒家的"心"体，但重心和关注点显然已经转移到"仁"上。

---

① 谢祥皓、刘宗贤：《中国儒学》，成都：四川人民出版社，1993年，第33页。
② （南宋）朱熹：《四书章句集注》，第86页。
③ （清）阮元校刻：《十三经注疏·论语注疏》，第5382页。

这种弱化和转移，或许与《论语》中"心"的论述尚不足以支撑孔子"心学"理论有关，或者与"仁学"和"礼学"相比较为薄弱有关。《论语》中共出现6次"心"字，自然与出现109次的"仁"字和75次的"礼"字①不可等量齐观。从数量和情感上说，人们通常会认为孔子的"仁""礼"比"心"更为重要。毋庸讳言，"仁"和"礼"自然是孔子"切事"思想的核心内容。然而，这并非说"心"不重要，也并非否认"心"作为"仁学""礼学"之"本体"的理由。传统学者对"心"早已关注，只是为后世学者所忽视而已。如皇侃在注解《论语》"吾十有五而志于学"章时就说："此章明孔子隐圣同凡，学有时节，自少迄老，皆所以劝物也。志者，在心之谓也。孔子言我十五岁志学在心也。"②从这种意义上说，"心"是"志于"的起点，"学"是"用心"的根基。

论至此，熟悉《孔丛子》的人或许会想到《记问》篇中记子思和孔子讨论与"心"相关的一则问对。子思问于孔夫子曰："物有形类，事有真伪，必审之，奚由？"意思是说，子思向祖父孔子请教辨别社会中事物形类和事情真假的方法。孔子回答说："由乎心。心之精神是谓圣，推数究理不以疑，周其所察，圣人难诸？"北宋学者宋咸注解此章时说："心诚神通则数不能遁。"日本著名儒学学者冢田虎注解说："精神则无所不通也。"又说："推物数，穷事理，而不以疑惑。"③其实，无论是宋咸的"心诚神通"，还是冢田虎的"精神则无所不通"，皆是强调"心"在人们审视事物和事件中的重要作用。应该说，孔子此处所强调的"心"与《论语》中"志于学"的"心之义"是相通的。

从这样的角度说，尽管传世本《论语》并未明确有"志于学"或者"修己"从何处着手的表述，但当子思请教时，孔子则明确提出了"由乎心"的命题。或许是因为《孔丛子》被认为是典型的"伪书"，其中的记载常不为人们所重视。但作为"家学"的《孔丛子》，经过孔氏几代人的传抄和增补，它的学术和文献价值值得人们给予重视，其中的内容也可以作为解读孔子思想学说

---

① 杨伯峻：《论语译注》，北京：中华书局，2009年，第219、303页。
② （南朝梁）皇侃撰，高尚榘校点：《论语义疏》，第25页。
③ 付亚庶：《孔丛子校释》，北京：中华书局，2011年，第96、100页。

的有力旁证。"由乎心"不仅是判断事物形类和事情真假的重要基点，而且是早期儒家心性学说的根基，也就是现代意义上的哲学基础。比如朱熹在解释"志于学"章时说："看'志'字最要紧，直须结里在从心不逾矩上。然又须循乎圣人为学之序，方可。"① 从"志于学"到"从心所欲，不逾矩"的蜕变，无疑是孔子"心"性成长的理路。

"从心所欲，不逾矩"一语是孔子从"由乎心"到"志于学"生命体验的结果。这里所谓的"从心"就是"放纵心意"的意思，皇侃注解此语时说："从，犹放也。逾，越也。矩，法也。年至七十，习与性成，犹蓬生麻中，不扶自直，故虽复放纵心意，而不逾越法度也。"又如东晋学者李充注解说："爰自志学迄于从心，善始令终，贵不逾法。示之易行，而约之以礼。为教之例，其在兹矣。"② 此时的孔子已年逾七旬，他的"心志"已完全成熟，并完成人生从"志学于心"到"从心所欲"的生命蜕变。这50余年间，孔子经历了"三十而立""四十而不惑""五十而知天命"和"六十而耳顺"（《论语·为政》）四个阶段。这些阶段既是自然生命成长的过程，也是"心性"和"心志"成熟的过程。

《论语·为政》的"吾十有五而志于学"章阐释了孔子每个阶段生命体验的特征。那么，这种生命体验是如何获得的？"从志于学"到"从心所欲"中间经历了怎样的修炼过程？似乎学者还没有完全说清楚。杨树达先生引入孟子的相关说法，似乎解决了这一问题。他说："孔子四十不惑，尽知者之能事也。孟子四十不动心，尽勇者之能事也。孔孟才性不同，故成德之功亦异矣。"又说："《易》为穷理尽性以至命之书，学《易》数年，故五十知天命也。"接着说："耳顺正所谓圣通也。盖孔子五十至六十之间，已入圣通之域，所谓声入心通也。"③ 这里的"不动心""穷理尽性"和"声入心通"等概念的引入，是否可以完美地补足孔子50余年心性世界的空白还可以商榷，但至少此期间的"由乎

---

① （南宋）黎靖德编，王星贤点校：《朱子语类》，第551页。
② （南朝梁）皇侃撰，高尚榘校点：《论语义疏》，第26—27页。
③ 杨树达：《论语疏证》，上海：上海古籍出版社，2016年，第42页。

心"推动了他的由"凡"入"圣"。

应该说，在引入"不动心"后，孟子的"尽心"说或许能将孔子这50余年间的心性世界状况阐释得更清楚一些。这里所说的"尽心"并非《孟子·梁惠王上》篇所记录的梁惠王"具体政务"意义上的"尽心"，而是《孟子·尽心上》篇所阐释的孟子"本体论"意义上的"尽心"。赵岐注解说："尽心者，人之有心，为精气主，思虑可否，然后行之，犹人法天。……心者，人之北辰也。"①朱熹解释说："心者，人之神明，所以具众理而应万事者也。性则心之所具之理，而天又理之所从以出者也。人有是心，莫非全体，然不穷理，则有所蔽而无以尽乎此心之量。"②从孔子15岁"学在心"开始，经过"尽心"而"不惑"，而"知命"，而"耳顺"，最终参悟人性、人道和天命、天道等的运行规律，以敬畏之心"循其序而进焉"，自然也就能真正做到"从心所欲，不逾矩"了。

三、从"帝心"到"归心"

传世本《论语》二十篇之间是否存在内在的逻辑？这是学者们讨论日久而无定论的命题。正如皇侃在《论语义疏自序》中说："'伦'者，次也，言此书事义相生，首末相次也。"又说："《论语》是此书总名，《学而》为第一篇别目，中间讲说，多分为科段矣。侃昔受师业，自《学而》至《尧曰》凡二十篇，首末相次无别科重。"在皇侃看来，《论语》的编排是有次序的，通过"为学""为政"等科目，最终落脚到天下治理，也就是《尧曰》位居《论语》最后一篇的原因，他说："尧曰者，古圣天子所言也。其言天下太平，禅位与舜之事也。……去留当理，事迹无亏，则天下可睹，揖让如尧，故《尧曰》最后。"③从这样的角度说，《论语》是"正实而切事"的，是一部致天下太平的书。

---

① （清）焦循撰，沈文倬点校：《孟子正义》，北京：中华书局，2017年，第941页。
② （南宋）朱熹：《四书章句集注》，第356页。
③ （南朝梁）皇侃撰，高尚榘校点：《论语义疏》，第1、514—515页。

如何"致天下太平"呢?《论语·尧曰》篇给出了非常明确的答案,说:"尧曰:咨!尔舜,天之历数在尔躬,允执其中。四海困穷,天禄永终。"理解此语的关键应是"尔躬"一语,为何这么说呢?"尔"是"汝"之义,"躬"是"亲身"之义。也就是说,"天位列次"的决定权取决于天子是否能够身心都践行"允执其中"。这里的"尔身",其实就是"尔心"。或许是对帝尧禅位受命时说的"允执其中"一语有深刻体悟,帝舜将"允执其中"阐释出"人心惟危,道心惟微,惟精惟一,允执厥中"十六字,并将其授予帝禹。孔安国注解此语时说:"危则难安,微则难明,故戒以精一信执其中。"[1]当然,由于此语出自"伪书"古文《尚书》,学者们多不采信,但加入"惟危"之"人心",给帝舜之"尔躬"增添了心性世界的色彩。

如果说《尚书·大禹谟》篇的说法有些牵强的话,那么《论语·尧曰》篇所记商汤的"简在帝心"一语,无疑丰富了帝尧之"天之历数在尔躬"的"心性"学说的内涵。商汤说:"予小子履,敢用玄牡,敢昭告于皇皇后帝:有罪不敢赦。帝臣不蔽,简在帝心。朕躬有罪,无以万方;万方有罪,罪在朕躬。"当弟子问"'简在帝心',何谓简"时,朱熹回答说:"如天检点数过一般。善与罪,天皆知之。尔之有善,也在帝心,我之有罪,也在帝心。"[2]当然,何谓"帝心",这里并没有讲清楚。钱穆先生将此处的"简"理解为"选择义",将"简在帝心"解释为"惟帝所命也"[3],这种理解或许是接近于《论语·尧曰》篇的本意的。

这里的"简在帝心"一语与《论语》中强调的"为政以德"和"政者,正也"等思想应该是一致的。比如《论语·颜渊》篇记季康子问政于孔子,孔子回答说:"政者,正也。子帅以正,孰敢不正。"朱熹引用范祖禹的话说:"未有己不正而能正人者。"引用胡安国的话说:"鲁自中叶,政由大夫,家臣效尤,

---

[1] (清)阮元校刻:《十三经注疏·尚书正义》,北京:中华书局,2009年,第285—286页。
[2] (南宋)黎靖德编,王星贤点校:《朱子语类》,第1215页。
[3] 钱穆:《论语新解》,第457页。

据邑背叛,不正甚也。故孔子以是告之,欲康子以正自克,而改三家之故。"①尽管此处的季康子无论在地位、格局,还是修养上,皆无法与孔子心目中的帝尧、帝舜、夏禹和商汤等上古三代时期的"圣王"相提并论,但自古以来为政的本质无疑是相通的,皆要求为政者本人能够"修己以敬",能够"以正自克"。这里的"修己"或者"自克"皆应是以孔子说的"由乎心"为开端的。

无论是"修己"还是"自克",其最终目的皆是要求天子和诸侯国君能够尽职尽责地把握中道,能够履行上天赋予的使命。这里的中道或者使命就是孔子所说的"君""臣""父""子"。《论语·颜渊》篇记齐景公问政于孔子。孔子回答说:"君君,臣臣,父父,子子。"以往不少学者将此语理解为孔子的"愚民"政策,这种理解可能是有问题的。如皇侃注解此语说:"孔子随其政恶而言之也。言为风政之法,当使君行君德,故云'君君'也。君德谓惠也。臣当行臣礼,故云'臣臣'也。臣礼谓忠也。父为父法,故云'父父'也。父法谓慈也。子为子道,故云'子子'也。子道谓孝也。"②"君臣"和"父子"是两对伦理关系,而"惠""忠""慈"和"孝"则是各自应该遵守的道德或者使命,皆应来自心性世界的真诚。

当然,从"天之历数在尔躬"一语的意义上说,天下国家的良性运转取决于"帝心",也就是孔子说的为政者的"惠"心。《论语·尧曰》篇陈述的"周家法"具有十分重要的启示意义,说:"周有大赉,善人是富。'虽有周亲,不如仁人。百姓有过,在予一人。'"周朝的"百姓有过,在予一人"和商汤的"万方有罪,罪在朕躬"应是一脉相承的。周天子确立的为政原则或者说"惠"心主要有二:一是"谨权量,审法度,修废官",其结果是"四方之政行焉";二是"兴灭国,继绝世,举逸民",其结果是"天下之民归心焉"。前者是指周朝确定礼乐制度,后者是指采取的三项措施"皆人心所欲"③。所以,最终取得"天下之民归心"的效果,也就是孔子儒学所追求的"大同"社会,所追求的

---

① (南宋)朱熹:《四书章句集注》,第138页。
② (南朝梁)皇侃撰,高尚榘校点:《论语义疏》,第310页。
③ (南宋)朱熹:《四书章句集注》,第195页。

天地与我同心的"天地"境界。

这里的"天下之民归心"是说天下之民皆归于"帝心"。如何才能使"天下之民归心"呢？《尚书大传》记载了这样一则故事，在商王武丁之时，出现了"桑谷俱生于朝，七日而大拱"的反常现象。武丁问诸祖己，曰："桑谷，野草也。野草生于朝，亡乎？"武丁听闻之后，非常"恐骇"，便开始励精图治："侧身修行，思昔先王之政，兴灭国，继绝世，举逸民，明养老之礼。"经过武丁的治理，不仅化解了"野草生于朝"的亡国危机，而且取得了"重译来朝者六国"的结果。这里的"重译来朝者"是指"九州之外国也"[①]，也就是传统中国"九州"观念之外的国家，呈现出《论语·子路》篇中说的"近者说，远者来"的局面，实现殷商王朝的"中兴"。由此可见，武丁的"惠心"赢得了天下百姓的信任。

《论语·尧曰》篇接着也给出具体的为政措施："所重：民、食、丧、祭。宽则得众，信则民任焉，敏则有功，公则说。"朱熹注解说："《武成》曰：'重民五教，惟食丧祭。'……杨氏曰：'《论语》之书，皆圣人微言，而其徒传守之，以明斯道者也。故于终篇，具载尧舜咨命之言，汤武誓师之意，与夫施诸政事者，以明圣学之所传者，一于是而已，所以著明二十篇之大旨也。'"[②]尽管对朱熹的这种说法，曾有不少学者产生怀疑，但是《论语》全篇所记录的圣人之"善言"，所记录的帝尧、帝舜、夏禹、商汤等"帝王之道"和"帝王之迹"，最终目的就是要启发当时的周天子、诸侯国君和执政的士大夫们，能够效法先王之道，以"简在帝心"之"心"实现孔子儒学心目中的"天下之民归心"的理想社会。

综上所述，由于《论语》选编的内容为"正实而切事"者，所选编的五章六处与"心"相关的孔子言语并不能反映出他"心性"世界的全貌。这些篇章的内容首先关注的是为政者的"公心"和"公德"，修养为政者的"本性"，以

[①] 吴仰湘编：《皮锡瑞全集·尚书大传疏证》，北京：中华书局，2015年，第135—136页。
[②] （南宋）朱熹：《四书章句集注》，第195页。

"有心之人"做"用心之事",这是由《论语》选编的言语特点所决定的。《论语》各章展现的孔子"心性世界"围绕天子、诸侯国君的"帝心"展开,探索从"简在帝心"到"天下之民归心"的理想路径,以实现孔子儒学向往的"天下之民归心"的"圣王之境",进而实现理想中的"大道之行,天下为公"的"天地之境"。就实现这种崇高的境界的路径而言,《论语》也给出了具体的实施措施。孔子以本人的成长经历为例,从"志于学"开始,从"由乎心"开始,希望能够实现天下之人的"其心三月不违仁",从而掌握天道、地道、人道的内在运行规律,从而实现"从心所欲,不逾矩"的"无我之境"。

从"儒术"到"儒学"：
先秦至六朝儒学的概念起源与思想风貌

罗必明　李连秀[*]

摘　要：学界对"儒学"概念的看法较为一致，基本指向由孔子创立的以"仁"为核心并影响后世2000多年的儒学思想体系。而对"儒术"内涵，尤其与"儒家"的异同点却少有论及。本文通过对先秦至六朝文献"儒学""儒家""儒术"专词的考论，试图梳理其内涵的异同、流变，与该段儒学思想的风貌与特征："儒术"概念先于孔子而存在，先秦文献多次出现的"儒术"或与学者习称"儒士"为"术士"或"儒术之士"有关；汉初"儒术"代指礼治和伦理道德的内涵，与先秦基本相同，反映出儒学的盛行，也反映出儒学经历的由一种非官方的思想学说上升为国家统治思想的质变；魏晋六朝，儒学玄学化，社会思想呈现儒道互补的结构，此时"儒学"代替"儒术"成为儒家思想的特定称谓。

关键词：儒术；儒家；儒学；儒士；孔子

---

[*] 作者简介：〔新加坡〕罗必明，男，新加坡南洋理工大学华裔馆助理馆长、王赓武图书馆馆长，主要从事新加坡华文旧体文学研究。李连秀，女，山东师范大学齐鲁文化研究院与新加坡南洋理工大学联合培养博士研究生，主要从事中国古代文学研究。本文为教育部国家留学基金委"2022年国家建设高水平大学公派研究生项目"（项目号：202208370126）阶段性成果。

春秋时期孔子（前551—前479）所创立的以"仁"为核心要素的儒学思想，在当时便已影响广泛。孔子殁后，"儒分为八"①，孔门弟子散游诸侯，继续传播孔子的学说，儒学一度成为当时的显学，《韩非子·显学》："世之显学，儒、墨也。儒之所至，孔丘也。墨之所至，墨翟也。"②司马迁（前145—前87）《史记·儒林列传》所载："后陵迟以至于始皇，天下并争于战国，儒术既绌焉，然齐鲁之间，学者独不废也。于威、宣之际，孟子、荀卿之列，咸遵夫子之业而润色之，以学显于当世。"③说明至战国时期，通过儒家弟子的传播，儒学已经成为百家之学中与墨家学说相当的显学，在社会中产生更加广泛而深刻的影响。

自先秦以迄清季，儒学思想体系中"儒术""儒家""儒学"等概念与称谓，并非一成不变，而是随着外部环境的变迁不断进行内部学说的调适。概而言之，先秦两汉时期三者兼而有之，两汉以后"儒家"与"儒学"的称谓较为常见，"儒术"则似乎"泯然众人矣"。根据我们的考察，只有较少的学者对该问题进行过专门探讨。其中较为深入者当属蒋国保先生，他对"儒学"与"儒术"两个概念产生与演变的历史进行了细致绵密的梳理与考证，他依据现有的史料，推断汉儒接受"儒术"概念的目的在于使儒家思想迎合封建统治，加强王权的自觉趋向，体现汉儒对儒学官方化的追求。④田文敏先生则从"儒""儒术"与"儒学"三者之间的相互关系出发，认为"儒"先于"儒术"，"儒学"则是对"儒术"的继承与发展。⑤杨爱民先生则认为："儒"重"术"，"儒家"重"道"轻"术"，"儒学"的概念产生于孔子之后，基于孔子门徒对其思想的不同阐释与发扬；"儒术"概念的提出是源于儒家学者急于得到统治者的青睐，

---

① 高华平、王齐洲、张三夕译注：《韩非子》，北京：中华书局，2010年，第725页。
② 同上书，第724页。
③ （西汉）司马迁：《史记》卷一百二十一《儒林列传第六十一》，北京：中华书局，1959年，第3116页。
④ 蒋国保：《汉儒称"儒学"为"儒术"考》，《中山大学学报》（社会科学版）2009年第1期。
⑤ 田文敏：《儒、儒术与儒学考》，《辽宁教育学院学报》2002年第19卷第5期。

因而抛弃了纯粹的理论建构,转而注重实践与应用,由此开启了儒学"道"与"术"结合的门径,从而使儒学一跃成为官方显学,为儒学的发展注入了新的动力。①由此论之,"儒术""儒家""儒学"三个概念的相关研究,尚未引起学者的广泛注意,现有研究各有侧重,依然有值得商榷之处。在本文中,我们以现有研究成果为基础,通过辨析先秦至六朝儒学思想中的"儒术""儒家""儒学"三个概念的演变,试图梳理不同阶段儒学思想发生的流变以及所呈现出的特征。因而撰写此文,以求教于方家。

一、先秦时期的"儒""术""儒术"

"儒"的起源研究,是近代以来的学者聚讼的焦点,基本经历了三个重要的阶段:第一阶段,刘师培先生(1884—1919)的《论孔子无改制之事》、章太炎先生(1869—1936)的《原儒》,皆从传统文字学的角度论证"儒"字的来源,指出"儒"字出现于孔子之前;第二阶段,胡适先生(1891—1962)依据最新的出土文物与文献而著《说儒》,以实证主义的方法考证,认为"儒"是"殷民族的教士";第三阶段,陈梦家先生(1911—1966)以甲骨文与青铜器铭文考证了"儒"字,郭沫若先生(1892—1978)后来进行了补正。至此,"儒"字的来源问题基本得到解决。后来学者基本接受并承袭该观点与方法,而难以做出实质性的突破。余英时先生(1930—2021)总结胡适先生的学说时,认为胡适将孔子的最大贡献归结为"把殷商民族的部落性的儒扩大到'仁以为己任'的儒和把柔懦的儒改变到刚毅进取的儒"。对此,余先生谨慎地批判性继承,并不明确承认胡适的结论,但认可孔子对巫术文化的续接与重新演绎。②有关此类的研究已相当丰富且基本取得共识,此不赘述。

---

① 杨爱民:《儒·儒家·儒学·儒术杂议》,《孔学研究》第九辑,昆明:云南人民出版社,2003年。

② 余英时:《论天人之际——中国古代思想起源试探》,台北:联经出版事业股份有限公司,2014年,第149—152页。

我们试先从文字学的角度考察"术"字的内涵。东汉许慎（约30或58—约147或121）所著《说文解字》言，"术，邑中道也，从行术声"[①]，本指"都邑中的道路"，其引申之义，或指"方法、策略"，例如《战国策·宋卫策》中《魏太子自将》云"臣有百胜之术"[②]；或指"权谋、计策"，《韩非子·爱臣》"故上比之殷、周，中比之燕、宋，莫不从此术也"[③]；或指"学说"，《史记·陈丞相世家》"太史公曰：'陈丞相平少时，本好黄帝、老子之术'"[④]。职是之故，"儒术"似可通过两种途径去阐释：儒家的策略、权谋，或者儒家的学术。

关于"儒术"的具体内涵。据蒋国保先生的考证，"儒术"一词，于先秦文献中共有三处：《荀子·富国》《墨子·非儒下》《公孙龙子·迹府》。[⑤]

《荀子·富国》篇论述了国家富强之道，并将"儒术"与"墨术"做比较，辨析两种治国方针策略所导致的不同后果：

> 故先王圣人为之不然：知夫为人主上者，不美不饰之不足以一民也，不富不厚之不足以管下也，不威不强之不足以禁暴胜悍也，故必将撞大钟，击鸣鼓，吹笙竽，弹琴瑟，以塞其耳；必将雕琢刻镂，黼黻文章，以塞其目；必将刍豢稻粱，五味芬芳，以塞其口。然后众人徒，备官职，渐庆赏，严刑罚，以戒其心。使天下生民之属，皆知己之所愿欲之举在是于也，故其赏行；皆知己之所畏恐之举在是于也，故其罚威。赏行罚威，则贤者可得而进也，不肖者可得而退也，能不能可得而官也。若是则万物得其宜，事变得应，上得天时，下得地利，中得人和，则财货浑浑如泉源，汸汸如河海，暴暴如丘山，不时焚烧，无所臧之。夫天下何患乎不足也？故儒术诚行，则天下大而富，使而功，撞钟击鼓而和。《诗》曰："钟鼓喤

[①] （东汉）许慎：《说文解字》卷二下，北京：中华书局，2013年，第38页。
[②] 缪文远、缪伟、罗永莲译注：《战国策》，北京：中华书局，2012年，第1028页。
[③] 高华平、王齐洲、张三夕译注：《韩非子》，第31—32页。
[④] （西汉）司马迁：《史记》卷五十六《陈丞相世家第二十六》，第2062页。
[⑤] 蒋国保：《汉儒称"儒学"为"儒术"考》，《中山大学学报》（社会科学版）2009年第1期。

喤，管磬玱玱，降福穰穰，降福简简，威仪反反。既醉既饱，福禄来反。"此之谓也。故墨术诚行，则天下尚俭而弥贫，非斗而日争，劳苦顿萃，而愈无功，愀然忧戚非乐，而日不和。《诗》曰："天方荐瘥，丧乱弘多，民言无嘉，憯莫惩嗟。"此之谓也。①

由此观之，此处"儒术"，似乎可以理解为儒家的治国之道，具体而言包括音乐、法律、经济等方面的措施。"先王圣人"乃是具体的推行者。其内涵，可与其他学派进行对比。如《墨子·非儒下》：

又曰："君子胜不逐奔，掩函弗射，施则助之胥车。"应之曰："若皆仁人也，则无说而相与。仁人以其取舍是非之理相告，无故从有故也，弗知从有知也，无辞必服，见善必迁，何故相？若两暴交争，其胜者欲不逐奔，掩函弗射，施则助之胥车，虽尽能犹且不得为君子也。意暴残之国也，圣将为世除害，兴师诛罚，胜将因用儒术令士卒曰："毋逐奔，掩函勿射，施则助之胥车。"暴乱之人也得活，天下害不除，是为群残父母，而深贱世也，不义莫大焉！②

墨子通过逻辑辩证试图说明儒家"仁"的思想不合理之处，认为"儒术"之义近于"仁术"，《墨子·非儒下》"若两暴交争，其胜者欲不逐奔，掩函弗射，施则助之胥车"③，以仁义感化敌军。故此，蒋先生认为"儒术"的概念对墨子而言，是含有评判意味的。尽管《墨子·非儒》篇是墨子对儒家的辩驳，但他采用"儒术"一词是否语含贬讽，惜乎缺乏其他文献可以印证。我们亦可以将其理解为中性的词汇，即儒家的方法和策略。

《公孙龙子》，其成书的年代和真实性学界尚有争议，在此姑且不论。其中

---

① 方勇、李波译注：《荀子》，北京：中华书局，2011年，第149—150页。
② 方勇译注：《墨子》，北京：中华书局，2011年，第316—317页。
③ 同上书，第317页。

有关"儒术"的论述：

> 子高适赵，与龙会平原君家，谓之曰："仆居鲁，遂闻下风，而高先生之行也，愿受业之日久矣。然所不取于先生者，独不取先生以白马为非白马尔。诚去非白马之学，则穿请为弟子。"……先生好儒术，而非仲尼之所取也，欲学而使龙去所以教，虽百龙之智，固不能当其前也。子高莫之应，退而告人曰："言非而博，巧而不理。此固吾所不答也。"①

该章所载为孔子的六代孙孔穿（字子高，生卒年不详）与公孙龙（前320—前250）辩论"白马非马"事。"非仲尼之所取也"，表明公孙龙认为子高所学"儒术"非孔子思想。这至少说明，儒学思想在孔子殁后，经由门徒的重新诠释与阐扬，已有不同内涵。如《韩非子·显学》所论："自孔子之死也，有子张之儒，有子思之儒，有颜氏之儒，有孟氏之儒，有漆雕氏之儒，有仲良氏之儒，有孙氏之儒，有乐正氏之儒。"②因而，儒学八派的"儒术"意义基本等同于儒家学说。

先秦文献出现"儒术"一词，然而"儒术"称谓是否先于孔子产生？田文敏先生认为，"儒术""儒家"等概念在孔子之前即已产生："传播先王遗训，精通礼仪与伦理道德学说之人称为儒士，或术士。"③《说文解字》"儒，柔也，术士之称，从人，需声"④，可为佐证。据此，儒士所掌握的技能，即可以"儒术"称之。由此亦可解释为何现有先秦文献尚未见到使用"儒学"或者"儒家"概念。墨子《非儒》所用"儒者"和"儒士"，似与我们今天所理解的"儒家"类似。

通过以上论述，我们基本可以认为，"儒士"和"儒术"先于孔子而存在，孔子是"儒术"的集大成者。先秦文献提及"儒术"而非"儒学"或"儒家"，

---

① 黄克剑译注：《公孙龙子》卷一《迹府第一》，北京：中华书局，2012年，第317页。
② 高华平、王齐洲、张三夕译注：《韩非子》，第724—725页。
③ 田文敏：《儒、儒术与儒学考》，《辽宁教育学院学报》2002年第19卷第5期。
④ （东汉）许慎：《说文解字》卷八上，第159页。

与"儒士"惯称"术士"或"儒术之士"有关。"术"字含有权谋意味,因而"儒术"带有贬义而为后世弃用,以"儒学"取而代之,一些学者持有此论。我们认为该说法值得商榷。

二、两汉时期的"儒术"

汉代文献多次出现"儒术"一词,以史书为例,《史记》中共出现15次,《汉书》中共出现18次,《汉纪》中共出现8次。通过对比,可以发现关于"儒术"的内涵,汉儒的观念与先秦学者的理解基本一致,指礼仪与伦理道德学说等治国、处世之道。

与此同时,汉儒亦赋予了它新的时代内涵。

> 今上即位,招致儒术之士,令共定仪,十余年不就。或言古者太平,万民和喜,瑞应辨至,乃采风俗,定制作。①

> 于是上察其行慎厚,辩论有余,习文法吏事,缘饰以儒术,上说之,一岁中至左内史。②

> 初,宣帝不甚从儒术,任用法律,而中书宦官用事。③

> 肃宗孝章皇帝讳炟,显宗第五子也。……少宽容,好儒术,显宗器重之。④

---

① (西汉)司马迁:《史记》卷二十三《礼书第一》,第1160页。
② (东汉)班固:《汉书》卷五十八《公孙弘卜式儿宽传第二十八》,北京:中华书局,1962年,第2618页。
③ (东汉)班固:《汉书》卷七十八《萧望之传第四十八》,第3284页。
④ (南朝宋)范晔:《后汉书》卷三《肃宗孝章帝纪第三》,北京:中华书局,1962年,第129页。

从历史角度考察，如前所述，经孔门弟子的传播，特别是经过孟子（约前372—前289）、荀子（约前313—前238）等硕儒的发扬，儒学在战国时期已然处于显学的地位。学者一般认为，儒学获得统治地位，成为官方哲学，自汉武帝（前156—前87）接受董仲舒（前179—前104）"罢黜百家，独尊儒术"始。对此，仍有学者提出质疑。通过统计高级官员的出身和身份，蔡亮先生认为汉武帝后期的巫蛊之祸使儒生阶层在官僚群体中迅速崛起，从而促成了第一个儒家帝国的兴起。[1]丁四新先生对近40年"罢黜百家，独尊儒术"的研究做了较为详细的论述，提出对该课题的研究可分三个阶段："第一阶段否定了汉武帝采纳董仲舒建言的传统说法；第二阶段从褒贬两个方面指出在思想上属于专制，同时又是对汉代学术思想的正确描述；第三阶段则指出学者所认为的这两句话的真正提出者为易白沙的事实。"[2]

通过检视《史记》与《汉书》等典籍，我们便可发现以上观点尚存商榷的空间。汉初天下初定，统治者急于采取休养生息的治国之策，因而黄老之说盛行。从汉高帝（前256或前247—前195）至景帝（前188—前141）的数十年间，儒学经历了逐渐被统治者重视的过程。

> 及高皇帝诛项籍，举兵围鲁，鲁中诸儒尚讲诵习礼乐，弦歌之音不绝，岂非圣人之遗化，好礼乐之国哉？故孔子在陈曰："归与！归与！吾党之小子狂简，斐然成章，不知所以裁之。"夫齐鲁之间于文学，自古以来，其天性也。故汉兴，然后诸儒始得修其经艺，讲习大射乡饮之礼。叔孙通作汉礼仪，因为太常，诸生弟子共定者，咸为选首，于是喟然叹兴于学。然尚有干戈，平定四海，亦未暇遑庠序之事也。孝惠、吕后时，公卿皆武力有功之臣。孝文时颇征用，然孝文帝本好刑名之言。及至孝景，不任儒者，而窦太后又好黄老之术，故诸博士具官待问，未有进者。[3]

---

[1] 蔡亮：《巫蛊之祸与儒生帝国的兴起》，付强译，北京：北京师范大学出版社，2020年。
[2] 丁四新：《近四十年"罢黜百家，独尊儒术"问题研究的三个阶段》，《衡水学院学报》2019年第3期。
[3] （西汉）司马迁：《史记》卷一百二十一《儒林列传第六十一》，第3117页。

这段文献较为详细、全面地记载了汉初自高帝始,经惠帝、文帝、景帝以及窦太后(?—前135)干政,历经四朝,统治者对待儒学的态度,由此反映出儒学在汉初的浮沉。

至武帝时,为加强中央集权,更加重视儒学,于是接受董仲舒的建议,将儒学定于一尊。

及今上即位,赵绾、王臧之属明儒学,而上亦乡之,于是招方正贤良文学之士。自是之后,言诗于鲁则申培公,于齐则辕固生,于燕则韩太傅。言尚书自济南伏生。言礼自鲁高堂生。言易自灾川田生。言春秋于齐鲁自胡毋生,于赵自董仲舒。及窦太后崩,武安侯田蚡为丞相,绌黄老、刑名百家之言,延文学儒者数百人,而公孙弘以春秋白衣为天子三公,封以平津侯。天下之学士靡然乡风矣。①

春秋大一统者,天地之常经,古今之通谊也。今师异道,人异论,百家殊方,指意不同,是以上亡以持一统;法制数变,下不知所守。臣愚以为诸不在六艺之科孔子之术者,皆绝其道,勿使并进。邪辟之说灭息,然后统纪可一而法度可明,民知所从矣。②

董仲舒所建言"六艺之科孔子之术",为同义连文,由此可见对于董氏而言,"儒术"已专指"孔子的学说"。董氏以贤良对策,凡举孔子言计有21处之多。文中亦提及"及仲舒对册,推明孔氏,抑黜百家",或许我们可以推测董仲舒将"儒术"与"孔氏学说"等同起来,功莫大焉。

《汉书》并未记载武帝对董仲舒所奏对策的反应,只提及封董氏为江都相以辅佐易王。然而董氏并未因此青云直上,反而被贬为中大夫,因奏章草稿被

---

① (西汉)司马迁:《史记》卷一百二十一《儒林列传第六十一》,第3118页。
② (东汉)班固:《汉书》卷五十六《董仲舒传第二十六》,第2523页。

窃之祸险遭屠戮。汉代真正在制度上实行"独尊儒术",应始于丞相赵绾(?—前139)。

> 建元元年冬十月,诏丞相、御史、列侯、中二千石、二千石、诸侯相,举贤良方正直言极谏之士。丞相绾奏:"所举贤良,或治申、商、韩非、苏秦、张仪之言,乱国政,请皆罢。"奏可。①

武帝对董仲舒的对策未置可否,却即刻批准了赵绾的建议。或许就"罢黜百家,独尊儒术"而言,赵绾对武帝的作用似乎更大。之后赵绾与王臧等欲遵行古制,建明堂以会诸侯,制定一系列天子礼仪等的举措,招致外戚势力的反对,被崇尚黄老之学的窦太后逼迫自杀,以致"诸所兴为者皆废"②。直至窦太后去世,儒士才重新获得统治者的信任并被重用。

需要指出的是,汉武帝推崇儒学,只是出于统治的需要。较为显著的案例,便是因"封禅"风波,儒士们被再次打入冷宫,《史记·孝武本纪》载:

> 自得宝鼎,上与公卿诸生议封禅。封禅用希旷绝,莫知其仪礼,而群儒采封禅《尚书》《周官》《王制》之望祀射牛事。齐人丁公年九十余,曰:"封者,合不死之名也。秦皇帝不得上封。陛下必欲上,稍上即无风雨,遂上封矣。"上于是乃令诸儒习射牛,草封禅仪。数年,至且行。天子既闻公孙卿及方士之言,黄帝以上封禅,皆致怪物与神通,欲放黄帝以尝接神仙人蓬莱士,高世比德于九皇,而颇采儒术以文之。群儒既以不能辩明封禅事,又牵拘于《诗》《书》古文而不敢骋。上为封祠器示群儒,

---

① (东汉)班固:《汉书》卷六《武帝纪第六》,第155—156页。
② 《史记·孝武本纪》:"元年,汉兴已六十余岁矣,天下乂安,荐绅之属皆望天子封禅改正度也。而上乡儒术,招贤良,赵绾、王臧等以文学为公卿,欲议古立明堂城南,以朝诸侯。草巡狩封禅改历服色事未就。会窦太后治黄老言,不好儒术,使人微得赵绾等奸利事,召案绾、臧,绾、臧自杀,诸所兴为者皆废。"(西汉)司马迁:《史记》卷十二《孝武本纪第十二》,第452页。

群儒或曰"不与古同",徐偃又曰"太常诸生行礼不如鲁善",周霸属图封事,于是上绌偃、霸,尽罢诸儒弗用。①

武帝"尊儒",并非一以贯之,而是几经波折。"尽罢诸儒弗用",也说明儒士的地位并非如我们想象的一般尊贵。基于以上论述,我们基本可以认为,汉初儒士们所遵循的"儒术"与先秦时期并无二致,主张礼治与伦理道德,主张恢复西周的制度和秩序。一些学者认为,对儒家思想的"术"化,是汉儒使儒家思想为封建集权统治服务并成为官学而进行的自觉的努力,该说法显然失之偏颇。"儒术"在汉代的盛行,一方面是对先秦至汉初儒家思想广泛传播的接续,另一方面是统治者为加强中央集权而对儒士集团进行拉拢与重用。儒士集团主动"术化儒家思想"的倾向不是很明显;相反,他们采取了诸多使儒学"学术化"的举措。其标志性事件有二:一是田蚡(? —前130)拜相后,弃百家学说,延请修治经学的儒生入朝为官,因而出身低微的公孙弘(前200—前121)以精通《春秋》经而封侯,引得"天下之学士靡然乡风矣"②;二是公孙弘奏请推举"好文学,敬长上,肃政教,顺乡里,出入不悖所闻者……得受业如弟子"③,并大力提拔治礼、掌故之职,选用通晓经学的官吏,制定相应法律条文保障实行,形成"公卿大夫士吏斌斌多文学之士矣"④的繁盛局面。

值得注意的是,《汉书》所记武帝中期之前的西汉历史,往往沿用《史记》。因而《史记》凡用"儒术"一词,《汉书》亦随用之。但《汉书·叙传》与《艺文志》中,班固(32—92)则使用了"儒学"一词,"在嗣虽修儒学,然贵老严之术"⑤。"儒家者流,盖出于司徒之官,助人君顺阴阳明教化者也。……是以五经乖析,儒学浸衰,此辟儒之患。"⑥至少说明在武帝中期以后,

---

① (西汉)司马迁:《史记》卷十二《孝武本纪第十二》,第473页。
② (西汉)司马迁:《史记》卷一百二十一《儒林列传第六十一》,第3118页。
③ 同上书,第3119页。
④ 同上书,第3120页。
⑤ (东汉)班固:《汉书》卷一百《叙传第七十上》,第4205页。
⑥ (东汉)班固:《汉书》卷三十《艺文志第十》,第1728页。

学者基本接受并使用"儒学"来取代"儒术"一词。

这种情况可以在《后汉书》的记载中得到证明：该书共计使用"儒术"17处，与"儒学"的18处相差无几，且用法多与《史》《汉》"儒术"同，如"（郭）镇弟子禧，少明习家业，兼好儒学，有名誉，延熹中亦为廷尉"①"李郃，字孟节，汉中南郑人也。父颉，以儒学称，官至博士"②以及"（张酺）曾孙济，好儒学，光和中至司空，病罢"③。

由此可以说明，在两汉学者的观念中"儒学"与"儒术"并无显著差别。然学者为何开始接受"儒学"一词？余英时先生在《汉代循吏与文化传播》一文中认为："阴阳五行说对先秦儒教的歪曲其实仅限于它的超越的哲学根据一方面，至于文化价值，如仁、义、礼、智、信之类，则汉儒大体上并没有改变先秦旧说。事实上，孝悌观念之深入中国通俗文化主要是由于汉儒的长期宣扬。汉儒用阴阳五行的通俗观念取代了先秦儒家的精微的哲学论证，但儒教的基本教义也许正因此才冲破了大传统的藩篱，成为一般人都可以接受的道理。"④余先生的精辟分析在一定程度上做了解释。自高祖重视儒学，经武帝极力推崇儒术，至东汉儒学获得了稳定地位，正因如此，儒学逐渐从师徒、家传的"私授"而进入公共知识领域。

三、魏晋六朝时期的"儒家"与"儒术"

魏晋南北朝时期政权更迭频繁，社会动荡不安。佛教的传入与道教的兴盛，冲击着儒学的正统地位，也深刻影响着儒学的内容与风貌。因此，自汉末以来，儒学地位松动，老庄兴起，儒士的政治地位亦每况愈下，三国时期曹魏的刘劭（168或172—240）在《人物志·流业》中总结道：

---

① （南朝宋）范晔:《后汉书》卷四十六《郭陈列传第三十六》，第1545页。
② （南朝宋）范晔:《后汉书》卷八十二上《方术列传第七十二上》，第2717页。
③ （南朝宋）范晔:《后汉书》卷四十五《袁张韩周列传第三十五》，第1534页。
④ 余英时:《中国思想传统的现代诠释》，台北：联经出版事业股份有限公司，1987年，第182—183页。

> 盖人流之业，十有二焉：有清节家，有法家……有儒学……能传圣人之业，而不能干事施政，是谓儒学，毛公、贯公是也……儒学之材，安民之任也。①

由此可见，"儒学"与"儒学"之才，与前代相比，依然承担着传授圣人之道与保国安民的责任，然而在汉魏交替之期，儒学的正统地位被撼动，与此相应儒士亦失去参与国政的机会。此时的社会思想呈现为儒道互补的结构——社会政治儒学化与个体人生老庄化。如余英时先生所论："魏晋南北朝之士大夫尤多儒道兼综者，则其人大抵为遵群体之纲纪而无妨于自我之逍遥，或重个体之自由而不危及人伦之秩序者也。"②

为此，刘劭在《人物志·接识》中将人才分三种，将道德教化之士与策术之士分别开来：

> 夫国体之人，兼有三材，故谈不三日，不足以尽之：一以论道德，二以论法制，三以论策术，然后乃能竭其所长，而举之不疑。③

东晋葛洪《抱朴子·勤求》亦载：

> 方策既山积于儒门，而内书亦鞅掌于术家。④

据此，我们认为当时因术家流行，学者为避免语义上的混淆，不得已而使用"儒学"一词，并且该词语逐渐取代"儒术"，用来表述儒家思想，并成为当时的习语。

---

① （三国）刘劭：《人物志》卷上《流业第三》，北京：中华书局，2014年，第46—56页。
② 余英时：《士与中国文化》，上海：上海人民出版社，1987年，第398—399页。
③ （三国）刘劭：《人物志》卷中《接识第七》，第110—111页。
④ （东晋）葛洪：《抱朴子》卷十四《勤求》，北京：北京先知先行图书发行有限公司，2017年，第192页。

表1 魏晋南北朝时期部分使用"儒术"的文献

朝代	文献题名	文献文本
魏晋南北朝	《文心雕龙·时序》	及明章叠耀,崇爱儒术,肆礼璧堂,讲文虎观,孟坚珥笔于国史,贾逵给札于瑞颂。
	《抱朴子·明本》	今苟知推崇儒术,而不知成之者由道。
	《抱朴子·勖学》	昔秦之二世,不重儒术,舍先圣之道,习刑狱之法。
	《抱朴子·崇教》	想宗室公族,及贵门富年,必当竞尚儒术,搏节艺文,释老庄之意("意"字衍)不急,精六经之正道也。
	《金楼子·立言下》	怀祖地不贱乎逸少,颇有儒术。
	《三国志·荀彧传》	何劭为粲传曰:粲字奉倩,粲诸兄并以儒术论议,而粲独好言道,常以为子贡称夫子之言性与天道,不可得闻,然则六籍虽存,固圣人之糠秕。
	《三国志·梁习传》	魏略苛吏传曰:思与薛悌、郤嘉俱从微起,官位略等。三人中,悌差挟儒术,所在名为闲省。
	《三国志·高柔传》	然今博士皆经明行修,一国清选,而使迁除限不过长,惧非所以崇显儒术,帅励怠惰也。
	《三国志·阚泽传》	吴录曰:房翻称泽曰:"阚生矫杰,盖蜀之扬雄。"又曰:"阚子儒术德行,亦今之仲舒也。"

表2 魏晋南北朝时期部分使用"儒学"的文献

朝代	文献题名	文献文本
魏晋南北朝	《抱朴子·崇教》	人间之务,密勿罔极。是以雅正稍远,遨逸渐笃。其去儒学,缅乎邈矣。
	《抱朴子·审举》	往虽暂隔,不盈百年,而儒学之事,亦不偏废也。
	《人物志·流业》	盖人流之业,十有二焉:有清节家,有法家,有术家,有国体,有器能,有臧否,有伎俩,有智意,有文章,有儒学,有口辩,有雄杰。……能传圣人之业,而不能干事施政,是谓儒学,毛公、贯公是也。……儒学之材,安民之任也。
	《水经注·肥水》	山上有淮南王刘安庙,刘安是汉高帝之孙,厉王长子也。折节下士,笃好儒学,养方术之徒数十人,皆为俊异焉。

续表

朝代	文献题名	文献文本
魏晋南北朝	《三国志·王朗传》子王肃附传	明年春，镇东将军毌丘俭、扬州刺史文钦反，景王谓肃曰："霍光感夏侯胜之言，始重儒学之士，良有以也。安国宁主，其术焉在？"
	《三国志·王粲传》	又以儒学与太尉荀顗撰定新礼，事未施行。泰始五年卒。 喜为康传曰："家世儒学，少有俊才，旷迈不群，高亮任性，不修名誉，宽简有大量。
	《三国志·常林传》	此言儒学拨乱反正、鸣鼓矫俗之大义也，未是夫穷理尽性、陶冶变化之实论也。
	《三国志·高堂隆传》	故闵子讥原伯之不学，荀卿丑秦世之坑儒，儒学既废，则风化曷由兴哉？方今宿生巨儒，并各年高，教训之道，孰为其继？
	《三国志·管辂传》	臣松之案：辰所称乡里刘太常者，谓刘寔也。……寔、智并以儒学为名，无能言之。世语称寔博辩，犹不足以并裴、何之流也。
	《三国志·杜微传》	五梁者，字德山，犍为南安人也，以儒学节操称。从议郎迁谏议大夫、五官中郎将。
	《三国志·阚泽传》	泽以经传文多，难得尽用，乃斟酌诸家……以儒学勤劳，封都乡侯。性谦恭笃慎，宫府小吏，呼召对问，皆为抗礼。
	《三国志·贺齐传》	虞预晋书曰：贺氏本姓庆氏。齐伯父纯，儒学有重名，汉安帝时为侍中、江夏太守，去官，与江夏黄琼、汉中杨厚俱公车征。
	《三国志·韦曜传》	而华核连上疏救曜曰："曜运值千载，特蒙哀识，以其儒学，得与史官，貂蝉内侍，承答天问，圣朝仁笃，慎终追远，迎神之际，垂涕敕曜。"

通过以上两个表格所列出的文献，可以看出魏晋南北朝的文献中多次出现"儒术""儒学"等专词，通过统计与对比，我们发现"儒术"一词在4种书中出现9次，"儒学"一词在4种书中出现16次，并且二者在具体含义上存在着交叉重叠的现象。相对而言，"儒学"出现的数量超过了"儒术"的数量而成为当时更加流行的、代表儒家思想学术体系的专词。

结 语

　　通过梳理先秦汉魏晋南北朝文献中出现的"儒术""儒家"与"儒学"三个概念的内涵及其流变过程，又通过文本对比分析，我们试图挖掘出三者内涵的异同及其呈现的当时儒学的阶段性特征。我们发现，"儒术"的概念先于孔子而存在，先秦文献多次出现"儒术"而非"儒学"或"儒家"，与学者习称"儒士"为"术士"或"儒术之士"有关。汉初儒士所理解的"儒术"内涵与先秦时期的内涵基本相同，皆代指礼治与伦理道德。"儒术"一词在汉代的盛行，接续着先秦至汉初儒家思想的广泛传播与脉络，又代表着汉代统治者为加强中央集权而拉拢儒士集团，导致儒学呈现出新的时代风貌。经汉高祖、武帝以至东汉，儒学经历了由一种非官方的思想学说上升为国家统治思想的深化与升华，由春秋战国时期百家之一言的孔门学说逐渐上升为两汉时期的公共思想资源。汉末魏晋南北朝时期，儒学又经历了玄学化的嬗变，使得社会思想呈现出儒道互补的结构，至此，"儒学"一词代替"儒术"而成为儒家思想的特定称谓。"儒术""儒家""儒学"概念的千年嬗变，反映了儒家思想随着时代变迁而不断调试、流变，并呈现出特定的时代风貌与魅力。

河伯神话传说源流探析

史大丰[*]

摘　要：河伯是上古时期河国的祖先，河伯族是东夷九种之一的风夷之一支，河国是他们创建的媿姓国家，与鬼方等北狄诸部为同族系。他们最初的活动地域是黄河下游的九河、济水一带。河伯冯夷是河国最初的祖先，既是黄河之神，也具有凤鸟图腾神的性质，故后与风神之风伯混同，演化出雨师屏翳、风伯姨等神灵。有娀氏简狄与河国人配，生了殷人的初祖契，后来神话中生商的玄鸟为凤凰，就是河伯的化身，故殷人祀河伯为"高祖"。

关键词：河伯；神话；传说

关于河伯的神话，先秦时期就流传很广，东至齐鲁，西至秦晋，南到荆楚，都有祭祀河或关于河伯的记载和传说。后来北方的少数民族扶余、高句丽，也都有河伯的神话。而目前最早记载祭祀河的文字资料是殷墟卜辞，昭示着殷人与河的关系非同一般。本文通过对河伯神话的梳理，探究其与殷人的关系，以寻求殷人祀河的因由。笔者认为，河伯神话实起源于上古时期的东夷之地，河伯族应当是殷人所出的父族，故殷人祀之为"高祖"。下面就拙见略做

---

[*] 作者简介：史大丰，男，枣庄学院文学院教授，主要研究出土文献与先秦文史。本文系国家社会科学基金重大项目"中华简帛文学文献集成及综合研究"（项目号：15ZDB065）阶段性成果。本文刊发于《民俗研究》2021年第2期，有删减。

陈述，以就教于方家。

一、卜辞中的"河"

卜辞中"河"字甚常见，或体较多，或从水丂声，或从水何声（"何"为担荷之"荷"的本字，象人荷担之形），亦有径作"何"（荷）者。

关于"河"的卜辞极多，其内容前人论述至为详备，这里不想再多谈，只把它在卜辞中体现的几项主要内容略陈如下。

（一）可以为"害"。这个字被裘锡圭释为"害"①，是也。卜辞言："贞：隹（惟）河害？"（《合集》24968②）是贞问河是否会作灾害；又或贞问河是否"害王"（《合集》776正）、"害雨"（《合集》14620）、"害云"（《屯》2105③）、"害禾"（《合集》33337）、"害年"（《英》780正）等等。

（二）可以为"求"。过去多释其为"祟"，裘锡圭先生释为"求"④，正确。卜辞贞问"河求"（《合集》2328）、"河求我"（《合集》2415正），裘锡圭认为这个"求"当读为"咎"，也是"降下灾害"之义。

（三）向河祈求战胜敌国。如："壬申卜，㱿贞：于河匄𡇒方？"（《合集》6203）就是贞问是否要向河祈求战胜敌国𡇒方。

（四）祓河。"祓"字诸家解释甚多，笔者认为以龙宇纯的解释最为近是。他认为这个字是根芺之"芺"的初文，本字象植物的根，在卜辞中用为祓除之"祓"，这种观点应该是正确的。⑤《说文》的"祓，除恶祭也"⑥，就是通过向祖

---

① 裘锡圭：《古文字论集》，北京：中华书局，1992年，第11—14页。
② 胡厚宣主编：《甲骨文合集释文》，北京：中国社会科学出版社，1999年。以下简称《合集》，不出注，只标编号。
③ 中国社会科学院考古研究所编：《小屯南地甲骨》，北京：中华书局，1980年，第2105片，第325页。以下简称《屯》，不出注，只标片号。
④ 裘锡圭：《释"求"》，中国古文字研究会、中华书局编辑部、陕西省考古研究所编：《古文字研究》第15辑，北京：中华书局，1986年，第195页。
⑤ 于省吾主编，姚孝遂按语编辑：《甲骨文字诂林》第二册，北京：中华书局，1996年，第1476页。
⑥ 许慎：《说文解字》（附检字），北京：中华书局，1963年，第8页。

先或神灵献祭来祓除不祥，是一种与巫术有关的祭祀仪式。卜辞中每贞问"于河祓"(《合集》1506正)、"祓于河"(《合集》14538)，乃贞问是否要向河献祭以祓除不祥；又贞问"祓年于河"(《合集》10082)或"于河祓年"(《合集》10091)，乃贞问是否要祭祀河为年成祓除不祥，以求得好年成；贞问"于河祓雨，燎"(《合集》12853)，乃贞问是否要用燎祭祭祀河为雨祓除不祥，以求得好雨时雨；贞问"祓禾于河，受禾"(《合集》33271)，乃贞问是否要祭祀河为禾苗祓除不祥，以求得禾苗无灾害、禾会丰收；等等。这种"祓河"的卜辞甚为多见。

（五）对于河的祭祀方式，非常多样，殷人的祭祀方式几乎都被用于祭河。如有燎、酒、宾、告、匚（报）、御、舞、取、祀、帝（禘）、有（侑）、于、祝等等，用牲的方式有沉、埋、宜、勿、册、卯、伐等等。

（六）河有独立的宗庙，称为"河宗"。如"贞：于南方将河宗？十月"(《合集》13532)。

（七）河有配偶，称为"河妻"(《合集》686)或"河女"(《合集》683)，殷人也予祭祀。

总之，在卜辞中，"河"的地位甚高，故对其祭祀也甚隆重，而相关贞问的内容，除了为害、为求（咎）之类的，最多的是"祓禾"和"祓年"，可见在殷人心目中，河与农业有极大的关系。

二、"河"的身份

对于卜辞中的"河"，孙海波认为"用法有三：一为商代高祖之名，二为大河之河，三为贞人名"[①]。张秉权指出有四种不同的意义：一为殷先公之名，二为地名之河，三为水名之河，四为贞人之名，认为"这四类不同意义的何字，它们之间的关系大概是这样的：殷之远祖有名何者，他的子孙，有一支封

[①] 中国科学院考古研究所编辑：《甲骨文编》卷十一，北京：中华书局，1965年，第431页。

在黄河边上的一个叫作河的地方,世为殷之诸侯,杨氏所举的河伯,即为河地之伯,其后世并且曾经在朝担任贞人之职"①。笔者认为这里面的贞人名是否与河有关不可强说,古人起名未必与其国族有关,而"地名""水名"和"先公名"关系最密切。

地名"河"当是因为此地在黄河边上而得名,"河"是一个方国名。《古本竹书纪年·夏纪》中说"洛伯用与河伯冯夷斗"②,这其中的"洛"当即"有洛氏",乃古国名,《逸周书·史记解(穆王要戒)》云:"宫室破国。昔者有洛氏,宫室无常,池囿广大,工功日进,以后更前,民不得休,农失其时,饥馑无食,成商伐之,有洛以亡。"③洛伯用当是有洛氏之国的侯伯,名用;那么,河伯冯夷很明显就是河国的侯伯,名冯夷。蒋骥说:"按,《竹书》:夏帝芬十六年,雒伯用与河伯冯夷斗。盖河洛皆古诸侯国名。伯,其爵。"④

先公名之"河"当即黄河之神,也是河国的祖宗神。杨树达说:"卜辞言高祖河,即《山海经·大荒东经》引《竹书》所称'是故殷王上甲微假师于河伯以伐有易'中所称河伯之始祖。"⑤很多学者认为卜辞中可以兴雨、能够为害并被祭祀的"河"是殷人的先公,《合集》32028片有辞言"祓禾于高祖河",称"河"为"高祖",正说明它是殷人的祖先神。不过,也有学者认为"高祖河"不应连读,而应当读为"高祖、河",是两位神灵,陈梦家就持这个观点。⑥姚孝遂也认为"高祖"与"河"不应连读,但是又认为"'河'为殷之先祖,亦无疑义"⑦。但是,常玉芝在《商代宗教祭祀》一书中花了很大的篇幅论证卜辞中的"河"是指祖先神而不是指自然神,指出《合集》32028片卜辞的"高祖

---

① 于省吾主编,姚孝遂按语编辑:《甲骨文字诂林》第二册,第1288—1289页。
② 方诗铭、王修龄:《古本竹书纪年辑证》,上海:上海古籍出版社,2005年,第10页。
③ 李曰刚编纂:《先秦文汇》下册,台北:中华丛书编审委员会,1963年,第223页。
④ (清)蒋骥撰,于淑娟点校:《山带阁注楚辞》,上海:上海古籍出版社,2019年,第71页。
⑤ 于省吾主编,姚孝遂按语编辑:《甲骨文字诂林》第二册,第1285页。
⑥ 陈梦家:《殷墟卜辞综述》,北京:中华书局,1956年,第343—344页。
⑦ 于省吾主编,姚孝遂按语编辑:《甲骨文字诂林》第二册,第1290页。

河"不应断读,且"在殷人的心目中,祖先神河神主要是掌管农业生产的神灵"①。也有学者认为,"河"并非殷人的先公,而是自然神,比如李学勤就认为河、岳均是自然神,指出"夒与河、岳有时并列,只能说夒有一定的自然神性,而不可把河、岳等排入商王先世"②。

从卜辞的角度看,"河"的确有祖先神的性质。罗琨发现"卜辞中的'河'既有自然神——大河之神的神格,又有宗庙之主的性质,与'高祖'有对等的地位,沉妾祭河,显然是河伯娶妇的滥觞,所以卜辞中享祭之河当即河伯",他认为"大河之神既有为大鱼或人面鱼身的传说,又有河伯为部族首领的记载,可能对大河之神的奉祀,也有类似的发展过程,不同的是卜辞中的河仍然保存着能够影响云雨的自然神神威,所以他既是自然之神又是宗庙之主(或称人鬼)。由于作为宗庙之主的河伯,与商先世的密切关系,而在商人的祀典中居于特殊地位"。③笔者比较赞成罗琨的观点,就是卜辞中的"河"既是黄河之神,也是殷人的祖先神。至于为何如此,有必要进一步讨论。

三、文献中的河伯冯夷及其后裔

实际上,在后世的文献中,河伯呈现的主要特征是自然神的性质,很难把它和殷人的祖先联系起来。也就是说,在传世文献中,除了《山海经》和《竹书纪年》中上甲微联合河伯伐有易的故事之外,很难再找到河伯与殷人有什么关系。由于卜辞的记录都很简略,我们无从考察它和殷人到底有什么亲缘关系。

首先,典籍中的某些记载和卜辞是可以相印证的,比如卜辞中记载"河"可以"求(咎)我"(《合集》2415),可以"害王"(《合集》766),可以"害

---

① 常玉芝:《商代宗教祭祀》,北京:中国社会科学出版社,2020年,第173—186页。
② 李学勤:《评陈梦家〈殷墟卜辞综述〉》,《考古学报》1957年第3期。
③ 罗琨:《卜辞中的"河"及其在祀典中的地位》,安徽大学古文字研究室编:《古文字研究》第22辑,北京:中华书局,2000年,第10—11页。

雨"（《合集》14620），可以"害云"（《屯》2105），可以"害禾"（《合集》3337）。《左传·哀公六年》载楚昭王生了病，占卜说是"河为祟"，这是河可以害王之比。①《晏子春秋·内篇谏上》载齐国大旱，齐景公让人占卜说"祟在高山广水"，景公"欲祠河伯"，此是"害雨""害云"之比。②卜辞中对河的祭祀隆重，《礼记·学记》里说"三王之祭川也，皆先河而后海"③，说明河神之地位高于海神。但这个"河"或"河伯"，显然是指黄河之神，即自然神。

古人认为的黄河之神就是河伯冯夷，《山海经》中作"冰夷"，《海内北经》云：

> 从极之渊深三百仞，维冰夷恒都焉。冰夷人面，乘两龙。一曰忠极之渊。
>
> 郭璞云："冰夷，冯夷也。《淮南》云：'冯夷得道，以潜大川。'即河伯也。《穆天子传》所谓'河伯无夷'者。《竹书》作'冯夷'，字或作'冰'也。"④

根据朱起凤《辞通》卷二所列，"冯夷"有"冰夷"（《山海经·海内北经》）、"无夷"（《穆天子传》）、"冯逸"（《水经注·河水》）、"冯迟"（《文选》）等几种写法，朱起凤认为"冯字古读如凭，故又叚作冰，音相近。……无与冯声之转，夷、逸双声字，故亦通叚"⑤。

郑杰文在校解《穆天子传》"辛丑，天子西征，至于䣙人。河宗之子孙䣙柏絮且逆天子于智之口"时，指出"䣙人：即䣙人之国。《路史·国名纪》有

---

① （西晋）杜预注，（唐）孔颖达疏：《春秋左传注疏》卷五十八，《景印文渊阁四库全书》第144册，台北：台湾商务印书馆，1986年，第610页。
② （春秋）晏婴：《晏子春秋》卷一，《景印文渊阁四库全书》第446册，第102页。
③ 杨天宇译注：《礼记译注》下，上海：上海古籍出版社，2016年，第581页。
④ 袁珂校注：《山海经校注》，上海：上海古籍出版社，1980年，第316—317页。
⑤ 朱起凤：《辞通》卷二，上海：上海古籍出版社，1982年，第114—115页。

郿国"。①他还援引刘师培"郿、冯古通，郿伯之'郿'即冯夷之'冯'。盖郿伯以先祖之名为国名。《汉书·侯表》郿成制侯周缉，《楚汉春秋》作'封为冯城侯'，此'郿'与'冯'通之确证"以及于省吾"郿人即冯夷也"之说作为佐证。②王献唐也认为"郿者，冯也，即冯夷之冯"③，他对此还有段详述：

> 伏羲风姓，风周读如喷，古读如鹏，鹏犹郿也。……东方九夷，一为方夷，一为风夷，均为伏羲族氏。……总上若无、若冯、若冰、若郿、若伏、若包、若庖、若虙、若宓、若风、若郿、若夆、若巴、若逢、若逄、若彭、若封、若防、若方，皆出于牟，为一声之转。五方音读，声随纽变，音即不同，依音署字，字以各异，推其本源，初实一系。④

王献唐认为这些字"皆出于牟"有待商榷，但他认为"郿"与"无""冯""冰"等字"为一声之转"，"推其本源，初实一系"则不误，因此"郿人"也是"冯夷"的一种比较古老的写法。

由此我们也可以知道，"冯夷"之名盖出自东方九夷之一的"风夷"，"冯（冰、无）夷""郿人"者，即风夷也。帛书《十六经·成法》载力黑（牧）"昔者皇天使冯（凤）下，一言而止"之言，余明光注释为"冯读为凤，古代神话以为凤是上帝使者，殷墟甲骨文中有'帝史（使）凤'之文"⑤，可知古书有以"冯"为"凤"者，而甲骨文中"凤""风"实一字。

根据《说文》，前者或隶定为"鹏"，后者隶定为"鹏"，《庄子·逍遥游》中的"鹏"即凤鸟，《淮南子》中称为"大凤"者，"郿"字左边所从之"朋"当即凤之古文"朋"字形讹，其本即"凤人"或"风夷"之国，后加邑部以明之。

---

① 郑杰文：《〈穆天子传〉校释》，《穆天子传通解》，济南：山东文艺出版社，1992年，第11页。
② 同上。
③ 王献唐：《炎黄氏族文化考》，济南：齐鲁书社，1985年，第446页。
④ 同上书，第452页。
⑤ 余明光校点、注释：《黄帝四经今注今译》，长沙：岳麓书社，1993年，第145页。

"风夷"在上古时期可能是一个大概念，《竹书纪年》中说"夷有九种"，其中一种就是"风夷"，以"种"称之，可见它不是一个部族或一个方国，而是由诸多方国部族构成的这么一个夷人种族，其他如玄夷、白夷、嵎夷之类应该都是这种情况。"风夷"就是所有崇拜凤鸟（或者说是以凤鸟为图腾）的东夷部族的统称。而"河"则是由风夷中的一个部族建立的一个方国，他们的活动地区主要是在黄河之滨，故以河为名。河伯冯夷是他们最有名的首领，也许就是河国的最早祖先，因为他的名字失传，所以径以族名"风夷"名之，而后变为"冯夷"，他死后被河国祀为祖先神，也被当成了黄河之神。而后来与王亥、上甲微发生关系的河伯，当是他的后人。

　　根据《穆天子传》，冯夷之后有邲人国，国君曰邲伯絮；有河宗氏，首领曰河宗柏夭。其国名盖因"冯夷"（风夷）之名而得，其氏则因其先祖之宗庙"河宗"而得，"河宗"之名已见于卜辞，说见上。刘师培认为："邲伯、柏夭同为河宗氏。柏夭在西，为河宗氏嫡裔。邲伯另分土于东。无夷为二国之祖。"①王献唐认为："河神即古河宗，河伯历尊为神，故至今奉祀。"②郑杰文也认为："河宗，即河伯、河神，是邲邦等方国尊奉的先祖。"③但由卜辞观之，"河宗"乃是祭祀河伯的宗庙，本身并非河神，盖冯夷之后人世代奉祠河宗以守其祀，故为"河宗氏"。意者冯夷本为上古风夷部族的大首领，故其后奉之为先祖。

　　《山海经·大荒北经》云："有人一目，当面中生，一曰是威姓，少昊之子，食黍。"④少昊是嬴姓，一说是己姓。《左传·昭公十七年》载郯子曰："我高祖少皞挚之立也，凤鸟适至，故纪于鸟，为鸟师而鸟名。"⑤很明显，少昊（皞）这一族也是崇拜凤鸟的古代部族，郯子说少皞名"挚"，极有可能是来自大风（凤）一名"鸷鸟"的说法，"挚""鸷"古音同。上古时代，太昊、少昊都与

---

① 郑杰文：《〈穆天子传〉校释》，《穆天子传通解》，第11页。
② 王献唐：《炎黄氏族文化考》，第447页。
③ 郑杰文：《〈穆天子传〉校释》，《穆天子传通解》，第11页。
④ 袁珂校注：《山海经校注》，第435页。
⑤ 杨伯峻：《春秋左传注》第三册《昭公十七年》，北京：中华书局，1981年，第1387页。

凤鸟崇拜有关，故太昊以"风"（凤）为姓，少昊以鸟纪官。还有在鲁地的古代部族大庭氏，《遁甲开山图》说"大庭氏王有天下，五凤异色"①，王献唐认为大庭氏是伏羲之裔，也当是与凤鸟崇拜有关。

所以说最初的"风夷"是一个范围较大的部族名称，包括了许多相对独立的氏族，所有崇拜凤鸟的氏族都可以叫"风夷"，太昊、少昊都是风夷部族的大首领。②河国就是后来鄘国的前身，河国的初祖冯夷就是河宗氏的祖先，而河国最初很有可能也是出自少昊族系，是东夷中风夷的分支。他们的图腾应当是凤鸟，凤鸟是他们的表征物；河伯冯夷既是他们的祖宗神，也是他们图腾神的化身，所以《天问》里说羿射河伯，而《本经训》里说"缴大风（凤）"，其实说的是一个故事。

《史记·封禅书》论及"水曰河，祠临晋"，《正义》言："《山海经》云'冰夷人面，乘两龙也'。《太公金匮》云'冯修也'。《龙鱼河图》云：'河伯姓吕，名公子，夫人姓冯名夷。河伯，字也。华阴潼乡隄首人，水死，化为河伯。'应劭云'夷，冯夷，乃水仙也'。"③

四、河伯神话的演变

正因为冯夷也具有凤鸟这个图腾神的性质，所以后来的神话中把他和风神的凤混同了。殷人认为凤既是风神（风伯），也是上帝的使者，故在殷墟卜辞中有祭祀凤的卜辞，又把"凤"称为"帝史（使）凤"（《合集》14225），甲骨

---

① （北宋）李昉等：《太平御览》第二册卷七十八《皇王部》，北京：中华书局，1960年，第365页。

② 何光岳认为太昊、少昊都属于东夷的"鸟夷"，而据《山海经·海内经》"有盐长之国，有人焉，鸟首，名曰鸟氏（民）"，《山海经笺疏》并以为此"鸟氏（民）"即"鸟夷"，鸟夷当是上古时代的一个鸟图腾部族，建立了一个国家叫"盐长国"，恐与太昊、少昊无关。参见何光岳：《鸟夷族中诸鸟国的名称和分布》，刘敦愿、逄振镐主编：《东夷古国史研究》第二辑，西安：三秦出版社，1990年，第54—64页。

③ （西汉）司马迁撰，（南朝宋）裴骃集解，（唐）司马贞索隐，（唐）张守节正义：《史记》卷二十八《封禅书》，北京：中华书局，2013年，第1642—1643页。

文中"凤""风"同字，故《河图帝通记》里说"风者，天地之使也"①，是有很古老的依据。另外，赵诚说："商人认为风与雨有关，所以偶尔也将风字加上一个雨头。"②也就是认为凤（风）有兴雨的功能，甲骨文中还有"凤"（风）字（《合集》7371）周身带有小点，当是雨点的象形。也就是说，在古人心目中，凤既有司风的能力，又有降雨的能力。正因为此，在后来神话中的"冯夷"有了许多变化。

首先，他被演化成了雨师"屏翳"。如《楚辞补注》所论：

萍号起雨，何以兴之？（萍，萍翳，雨师名也。号，呼也。兴，起也。言雨师号呼，则云起而雨下，独何以兴之乎？……《山海经》：屏翳在海东，时人谓之雨师。《天象赋》云：太白降神于屏翳。注云：其精降为雨师之神。《博雅》作荓翳。张景阳诗云：丰隆迎号屏。颜师古云：屏翳，一曰萍号。）撰体协胁，鹿何膺之？③

这个"屏翳"很明显是由"冯夷"音变来的，"冯"、"屏"（萍）双声（并母），"夷""翳"叠韵（同脂部），是一个词的不同写法而已。《天问》的"萍"就是"冯"，也就是"凤"，古人每见到风声大作而后云生雨降，认为是风神在下雨，故屈原发问："风神号呼下雨，它是怎么兴起的？"第二句"撰体协胁，鹿何膺之？"王逸注"一云：撰体胁鹿，何以膺之"。④从句式上看，这个"一云"是对的，只是有讹字，"胁"当作"协"，"鹿"当作"塵"，即尘土，言凤遍体裹挟尘土，是怎么携带的。总之"冯夷"变成"屏翳"就被称为"雨师"。

因为凤是风神，所以屏翳也被当成风神。《文选·洛神赋》的"屏翳收

---

① （战国）宋玉：《风赋》，（南朝梁）萧统编，（唐）李善注：《文选》卷十三，《景印文渊阁四库全书》第1329册，第221页。
② 赵诚：《甲骨文简明词典：卜辞分类读本》，北京：中华书局，2009年，第5页。
③ （南宋）洪兴祖撰，卞岐整理：《楚辞补注》卷五，南京：凤凰出版社，2007年，第89页。
④ 同上。

风"，吕向注为"屏翳，风师也"①，风师就是风伯，也就是风神。凤为上帝的使者，风为天地之使，屏翳也有这个职务，如《史记·司马相如传》"召屏翳"，《史记正义》引应劭"屏翳，天神使也"之说论之。②

严可均《全上古三代文》辑《太公金匮》载太公曰："河伯名为冯夷，雨师名咏，风伯名姨。"河伯冯夷，严可均注云："《史记·封禅书》《正义》引作'冯修'，《文选·思玄赋》旧注引作'河伯姓冯名修'。"③"修"字当是"攸"字之讹，是由"夷"字音变来的，说已见上。

雨师名"咏"，意者本当作"泳"，它当是由"冰"字讹变成的，"冰"即冰夷，也就是冯夷；又说风伯名"姨"，"姨"就是"夷"，"风伯名姨"就是从"风夷"这个词演化而来的，"风夷"也就是"冯夷"——《太公金匮》的作者把"冯（冰）夷"一名拆成了河伯、雨师、风伯三个神名，从文字即可见其演变之痕迹。

唐段成式《酉阳杂俎·支诺皋记》有个记载说风神名"封十八姨"④，这个明显又是从"冯夷"或"风夷"演变来的；"十八"者，木也，《周易》八卦中巽象为风为木，故言"封十八姨"。

这些神话，显而易见是由于河伯冯夷神话与风伯、风神之"凤"的神话混同造成的，而在殷商时期，二者一为河神兼祖宗神，一为神鸟兼自然神，并不相干；周代人祭祀山川时祭河，同时也祭祀飙（风）师、雨师，可见夏商周三代之时河神、风神、雨神是不同的神灵，不能混为一谈。但因为河伯冯夷具有凤鸟图腾神的性质，因此也具备风神、雨神的功能，造成混同，也是情理之中的事情。

---

① （南朝梁）萧统编，（唐）李善等注：《六臣注文选》上册卷十九《洛神赋》，上海：上海古籍出版社，1993年，第432页。
② （西汉）司马迁撰，（南朝宋）裴骃集解，（唐）司马贞索隐，（唐）张守节正义：《史记》，第3683、3685页。
③ （清）严可均校辑：《全上古三代秦汉三国六朝文》第一册，北京：中华书局，1958年，第52—53页。
④ （唐）段成式：《酉阳杂俎续集》，《景印文渊阁四库全书》第1047册，第793页。

河伯冯夷的神话,和古巴比伦神话中的恩利尔(Enlil)非常相似。恩利尔是风神,其名为苏美尔语,意为"风之主宰",但他又被视为暴风雨之神,控制美索不达米亚两大水系幼发拉底河、底格里斯河的洪水涨落,又具有河神的性质。[①]在这个神话上,中、巴古人的思维有惊人的一致性。

五、殷人为何以河为"高祖"之推论

殷人在卜辞中称"河"为"高祖",很明显是将之当成祖先。但是这件事在古籍中找不到很明显的河伯与殷人有亲缘关系的例子,唯一的故事就是《山海经》《竹书纪年》等书中记载殷王亥宾于有易放牧牛羊,为有易所杀,王亥之子上甲微假师河伯以伐有易而灭其国这件事。清华简《保训》篇也记载文王说这件事,说是上甲微假"中"于河以复有易,有易服罪之后上甲又归"中"于河,对于其中的"中"是什么,学者们多有争论,但是上甲微假师河伯为王亥复仇的故事当无疑义。

这件事对殷人来说影响巨大,可能在他们部族的发展史中具有特殊的地位和意义,所以殷墟卜辞中每将王亥、上甲同卜,如:

辛巳卜,贞:王亥、上甲即于河?(《合集》34294)

辛巳卜,贞:王亥、上甲即宗于河?(《屯》1116)

辛未贞:叀上甲即宗于河?(《屯》2272)

不过,这件事只能证明河伯曾经帮助过殷人,是有功劳于殷的,可如果只因为此事就把河伯祀为"高祖",是很不可思议的。就像伊尹,辅佐成汤得了

[①]《外国神话传说大词典》编写组编:《外国神话传说大词典》,北京:中国国际广播出版社,1989年,第274—275页。

天下，厥功至伟，也入殷人祀典，可殷人绝没有把他当成"祖先"的意思，殷人把汤尊为"高祖"，伊尹绝无此称谓。所以河伯也不可能是因为这事被殷人尊为"高祖"。

那么，"河"为何被殷人当成"高祖"呢？笔者认为还当与殷人的祖先契的诞生有关。

《诗经·商颂·玄鸟》"天命玄鸟，降而生商，宅殷土芒芒"，是说上天命令玄鸟降到人间，生了商。《毛传》的解释是："玄鸟，鳦也，春分玄鸟降。汤之先祖有娀氏女简狄，配高辛氏帝，帝率与之祈于郊禖而生契，故本其为天所命以玄鸟至而生焉。"[①]"玄鸟"即"鳦"，就是燕子。《吕氏春秋·音初》也说："有娀氏有二佚女，为之九成之台，饮食必以鼓。帝令燕往视之，鸣若谥隘。二女爱而争搏之，覆以玉筐。少选，发而视之，燕遗二卵，北飞，遂不反。二女作歌，一终曰：'燕燕往飞'，实始作为北音。"[②]这里面明确地说"帝令燕往视之"，也是燕子。

不过，在先秦还有一种说法，以"玄鸟"为"凤凰"，郭沫若曾举了"天命玄鸟，降而生商"（《诗经·商颂·玄鸟》）、"简狄在台訾何宜？玄鸟致贻女何嘉？"（《楚辞·天问》）、"高辛之灵盛兮，遭玄鸟而致诒"（《九章·思美人》）作为例证，并论之云：

> 玄鸟旧说以为燕子，但是我想和《山海经》的"惟帝俊下友"的"五彩之鸟"是同一的东西。在《离骚》中可以找到一个证据，便是"望瑶台之偃蹇兮，见有娀之佚女。……凤凰既受（授）诒（贻）兮，恐高辛之先我"。这分明说的是简狄的故事，"凤凰受诒"便是"玄鸟致贻"，可见玄鸟就是凤凰。玄是神玄之意，不当解成黑色。"五彩之鸟"大约就是卜辞中的凤。晚期的卜辞有祭凤的记录，称凤为"帝使"。"于帝史（使）凤，

[①] 《毛诗注疏》卷三十，《景印文渊阁四库全书》第69册，第977页。
[②] 《吕氏春秋》，《景印文渊阁四库全书》第848册，第318页。

二犬"(《卜》三九八)、"甲戌贞其宁凤,三羊三犬三豕"(《簠室殷契徵文》典礼一六),大约是凤或"五彩之鸟"在传说的演进中化为了玄鸟或燕子的。①

根据《诗经·商颂·玄鸟》等古书的说法,玄鸟是高辛氏帝喾的使者(当来源于"帝使凤"之说),送来了卵,有娀氏简狄吞了后生了殷人的祖先契。郭沫若曾经指出:"(卜辞)神话中之最高人物迄于夒,夒即帝喾,亦即帝舜,亦即帝俊。帝俊在《山海经》中即天帝,卜辞之夒亦当如是。旧说视帝喾、帝舜为二,且均视为人王,乃周末学者之误会。"②从这个传说中我们看出一个端倪,就是作为帝喾使者的玄鸟,它才是真正意义上的契的父亲,也就是说,玄鸟实际上就是商人一位祖先的化身!

郭沫若说玄鸟就是卜辞中被祭祀的"凤"或"帝使凤",但商人说的"玄鸟"和"帝使凤"似乎还有区别。卜辞中受祭祀的"凤"当是风神,相当于后来神话中的风伯;而玄鸟虽然也是凤,也是上帝之使,但它是商人一位最初祖先的象征,是有娀氏简狄的配偶,殷人后裔宋人作的《诗经·商颂·玄鸟》称之为"玄鸟"而不称之为"凤鸟""凤凰""风伯",正是为了这个区别而然。笔者认为,这个"玄鸟"实际上就是河伯冯夷的化身,也就卜辞中隆重祭祀的"高祖河"!

古代一些圣人只知有母,不知有父,因为上古三代时期有野合的风俗,"观社""尸女"之风盛行,好多女子生子并不一定知道这孩子的父亲是谁,于是才有了感生神话。《说文》中提到的"姓,人所生也。古之神圣,母感天而生子,故称天子",桂馥在《说文解字义证》中对此做出了详解:"郑注《丧服传》:'始祖者,感神灵而生,若稷、契是也。'《丧服小记》:'王者禘其祖之所

---

① 郭沫若:《先秦天道观之进展》,《郭沫若全集·历史编》第一卷,北京:人民出版社,1982年,第328—329页。

② 郭沫若:《卜辞通纂》,《郭沫若全集·考古编》第二卷,北京:科学出版社,1983年,第362页。

自出，以其祖配之。'注云：'始祖感天神灵而生，祭天则以祖配之。'《礼记·大传》：'王者禘其祖之所自出，以其祖配之。'注云：'王者之先祖，皆感太微五帝之精以生。'《五经异义》：'《诗》齐、鲁、韩，《春秋》公羊说：圣人皆无父，感天而生。'"①总之那些不知道父亲是谁的始祖都是感天或神灵所生的，目的是增加其神秘性，以崇高其地位。而殷人的祖先契，显然也是这种"感生"的产物——只知道他的母亲是有娀氏简狄，却不知道他的父亲是谁，于是有了上帝派凤凰"致贻"而生契的说法。

契的母亲简狄是有娀氏，这个殷人是承认的，《诗经·商颂·长发》里就明确说"有娀方将，帝立子生商"②。根据顾颉刚先生的考证，有娀就是有仍，也就是有任。任在今天的山东济宁，太昊之后，风姓，也是风夷的一支。郭沫若认为帝俊之妻常羲，亦即帝舜之妻女英、女匽，亦即帝喾之妃常仪，也就是简狄③，应当是正确的。需要注意的是，这个国家也在泰山（昆仑虚）之南，当与河伯冯夷所都居的从极之渊相近。

杨宽曾经说："燕古又称玄鸟，殷人东夷自以为他们的祖先就是玄鸟所降生。玄鸟是殷人东夷的祖先神，秦嬴姓，即盈姓，本也是东夷之族，而秦的祖先神就叫作"益"，而且益在传说里又是管理草木鸟兽的，益的后代还多是些'鸟身人言'的怪物（见《秦本纪》），那么，益不就是玄鸟或燕子吗？玄鸟本也称凤鸟，神话里又称为'五彩之鸟'（证均详《导论》）。《山海经·大荒东经》上说：'有五采之鸟，相乡弃沙，惟帝俊下友。帝下两坛，采鸟是司。'帝俊就是上帝（证详《导论》），上帝旁边有'采鸟'司事。"④

杨先生说玄鸟就是燕就是凤凰，也就是殷人的祖先神，是非常正确的。所

---

① 桂馥：《说文解字义证》，上海：上海古籍出版社，1987年，第1068页。
② 高亨：《诗经今注》，《高亨著作集林》第三卷，北京：清华大学出版社，2004年，第599页。
③ 郭沫若：《释祖妣》，《郭沫若全集·考古编》第一卷，北京：科学出版社，1983年，第26、30页。
④ 杨宽：《序〈古史辨〉第七册因论古史传说中的鸟兽神话》，《古史探微》，上海：上海人民出版社，2016年，第374页。

以，在殷人最初的传说中，"河"一定是他们的一位远古祖先，是初祖契之父，故殷人以"高祖"称之，并将他列入祀典隆重祭祀。后来殷人后裔为了提升自己的地位，把契直接说成上帝高辛氏帝喾之子，把"河"演变成了上帝的使者"玄鸟"，其故事的本源渐渐消灭。这个变化，极有可能发生在殷商灭亡之后。

正因为殷人与河国有这层亲缘关系，就可以解释为什么王亥会托于有易、河伯仆牛；在有易杀了王亥之后，为什么河伯会热心帮助上甲微替父报仇，因为河伯族是殷人的父族，关系非同一般。由此我们也可以知道，殷商民族本来也是诞生在黄河下游东夷地区的东夷部族，不过他们最初靠游牧为生（至少在王亥、王恒兄弟时尚且如此），逐水草而居，四处漂流，在许多地方都留下了遗迹，所以对殷商起源地的争论也纷纭莫是，是皆不考其传说本源之故也。

萧颖士的中古贡献及其家学门风

——以萧颖士《春秋》学成就为考察中心

闫春新　闫齐麟[*]

摘　要：本文以萧颖士的《春秋》经传征引为例，爬梳、提炼出其独特的《春秋》观、以《春秋》等六经为准的文史观，又考察了其对古文运动的先声与倡导，从中具体探讨了萧颖士的中古学术贡献。萧颖士能如此精熟地征引《春秋》经传，能形成以六经为准的文史观、折中三传的《春秋》经传观，显然有其家族文化渊源，是熏陶自隋唐兰陵萧氏整个家族的经学人格群体乃至其直系先祖的家学门风。

关键词：萧颖士；学术贡献；家学门风

李慈铭在《越缦堂读书记》中写道："唐之世家，自以郑氏、河东裴氏、京兆韦氏、赵郡李氏、兰陵萧氏、博陵崔氏六族为最。"这六个姓氏中，博崔赵李荥郑位居四姓；京兆韦氏、河东裴氏亦为关中四姓，地位毋庸置疑，唯

---

[*] 作者简介：闫春新，男，山东师范大学齐鲁文化研究院教授，尼山学者兼孔子研究院特聘专家，主要研究方向为儒学史、魏晋南北朝思想文化史与汉唐经学史；闫齐麟，男，山东曲阜人，曲阜师范大学历史文化学院博士研究生，主要研究方向为明清史与儒家文献与思想研究。本文为2023年国家社会科学基金一般项目"魏晋玄学统摄下的儒道佛经典互诠研究"（项目号：23BZX027）及教育部人文社会科学重点研究基地重大项目"齐鲁文化传承发展与汉魏六朝政治文化格局研究"（项目号：22JJD770052）阶段性成果。

独兰陵萧氏是北方士族心目中地位稍次的南朝侨姓。南朝四大侨姓中的王、谢、袁入唐后均不显，兰陵萧氏可谓硕果仅存，但它竟能与关中四姓并列，这便是一个颇值得注意的问题。下文便以学界尚少探讨的以萧颖士的《春秋》学为中心的中古学术成就及其成因，管窥隋唐兰陵萧氏的家学、家风及其文化传承。

一、萧颖士及其《春秋》观

萧颖士（717—768），字茂挺，颍州汝阴（今安徽阜阳）人，郡望为南兰陵（今江苏常州，可远溯至周汉的琅琊兰陵），唐朝文人、名士，极力推崇先秦两汉散文。萧颖士高才博学，工于书法，长于古籀文体，工古文辞，语言朴实，诗多清凄之言。

据《新唐书·艺文志》载，萧颖士有《游梁新集》三卷、文集十卷、《萧梁史谱》二十卷，均佚，后人辑有《萧茂挺文集》。《全唐诗》收录其诗二十首。《宋史》仅载有文集十卷，《游梁新集》已散失。到了明代，文集十卷也散失了。现在存世的仅有《萧茂挺文集》一卷，是后人从《文苑菁华》《唐文粹》诸书中辑成的。

萧颖士从小便聪颖好学，其7岁能诵数经，背碑覆局；年仅10岁，便以文章知名；15岁誉高天下；唐开元二十二年（734），年仅17岁便获廷试一甲一名进士，对策第一，成为武进历史上第一个状元。他40岁后客居在濮阳，招收学子，授文传业，一时全国学子纷纷投其门下，时人尹徵、王恒、卢异、卢士式、贾邕、赵匡、阎士和、柳并时常听他讲学，而且对他均待以夫子之礼，并尊称他为"萧夫子"。"萧夫子"之名远播海内外，连日本来华使者和留学生也以拜谒他为荣。其后客死汝南逆旅，门人私谥曰"文元先生"。

仅从《春秋》学在隋唐的流传与变动来看萧颖士其人其才及其学术贡献，首先就是其立志效法《春秋》的褒贬准则而法度后世，"垂沮劝之益"。孔子之后的许多儒者经师尤其是两汉今文经学者，认定孔子作《春秋》而为后世立法。萧颖士显然接受了这一看法:"其道末者其文杂,其才浅者其意烦,岂圣人存易简之旨、尽芟夷之义也?"并在此基础上,提出了其主要以孔子作《春秋》等为范式及褒贬准则的"化理"设想,最终来引领甚或规范社会、教化人伦。所谓"化理"者,非止于浅层之教化治理,而是"以律度百代为任"①,效法孔子而建构文化,彰显其褒贬准则,最后超越两汉,直追夏商周三代,以实现儒家治国的理想状态——王道理想为其愿景。与汉唐大多数儒者经师对《春秋》《左传》予以的著述、注疏、解读不同,萧颖士重在通过遵依《春秋》《左传》而著书立说,以引领教化当世②:"愚以为将求致'理',始于学习经、史。《左氏》《国语》《尔雅》《荀》《孟》等家,辅佐五经者也。及药石之方,行于天下,考试仕进者宜用之。……至于丧制之缛、祭礼之繁,不可备举者以省之,考求简易、中于人心者以行之,是可以淳风俗,而不泥于坦明之路矣。……今以简质易烦文而便之,则晨命而夕周,逾年而化成。蹈五常,享五福,'理'必然也。"③这里的"简质易烦文"及下文的"去其浮辞,存乎正言""非训齐生人不录"等,大都就是依法孔子笔削简赅鲁史史文以褒贬寓王道、辨是非。刘太真、李华也称萧颖士多有《春秋》以褒贬来明善恶、教化人伦的立言情结。如前者在其《送萧颖士赴东府序》曰:"先师微言既绝者千有余载,至夫子而后洵美无度,得夫天和。……夫子辞以疾而不之从也。退然贫居,述作万卷,去其浮辞,存乎正言。昔左氏失于烦,谷梁失于短,公羊失于俗,而夫子为其折衷。"后者如《扬州功曹萧颖士文集序》:"君以为六经之后,有屈原、宋玉,文甚雄壮,而不能经。厥后有贾谊,文词最正,近于'理'体。枚乘、司马相如,亦瑰丽才士,然而不近风雅。"④"萧以史书为繁,尤罪子长不编年陈事,而为列传,后代因之,非典训也。将正其失,自《春秋》三家

---

① (清)董诰等:《全唐文》,北京:中华书局,1983年,第3214页。
② 雷恩海、苏利国:《论唐代文化共同体建设的必然性——以萧颖士"化理"说的思想与文化渊源为例》,《河南师范大学学报》(哲学社会科学版)2017年第2期,第126页。另,笔者已据己之意对原文进行了某些改动,正文上引与相应原文部分文意略有不同。
③ (清)董诰等:《全唐文》,第3213页。
④ 同上书,第3278页。

之后，非训齐生人不录，次序缵修，以迄于今。志未就而殁。推是而论，则见萧之志矣。"①

显然，如是追求，既有下文即将专论的兰陵萧氏家族文化之积淀、熏染，又有其积极进取，欲有所作为的远大志向，即兴复儒道、维系人心，在特定历史时期着力于文化共同体构建的努力。②萧颖士一生喜好交游，曾以兄礼待元德秀，而以殷寅、颜真卿、柳芳、陆据、李华、邵轸、赵骅为友，因为他们能一直保持友谊，故被当时人称为"殷、颜、柳、陆、李、萧、邵、赵"。与他来往的还有孔至、贾至、源行恭、张有略、族弟萧季遐、刘颖、韩拯、陈晋、孙益、韦建、韦收等，而这些人中只有李华能与他齐名，世人称之为"萧李"。李华和萧颖士不仅在现实中是要好的朋友，而且最重要的是他们都反对骈文追踪刘勰之"文心"而提倡复古与革新，是真正意义上的古文运动的先驱，对于"文以载道"③而又教化人伦的中唐文风的形成，起了重要的作用。同时个人又年少成名而终生"优游道术，以名教为己任"，但愿"自为文儒士""致俗雍熙"。萧颖士平生"溺志著书，放心前史，乍窥律令，无殊桎梏"④，"丈夫生遇升平时……助人主视听，致俗雍熙，遗名竹帛，尚应优游道术，以名教为己任，著一家之言，垂沮劝之益，此其道也"⑤。不难看出，身为王族后裔的他，即使家道中落，却依然胸怀天下，其内心深处有着异常强烈的建功立业与劝善

---

① （清）董诰等：《全唐文》，第3278页。

② 雷恩海、苏利国：《论唐代文化共同体建设的必然性——以萧颖士"化理"说的思想与文化渊源为例》，《河南师范大学学报》（哲学社会科学版）2017年第2期，第125页。

③ "文以载道"这一口号，首先是宋儒周敦颐提出的。韩愈的门人李汉说："文者，贯道之器也。"柳宗元也说："文者以明道。"我们认为"文以载道"可以作为韩愈一生文学创作成就的一个理论概括和实践说明。但今天我们一定要把它和宋代理学家的"文以载道"严格区别开来。在韩愈看来，"文以载道"只是着重在"文"，是"约六经之旨以成文"，他主要是希望用"道"来充实和提高"文"的思想内容。宋儒批评，"古人好道而及文，韩退之学文而及道"，韩愈之学是一种"倒学"。但我们认为，这恰恰证明韩愈作为一个"锐意钻仰，欲自振于一代"的文学家的当行本色。参见吕美生：《韩愈"文以载道"新探》，《安徽大学学报》（哲学社会科学版）1985年第1期。

④ （清）董诰等：《全唐文》，第3276页。

⑤ 同上书，第3275页。

济世思想。显然，他在必备的儒家经典学习中，修身立德的儒家理念早已浸润到思想深处，成为其世界观之核心所在。①

二、以《春秋》等六经为准的文史观

在萧颖士等儒学淳厚之士看来，史学与经学之精神、义理、思想乃一脉相承。这也就是说，史学秉承经学之精神、思想、义理，昭示历史事实所蕴含的内在义理与精神，而发挥其经世济民之作用。可以说，史乃其表，经乃其里，表里相辅而相成。萧颖士精熟五经，且史学功底深厚又识见通达，深谙史学乃经学精神之一脉相承，因而萧颖士于史最重《春秋》，以其"全身远害之道博，惩恶劝善之功大"②。萧颖士在批评纪传体时指出，史学求载事之博之举，迷失了《春秋》之大义。他主张为史要师法《春秋》，叙事简约，贯穿"褒贬义法"，以突显"大义"，以"义"贯于"事"，"事"之编排次序应以突显"义"为宗旨，也就是说史学的要务在于明义而非叙事。基于此经史观，萧颖士进而依《春秋》体例，撰写编年史百篇。萧颖士撰史，"于《左氏》取其文，《穀梁》师其简，《公羊》得其核，综三传之能事，标一字以举凡。扶孔、左而中兴，黜迁、固为放命"③。由此可见，重"史"只是手段，通过著史书以达到"振纲维"的政治目的，其实质乃表达了经史一体的思想。④

与其后唐宋八大家相比，萧颖士这种由史入手而直寻儒道，且兼顾文学的做法，明显具有理论与实践并重之特点。⑤他说："学也者……所务乎宪章典法、

---

① 笔者已据己之意，对原文有所改动。参见雷恩海、苏利国：《论唐代文化共同体建设的必然性——以萧颖士"化理"说的思想与文化渊源为例》，《河南师范大学学报》（哲学社会科学版）2017年第2期，第122页。
② （清）董诰等：《全唐文》，第3278页。
③ 同上。
④ 雷恩海、苏利国：《论唐代文化共同体建设的必然性——以萧颖士"化理"说的思想与文化渊源为例》，《河南师范大学学报》（哲学社会科学版）2017年第2期，第125页。
⑤ 同上书，第126页。另，笔者已据己之意对原文进行了某些改动，正文上引与相应原文部分文意略有不同。

膏腴德义而已。文也者……所务乎激扬雅训、彰宣事实而已。"①在他看来，无论是"宪章典法、膏腴德义"之"学"，还是"激扬雅训、彰宣事实"之"文"，最后的落脚点都在于弘扬儒道，教化人心。②继孔子以王道、礼制笔削鲁史《春秋》之后，面对盛唐不古衰俗，其以积极的态度"以中古易今世"，通过文史加以"王心"，来实现董仲舒之后"儒道"的再次兴盛。

同样基于上述文史以儒家六经尤其是《春秋》为准的文史观，萧颖士的诗文显然会更多地征引《春秋》经传及其故事。现举三例，例证之。

《仰答韦司业垂访五首》："彭阳昔游说，愿谒南郢都。王果尚未达，况从夷节谟。岂知晋叔向，无罪婴囚拘。临难俟解纷，独知祁大夫。举雠且不弃，何必论亲疏。夫子觉者也，其能遗我乎。"③萧颖士此诗中间的数句典故，化引自左丘明的《左传·祁奚请免叔向》，其大意是说：叔向受弟弟的牵连，突然被捕，但他临危不惧，且有知人之明。祁奚为国家爱惜人才，事成则"不见而归"，根本不希望别人报答。叔向获救，也"不告免而朝"，因为他深知祁奚的品德。相形之下，乐王鲋的虚伪和卑鄙，真有点不堪入目！《伐樱桃树赋》："譬诸人事也，则翼吞并于僭沃，鲁出逐于强季，缧峻擅而吴削，伦同专而晋坠。"④此处"翼吞"句：翼被潜沃所吞并。因曲沃城比翼大。加之成叔（后号为桓叔）好法，晋国民众多依附于他，至桓叔孙曲沃武公时，曲沃强于翼，于晋侯湣二十八年（前679）灭翼代之；"鲁出"句：鲁君被强盛的季孙氏所驱逐。春秋后期，鲁国三家贵族孟孙氏、叔孙氏、季孙氏强盛，哀公二十七年（前468），鲁君被三家贵族逐出鲁国。两句应典故自《春秋》经传及其《左氏》所载相关史实。《为陈正卿进续尚书表》："中兴之盛，华戎率服，异夫吴楚之僭窃其名矣"；"臣闻古者右史记事，左史记言，举其大略，前书之议备

---

① （清）彭定求等：《全唐诗》，北京：中华书局，1979年，第1594页。
② 雷恩海、苏利国：《论唐代文化共同体建设的必然性——以萧颖士"化理"说的思想与文化渊源为例》，《河南师范大学学报》（哲学社会科学版）2017年第2期，第126页。
③ （清）彭定求等：《全唐诗》，第1596页。
④ （清）董诰等：《全唐文》，第3278页。另，"翼"，地名，今山西翼城南，春秋时为晋穆侯都邑。"僭沃"，即曲沃，今山西闻喜东北，晋昭侯封其叔成师于曲沃。

矣。孔圣没而微言绝，暴秦兴而挟书罪。虽战国遗策旧章，驳乱于纵横；汉臣著纪，新体互纷于表、志。其道末者其文杂，其才浅者其意烦，岂圣人存易简之旨，尽芟夷之义也？……愚臣缅述太宗之旨，伏思陛下之诏，固非取类于三代之间也。勒成帝典，不亦宜乎？陛下睿思雄飞，宸章间发，质文一变，风雅大兴"。此两段引文也与《春秋》批吴楚僭窃"王"号、孔子以褒贬笔削《春秋》有关！

三、"文以载道"古文运动的先声与奠基者

（一）反骈文，倡复古

南朝齐梁骈文笼罩文坛，特别是到唐时，文章过于重视形式华美，过于讲求辞藻对偶，致使文章深奥难懂。唐初反对骈俪文风的斗争尽管似乎很激烈，但影响却微乎其微，多以失败告终。而此后的萧颖士，却又一直在提倡恢复南北朝之前的古文，"平生属文，格不近俗，凡所拟议，必希古人，魏晋以来，未尝留意"，体现出鲜明的复古的倾向。在历代文学评论方面，他对汉代的贾谊、扬雄、班彪、张衡，三国魏的曹植、王粲，均给以好评，尤加赞许晋代的左思、干宝。其文学作品，也充斥着与六朝骈文迥然不同的"文以载道"的社会现实内容及其真挚的思想感情。在唐代作四言诗已很少的情况下，他却独好这一诗体，据统计四言诗就占其现存古诗的近一半，其作《凉雨一章》《有竹一篇七章》及《江有归舟三章》等皆是四言诗，充分反映了他的复古决心。

萧颖士一生致力于散文创作，是唐代古文运动的先驱。在古文创作实践上，他教诲弟子注意道德和文章两方面的修养，学应"务乎宪章典法，膏腴德义"，反对"征辨说，摭文字"的浮夸学风；为文应"务乎激扬雅驯，彰宣事实"，反对"尚形似，牵比类"的骈俪文风（《送刘太真序》）。因此，他推崇先秦两汉的文学家屈原、宋玉、贾谊、司马相如，而于当代则推崇陈子昂"文词最正"（《扬州功曹萧颖士文集序》）。他的文章虽未完全摆脱骈文旧格，但大致还是符合其文学主张的。其诗也多为古体，仿《诗经》四言，并作小序。

（二）尚宗经，以致用

由西汉的"罢黜百家，独尊儒术"到唐朝的儒、释、道三教融合，相对来说此时的儒学地位已明显地下降。作为文化世家亦儒学大族的中古兰陵萧氏的后起之秀，萧颖士对此做出了积极的回应，自称"经术之外，略不婴心"（《赠韦司业书》），这充分表现了其阐扬儒道、维护名教的志向。萧颖士在追踪刘勰提倡宗经复古的同时，强调致用，注重文学的社会功能，而并非空谈儒道。其主张文学作品能"激扬雅训、彰宣事实而已"，认为文章必须发挥政教作用，能够有助于政治教化。虽然他的这种观点忽视了文学的审美作用，但是也正是这种反对骈文、提倡复古的表达，对于唤起文学的现实感和教育性，具有深远的意义。而且这一思想为以后韩愈、柳宗元强调的"文以载道"口号的提出起了奠基作用。

（三）先德行，后致文

孔子曾说："弟子入则孝，出则悌，谨而信，泛爱众，而亲仁。有余力，则以学文。"（《论语·学而》）要求弟子门人要首先在品行道德上提升自己，具备良好的品德行为之后才能从事文学创作。萧颖士积极提倡孔子的这一思想。他主张文学创作者应以德行为本，强调他们的道德修养，认为"其道末者其文杂，其才浅者其意烦"（《为陈正卿进续尚书表》）。他不仅在理论上提倡先德行后致文，在实践中也是如此。在做人方面，他身正师范，不畏权贵，其个人身上集中体现了隋唐兰陵萧氏整个家族的经学特色。在担任集贤校理期间，李林甫听说他的名声后想召见他，但此时他正为父亲服丧，不肯去。于是李林甫到朋友家里邀萧颖士见面，萧颖士去了后"哭门内以待"。李林甫对此非常气愤，于是把他调至广陵担任参军事。而他却丝毫不畏权贵，写了一篇《伐樱桃树赋》，用以讥讽李林甫。后来，史官韦述推荐颖士代替自己，朝廷召他到史馆等候诏令，而此时正值李林甫专权，作威作福，萧颖士不肯屈从，不久便被免官。直到李林甫死后，他才被调任为河南府参军事。

他的这种思想,不仅深刻地影响了弟子门人,而且也为古文运动提倡作家修养提供了借鉴,并且韩愈、柳宗元等人在此基础上加以革新,促进了"先德行后有余力则以学文"的思想的发展。

纵观其一生,萧颖士注重德行,秉性耿直,自命清高,不畏权贵,不仅在政治上有很独创的见解,在文学上也成就非凡,是中唐文风实际上的奠基者,为古文运动的兴起起了巨大的推动作用。

萧颖士能如此精熟地征引《春秋》经传,能形成上述以《春秋》等六经为准的文史观、折中三传的《春秋》经传观,有其家族文化渊源,也是熏陶自隋唐兰陵萧代整个家族的经学人格群体乃至其直系先祖的家学门风。

四、兰陵萧氏门风乃至直系祖风对萧颖士的个人影响

隋唐宰相家族,根于南朝萧氏"皇舅房"和齐梁皇族,经历了南朝的辉煌和隋唐的嬗变,其家族文化积蕴愈为深厚,形成了独具特色与魅力的家族文化。从这一家族上讲,其自隋初至唐末,以婚姻关系为纽带,由后族演变为山东士族(主要蜕变自东晋南朝的齐鲁侨姓及其后的齐梁皇族,而相对于隋唐的关中四姓,又似被包含在更广义的隋唐山东士族[①]内)乃至进士世家而完成政治世家向文化世家的转型;而又始终以文化底蕴见长,大多讲求家族成员的自身修养。在这一起自萧梁的中古政治世家的发展历程中,隋朝取缔后梁政权后,基于南朝兰陵萧氏尤其是萧梁的文化士族地位与丰厚的家学底蕴,萧琮以其特殊的附庸国主和外戚身份,在隋朝尤其是隋炀帝时期享有很高的地位;萧

---

① "山东士族"是一个特定的历史概念,它是魏晋以后,特别是北魏孝文帝进行汉化改革定族姓之后固定下来的历史概念,是指崤山以东广大范围内的门阀士族,主要有李、崔、卢、郑、王五姓士族。"山东士族",从地域上说,华山、崤山以东广大范围内,是相对于关中(西北)、塞外和南方土著的文化地理概念,而士族则是指在这个地域之内的唐代士族,主要包括陇西李氏、赵郡李氏、太原王氏、范阳卢氏、清河崔氏、博陵崔氏、荥阳郑氏、琅琊王氏与琅琊颜氏、兰陵萧氏、河东裴氏,他们都是著名的文化士族。此处所指的"山东",并非今山东省。秦汉及以后所称的"山东"一般也是指崤山或华山以东的地区,包括今天的河北省、山东省,以及河南省。唐末才有人用"山东"专指齐鲁之地。

瑀在隋末动乱中归附李渊，在武德、贞观两朝都担任过宰相，兰陵萧氏在新时代迅速转型而再次崛起。萧瑀兄子萧钧一支，人物繁盛。萧钧之孙萧嵩，为相玄宗，且出将入相，有功于河西。萧嵩子萧华相肃宗，萧华有两个孙子俛、仿都是宰相；萧嵩的另一子萧衡官至太仆卿，其子萧复、复孙萧置及置子萧遘相僖宗，兰凌萧氏从而成为门望显赫的家族。以上八位宰相中，瑀、华、俛、仿、复、遘均有刚直鲠正之名。如此人物、如此家风，故《新唐书·萧瑀传》末赞语云："梁萧氏兴江左，实有功在民，厥终无大恶，以寝微而亡，故余祉及其后裔。自瑀逮遘，凡八叶宰相，名德相望，与唐盛衰。世家之盛，古未有也。"此家族在南朝隋唐时期的文化素养及其所由之经学人格，拟另文发表。下面再看萧颖士直系先祖兰陵萧氏支枝的家族门风对其个人影响。

《新唐书·萧颖士传》云，萧颖士祖父萧晶"贤而有谋，任雅相伐高丽，表为记室。越王贞举兵，杖策诣之，陈三策，王不用，晶度必败，乃亡去，客死广陵"[1]。萧颖士自云："越敬王之图匡复也，王父实预其谋，挺身江海，不臣武氏。"[2] "（垂拱四年）八月壬寅，博州刺史、琅邪王冲据博州起兵，命左金吾大将军丘神勣为行军总管讨之。庚戌，冲父豫州刺史、越王贞又举兵于豫州，与冲相应。"[3]越王李贞兵败后，"缘坐者六七百人，籍没者五千口"[4]。可见，此案受牵连的人数之众。萧晶实预越王李贞起兵之事，兵败后他虽逃亡，但其家族必然会遭受牵连，导致"旧业邠岐，一朝瓦解"，"垂拱以来，无复大位"[5]。从萧颖士赞颂七世祖萧恢及其后人"俾侯锡社，入卿出牧，且忠且贤"[6]的具体说法来看，他对于祖辈的敬仰并非着眼于武功与文学。据《梁书·萧恢传》，"（萧恢）幼聪颖，年七岁，能通《孝经》《论语》义，发摘无所遗。既长，美

---

[1] （北宋）欧阳修、（北宋）宋祁等：《新唐书》，北京：中华书局，1975年，第5767页。
[2] （清）董诰等：《全唐文》，第3276页。
[3] （后晋）刘昫等：《旧唐书》，北京：中华书局，1975年，第119页。
[4] （唐）赵璘：《因话录》，上海：上海古籍出版社，1975年，第2287页。
[5] （清）董诰等：《全唐文》，第3276页。
[6] 同上。

风表，涉猎史籍"①，萧颖士称其"迈德荆鄂"②;《南史·萧恢传》云，"（萧循）字世和，封宜丰侯。局力贞固，风仪严整。九岁通《论语》，十一能属文，鸿胪卿裴子野见而赏之"③，萧颖士称其"有忠孝大节"；对出自萧恢一系第十七房的萧造，萧颖士颂其"宿德"；对第三房始祖懿惠侯，萧颖士赞其"遗爱在人"；对懿惠侯长子山阴侯，萧颖士称其"儒术精博，世有盛名"；对懿惠侯第十一子，萧颖士称其"才标清峻"；对祖父匡复李唐社稷的努力，萧颖士颇以为荣；对其父萧旻，则赞其"孝友"。④萧颖士于此颂扬了八位祖先，其中既无一人是颂其武功，也无一人是颂其文学，而是将"德""才"作为其讴歌与怀想的核心所在。⑤

---

① （唐）姚思廉:《梁书》，北京：中华书局，1973年，第350页。
② （清）董诰等:《全唐文》，第3276页。
③ （唐）李延寿:《南史》，北京：中华书局，1975年，第1298页。
④ （清）董诰等:《全唐文》，第3276页。
⑤ 笔者已据己之意，对原文有所改动。参见雷恩海、苏利国:《论唐代文化共同体建设的必然性——以萧颖士"化理"说的思想与文化渊源为例》，《河南师范大学学报》（哲学社会科学版）2017年第2期，第122页。

山东牟庭家族与清代学术

王海鹏[*]

摘　要：自清朝初年以来，山东栖霞牟氏家族出现了两位在中国思想文化史上具有重要影响的人物，分别是清乾隆至道光年间的经学大师牟庭和现代新儒家的代表人物牟宗三。在清代，特别是乾隆、嘉庆年间，牟庭、牟应震、牟愿相等牟氏家族学人，在《诗经》学、《尚书》学、易学、《楚辞》学、方志学、谱牒学等方面留下了许多重要的文献，在学术上做出了杰出的成就，不仅为牟庭家族奠定了文化世家的地位，而且对清代学术的发展产生了十分重要的影响。

关键词：牟庭；文化世家；家族文化；清代学术

一、牟庭的经学研究

山东牟庭家族的学术成就中，影响最大的当数经学，最杰出的学者是牟庭（1759—1832）和牟应震（1744—1825），其代表性著作分别有《同文尚书》《诗切》《周易注》和《毛诗质疑》《周易直解》等。

---

[*] 作者简介：王海鹏，男，鲁东大学历史文化学院教授，主要从事山东文化世家及其家训、家风研究。

（一）注解《尚书》

《同文尚书》是牟庭最重要的学术著作，他于嘉庆二年（1797）写过一篇《尚书小传后序》，说明其38岁以前已开始该书的写作，在近40年的时间里数易其稿，道光元年（1821）脱稿，初名《尚书小传》，当时他已经62岁。之后，他又不时修改，在去世前的11年里，又搜集了许多资料补充到里面。

《尚书》是我国一部上古历史文件和部分追述古代事迹著作的汇编，保存了夏商周特别是西周初期的一些重要史料。《尚书》相传由孔子编撰而成。

在五经中，《尚书》的文辞最为古奥难懂，因此，历代对《尚书》的注释著作也层出不穷，如唐太宗时孔颖达奉诏撰《尚书正义》、南宋蔡沈的《书集传》、清朝孙星衍的《尚书今古文注疏》等。牟庭所著的《同文尚书》是在前人研究的基础上完成的一部《尚书》注本，"通过他的解释，过去号称'佶屈聱牙'的《尚书》，只要细心读过，可以说是已不难了解"[1]。该书"较简练而全面地总结了前人的著作，作出了合理的论断，将'佶屈聱牙'的经文，译成通俗易懂的通行文言，只要细心去读，就可以逐步地理解经义，掌握那繁杂的注释，使读者节省了不少时间，这是我们研究《尚书》较为方便的参考书"[2]。

牟庭借用《礼记》"书同文"之言，在《尚书》前冠以"同文"，意谓将今、古文两学派合并，一起进行系统的研究，删去伪古文经，不偏于真古文，也不偏于今文，在考辨的基础上进行考订、注释。《同文尚书》在保留"今文尚书"二十八篇的基础上，将《盘庚》分为三篇，将《康王之诰》从《顾命》中分出，共三十一篇。他解释了考辨过程中做出这种取舍的尺度、根据，他说："古之事我不目见之矣，古之语我不耳闻之矣，负乎远哉，我奚以知其伪？我见其文非二十八篇之文矣，事可伪设，文不可伪工，如人面焉，丑者不可学而妍，坋者不可貌而秀也，此吾所以不读梅赜书也。吾既以文知其伪者，

---

[1] 王献唐：《同文尚书序》，牟庭：《同文尚书》，济南：齐鲁书社，1981年，第4页。
[2] 王国华：《〈同文尚书〉出版感言》，《文献》1982年第2期。

又以文知其真者。此二十八篇真孔子之旧也,然而文章奥古,师读不明,转生异说,则失实为害,复于伪造之书不大相远,我奚以知其真哉?我以是说读之情深而文美者,是说必得其真者也;以是说读之情湮而文不顺者,是说必失其真者也。以此求之,百不失一。既乐其文章之盛,因得辨古事之渺茫,不啻我方目见而耳闻之也,以吾所以读伏生书者也。"[1]王献唐撰《同文尚书序》将牟著考辨、注解的步骤分为五步:(1)先在古文经的篇名下,说明它们的真实性。今古文各篇的分合及其先后,汉代已多异同,也都分别考证,把它们确定下来。(2)再校经文,包括订正讹误字句、补缺、改移字句诸项。有的确有证据,有的则以经自证,胆大而心细。但是仍沿清代乾嘉校勘方法,将原文注出,和明人随意改掉的恶习不同。(3)定句读,许多和过去读法不同的地方,都有说明。(4)解经文,先引前人一些注说,同意的从之,不同意的辨之,最后提出自己的见解,加"庭按"二字。(5)把经文译成同行文言。牟庭依文风辨真伪,"推翻了尚书学上许多的成案,提出了许多的新奇见解,由汉到清的'家法'以及在'家法'以外的各家注说,他都不受拘限,而自成为牟氏一家的尚书学"[2]。

(二)注解《周易》

《周易注》是牟庭撰著的又一经学名著,被学术界视为清代山东汉学家研究易学的一部名作。《周易注》分《易经》与《易传》两部分。《易经》部分按上经、下经注释六十四卦的卦辞和爻辞。《易传》部分按《彖上传》《彖下传》《象上传》《象下传》《系辞上传》《系辞下传》《文言传》《大传》《说卦》《序卦》和《杂卦》进行注释。牟庭的《象上传》《象下传》指的是传统《大象传》上下,而《系辞上传》《系辞下传》指的是传统《小象传》上下,《大传》是把传统的《系辞传》上下合成一篇。他指出:"象非辞也,辞非象也,天行健以下

---

[1] (清)牟房辑:《雪泥书屋遗书目录·补遗》,清道光二十三年(1843)栖霞自刻本,第1—2页。

[2] 王献唐:《同文尚书序》,《同文尚书》,第6页。

是象传,潜龙勿用阳在下也以下是系辞。传乃非所云大象小象者也。"①又说:"爻下者谓之系辞。释爻辞者谓之《系辞传》,不言象也。《大传》则统论大例,并包图象彖爻,不专在系辞。故《大传》必不是《系辞传》,《系辞传》必不是《象传》。"②

在注释方式上,其书主要是综合各家精论,同时间杂着自己的看法。凡引用他家注说,在每条释文末尾加以标注,如"胡""述义""折述""弼折""朱""杨折""虞"等。在页面上方,时有牟庭的批注。在注释的详略上,《易经》部分与《易传》的《彖上传》《彖下传》《象上传》《象下传》《系辞上传》《系辞下传》较为详细,《文言传》以下显得简略。原因在于他认为《文言传》非"圣人之作",但也承认仍有一定的参考价值。他说:"欧阳子曰,《文言》《大传》《说卦》《序卦》《杂卦》皆非圣人之作,也非一人之书也。三代之末,去圣未远,老师名家之论,杂于其间,学者舍其非而取其是,优于《诗》《礼》之传远矣。"③牟庭的《周易注》对"义理"的诠释颇为独到、深刻并富有人文内涵,如升卦《象下传》"地中生木,升。君子以顺德,积小以高大",他说:"木日升而人不见其升之道,以顺积致耳。君子法焉。述。"④即言君子应当效仿树木,以"积小"而成其高大,成其枝繁叶茂。

(三) 研求《诗经》

牟庭研究《诗经》的著作主要是《诗切》,原名《诗意》,该书写了30年,六易其稿,写定于嘉庆二十一年(1816)。

《诗切》书名取荀子"《诗》《书》故而不切"之义,意为"依经为说,案循文义如切脉然"。他批评周秦以来师儒只训诂字义而不切说文义,以致诗意难明。他说:"居今日而学?《诗》,古法尽湮,遗经仅存,法当就毛氏经文,校

---

① (清)牟庭:《周易注》,"象上传"条下释,民国抄本,第153页。
② (清)牟庭:《周易注》,"系辞上传"条下释,第159页。
③ (清)牟庭:《周易注》,"文言传"条下释,第186页。
④ (清)牟庭:《周易注》,"象下传"条下释,第157页。

群书,考异闻,刻郑笺,黜卫序,略法辕、韩,推诗人之意,博征浮丘、申培之坠义,以质三百篇作者之本怀。如有所合,试诵其篇,即闻诗人叹息之声。又观其俯仰之情,音辞婀娜,枯槎春生,能如是者,诗人所诺;未能如是者,诗人所否。"①他对传统《诗经》学的基本论点提出质疑,从八个方面对诗三百首进行剖析,指出"毛诗有七害一迂","七害不除,诗不可得而治也";并提出"除七害""屏五迂",所谓"七害"是指误解《乐》《礼》《左传》《国语》《史记》《尔雅》《小序》,以及误读四子书(即四书)给理解《诗经》所造成的困难。所谓"五迂"是指"以六义论诗"、"以正变论诗"、"以雅颂分诗"及以"笙诗"(指《诗经》中有题无文的六首诗)、"协韵"说诗。

牟庭《诗切》力求破除传统《诗经》学的积弊,重字义更重文理,以解读文义、理解诗人本怀为重点,摆脱依傍,另辟蹊径,提出异于前人成说的新见,令人耳目一新。他虽以解读诗文文义、理解诗人本怀为重点,但并非效宋明诸儒之"微言大义"、放言空论,而是以扎实的文字学、音韵学、训诂学、史学为基础,细探文理词义,博考古籍以校订《诗经》文字,而求得其正;总结清代诸儒研究成果,以通古今之音变,并用现今之俗语以证古,而求经文之确义;还对十五国风中诸国的地理位置、沿革变化以及诗中所涉及的历史事实、典章制度都做出了新的解释,虽有牵强之处,但总的来说是令人耳目一新的。《诗切》还在细究文理词义的基础上,用通俗的诗体对每首诗做了翻译,帮助读者理解原文。牟庭在《诗切》中不囿成说,勇开风气,大胆提出新论,但有时又因刻意别出心裁而多误谬,如他对《诗经》篇章的调整分合,对《诗经》篇章次序、篇名的随意改变就饱受谤议。他将"风""雅"合为一类,"颂"则另分一类,又把三十二首"颂"依文义合为十二首;又移《王风·黍离》于《卫风》之末,并认为《关雎》可以移入《大雅》。这些做法并不足取。

牟庭的学术研究领域十分宽广,除《诗经》学、《尚书》学之外,《楚辞述

---

① (清)牟房辑:《雪泥书屋遗书目录》,第15—16页。

芳》是其《楚辞》学专著，也是他在世时唯一刻印出版的著作。牟庭怀着对屈原的无比崇敬之情，将《离骚》分十七节，先解题，再分节加注，着意于章节大义的疏解。

由以上可见，在治学范围上，牟庭不仅校订经书，训释经义，而且考究史籍诸子，探究音韵名物，其治学范围、治学领域十分宽广，在《诗经》学、《尚书》学和易学方面均有成就。在治学方法上，牟庭不仅训诂更加缜密，考据更为详审，而且能够娴熟地综合运用训诂、考据、校勘、考证、辨伪、辑佚等多种治学方法，因此其学术成果恢宏丰硕，在学术研究的深度与广度、创新与拓展方面也得到了极大提升。同时，在治学过程中，牟庭坚持立义必凭证据，征引必注所出，体现了其实事求是、严谨简朴的优良学风和摒弃门户、求实求真的治学精神。

二、牟应震的《毛诗》研究

牟应震，清代古文学家，乾隆癸卯年（1783）举人，曾任山东禹城训导20余年，后升任青州府教授，5年后弃官归故里，闭门著书，寒暑无间。其所著生前付梓与未及付梓的有《夏小正考》《禹城县志》《毛诗物名考》《毛诗质疑》《毛诗古韵》及《四书贯易考》《周易直解》《胡卢山人诗稿》等，共十余部。

牟应震《毛诗》研究方面的著作有《诗问》六卷、《毛诗物名考》七卷、《毛诗古韵杂论》一卷、《毛诗古韵》(《毛诗古韵考》)五卷、《毛诗奇句韵考》四卷、《韵谱》一卷。《诗问》的形式有句解、章说、总论，对历来存疑的章句篇义，自难自疑，自解自答，故名《诗问》。《毛诗物名考》前有嘉庆十九年（1814）牟应震自序，称"自童年喜考较物类，于物之形色性情，或能得其一二，及证之《尔雅》诸书，多不合者。今古异呼，方土殊名，传写之讹谬，假借转注之变移，以物注诗，不如以诗注物"，因"原其兴感之由，参以比兴之义，合众说以析疑，凭目见以征信"；另有道光二十八年（1848）孟广均序，称牟应震与其族弟牟昌裕、牟庭共同研讨，互相发明，复兼采众说，引古证今，于《诗经》中名物考证异同，析疑辨似，详考备录，书分鸟、兽、鳞介、昆虫、木、草、谷各为一部。《毛诗古韵杂论》是关于音韵理论的著作，杂论古韵，不专属《毛诗》，共十九篇。

《毛诗古韵》成于嘉庆辛未年（1811），自序称"诗三百篇，分而为章，得一千一百四十有二，再分而为句，得七千三百七十有七，有韵之句，十之八九，共得五千余句，合五千余句之韵，尚不可引而申之，推类以通其委乎"，于是以《诗经》为主探索古音韵，得二十六部（阴声九部、阳声八部、入声九部），在古韵学上提出了独到之见。[①]《毛诗奇句韵考》前有嘉庆二十三年（1818）自序，称"余之考古音也，始于丁卯，屏绝诸韵书，取证于经"，"乃取全书，统注奇句读音，付诸前考之后，俾童年读诗者开卷了然，适于口，协于听，无佶屈聱牙之患"。此书认为《毛诗》不独偶句见韵，即奇句亦无不韵，不独奇句见韵，分四字为二字，其为句中韵者十之八九，分二字为二句，其为韵也十之一二；并举《关雎》《葛覃》《卷耳》三篇为例，一一注明其中双声、叠韵、通音，另有《韵谱》一卷。

牟氏家族的经学研究还有其他著述，如牟昌衡的《春秋左传》研究。牟昌衡，嘉庆辛酉年（1801）拔贡，曾任江西乐安县教谕，著有《春秋左传辨章》题解六卷、篇目一卷与《左传》摘抄目录一卷，《光绪栖霞县续志》卷九载其所撰《节烈林牟氏墓碑》。

此外，牟庭、牟应震与同时代的山东其他经学大师交往密切，学术上互相切磋。在《诗经》学方面，同为栖霞《诗经》学名家的牟庭、牟应震与郝懿行夫妇四人通过书信往来、切磋问答以及相互之间征引观点等方式促进了学术交流，加强了情谊，同时也借由群体效应不断扩大各自的影响。

总之，在清代汉学复兴的潮流中，牟庭、牟应震等学者博采众家，遍注群经，成果颇丰，且多有创新，从而拓展和加深了清代汉学研究。

---

① 参见吴庆峰：《牟应震的古韵学》，《中国语文》1999年第6期。

三、牟庭家族的诗作与诗学

　　诗作不仅记录了特定历史时期的社会生活，而且反映了诗人的思想与情感。在牟庭家族走向崛起、振兴的过程中，家族中越来越多的人留下诗作，进而蔚然成风，形成风格独特的牟氏诗学。牟庭家族的诗作与诗学不仅可以引导人们走进牟庭家族的情感、精神世界，而且有助于人们把握牟庭家族的思想境界和学术旨趣。

　　明朝末年，牟氏家族第八世牟道行（牟时俊六子）和牟道立（牟时俊五子）兄弟两人共留下诗作十四首，是牟氏家族子弟中最早留下诗作的人。其中牟道行有《步左思忠〈游滨都宫〉韵》、《登圣水庵》、《谒长春像》、《步何思鳌〈春日望翠屏〉韵》（十首），共十三首；牟道立有《游滨都宫》一首。

　　清朝顺治康熙年间，牟氏家族中有五人共留下诗作十五首，分别是第九世牟镗及其七子国瑾、八子国珑，牟镗之孙牟恒，第九世牟锾之孙牟悫。

　　首先，牟镗作《感绅士等公举严君崇祀赋谢》和两首《览宜阳残破志感》，共三首，牟国瑾称之为《宜阳三诗》。牟国瑾见到牟镗的《宜阳三诗》后，感慨万分，作《得先府君〈宜阳三诗〉泣然有感》，随后牟国珑、牟恒遵牟国瑾"平、情、评、生"四个字的原韵，各作诗一首。其次，年国瑾、牟国珑、牟恒三人分别遵牟镗《览宜阳残破志感》两首诗的"洲、流、浮、游"四个字的原韵，共写成六首《遵牟镗〈览宜阳残破志感〉原韵》。这样，在清朝初年，牟镗及其子牟国瑾、牟国珑和孙牟恒四人围绕《宜阳三诗》，即有十二首诗流传后世。此外，牟国珑有《南宫归咏》《登岠嵎山》诗两首，牟悫有《赠徐总戎》一首。

　　第十世"小八支"中牟国玠和牟作孚都十分重视家庭教育，在留下家训的同时，写有家训诗，牟国玠诗曰："人有百行，孝为之首，亲其往矣，孝乃在友。幼弟无成，惟我之咎，先训如在，铭心诵口。"[1]牟作孚诗曰："亲其往矣，

---

[1] 牟日宝、牟珍主编：《栖霞名宦公牟氏望族》，烟台：现代家教出版社，1997年，第71页。

孝乃在友，幼弟无成，惟我之咎。"①

牟名世，雍正元年（1723）恩科经魁，乾隆十五年（1750）任东昌府聊城县教谕。牟名世教子有方，子孙多有名望，如子牟峨、孙牟应龙等都是诗人，有诗流传后世；孙牟应震后成为著名的古文学家。牟名世著有《吾庐集》《侨燕集》《毡余集》，《国朝山左诗续钞》共辑录牟名世十五首诗，分别是《闻李侍御愚村游蓬莱却寄》《冬日寄同年林子千》《枕上怀薛迁齐》《别光岳楼》《客感》《客中》《反禽言》《告须》《对镜》《自遣》《童辈探取雀鷇谕以里语》《田家》《新居》《游西山》《晓起游山》。此外，《宣统聊城县志》录牟名世《士箴》诗八首。

牟峨，乾隆癸酉（1753）荐卷贡志，工于诗，著有《蝉吟集》。《国朝山左诗续钞》收录牟峨的诗十二首，分别是《晓起东邀林瀛洲》《赠云游僧》《送医者》《羲和》《海上分韵得天字》《过田家》《早行》《过钜齿山》《古庙》《游大觉寺》《登千佛山》《望岱》。

牟应龙，牟峨之子，牟应震胞弟，廪膳生，喜工诗。《国朝山左诗续钞》共收录其诗六首，分别是《过王毓崑山庄》《得兄都中寄示近作》《耕夫》《渔翁》《樵子》《牧童》。第十四世牟应震除著有《毛诗质疑》《周易直解》之外，曾有《胡卢山人诗稿》，可惜未能流传下来。

牟岱、牟峤为同胞兄弟，其父为牟三益，即牟名世之大哥。《国朝山左诗续钞》收录牟岱《旅中寄诸弟兄》一首。牟峤则有《移居旸谷》诗流传。

牟梦魁《跳鱼台》曰："飞涛几折落层台，鱼贯纷纷衔尾来。素练一条卷冰雪，空山尽日吼风雷。几多奋迅逆流上，也见围洋低首回。寄语鲸鲵须放眼，龙门天半倚云开。"②《国朝山左诗续钞》还收录牟梦祥《龙门寺》一首。

雍正乾隆年间，牟氏家族中的牟曰簳、牟也厚、牟萼、牟九皋、牟屺、牟嵚等人分别有一首诗流传后世。《国朝山左诗续钞》分别收录牟曰簳的《送张

---

① 吕履恒：《牟麟仲先生家训诗并序》，牟焕斋等：《栖霞名宦公牟氏谱稿》卷八，民国三十二年（1943）铅字印刷本，第15页。

② （清）张鹏展：《国朝山左诗续钞》卷二十二，清嘉庆十八年（1813）刻本，第24页。

新墅北上》、牟屺的《古历亭分韵得琴字》、牟嵌的《春兴》、牟尊的《题王南川书舍壁》、牟九皋的《桃村道中》、牟也厚的《登艾山绝顶》。

《拟我法集》是牟庭的诗集，其中有其作诗方法、技巧的示范，也有心得体会和理论探讨。牟庭次子牟房曾在浙江任职多年，他关注百姓疾苦，对社会下层人民怀有深深的同情。牟房的《佛金山馆咏人集》收录诗作近两百篇，多以行业名称或社会身份为题目，文字朴实清新，对人物的刻画惟妙惟肖，客观而逼真地反映了近代社会生活百态。

牟愿相是牟庭家族最杰出的诗人，其《小瀣草堂古今诗集》包含各类诗一百三十余篇，堪为有时代风土特征之文献；书后附有"诗小评""杂论诗""又杂论诗"三部分，是其对古诗及名家的研究心得。

牟昌裕、牟昌祺都属于"小八支"牟国琛后人。牟昌裕共有《同林仁山登窑台》《赞邱处机》两首诗流传下来，其中《同林仁山登窑台》被《国朝山左诗续钞》收录。牟昌祺有《咏李节妇张氏》一首，被收入《光绪栖霞县续志》。

牟所是牟贞相之子，近代著名书法家，《国朝山左诗汇钞》收录牟所《昨与友分赋鸡鸣起舞得七绝一首》，诗曰："不是疏狂袂漫投，男儿有志复神州。江南夜夜教歌舞，也到鸡人报晓筹。"

第十八世牟云舫，廪生，第七世牟时英后裔。晚年，牟云舫从教于栖霞南砦。他所撰的牟氏家族《先代履历歌》，被族人誉为"牟氏家宝"。《先代履历歌》曰："湖荆李黼帅，其子八真公。八真有四子，诚谅回么生。石首谅仍李，姓牟回么诚。回么入川省，惟诚公安终。一子官评事，永年讳长庚。所生福敬祖，敬祖官栖城。南乡留籍贯，牟家宅寞名。主簿为名宦，百世有光荣。"

结　语

除以上所述经学、诗学之外，山东牟庭家族的学术成就还有很多。例如，乾嘉年间，学者普遍重视训诂、考订的治学方法。牟庭的《雪泥书屋杂志》属于读书笔记、学术随笔，但学术性很强。他综合运用多种考据方法，详细记录了他对经、史、子、集各类著作的学术见解，包含了他的治学思想、研究方法和学术旨趣，从中也可以看出他宽广的学术视野和扎实的学术功底。牟庭的《雪泥书屋杂文》共有《周公年表》《史赵亥字算考》《平准书武功考》等五篇文章，其中《周公年表》被梁启超列入近300年来学术名著之列。乾嘉年间，金石之学亦十分兴盛，牟庭之子牟房编印《佛金山馆秦汉碑跋》，整理搜集到的秦汉碑跋共二十四条，从而在碑版鼎彝收藏著录及考释方面做出了重要贡献。

总之，以牟庭为代表的栖霞牟氏家族学人钻研经史训诂之学，潜心整理校勘古籍，留下大量的学术文献，从而奠定了牟庭家族文化世家的地位。这些文献是研究牟庭家族文化的重要资料，也是研究清代学术的宝贵遗产。从乾嘉年间宏观的时代背景出发，以纵览山东乃至全国的视野，着眼于清代学术发展演变的全局，进而运用多维度比较的研究方法，全面而深入地考察牟庭家族在经学、《楚辞》学、考据学、方志学、谱牒学方面的学术成就，不仅可以推动牟庭家族学术研究的深入，而且对于客观、科学地说明牟庭家族学术在清代学术中的地位和影响都有重要的学术价值。

汉画像石里的《左传》元素及儒家思想探微

郑 可[*]

摘 要： 汉画像石题材内容广泛，其中不少涉及《左传》里的人物及儒家思想。本文试图就汉画像石中呈现的春秋人物、儒家思想及春秋大义有关问题进行阐述。

关键词： 汉画像石；左传；儒家思想

汉画像石是中国历史上最具代表性的汉代艺术遗存，它和商周青铜器、唐诗、宋词一样堪称中华艺术的巅峰之作，是绘画艺术与石刻艺术融为一体的历史文物。鲁迅说："惟汉人石刻，气魄深沉雄大。"翦伯赞认为汉画像石是一部"绣像的汉代史"。汉画像石记载的不仅是汉代，还有先秦及远古时期的文化。它的内容广泛，除了农业和手工业题材以外，还有不少以神鬼祥瑞、花纹图案、社会生活、人物典故等为题材。其中历史人物多出自《左传》《史记》《汉书》《列女传》等经典，尤其是东汉时期以贾逵为代表的儒生推崇《左传》等经史文献，因此汉画像石中的经史故事大量出现。本文就汉画像石里出自《左传》的历史人物做简要介绍，并尝试探析其背后的社会文化寓意及其呈现的儒家思想和春秋大义。

---

[*] 作者简介：郑可，男，枣庄学院兼职教授，研究方向为《左传》学、先秦文学。

一、汉画像石里呈现的《左传》人物

（一）晏婴

晏婴，春秋时期齐国政治家、思想家、外交家。记载晏婴事迹的汉画像石是《二桃杀三士》。

图1　汉画像石《二桃杀三士》

画面解读：图左二吏持戟而立；另一立者为齐相晏婴，正向跽坐者言事。图中间立高脚盘，盘上放置二桃。图右刻三勇士，剑拔弩张，欲"记功而食桃子"。这三武士分别是齐景公的手下公孙接、田开疆、古冶子。

图2　汉画像石《晏子见齐景公》

记载晏婴事迹的汉画像石还有《晏子见齐景公》。

晏子不但有非凡的智慧，还能够做到廉洁自律，这方面《左传·昭公三年》有详细记载：

> 初，景公欲更晏子之宅，曰："子之宅近市，湫溢嚣尘，不可以居，请更诸爽垲者。"辞曰："君之先臣容焉，臣不足以嗣之，于臣侈矣。且小人近市，朝夕得所求，小人之利也，敢烦里旅？"公笑曰："子近市，识贵贱乎？"对曰："既窃利之，敢不识乎？"公曰："何贵何贱？"于是景公繁于刑，有鬻踊者，故对曰："踊贵履贱。"既已告于君，故与叔向语而称之。景公为是省于刑。
>
> 君子曰："仁人之言，其利博哉。晏子一言，而齐侯省刑。《诗》曰：'君子如祉，乱庶遄已。'其是之谓乎？"
>
> 及晏子如晋，公更其宅。反，则成矣。既拜，乃毁之，而为里室，皆如其旧，则使宅人反之，曰："谚曰：'非宅是卜，惟邻是卜。'二三子先卜邻矣。违卜不祥。君子不犯非礼，小人不犯不祥，古之制也。吾敢违诸乎？"卒复其旧宅，公弗许，因陈桓子以请，乃许之。

这段描述的是齐景公为晏婴建造豪宅，晏婴拒绝并坚持居住旧房子的史实。晏婴提倡节俭并做出表率，一时在齐国掀起廉政之风，齐国国力因此而逐渐强大。

（二）齐桓公、卫姬

齐桓公，名小白，姜姓齐国第十六位国君，春秋五霸之首。卫姬，春秋时卫国人，齐桓公夫人，卫侯之女。

记载齐桓公、卫姬事迹的汉画像石是《齐桓公释卫》。

画面解读：左侧佩长剑的是齐桓公，中间跪伏于地的是齐桓公夫人卫姬。卫姬身后有一女侍，手捧方箧。画面描绘的是卫姬释卫的故事。

图3　汉画像石《齐桓公释卫》

关于齐桓公,《左传》关于他的事迹很多。至于卫姬,《左传·僖公十七年》里也有记载:

> 齐侯之夫人三:王姬,徐嬴,蔡姬,皆无子。齐侯好内,多内宠,内嬖如夫人者六人:长卫姬生武孟。少卫姬生惠公,郑姬生孝公,葛嬴生昭公,密姬生懿公,宋华子生公子雍。公与管仲属孝公于宋襄公,以为大子。雍巫有宠于卫共姬,因寺人貂以荐羞于公,亦有宠,公许之立武孟。

这段话是说齐桓公除了三位夫人之外,还有享受夫人待遇的六个内宠:长卫姬、少卫姬、郑姬、葛嬴、密姬、宋华子。长卫姬,就是画像石里面的卫姬。

(三)管仲

管仲,名夷吾,字仲,古代政治家、军事家,春秋时期法家代表人物。

汉画像石里的《左传》元素及儒家思想探微

图4 汉画像石《管仲射小白》

记载管仲事迹的汉画像石是《管仲射小白》。

画面解读：公子小白（即后来的齐桓公）仰卧在地，身中一箭。其左一人是小白的师傅鲍叔牙，他置乘盖遮住小白。其右一人躬身执弓，当是管仲。管仲身后有二人礼拜。画像中小白和管仲的动态，都展现了管仲射中小白的带钩，小白诈死误导管仲的场面。

这一史实在《左传·僖公二十四年》里也有记载：

齐桓公置射钩而使管仲相，君若易之，何辱命焉？

（四）赵襄子

赵襄子，名无恤，《左传》也作"赵孟"，春秋末叶晋国卿，赵氏家族首领。其事迹记载在汉画像石《豫让刺赵襄子》中。

图5 汉画像石《豫让刺赵襄子》

393

画面解读：赵襄子的车队经过一座桥梁，智伯的家臣豫让埋伏在桥下等待行刺。

关于智伯和赵襄子将帅不和，《左传·哀公二十七年》里还有如下记载：

> 悼之四年，晋荀瑶帅师围郑。未至，郑驷弘曰："知伯愎而好胜，早下之，则可行也。"乃先保南里以待之。知伯入南里，门于桔柣之门。郑人俘酅魁垒，赂之以知政，闭其口而死。将门，知伯谓赵孟："入之。"对曰："主在此。"知伯曰："恶而无勇，何以为子？"对曰："以能忍耻，庶无害赵宗乎！"知怕不悛，赵襄子由是慭知伯，遂丧之。知伯贪而愎，故韩、魏反而丧之。

（五）赵盾

赵盾，即赵宣子，春秋晋国卿大夫，政治家、战略指挥家。山东嘉祥县武氏祠的汉画像石《狗咬赵盾》表现了狗咬赵盾的事件。

图6　汉画像石《狗咬赵盾》

画面解读：整个画面以猛犬前扑为中心，一边是坐于亭下的晋灵公，右手前挥纵犬伤人；另一边是赵盾，抬足踢向犬颈进行防御。

汉画像石里的《左传》元素及儒家思想探微

这一史实在《左传·宣公二年》里有详细的记载：

> 秋九月，晋侯饮赵盾酒，伏甲将攻之。其右提弥明知之，趋登曰："臣侍君宴，过三爵，非礼也。"遂扶以下，公嗾夫獒焉。明搏而杀之。盾曰："弃人用犬，虽猛何为。"斗且出，提弥明死之。

汉画像石中有关赵盾的，还有山东嘉祥县武氏祠的汉画像石《桑下饿人》。

图7 汉画像石《桑下饿人》

画面解读：画面右侧饿人跪于桑下，赵盾下车给他递送食物，赵盾身后还有随从。

这段史实，在《左传·宣公二年》里也有记载：

> 初，宣子田于首山，舍于翳桑，见灵辄饿，问其病。曰："不食三日矣。"食之，舍其半。问之，曰："宦三年矣，未知母之存否，今近焉，请以遗之。"使尽之，而为之箪食与肉，置诸橐以与之。既而与为公介，倒戟以御公徒，而免之。问何故。对曰："翳桑之饿人也。"问其名居，不告而退，遂自亡也。

395

（六）骊姬

骊姬，春秋时期骊戎国君之女，晋献公妃子，晋君奚齐的生母。

山东嘉祥县满硐镇宋山村出土的一块汉画像石《骊姬害申生》，刊刻着骊姬杀申生的历史事件。

图8　汉画像石《骊姬害申生》

画面解读：画面描述的是狗食毒肉而亡的场景。图中间是中毒倒地的小狗，图左边双膝跪地手持勺子的是申生，身后是他师傅里克和两个交头接耳的大臣。右边依次为晋献公、奚齐和骊姬，他们朝着申生方向举起右手，身体皆弯身向前倾。

这一历史事件在《左传·僖公四年》中有记载：

初，晋献公欲以骊姬为夫人，卜之，不吉；筮之，吉。公曰："从筮。"卜人曰："筮短龟长，不如从长。且其繇曰：'专之渝，攘公之羭。一薰一莸，十年尚犹有臭。'必不可。"弗听，立之。生奚齐，其娣生卓子。及将立奚齐，既与中大夫成谋，姬谓大子曰："君梦齐姜，必速祭之。"大子祭于曲沃，归胙于公。公田，姬置诸宫六日。公至，毒而献之。公祭之地，地坟。与犬，犬毙。与小臣，小臣亦毙。姬泣曰："贼由大子。"大子奔新城。公杀其傅杜原款。或谓大子："子辞，君必辩焉。"大子曰："君非姬氏，居不安，食不饱。我辞，姬必有罪。君老矣，吾又不乐。"曰："子其行乎!"大子曰:"君实不察其罪,被此名也以出,人谁纳我?"十二月戊申,缢于新城。

(七)季札

季札,生卒年不详,春秋时期吴国贵族,政治家、外交家、文艺评论家。汉画像石《季札赠剑》刻画了季札的形象。

图9 汉画像石《季札赠剑》

画面解读:图左侧半椭圆形的坟丘为徐国国君之墓,顶部有一棵树,墓侧插着一把宝剑,墓前摆置一案,上面有樽、耳杯等祭祀用具,两人跪拜施礼,前跪者当是季札,后者乃是随从。诚信是中华民族的传统美德,季札赠剑的故事则把诚信体现得淋漓尽致。

关于季札,《左传》里多处对他的言行做了记载,尤其是季札观乐这一事件,一向惜墨如金的左丘明,却在《左传·襄公二十九年》中用了大量的篇幅对此做了讲述:

吴公子札来聘,见叔孙穆子,说之。谓穆子曰:"子其不得死乎?好善而不能择人。吾闻'君子务在择人'。吾子为鲁宗卿,而任其大政,不慎举,何以堪之?祸必及子!"

请观于周乐。使工为之歌《周南》《召南》,曰:"美哉!始基之矣,犹未也。然勤而不怨矣。"为之歌《邶》《鄘》《卫》，曰："美哉，渊乎！忧而不困者也。吾闻卫康叔、武公之德如是，是其《卫风》乎？"为之歌《王》，曰："美哉！思而不惧，其周之东乎？"为之歌《郑》，曰："美哉！其细已甚，民弗堪也，是其先亡乎！"为之歌《齐》，曰："美哉！泱泱乎！大风也哉！表东海者，其大公乎！国未可量也。"

这段话讲述吴公子季札出使鲁国，鲁国人为他表演周王室的乐舞。在演奏的过程中，季札点评其中乐曲，在鲁国人面前显示了他对礼乐的精到理解。

（八）曹刿

曹刿，即曹沫，春秋时期鲁国人，著名的军事理论家。其事迹见汉画像石《曹子劫桓》。

图10　汉画像石《曹子劫桓》

画面解读：画面讲述了春秋柯地之盟时曹刿挟持齐桓公的一段史实。中间曹刿一手拿匕首，一手抓住齐桓公，胁迫他归还侵占的鲁国土地，二人身后的鲁庄公和管仲在一旁神色紧张地关注着局势。

柯地之盟发生于鲁庄公十三年，《左传·庄公十三年》记载此事仅有简单的一句话：

冬，盟于柯，始及齐平也。

曹刿劫持齐桓公一事，《左传》没有记载，但是《左传·庄公十年》对曹刿论战做了详细描述：

十年春，齐师伐我。公将战，曹刿请见。其乡人曰："肉食者谋之，又何间焉？"刿曰："肉食者鄙，未能远谋。"乃入见。

问："何以战？"公曰："衣食所安，弗敢专也，必以分人。"对曰："小惠未遍，民弗从也。"公曰："牺牲玉帛，弗敢加也，必以信。"对曰："小信未孚，神弗福也。"公曰："小大之狱，虽不能察，必以情。"对曰："忠之属也，可以一战，战则请从。"公与之乘，战于长勺。

通过这两件事，我们可以看出曹刿擅长打破常规以奇谋建功，但是与同时期的管仲相比，他的内政思路缺乏系统性，也没有在大局面上扭转鲁国颓势的能力，顶多算是一个有勇有谋的人，算不得是政治家。

（九）公孙阏

公孙子都，名阏，字子都，春秋郑国人，郑桓公之孙。其事迹见汉画像石《公孙阏暗箭伤人》。

图11　汉画像石《公孙阏暗箭伤人》

画面解读：画面左方登梯者是颍考叔，他肩扛军旗，背上还插了一支箭矢。后方一位高大的人物则是公孙阏，他左手持弓射向颍考叔。图右一当为郑庄公。城池下坐着两个人，一人是许庄公的弟弟许叔，一人是许国大夫百里。

《左传·隐公十一年》对此事件这样记载：

秋七月，公会齐侯、郑伯伐许。庚辰，傅于许。颍考叔取郑伯之旗蝥弧以先登，子都自下射之，颠。瑕叔盈又以蝥弧登，周麾而呼曰："君登矣！"郑师毕登。壬午，遂入许。许庄公奔卫。

（十）展禽

展禽，即柳下惠，展氏，名获，字季禽，鲁国柳下邑人，古代思想家、政治家、教育家。其事迹见汉画像石《柳下惠坐怀不乱》。

图12　汉画像石《柳下惠坐怀不乱》

画面解读：图左侧有一大树，树上停有一鸟，树右上方有一熊。树下有一妇人倒卧，柳下惠做搀扶状。

《左传》关于展禽的记载只有一处，即《左传·僖公二十六年》：

齐孝公伐我北鄙。公使展喜犒师，使受命于展禽。

（十一）吴王僚

吴王僚，名僚，号州于，春秋末期吴国君主。其事迹见汉画像石《专诸刺王僚》。

图13　汉画像石《专诸刺王僚》

画面解读：图像有文字标明"专诸炙鱼刺杀吴王"八字。公子光邀请吴王僚到他家里来参加宴会，刺客专诸以供馔为近身之阶，伺机抽出藏在鱼腹中的匕首刺死了吴王僚。

这一史实发生在前515年4月，《左传·昭公二十七年》有详细的记载：

夏四月，光伏甲于堀室而享王。王使甲坐于道，及其门。门阶户席，皆王亲也，夹之以铍。羞者献体改服于门外。执羞者坐行而入，执铍者夹

401

承之，及体以相授也。光伪足疾，入于堀室。鱄设诸置剑于鱼中以进。抽剑刺王，铍交于胸，遂弑王。阖庐以其子为卿。

（十二）庆忌

庆忌，春秋时期吴国人，吴王僚的儿子，自幼习武，力量过人。其事迹见汉画像石《要离刺庆忌》。

图14 汉画像石《要离刺庆忌》

画面解读：图中舟上三人，为庆忌和两个持戟的卫士。庆忌抓住落水的要离的头发，正在"三摔其头"。构图虽简单，但紧凑而生动。

然而《左传·哀公二十年》对于庆忌的死是这样记载的：

> 吴公子庆忌骤谏吴子，曰："不改，必亡。"弗听。出居于艾，遂适楚。闻越将伐吴，冬，请归平越，遂归。欲除不忠者以说于越，吴人杀之。

（十三）孔子

孔子，名丘，字仲尼，春秋时期鲁国人，伟大的思想家、政治家、教育家，儒家学派创始人。"孔子见老子"这一题材在各地汉画像石中都有呈现。

图15　汉画像石《孔子见老子》

画面解读：画面左一是手扶曲杖的老子；左三是孔子，他手持贽雁作为拜见礼物。孔子、老子之间推独轮车的小孩，名为项橐。孔子身后是随从三人。

虽然《春秋》是孔子编撰的，但是《左传》里孔子所占的笔墨并不多，如《左传·昭公七年》：

> 九月，公至自楚。孟僖子病不能相礼，乃讲学之，苟能礼者从之。及其将死也，召其大夫曰："礼，人之干也。无礼，无以立。吾闻将有达者曰孔丘，圣人之后也，而灭于宋。其祖弗父何，以有宋而授厉公。及正考父，佐戴、武、宣，三命兹益共。故其鼎铭云：'一命而偻，再命而伛，三命而俯。循墙而走，亦莫余敢侮。饘于是，鬻于是，以糊余口。'其共也如是。臧孙纥有言曰：'圣人有明德者，若不当世，其后必有达人。'今其将在孔丘乎？我若获没，必属说与何忌于夫子，使事之，而学礼焉，以定其位。"故孟懿子与南宫敬叔师事仲尼。仲尼曰："能补过者，君子也。《诗》曰：'君子是则是效。'孟僖子可则效已矣。"

二、汉画像石里呈现的儒家思想

汉画像石不是一种单纯的、专门性的艺术，它本身就是儒家孝文化的产物和特定历史时期的文化现象。它的题材丰富，有神话传说，有历史典故，有社会生活的方方面面。在汉武帝实施"罢黜百家，独尊儒术"之后，儒家成了正统思想，对中国历史上的政治制度、文化传承和社会秩序产生了重要的影响。统治阶层以经传、史书宣扬儒家的仁政和德政，也深远地反映到汉画像石的内容选材上。圣贤、明君、义士、侠客、贞妇等依照儒家道德规范而遴选出来的人物、事件在汉画像石上的出现，表明了儒家思想在西汉中后期经过董仲舒的改造和完善后已经深入人心，在当时社会占据绝对的统治地位。

儒家思想诞生于齐鲁大地，所以儒家思想对山东汉画像石的影响更为直接。山东发现了大量与儒家思想相适应的汉画像石，其数量远远超过了发现汉画像石的其他地区。东汉时期以贾逵为代表的儒生尤其推崇《左传》等经史文献，因此汉画像石中大量出现经史故事。《左传》记载了众多历史人物，出现在汉画像石里的多是涉及儒家伦理文化的历史人物，能够体现儒家思想。这些人物、事件，传承儒家的仁义礼智及忠孝节义思想，以此达到成教化、助人伦的目的。《周公辅成王》《二桃杀三士》表现的是儒家思想中的忠君和仁义思想；《董永孝亲》《桑下饿人》《豫让刺赵襄子》也是儒家提倡的孝道和仁义思想

图16　汉画像石《周公辅成王》

图17　汉画像石《董永孝亲》

图18　汉画像石《梁寡高行》

的体现;《曹子劫桓》展现的是捍卫国家的尊严和领土完整,《要离刺庆忌》展现的是为了国家安危不顾自己生命,同样也是儒家提倡的忠孝观思想的体现;《梁寡高行》表现的是儒家思想中的贞节思想;《专诸刺王僚》《季札赠剑》则是儒家思想中诚信思想的体现;《柳下惠坐怀不乱》的柳下惠则是儒家理想人格的典范;季札是春秋时期的儒家代表,他和孔子并称"南季北孔",汉画像石以他为素材更不足为怪了。

另外,汉画像石中端灯、执盾门吏和捧奁侍女等形象,说明了礼法定制在社会生活中的重要地位,展现了儒家所尊崇的"崇古复礼"思想。汉画像石中执节、执盾、执戟武士等形象,反映了儒家思想中的积极入世,通过"学而优则仕"达到其"修身、齐家、治国、平天下"的追求,以及儒家文化对人们精神生活的渗透。

三、汉画像石里呈现的春秋大义

春秋大义是指《左传》中所阐述的"治国安邦、修身齐家"的理念,是中华文化中的一种基本精神。春秋时期诸侯争霸所形成的一种相互制衡和有礼之治,即春秋大义的核心。《左传》强调"礼有所不足,政有所不行",提出治国安邦必须以仁爱、礼义、正义和勇气为基础。同时,春秋大义也注重治理自身的家庭内部关系,在个人修养和家庭和谐方面也提出了要求,对后世的思想、行为等具有深远影响。孔子曰:"君君,臣臣,父父,子子。"他要求君臣父子都要遵守各自的行为规范,同时承担起各自的责任,履行好各自的义务。今天我们再从下面的九幅汉画像石故事论述《左传》中的春秋大义。

(一)君主失德的政治伦理

汉画像石《狗咬赵盾》指出晋灵公的为君不仁,作为一国之君,却密谋暗杀忠臣。《晏子见齐景公》汉画像石故事中,景公滥用刑罚,以致人民过着痛苦的生活,这也是君失"仁德"之政。

(二)臣民守义的政治伦理

孔子相信和谐、等级、秩序,讲究名分伦常,不可以下犯上。赵盾弑君案虽说掺杂着君臣之间的恩怨情仇,但孔子还是认为弑君行为不足取。汉画像石《桑下饿人》的历史故事则突显了赵盾"仁义"的正面形象。

汉画像石《骊姬害申生》中骊姬为了让自己的亲子继位,费尽周折陷害太子申生。申生不愿父君失去骊姬而不乐,最终选择轻生,将尊卑的等级关系放于亲情之上。

汉画像石《二桃杀三士》故事呈现的是宰相晏婴害怕公孙接等三武士功高欺主,因而献"二桃之计",表现臣子对君主的"忠"。《管仲射小白》背后隐藏的春秋大义是,管仲在齐国执政,对齐桓公完全"忠义",九次号召天下诸侯,共同抵御外夷的侵略,率领诸侯尊崇周王室,匡正天下,完成尊王攘夷的大业。

（三）社会循礼的政治伦理

儒学的表现形式就是"礼"，是一种被称为"春秋大义"的礼，是强调人民信奉和遵循的"礼"。这种礼就是当时社会处理天、地、人、鬼之间的行为准则。《公孙阏暗箭伤人》汉画像石故事中，颍考叔被公孙阏暗中射死，庄公按理该处分公孙阏，《左传》对于此事件的记载为"郑伯使卒出豭，行出犬、鸡，以诅射颍考叔者"，庄公明明知道真相，却不惩罚凶手，只是以诅咒的方式瞒天过海欺骗臣民百姓，缺乏有道德的"仁德"政治。《左传》评论郑庄公："郑庄公失政刑矣。政以治民，刑以正邪。既无德政，又无威刑，是以及邪。邪而诅之，将何益矣？"

《左传》是儒家经书，是《春秋》三传之首。历代儒者读经，必以《左传》为先导。《左传》以史传经，在经学中的地位毋庸置疑。汉画像石是石匠将经学中的儒家思想通过图像叙事变成一幅幅历史画面，是中国传统经学的图像艺术。它通过以图传世，以石上的故事来为人们树立榜样，讲解道德训诫，以展现春秋大义中的伦理纲常与政治文化，用图像建立封建制度的教育准则。因此，我们可以说汉画像石传播了中国传统经史之学，起着传播儒家思想和进行社会教化的作用。另外，通过这些汉画像石，我们可以从中洞悉儒家思想对汉代社会风气的影响，窥知伦常在汉代人观念中的地位与作用。

情绪与政教的统合：
由《荀子·乐论》看荀子为乐立论的真正意旨

王芸芸[*]

摘　要：荀子将人情、教化与政治加以统合，形成《荀子·乐论》的内在体系。在这个体系中，音乐的性质和内涵存在着层次上的递进，其地位也随之实现质的飞升。音乐根源于人情，愉悦身心的同时陶养性灵，这是其成为教化之具的依据所在。而修身作为儒家德治的内容，又将音乐导向于治国。发挥音乐的教化功能，辅助国家治理，"审一以定和"，使国中上下和合，万物各得其位，皆得化育，最终实现政教熙洽，这是荀子乐教的理想境界，也是荀子为乐立论的真正意旨。

关键词：荀子；为乐立论；审一定和；意旨

《荀子·乐论》："夫乐者，乐也。"泛言音乐即快乐，后世《礼记·乐记》则进一步对乐进行层次上的划分，指出声和音是构成乐的基本元素，各种声音相配合，使其谐雅，并配以舞具，方可谓之乐，体现出乐具有综合性艺术特质。荀子虽未对音乐的构成要素进行细化区分，但把情绪与政教加以统合，突显出"乐"的另一种综合特质，形成《荀子·乐论》独有的内在体系。

---

[*] 作者简介：王芸芸，女，山东师范大学齐鲁文化研究院博士研究生，研究方向为中国传统思想。

一、渊源有自：乐、情关系及流变

先哲的思想，往往通过他所使用的重要名词术语来表彰。乐之于荀子，就是这样一个存在。因而，对于乐之含义的理解，就显得尤为重要。《荀子·乐论》开篇即言："夫乐者，乐也，人情之所必不免也。"指出音乐就是快乐，是人情中必不可少的存在，既表明了音乐存在的客观必然性，又指出音乐与情绪之间一而二、二而一的关系。需要注意的是，这一观点，并非荀子独创，乃是渊源有自。

历览前贤对"乐"之字源的探讨成果，从时间轴上来看，古人当首推汉代的许慎。许慎《说文》释"乐"曰："五声八音总名。象鼓鞞；木，虡也。"将音乐概括为"五声八音"之间的相互联结。近人则以罗振玉为先，曰："（乐）从丝附木上，琴瑟之象也。或增⚪以象调弦之器，犹今弹瑟琵阮或者之有拨矣。"① 两种训释虽有不同，但隐含共同之处，即将乐的起源追溯到礼。许慎认为古"樂"字像在木架上置鼓，罗振玉以之为"从丝附木上""象调弦之器"，阐明"乐"原本是由礼器演化而来的。② 因此，乐与礼形式虽殊，但终归一实。这也成为荀子"礼乐相济"说的一个重要的文化渊源。

那么，音乐和情感的联系体现在何处？"乐"（yuè）又何以成"乐"（lè）？修海林提出了一种新的阐释③，他指出，从字形上看，甲骨文"乐"字状似带有谷穗的植物秆茎，其顶端带有的谷穗，意表庄稼成熟。乐并非木鼓类的乐器，而是一种与谷类稼穑相关之物。厘清这一点，便可进一步从人类生存的角度对乐的内涵进行疏证：在生产力水平低下的上古时代，面对恶劣的自然条件，先民最本能的生命意识体现就在于求生。温饱问题成为一道摆在首位的、需要跨越的难关。由最初的采集、狩猎为主的生活方式，到后来的耕植稼穑，

---

① 罗振玉：《殷虚书契考释三种》，北京：中华书局，2006年，第462页。
② 王静怡：《论孔子的乐教思想及"乐"在古代政治生活中的作用》，《文教资料》2012年第25期。
③ 修海林：《"樂"之初义及其历史沿革》，《人民音乐》1986年第3期。

都是先民"求生""厚生"意识的重要体现。对于一个以农耕为主要生存方式的农业民族，农作物收成的好坏，就成了关乎种族生存的大事。如此，乐和谷之间的联系便十分明了：民众以食粮为根本，面对丰收的庄稼，怎能不欢欣鼓舞，陶然以乐？乐舞活动，正是用以表达这种快乐情绪的载体。

依此逻辑，先民的"厚生"意识是促成"乐者乐也"产生的原初动力。《礼记·杂记下》记载孔子和子贡观赏"蜡祭"，也是这一观点的重要佐证："子贡观于蜡，孔子曰：'赐也，乐乎？'对曰：'一国之人皆若狂，赐未知其乐也。'子曰：'百日之蜡，一日之泽，非尔所知也。'"这里所提到的蜡祭，是中国古代农业活动的一项重要典礼。《礼记·郊特牲》对其做出了详细的描述："万物本乎天，人本乎祖，此所以配上帝也。郊之祭也，大报本反始也。天子大蜡八。伊耆氏始为蜡。蜡也者，索也。岁十二月，合聚万物而索飨之也。"传说伊耆氏创制蜡祭，于年终岁末召聚先民，将一年内积存的食物合聚起来，供奉神灵，以报答众神灵的庇佑并为来年的丰收祈福。乐舞是祭祀活动的重要组成部分，伊耆氏还制《蜡辞》，作为祭祀的乐歌，从攸关农业生产的土、水、虫、草木四个方面提出祝愿，体现出先民对于农耕的期望和看重。

祭祀歌舞承载着民众的欢乐情感，子贡观于前却不知其乐，是因为他不能理解百姓终岁辛劳耕作，只在此时才得片刻释放的欢愉情感。这种情感，"绝非是用言语所能表达的感受，必得发于声音，形于动静，透过言语、音乐、舞蹈等的传达，来显露出得以生存而内心欣喜若狂的感受"[①]。情动于中而形于外，便不觉足蹈而手舞，因此，祭祀歌舞就成为表达欢愉情绪的重要载体。这正是荀子所强调的乐的最初来源：音乐是人情的自然流露，是快乐情绪的表达载体，其产生具有必然的意义。

可见，"乐者乐也"的论断，并非凭空无由产生，《荀子·乐论》云："乐则必发于声音，形于动静，而人之道，声音、动静、性术之变尽是矣。"快乐作为一种内在的情感存在，必然要通过声音加以流露，通过动作加以表现出来，

---

① 苏嫈雰：《荀子礼乐教育思想之研究》，《哲学与文化》2002年第7期。

而这种抒发，正表现在音乐之中。正如《毛诗大序》所云："情动于中，而形于言。言之不足，故嗟叹之。嗟叹之不足，故永歌之。永歌之不足，不知手之舞之，足之蹈之也。"音乐乃是情感的外泄，同时对其进行着宣发和导化，《荀子·乐论》云："故乐者，所以道乐也。"音乐源起于对人们快乐情感的疏导。

二、为乐立论：陶冶身心，化性起伪

"厚生"意识虽是促成"乐者乐也"产生的原动力，但并非荀子对音乐进行立论的全部基点。《荀子·乐论》云："人不能不乐，乐则不能无形，形而不为道，则不能无乱。先王恶其乱也，故制雅、颂之声以道之。"荀子身处战国末期群雄纷争的时代，世倍乱，道晦昧，礼坏乐崩而人心不古。他"疾举世溷浊，国乱相继，大道蔽壅，礼义不起"[1]，于是阐述仲尼之论，推重礼乐之治，立言垂教以明道救世。

《荀子·乐论》称先王资借正声雅乐来规导民众，既述明了乐的教化意义，也点出荀子是从性恶论出发来为乐立论的。"性恶"是荀子思想的鲜明特色。《荀子·性恶》："人之性恶，其善者伪也。今人之性，生而有好利焉，顺是，故争夺生而辞让亡焉；生而有疾恶焉，顺是，故残贼生而忠信亡焉；生而有耳目之欲，有好声色焉，顺是，故淫乱生而礼义文理亡焉。"他通过官能欲望的"顺是"来点出性恶。若是顺随欲望的发散而不加约束，各种淫乱、争抢的行为就会产生，社会所需要的辞让、忠信等道德就会消失。也正是因为人之性恶，才欲向善，才需要外在的陶铸来改变心性。乐在荀子的思想体系中，就承担着陶养心性、治化邪侈的责任。故《荀子·乐论》称先王制雅乐，"使其声足以乐而不流，使其文足以辨而不諰，使其曲直、繁省、廉肉、节奏足以感动人之善心，使夫邪污之气无由得接焉"。

这里，问题就出现了，荀子既主"人之性恶"，那借助乐来感动的"善心"

---

[1] 蔡元培：《中国伦理学史（外一种）》，北京：商务印书馆，2010年，第22页。

又从何而来？换句话讲，乐能够感化"性恶"的深层原因是什么？

蔡仁厚曾言："荀子性论的特色，正在于以欲为性。"①《荀子·性恶》："今人之性，饥而欲饱，寒而欲暖，劳而欲休，此人之情性也。"天官欲望就其本身而言，不能称为"恶"，只不过恶导源于欲望，故荀子一直强调的是"人之性恶"而非"人性之恶"。"人之性恶"所隐含的观点就是：认同恶来源于欲，若能化欲，即可达善。荀子所言的恶，是可以同性相分离的，具有可引导性。人不因性恶而无止境地作恶，而是能够"化性起伪"，经礼乐陶冶来改变心性。

化性起伪，主要通过三途：礼法的约束、师法的引导以及环境的熏陶。音乐贯穿于这三途之中。首先，音乐是圣王贤师教育民众的重要手段。孔子即以诗书礼乐教人，"广博、易良，乐教也"②。其次，乐声清明象天，广大象地，其"入人也深""化人也速"，在雅乐流行的环境氛围中，人可血气平和、耳目聪明、志向清明，美善的德行也就得以养成。最后，礼乐相济。礼和乐都是治理社会的方式手段，礼主外在的约束，乐主内在的化育，能够深入人心，陶养性情。

《荀子·乐论》："先王之道，礼乐正其盛者也。"礼和乐是先王之道的重要内容，乐统同，礼辨异，礼乐相济以化众人。制定礼仪，以明确上下尊卑，使之各安其分，各守其位。创设音乐，则是为移风易俗、导人向善，同时更是为发挥其"和"的作用，实现君臣之间的和敬、父子之间的和亲、少长之间的和顺关系，使社会风气和睦，人情允洽，翕合无间。"礼所以经国家，定社稷，利人民；乐所以移风易俗，荡人之邪，存人之正性。"③礼主恭敬，使尊卑有序；乐主合同，使远近皆合。正是因为礼乐在国家治理中的重要作用，《荀子·王制》在论述官吏职责时，专设辟公一职，令其"论礼乐，正身行，广教化，美风俗，兼覆而调一之"。所以，荀子于《荀子·乐论》中得出结论："乐者，圣人之所乐也，而可以善民心，其感人深，其移风易俗，故先王导之以礼乐而民和睦。"音乐陶铸人心性情的功效由之得以彰显。

---

① 蔡仁厚：《孔孟荀哲学》，台北：学生书局，1984年，第205页。
② 胡平生、张萌译注：《礼记》，北京：中华书局，2017年，第951页。
③ （东汉）高诱注：《吕氏春秋》，上海：上海书店出版社，1986年，第35页。

三、以乐象德：君子修身以明乐

音乐有陶养心性之功，是对正声雅乐而言；既有正声雅乐，自然有淫声邪乐。春秋战国时期的郑卫之音，因使人闻之心淫，被指斥为"乱世之音"。《荀子·乐论》亦言："乐姚冶以险，则民流僈鄙贱矣。"姚冶之音流行，是国家陷入"危削侮辱"的根源，"故先王贵礼乐而贱邪音"。

正声雅乐是君子展现其人格气质的重要工具。《荀子·乐论》："金石丝竹，所以道德也。"君子以钟鼓来表达情志，勉励为善；以琴瑟来陶冶性情，舒展心绪；在舞动过程中，佩戴干戚、羽旄等舞具，配合磬筦等古乐器的节奏，营造出中正和顺的氛围。与之相反，姚冶之乐则为害甚重，浸淫于此，易恣纵逸乐而不知轻荡，伐性伤和，危害极大。

正邪之音的比较，有见于《礼记·乐记》：

> 今夫古乐，进旅退旅，和正以广。弦、匏、笙、簧，会守拊、鼓，始奏以文，复乱以武，治乱以相，讯疾以雅。君子于是语，于是道古，修身及家，平均天下。此古乐之发也。今夫新乐，进俯退俯，奸声以淫，溺而不止；及优、侏儒，獶杂子女，不知父子。

古乐进退齐一，井然有序，乐音和正，广博条畅。乐器虽多，必将待击鼓而后作，有主有次，不相混乱。而新乐则参差错落，杂乱无章，獶杂喧嚣，逆道乱常。古乐是先王之正乐，君子闻之，可发悟古道，进而旁通万物之情，修身齐家以平天下。《论语·八佾》载孔子评《韶》乐："尽美矣，又尽善也。"古乐中平而肃庄，以此化民，可使民"和而不流""齐而不乱"。

"新乐"即孔子直斥为"淫声"的郑卫之音，子夏亦将其归为"淫溺"之属。新乐亦是"情"之表显，其害在于一味追求快意，易超出情感表达的合理范围，流于放荡而至于无度。《荀子·乐论》："君子乐得其道，小人乐得其欲。"

强调君子要谨慎择取音乐。欲以乐陶养性灵，首先要辨明音声之雅俗，要做到知乐、明乐，是谓"君子明乐，乃其德也"(《荀子·乐论》)。

乐与情互显，而"百乐者生于治国者也"(《荀子·王霸》)。各种各样的快乐生发在政治清明、社会安定的国家之中。何以实现国治?《荀子·君道》做出了解答："请问为国？曰：闻修身，未尝闻为国也。"孔子亦有言曰："苟正其身矣，于从政乎何有？不能正其身，如正人何？"(《论语·子路》)君子是国之楷模，国人皆敬法其道，其一举一动，皆为社会所矜式。由此观之，修身是治国之基，治国是百乐之本，君子明乐，必待于修身。

修身在于"治气养心"，即陶冶身心，涵养德性。《荀子·修身》："凡治气养心之术，莫径由礼，莫要得师，莫神一好。"礼义引导，师长教导以及自身专心一志，乃是治气养心的三大法宝。《荀子·解蔽》亦论述"治心之道"，指出君子"养心"需经历三阶段的淬炼。首先需要"自强"和"自忍"，压制住不良的行为念头，勉励修行，实现自身修养上的进步。其次要能够进达于"危"的境界。"危"表现为"思"，能够对仁义法正之理进行思虑，内省其身，儆戒言行，以慎独之道自厉。最后是"微"，表现为"无强"和"乐"，能够从心所欲，满足情感。正是在这种境界之中，圣人能诚其所乐，使情、欲、理通融无碍，达到养心的目的。可见，养心就是不断提高内在修养，把握"仁义法正"之理，做到情理相容，诚其乐，合于德，"壹于道"。

《荀子·解蔽》："仁者之思也恭，圣人之思也乐。"圣人的思虑是和怡快乐的，通过"养心"三阶段的砥砺锻淬，君子实现修身与治心的璧合，便可通达于乐的境地，能够诚其所乐，做到《荀子·乐论》中要求的"耳不听淫声"，实现修身明乐。

四、审一定和：乐论的真正意旨

《荀子·乐论》指出，先王的"立乐之术"有三则：审一以定和，比物以饰节，合奏以成文。奉此三原则，"足以率一道，足以治万变"。审一定和，是在审定一个主音的前提下，来确定其他和音，保证乐调和谐，进而杂以各式的乐器来配合节奏，最后举座齐奏来形成乐章。这一原则，透辟地点出了先王对制作音乐所进行的全部思量。其中，"一"是整篇乐章的核心，其他一切活动皆围绕于此，并以达成乐曲的和谐为最终目标。所谓"声音之道，与政通矣"[1]，将"立乐之术"外而化之、扩而充之，即治国之道。治理国家亦需首先审定一个主体，使一切活动皆围绕于此进行，以达成最终的和合为宗旨。国中上下融洽、和合欢乐，便是治国之象，意味着社会治理的实现。

那么，治国的"主音"是什么？统观荀子学说，可以看出，他较为偏重政治层面，凡是能够使政事得以治理的元素，比如王道、圣人和君主等，都成为他所着重铺陈的对象，这些元素也构成其治国体系中不可或缺的音符。但治国的主音并不在其列。国之主体，应当是政治服务的对象，而非服务于政化治理的元素。于此，我们便可将范围敛收，聚焦于君、民之间。国之主音，是君还是民？

儒家文化，自始至终伴随着民本思想的跃动。《尚书·五子之歌》创其滥觞："民惟邦本，本固邦宁。"《尚书·毕命》尽其深致："道洽政治，泽润生民。"推行普洽之道，惠施德泽，使政化大行，浸润生民，民本自此萌达。孔子上承三代，确立了以"仁"为核心的民本思想，倡导为政以德的施政原则，提出"庶""富""教"三部曲。后世依其学说，进一步缔构出"天下为公"的美好蓝图。至于孟子，更是明确提出"民贵君轻"的治国理念，将人民置于重要的地位，强调君王要与民同乐，给予民众赖以生存的"恒产"。此后，儒家沿着这一基本思路，发展出了一套以重民为核心的社会治平之道。

荀子是否有民本思想，历来争议颇多。受所处时代的影响，政治对于荀子来讲，似乎更为紧迫。礼乐、刑法、君道等内容，都是其着力渲染的对象。相较之下，关于"民"的论述就显得薄少而寡淡，且多是零星地散落在各篇之中。民本这一特征，在荀子的体系中并不甚突出，后世甚至认为其政治文化的

---

[1] 胡平生、张萌译注：《礼记》，第714页。

实质在于以君为本位，是一种尊君主义，谭嗣同曾直言荀子"法后王，尊君统"[①]，认为其论说目的在于维护君主的政治，是冒孔子之名，败坏孔子之道。然而，从荀子所追寻的终极目标来看，民本这一特征，并不因着墨不多而幽昧。荀子的论述基调，依旧是以民为本。那么，《荀子》中关于民本的线索又体现在哪儿呢？

《荀子·大略》曰："天之生民，非为君也。天之立君，以为民也。"这是荀子民本思想中极富代表性的论断。君乃天为民所立，并非天下之主体，天下也并非君之私有物，得天下的关键在于民心。这里，荀子对君的神圣性予以淡化，祛除了君的至上地位，点出了其"为民"的真正立场和意旨。

"为民"的具体表现是什么？《荀子·非十二子》曰："长养人民，兼利天下。""应民之需"，是天立君的首要之义，人君肩负着保民的至重责任，以保障人民生存为首务。只有长养人民，才可使天下万物皆受其利。在生存得到保障的基础上，再来推进实现人民的发展，"故王者富民"（《荀子·王制》）。注重富民的同时不忘推行教化，"礼者养也"，以礼教调养人的欲望；"乐者化也"，以乐教感化人的性灵。民得安化，君的存在意义才能得以实现。荀子对君主和政治着重进行描述，最终所要证明的都是君对于民生存和发展的重要意义，其根本落脚点仍在于民。故而讲，民是国家活动的心髓，是治国的"主音"。这就是"审一"。

所谓"定和"，是指使民和合而喜乐。音乐追求"和"的境地，国家亦是如此。《中庸》曰："喜怒哀乐之未发，谓之中；发而皆中节，谓之和。中也者，天下之大本也；和也者，天下之达道也。致中和，天地位焉，万物育焉。"音乐是人情的流露，作为表达情绪的载体而存在，它同时又引导、调和人的情感，引导人民步入"和"的境界，所以《荀子·乐论》称乐是"天下之大齐也，中和之纪也"。天下大同，纲纪中正平和，治化皆有其方，正是治国惯有的表征，这正是乐教的理想境界，也是荀子为乐立论的真正意旨。

---

① 谭嗣同：《仁学》，北京：中华书局，1958年，第46页。

文明互鉴与当代价值

孔子和亚里士多德：
为什么践行美德是"好公民"存在的必要条件？

尼古拉斯·查斯奥蒂斯 著

刘 琛 译*

　　孔子生活在比亚里士多德早约150年的时代，在那个时代，没有确凿证据表明这两个地理区域或文明之间存在多少文化联系。然而，许多学者发现这两位哲学家有相似之处，尤其是在对待道德的态度上。也许，在世界范围内，人类已经发展到这样一个阶段，即人类认为自己有别于自然，拥有一定程度的思想和行动自由。他在回顾他一生所创造的一切时——无论是个人还是集体——意识到他本可以采取不同的做法，并通过这种意识产生了作为一个自由人，一个拥有一定程度的自由意志、本可以采取不同做法的人的想法及对其行动能力的认可。正是在那个时代——大约前500年——全世界出现了大多数一神论宗教。现在，人类与唯一的神建立了独特而直接的联系——有时是通过圣人或该宗教的职能部门来实现的。然而，孔子和亚里士多德作为道德规范的主要倡导者，他们的道德规范以美德思想为中心，而美德思想可能就体现在我们每个人

---

　　* 作者简介：[希] 尼古拉斯·查斯奥蒂斯（Nikolaos Chasiotis），男，希腊议会科学研究员，希腊文化部长科学顾问。译者简介：刘琛，女，山东师范大学外国语学院讲师，主要研究领域为英语教学与跨文化交际。

的身上。这套道德准则在当今时代仍然具有现实意义,似乎解决了当今实践哲学和伦理学领域中其他现代方法所提出的大部分问题。

在亚里士多德看来,人类基本上与自然界中的其他生物一样。人类和其他生物一样,经历诞生,达到完美——无论以何种方式定义,是身体的还是精神的——然后他们枯萎、凋亡。人作为一种生物,也无法逃脱上述规则。但是,这就产生了一些相当重要的问题。人类实现完美的意义何在?为什么要达到完美境界?如何才能达到完美境界?在孔子和亚里士多德看来,人类可能达到完美的时刻之于孔子是实现与社会和谐相处的状态,之于亚里士多德是实现"幸福"(eudaimonia)的状态。而要达到这些状态,就必须以某种方式行事。

为了满足我们的需求,我们主要以集体的方式作用于自然。我们设法通过获取外部物品和我们称之为"内部物品"的方法来满足我们的某些需求。在亚里士多德看来,外部物品可以通过各种实践方式获得——有些是和平的,有些是暴力的。然而,对于亚里士多德和孔子来说,内部物品只能通过一种实践方式获得,那就是做个"好公民"、做个"好人"。

在孔子和亚里士多德时代,"公民"一词确切地说不是一个名词。它有一个功能性的含义。在那个希腊古典时代,一个人不可能仅仅通过每隔几年投票一次就成为一名城邦公民的。一个人要想成为公民,就必须照顾年迈的母亲——古典雅典的一个法庭案件就证明了这一点——他必须参与城邦的生活,履行军事职责,承担税收责任,能够出庭为自己辩护,实事求是,等等。凡是有助于一个人履行公民义务的,都是美德。如果他的品德是履行公民义务的障碍,比如说是一种恶习,那就是一种缺陷。一个人继承、培养和发展的美德越多,承袭或需要努力控制的恶习越少,他在今生达到的完美段位就越高。

这些美德和恶习后来被基督教和其他宗教所采用,践行美德会引导人生达到完美,但不是在今生。无论现世能达到何种完美阶段,都是引导一个人在死后与上帝合一的途径。在第一个千年的最初几个世纪,西方和中东社会信奉基督教、伊斯兰教或犹太教,这些教派都在一定程度上提供了死后与神合一的机会,如果一个人品德高尚,他就能与神相伴。但在后来的几个世纪里,儒家思想并非如此。儒家思想讲求在每个人的一生中实现和谐。

当我们进入启蒙时代时，西方的伦理理论出现了严重的问题。大多数理论都摒弃了"神"和"来生"的概念。维特根斯坦有一句名言，他对有德行的男人或女人死后会见到造物主的信念提出了质疑。但是，如果一个人行动的结果或成功才是目标，而与手段无关，那么他为什么要有美德呢？有人断言，在许多情况下，目的就是手段。美国向日本投掷了两颗原子弹，摧毁了两个中等规模的城市，这样就不会有更多的美国人在最终入侵日本时丧生。直到现在我们才知道，战争委员会并不完全明白他们受到了什么打击，他们是在苏联对其宣战并向远东调兵的基础上投降的。

在这一情形及许多其他情形下，基于此，西方文明倒退到了黑暗时代，尤其是在20世纪。事实上，如果确定的结局是一个人行为的唯一或主要标准，那么他就完全有理由不贤良淑德。我断言，这就是西方文明及其民主或社会主义尝试的失败之处。在不考虑个人道德发展的条件下，不可能创造出新公民。以大局为重为立场，对无辜者进行大规模迫害或起诉，无助于新公民的发展。

这就是孔子和亚里士多德关于美德的两种共同伦理哲学在今天具有现实意义的原因。现代公民实践或行动所必需的内在物品是无法通过非道德实践获得的，在某些情况下，非道德实践可能为获得外在物品——财富、声望（往往伴随着他人对自己物质财富的看法）等——提供了更便捷的途径，却永远无助于公民的发展，永远无法帮助个人发展到完美的状态，或实现他今生所能达到的和谐或幸福。

中国与希腊古代数学的对偶性
——高斯消元法和中国消元法

亚历山德罗斯·帕斯卡沃普洛斯　著
刘　琛　译[*]

一、数学：科学女王

卡尔·弗里德里希·高斯（Carl Friedrich Gauss），有史以来最伟大的数学家之一，说过一句经常被引用的名言："数学是科学的女王……"

然而，这位"女王"的魅力近来已大不如前。理查德·库兰特（Richard Courant）在为莫里斯·克莱恩（Morris Kline）的《西方文化中的数学》（*Mathematics in the Western Culture*）一书所作的序言中写道：

> 在我们这个大众教育的时代，数学在经历了几个世纪绵延不断的传统之后，已不再被普遍视为文化不可或缺的一个组成部分。科研人员与世隔绝，启发式教师少得可怜，枯燥乏味、空洞无物的商业教科书占据主导地

---

[*] 作者简介：[希] 亚历山德罗斯·帕斯卡沃普洛斯（Alexandros G. Paraskevopoulos），男，希腊比雷埃夫斯大学教授。译者简介：刘琛，女，山东师范大学外国语学院讲师，主要研究领域为英语教学与跨文化交际。

位，以及远离知识学科的总体教育趋势，都助长了教育中的反数学风气。公众对数学的浓厚兴趣依然存在，这一点非常值得称赞。

在世界各地，所有数学"定理"和"公式"都具有相同的含义，不受语言差异或其他交流障碍的影响。这就使数学成为一种通用语言，帮助人们学习和交流。

然而，它确实只在文化和历史背景相似的人之间具有普适性。人类文明史表明，数学伴随着文化的演进而蓬勃发展。

兰斯洛特·托马斯·霍格本（Lancelot Thomas Hogben）说过：

数学是文明的一面镜子。

我要说的是，数学是衡量文化发展的普遍尺度，也是达到最高文明水平的强大力量。这赋予了数学特殊的文化价值。

在这次发言中，我希望展示数学在古代中国和希腊这两个世界科学遗产的奠基石上的不同发展道路，确立数学在未来发展中的两个目标：

第一个目标是强化我们当代教育常规，使中小学和大学的学习更具吸引力、更富成果性。

第二个目标是为我们各国人民之间更先进、更深入的教育交流、科学互动和研究层面的交流创造机会。

最近的研究得出如下结论：当教学内容包含数学史时，学生不仅能够发现数学隐藏的奥秘，还能以积极的学习态度进行学习。[1]

然而，一项在线调查显示，缺乏相关资源是回避数学史教学的主要原因之一。[2]

---

[1] 参见沈志龙等，2009年，http://hdl.handle.net/2433/244723。

[2] 参见Panasuk and Horton, 2012, https://doi.org/10.29333/iejme/266。

二、中国古代数学的起源

中国古代数学起源于前2300年左右。中国古代学者在经验观察的基础上，在解决日常生活问题的过程中，在以下方面取得了重大进展：历法，土地分割争议、天文测量、税收，贸易，建筑，政府记录。

为了处理上述类型的数据，数字被组织成一个十进制体系，涵盖（加、减、乘、除）四种代数运算，以及分数和负数。这是世界上最古老的十进位制（前800）。

同时，中国古代知识分子还发明了计算的方法和规则，如面积和体积、矩形、圆形、圆柱形、直角三角形和勾股定理（也即"毕达哥拉斯定理"）；圆周长与直径之比（π）的近似值；平方根和立方根；一元二次方程和三次方程的解；求非线性方程近似根的方法；求解线性方程组的方程规则（在西方发展为高斯消元法）。

上述所有方法构成了一种数学方法，被称为"算法"。上述成果包含在三部中国古代著作中。

（1）《周髀算经》，全称《天文圆道论》。

《周髀算经》收集了周公及其朝廷成员（前11世纪）遇到的多个问题。这可能是中国最古老的数学典籍，但据说其直到1世纪或2世纪（东汉时期）才成书为目前我们所看到的形式。

它因对中国的天文学的描述应用以及很可能是最古老的勾股定理，也即所谓的"毕达哥拉斯定理"的描述应用，而闻名于世。

（2）《算术书》，又称《算经》或《数算经》。

这是中国第二古老的数学文献，成书于前202—前186年（西汉时期）。1983年，考古学家在湖北省南部张家山（今荆州附近）发掘了一座古墓，这才揭开了它的神秘面纱。其文字用墨汁书写，保存在1200根竹条上。内容包括分数、长方形田地的面积和公平税的计算。

（3）《九章算术》可能是最著名的中国古代数学著作，作者不详，成书于前300年左右。

《九章算术》影响巨大，主要是因为刘徽在263年编纂和评论了其中246个问题的详细解释和解题手册。《九章算术》整合了当时中国人已有的数学知识。

三、古希腊数学的起源

古希腊数学被认为起源于米诺斯和迈锡尼文明时代（约前2000）。

希腊数学文献的证据似乎可以追溯到前624—前548年米利都（古代爱奥尼亚的城市）的泰勒斯（希腊哲学家）时代。泰勒斯的著作今已荡然无存。但根据泰勒斯后人的考证，几何学中的基本定理及其证明，包括相似性概念，都是泰勒斯提出的。

萨摩斯（希腊爱琴海中的一个小岛名）的毕达哥拉斯（古希腊哲学家、数学家，前570—前490年）是泰勒斯的学生，他有许多数学和科学发现，包括毕达哥拉斯定理、比例理论、毕达哥拉斯音乐理论（基于算术和音乐定理）、五正多面体理论、地球的球面性理论。

柏拉图和亚里士多德是毕达哥拉斯的学生，大多数伟大的数学家也是毕达哥拉斯的学生，包括古希腊的欧几里得，以及尼古拉斯·哥白尼、约翰尼斯·开普勒和艾萨克·牛顿。

欧几里得的《几何原本》被认为是继圣经之后第二本出版范围最广的书。前300年左右，欧几里得在《几何原本》中首次确立了他的公理化方法（axiomatization，用公理方法研究数学以及其他学科），该书共13册。

在《几何原本》中，欧几里得统一和组织了大量早期的几何学和数论知识，这些知识主要来自早期希腊数学家的著作，如米利都的泰勒斯、毕达哥拉斯及其学派、希俄斯的希波克拉底（前470—前410）、雅典的特埃特图斯（前415—前369）和尼多斯的欧多克索斯（前407—前335）。

欧几里得只挑选出5个不言而喻的"真理"（被称为"公理"），以及5个

"普通概念",利用演绎推理严格证明了整个几何理论。欧几里得利用他的公理推导出465个命题。

除了公理法,希腊数学家还发明了其他强大的方法,如欧多克索斯的穷举法、欧几里得的除法算法以及阿基米德设计的各种方法。

继欧几里得的几何公理化方法之后,世界上的数学和科学不再等同。从那时起,数学家们就开始关注从少量公理(或公设)中推导出理论,同时还要有完备的定义和严格的证明。

欧几里得的公理法引入了一种思维模式,这种模式在当今时代几乎没有改变,在数论、集合论、代数和拓扑结构等所有现代数学分支中,以及在物理学、经济学、工程学和其他科学领域中都会遇到。

现代观点认为,公理不是不证自明的真理,而是用形式语言(如一阶或二阶逻辑)表达的完备陈述。公理就像欧几里得几何学中的原始假设一样,不能被其他公理证明,也不会导致矛盾。

公理化为科学知识提供了民主原则。人们只需批判几个公理,而不必批判整个理论。

一套公理(如欧几里得几何中的)被用来构建由定理、命题、公式和方法组成的数学或科学理论的整体。只要从公理系统中正式推导出一个定理或公式的证明,其有效性就不会再受到质疑。

在更精确的测量或新的观察甚至理论贡献下,科学声明,包括自然法则,可能会被改变。例如,爱因斯坦的相对论从根本上修改了牛顿的运动定律。相反,欧几里得《几何原本》中的定理,如质数无穷大,或毕达哥拉斯定理,如今仍像古希腊时期一样有效。这在其他科学中是绝无仅有的。

四、中国数学与希腊数学

由于在中国典籍中看不到类似的证明,精通数学的历史学家误以为中国人创造的方法和公式没有令人信服的推理。

然而，最近的研究表明，这一印象是错误的，因为大家对"证明"这一概念有不同理解。现在人们承认，中国数学家确实懂得如何提供令人信服的论证。当然，他们解决特定问题的方法从根本上说也是正确的。[①]

例如，刘徽实际上重新发明了欧多克索斯的穷举法，即在圆内刻画一个正多边形，以求得 π 的近似值。他将这一方法应用于一个有3072条边的正多边形，求出了 π 的近似值，即 $\pi=3.141592$，这比阿基米德或托勒密计算的结果更为精确。

中国数学的算法方法增强了我们的实践知识体系，提高了科学效率。而希腊思想中盛行的公理化则是在积累了大量重要的数学和科学成果之后自然而然地迈出的质的一步。

总之，大量先验知识，包括悖论和争议，通过公理化得到澄清、统一、形式化和分类。

算法数学和公理化数学分别代表了"结构"数学和"运算"数学的双重性质，它们也潜藏在数学概念的核心之中。

例如，数学中的函数概念既可以被视为一个结构对象——有序对的集合，也可以被视为一个过程——将一个系统转换为另一个系统。自然数既可以用集合论的设定（如策梅洛-弗兰克尔公理）来描述，也可以用归因于戴德金-皮亚诺的归纳定义来表述。

这两种分别源于古希腊和古中国的数学方法——公理化和算法——在数学科学的发展过程中起到了相辅相成的作用。只有这些功能之间的相互作用以及为整合这些功能所付出的努力才决定了数学知识的历史、实用性和文化价值。

用现代术语来说，《九章算术》第八章的18个问题中有17个都是关于线性方程组的解法，所提出的解法被称为"方程规则"，实际上就是现代线性代数研究中的著名的高斯消元法。

这是计算数学中最流行、最高效的方法，在现代计算机科学中占据主导地

---

① 参见 Chemla, 2009, https://shs.hal.science/halshs-00859318/file/2009ProblemsHM_PC.pdf。

位。刘徽、艾萨克·牛顿、约瑟夫-路易斯·拉格朗日、约翰·卡尔·弗里德里希·高斯、安德烈·路易斯·乔尔斯基、阿兰·图灵、约翰·冯·诺依曼等众多先驱研究者对这一方法进行了修改和发展，可能没有任何一门数学学科能做到这一点。

西方伟大的数学家们带来了著名的消元法，而中国人至少在上千年前就已熟知这种方法。

方程规则引发了系统的不同表达，带来了不同的消元策略。在有限系统的情况下，这两种方法得到的解完全相同。然而，在无限维度的情况下，两种求解方法出现了差异。

方程消元法是按照从最后一个元素到第一个元素的方向进行消元的。这就是所谓的"最右枢轴法"。相比之下，西方数学中流行的高斯消元法是按照所谓的"最左枢轴法"的不同方向进行的。

当高斯消元法应用于一个被称为"行有限"（Row-Finite）的无穷系统的大家族时，它无法保留系统的解。这是研究人员采用高斯消元法求解这类无穷级数系统的主要障碍。然而，应用源于中国古代方法论的最右支点消元策略，所得到的还原系统保留了原系统的解，而且其一般解是可构造的，这是数学计算的一个重要品质。

这一结果由笔者在2014年以《用无限高斯-乔丹消元法求解行有限线性系统》[①]为题发表的论文中予以阐述。

无限高斯消元辅以乔丹消元，为理论数学、计量经济学和时间序列分析方面（见附录）的大量问题提供了富有成效的解决方案。

结　语

追溯中国和希腊数学的独特渊源，并将其融合为当今的常识，一直是我自

---

① Alexandros G. Paraskevopoulos, "The Solution of Row-Finite Linear Systems with the Infinite Gauss-Jordan Elimination", arxiv.org, 2014, https://doi.org/10.48550/arXiv.1403.

身研究的强大动力源泉。因此，我期待着有新的机会在中希两国人民之间进行更先进、更深入的教育交流、科学互动和研究层面的交流。

为实现这些目标，应从以下三个方面着手：

（1）为科学界提供有关中国古代数学和希腊古代数学的全面资源，使数学在这两种文明中的独特文化价值、浓厚美学色彩和重要意义得以彰显。

（2）开展联合研究，以揭示现代数学的古代基础和中希两国人民对数学的特殊贡献。

（3）在中国和希腊的结对大学之间建立合作关系，指出数学界的开放性研究课题。

在科学遗产领域中，中国和希腊都有着独特的贡献。让我们在此基础上继续努力。

附 录

在理论数学和应用数学两个领域中，配备最右支点的无限高斯-乔丹消元法都已确立。

（一）理论应用

1. 行有限矩阵的行规范形式。[1]

2. 任意行有限系统的一般解。[2]

3. 通过下海森伯格矩阵行列式求解具有可变系数的线性差分方程的一般解的明确形式。[3]

4. 与具有可变系数的线性差分算子相关的格林函数的显式紧凑形式。[4]

---

[1] Paraskevopoulos, 2014, https://doi.org/10.48550/arXiv.1403.2624.

[2] Ibid.

[3] Ibid.

[4] Paraskevopoulos, Karanasos Arxiv, 2021, https://doi.org/ 10.48550/arXiv.1906.07130.

（二）时间序列建模的应用

1. 金融危机期间股票波动率建模：时变系数法。[①]
2. 具有变化系数的ARMA模型的统一理论：一个解决方案适合所有模型。[②]
3. 美国的二阶时变通胀持续性：具有时变系数的GARCH-in-Mean模型。[③]
4. 周期ARMA过程的单变量时变分析。[④]
5. 具有非随机系数的时变AR模型的基本特性。[⑤]

[①] 参见Karanasos et al., 2014, https://doi.org/10.1016/j.jempfin.2014.08.002。
[②] 参见Karanasos et al., 2021, https://doi.org/10.2139/ssrn.3589758。
[③] 参见Canepa et al., 2020, https://dx.doi.org/10.2139/ssrn.3521144。
[④] 参见Karanasos et al., 2014, http://arxiv.org/abs/1403.4803。
[⑤] 参见Karanasos et al., 2014, http://papers.ssrn.com/sol3/papers.cfm?abstract_id=2409590。

儒家文化如何应对人工智能时代？

李文娟[*]

摘　要： 人工智能在传统文化领域内的应用具有很大潜力。人工智能可以通过数字化、存档和保护等技术手段来推动传统文化的传承和保护，通过虚拟现实等技术呈现传统文化场景，让人们身临其境地感受传统文化的魅力。儒学作为中国传统主流文化，具有注重人际关系、倡导道德伦理、关注和谐秩序、强调共享价值的优良特质，它不仅可以通过人工智能实现知识普及教育、文本分析翻译、传统礼仪场景模拟、文化游戏互动体验、道德伦理决策选择、儒家文化生活指导，促进儒家文化传承和体验，还助益于人工智能，在人机交互和伦理规范中推广其友善、倾听、尊重及和谐共处等理念，使人机对话更加友好和亲和。人工智能与儒家文化的结合可以促进彼此的双向发展。

关键词： 儒家文化；人工智能；数字化传承保护

随着人工智能的不断发展，我们需要思考的问题是如何借助现代科技保持儒家文化传统的延续性，并将儒家文化与人工智能进行有机融合，以创造出更

---

[*] 作者简介：李文娟，女，山东社会科学院国际儒学研究院研究员，主要研究领域为国际儒学、传统礼学。

加人性化和有益于社会的人工智能应用。在传统文化领域中，人工智能已经被应用于文物保护和修复、文化遗产的数字化、跨文化传播与交流等方面，而且取得了一定成效。儒家文化面临新的机遇，知己知彼，以期寻求彼此的双向发展。

一、传统文化领域内人工智能的应用现状

传统文化是经过漫长的历史演变和人类文明的积淀而形成的，它是人类社会经验、知识、价值观念、艺术形式等的集合，代表着一个民族或社群的文化特征。其中，中国传统文化包罗万象，渗透于日常生活之中，体现在礼仪习俗、宗教信仰、伦理观念、文学语言、建筑艺术、音乐舞蹈、戏曲曲艺、医药养生、茶道雅趣、雕刻技艺等各个方面，保护和传承传统文化对于维系中华文化多样性和促进中华文明的繁荣发展具有重要意义。

人工智能时代的到来，为中国传统文化的保护和传承带来新的机遇。目前，中国传统文化的保护和传承面临许多问题，如缺乏传统文化传承人和传承环境、过度商业化而导致传统文化价值被削弱和失真、历史地域文化因语言文字不通难以被理解和认同，等等。将人工智能应用于传统文化，可以在一定程度上解决现存的棘手问题。人工智能技术为传统文化的数字化、存档和保护提供了新的可能性。传统文化元素与人工智能技术相结合，可以促进文化创意产业的发展。人工智能技术可以打破语言和文化的障碍，促进多元文化进行对话和融合，实现跨地域文化的传播与交流。

在人工智能领域中，发展最迅速的就是虚拟数字人技术。1992年，美国科幻作家尼尔·斯蒂芬森（Neal Stephenson）在他的作品《雪崩》中提出了"虚拟化身"这一概念，也就是今天我们所说的"虚拟数字人"的雏形。1994年，科学家便开始了对虚拟数字人的研究探索，发展到现在，虚拟数字人已经具备了数据分析、人机交互、教育培训、情感交流、娱乐游戏、可定制化等功能。2021年以后，虚拟数字人被大量应用于传统文化领域："以'敦煌飞天'为蓝本

打造的虚拟数字人'天妤'、中国文物交流中心的'文夭夭'、新华网的'筱竹'、浙江卫视的'谷小雨'、敦煌研究院的'伽瑶'、国家博物馆的'艾雯雯'、中华书局的'苏东坡数字人'等,或在文博场所化身为导游,或担纲文化短剧主角,或成为对外传播中国文化的使者,令人耳目一新的角色形象将传统文化故事讲得活色生香。"[1]根据《新媒体蓝皮书:中国新媒体发展报告No.14（2023）》研究显示,"中国虚拟数字人行业于2022年迎来发展元年,其市场应用呈爆炸式增长"[2]。虚拟偶像、虚拟主播、数字员工是当前虚拟数字人产业中应用最多、商业化价值最高的三个类型,其数量已经从最初的个位数增加到数以十万计算。虚拟数字人"以人工智能、大数据、云计算等技术为基础,可以通过数智能力为社会解决行业痛点问题"[3]。如果虚拟数字人被广泛运用到传统文化领域,其未来发展空间不可小觑。

在传统文化领域中,场景模拟是人工智能的另一种常见应用,即通过虚拟现实技术和其他相关技术手段,呈现出各种传统文化场景,打造出一种身临其境的感受并得以体验传统文化的氛围。以下是几种主要的场景模拟应用。（1）古代建筑模拟:通过建模和渲染,精确模拟古代建筑,如中国的故宫、长城、布达拉宫等著名古代建筑,让观众感受真实的场景和氛围。（2）历史场景重塑:通过利用地理信息系统、三维建模和虚拟现实技术,还原不同历史文明时期的城市布局、建筑风貌和生活场景,例如古中国、古罗马、古埃及、古希腊等的历史场景,让观众在虚拟现实设备中与场景进行互动并了解古代文明的生活细节和历史,唤起观众的联想,激发其主动探寻历史的兴趣。（3）传统艺术品展览:通过高分辨率数字扫描技术和虚拟现实技术,对传统艺术品进行数字化展览,让观众近距离欣赏传统绘画、陶瓷、雕塑等艺术品,感受其独特的

---

[1] 张鹏禹:《数字人:传播传统文化的"新使者"》,《人民日报》(海外版)2023年9月4日第7版。

[2] 胡正荣、黄楚新、严三九:《新媒体蓝皮书:中国新媒体发展报告No.14（2023）》,北京:社会科学文献出版社,2023年,第101页。

[3] 黄薇、夏翠娟、铁钟:《元宇宙中的数字记忆:元宇宙中"虚拟数字人"的数字记忆价值》,《图书馆论坛》2023年第5期。

美学价值和文化内涵。以上这些场景模拟应用能够提供沉浸式的体验，让观众感受到传统文化的魅力和历史的厚重，促进其对传统文化的理解和传承。随着技术的进一步发展，场景模拟的应用形式还将不断丰富和创新。

同时，文化遗产数字化保护也是较为常见的一种人工智能应用，中国在这方面起步较早。1993年，敦煌研究院就开始了对石窟艺术的数字化保护工作，"完成敦煌石窟22个典型洞窟的数字图像，基于QuickTime VR技术的虚拟漫游洞窟42个，构成了敦煌莫高窟数字展示中心的展现内容"，"在敦煌研究院陈列中心，游客可以体验数字壁画虚拟游览，技术人员把精选的照片或视频等数字影像应用到多媒体库中，制作成精彩的视频，来参观的游客就能自由反复地观看视频，并能够实现与文化遗产的交互"。[1] 2010年，文化部提出将"非物质文化遗产数字化保护工程"纳入"十二五"规划。该计划的目标是保护和传承中国非物质文化遗产，利用数字化技术将其保存为数字数据，并使用新的工具和方法进行展示和利用。该计划提出后，许多非遗文化开始利用数字技术保护和开发非遗的原生内容、衍生品及虚拟形式。例如，"中央美术学院交互设计实验室开发的iPad APP《中国古典家具》、Tag Design开发的手机端APP《榫卯》，他们都通过现代数字媒介，使用户利用碎片化时间像玩游戏一样在移动终端设备上了解产品的细节，通过一种全新的体验发现传统文化的乐趣"。[2] "粤剧电影《白蛇传·情》借助4K、全景声等影音技术，以电影的形式呈现粤剧唱腔之婉转、情节之动人和意境之优美。一些游戏与非遗进行跨界合作，在游戏中出现越剧、古琴、云锦、苏绣等非遗项目的身影。同时，蜀绣、社火脸谱、佛山咏春拳、景德镇陶瓷等非遗项目也纷纷上线数字藏品，受到消费者的欢迎。"[3] 通过数字技术，非物质文化遗产得以更好地保存和传承，并与现代社会

---

[1] 陈振旺、樊锦诗：《文化科技融合在文化遗产保护中的运用——以敦煌莫高窟数字化为例》，《敦煌研究》2016年第2期。

[2] 宋方昊、刘燕：《文化产业视野下的非物质文化遗产数字化保护与传承策略》，《山东社会科学》2015年第2期。

[3] 温雯、赵梦笛：《数字技术赋能非遗传承发展》，《中国社会科学报》2023年2月28日第8版。

需求相结合，以更多样的方式向公众广泛进行展示。

总之，人工智能时代给传统文化带来了新的发展机遇。儒家文化涵盖了丰富的哲学思想、伦理价值观和人文精神，同样需要被保护和传承，更需要得到与时俱进的创新和发展。在新的时代背景下，我们可以运用人工智能这一新兴的科技手段，来更好地传承和弘扬儒家文化。

二、儒家文化基于人工智能而发挥优良特质

儒家文化之所以能够作为中国传统主流文化绵延2500多年，是因为其具有多方面的优良特质，尤其是它注重人际关系、倡导道德伦理、强调社会和谐与共享价值等，可以继续在未来社会发挥作用。我们既可以借助人工智能来发挥儒家文化的这些优良特质，又可以利用儒家文化帮助人工智能更好地融入人文关怀与思考，推动儒家文化与人工智能的彼此双向发展。

第一，儒家文化注重人与人之间的关系，良好的人际关系被视为社会和谐的基石。儒家主张以人为本，以仁爱精神关怀和善待他人，从而建立一种互相依存和互相支持的人际关系。儒家强调"立人"和"达人"(《论语·雍也》)，这意味着儒家注重人的修养和培养，追求品德和道德的完善，通过自我修养和实践来使自己成为有德行和才华的人，从而为社会做出贡献。儒家提倡"爱人"和"知人"(《论语·颜渊》)，这反映出儒家重视与他人的情感联系和相互理解，倡导人与人之间的同情和友爱，鼓励人们积极地对待他人、体察他人的需要和情感，并以此为基础建立相互关爱的社会关系。儒家主张"惠人"和"安人"(《论语·宪问》)，这表明儒家强调为他人提供帮助和支持，重视实际行动，并鼓励创造良好的社会环境，倡导以仁爱的态度对待他人，推崇仁德之行为，使社会变得和谐和安定。儒家追求"成人"(《论语·颜渊》)和"不尤人"(《论语·宪问》)，这意味着儒家强调追求自我完善和不断超越，鼓励个体主动地探索和提升自我，不断改进和成长。另外，儒家也倡导对他人持宽容和包容的态度，不过分指责和抱怨他人，以达到和睦相处的境界。从哲学角度来

看，儒家对人际关系的强调对于人类的社会生活和社会关系具有重要的指导作用。在人工智能时代，我们可以用多种方式传播儒家关于人际关系的价值观，引导人们将人类的尊严、福祉与社会和谐放在首要位置。与此同时，在开发人工智能时，确保其不仅满足功能需求，还能遵循儒家关于人际关系的道德准则，最大程度地尊重和服务于人类。

第二，儒家文化倡导道德伦理的教育和培养，注重个人修养和道德行为。儒家文化鼓励人们通过学习与实践来塑造良好的道德品质，将道德视为人类的追求和个人行为的基准。儒家提倡"尚德"（《论语·宪问》）、"崇德"（《论语·颜渊》）以及"怀德"（《论语·里仁》），强调个人对于道德的崇尚、向往和坚持，注重从内心修养自己的道德品质，并要求以仁、义、礼、智、信等道德基准来规范自己的行为。儒家提出"志于道，据于德"（《论语·述而》），将道德视作实现和展现道的具体表现，强调道德的实践性和将其作为行动取向，将实现道德纳入个人的日常行为，通过实践德行来追求道的意义和理想。儒家认为"修文德"（《论语·季氏》）是治理国家的关键，强调以文德进行社会治理，通过以德化人来实现社会的和谐秩序。可见，儒家文化重视道德的力量，"将道德行为和修身济世联系起来，强调道德的自觉性和社会功用"[①]。人类文明不断发展，"不同的文化共同追求着道德价值与道德境界的呈现"，"在儒家着重交互主体性框架下的世界伦理，内容是多元而开放的，可以根据不同的文化、不同的境况进行不同的实践、示范，从而传播道德价值、维持文化之间的关系和谐"[②]。世界需要儒家的道德观念，儒家道德观念需要做出适应新时代的发展，人工智能可以作为一个纽带，传播儒家道德价值，推动儒家道德观念的发展。与此同时，儒家文化可以为人工智能的道德选择等问题提供指导，促进人工智能技术的道德发展和可持续利用。

第三，儒家文化关注和谐秩序的实现，提出了以"礼""乐"促和谐的治理理念。儒家认为，"和"是天下共行的普遍标准，只有达到了"中和"的境

[①] 牟钟鉴：《涵泳儒学》，北京：中央民族大学出版社，2011年，第272页。
[②] 冯骏豪：《从交互主体视角看儒家对世界伦理的贡献》，《伦理学研究》2023年第1期。

界，天地才能各安其所，万物才能各遂其生，即"和也者，天下之达道也。致中和，天地位焉，万物育焉"（《中庸》）。儒家制定礼乐，来帮助天下万物实现和谐秩序。儒家倡导家庭和睦，父子、兄弟、夫妇之间和睦相处是家庭幸福兴旺的基础，即"父子笃，兄弟睦，夫妇和，家之肥也"（《礼记·礼运》）。儒家强调无论贫富贵贱都各安其位、各有所归，期待通过礼乐调节使得社会各个层面建立起平等与和谐的关系，即"礼义立，则贵贱等矣；乐文同，则上下和矣"（《礼记·乐记》）。儒家文化更加注重人与自然的和谐关系，追求天人合一的境界，认为人与自然之间的和谐关系能够促进万物的繁衍生长与发展，即"阴阳和而万物得"（《礼记·郊特牲》），"大乐与天地同和……和故百物不失"（《礼记·乐记》）。丁鼎教授指出，"儒家礼乐文化的'和谐'精神完全可以帮助我们适当地解决市场经济发展过程中在社会道德、价值取向、人际关系、家庭和社会秩序等方面出现的一些问题，从而保证人与人之间的和谐、人与自然之间的和谐和人自身的和谐，保证整个社会主义社会的安定和健康发展"[1]。"和谐"是社会发展的内在动力，礼乐文化是促进社会和谐的文明方式，在人工智能时代，应该借用新的科学技术手段继续发挥儒家礼乐文化的功能和作用。

第四，儒家文化强调共同发展和共享价值，提醒人们关注社会中每个个体的发展和福祉，实现个体与社会的共生共荣。有学者认为，"儒家伦理思想的底色是人本主义，其核心是共享伦理。共享伦理是以公正地分享社会资源作为核心伦理价值取向和最高美德而形成的一个伦理价值体系"[2]。正如《礼记·礼运》所描述的大同社会的共享图景："大道之行也，天下为公。选贤与能，讲信修睦。故人不独亲其亲，不独子其子，使老有所终，壮有所用，幼有所长，矜寡孤独废疾者，皆有所养。男有分，女有归。货恶其弃于地也，不必藏于己；力恶其不出于身也，不必为己。是故谋闭而不兴，盗窃乱贼而不作，故外户而

---

[1] 丁鼎：《儒家礼乐文化精神与当代和谐社会建设》，《江苏大学学报》（社会科学版）2007年第5期。

[2] 向玉乔、沈莹：《中国传统伦理思想的共享主义特征》，《江苏行政学院学报》2020年第5期。

不闭，是谓大同。"儒家认为，当社会文明发展到一定高度时，人们将天下视为共同所有，彼此之间互相尊重，推选贤能，以推动社会的共同发展，男女老幼都能得到合理的分配和归属，鳏寡孤独都能得到社会的支持和照顾，财富和能力不再囤积于个人，而是将其用于造福社会。儒家共享伦理符合社会共同利益，有利于社会的稳定和繁荣，这些价值观可以引导技术的发展和应用。

可见，儒家文化作为一种独特而珍贵的传统文化，不仅可以推动人工智能技术的道德发展、人性化应用，并且能在社会层面上带来更大的和谐和共享效益。儒家文化的智慧将成为塑造人工智能与社会共融发展的重要资源。

三、儒家文化与人工智能的双向发展模式

儒家文化具有注重人际关系、倡导道德伦理、关注和谐秩序、强调共享价值等方面的特质，所以它更加注重实践性和指导性，而非娱乐性或观赏性。借助人工智能的力量，儒家文化可以得到更好的传承和体验，与此同时，它还能够在人工智能伦理规范和人机交互方面起到辅助作用。

（一）人工智能在儒家文化传承和体验中的应用模式

1. 儒家虚拟数字人

儒家文化历史悠久、资源丰富，积累了大量的历史文献、经典著作和学术成果。目前的虚拟数字人技术相对稳定，可以对儒家文化进行精确的提取、整合和分析，从而生成符合儒家思想的知识体系。在2023年6月25日举办的世界互联网大会数字文明尼山对话中，知名科技公司360的创始人周鸿祎提出："我们可以借助'数字人'的概念，比如说可以打造孔子数字人、孟子数字人，让全中国的旅游者和老百姓，都可以来跟孔子做交流，可以'面对面'来请教《论语》的问题，也可以来了解山东的情况，为山东文旅来做推广。"[①]可以预想，

[①] 满倩倩等：《周鸿祎想为孔子、孟子打造数字人，与全球网民一起交流》，山东新闻、大众网2023年6月26日，https://sd.dzwww.com/sdnews/202306/t20230626_12202802.htm。

儒家虚拟数字人的出现将来可以成为学习和理解儒家文化的强大辅助工具。通过虚拟数字人提供的全面而精准的儒家文化知识，人们可以更加便捷地了解儒家思想的核心价值观和原则，并将其应用于现实生活中，为儒家文化的传承和发展提供新的机遇，使得儒家思想在当代社会中发挥更大的优势和作用。

2. 儒家文化场景导览

儒家文化在中国有着丰富的载体，包括文庙、宗祠、书院、传统庭院等。这些文化场景不仅是儒家学习与交流的重要场域，也承载着丰富的文化底蕴和历史积淀。通过虚拟现实技术，人们可以通过网络平台进入儒家文化的虚拟环境，自由参观、浏览和学习相关的历史资料、物质遗产和使用方法。例如，在孔府的虚拟场景中，观众可以学习如何行礼、正确使用餐具、穿戴汉服衣冠、研习御马和射箭等，从而体验家族礼仪的日常实际应用，感受家族生活文化的丰富多彩和独特魅力。在这些虚拟环境中，人工智能可以扮演导游的角色，为游客提供详细的解说，也可以一对一回答游客的问题，讲述相关的历史故事，并解释儒家文化所包含的具体概念及其背后的含义。

3. 儒家礼乐文化体验

儒家礼乐文化的内容十分丰富，就礼文化而言，则分为吉、凶、军、宾、嘉五礼，具体分为冠、婚、丧、祭、乡、射、朝、聘等礼仪；就乐文化而言，则分为宫、商、角、徵、羽五声，金、石、土、革、丝、木、匏、竹八音，黄钟、大吕、太蔟、夹钟、姑洗、仲吕、蕤宾、林钟、夷则、南吕、无射、应钟十二律。正所谓"经礼三百，曲礼三千"（《礼记·礼器》），儒家礼乐文化体系庞大繁杂，况且时代久远，现代人很难直接接触到，即使接触到也不容易理解其中深意。借助人工智能，特别是虚拟现实和增强现实技术，可以模拟儒家礼乐文化场景，让观众能够身临其境地感受儒家礼乐文化，更好地理解其中蕴含的文化意义。

与此同时，观众可以在虚拟环境中体验儒家传统仪式，如冠礼、婚礼、丧礼、祭祀等，亲身经历整个仪式的过程，感受其中的庄严神圣。针对具体仪节，人工智能可以提供详细的解说，解释相关含义、历史背景和行礼规范。人工智能技术发展迅猛，相信不久以后就可以为我们提供一种体验儒家礼乐文化的有效方式，从而推动儒家礼乐文化在现代社会的传承和发展。

4. 儒家文化生活指导

通过人工智能，我们可以开发出儒家文化生活指导的相关应用程序，利用人工智能的推荐算法和个性化模型，针对受众的不同情况提供个性化的指导建议。在家庭教育方面，应用程序可以根据用户的家庭环境、子女的成长阶段和儒家教育理念，提供个性化的指导和建议。这可以包括儒家思想中的家庭伦理、亲子关系、教育方式等一系列内容，全方位帮助家长培养子女的品德和综合素养。在社交礼仪方面，应用程序可以根据用户的社交场合、地域文化和个人需求，提供适用的礼仪准则和行为建议。这可以包括儒家文化中的爱己爱人、仪表仪态和知礼守法等方面的内容，帮助个人在社交场合中更好地与他人进行交往。通过个性化的儒家文化生活指导应用，人们可以更方便地将儒家价值观应用到现实生活中，获得积极引导和有效沟通的渠道。

5. 儒家老年护理模式

儒家注重孝道，讲求善始善终。儒家认为，人们不仅要亲自侍奉年迈的父母，还要做到对父母和颜悦色；不仅要孝敬自己的父母，还要尊敬与父母一样年长的老人。《孝经·三才》记载："子曰：'夫孝，天之经也，地之义也，民之行也。'"孔子认为，孝敬父母是天经地义的事情。今天，社会老龄化情况越来越严重，独生子女多，没有精力照顾老人，社会护理人员不足，所以各式各样的老年护理机器人应运而生。越南学者比利·惠勒（Billy Wheeler）提出，在选择老年护理机器人时，应该与之签订一份《基于儒家的老年护理机器人协议》，他认为，"机器人可以帮助子女履行照顾父母的责任，而不是抛弃父母"，"假设一个护理机器人可以完成一部分任务：洗碗、清洁地板、定期进行生物识别和健康检查、帮助移动、帮助清洗和上厕所、开门和收集包裹。那么，老人的子女必须在白天完成另一部分任务：做早餐，预先准备好午餐，烹饪晚餐，带他们出去散步，看电影或提供娱乐，带他们去医院，给他们买新衣服，梳头，等等。通过这种方式分配任务，孩子可以通过孝顺来履行他们的道德义务，同时利用技术来帮助他们分摊生活负担，比如工作和照顾自己的孩子"。①

比利·惠勒的观点，提出了儒家伦理观和人工智能应用之间的一种道德实践模式。老年护理机器人可以承担一些日常照料任务，为子女减负，让他们有更多的时间和精力关注其他重要事务。然而，技术工具被视为一种辅助手段，而不是取代人与人之间的关系。儒家认为，人与人之间的关系强调互动、情感和关怀，也就是说，子女仍然需要承担起陪伴老人、关爱老人和给予老人以情感支持等重要任务。

（二）儒家文化在人工智能伦理规范和人机交互中的应用模式

1. 儒家文化如何应用于人工智能伦理规范

目前，人工智能越来越多地应用于现代日常生活中，在提供便利的同时也带来了一些隐患，如泄露个人信息、报价不一、老幼群体或种族歧视、无底线营销等。基于此，人工智能需要制定一系列伦理规范来确保其发展和应用的道德性、公正性和社会责任性。以下是一些基本的人工智能伦理规范。（1）隐私保护：人工智能应确保个人数据和隐私的保护，遵循透明、合法和安全的数据处理和管理原则。（2）公正性：人工智能应避免对人们做出不公正或歧视性的决策，确保平等对待所有用户和利益相关者。（3）透明度和可解释性：人工智能的决策过程应该是透明和可解释的，用户应能够了解系统是如何做出决策的，以消除不确定性和建立信任。（4）责任和问责：人工智能开发者和运营方应对系统的行为负有责任，并能够追究其产生的不当决策或行为的责任。（5）安全性：人工智能应具备必要的安全措施，以防止被滥用、侵入或攻击，确保系统和数据的安全性。

科技人员在研发人工智能设备时，除了为其设定以上基本伦理规范，还应该注入人性化道德准则，才能实现良好的人机互动。儒家文化可以为人工智能

---

① Billy Wheeler, "Confucianism and the Ethics of Social Robots in Eldercare", in *Social Robots in Social Institutions*, in Amsterdam: IOS Press, 2022, pp. 276–285.

的伦理规范提供以下道德准则。(1)仁爱：强调对他人的关爱和关怀。在人工智能的伦理规范中，可以将仁爱作为一个指导原则，要求人工智能在与人类互动时表现出关爱和关怀，尊重他人的尊严和权利。(2)礼：强调合乎社会规范和道德准则的行为。在人工智能的伦理规范中，可以借鉴礼的理念，要求人工智能遵循社会道德规范，避免不当或冒犯性的言行。(3)中庸：强调适度和平衡的原则。在人工智能的伦理规范中，可以应用中庸的理念，要求人工智能的行为和决策遵循适度和平衡的原则，避免出现极端行为。(4)诚：注重诚实和忠诚。在人工智能的伦理规范中，可以将诚作为一个准则，要求人工智能保持真实和诚实，不误导用户或故意提供虚假信息。(5)均：强调均等对待所有人，均等使用共有资源。在人工智能的伦理规范中，可以将均等作为一个指导准则，要求人工智能在决策和行为中尽量避免资源分配不均的情况。

这些儒家文化中的道德准则可以作为人工智能伦理的参考，确保人工智能符合道德要求，尊重人类的尊严和权利，促进社会的公正和和谐。当然，具体的伦理规范还需要综合考虑其他道德观念和法律法规等因素，以确保人工智能的发展和应用符合广泛的社会共识和价值观。

2. 儒家文化在人机对话中的作用

通过使用发现，人工智能在人机对话中尚存在以下问题。(1)理解困难：特别是当面对复杂、连续或模糊的问题时，人工智能可能无法准确理解用户的意图，从而出现很多答非所问的情况。(2)缺乏情感理解：人工智能对于情感理解和情感反应的能力相对较弱。这导致在人机对话中，系统可能难以准确解读用户的情感状态或提供相应的情感支持。(3)缺乏创造性和灵活性：目前的人工智能通常是基于预定的规则和模式进行工作，这使得系统在应对复杂、非结构化或新颖的问题时表现不佳，限制了人机对话的质量和效果。(4)缺乏伦理道德考虑：人工智能在人机对话中缺乏伦理和道德规范，由此产生出缺乏隐私保护、不公正性和歧视性问题，面临着处理道德困境和伦理冲突等方面的挑战。(5)缺乏对话的连贯性：在长时间对话中，人工智能可能忘记先前的对话内容或语言环境，缺乏连贯性，非常影响用户体验。以上问题需要在技术和设计上不断改进，以提升人工智能在人机对话中的质量；同时，也需要注意伦理规范和社会影响，确保人工智能的应用符合道德准则和社会价值观。

针对以上问题，儒家文化可以为人机对话提供以下人文理念。（1）亲和力：儒家强调人与人之间的亲情和友情，人工智能可以通过模仿人类的情感表达和对话风格，使用户感到更受欢迎、受尊重和舒适。（2）有效反馈：儒家文化注重倾听他人与尊重他人的观点和感受，儒家的这一理念可以促使人工智能更加关注用户的意见、需求和感受，为用户提供真正有益的反馈和支持。（3）和谐共处：儒家思想强调社会关系和和谐共处的原则，通过应用这一理念，可以使人工智能更加人性和温暖，提高人机对话的质量。可见，人工智能还需要结合社会伦理规范和用户需求增加人文理念设计，以确保人机对话能够更好地满足人类的情感和认知需求。

综上所述，人工智能技术可以提供新的平台和应用程序，帮助我们将儒家经典著作数字化、智能化，并将其传播给更多的人。同时，我们也应该意识到，儒家文化的传承与创新并非单凭人工智能的力量能够完成，我们仍然需要人类的智慧和情感去理解、诠释和传承儒家文化的精髓。人工智能只能作为辅助的工具，帮助我们更高效地处理和传播儒家文化的内容，但最终决策和判断仍然需要依赖于人类的价值观和道德准则。因此，在利用人工智能传承和创新儒家文化的过程中，我们必须保持谨慎和审慎的态度，确保其与儒家价值观的一致性。总之，运用人工智能来传承和创新儒家文化既具有挑战性又迫切需要解决相关的问题。

"仁者爱人、以德立人"与社会主义伦理道德的现代转换

刘 洁[*]

摘 要："仁者爱人、以德立人"是我国传统思想宝库的重要组成部分。"仁者爱人"是儒家伦理学思想体系的核心命题之一和儒家核心价值观的基本价值理念之一。仁爱是身心之爱、爱亲与爱众、爱人与爱物的统一，它着眼于调节政治与民众的关系。"以德立人"是安身立命之本。"仁者爱人"与"以德立人"紧密相依，为构建和谐社会提供了深厚的思想文化资源，有利于提升个人的自我修养、维护人与人的团结友爱、实现人与自然的和谐相处、坚持"以人为本"的民生观。

关键词：仁者爱人；以德立人；中华传统美德；和谐社会

习近平总书记说："人而无德，行之不远。没有良好的道德品质和思想修养，即使有丰富的知识、高深的学问，也难成大器。"[①]道德是社会关系的基

---

[*] 作者简介：刘洁，女，中共淄博市委党校教授，主要从事传统文化、中国史、中国古代妇女史研究。本文系中华优秀传统文化转化创新重大理论研究项目"中华传统优秀文化与我国意识形态建设研究"（项目号：15AZBJ08）前期成果及山东省委党校（行政学院）2020年度课题（课题编号：2020S015）。

① 习近平：《之江新语》，杭州：浙江人民出版社，2007年，第64页。

石,也是人际和谐的基础。中华民族历来有"礼仪之邦"的美誉,人与人之间的相处讲求彼此尊重、互亲互爱。"仁者爱人、以德立人"就是这种相处之道的集中表现。它不仅有助于提高个人的道德修养,也有助于提升整个社会的道德水准。

一、仁者爱人——儒家伦理的根本精神

"仁者爱人"是儒家伦理学思想体系的核心命题之一和儒家核心价值观的基本价值理念之一。它的产生是儒家对殷周民本思想的继承和发展,是春秋时期稳定社会秩序、安抚人心的措施,更是中国社会数千年来尊崇的重要伦理道德理念。

(一)关于"仁"的解释

以孔子为代表的儒家提倡"仁",但"仁"字却并非孔子和儒家的创造。据考证,"仁"字在甲骨文中即已出现,但春秋以前使用得比较少。春秋时期,"仁"字的使用逐渐增多,有爱亲、利民、利国等义。如《逸周书·本典》说:"与民利者,仁也。"《国语·周语中》说:"谓'仁',所以保民也。"这表明,到了春秋时期,"仁"的字义已经有了从伦理道德向政治领域转变的倾向。

孔子是最早给"仁"字以明确定义,并将之作为其学说的中心概念予以推行的人。《论语》中"仁"字总共出现了109次,其中多数来自孔门弟子"问仁",以及孔子对"仁"的内涵、表现和实现途径的阐释。这也反向证明了,在孔子之前,人们对"仁"的内涵了解得并不多。答弟子之问时,孔子会因人而异,针对不同的提问对象对"仁"做出多种不同的阐释,但其基本内涵则是"樊迟问仁"时所答的"爱人"。[①]孔子之后,许多著名思想家都对"仁"做了解读。如孟子说:"仁者爱人,有礼者敬人。爱人者,人恒爱之;敬人者,人恒

---

① 《论语·颜渊》篇记载:"樊迟问仁。子曰:'爱人。'"

敬之。"①荀子说:"仁,爱也,故亲。"②韩非说:"仁者,谓其中心欣然爱人也。"③这表明,先秦时期以"爱"释"仁"的解释已经基本达成共识。后继的思想家们对"仁"的基本内涵的界定,也没有跳出这个范围。如西汉大儒董仲舒说:"仁之法在爱人,不在爱我。"④将"爱人"与"爱我"对举,突出了对"爱人"的强调。南宋理学家朱熹说:"仁是爱之理,爱是仁之用。"⑤意即"仁"是"爱"的根本,"爱"是"仁"的表现。

(二)"仁者爱人"的精神内涵

1. 仁爱是身心之爱的统一

这是就人与自身的关系而言。换言之,就是"修己"或"律己"。修己是强调个人的内在修养、追求人格的不断完善,是"仁者"能够实现真正意义上的"爱人"的必要条件。

何为"仁者"?《礼记·中庸》说:"仁者,人也。"这里的"人","不是生物学意义上的自然人,而是人类社会进入文明时代以后的社会人,这样的人不是天生就有的,而是后天靠修养才造就出来的"⑥。所以孔子说:"为仁由己,而由人乎哉?"⑦仁的德性的行为是自觉的、主动的。儒家认为,"仁"与"学"密不可分,"仁"必须通过"学"才能得到。孔子说:"好仁不好学,其蔽也愚。"⑧

---

① (东汉)赵岐注,(北宋)孙奭疏:《孟子注疏》卷四《离娄下》,台湾商务印书馆影印《文渊阁四库全书》电子版,上海:上海人民出版社,1999年。此版本下同。
② (唐)杨倞注:《荀子》卷十九《大略》,台湾商务印书馆影印《文渊阁四库全书》电子版。
③ (元)何犿注:《韩非子》卷六《解老》,台湾商务印书馆影印《文渊阁四库全书》电子版。
④ (西汉)董仲舒:《春秋繁露》卷八《仁义法》,台湾商务印书馆影印《文渊阁四库全书》电子版。
⑤ (南宋)朱熹:《朱子语类》卷二十,台湾商务印书馆影印《文渊阁四库全书》电子版。
⑥ 匡亚明:《孔子评传》,济南:齐鲁书社,1985年,第11页。
⑦ (三国)何晏集解,(唐)陆德明音义,(北宋)邢昺疏:《论语注疏》卷十二《颜渊》,台湾商务印书馆影印《文渊阁四库全书》电子版。
⑧ (三国)何晏集解,(唐)陆德明音义,(北宋)邢昺疏:《论语注疏》卷十七《阳货》。

他的意思很明确:一个爱好仁德的人,必定也是一个注重加强学习的人;如果只是嘴上说爱好仁德而不注重学习,其结果不仅是自身愚昧,还可能受人愚弄。因此,一个人不仅要有仁德,还需要不断学习,才能明晓事理。

2. 仁爱是爱亲与爱众的统一

这是就人与人之间的关系而言。"仁"作为一种品行,其实质就是"爱人",即关心爱护他人。儒家认为,"爱人"是人与生俱来的本性,也是每个人的责任。凡有人群聚集的地方,就存在彼此之间相爱的关系,正是这种相爱才使社会变得融洽和谐。因此,离开了"爱人",人将不成其为人,社会也将不成其为社会。

"爱人"从爱亲开始。以血缘为纽带的宗法制社会中,孝悌是一切美德的出发点,血亲之爱也因此成为"仁爱"的核心和重点。儒家认为,仁爱莫大于爱亲。有子说:"孝悌也者,其为仁之本与!"①孟子也说:"亲亲,仁也。"②"仁之实,事亲是也。"③这都是说,孝顺父母、恭敬兄长、友爱亲属是"仁"的根本。但儒家的"仁爱"并不拘囿于孝悌之爱,而是有所延伸和发展,并最终成为具有超越自我的普遍之爱。④这种"爱"是爱亲与爱众的统一,就是孔子所说的:"弟子入则孝,出则悌,谨而信,泛爱众,以亲仁。"⑤所以,"行仁"就是献爱心,做关爱他人、众人之事。"行仁"的内容非常广泛,既包括传统的"老吾老以及人之老,幼吾幼以及人之幼",也包括我们今天所说的助人为乐、见义勇为、舍己救人,等等。从亲子之爱、手足之爱进而推衍到大众之爱,体现了儒家以"仁爱"为核心的伦理道德教育理念。

3. 仁爱是爱人与爱物的统一

这是就人与自然之间的关系而言。博爱是"仁者爱人"的高级层次,也是

---

① (三国)何晏集解,(唐)陆德明音义,(北宋)邢昺疏:《论语注疏》卷一《学而》。
② (东汉)赵岐注,(北宋)孙奭疏:《孟子注疏》卷七《尽心上》。
③ (东汉)赵岐注,(北宋)孙奭疏:《孟子注疏》卷四《离娄上》。
④ 杨芳:《儒家核心价值理念及其当代价值》,《学术论坛》2011年第9期,第14—18页。
⑤ (三国)何晏集解,(唐)陆德明音义,(北宋)邢昺疏:《论语注疏》卷一《学而》。

它的理想目标。个体只有做到"入则孝，出则悌"，才会去"泛爱众"，但儒家的博爱思想并不止于此，"仁者"的仁爱之心还要惠及林草树木、鸟兽虫鱼等世间一切事物，即"仁民爱物"，这样才能实现物我相通的"一体之仁"。也就是《论语·雍也》所谓的"博施于民而能济众"。所以，孔子说："子钓而不纲，弋不射宿。"①孟子提倡："亲亲而仁民，仁民而爱物。"②宋代名儒张载在《西铭》中说："民，吾同胞；物，吾与也。"民为同胞，物为同类，一切为上天所赐，主张要泛爱众人和一切物类。程颢也说："仁者，浑然与物同体。"③由是，爱人与爱物的统一，充分彰显了"仁者爱人"的高层次的生命智慧和价值理念。

4. 仁爱着眼于政治与民众的关系

"仁者爱人"并非仅一般道德意义上的个体的"仁爱""爱人"，更着眼于政治与民众的关系，要求为政者要爱民、富民、惠民、教民。其中，富民、惠民和教民是实现爱民的途径和方式。

爱民、富民、惠民、教民的理念并非儒家新创。早在姜太公封齐国之初，便明确提出"治国之道，爱民而已"，把"爱民"作为治理国家的准则，并实施了一系列爱民、富民、惠民、教民的政策措施。后继者齐桓公、管仲君臣，更是把这一理念发挥到极致，如管仲实行的包括敬老爱幼、体恤孤残、扶危救困在内的"九惠之教""六兴富民"之策和"相地衰征""按田而税""省刑薄税"的富民措施，都是当时中国乃至世界上最先进的社会保障制度，至今仍不失其光辉。

在对待"仁"的伦理道德和"仁"的政治的问题上，儒家的着眼点不是拘泥于个人伦理道德的"仁"，而是重视政治层面的"仁"。儒家认为，"仁者爱人"就是为政爱民，"爱人"的本义是"爱民"，要亲爱天下的百姓。爱民就要坚持"己所不欲，勿施于人"，坚持"己欲立而立人，己欲达而达人"。

---

① （三国）何晏集解，（唐）陆德明音义，（北宋）邢昺疏：《论语注疏》卷七《述而》。
② （东汉）赵岐注，（北宋）孙奭疏：《孟子注疏》卷七《尽心上》。
③ （南宋）朱熹编：《二程遗书》卷二《识仁》，台湾商务印书馆影印《文渊阁四库全书》电子版。

二、以德立人——安身立命之本

道德是立人的标准，也是兴国的良策。"以德立人"就是以社会公序良俗为依归、以道德修养为安身立命之本，这是儒家倡导的个人行为准则。任何时候，这对于提高个人道德修养、促进社会文明发展，都有深刻的影响。

（一）关于"德"的解释

"德"的概念产生很早，甲骨文中已经出现了后世"德"字的雏形。但此时"德"字的字义并不完全具有后世"外得于人，内得于己"的道德含义。西周时，人们通过总结殷商败亡的教训和自己的统治得失，认识到要系民就必须惠民。"皇天无亲，惟德是辅；民心无常，惟惠之怀。"[1]上天并不特别亲近谁，能否得到天命的眷顾，关键要看统治者是否有"德"；民心向背也不是一成不变的，民众只拥护仁爱之君。《尚书》中把"德"作为接受天命的前提，有"明德""敬德""经德秉哲"等说法。"春秋中晚之前，'德'主要运用于政治范畴或用来表明贵族阶层的身份地位和行为模式"[2]，主要是指人主的"保民""惠民""慎罚""慎杀"等行为。自此"德"字有了"得"的意思，即让别人有所"得"，也就是行善施恩、取悦民心。所以《管子·正世》说："爱之，生之，养之，成之，利民不德，天下亲之，曰德。"所谓"德"，对统治者而言，就是要爱护民众，不居功自傲、不炫耀恩德，这样才能得到民众的亲近和归附。《说文解字注》解释"德"的含义说："内得于己，谓身心所自得也；外得于人，谓惠泽使人得之也。"又说："德，升也。"具备了"德"的人，个人素质就会有所提升、有所发展，就能够得到整体的改变与完善。

---

[1] （西汉）孔安国传，（唐）陆德明音义，孔颖达疏：《尚书注疏》卷十六《蔡仲之命》，台湾商务印书馆影印《文渊阁四库全书》电子版。

[2] 郑开：《德礼之间》，北京：生活·读书·新知三联书店，2009年，第11页。

(二)"以德立人"的精神内涵

1."以德立人"是安身立命之本

道德的终极基础是人的本性的善。"仁者爱人"是道德的最高原则,这就决定了它在整个道德体系中处于核心位置。[①]因此,儒家倡导的"仁者爱人"的"爱"不是无原则的爱,它是有讲究、有原则的爱。这种原则就是《礼记·檀弓》所说的"君子之爱人也以德",即君子对他人的关心和爱护要以道德为准绳,这里突出强调了"德"的重要性。儒家学者非常强调个人的自我修养。孔子认为,君子"不患无位,患所以立"[②]。《大学》说:"自天子以至于庶人,壹是皆以修身为本。其本乱而末治者否矣,其所厚者薄,而其所薄者厚,未之有也。"意思是,上自天子,下至平民,所有人都要以修身为做人处事的根本。如果不修身立德,连根本的修身都搞乱了,想要治国、平天下是不可能的;不注重甚至蔑视切近的修身、齐家,反而去高谈治国、平天下,从来没有这样的道理。这也就是习近平总书记所说的:"人而无德,行之不远。没有良好的道德品质和思想修养,即使有丰富的知识、高深的学问,也难成大器。"[③]简而言之,就是无论一个人的身份地位高低、能力大小,只有注重提高个人的道德修养,明大德、守公德、严私德,其才方能用得其所。

2."以德立人"彰显了一种人道准则,在实践中表现为"爱人"

"仁者爱人"要以"德"或"道德"为准则,反过来,道德修养在实践中又以"爱人"的形式来表现。道德修养的途径有两条:由内而外、由外而内。由内而外,是指道德的修养重在保持仁爱之心,提升自我涵养,并最终通过行善、爱人的方式表现出来。这就要求人即便是身处复杂恶劣的环境中,也要时时保持虔诚、谨慎、敬畏之心,努力存心养性,提高自己的涵养。由外而内,是指日常生活中,通过对人和物点滴的关心和爱护,积少成多、积小成大,来

---

① 韩美群:《儒家"仁者爱人"思想的人本基础及其现代意蕴》,《江西社会科学》2011年第10期,第33—37页。
② (三国)何晏集解,(唐)陆德明音义,(北宋)邢昺疏:《论语注疏》卷四《里仁》。
③ 习近平:《之江新语》,第64页。

培养"爱心"和"仁心"。所以,《荀子·儒效》说:"故圣人也者,人之所积也。"圣人都是在日积月累的积善行德中成圣成仁的。儒家经典著作《大学》有云:"富润屋,德润身。"财富可以使房屋变美;而道德则能涵养身心,使人变得美好。儒家在长期的社会实践中,深刻认识到道德规范对人际关系的维护、国家政权的存亡及社会文明的发展有着极其重要的影响,如果道德崩溃,社会必然陷入混乱不堪甚至倒退的局面,因而他们时刻强调要用道德修养来要求人、规范人和培养人。《左传·襄公二十四年》记载,鲁国的大夫叔孙豹说:"太上有立德,其次有立功,其次有立言。虽久不废,此之谓三不朽。"他将"立德"(树立道德)、"立功"(建功立业)、"立言"(著书立说)称为"三不朽",并强调"立德"的重要性要在"立功""立言"之上,将道德修养作为最崇高的目标。孟子说:"得道者多助,失道者寡助。寡助之至,亲戚畔之;多助之至,天下顺之。"[①]没有高尚的道德修养做基础、不注重个人品德的修养,不论做什么都不可能取得真正的成功,甚至还可能众叛亲离。一个人只有明大德、守公德、严私德,其才方能用得其所。一个道德修养差的人,绝不可能成为一个真正的"仁者"。

三、"仁者爱人、以德立人"的现实意义与实现路径

"仁者爱人、以德立人"是儒家极为推崇的道德品质,为构建和谐社会提供了深厚的思想文化资源。

(一)"仁者爱人、以德立人"的现实意义

1. 有利于提升个人的自我修养

百行德为首,百业德为先。中华民族历来尚德,讲究"道德当身,不以物惑","德"是立人之基。古人强调个人的自我修养,儒家的"仁者爱人"思想是道德的最高原则,处于道德体系的核心,而道德修养在实践中又以"爱人"

[①] (东汉)赵岐注,(北宋)孙奭疏:《孟子注疏》卷三《公孙丑下》。

的形式表现出来。以"仁者爱人、以德立人"的思想指导自己的实践活动,有利于提升个人的道德修养。"以德立人"同样也是为官之本。古人对为官从政者提出了更高的道德要求和期望,将其视为做人为官的首要的基本的问题,强调做官必须先做人;德乃为官之本,为官必须先修德。党员干部把加强道德修养作为人生必修课,不仅可以做到严以修身、严以用权、严于律己,对一切腐蚀诱惑保持高度警惕,做到防微杜渐,更是推进党和人民事业的客观要求。坚持"仁者爱人、以德立人"还有利于培养人崇尚正直的思想。坚持"仁者爱人、以德立人"的做事原则,就要有主持正义、坚守道德的勇气。在亲友、上级犯错时,能不被外物所干扰诱惑,敢于置情面和个人的私利于不顾,指出并帮助他们改正问题,以完善其道德修养。

2. 有利于维护人与人的团结友爱

"仁者爱人、以德立人"是一种与人为善、和谐友爱的思想,它注重个体的身心和谐与社会的和谐共处。"仁者爱人"倡导的"爱人",就是要关心、关爱他人,时时对他人表达善意。孟子说:"爱人者,人恒爱之;敬人者,人恒敬之。"[①]这里强调,人与人之间的善意的交流不仅能实现情感融洽,还能促进社会和谐。如果人人都能以这种思想指导实践,都能以友善、关爱之心去对待和理解他人,能有效避免很多冲突和误解,营造一种诚信和睦、彼此尊重的社会氛围。这种氛围无论是对个人还是对社会,无论是在生活还是在工作中,都有积极的意义。于个人而言,坚持以"仁者爱人、以德立人"的标准要求自己,有助于养成明辨是非荣辱、崇尚道德的意识,促进自身修养,提升个人素质。于社会而言,有利于构筑一种团结友爱、互惠互利、持续发展的人际关系,促进社会的和谐健康发展。

3. 有利于实现人与自然的和谐相处

博爱是"仁者爱人"的高级层次,也是它的理想目标。儒家主张通过"泛爱众"式的推衍来实现社会的安定和谐以及人类与自然的和谐共处。

---

① (东汉)赵岐注,(北宋)孙奭疏:《孟子注疏》卷四《离娄下》。

提到"和谐相处",人们首先想到的是人与人的和谐共处,并延伸到人与社会的和谐相处。但在强调"绿水青山就是金山银山"、强调人与自然和谐共处的今天,我们需要对传统的人与自然的关系重新进行深入的思考。人与自然的和谐关系,并不仅仅是关乎人类生存的一个基本问题,也是构建和谐社会的一个前提条件。坚持"以自然为本"是坚持"以人为本"的前提,坚持"以人为本"也必须坚持"以自然为本",任何无视甚至蔑视自然的结果必定是自然对人类无穷尽的无情的报复,现在人类在很多方面已经尝到了不尊重自然的恶果。因此,人类只有与自然和谐相处,平等地与自然对话,理性地与自然握手,与自然共同发展、共同前进,自然界才会越来越完美,人类的前景也才会越来越光明。

4. 有利于坚持"以人为本"的民生观

"仁者爱人、以德立人"是一种以人为本的思想。它并不仅仅是一般道德意义上的个体的"仁爱""爱人",更着眼于政治与民众的关系,要求为政者能够爱民、富民、惠民、教民。民本思想是中华传统文化的精华。构建和谐社会,就要以人为本。当前我国正处于社会转型期,社会结构的变迁、阶层利益的调整,引发了不同阶层的民众之间(尤其是城乡居民之间)收入差距扩大的矛盾。同时由于社会保障体系还不健全、不完善,导致弱势群体的某些利益在改革过程中无法得到有效保障。构建和谐社会就是要解决社会转型中出现的这些问题。广大领导干部,特别是党员干部,必须牢记"全心全意为人民服务"的宗旨,做到权为民所用,情为民所系,利为民所谋。百官勤廉为政,百姓才能安居乐业,国家才能长治久安。当前,党员干部要进一步增强责任意识、担当意识、实干意识和服务意识,纠正"为官不为"、懒政怠政,立足岗位创先争优,真干事、干实事、干好事,真正做到"对党忠诚、个人干净、敢于担当",赢得人民群众的支持和信任。

(二)"仁者爱人、以德立人"的实现路径

"仁者爱人、以德立人"作为一种价值追求,需要靠自觉的行为来实现。

1."仁者爱人、以德立人"必须坚持做人正派

道德的培养最终要落实到个人身上。古人推崇"修身、齐家、治国、平天下",道德的自我修养是为人处世的基本落脚点。道德与作风密切相关,一个人的作风反映着这个人的道德水准。只有慎思于内,才能笃行于外。中国人传统的价值观中,大凡诸如吹牛拍马、弄虚作假、阳奉阴违、看风使舵、投机钻营的人,都被视为"小人"。孔子把正派的作风称为"君子"之风。《论语》中有许多关于"君子"和"小人"的对比。诸如"君子周而不比,小人比而不周""君子和而不同,小人同而不和""君子泰而不骄,小人骄而不泰"等,都旨在说明君子的"正派仁义"和小人的"见利忘义"。做人正直、做事正派是立身之本、处世之基,也是中华民族的优秀品格和优秀传统。《论语·子路》云:"其身正,不令而行,其身不正,虽令不从。"党员干部要公道正派,必须先正其身,坦荡胸襟,把好"欲望关",增强"免疫力"。其次还要规范约束自己的言行,做到敢言慎言,敢为慎为,低调做人,虚心做事,慎而思之,勤而行之。同时对为政者来说,"公"还是一种无上追求,唯有始终从严养性,才能坚持公私分明、顾全大局,才能抵制歪风邪气、旁门左道,才能杜绝以权谋私、结党钻营,实现就公义、守正道。

2."仁者爱人、以德立人"必须保持浩然正气

儒家代表人物孟子提出,人要有"浩然之气"。"浩然之气"是一种刚正之气,也就是人间正气。正气是做人之本、做事之道。一个人有了浩气长存的精神力量,面对外界的一切巨大诱惑、威胁之时,才能处变不惊、镇定自若,达到孟子所说的"富贵不能淫、贫贱不能移、威武不能屈"的高尚境界。也只有人人保持浩然正气,社会风气才会好。正与邪是相对而言的,人身上一旦少了正气,邪气就会不请自来;一旦正气消失、道德沦丧,人就可能沦为社会的罪人。要保持正气,就要注重对自身正义感和良好道德品质持之以恒的培养。在实践中应当扶正祛邪、扬清激浊,在大是大非面前旗帜鲜明,主持正义。俗话说,"良药苦口""忠言逆耳"。"以德立人"思想在古代有一个重要的体现形式,就是逆耳良言。《韩非子·外储说左上》曰:"夫良药苦于口,而智者劝而

饮之,知其人而已已疾也。"这句话中,第一个"已"是动词,做"治愈"讲;第二个是"自己"的"己",所以"已己疾"就是"治愈自己的病"。《孔子家语·六本》篇中也有类似表述:"良药苦于口而利于病,忠言逆于耳而利于行。"当自己的朋友或上级犯错时,不要因为有所避讳,就偏袒、不敢发声,而要以道德为原则,大胆、真诚地帮他们指出并纠正错误,完善自己和他人的道德修养。这才是真正的"有德"之人。

3."仁者爱人、以德立人"必须分清是非荣辱

不辨是非难处世,不知荣辱难做人。清晰的是非界限是一个人正气盎然、精神奋发的标志,明确的荣辱观是世界观、人生观和价值观的重要组成部分。知荣者明,知耻者廉。古人对此有深刻的理解:"不知耻者,无所不为。"[①]一个人如果不知羞耻,就会不管是非善恶、道德规范,为所欲为。"知耻者而后勇",只有牢记耻辱,思考耻辱成因,时刻警醒自己,才能洗却耻辱,自立自强。"人之不廉,而至于悖礼犯义,其原皆生于无耻也。故士大夫之无耻,是谓国耻。"[②]对于为政者而言,若无廉耻之心,便是国家的耻辱。这都表明,知耻之心是人的道德行为的临界点,也是人们追求真善美、摒弃假丑恶的起始点。明辨"是非""荣辱"还是党员领导干部成长进步、事业有成的重要保证。对于党员领导干部来说,首先要能正确地判断、识别"是"与"非",这样才能坚守正确的道德规范和鲜明的是非标准,自觉做到是非分明、公私分明、爱憎分明。其次要在知"是非"的基础上,增强道德认知,确立道德信仰,将学习、探索和修养三者融合,树立正确的荣辱观。这样在立身处世、做人做事时,才能做到择善而从、见恶而弃。另外,还应该带头弘扬中华民族的传统美德,展现共产党人的先进精神风貌,追求更高的思想道德境界。

[①] (北宋)欧阳修:《集古录》跋尾《魏公卿上尊号表》,台湾商务印书馆影印《文渊阁四库全书》电子版。

[②] (清)顾炎武:《日知录》卷十三《廉耻》,台湾商务印书馆影印《文渊阁四库全书》电子版。

文明互鉴视阈下的孟子人性思想研究

罗惠龄[*]

摘　要：天下沉沦，如何以道拯救，诸子百家对道提出不同的说法。一位伟大的思想家之所以伟大，是因为他能对时代的混乱抓出病因，做出准确的诊断。客观外缘时代的背景条件，促使孟子提出人性论主张作为解决方案，找到时代的定位。孟子如何理解人性？人性本善本无意义，如何于察识不善中返回本善初心才是重要的。有了本善不一定使人感到快乐，能够时刻在行起坐卧的起心动念中识得本来面目的回返才是重要的。因此本文自孟子与告子的人性辩论展开，说明孟子性善主张的特点以及孟子如何解释人之不善，作为孟子如何理解人性的阐释。

关键词：孟子；告子；人性；生之谓性；即心言性

一、孟子与告子的人性辩论

"圣王不作，诸侯放恣，处士横议，杨朱、墨翟之言盈天下。天下之言，不归杨，则归墨。杨氏为我，是无君也；墨氏兼爱，是无父也。无父无君，是

---

[*] 作者简介：罗惠龄，女，浙江科技大学人文学院副教授，主要从事先秦儒学与中西比较哲学研究。本文系贵州省2022年度哲学社会科学规划国学单列课题资助成果（课题编号：22GZGX16）。

禽兽也。公明仪曰：'庖有肥肉，厩有肥马；民有饥色，野有饿莩。此率兽而食人也。'杨墨之道不息，孔子之道不著，是邪说诬民，充塞仁义也。仁义充塞，则率兽食人，人将相食。吾为此惧，闲先圣之道，距杨墨，放淫词，邪说者不得作。作于其心，害于其事；作于其事，害于其政。圣人复起，不易吾言矣。"①孟子觉得混乱时代之造成与此两人学说的偏颇息息相关，杨朱、墨翟的学说都是以"利"为出发点，但是人在价值思考当中不能只从"利"的视野出发，唯利是图地做功利性的思考，如此一来便会忘记还有关乎人性尊严的"义"这样一种更重要的价值真谛。"率兽食人"的人命践踏，使得仁义受阻不彰，才会助长列国诸侯混战争霸，助长知识分子去投机取巧。每个人皆于列国纷争之际，寻找利己的最大舞台和空间，却从来没有想到维护天下、维护人心的尊严。因此，孟子认为整个价值思考只从"利"字出发，而不思考"利"之外更重要的"仁义"，这样的思考严重否定社会的价值秩序，才会造成这个时代的灾难与混乱。于是孟子自许继承圣人的志业，并以周公、孔子为代表，坚定捍卫孔子学说，即捍卫仁义价值，如此才能保障人性尊严，不致堕落为野蛮。

"告子曰：'性，犹杞柳也；义，犹桮棬也。以人性为仁义，犹以杞柳为桮棬。'孟子曰：'子能顺杞柳之性而以为桮棬乎？将戕贼杞柳而后以为桮棬也？如将戕贼杞柳而以为桮棬，则亦将戕贼人以为仁义与？率天下之人而祸仁义者，必子之言夫！'"②告子认为仁义是后天加诸人身上的，倘若仁义需要伤害本性再从后天加工，将会造成本性的扭曲。换言之，按照告子的说法，仁义不是内在的成分，而是由后天加工而成，如此一来仁义就不再是我固有之而得以依傍汲取的本有价值。"告子曰：'性，犹湍水也；决诸东方则东流，决诸西方则西流。人性之无分于善不善也，犹水之无分于东西也。'孟子曰：'水信无分于东西，无分于上下乎？人性之善也，犹水之就下也。人无有不善，水无有不下。今夫

---

① 杨伯峻：《孟子译注》，北京：中华书局，2012年，第141—142页。

② 同上书，第234页。

水,搏而跃之,可使过颡;激而行之,可使在山。是岂水之性哉?其势则然也。人之可使为不善,其性亦犹是也。'"①告子认为人性的形成源于后天的改变,后天外在环境就像水被某种形式改变为向上流一样;反之,孟子则以为水一定是往下流的,因为水有就下性,好似人有方向性,亦即心是有趋向性的,而人性总是善的。若非后天外在环境的扭曲,人自然就会本能地表现出初心、本心,而那个初心、本心便可以被理解为"善"。道法自然的自然本性本是最值得维护的第一价值,维护本性之所以重要是因为本性是上天赋予我们最好的造化。换言之,为何要改变自然的本性来表现人性特征呢?如果仁义是需要改变我们的本性才能表现为人格特征,那么如此一来,本性扭曲,便不再值得我们去争取实现仁义了。所谓"天命之谓性"(《中庸》),我们是由天所造化的,改动反而是一种使人不再愿意捍卫仁义的扭曲。因此告子的说法将导致人们不再笃信孔子的仁义之说,不再推崇捍卫仁义的行仁见义。何以故?因为仁义不存在本性之中,而是后天改变了本性所得,如此一来,仁义便不再是可取的价值。

人性本善本无意义,如何于察识不善中返回本善初心才是重要的。有了本善不一定使人感到快乐,能够时刻在行起坐卧的起心动念中识得本来面目的回返才是重要的。因为仁就是一种感通,一种不受行趋局限走向另一的存在生命,一种化解人我之间的差异、对立及纷争的力量,即由人饥己饥、人溺己溺形成一体之感。王阳明在《大学问》中即道:"大人者以天地万物为一体者。"②仁义之心的仁心,是人之为人皆有的一种能够感通的心。一体之仁,如《孟子·尽心上》所言:"万物皆备于我,反身而诚,乐莫大焉。"③因为万物皆在我心的笼罩之下,没有一个在我的生命之外,也没有和我对立的,我就是绝对完全地自在自由,因此万物皆备于我是最大的快乐。换言之,要求反求诸己,真

---

① 杨伯峻:《孟子译注》,第968页。
② (明)王守仁撰,吴光、钱明、董平等点校:《王阳明全集》,上海:上海古籍出版社,1992年,第292页。
③ 杨伯峻:《孟子译注》,第279页。

实无妄地实现自我，对儒家而言的生命场域便是仁心，因其充分实现仁心，所以必然乐莫大焉。人性是善，与水之就下性一样，即便是后天的搏而跃之、激而行之的种种形式表现，一如人性总是善的一样，如果没有后天环境的扭曲，人性自然会表现出初心、本心，那个初心、本心便是孟子的"善"。孟子认为人心是具有感通性及方向性的，身处社会剧变的大时代，谁也无法保证初心、本心不被环境洪流牵引扭曲而面目全非。何以故？因为在知识爆炸的今时今日，孟子的人性思想亦须与时俱进地接受知识的考验。换言之，正是因为心有其方向性，能够即心言性，愿意感同身受，不断设身处地地去拥抱存在界，才能对存在界予以感通并充分实现。此一感通源自造化，此造化即天。天负责万物的造化，便是所谓的"天人合一"。这便是天人合一的道德实现基础，是人之所以为人的生命关怀与价值使命。

《孟子·告子上》："告子曰：'生之谓性。'孟子曰：'生之谓性也，犹白之谓白与？'曰：'然。''白羽之白也，犹白雪之白，白雪之白犹白玉之白与？'曰：'然。''然则犬之性犹牛之性，牛之性犹人之性与？'"[①]生之谓性，性是后出，最早是生，"生""性"二字是自孟子而来的，告子"生之谓性"的说法攸关判别何为性的原则，意即凡是天生本有的特性、材质皆可视作人性。因此，生之谓性形成的空洞原则，不足以让我们辨识人之所以为人的人性所在，更无法分别人性和动物性的差别。"告子曰：'食色，性也。仁，内也，非外也；义，外也，非内也。'孟子曰：'何以谓仁内义外也？'曰：'彼长而我长之，非有长于我也；犹彼白而我白之，从其白于外也，故谓之外也。'曰：'异于白马之白也，无以异于白人之白也；不识长马之长也，无以异于长人之长与？且谓长者义乎？长之者义乎？'曰：'吾弟则爱之，秦人之弟则不爱也，是以我为悦者也，故谓之内。长楚人之长，亦长吾之长，是以长为悦者也，故谓之外也。'曰：'耆秦人之炙，无以异于耆吾炙。夫物则亦有然者也，然则耆炙亦有外与？'"[②]

---

① 杨伯峻：《孟子译注》，第235页。
② 同上书，第236页。

孟子之所以极力反对告子"生之谓性"的观点，是因为这个观点不足以彰显人与禽兽的根本差异。在孟子心目中，人与禽兽的差异，不仅在于人有仁义之心，可以充其极地展现并成就道德，其"明于庶物，察于人伦"（《孟子·离娄下》）更能建构人伦与文明，参与天地的化育。换言之，孟子与告子的不同之处在于孟子跳脱了自古以来从"天生本有的形质"这样的框架中来理解人性，深刻注意到"心"的感通性、矢向性、发展性和创造性，不仅能够造就参赞天地化育的圣人，还足以承担历史文明延续的使命。

人心就是感通的心，打破了人我的界限，让我们因此有了一体之感，互动流通而感动流畅，即你的一切遭遇我都能够感同身受，愿意协助并按着本性去发展完成。人心有其方向的矢向性，它总是指向人以外的生命，如父母、家人、友朋，更甚是天地万物。孟子和告子对于人性思想理境的差异，可由如下简述表格得知。

表1　孟子和告子对于人性思想理境的差异

告子	孟子
生之谓性（传统）	即心言性（跳脱框架）
形质（食色）	本心（四端、仁义）
固定的	发展性（创造性）
经验的（生物学的）	哲学的（人文的、价值的）

心虽有万端，但孟子强调顺从本心来理解，所以孟子人性论谈到工夫论的方面时，认为最重要的工作是要识本心、存养，察识自我的本心，存其心、养其性。存便是识其本心，肯认自己的本心，所谓的"心之官则思，思则得之"[1]，反省肯定并当下自做生命主宰，一如孟子对于年长之人的敬老尊贤，即"内心敬长"之义的表现。反观告子从传统生物学的固化经验思维来言说"生之谓性"，即告子认为义是外在，其观点与孟子主张仁义内在的观点大相径庭，

---

[1] 杨伯峻：《孟子译注》，第236页。

因此老马的年长和人的年长便有着殊异分判。

孟子言对他人感同身受,即表明心是有其方向性、内涵性的仁义内在,强调四端之心的本心。既以四端、仁义的本心出发,为何会生出如此贪婪自私的万端之心?那是因为心与世界后来的接触导向陷溺状态。换言之,心是会陷溺、放失的。牟宗三在《圆善论》①中梳理《孟子·告子》篇,谈孟、告的最大差异是,孟子就价值来辨识人与禽兽的差异,突显出人能够建立文化文明的观点。整个孟子学说就是人禽之辨、义利之辨和王霸之辨。从理论上来看,人禽之辨是基础,人禽之辨之上是义利之辨,再其上是王霸之辨。从人的现实观念来看,显然孟子认为在混乱的时代要消弭时代的灾难,必须做出王道与霸道的严格区分。王道与霸道之间为何要选择王道?孟子认为,那是因为在价值观念上,义比利更为重要。为什么选择义,而在义利之间必须厘清其本来面目并做出主从先后的区分?那是基于孟子将人性作为理性的思考,人与禽兽毕竟有别,若不能严格区分义利,如此一来人性尊严必定不彰。"通过孟子反对'即生言性'以及主张'即心言性'的观点,我们应该确认孟子的人性论其实是继承孔子'为仁由己'的理路,针对人的价值经验、道德生活,所建立的一套先验的、实存性的理解架构。"②孟子基于对现实的关怀,才会在价值观上建立性善论,为其找到立论的基础,而不得不主张王霸之辨。

二、孟子性善主张的特点

孟子提出教化,对生命有着认真的思考,忠于生命体验,希望每个时代的人皆能回归自身的生活经验,印证参考性善主张能否成立。公都子曰:"告子曰:'性无善无不善也。'或曰:'性可以为善,可以为不善;是故文武兴,则民好善;幽厉兴,则民好暴。'或曰:'有性善,有性不善;是故以尧为君而有象,

---

① 牟宗三:《圆善论》,台北:学生书局,2019年,第9—10页。
② 袁保新:《孟子三辨之学的历史省察与现代诠释》,台北:文津出版社,1992年,第50—51页。

以瞽瞍为父而有舜；以纣为兄之子且以为君，而有微子启、王子比干。'今曰'性善'，然则彼皆非与？"孟子曰："乃若其情，则可以为善矣，乃所谓善也。若夫为不善，非才之罪也。恻隐之心，人皆有之；羞恶之心，人皆有之；恭敬之心，人皆有之；是非之心，人皆有之。恻隐之心，仁也；羞恶之心，义也；恭敬之心，礼也；是非之心，智也。仁义礼智，非由外铄我也，我固有之也，弗思耳矣。故曰：'求则得之，舍则失之。'或相倍蓰而无算者，不能尽其才者也。《诗》曰：'天生蒸民，有物有则。民之秉夷，好是懿德。'孔子曰：'为此诗者，其知道乎！故有物必有则，民之秉夷也，故好是懿德。'"[①]心为万端呈现，孟子即心言性，如何识取人的本心，"乃若"是发语词；"其情"是指人之情，指人之所以为人的情；"情"作"实"解释，是指人之所以为人的真实生命而言。可以为善是人人本有的为善能力，这便是孟子主张性善的原因。然而为善的能力是什么？孟子进一步指出是"才"，是"四端之心"，是"良知良能"，说的皆是可以为善的能力。换言之，每个时代皆有每个时代必须面对和接受的不同的严峻挑战，孟子性善的主张特点也不可能全面适用于各个时代。不过，孟子并非不强调知识性，只是不与西哲的知识挂钩来作为出发点。人皆有羞恶、恻隐之心，允许在犯错中回溯并识得本心。《尚书·大禹谟》中所谓的"人心惟危，道心惟微"，即指一般人无法识得本心，所以才会求则得之，舍则失之，而不能尽其才也。因此，不能尽其才是因为无法尽心、知性、知天。尽心便是尽才，尽其几希而可以为圣的性善能力。

孟子曰："人皆有不忍人之心。先王有不忍人之心，斯有不忍人之政矣。以不忍人之心，行不忍人之政，治天下可运之掌上。所以谓人皆有不忍人之心者：今人乍见孺子将入于井，皆有怵惕恻隐之心——非所以内交于孺子之父母也，非所以要誉于乡党朋友也，非恶其声而然也。由是观之，无恻隐之心，非人也；无羞恶之心，非人也；无辞让之心，非人也；无是非之心，非人也。恻隐之心，仁之端也；羞恶之心，义之端也；辞让之心，礼之端也；是非之心，

[①] 杨伯峻：《孟子译注》，第239—240页。

智之端也。人之有是四端也,犹其有四体也;有是四端而自谓不能者,自贼者也;谓其君不能者,贼其君者也。凡有四端于我者,知皆扩而充之矣,若火之始然,泉之始达。苟能充之,足以保四海;苟不充之,不足以事父母。"①"端"即萌蘖、初生状态的本源与本能,尽管微乎其微,但我们只要能够对它加以认取开发,便如火之使然(燃),泉亦沛然而莫能御之。知道识取本心,又能存养而将之扩充,便能成就圣贤的光辉人格。儒家的教养在"礼",学习涵养自己的道德心,还有从历史人物的人格典范来启发自我的心智与道德人格,便能激发历史的教养。"天生蒸民,有物有则。民之秉夷,好是懿德。"总是喜好美德,总是对于至真、至善、至美欣赏赞叹,期许自己也能和它一样。中国哲学和西方哲学皆谈"法则",可是中国哲学并无西方的严格森严、僵化和牢不可破,而是肯定普遍性和必然性的定律。因为普遍性和必然性的要求只能是这样而不能是那样,从而为变动不居的世界建立结构、定律、秩序与法则。如此一来,混乱的世界才能够被其理解、拯救,达到能够借以获得安心稳定的结构,能在生成变化中清楚理出便于预测和控制的世界,期以成就一切按部就班的高枕无忧。相形之下,西方哲学取消了世界的变化和丰富性,而与中国哲学在面对变化时仍安之若素的思维意义大相径庭。换言之,中国哲学虽然也谈法则、讲理解,但并非作为本质性的思考方式。面对变化不测,如何与之相处,则是要靠我们的心。中国哲学的修养工夫不断地让我们的心保持灵敏而对变动不居的世界取得一种相应的理解,即相处之道。因此中国哲学对于造化永远保持着虔诚之心,总是对天的造化有着一份敬畏,并没有因此而要预测它、控制它。因为心产生一种感通的能量,每每深入历史遭遇的情境中,因时制宜且在与时俱进的发展中做出调整改进。

孟子曰:"牛山之木尝美矣。以其郊于大国也,斧斤伐之,可以为美乎?是其日夜之所息,雨露之所润,非无萌蘖之生焉,牛羊又从而牧之,是以若彼濯濯也。人见其濯濯也,以为未尝有材焉,此岂山之性也哉?虽存乎人者,岂无

---

① 杨伯峻:《孟子译注》,第72—73页。

仁义之心哉？其所以放其良心者，亦犹斧斤之于木也。旦旦而伐之，可以为美乎？其日夜之所息，平旦之气，其好恶与人相近也者几希，则其旦昼之所为，有梏亡之矣。梏之反复，则其夜气不足以存；夜气不足以存，则其违禽兽不远矣。人见其禽兽也，而以为未尝有才焉者，是岂人之情也哉？故苟得其养，无物不长；苟失其养，无物不消。孔子曰：'操则存，舍则亡；出入无时，莫知其乡。'惟心之谓与？"①孟子传给我们的修养工夫并未将心官和耳目之官一样地同人的理性和感性做出迥然对立的二分。柏拉图的理性本是存在于理想的世界当中，感性则是后来降生在世界并和肉体结合，形成了对理性的一种障蔽。所以到了近代，西方哲学才会出现心、物二元论，即心灵与我们的形躯迥然二分。儒家的明心见性则不同于西方哲学，孟子的养气工夫便是要我们体会平旦之气，并在日用人伦中操存把握。"操则存"，即在修持的境界中成长；"舍则亡"，即放弃了境界的修养工夫。因此必须出入无时地身体力行，以求涵养修养的精华，培养善良的心性。如此一来，"操则存，舍则亡"，即孔孟所言之由养气到达养心的大化境界。

三、孟子如何解释人之不善

孟子从未逃避性善中的不善问题，因为人心有感通性，以此通向世界，通往其他的生命。但是在通向和拥抱这个世界时，人心不免被外在世界的纷乱所干扰、引诱、牵引。孟子曰："富岁子弟多赖；凶岁子弟多暴。非天之降才尔殊也，其所以陷溺其心者然也。今夫麰麦，播种而耰之，其地同，树之时又同，浡然而生，至于日至之时，皆熟矣。虽有不同，则地有肥硗，雨露之养、人事之不齐也。故凡同类者，举相似也；何独至于人而疑之？圣人与我同类者。故龙子曰：'不知足而为屦，我知其不为蒉也。'屦之相似，天下之足同也。……口之于味也，有同耆焉；耳之于声也，有同听焉；目之于色也，有同美焉。至

---

① 杨伯峻：《孟子译注》，第243页。

于心，独无所同然乎？心之所同然者何也？谓理也，义也。圣人先得我心之所同然耳。故理义之悦我心，犹刍豢之悦我口。"① 困扰一般人无法接受孟子性善论的原因，主要来自大家不知不觉地从西方哲学"本质"（essence）的观点上理解孟子的人性论。西方哲学所谓的"本质"是用以指认物之所以是此物，而非他物的某种先在的固定的已经完成的内涵。如果从这个角度来理解孟子的人性论，当然会因此而产生怀疑：人性既然为"善"，如何又会表现为现实生活中的"不善"？根据我们对文献的解读，孟子所言"四端之心"以言性善，或从"平旦之气"、"其好恶与人相近者几希"、"乍见孺子将入于井，皆有怵惕恻隐之心"或"良知"、"良能"、人皆有"仁义之心"来看，孟子并非建构某种有关人的本质的理论概念，而是回到每个人的真实生活经验中，邀请每个人去体认、辨认人皆有之的这种被孟子称为"才"与"本心"且"可以为善"的能力，并从这个角度来确立我们对"人性"的看法。

　　孟子认为"恻隐""羞恶"等为仁义之"端"，但这个"端"乃是为人的自我呈现，具有自主性、能动性，自始至终都指向人、我、物所构成的生活世界。只要这个"端"不受萌蘖戕害并得以存养扩充，则不但可以"明于庶物，察于人伦"，构建吾人的真实价值与生活世界的秩序，而且在个人修养的成果上也会增置如尧舜般圣人的品位。从尽心、知性到知天，最后至万物皆备于我、上下与天地同流的境界，一方面从每个人皆有为善的初始性来说，另一方面可以从人人皆可以为尧舜的终程性来说，既是二端又合为一致。孟子从四端之心来识取人性的意义，该意义被概括为一篇之论，其与告子之说，即见仁见智，仅是意义不同罢了。但从文献来看，这样的解读恐怕未必忠于孟子的看法。因为从孟子所论的身心关系来看，仁义之心的大体，不但不排斥否定小体，而且还无形中引导了耳目之官的小体，甚至成全、提升、转化我们形体的意义，展现为四体不言而喻的圣人气象。在理解孟子的人性论时，必须注意孟子如何看待身心关系，即"心—身"虽具有主从结构，实为一整体存在，然则

---

① 杨伯峻：《孟子译注》，第241—242页。

自这个观点，我们也无从找到孟子如何理解人之为不善的答案。盖"志一则动气""气一则动志"的身体与外在世界的确构成了吾人道德心"陷溺""梏亡"的可能条件。换言之，如果人不识本心，放任耳目之欲，人当然会表现为不善，然而人见其禽兽也，而以为未尝有才焉，岂为人之情也哉。这个反省充分地彰显出孟子人性论从未忽略存养、察识和扩充的工夫论。换言之，孟子虽言性善，但他从未忽略"工夫"的重要性。若无察识、存养，几希的初心、本心，根本经不起昼夜的梏亡便就消磨殆尽，徒然成为空洞的理论了。

中国哲学讲永恒并无时间性，即在无穷无尽的历史中延续下去，从来没有一个彼岸的世界。行道于天下，道在中国哲学中是最高的价值，行道的态度便是要不急不徐从容不迫。"道生于余心，心生于余力，力生于余情。故于道而求有余，不如其有余情也"①，即说明我们的心总是有一份宽裕，宽裕中又存有一份从容、空间。"孟子道性善，言必称尧舜"（《孟子·滕文公上》），滕文公与孟子见面，孟子大谈性善论，言谈之间不断提及尧舜等往圣先哲的事功用以支持其看法。"乃若其情，则可以为善矣"，孟子就人的生命的真实考察，说明人人都具有可以为善的能力。孟子曰："人之所不学而能者，其良能也；所不虑而知者，其良知也。孩提之童，无不知爱其亲者；及其长也，无不知敬其兄也。亲亲，仁也；敬长，义也。无他，达之天下也。"（《孟子·尽心上》）以其良知、良能来看人性本善，并将之作为孟子性善论的文献依据，可是这样的说法在目前国内《孟子》学的诠释研究当中，构成了一个争议的课题。争议的起源为太多西方哲学理论概念的带入及对文献的尊重不足。西方哲学的任何一个概念语言背后夹带的是一整套的理论，未必能够还原孟子文献，直接得到孟子的印证和支持。而且西方哲学的任何理论，皆有其理解的角度和立场，若用另一不同的理论角度来看此一问题，则彼此间经常是针锋相对、各说各理而得不到善解的。有时导入某个概念于中国哲学中，却又形成夹带西方哲学的理解困境；要背负此理论的所有不同立场的质疑和批判，却又常在中国哲学中形成狼

---

① （明）王夫之撰，杨坚总修订：《诗广传》，长沙：岳麓书社，2011年，第301页。

狈的左支右绌。因此，明明要忠于文献的现代意义并予以解释，却常导致将自身带入西方理论的争辩当中，将经典文献研究复杂混沌化。

和存在主义相对的是本质主义，通常，理解孟子的人性论会顺着西方本质的概念来进行。可一旦顺此理解，便会进入扞格不入的困境，就如为了要说明桌子就非得说明桌子的本质不可。通常说到本质，是让我们辨识这个事物是此而非彼的一个固定不变的内容。若谈人性言及本质，就会以为人性是有一固定不变的内涵，以此内涵而来辨识什么是人、什么不是人。一旦认为人性应自本质去做理解，对孟子的人性论的理解就会陷入人为何于现实当中表现不当的困境。如果一个人本质上是善的，如此一来便无法解释为什么人表现为不善。因为本质是一个已经被确定、固定不变的东西，一旦指认人性是善，就无法解释它为什么表现出不善。若从本质上理解"人性"这个概念，西方存在主义就认为人的本质是由人的存在决定人如何存活的方式。怎么去理解自己？怎么去理解人？自我理解会决定你是什么。反之，孟子强调工夫修养，强调存养，强调扩充，强调识取人的本心，从理解自己的本心去理解自己是什么，即人人皆可以为尧舜的工夫论概念。孟子文献所言人人皆可以为尧舜便是尧舜人性充分的实现。

结　语

经典文献不会说话，除非我们发问，带着问题意识读文献经典，用问题引领文献理解，才能够将散落在不同章节中的文献聚拢，识别孟子首尾一贯的立场与想法。因此，我们应该要带着问题意识来解读文献，向文献索取意义，整理出孟子如何理解人性的步伐。不过，不带问题意识地去研究文献经典，有时亦有意外发现，会得到意想不到的宝贵意涵。带着问题意识去读文献，等于是向文献索取意义，已经预设了文献本身会有些对相关问题的回应，这导致每个时代对孟子解读出不同的内容。换言之，适时将问题放下，不带问题意识地去读文献，也许会得到不曾理解的意涵，它会冲击过去已经形成的印记。同样的文献有那些不同的解释往往是因为阅读者有不同的问题。应以某种提问的方式去影响对文献的阅读，或者去看文献中其他被遗漏的成分，借着差异性比对，由不同鉴定形成不同的解读，并追究有无更好的理解方式，而非停留于某一种发问的方式。

"孟子更多是强调人性心善的文化自觉，无论是后天的习性，还是先天的心存，都十分确切地肯定了人内在生命的为善之性，这是孟子的理想追求，是孟子心性天命的完美融合。"[1]孟子没有论证行善，是因为孟子无意去构造一个人性论的知识系统。中国哲学不像西方哲学一样，希望建造一套知识系统，然后将此知识系统立基于一些具有普遍性的原理或结构性的洞见之上。中国哲学提出一种教化，对于那个时代及后人提出洞见，然后邀请它的读者回到他们的经验里去做验证。这种邀请形构的中国哲学提供一种人生的智慧与教化。孟子充分理解人很多时候是表现出不善的，因其人性论从来就不是放诸四海而皆整齐划一的简单。尤有进者，孟子在文献中不仅清楚理解告子的立场及其与自身说法的相异，还能肯认与告子的论点并无针锋相对，只是在如何理解人性的说法中，涵盖并超越了告子的看法。

---

[1] 罗惠龄:《孟子重估：从牟宗三到西方汉学》，北京：中华书局，2021年，第213页。

运用儒家思想进行现代治理的成功样板

——新加坡政府运用儒家思想治国的启示

王 征 韩 真[*]

摘 要：新加坡以儒家思想为治国之道的核心，成功地将其应用于现代社会。儒家思想强调的价值观，如诚信、责任和和谐，为新加坡的稳定和发展提供了稳固的基础。首先，新加坡政府重视教育，将儒家思想融入教育体系，强调家庭、学校和社会三者的和谐统一。这使得年轻一代能够接受儒家思想的熏陶，培养出良好的道德品质和社会责任感。其次，新加坡政府强调法治与道德的结合。在保持法律公正严明的同时，将儒家思想中的道德观念融入法律体系，强调个人对社会、对国家的责任和义务。此外，新加坡政府还倡导"家庭价值观"，鼓励家庭成员之间相互支持和关爱。这有助于培养人们的道德观念和社会责任感，促进社会的和谐稳定。

关键词：儒家思想；新加坡政府；现代治理

新加坡作为一个东南亚小国，1965年脱离马来西亚，立国短短数十年内，经济就实现了腾飞，一时成为"亚洲四小龙"之一。同时社会治理也极其成

---

[*] 作者简介：王征，男，济南社会科学院研究员，研究方向为文化经济学等；韩真，女，济南市市中区侨联原主席，研究方向为海外经济与文化等。

功，社会秩序和社会风貌良好，政府的廉洁程度得到了举世称赞。谈到其经济社会成就，普遍认为其中很重要的一条经验就是运用儒家思想治理国家。

一、新加坡政府运用儒家思想治国的逻辑起点及其成就

（一）新加坡政府运用儒家思想治国的逻辑起点

新加坡是东南亚华侨最多的国家之一，华侨成为儒学传播的基本因子。新加坡立国以来，一方面吸收西方的科学和民主法治，另一方面传扬东方的伦理和道德观念，经济得到了高速发展。20世纪80年代以来，新加坡"朝野同倡"儒学，儒家理念成为国家的"共同价值"，引起了世界的关注。新加坡以儒家"和文化"为基础，形成了自身的核心价值观，就是："国家至上，社会为先；家庭为根，社会为本；关怀扶助，尊重个人；求同存异，协商共识；种族和谐，宗教宽容。"这一价值观体现了儒家强调的社会和谐、尊重个人、家庭和社会的重要性，以及追求种族和谐和宗教宽容的理念。新加坡的历任领导人如李光耀等认为，儒家价值观中的奉献精神、对政治群体的认同、内在责任感等，有助于现代东亚社会实现比西方社会更快的发展速度和更高的经济效率。[1]综上，新加坡政府借鉴儒家思想治国的逻辑起点包括自身的历史和文化背景、儒家思想的感召力以及儒家价值观在现代社会的适用性等。

（二）新加坡政府运用儒家思想治国的成就

新加坡国家治理的成就体现在多个方面。首先，新加坡在立国后短时间内就实现了经济的腾飞，成为一个现代化的发达国家。这得益于新加坡政府高效而廉洁的治理，以及与多元化经济社会相适应的"善治"模式。其次，新加坡在各族公民的政治参与、经济发展、语言、住房、宗教、文化和兵役等各个领域推行独立而平等的民族政策。这些政策有效地消解了族际以及族群和国家之

---

[1] ［新加坡］李光耀：《李光耀回忆录》，北京：外文出版社，2001年，第129页。

间存在的历史与现实的张力,在维持各民族自身文化、宗教等身份认同和促进族际互动的同时,也通过国家意识和价值观的塑造,在各族民众中成功形塑了高于既往族群认同、祖籍国认同等下位认同的国家认同,"新加坡人"逐渐成为新加坡各族人民最高的身份认同。此外,新加坡政府还特别注重教育,认为教育是实现国家繁荣和稳定的基石。政府设立了各种奖学金和奖励措施,鼓励公民接受高等教育,提高国民的整体素质。可以说,新加坡的经济和社会发展成果显著,人民生活水平和素质得以提高,社会实现了和谐稳定,教育水平达到先进,国际地位和声誉也大大得到提高。

二、新加坡领导层执政的核心理念及其特点

(一)新加坡领导层的执政理念

新加坡独立后,政府力倡儒家思想,在此基础上形成了执政的核心理念。主要包括:其一,以民为本。新加坡领导人强调"以民为本",认为政府的根本使命是为人民服务,致力于提高人民的生活水平。他们倡导"居者有其屋",打造宜居环境,让人民共享国家发展的成果。[①]其二,精英治国。新加坡领导人重视人才,认为优秀的人才能够推动国家的快速发展。因此,他们奉行"精英治国"的理念,鼓励优秀的人才参与国家建设,并给予他们充分的信任和支持。其三,务实主义。新加坡领导人强调"务实主义",主张以实际效果为导向,注重解决实际问题。他们注重调查研究,倾听民意,了解社会的真实需求,并采取有效的措施来解决这些问题。这些核心理念在新加坡的治国实践中得到了充分体现,而其中无不闪烁着儒家思想的智慧。

(二)新加坡运用儒家思想治理现代国家的主要特点

其一,重视道德教育。新加坡的儒家思想教育以道德教育为核心,注重培养

---

① 谭鹏:《国家治理现代化的新加坡经验》,《广东省社会主义学院学报》2015年第1期。

公民的道德素质，注重家庭、学校和社会教育的结合，使公民在日常生活中能够遵守道德规范。其二，强调法律制度。新加坡的儒家思想强调法律制度的重要性，认为只有通过法律手段才能维护社会秩序和公正。因此，新加坡注重制定和完善法律制度，确保公民在法律面前人人平等。其三，重视政府治理。新加坡的儒家思想认为政府是维护社会秩序和公正的核心力量，因此政府在治理国家时必须保持高度的透明度和公正性。新加坡政府在治理国家时，注重加强政府与公民之间的沟通和互动，促进政府与公民之间的合作。其四，强调社会和谐。新加坡的儒家思想强调社会和谐的重要性，认为只有通过社会和谐才能实现国家的繁荣和发展。因此，新加坡政府在治理国家时，注重促进社会和谐，维护社会稳定。

三、新加坡政府运用儒家思想治理国家的主要经验

（一）以儒家思想为指导，制定国家发展战略和政策

首先，儒家思想强调道德伦理和人文关怀，注重社会稳定和国家统一。这些价值观在新加坡制定国家发展战略和政策时得到了体现，例如，通过加强社会建设、促进文化传承、维护社会稳定等措施，来维护国家的统一和稳定。其次，儒家思想强调教育和人才培养，注重提高国民素质和国家竞争力。这些价值观在新加坡制定国家发展战略和政策时也得到了体现，例如，通过加强教育、培养人才、提高国家竞争力等措施，来提高国民素质和国家竞争力。最后，新加坡制定国家发展战略和政策还综合考虑了经济、社会、文化、环境等各个方面的因素。例如，在经济方面，可以采取措施促进经济发展，提高就业水平，改善人民生活；在社会方面，可以采取措施保障人民权益，促进社会公平正义；在文化方面，可以采取措施保护文化遗产，促进文化传承；在环境方面，可以采取措施保护生态环境，促进可持续发展。

（二）推广儒家价值观，促进社会和谐稳定

首先，新加坡政府推广儒家价值观，维护社会稳定和安全。新加坡是一个

多元文化社会，各种宗教信仰和价值观相互交织、相互影响。为了维护社会稳定和安全，政府需要采取措施来提高社会道德水平，促进社会和谐稳定。其次，新加坡政府推广儒家价值观，推动经济发展。儒家价值观强调诚信、公正、仁爱等品质，这些品质是经济发展的重要基础。政府推广儒家价值观，促进了经济发展，提高了人民满意度。①

（三）实施儒家教育，培养爱国主义精神

新加坡重视实施儒家教育以培养公民尤其是青年的爱国主义精神。首先，推行儒家伦理教育。新加坡政府在中小学和大学开设了儒家伦理课程，旨在传授儒家思想中的道德价值观和行为规范，如忠诚、孝道、仁爱、礼仪等。②这些课程强调个人对家庭、社会和国家的责任和义务，以及在日常生活中应该遵循的道德准则。其次，弘扬儒家文化。新加坡政府重视对儒家文化的传承和弘扬。政府支持举办各种形式的儒家文化活动，如儒家文化艺术节、儒家文化讲座等，让公民尤其是青年了解和体验儒家文化的魅力。此外，政府还建立了多个儒家文化中心，为公民提供了一个学习和了解儒家文化的平台。再次，推动儒家价值观的实践。新加坡政府倡导公民将儒家价值观融入日常生活。政府通过各种渠道宣传和推广儒家价值观，如通过媒体宣传、社区活动和公共讲座等形式，鼓励公民积极参与社会公益事业，关注弱势群体，推动社会和谐发展。最后，大力培养青年的爱国主义精神。新加坡政府注重培养青年的爱国主义精神。政府通过各种途径，如学校教育、社会活动和媒体宣传等，向青年传递国家意识和民族认同感。③政府还制定了相关政策，鼓励青年为国家服务，参与国家建设和发展。由此，新加坡政府成功地塑造了一个具有高度道德素质和社会责任感的公民群体。

---

① 陈侨予：《儒家思想对于全球治理的时代价值》，《探求》2022年第3期。
② 张晶、吴文锦、刘勇：《先秦儒家思想的社会治理价值现实借鉴研究》，《浙江工商职业技术学院学报》2022年第2期。
③ 范永茂：《以共同价值观凝聚国家：来自新加坡的经验》，《新视野》2015年第5期。

（四）运用儒家思想培育公务员，提高公务员队伍责任感

首先，新加坡政府强调"儒家精神"，注重培养公务员的责任感和忠诚度。这主要体现在新加坡的公务员制度中，该制度强调公务员的职业道德和公共服务精神，鼓励公务员以人民的利益为重，尽职尽责地为人民服务。其次，新加坡政府在公务员培训中，注重儒家思想的传承和教育。新加坡政府认为，儒家思想是新加坡社会价值观的重要组成部分，对公务员队伍的建设具有积极的影响。因此，新加坡政府在公务员培训中，注重培养公务员的道德观念和人文精神，提高公务员的责任感和使命感，从而有助于提高公务员队伍的工作效率和公共服务质量，最终也为新加坡社会的繁荣和发展提供了有力的支持。

四、新加坡政府运用儒家思想治国的具体实践

（一）奉行以"仁爱"为核心的社会治理理念

1. 强调家庭价值观与社区精神

第一，重视家庭价值观的培育。新加坡政府高度重视家庭价值观，认为家庭是社会的基本单位，应该受到最高的尊重。在政策制定和执行中，新加坡政府注重维护和加强家庭价值观。例如，通过提供家庭照料假和育儿假等福利政策，鼓励家庭成员更好地照顾亲人。此外，新加坡政府还鼓励家庭成员之间相互理解和支持。第二，重视社区精神的培育。新加坡政府倡导社区精神，鼓励居民参与社区活动和志愿者工作。通过建立社区中心、体育设施和公园等公共设施，为居民提供良好的生活环境。同时，新加坡政府还通过组织各种文化、体育和娱乐活动，增强社区凝聚力。此外，新加坡政府还注重培养公民的公共责任感和义务感，鼓励公民参与公共事务和社会建设。第三，重视家庭教育。新加坡政府认为家庭教育是培养孩子健康成长的重要环节。因此，新加坡政府推出了一系列家庭教育计划和课程，帮助家长更好地指导和教育孩子。这些计划和课程包括家庭教育课程、亲子活动和家庭教育咨询等。第四，重视社会宣

传。新加坡政府通过各种渠道宣传家庭价值观和社区精神。例如，在公共交通工具上播放宣扬家庭价值观的广告，在学校开展以家庭为主题的课程和活动，以及在社区举办以社区精神为主题的公益活动等。

2. 力行崇德与公正的法律制度

其一，在法治精神方面，新加坡政府高度重视法治精神，强调法律的权威性和公正性。在执法过程中，新加坡政府严格遵守法律规定，维护社会秩序和公平正义。其二，在道德教育方面，新加坡注重道德教育。在法律制度的推行中，新加坡政府强调道德教育和公民素质的提高，培养公民的守法意识和道德观念。其三，在公正执法方面，新加坡政府在执法过程中强调公正性，尊重公民的权利和利益。在处理案件时，新加坡政府确保执法人员遵循公正、透明的原则，保护公民的合法权益。这些举措都有助于提高新加坡的法治水平和社会文明程度。

（二）以"礼义"为基础的教育政策

1. 重视传统文化的教育与传承

新加坡是一个高度重视传统文化教育与传承的国家，其传统文化教育体系旨在培养年轻一代对文化遗产的尊重和传承意识。新加坡政府通过各种途径推广和传承传统文化。例如，政府在中小学开设了传统文化课程，以帮助年轻一代了解和尊重自己的文化背景。此外，政府还通过举办文化节庆活动、设立文化遗产保护项目等方式，鼓励年轻一代参与和传承传统文化。新加坡的社区也积极推动传统文化教育。例如，社区组织开展传统文化讲座、展览、音乐会等活动，以帮助年轻一代了解和传承自己的文化传统，培养年轻一代对文化遗产的尊重和传承意识。

2. 推行道德教育，提升公民素质

新加坡政府非常注重推行道德教育，培养公民素质。在教育方面，新加坡政府将道德教育纳入学校教育体系，通过各种方式如课程设置、课外活动、校园文化等，培养学生的道德品质和公民意识。首先，新加坡的学校非常注重德育。从小学到大学，都设有道德教育课程，如公民教育、社会研究、伦理学等,旨在培养学生的道德价值观和行为规范,帮助他们成为有责任感、有担当的公民。其次,新加坡学校还通过各种课外活动和校园文化来培养学生的道德素质。例如,学校会组织学生参加社区服务、志愿者活动等,让他们了解社会问题并培养社会责任感。此外,学校还会举办各种文化节庆活动,让学生了解和尊重自己的文化传统。除了学校教育外,新加坡政府还注重家庭教育和社会教育。政府通过各种渠道宣传家庭教育和道德教育的理念和方法,鼓励家长积极参与孩子的教育过程。同时,政府还通过各种社会教育活动,如公共讲座、社区活动等,向公民普及道德知识和价值观。

(三)以"诚信"为基调的营商政策

1. 提倡诚实守信的商业道德

新加坡政府一直积极提倡诚实守信的商业道德,以维护市场公平竞争和消费者利益。首先,新加坡政府通过制定相关法律法规来规范商业行为,打击商业欺诈和不诚信行为。例如,新加坡政府出台了《商业法》《消费者权益保护法》等法律法规,对商业活动进行监管和约束,保护消费者权益。其次,新加坡政府还通过各种途径宣传和普及诚实守信的商业道德。例如,政府通过媒体宣传、公共讲座等方式,向企业和消费者普及诚信经营和消费者权益保护的重要性。同时,政府还鼓励企业自主开展诚信经营宣传,树立良好形象,赢得消费者信任。此外,新加坡政府还建立了完善的监管机制,对市场进行实时监管和执法。例如,新加坡的消费者委员会是一个独立的监管机构,负责对市场进行监督和管理,维护消费者权益。如果发现企业存在不诚信行为,监管机构将会依法进行处罚,并对消费者进行赔偿。总之,新加坡政府积极提倡诚实守信的商业道德,通过制定法律法规、宣传普及、建立监管机制等方式,维护市场公平竞争和消费者利益。这些措施很有助于提高新加坡市场的诚信度和竞争力,也为消费者提供了更好的保障。[1]

---

[1] 王芳:《论儒家文化对新加坡现代化进程的影响》,山西大学硕士学位论文,2005年。

2. 打造透明、公正的法治环境

新加坡法律体系非常完善，包括民事、刑事、商业和金融等方面的法律。新加坡政府致力于构建透明、公正的法治环境，以确保公平、公正和透明的司法体系。新加坡政府在法律领域采取了一系列措施，包括加强法律教育和培训，提高法律专业人员的素质和能力，以及加强司法公正和透明度。此外，新加坡政府还积极推动司法改革，包括加强司法独立性、完善上诉制度、加强法律援助等。在打造透明、公正的法治环境方面做出了积极的努力。

五、新加坡政府运用儒家思想治理现代国家的启示

（一）坚持以人为本，关注民生福祉

第一，重视发展教育。新加坡政府重视教育，通过提供高质量的教育资源和建立完善的教育体系，为年轻一代提供了更好的机会。这种做法有助于提高国民的素质和技能水平，为国家的发展提供人才支持。第二，注重人民健康。新加坡政府注重公共卫生和健康，通过建立完善的医疗保健体系和提供高质量的医疗服务，确保国民能够得到及时的医疗帮助。这种做法有助于提高国民的健康水平，减少医疗负担，并提高国家的整体健康水平。第三，关注社会福利。新加坡政府注重社会福利，通过设立各种社会福利和保障项目，确保国民能够得到基本的生活保障。这种做法有助于提高国民的生活质量，减少社会不平等现象，并促进社会的和谐稳定。第四，鼓励创新。新加坡政府鼓励创新和创业，通过提供各种支持和出台优惠政策，吸引国内外人才和企业来新加坡投资创业。这种做法有助于推动经济发展和创造就业机会，并提高国家的竞争力和创新能力。这些启示表明，以人为本、关注民生福祉是实现可持续发展的重要因素，需要政府、社会和个人的共同努力。政府需要提供良好的教育、医疗、社会福利等公共服务，同时也需要鼓励创新和创业，以推动经济发展和创造就业机会。社会各界也需要积极参与公共事务，共同推动社会的发展和进步。[①]

---

① 葛亮：《新加坡社会治理的实践经验及启示》，《杭州》（周刊）2018年第32期。

（二）大力弘扬中华文化

弘扬中华传统文化刻不容缓。随着外来文化的冲击，中国传统文化遭遇空前挑战。由于教育在传统文化传承方面存在明显的薄弱环节，公民的民族文化保护意识比较淡薄，不只是青少年，也包括许多文化教育工作者在日常生活中也很少接触本民族传统文化，有的连起码的常识都缺乏，更谈不上积极地去开展文化的传承工作。目前外语学习越来越红火，孩子从幼儿园起就学英语，但是对能否准确使用母语文字却不够重视，存在不少问题，现在有的大学生连写书信都感到困难。陈香梅女士说，一些外国人认为"大红灯笼高高挂"就是中华传统文化。外国人这样认为情有可原，一些中国孩子也这样认为就很可悲了。这说明我们在宣传传统文化方面实在太落后了。我们融入国际社会，自然要尊重世界各国的优秀文化，但更应尊重本国文化，爱护民族语言文字。中国社会进步，既要从传统的文化中寻找合理成分，又要从别人的经验里吸取有效营养。

（三）不断提高政府效率和服务质量，提高国家治理水平

不断提高政府效率和服务质量，提高国家治理水平，是推进国家治理体系和治理能力现代化的重要内容。首先，政府效率和服务质量是影响国家治理水平的重要因素。政府效率和服务质量的高低，直接影响人民群众的获得感、幸福感和安全感。因此，必须不断提高政府效率和服务质量，为人民群众提供更好的公共服务。其次，提高国家治理水平需要加强制度建设。制度是政府效率和服务质量的重要保障。必须加强制度建设，完善法律法规，规范行政程序，提高行政效率，减少行政成本。同时，还需要加强监督机制，确保政府行为合法、公正、透明。最后，提高国家治理水平需要加强社会建设。社会建设是提高国家治理水平的基础。必须加强社会建设，提高社会治理能力，促进社会和谐稳定。同时，还需要加强教育、文化、科技、卫生等领域的发展，提高人民群众的素质和能力，为国家治理提供更加有力的支持。

（四）在实践中不断发展儒家思想，使之更加适应现代社会

第一，深入研究和理解儒家思想。要对儒家思想有深入的了解和认识，包括其核心概念、价值观和道德原则。只有深入理解儒家思想的精髓，才能有效地将其应用于现代社会。第二，结合现实问题。将儒家思想与现实问题相结合，通过分析和研究当今社会面临的挑战和问题，寻找儒家思想在现代社会中的实际应用价值。例如，儒家强调的诚信、责任、和谐等价值观念，对于解决现代社会中的道德困境和人际矛盾具有重要的指导作用。第三，促进多元文化交流与融合。在全球化的背景下，不同文化之间的交流和融合成为必然趋势。可以将儒家思想与其他文化传统进行对话和交流，汲取各自的优势和精华，形成一种多元文化交融的新形态。这样不仅可以丰富儒家思想的内容和表现形式，还可以增强其在现代社会中的适应性和影响力。第四，重视创新与发展。随着社会的进步和发展，儒家思想也需要不断地创新和发展。可以借助现代哲学、心理学、社会学等学科的研究成果和方法，对儒家思想进行现代诠释和解读，使其更加符合现代人的思维方式和价值观念。[①]第五，抓好教育与普及。通过教育和普及工作，使更多的人了解和接受儒家思想。可以在各级教育系统中增加有关儒家思想的内容和课程，举办各种形式的讲座、研讨会和文化活动，提高公众对儒家思想的认知和理解。只有这样，儒家思想才能在当今社会中焕发新的生机与活力，为社会发展发挥更大的作用。

---

① 李万利：《儒家文化与企业创新》，重庆大学硕士学位论文，2021年。

燕齐的"海市"与人类的"长生"

——韩国电影《徐福》引发的反思

李天啸[*]

摘　要：燕齐滨海地域的"海市蜃楼"奇观并非无中生有，而是基于实景依循光学规律而来的"因实生虚"；"入海求仙"亦非彻底荒诞，而是因着"神山"虚景成就的航海壮举与文化传播的"因虚生实"。韩国电影《徐福》正是其当代版、海外版。"入海求仙"的文化影响之所以跨越古今中外，乃是因其涉及人类"长生"这个根本且永恒的问题。然"生死"关系亦如"海市"之虚实，有死才有生之意义，不死反失生之根基，这也是人类的"长生困局"。如果"生命有死"是种"天命"，人类是否应该坦然接受、勇于承担此"天命"，从而"认命""知命""安命"，在有限的生命中活出人的价值、生的意义，而不是去追求"长生"的"海市"呢？

关键词：徐福；海市蜃楼；秦始皇；入海求仙；长生不死

一、跨越古今中外的"徐福"与人类永求的"长生"

2021年4月，韩国电影《徐福》上映，其最先吸引中国人注意的或许是题

---

[*] 作者简介：李天啸，男，河南省社会科学院哲学与宗教研究所助理研究员，主要从事中国哲学与宗教研究。

名《徐福》。众所周知,中国秦朝有一个受秦始皇派遣"入海求仙"的齐地方士"徐福"。《史记·秦始皇本纪》记载:"齐人徐市等上书,言海中有三神山。名曰蓬莱、方丈、瀛洲,仙人居之。请得斋戒,与童男女求之。于是遣徐市发童男女数千人,入海求仙人。"[1]元代吾丘衍的《闲居录》认为:"秦方士徐市又作徐福,非有两名,市乃古黻字。汉书未有翻切,但以声相近字音注其下。"[2]其说在理可信。电影及其同名主人公的名字"徐福",应当源于秦朝方士。因为徐福"入海求仙"一事,除了中国史书记载,日韩两国也均保留了一些文化观念或文化遗迹。比如韩国的"三神山"文化:"韩国古人视金刚山、智异山与汉拿山为朝鲜半岛的三神山。三神山是韩国古人十分憧憬的仙境或圣地。它作为一个重要的文化符号和文化现象,可谓影响了一代又一代热衷于神仙思想和长生不老的韩国古人……"[3]有研究认为徐福"入海求仙"最终到达日本。王子今先生也曾涉及此问题,"以秦汉时齐地船工的航海技术水平,如果在朝鲜半岛南部港口得到补给,继续东渡至于日本列岛是完全可能的"[4]。就此而言,即使徐福东渡最终到达日本,朝鲜半岛也是其无法绕开的必由之路或中间驿站。或正是因为秦朝方士徐福的"入海求仙"活动在朝鲜半岛撒下了文化传播的种子,才使得以"徐福"为名的电影有可能在当代韩国诞生。

对于"入海求仙",以往多以荒诞闹剧视之,然而历经2200多年其仍然发挥着文化影响,这充分表明对之重新审视评价的必要性,尤其需要特别肯定其于文化传播层面的深远意义。"入海求仙"的文化影响之所以跨越古今中外,或正是因为其初始动因,即人类追求"长生不死"这个普遍、永恒的问题。对生的希望和对死的拒斥,是人类与生俱来的秉性。秦始皇派遣徐福"入海求仙",正是在前现代社会条件下人类争取"长生不死"的一种极端方式,而电

---

[1] (西汉)司马迁:《史记》卷六《秦始皇本纪》,北京:中华书局,1959年,第247页。
[2] (元)吾丘衍:《闲居录》,台湾商务印书馆影印《文渊阁四库全书》电子版,第866册,台北:台湾商务印书馆,1982年,第13页。
[3] 李云桥:《韩国的三神山与徐福传说研究》,南京师范大学硕士学位论文,2013年,第2页。
[4] 王子今:《秦汉时期的东洋与南洋航运》,《海交史研究》1992年第1期。

影《徐福》则可谓"入海求仙"在当代科技条件下的极端版本。电影中的"徐福"已非方士，而是一个通过"转基因胚胎干细胞技术"或者说是"基因编辑"手段创造出来的"实验体"或者"克隆人"，不仅其自身是一个"长生不死"的存在，而且其"iPS（cells）（诱导性多能干细胞）中的蛋白质可以治疗人类所有的疾病"，即相当于人类的一味"长生药"。一个是入海求"不死"之仙药的徐福，一个是本身即具"不死"特质并可作为"长生药"的徐福，虽有古今、中外之差异，但其背后关涉的根本问题却是共同的，即人类的"长生不死"问题。

二、"因实生虚"的"海市蜃楼"与"因虚生实"的"入海求仙"

陈寅恪先生在一篇关于道教的文章《天师道与滨海地域之关系》[①]中曾指出"滨海地域"与"神仙学说"的关系："自战国驺衍传大九州之说，至秦始皇、汉武帝时方士迂怪之论，据太史公书所载（《始皇本纪》《封禅书》《孟子荀卿列传》等），皆出于燕、齐之域。盖滨海之地应早有海上交通，受外来之影响。以其不易证明，姑置不论。但神仙学说之起源及其道术之传授，必与滨海地域有连，则无可疑者。"[②]神仙学说是否最早起源于滨海地域的问题或可"姑置不论"，但是神仙学说或"仙山、仙人、仙药"学说的传播与燕齐"滨海地域"有直接关系应是可以肯定的。这与燕齐"滨海地域"的地理特点有莫大关系。对此，潘雨廷先生曾言："齐之沿海，如蓬莱等处，常有'海市蜃楼'出现，此事在今天，尤引人注意，何况二三千年前，不期而以仙山目之……且于西北的流沙区域，亦可能出现'海市蜃楼'，皆为中国产生道教的思想基础。"[③]

确实，"海市蜃楼"是至今仍然可在河北、山东等"滨海地域"观察到的

[①] 陈寅恪：《天师道与滨海地域之关系》，《金明馆丛稿初编》，北京：生活·读书·新知三联书店，2001年，第1—46页。
[②] 同上书，第2页。
[③] 潘雨廷：《论仙与道》，《道教史发微》，上海：复旦大学出版社，2011年，第21页。

现象。如山东省与仙山同名的蓬莱市，自1980年至2007年便发生了37次之多的"海市蜃楼"现象。[1] 2020年8月，河北省秦皇岛市海滨也出现了一次蔚为壮观的"海市蜃楼"现象。除了中国滨海地域，在2006年5月和2009年4月，蓬莱与长岛之间海面和长岛大黑山岛附近海面也分别发生了"海市蜃楼"现象。[2] 此等现象难以悉数统计。关于蓬莱市"海市蜃楼"的研究指出："蓬莱一年四季都能出现海市，绝大多数出现在5月上旬至8月上旬……气层与海水温差达到8.5℃，风力2—4级，湿度较大，是蓬莱海市出现的必要条件；雨后或雪后天晴，伴有大的潮汐，骤冷骤热的异常气温变化，是海市出现的征兆。"[3] 总之，由于适宜的地理、气候等条件，"海市蜃楼"现象是东北亚不同海域都可能发生的现象，燕齐一带的滨海地域，尤其高发。

即便在科学普及的今天，"海市蜃楼"仍会引人啧啧称奇、叹为观止，试想其给古人带来的震撼。《史记·封禅书》记载："自威、宣、燕昭使人入海求蓬莱、方丈、瀛洲。此三神山者，其传在勃海中，去人不远；患且至，则船风引而去。盖尝有至者，诸仙人及不死之药皆在焉。其物禽兽尽白，而黄金银为宫阙。未至，望之如云；及到，三神山反居水下。临之，风辄引去，终莫能至云。"[4] 其中"去人不远"以及"未至""及到""临之"这类描述表明，古人不仅观察到了"海市蜃楼"现象，而且多次尝试接近、登临，但屡屡遭遇"反居水下""风辄引去"而终不能至的结果，这就使得本已堪称"奇观"的"海市蜃楼"更加"神秘"。

然而，如用科学知识来解释，"海市蜃楼是光线经过密度不均匀的空气层时，因折射而不沿直线传播，轨迹发生弯曲，把远处景物显示在空中或地面的一种光学现象"[5]，"物理上把它分为'上现蜃景''下现蜃景'和'复杂蜃景'。

---

[1] 朱龙：《蓬莱市海市蜃楼形成的气象因素季节分布及征兆》，《气象》2007年第11期。
[2] 吴锦、侯家俊、刘健：《长岛海市蜃楼》，《走向世界》2009年第13期。
[3] 朱龙：《蓬莱市海市蜃楼形成的气象因素季节分布及征兆》，《气象》2007年第11期。
[4] （西汉）司马迁：《史记》卷二十八《封禅书》，第1368页。
[5] 赵虎：《力学问题和光学问题的关联——由悬链线和海市蜃楼说起》，《大学物理》2016年第8期。

人们在海边看到的是远方景物悬在空中，称之为'上现蜃景'"①。而且，物理学者对每种情况都可以通过"方程式"来表达和解释。如此，我们对"海市蜃楼"的认识，就不能简单地停留于"奇观"这个程度。

既然科学认为"海市蜃楼"是远处景物经光线折射后的显现，那就不能将其完全视作"无中生有"，因其背后必然存在相应实景作为折射原型，而后通过光线在不同密度的空气中折射，才恰好被视野处于其呈现范围内的人看到。换言之，"海市蜃楼"并非完全虚幻，而是"因实生虚"，或"因缘和合"而"有"。之所以看似"去人不远"，是因景象恰被"投影"到了观察者的视野范围内。然而，如光线的传播介质或折射条件改变，或观察者主动改变位置关系，比如像"入海求仙"那般乘着航船驶向误以为真的"海市蜃楼"，也即"临之"，则必然会是"风辄引去，终莫能至"，因为"恰好"的必要条件不具备了。远看则有，近寻却无，这便使得本来符合"科学原理"的物理现象变得"神秘莫测"。于是在古人的思想中便形成了"神山""仙山"乃至"仙人""仙药"这类文化意象。不仅如此，古人更是抱着登临"神山"并且拜访"仙人"求取"仙药"之目的，进行了"入海求仙"的航海实践。如《史记·封禅书》记载："邹衍以阴阳主运显于诸侯，而燕齐海上之方士传其术不能通，然则怪迂阿谀苟合之徒自此兴，不可胜数也。"②又如《汉书·郊祀志》："秦始皇初并天下，甘心于神仙之道，遣徐福、韩终之属多赍童男童女入海求神采药，因逃不还，天下怨恨。"③显然，史书对"入海求仙"的评价颇为负面。直至今天，人们仍然受此负面评价的影响，加之科学观念的普及，更是以之为"荒诞""迷信"。

然依本文浅见，今天亟须站在客观立场给予"入海求仙"公允的评价。首先，"海市蜃楼"并非彻底虚幻，而是幻中有真、虚中有实。因此，"入海求

---

① 吕洪君：《"海市蜃楼"的理论研究》，《安徽教育学院学报》（自然科学版）1998年第1期。
② （西汉）司马迁：《史记》卷二十八《封禅书》，第1368页。
③ （东汉）班固：《汉书》卷二十五《郊祀志》，北京：中华书局，1962年，第1260页。

仙"虽然未必求得到"仙",但亦绝非注定无果。如果天气、海流以及技术、物资等方面"因缘和合",则最终达到作为实景原型的某处岛屿或陆地是完全可能的。如《史记·淮南衡山列传》中言:"徐福得平原广泽,止王不来。于是百姓悲痛相思。"①此虽未必是信史,但从韩国、日本留存的关于"徐福"的文化遗迹遗产来看,亦非全无可能。更不可忽略的是,在当时的航海技术条件下,"入海"行动极其危险、九死一生。在中国国力尤其强盛的唐代,鉴真和尚东渡尚且需要6次才最终成功,何况秦朝。因此,"入海求仙"绝非仅是虚妄,现实中强大的国力基础和周密的前期筹备是必需的。因此无论结果如何,"入海求仙"都未尝不可谓一项航海以及文化传播之壮举。

总之,"海市蜃楼"是"因实生虚",而"入海求仙"是"因虚生实"。尽管"求仙"之目标虚妄,却因之引发、促成了实实在在的航海壮举以及东北亚的文化传播。直至2200多年后的今天,新的电影艺术形式也依然在重温着这段历史。

三、秦始皇的"天命焦虑"与电影《徐福》的"长生困局"

与"海市蜃楼"现象和"入海求仙"活动相似,"天命"也是一件虚虚实实之间的事情。如说有,其甚至不能像"海市蜃楼"那样能够为人所见;然若说无,人们却又在此观念、信仰的驱动下,实实在在地进行了众多个人行动和国家行动。

《北京大学藏西汉竹书》收录的《赵正书》中有关秦始皇的如是记载:"天命不可变于(钦)?吾未尝病如此,悲□……吾自视天命,年五十岁而死。吾行年十四而立,立卅七岁矣。吾当以今(岁)死,而不智(知)其月日,故出旊(游)天下,欲以变气易命,不可于(钦)?"②此段所指的是秦始皇三十七

---

① (西汉)司马迁:《史记》卷一百一十八《淮南衡山列传》,第3086页。
② 北京大学出土文献研究所:《北京大学藏西汉竹书》第三册,上海:上海古籍出版社,2014年,第189页。

年（前210）的出巡。《史记·秦始皇本纪》如是记："皇帝休烈，平一宇内……三十有七年，亲巡天下，周览远方……并海上，北至琅邪。方士徐市等入海求神药，数岁不得，费多，恐谴，乃诈曰：蓬莱药可得，然常为大鲛鱼所苦，故不得至，愿请善射与俱，见则以连弩射之……上祷祠备谨……至之罘，见巨鱼，射杀一鱼。遂并海西。至平津而病。始皇恶言死，群臣莫敢言死事。"①另载，秦始皇此次出巡前一年，即秦始皇三十六年，出现了对其不利的"谶语"，如："三十六年，荧惑守心……黔首或刻其石曰：'始皇帝死而地分。'……有人持璧遮使者曰：'为吾遗滈池君。'因言曰：'今年祖龙死。'……于是始皇卜之，卦得游徙吉。"②三十七年的出巡当与三十六年的"谶语"及"卜卦"有关。秦始皇感觉到了"天命"危机，巡游本身乃是"变气易命"的一种尝试③，此次巡游过程中，也再次派遣徐福"入海求仙"。

但如《赵正书》所言，秦始皇对天命是否可变心存疑虑，对巡游及求仙是否奏效，也无十足把握。因为"天命"也如"海市"，虚虚实实、难以捉摸，这种不确定性，给秦始皇造成了困扰和带来了焦虑。有学者认为，"在《赵正书》中，'天命'有更具体的所指，即由上天决定的人类寿命"④。本文不甚同意，对于一般人而言，或许可以仅仅从"寿命"层面理解，然就秦始皇而言，便必然不能仅仅局限于"寿命"层面，因为秦始皇掌握了最高统治"权力"，或者说领受了最高统治"权力"之"天命"。其"寿命"层面的"天命"与"权力"层面的"天命"是紧密相关的，其之所以希冀"寿命"长久，也主要是为了继续领受最高统治"权力"之"天命"以及继续享有"权力"所附带的一切，也即秦始皇"长生"追求背后是由欲望机制驱动的。其实一般人亦是如此，只是欲望目标有大小差异。秦始皇作为帝王，可以将欲望放大至极限，也正因此，恰可由之发现人类共同的问题。

---

① （西汉）司马迁：《史记》卷六《秦始皇本纪》，第261—263页。
② 同上书，第259页。
③ 董家宁：《"变气易命"与秦始皇三十七年的出巡动机考》，《河北学刊》2020年第5期。
④ 同上。

对于"权力"层面的"天命",其实秦始皇一直在做"变气易命"的努力,也即其并不是到三十七年才重视"天命"问题的,如《史记·秦始皇本纪》所记:"始皇推终始五德之传,以为周得火德,秦代周德,从所不胜。方今水德之始,改年始,朝贺皆自十月朔。衣服旄旌节旗皆上黑。数以六为纪,符、法冠皆六寸……更名河曰德水,以为水德之始……然后合五德之数。"①这是依循邹衍的"五德终始"之说而做的一系列因应"天命"的举措。又如《史记·封禅书》所言:"自古受命帝王,曷尝不封禅?"②秦始皇的"封禅"也正是要彰显、确证其对"权力"之"天命"的领受。如《史记·秦始皇本纪》记:"二十八年,始皇东行郡县,上邹峄山。立石,与鲁诸儒生议,刻石颂秦德,议封禅望祭山川之事。乃遂上泰山,立石,封,祠祀……禅梁父。"③又《史记·高祖本纪》:"秦始皇帝常曰:'东南有天子气。'于是因东游以厌之。"④综合这些材料应该不难给秦始皇统一中国后的一系列活动提供一个行为动机的解释,即改正朔、易服色、巡行、封禅乃至入海求仙等活动背后都或隐或显地存在一种关于最高统治"权力"之合法性、权威性、持续性的"天命焦虑",以至于其不断通过各种方式来回应之。

对于"寿命"之"天命",有论者认为:"秦始皇孜孜不倦地追求长生之术,其实是欲以个人神权取代此前的公众神学系统。"⑤依本文浅见,秦始皇的"长生"追求其实是被作为"公众神学"的"天命"所倒逼着进行的。获取最高"权力"之"天命"才是问题根本或逻辑起点,"权力"越大,越想极力巩固,便越想"长生不死"。当秦始皇不断地为其"权力"之"天命"的正当性加码之时,遭遇了生命之有限性或有死性这一"寿命"之"天命"的基本限制,因此"入海求仙"才会不惜成本地进行,也即"长生"是为了"公众神

---

① (西汉)司马迁:《史记》卷六《秦始皇本纪》,第237—238页。
② (西汉)司马迁:《史记》卷二十八《封禅书》,第1355页。
③ (西汉)司马迁:《史记》卷六《秦始皇本纪》,第242页。
④ (西汉)司马迁:《史记》卷八《高祖本纪》,第348页。
⑤ 袁宝龙:《秦汉时期国家宗教与神学体系的整合与构建》,《荆楚学刊》2020年第2期。

学"体系中的"权力"。其实,"寿命"和"权力"两类"变气易命"活动,都是被动性的,其是尝试突破"天命",而非真正突破。且其越是极力突破,越是彰显其"天命焦虑",越是强化了"天命"的存在感和制约力,也越是反证了其仍然服膺或受限于作为"公众神学"的"天命"逻辑。其对"生命"不死的欲望,根本上是对"权力"永享的欲望。这其实是人类"欲望"的一个极端化呈现。

无独有偶,电影《徐福》中的"社长",即研发"徐福"这一"长生药"的投资人,也即那个已然进入生命暮年只能坐在轮椅上的老人,认为"长生不死"意味着拥有如"神"一般为所欲为的"权力"。可以说,"社长"这一角色正是秦始皇的一个当代版本,是人类"长生不死"欲望以"科学技术"而非"入海求仙"之方式发展的一个极端化呈现。其恰恰表明,虽然相隔2200多年,人类对"长生不死"的欲望并没有本质性的改变,变的只是手段、方式。

"科学技术"突飞猛进,医学、生命科学以及与之紧密相关的治疗技术、制药技术的各种成果不断地走进现代人的生活,且早已经被现代人习以为常地接受、信任甚至"信仰"。2200多年前的"入海求仙",即便是相去不远的汉代史家也已然以之为"迂怪",有了科学知识的现代人更是斥之为"迷信"。然而值得反思的是,现代人难道不也是同样对"长生不死"的目标痴心不改吗?难道不也是如秦始皇"迷信"方士仙药那般"迷信"科学技术无所不能吗?"克隆人""基因编辑"等不也是像"入海求仙"那样"无所不用其极"吗?

电影这一艺术形式可以营造一个逼真场景让人直面问题,即可以在电影中假设"克隆人"成功了,进而对其可能的后果进行演绎,由此警醒人类反思当下、谋划未来。电影《徐福》的最终结局是,负责保护"克隆人"或"长生药徐福"的另一角色——前情报机构特工亲手开枪"毁灭"了"徐福"。此特工此前深受某种严重的创伤后遗症的折磨并面临死亡危机,而"徐福"是其生的机会。其实,这个显得有些"自私"的主人公,应当可以视作"贪生怕死"的人类的一员普通代表。

"贪生怕死"乃是人类的本能或通病,本无甚稀奇。然而,电影却借"徐福"之口，反向提出了一个极其重要的问题，即"尽管一想到死就会很怕，但也很怕永生"。怕死或许人人理解，但是有谁思考过"不死"更加可怕？本来具有"不死"特质的"徐福"却多次表达"害怕不死"以及"无处可去"这类思想。这便引出了"长生不死"最大的问题，即"人类是唯一知道自己不可避免地走向死亡并害怕死亡的物种，所以他们才去追求有意义的人生"。换言之，"死亡"是让生命有"意义"的终极因素。如果没有"死亡"，任何意义都会在永恒无尽的时间长流中被稀释乃至消逝。

虽然"徐福"从"技术"上具备了"不死"之能力，但他却不知道那无穷无尽的未来时光该怎么活，其无法做到"无意义"地"活着"。因此，当"徐福"得知其创造者或其"妈妈"林世恩博士已被杀死，也即最后一丝意义链接断掉之后，他开始变得冷酷，进而以其具备的"超能力"对人类大开杀戒。原本作为"徐福"保护者的特工对人类同胞动了"恻隐之心"，因此他亲手开枪"毁灭"了"徐福"。"徐福"的毁灭，也意味着特工本人乃至整个人类的"长生"之梦的毁灭。这或许是象征着整个人类的一种可能的抉择，也即在"不死"和"不死之灾难"之间，这个人类的代表最终还是选择放弃"长生不死"的机会，这也意味着人类可能更加不愿、不能接受"不死之灾难"。

然而，最值得深思的是，如果从"徐福"的角度来看，这是其主动选择被"毁灭"的"自杀"行为。因为其本身具备的"超能力"足以让他躲过子弹而不死。换言之，本来具备"不死"能力的"徐福"，最终却主动选择了"自杀"，选择了"死亡"。这或许也是象征着整个人类的一种可能的抉择，即在"死"和"无意义"之间，"无意义"是人类更加难以承受的，因此宁愿选择"死"。

"徐福"、特工之所选，都是为了"意义"而主动放弃了"不死"，这是未来人类抉择的一个可能方向。然而这毕竟是电影演绎的，而非必然方向。实际上另有或许可能性更大的方向，即人类在技术上获得了"不死"之能力，但同时也让渡出了生命的"意义"。"意义"之丧失释放出了人类无穷的欲望和无尽的争端，人类终被自己族类消耗殆尽，也即虽然人类在"技术"上可以实现

"长生不死"，但同时在欲望机制驱动下，人类也足以运用"技术"毁灭人类自身。这种"长生不死"，结局却也还是"死"，甚至更快。

一如"海市蜃楼"的"因实生虚"和"入海求仙"的"因虚生实"，生死亦是你中有我、因你而我。有死才有生之意义，不死反失生之根基。这是人类必须要反思的"长生困局"。

结　语

燕齐滨海地域的"海市蜃楼"奇观并非无中生有，而是基于实景在特定的地理、天气、距离等因素"因缘和合"之下观察到的光学折射现象，是符合科学规律的"因实生虚"。古人认识有限，便因其"及到，反居水下""临之，风辄引去"这种神秘特征而产生了"神山仙药"这种观念。然而，基于"因实生虚"的"海市蜃楼"而进行的"入海求仙"的航海实践，以及由此在东北亚各国间促成的文化传播却是"因虚生实"的。且时隔2200多年，还能于当代结出韩国电影《徐福》这种果实。

"入海求仙"之所以产生跨越古今中外的文化影响，当是因其关涉人类"长生不死"这个根本、普遍、永恒的问题。电影《徐福》可以说是"入海求仙"的一个当代、科技版本。以"科技"研制"长生药"从而满足自己膨胀欲望的"社长"与秦始皇并无本质区别，都是人类追求"长生"、延续"欲望"的极端化代表，人类任何一员占有了政治权力、经济资本、科学技术，都有可能成为他们。然而，电影借"徐福"提出了"生死关系""生命意义"的问题，如果没有"死亡"，人生便会丧失"意义"，这是人类的"长生困局"。具备"不死"能力的"徐福"因此"困局"而主动选择了"死亡"，人类亟须借此反思。生命不死，是以让渡或牺牲意义为代价，即便人类不主动选择死亡，也可能会因无度纵欲、无尽争端而加速灭亡。

如果"生命有死"是一种"天命"，那么人类在此"天命"之下都是命运共同体，"入海求仙"为此命运共同体贡献了与此"天命"抗争的古代版本，而电影《徐福》则贡献了当代版本。然而,却也都以失败而告终。那么,人类是否应该坦然接受、勇于承担这种"有死"之"天命"呢?是否应该"认命""知命""安命",从而在有限的生命中活出人的价值、生的意义,而不是去追求"长生"的"海市"呢?这是一贯多被贬为荒诞的"入海求仙""长生不死"文化留给人类的一个无法回避的思想课题。

"德福一致"何以可能：
柏拉图《理想国》与孔子《论语》的方案

迟希文[*]

摘　要："德福一致"是伦理学的重要议题，柏拉图《理想国》与孔子《论语》均对此做出过探讨。在"德福一致"观的基本内涵中，柏拉图与孔子都存在"德即是福"与"以德求福"的思想维度，但柏拉图更推重精神领域的幸福，而孔子则述及精神、政治实践、物质三方面的幸福。在"德福一致"可能性的前提下，柏拉图与孔子均对"德性"的可欲与可教予以了确认，这为普遍的"德福一致"确立了理论基础。在"德福一致"的可能性问题上，柏拉图与孔子均选择诉诸超验的假设并寻求政治力量的保障，这在维护现象界的"德福配享"时能够起到一定作用。辨明两者的"德福一致"思想，有助于指导今人的道德生活。

关键词：德福一致；柏拉图；《理想国》；孔子

道德与幸福的关系事关每个人的生活方式，"德福一致"也是理性人的基本诉求。因此，对伦理学而言，"德福一致"何以可能便是一个重要问题。在

---

[*] 作者简介：迟希文，男，东南大学人文学院博士研究生，主要从事儒家哲学与伦理学研究。

古希腊思想中,相关问题长期处于"中心地位"[①],《理想国》作为"典型的柏拉图对话"[②],学界自然也对此予以了极大关注。同样的,在早期儒家哲学中,《论语》虽未提及"福"字,却也有包含幸福感在内的"乐"思想,其中又以"孔颜之乐"为代表,这种"乐"所体现的即"中国式的'德福一致'"[③]。知此,本文遂选择回到柏拉图与孔子,以《理想国》与《论语》为中心考察两者的"德福一致"思想。在此基础上,又通过比较与互鉴找到两者思想的交汇点,并据此更加有效地指导人的道德生活。

一、柏拉图与孔子"德福一致"观的基本内涵

(一)柏拉图"德福一致"观的基本内涵

《理想国》的副标题是《论正义》,从某种层面上讲,"正义"在该篇中可以看作德性的总名。在《理想国》第一卷,"正义"也被视为灵魂的德性。由于失去德性的灵魂必然不幸福,正如同失去视力的眼睛与失去听力的耳朵一般,因此也就可说:"正义者是幸福的,不正义者是痛苦的。"[④]

而在上述"功能论"的论证之外,这一观念还体现在柏拉图对五种政体的考察中,它们按照符合"正义"的程度被划分为王制、荣誉政制、寡头政制、民主政制以及僭主政制。这五种政体与五种人格相应,柏拉图认为五种人格中离"正义"最远的僭主式人格者最不幸,因为他无法控制己身的欲望,灵魂的非理性部分奴役了理性部分,他"苦于那些永不满足的欲望"[⑤]。这也体现了

---

① [英]泰勒编:《劳特利奇哲学史:从开端到柏拉图》,韩东晖等译,北京:中国人民大学出版社,2017年,第450页。
② [美]N.帕帕斯:《柏拉图与〈理想国〉》,朱清华译,桂林:广西师范大学出版社,2007年,第16页。
③ 蒙培元:《情感与理性》,北京:中国人民大学出版社,2009年,第263页。
④ [古希腊]柏拉图:《柏拉图全集》第二卷,王晓朝译,北京:人民出版社,2003年,第311—312页。
⑤ 同上书,第590页。

《理想国》对德福关系问题的基本态度,即德性必然导向幸福。

当然,只得出这一结论仍然不够。德性在何种层面上导向幸福,才是该篇关于"德福一致"的核心议题。在《理想国》第二卷,格劳孔划分了三种善:第一种善是人们"乐意要它,只是由于它本身,而不是想要它的后果",第二种善是人们"爱它既由于它本身,又由于它的后果",第三种善是人们要它只由于"报酬和其他种种随之而来的利益"。柏拉图则通过苏格拉底之口,强调第二种善是"最好的一种善"①。其中反映出的德福观包括"德即是福"与"以德求福"两方面。在这里,"最好的善"是一种完满的德性,拥有这种德性本身即幸福,同时也会为拥有者带来相应的福报。

(二)孔子"德福一致"观的基本内涵

孔子同样赞同"德福一致",其称"人之生也直,罔之生也幸而免"(《论语·雍也》)。由此观之,孔子认为获取福禄的无德者仅是侥幸,即从总体上看,有德者应幸福,无德者不应幸福。而在孔子有关"德性"的概念范畴中,"仁"代表着整全的美德,可视作德性的总名。因此,一个践行仁道的人理应获得最高的幸福。

在孔子的相关论述中,同样存在"德即是福"与"以德求福"两个维度,前者体现为"孔颜之乐",后者体现为"德位合一"。

所谓"孔颜之乐"是:

> 饭疏食饮水,曲肱而枕之,乐亦在其中矣。不义而富且贵,于我如浮云。(《论语·述而》)

> 贤哉,回也!一箪食,一瓢饮,在陋巷,人不堪其忧,回也不改其乐。(《论语·雍也》)

---

① [古希腊]柏拉图:《柏拉图全集》第二卷,王晓朝译,第313页。

"德福一致"何以可能：柏拉图《理想国》与孔子《论语》的方案

上引两段材料，第一段是孔子关于己身"乐"境界的"夫子自道"，第二段则是孔子对颜回"乐"境界的描述与称赞。在这两种"乐境"之中，物欲的享受被排除在外。因此，"孔颜之乐"实际上是在浊世中坚持德性时所感受到的幸福，其体现出的是孔子德福观中"德即是福"的一面。

至于"以德求福"的维度，则表现于孔子的"德位合一"思想中。孔子主张"学也，禄在其中矣"（《论语·卫灵公》）。在孔子看来，一个学有所成、道德加身的君子理应获得禄位，而且这一原则在社会各阶层中都应通用。如孔子称"巍巍乎，舜、禹之有天下也，而不与焉"（《论语·泰伯》），即表明纵使是"天子"这样的"至位"，也应由舜、禹这般拥有"至德"的人担任。

（三）柏拉图与孔子"德福一致"观所涵摄领域的差异

在谈论完柏拉图与孔子"德福一致"观的相同点后，也应注意两者于所涵摄的领域上存在差异，即柏拉图强调的是精神领域的幸福，而孔子则述及精神、政治实践、物质三方面的幸福。

柏拉图推崇内心的和谐并对物欲享受持否定态度，富裕和贫穷都不应出现在城邦中，因为这会使城邦分裂为相互敌对的"穷人的城邦"与"富人的城邦"。[1]此外，柏拉图也不认可政治实践的幸福，其推崇的最高幸福是"哲学王"在对"至善"的体认与观照中所感受到的精神幸福。"哲学王"虽然需要统治城邦，却并不从这一政治实践中感到幸福，因为"那些真正关注永恒实在的人的心灵确实没有时间去关心凡人的琐事"[2]。因此，"哲学王"的统治只是不得不履行"至善"赋予他的责任与义务。从中不难看出，柏拉图的"哲学王"构想与儒家积极的"内圣外王"理想实际存在不小的区别。

与柏拉图不同，孔子承认精神、政治实践、物质三方面的幸福。其一，就精神幸福而言，"孔颜之乐"中的"乐"本身就有"精神愉悦"之义。而且，"乐"的对立面——"忧"，也常被孔子提及，如"忧道不忧贫"（《论语·卫灵

---

[1] ［古希腊］柏拉图：《柏拉图全集》第二卷，王晓朝译，第394页。
[2] 同上书，第494页。

公》），"德之不修，学之不讲，闻义不能徙，不善不能改，是吾忧也"（《论语·述而》）。由此观之，孔子的"忧"是精神上对"仁道"未成的忧虑，而当其处于践行"仁道"的过程中时，忧虑便被愉悦盖过，达至"仁者不忧"（《论语·子罕》）、"乐以忘忧"（《论语·述而》）。其二，政治实践的幸福亦暗含在"孔颜之乐"中。孔子曾对颜回说："用之则行，舍之则藏，唯我与尔有是夫！"（《论语·述而》）在历代对"孔颜之乐"的诠释中，注家往往只谈"舍藏"而忽略了"用行"。如邢昺承孔安国说解，释"孔颜之乐"为"安贫乐道"之义[1]；周敦颐称"志伊尹之所志，学颜子之所学"[2]，亦是将"颜子之乐"归于"内圣"，并与伊尹代表的"外王"对立起来；此后，程颢的"万物一体"之乐[3]，程颐的"循理"之乐[4]，亦是顺着周敦颐的思路继续发展。综论之，仅强调"孔颜之乐"中"舍藏""内圣"的一面，可谓"外王"的失落。孔子曾称许管仲"如其仁，如其仁"（《论语·宪问》），其所处的"乐"境自然应涵摄"用行""外王"的政治实践。其最得意的弟子颜回也是如此，孟子对此说得很清楚，"禹、稷、颜子易地则皆然"（《孟子·离娄下》），即认为颜回与禹、稷易地而处，也能成就"外王"的功业。其三，物质幸福并未被孔子忽视，其主张"食不厌精，脍不厌细"（《论语·乡党》），称"富而可求也，虽执鞭之士，吾亦为之"（《论语·述而》）。不过，孔子同时也强调"见利思义"（《论语·宪问》）、"见得思义"（《论语·季氏》），即当物质幸福与道德之间构成矛盾冲突时，道德是更为重要和根本的。

---

[1] 邢昺承孔安国之说，称孔子以"饭疏食饮水，曲肱而枕之"为乐，又称颜回"不改其乐道之志，不以贫为忧苦也"。参见（三国）何晏注，（北宋）邢昺疏：《论语注疏》卷七《述而》、卷六《雍也》，（清）阮元校刻：《十三经注疏》，北京：中华书局，1980年，第2482、2478页。

[2] （北宋）周敦颐：《通书·志学》，《周敦颐集》，北京：中华书局，1990年，第22页。

[3] 朱熹在解释"颜子之乐"时，曾引程颢说解："将这身来放在万物中一例看，大小大快活！"参见（南宋）黎靖德编：《朱子语类》卷三十一，朱杰人、严佐之、刘永翔主编：《朱子全书》第15册，上海：上海古籍出版社，合肥：安徽教育出版社，2010年，第1126页。

[4] 程颐称："循理为乐，不循理为不乐。"参见（北宋）程颢、（北宋）程颐著，王孝鱼点校：《二程集》，北京：中华书局，1981年，第186页。

二、"德福一致"可能性的前提：德性的可欲与可教

对"德性"可欲与可教的承认，是"德福一致"的必要前提，因为如果"德性"不可欲，或者不能通过教学使"德性"被普遍拥有，那么对"德福一致"的讨论将失去意义。因此，这也是柏拉图与孔子必须解决的问题，即当"德性"可欲与可教时，普遍的"德福一致"才成为可能。

（一）德性的可欲

在《理想国》中，柏拉图用"以大见小"的方式，通过城邦的正义考察个人的正义，并在此基础上对个人德性的可欲做出论证。在理想城邦中，统治者的德性是"智慧"；卫士的德性是"勇敢"，同时他需要"爱智慧"，如此才能正确地分辨自己人和敌人并懂得坚持信念的重要性。这就代表着城邦的卫士理应接受拥有"智慧"德性的统治者的领导。在智慧和勇敢之外，"节制"则为统治者、卫士和劳动者三个阶层所共有，它使国家中每个阶层在由天性优秀部分统治天性低劣部分这一点上"达成一致意见"[1]。而当智慧、勇敢与节制在城邦中实现，正义也就随之产生。一旦理想城邦中各阶层的品质明晰了，个人灵魂的结构也就随之清晰起来，因为"除了来自个人，城邦的品质不可能有其他来源"[2]。因此，个人的灵魂也被类似地分为理性、激情和欲望三个部分。其中，理性拥有统御性的地位，激情则是理性的盟友并辅助理性监管欲望，这就如同城邦的卫士辅佐统治者监管劳动者一般，如此也就达到了个人的正义。不过，这里理性的地位固然崇高，却又表现为一种工具理性，其主要作用是在节制欲望的同时使欲望转向"爱智"。正如柏拉图所说，在理想城邦中"为数众多的下等人的欲望被比较优秀的少数人的欲望和智慧所支配"[3]。由此可见，欲望并非完全不善，其在理性的作用下可以成为一种向善的欲望，这就证明了德性在个人灵魂中的可欲。

---

[1] ［古希腊］柏拉图：《柏拉图全集》第二卷，王晓朝译，第407页。
[2] 同上书，第412页。
[3] 同上书，第406页。

孔子同样肯定德性的可欲，其声称"仁远乎哉？我欲仁，斯仁至矣"（《论语·述而》）。这是因为先秦儒家的道德哲学以人类的普遍情感为根本和出发点。孔子称"弟子入则孝，出则悌，谨而信，泛爱众而亲仁"（《论语·学而》）。有子将其总结为"孝弟也者，其为仁之本与！"（《论语·学而》）不难看出，"仁"以"孝""悌"为起始和基础，而"孝""悌"又是人类普遍具有的情感，这就为个人的成德之路确立了一个牢固的根基。因此，对于立足人类普遍情感的孔子道德哲学而言，德性的可欲本就是其题中应有之义。

（二）德性的可教

苏格拉底有"不相信美德可教"的说法，但这只是在批评智者们将美德作为一种技艺从而直接进行传授的行为。事实上，苏格拉底认为"德性即知识"，既然德性是知识，那么德性就应该可教。①在苏格拉底看来，德性的可教并不体现为直接的灌输，而是体现为间接的引导，其所用的方法则是反诘法。这种教育方式并不直接传授有关德性的确定的知识，而是引导被诘问者通过自身的思考得出真理。

柏拉图继承了苏格拉底的教育理念。在《理想国》中，他同样否定了智者们的教育方式。②在此基础上，柏拉图建立起一整套理想城邦中的教育课程，依次为体育、音乐、数学、几何、天文学、辩证法。不难看出，其是采用逐步引导的方式使人的灵魂发生转向，即从认识具体可感的事物到永恒存在的事物以致最终达到能够观照"至善"的境地。

孔子同样认为德性可教。不过，直接的教诲与间接的引导在其看来都是可行的。在直接教诲方面，孔子多次教导不同的弟子"仁"的内涵（《论语·雍也》《颜渊》《子路》《阳货》），其原则在于"不愤不启，不悱不发，举一隅不以三隅反，则不复也"（《论语·述而》），即当弟子们仅凭自身认知已难以参透

---

① ［古希腊］柏拉图：《柏拉图全集》第一卷，王晓朝译，北京：人民出版社，2002年，第441、534页。

② ［古希腊］柏拉图：《柏拉图全集》第二卷，王晓朝译，第483—485页。

时，孔子才会予以启发与点拨。在间接引导方面，孔子曾说："吾有知乎哉？无知也。有鄙夫问于我，空空如也。我叩其两端而竭焉。"（《论语·子罕》）这在形式上与苏格拉底以"自知无知"为基础的反诘法有很多的相似之处。另外，孔子主张"兴于诗，立于礼，成于乐"（《论语·泰伯》），其中的"诗教"与"乐教"也是其间接引导式教学的一部分。因为诗之美，乐之美，实际正是德之美。"诗"与"乐"因其自身所具有的审美属性而起到感化他人的效果，蕴含"德"于其中的"诗"和"乐"自然也就能在人的成德过程中起到引导作用。

三、"德福一致"的可能性：对现象界"德福配享"的维护

（一）现象界的德福不一致：柏拉图与孔子的境遇

在日常生活中，"应然"的道德与"实然"的幸福之间的一致性似乎难以成为必然，这在柏拉图与孔子的人生中便有着鲜明的体现。

就社会背景而言，伯罗奔尼撒战争的失败与内政的混乱失序极大地冲击了柏拉图所处的雅典社会，"法律和习俗正在以惊人的速度败坏着"[1]。而孔子所处的"礼崩乐坏"的春秋之世也同样造成道德的衰颓，如太史公曾对春秋时期的乱象慨叹称："臣弑君，子弑父，非一旦一夕之故也，其渐久矣。"[2]

就个人经历而言，柏拉图早年经历了老师苏格拉底如何被雅典所谓的"民主制"投票处死。此后，其投入政治实践的三次西西里之行亦以失败告终，其间甚至还有被卖为奴隶的经历，这也使柏拉图意识到当时的诸种政治体制皆"与哲学的本性不合"[3]。而孔子的一生亦可谓有其德而无其位，他在鲁国虽一度"由大司寇行摄相事"[4]，但最终也并未实现其政治理想。

---

[1] ［古希腊］柏拉图：《柏拉图全集》第四卷，王晓朝译，北京：人民出版社，2003年，第80页。
[2] （西汉）司马迁：《史记》卷一百三十《太史公自序》，北京：中华书局，1959年，第3298页。
[3] ［古希腊］柏拉图：《柏拉图全集》第二卷，王晓朝译，第490页。
[4] （西汉）司马迁：《史记》卷四十七《孔子世家》，第1917页。

由此观之,《理想国》中格劳孔所说的"不正义之人的日子过得确实比正义的人要好得多"①这一观点,其现实依据是十分普遍的。不过也正因如此,柏拉图与孔子遂为如何在现象界中保证"德福配享"的问题给出了解决方案。

(二)诉诸超验的假设:"至善的神"与"神圣的天"

在《理想国》中,格劳孔提到不正义者的富有使他可以通过祭祀贿赂神灵,因此诸神会把好运降给祭祀者而不是降给正义的人,这种神灵观念实际正是柏拉图所要批评的。对此,柏拉图提出要对诗人讲述的故事进行审查。在其看来,诗歌应成为哲学的附属物。因此,有关诸神明争暗斗、结怨亲友、变化形象以愚弄欺诈世人的故事都应予以剔除。且又由于"善"是幸福的原因,所以能够保证"德福配享"的神必须是"至善"的,神只是好事的原因而非坏事的原因。②由此可说,柏拉图实际上对"神"进行了改造,即将"神"理性化了。而在《理想国》的最后一卷,柏拉图正是用这一理性化的神灵观念,通过讲述人在死后世界受审判的神话故事,以达到维护"德福配享"的最终目的。③

与柏拉图类似,孔子将"天"作为保证"德福一致"的最终依据。虽然孔子"敬鬼神而远之"(《论语·雍也》),"不语怪、力、乱、神"(《论语·述而》),但这并不代表孔子完全否认了"天"的神圣性。如孔子曾称颂道"巍巍乎,唯天为大,唯尧则之"(《论语·泰伯》),其中便体现出"人当法天"之义。此外,孔子还主张"迅雷风烈必变"(《论语·乡党》)、"畏天命"(《论语·季氏》),凡此种种皆表明"天"在孔子的思想中是具有重要地位的。因此,在孔子看来,"德福一致"自然需要"天"的保证。如孔子曾说"天生德于予,桓魋其如予何"(《论语·述而》),"天之未丧斯文也,匡人其如予何"(《论语·子罕》),即暗指其"德福配享"是以天佑为依据的,这并非桓魋以及匡人等属于人世的外力所能改变的。

---

① [古希腊]柏拉图:《柏拉图全集》第二卷,王晓朝译,第314页。
② 同上书,第318—346页。
③ 同上书,第639—647页。

需要承认的是，柏拉图与孔子将"德福配享"诉诸"神"或"天"这类超验的假设也许并不能使所有人信服，但其思路也确有值得借鉴、改造的一面，即化"神学式的信仰"为"哲学式的信仰"，或许在为现代社会确立"德福一致"观念的形上依据时提供一条可资探索的道路。

（三）寻求政治力量的保障："哲学王"与"德位合一"

如果说柏拉图认为"研究人应该如何生活的问题需要到一个'共同体'中去寻找"[①]，那么，人的德性和幸福的配享也必然与城邦所能带来的政治力量的保障有关。比如，上文提及的对诗歌的审查，即需要立法的确认，这是柏拉图的《理想国》中"关于诸神的法律"[②]。不过，法律的地位在柏拉图关于理想国的构建中实际并不甚高，其强调"真正的立法家不应当把力气花在制定法律和宪法上"[③]，人治的因素在《理想国》中明显更为重要，所以能够维护"德福配享"的城邦是需要"哲学王"作为最高统治者的。这在保证城邦中全体公民幸福的基础上，也在政治层面给予了"哲人"最大的保护。由于"哲人"成了城邦的"王"，"苏格拉底之死"式的悲剧就得到了避免，因为城邦中已经不存在能够审判这位"哲学王"的政治权威了。

与上述逻辑相类，孔子也意识到了政治力量之于"德福配享"的保障作用，即孔子在讨论政治与道德的关系问题时，认为不仅应强调德为政本、"为政以德"（《论语·为政》），还应强调在现象界中"德"也需要"政"的保护。如"邦无道，危行言孙"（《论语·宪问》），便可以看出孔子对"无道之邦"中"有德之人"的不利处境是有所认识的。因此，孔子提出应"举直错诸枉"而不能"举枉错诸直"（《论语·为政》），这既是其通过政治力量保障"有德之人"幸福的方案，也与其"德福一致"观中"德位合一"的主张相契。

---

① 余纪元：《〈理想国〉讲演录》，北京：中国人民大学出版社，2011年，第5页。
② [古希腊]柏拉图：《柏拉图全集》第二卷，王晓朝译，第342页。
③ 同上书，第399页。

结　语

"德福一致"一直是伦理学的重要议题。康德为了保证现象界的"德福一致",不得不抬出"上帝存在"的公设,而牟宗三先生所提出的"圆善论"最终也只能得到道德幸福而非物质幸福。[1]因此,本文选择回到"轴心时代"的两位重要哲学家——柏拉图与孔子,并从两者有关德福观的思考中探寻对今人的启示。

在个人层面,柏拉图与孔子皆指出"成德"是一个长期的过程,无论是对"至善"的体认还是对"仁道"的践履,持之以恒都是极为重要的。而在这一追求向善的生命历程中,德性一旦被拥有,它的价值及随之而来的幸福感便自会得到展现。

在社会层面,柏拉图强调整体的幸福,在其所构建的理想城邦中,"任何一个公民的幸福或痛苦都可以说是整个国家的幸福或痛苦"[2]。而在孔子的思想体系中,包含"忠恕之道"和"爱人"的"仁道"同样也是不局限于个体的,其最终目的是实现人人幸福的"大同之世"。或许,柏拉图和孔子这类伟大的哲学家所构想的社会总体的"德福一致"在现实生活中难以得到完整的实现[3],甚至这些设想"是只能在乌托邦或诗人讴歌的黄金时代才能实行的模式"[4]。但也应看到,先哲所提出的这些至善、至美的理想本身所具有的价值仍然值得被重视,例如柏拉图和孔子均谈到的确立对德性的信仰以及通过政治制度保证"德福一致"的思考便在当今仍具有借鉴意义。事实上,人类社会向善的突破也正是在不断的思想传承以及对理想永恒的追求中得以实现的。

---

[1] 参见杨泽波:《牟宗三解决康德的圆善问题了吗?》,《哲学研究》2010年第11期。
[2] [古希腊]柏拉图:《柏拉图全集》第二卷,王晓朝译,第446页。
[3] 关于这一点,柏拉图与孔子都有着清醒的认知,如柏拉图对自己设计的理想城邦所做出的评价是"也许在天上有这样一个国家的模型"。参见[古希腊]柏拉图:《柏拉图全集》第二卷,王晓朝译,第612页。而孔子在托子路答荷蓧丈人之语中,也提到"道之不行,已知之矣"(《论语·微子》)。
[4] [荷]斯宾诺莎:《政治论》,冯炳坤译,北京:商务印书馆,2017年,第4页。

数字技术赋能齐鲁优秀传统文化现代转型研究

广少奎　刘晓倩[*]

摘　要：数字技术的普及为齐鲁优秀传统文化的创新发展提供了广阔的空间。但审视当前数字文化的发展态势，不难发现，明显存在着平台无序、资源重复、场域依赖等问题。这些问题的存在使得数字文化在推进和传播过程中蛰伏着多重危机。因此，从本源上审视当前数字文化创新发展中所面临的困境，及时进行信息规范、资源整合、文化教育，是打破当前桎梏，确保齐鲁优秀传统文化数字化转型的有效之策。

关键词：数字技术；传统文化；创新发展；创造转化

文化的创新发展方向关乎国家的方针政策导向，更关乎立德树人的目标指引，具有极其关键的作用。中国目前已进入信息化时代，数字技术的重要性不言而喻，探寻数字技术与文化创新发展相适应、相协调的接口，是将传统接引回现代的强有力突破口。而齐鲁优秀文化作为中华优秀传统文化的组成部分，具有不可替代的独特地位。因此，从数字化视角探寻齐鲁优秀文化创新发展路

---

[*] 作者简介：广少奎，男，曲阜师范大学教育学院教授、博士生导师，主要从事儒家文化、中国教育思想史研究；刘晓倩，女，曲阜师范大学教育学院硕士研究生，主要从事基础文化教育、教育教学改革研究。本文为山东省社会科学规划研究项目"中国儒家教育思想演进路径研究"（项目号：22CJY23）阶段性成果。

径，对镜鉴整个中华优秀传统文化具有重要现实性意义。

但欲求受众接受并传承和发展齐鲁文化免不了需要一定的载体。以往主要是通过传统媒介传播，受众在完整信息的获取上存在局限，文化互动相对较少。而今，随着信息化时代的到来，衍生出诸多文化创新方式。而让传统文化变得更加"接地气"的，当属数字技术。因此，理清新发展阶段数字文化创新发展的现实困境，明晰数字与文化两者深度融合的逻辑理路，才是铸就齐鲁优秀传统文化新辉煌的合理方式。

一、待破之题：齐鲁优秀传统文化数字化转型的现实之痛

传统文化实践主体对数字技术翘首跂踵，但受限于当前的技术壁垒，不可避免出现了诸多情况，加剧了两者之间的淡化与疏离，产生了诸多现实之痛。

（一）数字文化平台建构：企望多样却呈现无序

企望传统文化数字化转型，谋求数字化管理，是传统文化创新发展的一大理念。而体现和落实这一理念的，则是数字文化平台。表面上，平台是通过传统文化的数字化转型，营造出一种全新的视听效果。而实质上，这种文化平台不仅可以对图像、文字等进行处理，还可以活化传统文化因素，化静为动，虚实结合。其性质正如约书亚·梅罗维茨所言："由媒介或其他因素的变化所造成的场景结构的变化，会改变人们对'我们'和'他们'的感觉。"[1]目前较流行的"好客山东，云游齐鲁""智慧研学"等都是齐鲁传统文化现代化数字化转型的优秀案例。

然而考诸实践却发现，这些文化平台看似多样，却也暗含着无序的危机。首先，文化资源分散排列导致用户界面杂乱无章，缺少连贯性，看似每个平台功能囊括了诸多文化资源，功能多样，实则存在诸多功能重叠，甚至

---

[1] ［美］约书亚·梅罗维茨：《消失的地域：电子媒介对社会行为的影响》，肖志军译，北京：清华大学出版社，2002年，第51页。

有些功能也并不值得深挖。其次，数据的采集、存储、处理等环节的不完整、不准确也导致受众的信息获取并不全面，呈现碎片化。最后，有些平台所传播的齐鲁优秀传统文化并未经过严谨的考证，诸多野史、杂史等内容并不具备高可信度，反馈功能设置形同虚设，甚至有些平台并不存在反馈功能。

（二）数字文化资源建档：推重整合却日益重复

当前虚拟场域的传播平台是集农业、经济、文化等为一体的多领域融合平台，并不只是单一的文化平台，因此便产生了诸多悖谬。一方面，部分自媒体用户推崇"流量至上"的经营模式，这种模式下的文化传播者以当季热点主题为主，进行碎片化文化信息传播：同一篇文化内容在不同的传播平台上重复发布或用不同标题和少量修改多次上传。这就直接导致了数字文化平台的信息资源冗余，文化受众难以迅速找到真正有价值的信息。譬如最近大火的"进淄赶'烤'"事件，引发了各界热议，产生了诸多所谓的"文化博主"。

但考察实际却发现，这些"博主"的发布内容相差无几，所云虽并无不妥，却少了一份对优秀传统文化的深刻体悟和敬畏。另一方面，伴随着市场经济的发展，现代文化竞相兴起，传统文化迭遭冷落，甚至出现了"文化价值悖论"的吊诡现象，即越具文化底蕴的传统文化作品越曲高和寡。因此掌握传统文化知识的学者并不能完全掌握数字平台的操作技术，而数字平台的管理者又缺乏相应的文化知识储备，最终导致数字文化资源难以实现更深层次、更广范围、更高水平的整合发展。

（三）数字文化场域建设：欲求教育却终至依赖

丰富数字文化技术建设，推崇数字理性与文化感性的融合教育，是传统文化创新发展的重要理念。但就目前来看，数字文化的传播门槛并不高，观点良莠不齐、真假难辨，任何人在任意时间、地点都能进行文化的传播和再造。一旦不良文化大肆传播，风险就会极大。尽管数字技术能够极大地满足受众的求知欲，但也会间接造成一种心理依赖，最终可能导致自我反思能力逐步下降。

从本质上来说，齐鲁优秀传统文化的创新发展并不仅仅意味着数字文化技术的单向发展，而且意味着受众的文化素养和数字技术的同步发展。倘若受众过度依赖数字技术，反而会适得其反。就齐鲁文化而言，无论是经学、史学，还是文学，都承载着山东地区的独特民族精神和价值理念，意韵深远，具有高度的复杂性和系统性，所以并不能凭借数字技术完全表达出来，故而需要借助人文情感进行外在转化。因此，寻求数字化与人文化两个复杂系统之间融合的交叉点、平衡点，同样是目前面临的极大难题。

二、破局之析：齐鲁优秀传统文化数字化转型的窘境之因

剖析文化数字化转型的困局之因，把握数字文化发展动向，是齐鲁优秀传统文化再造和创生的首要任务。

（一）文化平台模式冗杂，缺少数字管理深度

齐鲁优秀传统文化平台的价值核心体现在现代性与传统性的嵌合程度。当前数字文化平台的经营模式繁多，不同模式所对应的文化产业理念并不相同。譬如以《齐鲁晚报》、山东卫视为主的主流文化媒体多采用互联网大平台模式，而齐鲁文惠购、齐鲁艺票通多为小型文化媒体模式。前者更注重传统文化宣传，后者更注重传统文化产品变现，因此相对应的管理模式也同样应该有所区别。但就目前来看，数字文化平台的管理模式并无太大区别，最终导致数字文化平台的无序进一步加重。

一方面，平台需要配备数量相当的管理人员、设备、资金等，而这就给政府、企业、个体经营者徒增了诸多烦恼，难免会引起部分人的反对，使改革迅即流产。另一方面，就目前数字文化平台信息管理人员的关注点来看，主要有：（1）内容是否符合平台规范和标准。（2）发布者是否具备相关资质和营业证照。

（3）内容是否存在违规、虚假广告、诈骗行为等。而对于传统文化传播用户的内容真假、价值理念、身份真伪等并不能进行理性甄别，造成管理深度欠缺。

（二）文化资源总量繁多，缺乏数字共享机制

随着物联汇通、5G运输、裸眼3D等数字技术的轮番登场[①]，各类传统文化资源得以全新的姿态焕发生机。然而也不免出现资源内容交叉重复、整合困难的现象。究其原因，突出表现为资源共享机制的缺乏。从平台利益来看，各数字文化平台为了保持市场份额，并不能完全公开自家的数据库文化资源，因此排斥建立数字文化共享机制。甚至除了抢占公共文化资源外，各数字文化平台还会推出独家数字文化专栏报道，以文化产品的可信度更高为由，加剧数字文化资源的垄断，进而导致数字文化共享机制更加难以建立。

除客观原因外，文化自身同样是造成资源难以整合和共享的关键原因。一方面，不同地区的不同民族有着不同的文化，共享的文化并不完全适用于每一个地区的每一个民族。以齐鲁文化为例，正是因为齐鲁两地距离相近，所以数字文化资源在整合和传播齐文化和鲁文化时尤显便利，而齐蒙地区文化融合就相对较难。另一方面，中国优秀传统文化是一种具有高语境背景的文化，突出表现为情感共鸣。譬如齐鲁文化以儒家思想为主，注重仁爱守道，是一种注重身心合一的文化，尽管数字技术可以将文化场景栩栩如生地呈现出来，但其中传递的情绪和价值理念却很难进行表达，造成一种无形的文化壁垒。

（三）文化场域边界宽泛，缺欠数字技术教育

文化场域并非现实意义中的场所环境，而是某种文化背后产生的关系网络，即布迪厄提出的"现实的就是关系的"观点。[②]传统文化场域亦是集制作

[①] 刘建萍、王天娇：《数字技术赋能传统文化创新发展探究》，《福建论坛》（人文社会科学版）2022年第12期。

[②] ［法］布迪厄、［美］华康德：《实践与反思：反思社会学导引》，李猛、李康译，北京：中央编译出版社，1998年，第133页。

者、传播者、消费者、解读者、接受者为一体的一种抽象概念。2023年山东省针对文化场域建设印发《山东省文化数字化行动计划》，其中指出2025年基本建成山东文化数据库。尽管此类文化数据库并不需要用户了解其背后的技术原理，但这种"解放大脑"的行为无形中加重受众对数字技术的依赖，使之在面对较为复杂的问题时仍旧手足无措、一筹莫展。究其实质，还是数字技术教育的缺欠所导致的。

数字技术教育是传统文化数字化转型发展的关键所在，但目前却面临诸多困难，原因是多维度的。一方面，国际化趋势和国际竞争不断加速时代转型，各类数字技术持续为文化转型增值提效，而学校处在技术变革的特殊时期，也不免出现数字技术教育跟不上数字文化技术变革的情况。另一方面，当前中国数字技术教育还处于初级阶段，教育供给侧和需求侧仍存在不平衡的问题，主要表现为城乡教育差距大、校际教育差距大等。总之，随着数字文化需求的不断扩大，数字技术教育若不能及时调整，也会限制齐鲁优秀传统文化数字化转型的创新发展。

三、破而后立：齐鲁优秀传统文化数字化转型的优化之解

从根本上讲，数字技术推动齐鲁优秀传统文化创新发展，不是单方面强调技术赋能，而是在深刻理解传统文化内涵的基础上，实现两者互融共通，呈现出中华优秀传统文化的新样态。

（一）信息规范：多元合作，附设数字文化管理平台

一是构建基于数字文化平台模式分类的管理平台迫在眉睫。针对不同规模的数字文化平台应进行规模拆分式管理，例如超级平台细分为多个大型平台，大型平台拆解为多个中小型平台，逐级分层管理，从而实现平台管理的高效化；对不同内容的数字文化平台进行异同式管理，通过计算机算法将数字文化平台信息进行区分和归类，相同内容则实施集中处理，不同内容则逐一处理。

二是设置科学合理的平台岗位，这是保障平台高效运转的重要举措。根据数字文化平台的要求，设置总平台主任、副主任等领导职务，统筹管理文化平台的诸多事宜；根据数字文化平台的内容分类，聘请专业的文化专员和技术专员，两者施行"1+1"模式进行合作，共同管理数字文化平台。三是推行有效反馈功能，作为连接平台与用户并实现良性互动的桥梁。一方面，针对显性反馈，可以直接采纳并进行整改；另一方面，针对隐性反馈，可以进行后台大数据分析，了解问题根源，找准发展方向，优化平台的管理模式。此外，反馈功能应设立在用户易获取的显眼位置，便于用户能够直接发现。

（二）资源整合：协同共治，建设数字文化共享机制

一是统一标准。一方面要及时制定统一的文化数据格式标准，以便不同数字文化平台之间能够共享和交换数据；另一方面要进行数据标注和分类，建立统一的元数据标准，使得数据更易于搜索、检索和利用。通过统一文化数据格式标准和元数据标准，实现数字文化平台之间的互联互通，促进数字文化产业的协同发展和创新。二是统整概念。通过共享数字文化理念，人们可以多方面地了解和尊重中华优秀传统文化，助推文化的交流、融合与创新，促进社会的文化多样性和共同发展。而想要共享数字文化理念，先要统整数字文化概念，主要包括文化术语、网络术语、技术术语等。三是统筹意见。可以建立数字文化公共人才库，方便平台与数字文化人才之间实现跨时间、跨地区的信息交流；可以构建数字文化人才合作关系网，加强数字文化人才的相互学习和借鉴，推动多方共同进步。

（三）文化教育：整合场域，创设数字技术特色课程

一是融合外来文化，打造时代性数字技术课程。应广泛博取外来文化优秀理念，充实自身本土文化发展，理清外来文化和本土文化之间的共同点和差异点，取其精华去其糟粕，以多民族可接纳、可理解、可传播的先进时代文化理念引领数字技术课程目标设置。二是简化繁琐文化，设置普惠性数字技术课

程。一方面，要设置普惠性的数字技术课程，尝试利用视频、图片、音频等多媒体教学手段简化复杂的文化；另一方面，要推广易学易用的传统文化，注重文化的核心概念和价值观，从源头上减少文化信息冗余，间接促进数字技术课程的普惠性。三是扬弃落后文化，追求先导性数字技术课程。在理性反思传统、守旧、保守、相对封闭的落后文化的基础上设置开放、包容、多样化并富有进取精神的先导性课程，为文化的变革提供有力途径。

融会通达：儒家"和合"思想对创造人类文明新形态的启示

刘友田　李锦霞[*]

摘　要：儒家"和合"思想是人类文明的宝贵精神财富，是中国共产党领导人民创造人类文明新形态的重要思想根基。作为中国传统文化主流的儒家，其"和合"思想的传统内核与价值理念对人类文明新形态的创生与发展具有突出的时代意义。探究儒家"和合"思想与人类文明新形态的同向同构，有助于以儒家思想"天人合一"的世界观、"仁德为本"的社会观、"和而不同"的发展观、"知行合一"的实践观为塑造人类文明新格局奠定文化基石、为人类文明多元和谐共生提供重要启示。

关键词：儒家"和合"思想；人类文明新形态；天人合一；同向同构

习近平总书记在庆祝中国共产党成立100周年大会上首次提出"人类文明新形态"，这是一种追求人的自由全面发展、代表人类文明发展方向的社会主

---

[*] 作者简介：刘友田，男，山东农业大学马克思主义学院教授、硕士生导师，主要从事马克思主义与社会发展研究；李锦霞，女，山东农业大学马克思主义学院硕士研究生，主要从事马克思主义与社会发展研究。本文为国家社会科学基金重大项目"基层党组织引领乡村振兴的创新机制研究"（项目号：22&ZD029）、山东省社会科学规划课题"对弘扬沂蒙精神助推乡村振兴的研究"（课题编号：20CYMJ08）及山东省研究生教育优质课程立项建设课题"中国特色社会主义理论与实践研究"（课题编号：SDYKC19128）阶段性成果。

义文明新形态。儒家"和合"思想作为中国传统文化的精髓,是人类文明共同的精神财富,是尊重历史与求同存异、追求同频与共通共生多重理念的交叉聚合。数千年来,儒家"和合"思想促使中华民族形成了温和包容的性格特质和谦和有礼的行为方式,同时也"蕴藏着解决当代人类面临的难题的重要启示"[①],为建设中华民族现代文明、创造人类文明新形态提供了思想智慧、前进方向和实践路径。

一、儒家"和合"思想的内在意涵

(一)儒家"和合"思想的传统内核

儒家"和合"思想是中国传统文化的精髓。儒家思想源起于春秋战国时期,自汉代起开始占据中华文化的主流地位,是在中国延续时间最久、影响范围最大的一个思想派别。儒家代表人物孔子系统地论述了"和合"思想的传统内核,即以"和"修身,方可做到"己所不欲,勿施于人";以"和"齐家,方可使家和万事兴;以"和"治国,方可使"泛爱众,而亲仁";以"和"平天下,则至"天下归仁"。儒家作为"和合"思想的倡导者,秉承以和为贵,强调仁德、中和之道,充分构建起以"和"为中心的思想框架。数千年来,儒家"和合"思想逐渐发展成中国社会独特的、延续不断的哲学观念与文化理念,不仅极大地丰富了中国式现代化的理论内核,而且为新时代人类文明新形态的形成机理塑造了根本内核。

(二)儒家"和合"思想的价值理念

儒家"和合"思想蕴含着与时俱进的价值理念。儒家"和合"思想并非一成不变,而是一个不断充实、进步、创新、提升的发展理念,记载了中华民族自古至今创造的文化成果与不懈的精神追求。随着时代发展,人类文明走向全

[①] 习近平:《在纪念孔子诞辰2565周年国际学术研讨会暨国际儒学联合会第五届会员大会开幕会上的讲话》,《人民日报》2014年9月25日第2版。

球化时代，不同文明形态之间的沟通、交流与互鉴成为常态，儒家"和合"思想在这一过程中以其"亲望亲好，邻望邻好"的价值理念赢得了世界人民的尊重与认可，以其"仁者爱人，有礼者敬人"的价值准则为现代人类文明提供了合乎时宜的精神补给。儒家"和合"思想以仁、义、礼、智、信为经世致用的价值理念，这一价值理念与新时代我国倡导的社会主义核心价值观交相辉映，凝结为中华民族精神的主体内容，深刻影响了历史悠久的中华文明，为个人成长、社会稳定和国家安定提供了重要的文化支撑。

（三）儒家"和合"思想的时代意义

和平与发展是当今时代的主题，以儒家思想为代表的中华优秀传统文化蕴含着可解决当代难题的重要时代意义。其中，儒家"和合"思想汇集历代先贤、先圣、先儒的集体智慧，为中华文明增强传播力、扩大影响力做出了巨大贡献。习近平总书记指出："中国共产党从成立之日起，既是中国先进文化的积极引领者和践行者，又是中华优秀传统文化的忠实传承者和弘扬者。"[①]中国共产党领导人民创造了人类文明新形态，使得中华民族追求的现代文明观以多元一体、开放包容、和谐平等的"和合"思想为内涵穿透人类文明现代化浪潮向世界彰显出人类文明现代化的共同特征，更加突显了中华文明的文化特色。因此，深入挖掘儒家"和合"思想的时代内蕴，积极推进"第二个结合"，扎根国情，筑牢思想文化根基，能够为新时代党和人民的社会主义文明事业保驾护航。

二、儒家"和合"思想与人类文明新形态的同向同构

（一）儒家"和合"思想开阔人类文明新形态的文化视野

儒家"和合"思想蕴含的"天人合一""和而不同""知行合一"等理念从

---

① 习近平：《决胜全面建成小康社会　夺取新时代中国特色社会主义伟大胜利》，《人民日报》2017年10月28日第1版。

人与自然、人与社会、人与人的角度对人类社会文明发展加以凝结提炼，形成了全面系统的文化根基，为现代文明的建设与发展提供了思想理念。人类文明新形态的中华底蕴扎根于几千年儒家"和合"思想的优秀文化传承，历经近代百余年的民族磨难，摆脱了"文明蒙尘"的现实境遇，终形成了具有独特精神信念和价值意识的现代文明发展要义。同时，由于"两个结合"的不断深入推进、中国式现代化道路的不断发展升华，儒家"和合"思想作为中华优秀传统文化的原生基因，是我国历史文脉与思想根脉的一体结合，彰显了中华文化血脉中的精神特质和发展形态，以兴文化、促复兴的磅礴之势为构建人类文明新形态开阔了多元文化和谐共生的文化视野。

（二）儒家"和合"思想丰富人类文明新形态的价值指向

儒家"和合"思想兼顾个人价值与社会价值的协调统一，仁、义、礼、智、信作为儒家"和合"思想的根本道德准则，包含着个体乃至社会群体道德践行、品行素质的目标导向。其中，"仁"是儒家价值观的核心，也是人类文明的最高原则；"义"是儒家的尊贤忠义之道，是坚守道德正义感、遵循公平正义的行为准则；"礼"是儒家明礼贵和的价值追求，是将"仁义"精神融入社会实践中的重要路径；"智"是儒家辨是非、分善恶的理性省思，以不损害他人利益为准绳，能够理性地思考问题、正确决策；"信"是儒家恪守承诺、诚信为本的社会道德规范，是人类文明进步的重要基石。此"五常"作为儒家修身处世的道德准则，贯穿于中华文明价值体系之中，启迪着现代文明以"和"为根、以"和"为贵，有助于形成"合则两利"、合作共赢、和善行事的文明价值取向。

（三）人类文明新形态拓展儒家"和合"思想的发展路径

儒家文化是中华文明的核心内容，积淀着中华民族最深层、最悠久的价值观念，对新时代人类文明发展进步具有深远的现实意义。首先，要理解中华文明就必须理解儒家文明。党的十八大以来，中国共产党领导人民成功走出极具本国特色的中国式现代化道路，不仅拓展了发展中国家走向现代化的途径，同时，也拓展了新时代弘扬与发展儒家思想的现实路径。其次，要建设现代文明就必须促进古今文化融会通达。赫赫文明若要复兴，既不能崇今忘古，也不能守旧复古，而要在新的历史起点上激发全民族文化创新创造活力，继续推动文化繁荣、文明进步。最后，儒家"和合"思想有着极具包容性的靓丽底色。挖掘和弘扬儒家"和合"思想，有助于突破"西方文明优越论"的价值取向和"文明冲突论"的一元化发展模式，向世界展现中华民族在追求中国式现代化的道路上崇尚文明互鉴、文明融合的鲜明特征，为中华文明和世界文明的未来发展提供新形态、新选择。

三、儒家"和合"思想对创造人类文明新形态的重要启示

"文明特别是思想文化是一个国家、一个民族的灵魂。"[①]任何一种思想学说要想保持其价值度和生命力，就必须积极应对时代挑战，在自身传统的基础上进行文化的创造性转换与创新性发展。在新时代，人类文明新形态作为中国共产党带领人民创造的文明新范式，在马克思主义指导下，将儒家"和合"思想的运用与弘扬置于中华文明和世界文明发展的宏观背景之下，基于国情、服务现实，使之成为指导人们崇尚世界和平、追求社会和谐的重要思想根基。

（一）"天人合一"的世界观：人类文明新形态的格局塑造

儒家"和合"思想突出表现为"天人合一"的世界观，即追求人与自然和谐共生，主张人与自然是密切联系的有机整体。孟子曾言："尽其心者，知其性也。知其性也，则知天矣。"（《孟子·尽心上》）尽心、知性，则知天。在新时代，人类文明新形态的创生是自然与社会相互选择的必然结果，同时是对以儒家思想为代表、以"和合"思想为精髓的中华优秀传统文化的坚守与重构。二

[①] 王岩：《中华文明是中华民族独特的精神标识》，《红旗文稿》2022年第14期。

者在一定程度上有异曲同工之妙。一方面,"天人合一"的思想理念回归大众视野,既是传统文化得以继承与发展的鲜明体现,也是时代需要与前进的理性呼唤;另一方面,人类文明新形态立足于世界文明的历史演进,内含中华民族的文化基因,是党带领人民着重体现我国文明进步的和平性要求和世界文明进步的共同性要求所做出的创新性贡献,使我国文明社会的建立既充满机遇,也饱含挑战。因此,在新时代,我们既要改变人与自然的二元对立观念,也应遵循人与自然的发展规律,与时俱进地坚持儒家"天人合一"的世界观,这既是助推人与社会可持续发展的责任与义务,也是塑造人类文明新格局的必要前提。

(二)"仁德为本"的社会观:人类文明新形态的价值准则

中华文明源远流长,"仁"与"德"构成儒家思想最基础、最高明的文化内涵。从个人修身到家国治理,我国始终坚持"仁德为本",这一社会观体现出"仁者爱人"的修身之道与"明德至善"的处世之观,旨在以仁爱调节人际关系,促进社会和谐发展;以道德约束言行,提升社会道德水平,对新时代人类文明新形态价值准则的塑造与拓形具有理论和实践的双重价值。从理论层面来看,"仁德为本"作为儒家最高的社会文明标准,主张人民至上性,是追求仁爱和善、品德高尚的新时代中国特色社会主义文明观。从实践层面来看,"仁德为本"秉承"四海之内皆兄弟"的现实观念,对世界各民族价值观充分尊重。总之,人类文明新形态与儒家"仁德为本"的社会观相融合,有助于现代社会公民公德意识的培养,二者共同刻画出和衷共济的人类文明新图景。

(三)"知行合一"的实践观:人类文明新形态的创新之基

"讷于言,敏于行。"儒家主张以务实为准绳,坚持"知行合一",促使我国选择并坚定地站在人类文明正确的一边,形成了人类文明新形态鲜明的实践品格。孔子有云:"古者言之不出,耻躬之不逮也。"(《论语·里仁》)"知行合一"是儒家道德实践观的一贯主张,既能以丰富深刻的伦理内涵指导社会实践，又能以思想自觉达到行为自觉践履的效果。进入新时代，我国文明站在了现代文明冲突与交汇的十字路口。[①]可以说，中国共产党作为马克思主义政党，其秉承的价值理想和实践品格，与儒家强调的"知行合一"的实践观具有高度的逻辑契合性。我党追求的人类文明新形态充分印证了儒家"知行合一"的实践观，从根本上推动着我国改变已知、建立新知、探索未知。因此，我们在儒家思想与当代社会的双向互动中，应不断推动儒学的创造性转化和创新性发展，为解决人类文明问题贡献更多的"中国智慧"和"中国方案"，让中国从贫困跨至小康，进而向着建设社会主义文化强国奋进，交出让人民更加满意的答卷。

（四）"和而不同"的发展观：人类文明新形态的探索路径

"和实生物，同则不继。""和而不同"是儒家思想秉承的发展观，是一切事物发生、发展的规律，主张以承认事物的多样性为前提，和谐但不附和、和睦但不迎合。"和羹之美，在于合异"，"和"之美正在于"不同"，这是事物的本性与特质，是一切事物得以生长共存、和谐共生的客观现实。自近代以来，从世界范围的两次大战到局部范围的地区冲突，文明类型有如满天星斗。放眼世界，多种文明多元共生成为一个不争的事实，人类文明多样性既是世界发展的基本特征，也是人类进步的根本源泉。"和而不同"的思想理念蕴含着世界文明发展的基因密码，在世界百年未有之大变局的时代背景之下，推动世界文明有序发展。聚焦国内，我党带领人民在中国式现代化的过程中开创了人类文明新形态[②]，其中蕴含的儒家"和合"之道，既顺应了和平发展、合作共赢的时代潮流和发展大势，又认同世界文明形态的不同现实诉求，尊重不同民族国家不同的发展路径，为开拓人类文明新境界奠定了坚实基础。

---

① 陈侨予：《儒家思想对于全球治理的时代价值》，《探求》2022年第3期。
② 许忠明：《中国式现代化的文化机理：马克思主义激活中华文明研究》，《统一战线学研究》2022年第6期。

后 记

2023年9月24日至25日，由中国先秦史学会、教育部人文社会科学重点研究基地山东师范大学齐鲁文化研究院、山东孔子学会联合举办的"文明互鉴视阈下的儒家思想与齐鲁文化学术会议"在山东济南举行。来自中国、希腊、俄罗斯、日本、韩国、新加坡、伊朗等海内外高校和科研机构的专家学者出席会议。他们紧扣会议主题，以文明交流互鉴为研究视阈，对儒家思想和齐鲁文化的丰富内涵、时代价值、世界影响等问题进行深入研讨。会议成功举行并取得了一系列丰富成果，不仅促进了齐鲁文化与儒家思想领域国际国内专家之间的有效对话和充分沟通，也为中华传统文化的研究和普及以及促进文明交流互鉴注入了新的动力和活力，受到学术界广泛关注和高度评价。

为了推动会议成果进一步转化创新，教育部人文社会科学重点研究基地山东师范大学齐鲁文化研究院经过研究，决定编纂《文明互鉴视阈下的儒家思想与齐鲁文化》论文集。山东师范大学齐鲁文化研究院院长吕文明教授主持编纂工作，负责具体规划并协调推进各项工作。与会专家以严谨治学的态度和高度负责的精神，对论文做了认真修改，保证了论文集能够顺利出版。齐鲁文化研究院副院长张磊教授和青年教师李文昌、梁敏娟、刁春辉、宋宁负责论文集编纂的组织、联络等工作，付出了辛勤劳动。山东省委外事工作委员会办公室欧洲处协助联络部分外国专家，在此一并表示感谢。

后 记

    论文集共收录中外学者论文41篇，这些论文既深入分析了以儒家思想为代表的齐鲁文化的丰富内涵、鲜明特色和历史变迁、时代价值，又紧跟学术前沿对齐鲁文化与儒家思想中的重点问题展开深入研究，同时还就中华优秀传统文化的创造性转化、创新性发展和齐鲁文化、儒家文化的传承发展等进行充分探讨，具体内容分为儒家思想与经典诠释、齐鲁文化与中华文明、齐鲁诸子与传统文化、文明互鉴与当代价值等专题。论文集所收的论文是中外学者深入对话、思想碰撞的重要"结晶"，皆聚焦于儒家思想、齐鲁文化、经典文献、文明互鉴等重要问题的深度研究阐释，具有重要的理论性和创新性，突出了儒家思想与齐鲁文化对中华文明发展的重要贡献，探讨了齐鲁文化乃至中华文明与世界其他文明交流互鉴的可能性及具体路径。本书的出版，对于深入挖掘儒家思想和齐鲁文化的精神内涵与时代价值、推动中华文明与世界其他文明之间的交流互鉴、扩大齐鲁文化乃至中华文明的国际影响力、建设中华民族现代文明具有重要意义。

    在论文集的出版过程中，商务印书馆吴雅玲编辑以严谨认真的工作态度为稿件的审读校对付出了艰辛劳动，在此表示衷心感谢。

编 者

2024年3月

图书在版编目（CIP）数据

文明互鉴视阈下的儒家思想与齐鲁文化 / 吕文明主编.
— 北京：商务印书馆，2024
ISBN 978 – 7 – 100 – 23953 – 0

Ⅰ.①文⋯ Ⅱ.①吕⋯ Ⅲ.①儒家 — 哲学思想 — 研究
②地方文化 — 研究 — 山东　Ⅳ.①B222.05 ②G127.52

中国国家版本馆 CIP 数据核字（2024）第096457号

权利保留，侵权必究。

文明互鉴视阈下的儒家思想与齐鲁文化
吕文明　主编

商　务　印　书　馆　出　版
（北京王府井大街36号　邮政编码100710）
商　务　印　书　馆　发　行
山东韵杰文化科技有限公司印刷
ISBN 978 – 7 – 100 – 23953 – 0

2024年11月第1版　　　开本 710×1000　1/16
2024年11月第1次印刷　　印张 33¼
定价：178.00元